Seit Jahrtausenden ist die Freude an Musik tief im Menschen verwurzelt. Die Musik gehört – neben der Religion – zu den ursprünglichsten geistigen Bedürfnissen des Menschen. Sogar in unserer technisierten Welt ist dieses Bedürfnis nach Musik nicht verkümmert. Auch wenn Goethes Wort »... eine Erscheinung wie Mozart bleibt immer ein Wunder, das nicht weiter zu erklären ist« ohne Zweifel immer noch gültig ist und das Empfinden musikalischer Schönheit nicht erlernt werden kann, bedarf die musikalische Form ebenso der Erklärung wie die musikalische Technik.

Dieser Atlas gibt einen Überblick über die Grundlagen der Musik; er erläutert ihre Regeln und Theorien und stellt ihre Geschichte dar.

Nach dem dtv-Atlas-System sind ausführliche Textseiten und dazugehörige Farbtafeln einander gegenübergestellt. Durch grafische Darstellungen und Notenbeispiele, insbesondere unter sinnvoller Verwendung von Farben zur Verdeutlichung von Zusammenhängen, wird versucht, musikalische Strukturen anschaulich zu machen.

Der vorliegende erste Band des zweibändigen ›dtv-Atlas Musik‹ umfasst den vollständigen systematischen Teil sowie den historischen Teil bis zum 17. Jahrhundert. Der systematische Teil enthält u. a. Instrumentenkunde, Musiklehre und die Gattungen und Formen. Der historische Teil beginnt mit den ältesten musikalischen Denkmälern der Vor- und Frühgeschichte und reicht über die antiken (auch außereuropäischen) Hochkulturen bis zum Ende der Renaissance.

Prof. Dr. Ulrich Michels, geb. 1938, studierte Musik, Musikwissenschaft und Germanistik. Er promovierte in Freiburg i. Br. und lehrt seit 1972 an der Staatlichen Hochschule für Musik und an der Universität Karlsruhe; als Pianist wirkt er seit 1976 im ›Karlsruher Klaviertrio‹.
Veröffentlichungen zur Musikwissenschaft, u. a. zur ›Ars nova‹ des Mittelalters, zu Monteverdis ›Lamento d'Arianna‹, Händels Opernschaffen und Alban Berg.

Gunther Vogel, geb. 1929, studierte an der Akademie der Bildenden Künste in Karlsruhe; nach seiner Tätigkeit als Kunsterzieher lebte er bis zu seinem Tod 1988 in Titisee-Neustadt als Maler und Zeichner.
Zahlreiche Gruppen- und Einzelausstellungen im In- und Ausland; 1985 Kunstpreis des Künstlerbundes Baden-Württemberg. Für den dtv entwarf er auch die Grafiken für den ›dtv-Atlas Baukunst‹.

In der Reihe ›dtv-Atlas‹ sind bisher erschienen:

Akupunktur, 3232
Anatomie, 3 Bände, 3017, 3018, 3019
Astronomie, 3267
Atomphysik, 3009
Baukunst, 2 Bände, 3020, 3021
Bibel, 3326
Biologie, 3 Bände, 3221, 3222, 3223
Chemie, 2 Bände, 3217, 3218
Deutsche Literatur, 3219
Deutsche Sprache, 3025
Englische Sprache, 3239
Ernährung, 3237
Erste Hilfe, 3238
Ethnologie, 3259
Informatik, 3230
Keramik und Porzellan, 3258
Mathematik, 2 Bände, 3007, 3008
Musik, 2 Bände, 3022, 3023
Namenkunde, 3266
Ökologie, 3228
Pathophysiologie, 3236
Philosophie, 3229
Physik, 2 Bände, 3226, 3227
Physiologie, 3182
Psychologie, 2 Bände, 3224, 3225
Recht, 2 Bände, 3324, 3325 (noch nicht erschienen)
Schulmathematik, 3099
Sexualität, 3235
Stadt, 3231
Weltgeschichte, 2 Bände, 3001, 3002

Weitere dtv-Atlanten sind in Vorbereitung

Ulrich Michels

dtv-Atlas Musik

Band 1
Systematischer Teil
Musikgeschichte von den Anfängen bis zur
Renaissance

Mit 120 Abbildungsseiten in Farbe

Grafische Gestaltung der Abbildungen
Gunther Vogel

Deutscher Taschenbuch Verlag

Übersetzungen
Bulgarien: Lettera Publ. Nadja Furnadijeva, Plovdiv
Dänemark: Rosinante, Kopenhagen
Frankreich: Librairie Arthème Fayard, Paris
Griechenland: Nakas, Athen
Italien: Sperling & Kupfer, Mailand
Japan: Hakusuisha Ltd., Tokio
Kroatien: Golden Marketing, Zagreb
Niederlande: Sesam/HBuitgevers, Baarn
Polen: Prószyński i S-ka, Warschau
Portugal: Gradiva Publicaçoēs, Lissabon
Slowenien: DZS, Ljubljana
Spanien: Alianza Editorial, Madrid
Südkorea: Eumag Chunchu Publ. Co., Seoul
Taiwan: Hsiao-Ya Music Comp. Ltd., Taipeh (in Vorb.)
Tschechische Republik: The Lidové Noviny Publishing House, Prag
Ungarn: Athenaeum 2000 Kiadó, Budapest

Originalausgabe
1. Auflage Juni 1977
21., durchgesehene und korrigierte Auflage April 2005
Gemeinschaftliche Ausgabe:
Deutscher Taschenbuch Verlag GmbH & Co. KG, München
www.dtv.de
und
Bärenreiter-Verlag Karl Vötterle GmbH & Co. KG,
Kassel · Basel · London · New York · Prag
www.baerenreiter.com
Das Werk ist urheberrechtlich geschützt: Sämtliche,
auch auszugsweise Verwertungen bleiben vorbehalten.
© 1977 Deutscher Taschenbuch Verlag GmbH & Co. KG,
München
Umschlagkonzept: Balk & Brumshagen
Umschlagfoto: © Irmin Eitel
Gesamtherstellung: Druckerei C. H. Beck, Nördlingen
Offsetreproduktionen: FBS, Martinsried
Notensatz: C. L. Schultheiss, Tübingen
Printed in Germany · ISBN 3-423-03022-4 (dtv)
              ISBN 3-7618-3022-X (Bärenreiter)

Vorwort

Der dtv-Atlas zur Musik soll in das Wissensgebiet Musik einführen und auf knappem Raum einen Überblick über Grundlagen und Geschichte der Musik geben. Er versucht dabei, durch Notenbeispiele und graphische Darstellungen musikalische Strukturen und andere Einzelaspekte anschaulich zu machen.
Der Atlas gliedert sich in einen systematischen und einen historischen Teil. Die Geschichte nimmt den größten Raum ein, durchdringt aber auch die Systematik. Dies liegt an der Geschichtlichkeit der Musik: fast alle ihre Erscheinungen haben ihren historischen Ort.
Die Epochengliederung im geschichtlichen Teil ist eine von vielen Ordnungsmöglichkeiten eines Stoffes, der sich in seiner vielseitigen Entwicklung scharfgezogenen Epochengrenzen ebenso widersetzt wie schlagwortartigen Epochenbezeichnungen.
Der besseren Übersicht halber wurden nach Möglichkeit thematische Einheiten von je einer Tafel- und einer Textseite gebildet.
Nach den Einheiten zur Notation (Notenschrift, Partitur) folgt ein umfangreiches Verzeichnis der in den Noten vorkommenden Abkürzungen, Zeichen und Vortragsangaben, die dem Laien oft nicht genau bekannt sind.
Das Register am Ende des Bandes schlüsselt den Stoff nach Personen und Sachen auf, so daß der Atlas auch als Nachschlagewerk benutzt werden kann.
Mein herzlicher Dank gilt Herrn Gunther Vogel in Titisee-Neustadt, der die Tafelseiten in guter Zusammenarbeit mit dem Autor harmonisch und klar gestaltete.

Karlsruhe, im Frühjahr 1977   Ulrich Michels

Inhalt

Vorwort	5
Symbol- und Abkürzungsverzeichnis . .	8
Einleitung: Musik und Musikgeschichte	11

Systematischer Teil

Musikwissenschaft 12

Akustik
Wellenlehre, Schwingungsformen . . . 14
Tonparameter, Schall 16

Gehörphysiologie
Gehörorgan, Hörvorgang 18

Hörpsychologie
Gehörerscheinungen, Gehöranlagen . . 20

Stimmphysiologie
Physiologie, Akustik 22

Instrumentenkunde
Einführung 24
Idiophone I: Gegenschlagidiophone, Auf-
schlagstäbe 26
– II: Aufschlagstäbe und -platten 28
– III: Aufschlaggefäße, Rasseln 30
Membranophone: Pauken, Trommeln . 32
Chordophone I: Zithern 34
– II: Saitenklaviere 36
– III: Fiedeln, Violen 38
– IV: Violinen 40
– V: Lauten, Theorben 42
– VI: Gitarren, Harfen 44
Aerophone I/Blech 1: Allgemeines . . . 46
– II/Blech 2: Hörner 48
– III/Blech 3: Trompeten, Posaunen . . 50
– IV/Holz 1: Flöten 52
– V/Holz 2: Rohrblattinstrumente . . . 54
– VI: Orgel 1 56
– VII: Orgel 2; Harmonikainstru-
mente 58
Elektrophone I: Tonabnehmer, Genera-
toren 60
– II: Elektronische Orgel, sekundäre Bau-
gruppen 62
Orchester: Besetzungen, Geschichte . . 64

Musiklehre
Notenschrift 66
Partitur 68
Abkürzungen, Zeichen, Vortragsanga-
ben 70
Aufführungspraxis 82
Tonsystem I: Grundlagen, Intervalle . . 84
– II: Skalen 86
– III: Theorien 88
– IV: Geschichte 90

Kontrapunkt I: Grundlagen 92
– II: Formen 94
Harmonielehre I: Dreiklänge, Kadenzen 96
– II: Alterationen, Modulationen, Ana-
lyse 98
Generalbass 100
Zwölftontechnik 102
Form I: Musikalische Gestalt 104
– II: Kategorien der Gliederung 106
– III: Musikalische Formen 108

Gattungen und Formen
Arie 110
Charakterstück 112
Choral 114
Fuge 116
Kanon 118
Kantate 120
Konzert 122
Lied 124
Madrigal 126
Messe 128
Motette 130
Oper 132
Oratorium 134
Ouvertüre 136
Passion 138
Präludium 140
Programmmusik 142
Rezitativ 144
Serenade 146
Sonate 148
Suite 150
Sinfonie 152
Tanz 154
Variation 156

Historischer Teil

Vor- und Frühgeschichte 158

Antike Hochkulturen
Mesopotamien 160
Palästina 162
Ägypten 164
Indien 166
China 168
Griechenland I (3. Jtsd.–7. Jh. v. Chr.) . 170
– II (7. Jh.–3. Jh. v. Chr.), Musikinstru-
mente 172
– III: Musiktheorie, Denkmäler 174
– IV: Tonsystem 176

Spätantike und frühes Mittelalter
Rom, Völkerwanderung 178
Musik der frühchristlichen Kirche . . . 180
Byzanz 182

Mittelalter

Gregorianischer Choral/Geschichte . . 184
- Notation, Neumen 186
- Tonsystem 188
- Tropus und Sequenz 190
Weltliche Liedkunst/Troubadours und
Trouvères I 192
- Troubadours und Trouvères II 194
- Minnesang I 195
- Minnesang II, Meistersang 196
Mehrstimmigkeit/Frühes Organum
(9.–11. Jh.) 198
- St-Martial-Epoche 200
- Notre-Dame-Epoche I 202
- Notre-Dame-Epoche II 204
- Ars antiqua I: Motette 206
- Ars antiqua II: Gattungen, Theorie . 208
- Ars antiqua III: Mensuralnotation,
Quellen 210
- Periphere Mehrstimmigkeit im
13. Jh 212
- Ars nova I: Mensuralsystem, Motette 214
- Ars nova II: Isorhythmie, Kantile-
nensatz 216
- Ars nova III: Messe, Machaut 218
- Trecento I (1330–1350) 220
- Trecento II (1350–1390) 222
- Spätzeit des 14. Jh., Ars subtilior . . 224
Musikinstrumente 226

Renaissance

Allgemeines 228
Fauxbourdon, Satz, Parodie 230
Vokalgattungen, weiße Mensuralnota-
tion 232
England im 15. Jh. 234
Franko-flämische Vokalmusik I/1
(1420–1460): Anfänge, Burgund . . 236
- I/2 (1420–1460): Dufay 238
- II (1460–1490): Ockeghem; III/1
(1490–1520): Obrecht 240
- III/2 (1490–1520): Josquin 242
- IV (1520–1560): Willaert, Gombert 244
- V (1560–1600): Lasso 246
Römische Schule, Palestrina 248
Venezianische Schule 250
Weltliche Vokalmusik in Italien und
Frankreich I 252
- II 254
Deutsche Vokalmusik 256
Vokalmusik in Spanien und England . . 258
Orgel-, Klavier- und Lautenmusik I:
Deutschland, Italien 260
- II: Frankreich, Spanien, England . . 262
Streicher- und Ensemblemusik 264

Literatur- und Quellenverzeichnis I
Personen- und Sachregister VIII

Symbol- und Abkürzungsverzeichnis

Tonarten:

Kleinbuchstaben = Molltonarten
Großbuchstaben = Durtonarten
z. B.: a = a-Moll; A = A-Dur

Stufenbezeichnung:

römische Ziffern
z. B.: I., II., III., IV. Stufe

Funktionsbezeichnungen:

T	Dur-Tonika
t	Moll-Tonika
D	(Dur-)Dominante
S	(Dur-)Subdominante
Tp	Tonikaparallele
tP	Durparallele der Molltonika
Dp	Dominantparallele
Sp	Subdominantparallele

Ziffern rechts oben: Aufbau des Akkordes
Ziffern rechts unten: Basston

D^7	Dominantseptakkord
S^6	Subdominante mit Sexte (Sixte ajoutée)

Sonderzeichen:

$^+$	Dur (vor Stufen oder Funktionsbezeichnung) z. B. $^+$I = I. Stufe Dur
^{o}	Moll z. B. ^{o}I = I. Stufe Moll
<	erhöht, übermäßig
>	erniedrigt, vermindert
$\not{D}^7$	(durchstrichener Buchstabe) Grundton fehlt, also Dominantseptakkord ohne Grundton = verkürzter Dominantseptakkord
(D)	(Bezeichnung in runder Klammer) Zwischenfunktionen = Funktionen auf einem anderen Klang als die Tonika (hier: Zwischendominante)
ZwD	Zwischendominante
$\underset{D}{D}$	Doppeldominante
[ ]	erwarteter, aber nicht erscheinender Klang (Ellipse)

Abkürzungen:
(vgl. auch den Lexikonteil S. 70–81)

A.	Alt	Br.	Bratsche
Abb.	Abbildung	BWV	Bach-Werke-Verzeichnis
acc., accomp.	accompagnato	bzw.	beziehungsweise
ad lib.	ad libitum	byzant.	byzantinisch
ahd.	althochdeutsch		
ak.	akustisch	C.	Cantus
allg.	allgemein	Cemb.	Cembalo
arab.	arabisch	Cenc.	Cencerro
		c. f.	cantus firmus
B.	Bass		
Bar.	Bariton	D.	Discant
B. c.	Basso continuo	dB	Dezibel
bes.	besonders	d. c.	da capo
betr.	betreffend	Ed. Vat.	Editio Vaticana
Bibl. Vat.	Vatikanische Bibliothek	E. H.	Englischhorn

Symbol- und Abkürzungsverzeichnis 9

elektr.	elektrisch
engl.	englisch
europ.	europäisch
ev.	evangelisch
evtl.	eventuell
f., ff.	folgend, folgende
Fasz.	Faszikel
Fg.	Fagott
Fl.	Flöte
frz.	französisch
Gb.	Generalbass
Git.	Gitarre
griech.	griechisch
gr.Tr.	große Trommel
Hdb.	Handbuch
Hfe.	Harfe
hg.	herausgegeben
hist.	historisch
Hr.	Horn
Hs., Hss.	Handschrift, Handschriften
Instr., instr.	Instrument, instrumental
ital.	italienisch
Jh.	Jahrhundert
Jtsd.	Jahrtausend
KaM	Kammermusik
kath.	katholisch
Kb.	Kontrabass
Kfg.	Kontrafagott
Kl., Klav.	Klavier
Klar.	Klarinette
klass.	klassisch
KM	Kirchenmusik
Kor.	Kornett
Kp., kp.	Kontrapunkt, kontrapunktisch
Kpm.	Kapellmeister
KV	Köchel-Verzeichnis der Werke Mozarts
lat.	lateinisch
liturg.	liturgisch
MA., ma.	Mittelalter, mittelalterlich
MG., mg.	Musikgeschichte, musikgeschichtlich
mhd.	mittelhochdeutsch
Ms., Mss.	Manuskript, Manuskripte
Mth., mth.	Musiktheorie, musiktheoretisch
mus., musikal.	musikalisch
Mw., mw.	Musikwissenschaft, musikwissenschaftlich
N	Newton ($1\ N = 10^5$ dyn)
Nb.	Notenbeispiel
ND	Neudruck
nhd.	neuhochdeutsch

nl.	niederländisch
Nr.	Nummer
Ob.	Oboe
op.	Opus
Orch.	Orchester
Org.	Orgel
Pa	Pascal ($1\ Pa = 1\ N/m^2$)
Perc.	Percussion
physik.	physikalisch
physiol.	physiologisch
Pikk.	Pikkoloflöte
Pk.	Pauke
Pos.	Posaune
protest.	protestantisch
psychol.	psychologisch
Rez.	Rezitativ
roman.	romanisch
romant.	romantisch
russ.	russisch
S.	Seite
S.	Sopran
s.	siehe
sec	Sekunde
Slg.	Sammlung
Sinf.	Sinfonie
sinf.	sinfonisch
s. o.	siehe oben
sog.	so genannt
span.	spanisch
St., st.	Stimme, stimmig
Stb.	Staatsbibliothek
Str.	Streicher
T.	Takt
Tamb.	Tambourin
Ten.	Tenor
Tr.	Trommel
Trp.	Trompete
t. s.	tasto solo
u. a.	und andere, unter anderem
u. Ä.	und Ähnliche
U-Musik	Unterhaltungsmusik
urspr.	ursprünglich
V.	Violine
Va.	Viola
Var.	Variation
Vc.	Violoncello
vgl.	vergleiche
Vo.	Violone
W	Watt
wiss.	wissenschaftlich
Z.	Zink
z. T.	zum Teil
zus.	zusammen

Einleitung: Musik und Musikgeschichte   11

Der Begriff Musik geht zurück auf das griech. Wort *musiké* (μουσική, darin *musa*, Muse), worunter das griech. Altertum zunächst die musischen Künste *Dichtung, Musik und Tanz* als eine Einheit, dann die *Tonkunst* im Besonderen verstand. In der Geschichte der Musik sind deren Verbindungen zur Sprache und zum Tanz immer wieder neu gestaltet worden (Lied, Ballett, Oper usw.). Andererseits entwickelte sich in der Instrumentalmusik eine autonom-musikal. Erscheinung, sofern sie sich nicht – wie in der Programmmusik – eng an außermusikal. Vorgänge bindet.

Die Musik enthält zwei Elemente: das akustische Material und die geistige Idee. Beide stehen nicht wie Form und Inhalt nebeneinander, sondern verbinden sich in der Musik zu einer ganzheitl. Gestalt.

Das akustische Material erfährt, um Träger der geistigen Idee werden zu können, eine vormusikal. Zubereitung durch Auswahl und Ordnung: Aus der Vielfalt der natürl. Klänge wählt man Töne aus. Die Struktur des Tones, die Partialtonreihe, zeigt bereits eine Ordnung, die ihn zum geistigen Sinnträger prädestiniert. Im gleichen Sinne und zu einer allg. Vorverständigung ordnet man die Töne in Intervallen, in Tonsystemen, in Gebrauchstonleitern usw., wobei sie spezifische Qualitäten erhalten. Die Einbeziehung erweiterten akustischen Materials im 20. Jh. (z. B. Geräusche) führte zuweilen zu Informationsschwierigkeiten, weil ein gültiges System der Vorverständigung fehlte. – Der Ton bindet die Musik überdies an die Zeit, ihre Existenz an die Gegenwart. Aus Tondauer, Zeitmaß, Rhythmus usw. erwachsen weitere Ordnungsprinzipien und Kompositionsmöglichkeiten.

Die geistige Idee gestaltet das akustische Material zur Tonkunst. Mit dem Geistigen erhält Musik Geschichte. Dies gilt bes. für die mehrst. Musik des Abendlandes seit dem 12. Jh., weniger für gewisse volkstümliche Musikpraktiken (möglichst unverändert tradiertes Brauchtum) und für viele außereuropäische Musik.

Musikgeschichte ist dabei in gewisser Weise autonom: eine Geschichte der Kompositionstechnik, der Formen, der Stile, der Gattungen usw. Das Geistige in ihr bindet die Musik aber auch an den allgemeinen kultur- und geistesgeschichtl. Hintergrund. Musik erklingt als Ausdruck und Geste ihrer Zeit und ist nur als solche ganz zu verstehen.

Das Bewusstsein von der Geschichtlichkeit der Musik war nicht immer gleich stark. Bis ins 19. Jh. hinein wurde die jeweils gegenwärtige Musik in einem selbstverständl. Traditionszusammenhang zur vorangegangenen gestaltet. Erst die Romantik erfuhr die Geschichte in einem Prozess bewusster Aneignung.

Heute ist die historische Musik in doppelter Hinsicht aktuell:
Durch die im 19. Jh. einsetzende Musikgeschichtsforschung bietet sich die Musikgeschichte inzwischen als ein Arsenal bereitliegender Stoffe an. Editionen, Erläuterungen und Aufführungen sorgen für eine lebendige Anschauung dieses Stoffes. Im gegenwärtigen Erklingen erhält die historische Musik dabei einen neuen Sinngehalt: Sie wird zu einem Stück unserer Zeit. Die Offenheit historischer Musik gegenüber ist weniger erstaunlich als mancherlei Verschlossenheit gegenüber der zeitgenössischen. Der Raum der aktuellen, d. h. heute zum Klingen gebrachten Musik schließt, offenbar in einem neuen Verständnis des Menschen von sich und seiner Geschichte, die historische Musik mit ein. Sie beherrscht sogar weitgehend das heutige Musikleben, was in keinem anderen Jh. zu beobachten ist. Dies ist so lange fruchtbar, als die Aufführung historischer Musik nicht in steriler Nachahmung geschieht, sondern zu lebendiger, subjektiver Interpretation führt.

Ihre zweite Aktualität erhält die historische Musik durch die musikgeschichtl. Tradition, die auch in die Neue Musik des 20. Jh. einfließt, ohne dass über deren historischen Ort oder deren Richtung schon geurteilt werden könnte. Musikgeschichte ist selbst dort wirksam, wo sie dem Neuen nur als Folie oder Gegenpol dient.

Da der Sinn der Musik sich im Klang realisiert, ist die angemessene Interpretation von Musik die klingende. Das Gesamterlebnis von sinnl. Wahrnehmung und geistigem Erfassen der Musik im Hörer steigert in seiner Komplexität dessen Emotion, Fantasie und Erlebniskraft.

Die theoret. Beschäftigung mit der Musik und ihrer Geschichte muss sich dagegen auf Einzelaspekte beschränken. Sie kann dabei Daten und Fakten, musikal. Formen, Stile usw. weitgehend objektiv darstellen. Darüber hinaus muss sie versuchen, den Sinngehalt der Musik und ihren Charakter anzusprechen. So lässt sich die Gestalt einer Bachschen Fuge mit der entspr. Terminologie einigermaßen treffend beschreiben und erklären. Problematischer ist die Deutung ihres Gehaltes (z. B. »Abbild einer Weltordnung«) und ihrer spezifischen Ausstrahlung (z. B. »schmerzerfüllt«).

Auch hierbei geht es um eine (historisch begründete) Objektivität. Ihrem Wesen gemäß münden Deutungen und Charakterisierungen aber ins Subjektiven. In der verbalen Interpretation von Musik ist das ein Grund, sie zu beschränken, um sie vor Fantastereien zu bewahren. Für den Musiker und Hörer aber liegt in der Subjektivität der Empfindung und Fantasie eine notwendige Bedingung, auch bekannte und historische Musik immer wieder neu zu erleben.

12 Musikwissenschaft

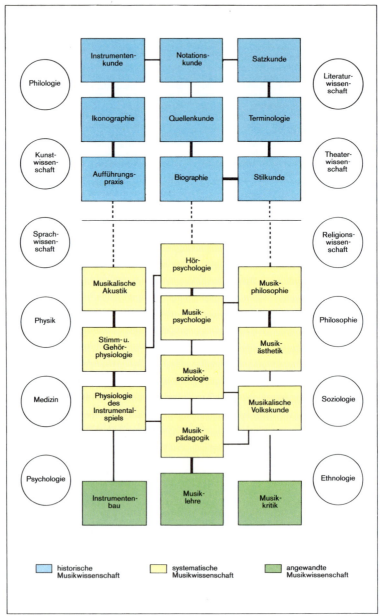

Teilgebiete und Hilfswissenschaften

Musikwissenschaft 13

Theoretische Beschäftigung mit der Musik lässt sich bis ins hohe Altertum verfolgen. Sie gehört in den Hochkulturen wesentlich zu dem, was die Musik aus einem tradierten Brauchtum (*usus*) zu einer bewusst gestalteten Kunst (*ars*) werden ließ. Theorie hat daher spezifisch teil an der Musik, insbesondere der abendländischen.

Alle theoretischen Fragen an die Musik und alles Wissen um sie lässt sich unter dem Oberbegriff **Musikwissenschaft** rubrizieren. Der allgemeinere Begriff der **Musiktheorie** (Gegensatz: Musik**praxis**) hat im vorigen Jh. eine Einengung erfahren, die dem urspr. griech. Begriff der *Theorie* als dem *»Zuschauen«* und *»Betrachten«* nicht ansteht: Sie bedeutet seither so viel wie *Harmonie-* und *Formenlehre*. Gleichzeitig tauchte der Begriff *Musikwissenschaft* auf. Vorbild waren die übrigen geistes- und kunstwissenschaftlichen Disziplinen. Der wissenschaftliche Anspruch realisiert sich dabei bes. in der *Forschung*. Hier bildete sich der Bereich der **historischen Musikwissenschaft** (*Musikgeschichte:* Forkel, Fétis, Ambros, Spitta), daneben die sog. **systematische Mw.** (Helmholtz, Stumpf, Sachs, Kurth) mit Teilgebieten, die nicht primär historisch orientiert sind. Die Ergebnisse mw. Forschung werden gelehrt und genutzt, bes. im Bereich der **angewandten Mw.**

Die nebenstehende Aufgliederung nach mw. Teilgebieten soll einen Überblick geben und ist selbstverständlich nur eine von vielen Möglichkeiten:
- **Instrumentenkunde** beschäftigt sich mit den Musikinstrumenten (Bau, Spielweise, Geschichte);
- **Ikonographie** oder musikal. Bildkunde deutet Darstellungen der Malerei und Bildenden Kunst, z. B. von Instrumenten, Aufführungen usw.;
- **Aufführungspraxis** versucht ein Bild von der musikal. Wirklichkeit in der Geschichte zu gewinnen (Zusammenhang zwischen Notentext und klanglicher Erscheinung);
- **Notationskunde** erforscht die Aufzeichnungsweise von Musik;
- **Quellenkunde** erschließt Notentexte und sonstige Quellen zur Musikgeschichte;
- **Biografie** orientiert über Leben und Schaffen der Musiker; sie war ein Hauptgebiet der Mw. im 19. Jh.;
- **Satzkunde** analysiert die Struktur eines Werkes. Sie betreibt kompositionsgeschichtl. Forschung auf den Gebieten des Kontrapunktes, der Harmonik, der Melodik, der Rhythmik, der Form usw. (*»Musiktheorie«*);
- **Terminologie** interpretiert satzkundl., gattungsgeschichtl., stilkundl. und sonstige musikal. Begriffe; sie sucht zu deren sachl. Klärung sowie zu einer allg. Verständigung beim Sprechen über Musik beizutragen;

- **Stilkunde** untersucht gattungsgeschichtl. Merkmale, die über das Einzelwerk hinaus Gültigkeit haben und den musikal. Stil einer Gattung oder einer Epoche, eines Komponisten oder einer Schule manifestieren;
- **Musikalische Akustik** untersucht die physikal. Grundlagen der Musik, der Musikinstr., der Räume usw.;
- **Physiologie** beschäftigt sich mit Bau und Funktion des Gehörs und der Stimme;
- **Physiologie des Instrumentalspiels** setzt sich mit Körperbewegung und Spieltechnik auseinander (Instrumentalpädagogik);
- **Hörpsychologie** erforscht die psycholog. Vorgänge beim Hören sowie Fragen der musikal. Begabung und Erziehung;
- **Musikpsychologie** befasst sich mit der Wirkung der Musik und des musikal. Kunstwerkes auf den Menschen. Sie betrachtet Musik in ihrer Einzelstruktur wie als ganzheitliche Gestalt und berücksichtigt auch die Verfassung des Hörers;
- **Musiksoziologie** wendet soziolog. Fragestellungen auf die Musik als eine Kunst an, die in bes. Weise in der Gesellschaft lebendig ist, von ihr geprägt wird und diese wiederum prägt;
- **Musikpädagogik** gehört nur im theoret. Sinne zur Mw.; sie befasst sich mit Problemen der Musikerziehung, ihren Zielen und Methoden im privaten und schulischen Bereich;
- **Musikphilosophie** stellt an die Musik die Frage nach ihrem Wesen; sie ist darin völlig eigenständig, doch reflektiert sie systematisch Objekte und Sachverhalte, die überwiegend historisch bestimmt sind oder aus dem Bereich der systemat. Mw. stammen;
- **Musikästhetik** stellt die Frage nach dem Schönen in der Musik, nach Gehalt und Form usw.; sie ist ein Teilgebiet der allgemeinen Musikphilosophie;
- **Musikalische Volkskunde** oder **Musikethnologie** untersucht die im Brauchtum der Völker herrschende Musik, z. B. Volkslieder; Erforschung auch der Musik des Primitiven; die Musikethnologie gehörte zu der früheren sog. *vergleichenden Musikwissenschaft,* die das nichteuropäische Musikgut mit dem abendländisch-europäischen *verglich:* dies z. T. (nach der Aufklärung) aus Überzeugung von der Überlegenheit der Letzteren, z. T. auch aus Mangel an zutreffenden Termini für die musikal. Erscheinungen fremder Völker;
- **Instrumentenbau** restauriert alte, baut herkömmliche und entwickelt neue Musikinstrumente;
- **Musiklehre** vermittelt das theoretische Wissen um die Musik; sie umfasst die verschiedensten Teilgebiete;
- **Musikkritik** misst Aufführungspraxis und (neue) Werke an Qualitätsmaßstäben der Ästhetik, der Stilkunde usw.

14 Akustik/Wellenlehre, Schwingungsformen

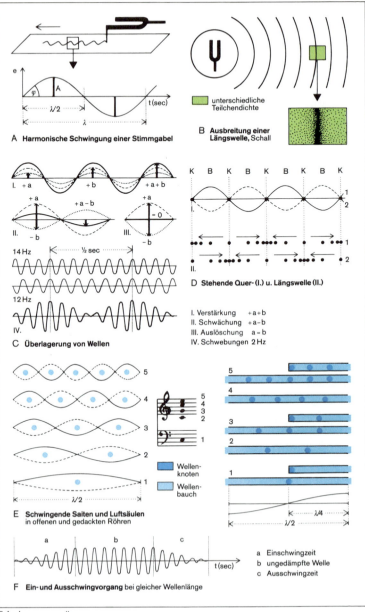

A Harmonische Schwingung einer Stimmgabel

B Ausbreitung einer Längswelle, Schall

C Überlagerung von Wellen

D Stehende Quer- (I.) u. Längswelle (II.)

I. Verstärkung +a+b
II. Schwächung +a−b
III. Auslöschung a=b
IV. Schwebungen 2 Hz

E Schwingende Saiten und Luftsäulen in offenen und gedackten Röhren

F Ein- und Ausschwingvorgang bei gleicher Wellenlänge

a Einschwingzeit
b ungedämpfte Welle
c Ausschwingzeit

Schwingungsvorgänge

Akustik/Wellenlehre, Schwingungsformen 15

Natürliche Grundlage der Musik ist der Schall, definiert als »mechanische Schwingungen und Wellen eines elastischen Mediums im Frequenzbereich des menschlichen Hörens (16–20 000 Hz)«. Unter diesem Bereich liegt der Infra-, darüber der Ultraschall. Die *physikalische Akustik* handelt vom Schall außerhalb des Ohres.

Schwingungen und Wellen
Schwingungen entstehen durch Hin- und Herbewegung von Teilchen (Luft, Wasser, feste Körper usw.). Geschieht diese Bewegung gleichmäßig, spricht man von einer *harmonischen* Schwingung (s. Stimmgabel-Aufzeichnung Abb. A). Dann sind:
– *Elongation* (e) die Auslenkung der Teilchen aus der Ruhelage,
– *Amplitude* (A) die größte Auslenkung,
– *Phase* der momentane Schwingungszustand entsprechend dem *Phasenwinkel* (φ),
– *Periode* oder *Schwingung* der Bewegungsablauf zwischen zwei gleichen Schwingungszuständen (= *Doppelschwingung,* d. h. Hin- und Herweg zusammen),
– *Frequenz* (f) die Anzahl der Schwingungen pro Sekunde,
– *Wellenlänge* (λ) der Abstand zwischen zwei Nachbarpunkten phasengleicher Schwingung.
Die Frequenz wird in *Hertz* (Hz) angegeben. Sie ist maßgeblich für die Tonhöhe, während die Amplitude die Lautstärke bestimmt. Nach Schwingbewegung und Ausbreitungsrichtung unterscheidet man
– *Quer- (Transversal-) Wellen* in festen Körpern, wobei die Schwingbewegung der Teilchen quer zur Ausbreitungsrichtung erfolgt (Abb. A), und
– *Längs- (Longitudinal-) Wellen* mit Schwingbewegung der Teilchen in Ausbreitungsrichtung (Abb. B).
Schallwellen sind Längswellen, wobei ein Erreger die (Luft-)Teilchen periodisch komprimiert und so die Welle als Dichte- bzw. Druckschwankung ausstrahlt (Abb. B).

Überlagerung von Wellen (*Interferenz*)
Eine Einzelwelle kommt in der Praxis so gut wie nie vor.
Überlagern sich Wellen gleicher Frequenz, so verstärken sie sich bei gleicher Phase. Die Amplitude der resultierenden Welle ist gleich der Summe der Ausgangsamplituden (Abb. C, I). Sie schwächen sich ab bei entgegengesetzter Phase (Abb. C, II) und löschen sich im Extremfall aus, nämlich bei einer Phasenverschiebung von 180° und gleicher Amplitude (Abb. C, III).
Überlagern sich Wellen mit verschiedener Frequenz und Amplitude, so entstehen komplizierte Wellenformen, die sich nach dem Fourierschen Satz analysieren lassen (vgl. S. 16, Abb. A).
Überlagern sich zwei Wellen mit geringem Frequenzunterschied, so entstehen *Schwebungen.* Die Amplitude der resultierenden Welle schwankt periodisch als (Amplituden-) *Vibrato*, was als An- und Abschwellen der Lautstärke z. B. beim Stimmen von Saiteninstrumenten hörbar wird (Abb. C, IV).

Stehende Quer- und Längswellen
entstehen durch Überlagerung gegenläufiger Wellen gleicher Länge und Amplitude (vor allem in Ton erzeugenden Körpern). Sie haben *Schwingungsknoten* (K), in denen Ruhe herrscht, und *Schwingungsbäuche* (B) mit maximaler Geschwindigkeit bzw. Schwingungsweite der Teilchen. Der Abstand von Knoten zu Knoten beträgt eine halbe Wellenlänge. Bei Längswellen wechseln an den Knoten Dichte und Druck am stärksten. Eine stehende Welle wechselt ständig zwischen zwei Extremzuständen (Abb. D, 1 und 2).

Ein- und Ausschwingvorgänge
Bei einer gedämpften Welle nimmt die Amplitude durch Reibungs- und Wärmeenergieverlust ab. Die Welle läuft aus. Die dazu benötigte Zeit heißt *Ausschwingzeit.* Umgekehrt entsteht durch Energiezufuhr eine *erzwungene* Welle. Die Zeit bis zum Erreichen der vollen Amplitude heißt *Einschwingzeit.* Ein- und Ausschwingzeit sind mitverantwortlich für die Klangfarben. Wellen mit gleich bleibender Amplitude sind *ungedämpft*, z. B. beim Dauerton (Abb. F).

Schwingende Saiten und Luftsäulen (Abb. E)
Die Frequenz der Saitenschwingung f_s hängt ab von der Saitenspannung P, der Dichte r, dem *Querschnitt* Q und der Länge l nach $f_s =$ ($\frac{1}{2}$ l) $\sqrt{P/(r \cdot Q)}$. Sie ist also umgekehrt proportional zur Saitenlänge. Schwingt eine Saite in der ganzen Länge l, so erklingt der tiefstmögliche Ton (Grundton), wobei $l = \lambda/2$ ist. Teilt man die Hälfte der Saite ab oder bildet man in der Saitenmitte einen Knoten (Flageolett durch leichten Fingeraufsatz), so wird $l = \lambda$; das Schwingungsverhältnis beträgt dann 2:1, die Frequenz verdoppelt sich, es erklingt die Oktave. Drittelt man die Saite, so erhält man $l = \frac{3}{2} \lambda$ und damit die Quinte (3:2), entsprechend weiterteilend die Quarte (4:3), die große Terz (5:4) usw. Die unterschiedlichen Schwingungszustände finden sich sogar gleichzeitig überlagert als Obertöne des Grundtons (s. S. 88).
Die gleichen Schwingungsverhältnisse gelten für schwingende Luftsäulen von der Länge l nach $f_l = c/2$ l bei offenen und $f_l = c/4$ l bei einseitig geschlossenen, sog. *gedackten* Röhren (also halbe Länge bei gleicher Tonhöhe), ohne Berücksichtigung des Radius und der Mündung; c ist dabei die (konstante) Schallgeschwindigkeit. Die stehende Welle in der offenen Röhre hat an beiden Enden einen Wellenbauch, in der gedackten Röhre am geschlossenen Ende stets einen Knoten (größte Dichte). Daraus ergibt sich für die beidseitig offene Röhre die Folge $l = \frac{1}{2} \lambda$, $\frac{2}{2} \lambda$, $\frac{3}{2} \lambda$, $\frac{4}{2} \lambda$, usw., für die gedackte die Folge $l = \frac{1}{4} \lambda$, $\frac{3}{4} \lambda$, $\frac{5}{4} \lambda$ usw., d. h. offene Röhren liefern alle Naturtöne, gedackte nur die ungradzahligen.

16 Akustik/Tonparameter, Schall

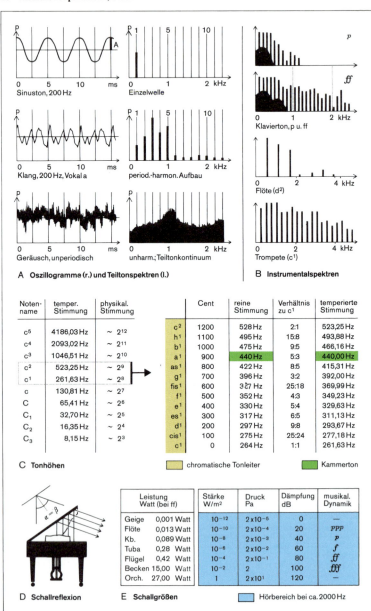

A Oszillogramme (r.) und Teiltonspektren (l.)   B Instrumentalspektren

Noten-name	temper. Stimmung	physikal. Stimmung
c^5	4186,03 Hz	$\sim 2^{12}$
c^4	2093,02 Hz	$\sim 2^{11}$
c^3	1046,51 Hz	$\sim 2^{10}$
c^2	523,25 Hz	$\sim 2^9$
c^1	261,63 Hz	$\sim 2^8$
c	130,81 Hz	$\sim 2^7$
C	65,41 Hz	$\sim 2^6$
C_1	32,70 Hz	$\sim 2^5$
C_2	16,35 Hz	$\sim 2^4$
C_3	8,15 Hz	$\sim 2^3$

	Cent	reine Stimmung	Verhältnis zu c^1	temperierte Stimmung
c^2	1200	528 Hz	2:1	523,25 Hz
h^1	1100	495 Hz	15:8	493,88 Hz
b^1	1000	475 Hz	9:5	466,16 Hz
a^1	900	440 Hz	5:3	440,00 Hz
as^1	800	422 Hz	8:5	415,31 Hz
g^1	700	396 Hz	3:2	392,00 Hz
fis^1	600	357 Hz	25:18	369,99 Hz
f^1	500	352 Hz	4:3	349,23 Hz
e^1	400	330 Hz	5:4	329,63 Hz
es^1	300	317 Hz	6:5	311,13 Hz
d^1	200	297 Hz	9:8	293,67 Hz
cis^1	100	275 Hz	25:24	277,18 Hz
c^1	0	264 Hz	1:1	261,63 Hz

C Tonhöhen   chromatische Tonleiter   Kammerton

	Leistung Watt (bei ff)	Stärke W/m²	Druck Pa	Dämpfung dB	musikal. Dynamik
Geige	0,001 Watt	10^{-12}	2×10^{-5}	0	—
Flöte	0,013 Watt	10^{-10}	2×10^{-4}	20	*ppp*
Kb.	0,089 Watt	10^{-8}	2×10^{-3}	40	*p*
Tuba	0,28 Watt	10^{-6}	2×10^{-2}	60	*f*
Flügel	0,42 Watt	10^{-4}	2×10^{-1}	80	*ff*
Becken	15,00 Watt	10^{-2}	2	100	*fff*
Orch.	27,00 Watt	1	2×10^1	120	—

D Schallreflexion   E Schallgrößen   Hörbereich bei ca. 2000 Hz

Klangfarben, Tonhöhen, Schall

Akustik/Tonparameter, Schall 17

Ton, Klang, Geräusch, Knall

Eine einzelne Sinusschwingung ergibt einen »reinen« **Ton** (nur elektronisch herstellbar). Der »natürliche« Ton ist physikalisch gesehen bereits ein **Klang;** er besteht aus einer Summe von *Sinustönen,* die als Teil- oder Partialtöne zu einem Ganzen verschmelzen. Dementsprechend zeigt das Oszillogramm des »reinen« Tones eine einfache Sinuskurve, das des »natürlichen« Tones aber eine komplizierte Überlagerungskurve.

Auftreten und Aufbau der Teiltonreihe ist naturbedingt (Reihe s. S. 88).

Man kann die Teiltöne aus der Überlagerungskurve errechnen oder experimentell erfassen und im *Klangspektrum* sichtbar machen. Dieses Spektrum gibt jeweils ihren Teiltonort auf der Frequenz-Ordinate (Tonhöhe) und die Größe ihrer Amplitude auf der Schalldruck-Abszisse (Lautstärke) an. Die Klangspektren in Abb. A zeigen für den *Sinuston* nur einen Teilton, für den *Klang* hingegen die ersten 12 Teiltöne.

Der tiefste Teilton (Grundton) bestimmt die Frequenz des (natürlichen) Tones (in Abb. A 200 Hz). Die Obertöne hingegen bilden je nach Zusammensetzung und durch erzeugerbedingte Resonanzverstärkung gewisser Obertonbereiche, sog. *Formanten,* die Klangfarbe. So unterscheidet sich die Klangfarbe des gesungenen Vokales a in Abb. A stark von den Tönen in Abb. B. Weiche Klänge (Flöte) zeigen ein obertonarmes Spektrum, grelle dagegen ein obertonreiches. Auch die Dynamik verändert das Teiltonspektrum (Klavierton in Abb. B).

Die Schwingungen selbst verlaufen bei Tönen und Klängen stets periodisch. Aber nicht nur Anzahl und Stärke der Teiltöne, sondern auch das Verhältnis ihrer Schwingungszahlen zueinander bestimmen die Art der Klangerscheinung. Das Verhältnis ist

– *harmonisch,* d. h. ausdrückbar in ganzzahligen Proportionen wie 1:2:3 usw., bei natürlichen *Tönen* bzw. *Klängen* und deren Kombination in *Zusammenklängen* (Akkorden); harmonisch schwingen Saiten, Pfeifen usw.;

– *unharmonisch,* d. h. ausdrückbar in Bruchproportionen wie 1:1, 1:2, 2 usw., bei *Ton-* und *Klanggemischen,* wie sie Glocken, Platten, Stäbe und andere dreidimensional schwingende Körper abstrahlen.

Beim **Geräusch** sind die Schwingungen *unperiodisch* und seine Teiltonfolge *unharmonisch,* zudem sehr dicht bis zum Teiltonkontinuum. Geräusche liegen höhenmäßig durch stark hervortretende Formantbereiche nur ungefähr fest. Das sog. »weiße Rauschen« erstreckt sich gleichmäßig über die ganzen Hörbereich (Abb. A).

Beim **Knall** handelt es sich um unperiodische, kurze Schwingungsimpulse. Die Klangfarbe dieser Impulse hängt von ihrer Dauer ab.

Tonhöhe

Die relativen Intervallverhältnisse werden an absolute Tonhöhen geknüpft. So wurde der **Kammerton a**[1] auf *440 Hz* bei 20 °C festgelegt (2. Intern. Stimmtonkonferenz, London 1939). Das *Cent-System* (ELLIS, 1885) teilt den temperierten Halbtonschritt in 100, die Oktave in 1200 Cent ein, um nicht temperierte (vor allem außereuropäische) Tonabstände zu beschreiben (vgl. S. 89).

Die *reine Stimmung* folgt den natürlichen Intervallproportionen. Die *temperierte Stimmung* teilt die Oktave mathematisch in 12 Abstände von je $\sqrt[12]{2}$.

Schallgrößen (Abb. E)

Die Leistung einer Schallquelle (in Watt) ist außerordentlich gering. Zum Vergleich: Es müssten 200 Tubaspieler *ff* blasen, um eine Schalleistung zu erzeugen, die einer 60-Watt-Glühbirne entspricht. Dem steht eine außerordentliche Empfindlichkeit des Ohres gegenüber (vgl. S. 19). Die *Schalleistung* verteilt sich räumlich um die Schallquelle. Die *Schallstärke* oder *Intensität J* nimmt daher im Quadrat der Entfernung ab. Ihre Einheit berücksichtigt die durchsetzte Fläche (Watt/m²; $J = (\frac{1}{2}c) \cdot A^2$).

Der *Schalldruck* entspricht dem Wechseldruck, den die Moleküle ausüben (Pa, am gemessen in μbar): Er ist dem Quadrat der Amplituden proportional.

Schalleistung, -stärke und *-druck* differieren stark (Angaben in Zehnerpotenzen). Daher wählte man als Maß das logarithmische *Dezibel* (dB) für die Schallpegeldifferenz D zweier Schallstärken J_1 und J_2 ($D = 20 \log_{10} J_1/J_2$). Das Dezibel entspricht bei 1000 Hz dem Phon.

Resonanz

Da Systeme mit gleicher Eigenfrequenz wie auf sie treffende Schallwellen zum Mitschwingen angeregt werden (Resonanz), können geringe Schallleistungen durch Resonatoren mittels Aliquotsaiten oder Hohlkörper (z. B. Violinkorpus) verstärkt und die Schallabgabe an die Luft begünstigt werden. Die *Schallgeschwindigkeit* ist medien- und temperaturbedingt. Sie beträgt bei 20 °C in Kork 500, Wasser 1480, Holz bis zu 5500, Eisen 5800 und Luft 340 (bei 0 °C 331,6) m/sec.

Schall im Raum

Schallwellen werden absorbiert oder reflektiert. Für die Reflexion gilt Einfall- gleich Ausfallwinkel. So lassen sich Schallwellen bündeln, in die gleiche Richtung schicken und dadurch scheinbar verstärken (Abb. D). Interferenz von Schallwellen bedingt im Raum unterschiedlich gute Hörplätze. Raumakustik ist wegen ihrer Kompliziertheit vielfach noch auf Experimente angewiesen. Auch Publikumsbesetzung spielt eine Rolle: Einer Person entspricht ca. ½ m² Schallabsorptionsfläche.

18 Gehörphysiologie/Gehörorgan, Hörvorgang

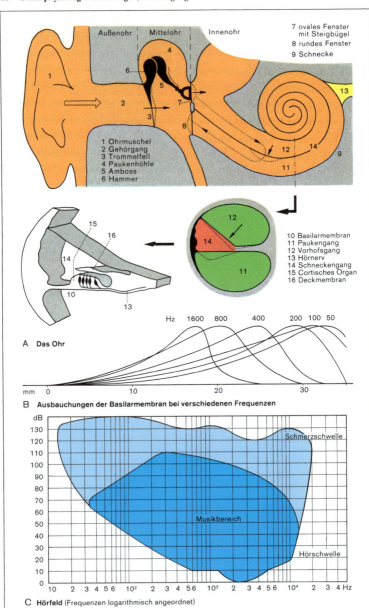

A Das Ohr

B Ausbauchungen der Basilarmembran bei verschiedenen Frequenzen

C **Hörfeld** (Frequenzen logarithmisch angeordnet)

Ohr und Hörbereich

Gehörphsiologie/Gehörorgan, Hörvorgang 19

Anatomie des Ohres
Das Ohr umfasst drei Großteile: Außen-, Mittel- und Innenohr (Abb. A).
Das Außenohr fängt Schall auf, wobei der Gehörgang als Resonator die Schallwellen 2- bis 3fach verstärkt.
Das Mittelohr überträgt den Schall weiter: Das Trommelfell vermittelt die Druckschwankungen an die Gehörknöchelchen in der luftgefüllten Paukenhöhle. Es reagiert noch auf Amplituden von 10^{-9} cm ($\frac{1}{10}$ des Durchmessers eines Wasserstoffatoms) bei einem ppp-Ton von 3000 Hz. Die Gehörknöchelchen *Hammer, Amboss* und *Steigbügel* dämpfen die Schwingungen im Verhältnis von 1,3:1 bei einer Kräftesteigerung von 1:20 und leiten sie ins ovale Fenster.
Das Innenohr besteht aus dem Vestibularapparat mit den drei Bogengängen des Gleichgewichtssinnes und der *Schnecke* (*Cochlea*) mit dem Gehörorgan. Die Schnecke enthält zwei mit Perilymphe gefüllte Gänge:
– den *Vorhofgang* (*scala vestibuli*), ausgehend vom ovalen Fenster, in dem der Steigbügel sitzt, und
– den *Paukengang* (*scala tympani*), ausgehend vom runden Fenster mit Membranverschluss zur Paukenhöhle.
Beide Gänge sind nur in der Schneckenspitze miteinander verbunden (*Helicotrema*), im Übrigen aber durch den dreiseitigen, mit Endolymphe gefüllten sog. *Schneckengang* getrennt. In diesen liegen auf der 35 mm langen, am ovalen Fenster 0,04, an der Schneckenspitze 0,49 mm breiten *Basilarmembran*, überdacht von einer Deckmembran, etwa 3500 Haarzellengruppen mit je einer inneren und 3 bis 4 äußeren Zellen nebeneinander: die Sinneszellen des *Cortischen Organs*.

Die Tonhöhenempfindung
Druckwellen in der Perilymphe des Vorhofganges bauchen den Schneckengang aus. Diese Ausbauchung läuft als stark gedämpfte Welle vom ovalen Fenster bis zur Schneckenspitze (ohne Reflexion). In der maximalen Ausbauchung werden die Sinneszellen des Cortischen Organs am stärksten erregt. Sie liegt bei hohen Tönen nahe am ovalen Fenster und umgekehrt. Die Tonhöhenempfindung hängt demnach vom Ort der maximal erregten Sinneszellen aber der insgesamt schwingenden Basilarmembran ab (Abb. B).
Der **Hörbereich** liegt zwischen 16 und 20 000 Hz (Abb. C). Er nimmt im Alter stark ab. Die räumliche Verteilung auf der Basilarmembran entspricht etwa dem Logarithmus der Frequenz, wobei der Mittelbereich weiter auseinander gezogen ist. Die Tonhöhenunterscheidung gelingt daher zwischen 1000 und 3000 Hz am besten (0,3% = $\frac{1}{40}$ Ganzton).
Das Mittelohr überträgt nur Frequenzen bis 2000 Hz. Alle höheren werden durch die **Knochen** übertragen. Die Basilarmembran gerät in Schwingung durch Druckdifferenz zwischen den Skalen und Ausbuchten des beweglichen Verschlusses der *scala tympani* bei
– allseitiger Kompression der Schnecken-Knochenwand oder bei
– Relativverschiebung von Gehörknöchelchen und Schnecke durch Beschleunigung des Innenohres bei Schwingung der Schädelknochen.
Die Knochenleitung ist beim Hören der eigenen Stimme besonders deutlich zu empfinden. In der Perilymphe entstehen zusätzliche Schwingungen aus nichtlinearen, asymmetrischen Verzerrungen im Mittel- und Innenohr, die als subjektive oder Ohr-Partialtöne gehört werden. Ähnlich entstehen zusätzliche Schwingungen durch Überlagerung, sog. *Kombinationstöne*, und zwar als *Differenz-* und *Summationstöne* entsprechend der Schwingungszahldifferenz oder -summe der Grundtöne. Die Tonhöhe wird bestimmt durch die jeweils längste Schwingung.
Als Eigenmaß für die Tonhöhenempfindung dient das **Mel**, wobei definitionsgemäß 1000 mel = 1000 Hz bei 0,002 Pa (40 dB) sind.

Die Lautheitsempfindung
Das Ohr unterscheidet etwa 325 Lautstärkestufen. Die subjektive Lautstärke (*Lautheit*) wird in Phon gemessen. Definitionsgemäß ist bei 0 Phon der Normalton von 1000 Hz gerade nicht mehr hörbar. Es sind dann: der *Schalldruck* am Trommelfell $2 \cdot 10^{-5}$ Pa (= 0 dB), die *Schallleistung* 10^{-12} W/m, die *Schallamplitude* am Trommelfell 10^{-9} cm, an der Basilarmembran 10^{-10} cm, an den Schädelknochen $5 \cdot 10^{-10}$ cm. Den Phonwert L einer Schallquelle erhält man durch Vergleich mit dem gleich laut geschalteten Normalton der Schallstärke J nach $L = 10$ lg J/J_0. Die Phonskala ist also dem Logarithmus der wirklichen Schallstärke proportional.
Schädlichkeitsgrenzen: kurze Belastung bei 90 phon, Dauerbelastung bei 75 phon. Schmerzschwelle: 130–140 phon.
Eigenmaß der Lautheitsempfindung ist das *Sone*: 1 sone = Lautheit des Normaltons bei 40 dB, 2 sone doppelt so laut etc. Das Lautheitsempfinden hängt auch von der Zeit ab. Die Einhörzeit bis zur vollen Lautstärke beträgt 0,2 sec, die Aufhörzeit 0,14 sec. Nach 2 min sinkt die Lautheit um 10 dB (*Adaption*) und bleibt dann nahezu konstant. Zuweilen löscht ein Hörvorgang einen anderen durch Adaption im Cortischen Organ und durch mechanische Schwingungsbeeinflussung in der Perilymphe aus (*Verdeckung*).

Übertragung zum Gehirn
30 000 Nervenfasern vermitteln durch elektrische Impulse (sog. *Aktionspotenziale*, bis 900 Hz je Faser) 1500 Tonhöhenunterschiede und 325 Stärkestufen, also ca. 340 000 Werte von den Orten auf der Basilarmembran über den Hörnerv zum Gehirn. Die Summe aller Impulsfrequenzen macht dabei die Lautheit aus.

20 Hörpsychologie/Gehörerscheinungen, Gehöranlagen

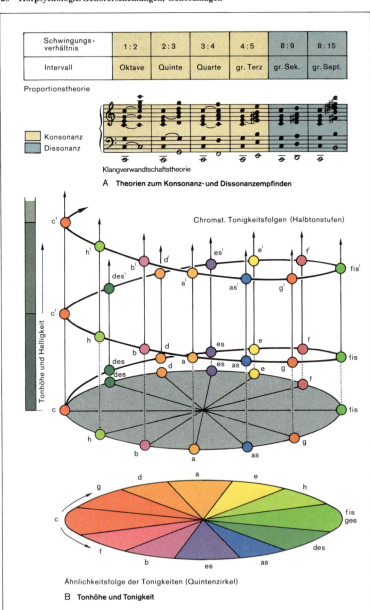

Konsonanztheorie und Tonqualitäten

Die **Hörpsychologie** (früher *Tonpsychologie*) beschäftigt sich einerseits mit Aufnahme und Bewertung der Informationen beim Hören, d. h. mit der Psychologie der Gehörerscheinungen, andererseits mit den Gehöranlagen.

Die Gehörerscheinungen bilden empfindungsmäßig entsprechend ihrer akustischen Grundlage zwei Gruppen: Geräusch/Knall und Ton/Klang. Geräusche gelten als rauh, stoßhaft, Töne und Klänge als einheitlich, glatt.

Der Toncharakter
Die Frequenzskala wird nicht als Reihe gleichwertiger Qualitäten gehört, sondern vom Oktavenphänomen durchkreuzt. So wird eine gewisse Eigenheit von c^1 in c^2 (von d^1 in d^2 usw.) wieder erkannt und entsprechend benannt. Diese gewisse Toneigenart oktavverwandter Töne (»c-igkeit«, »d-igkeit«) bleibt trotz Höhenunterschied erhalten. Man unterscheidet daher im Toncharakter das lineare Moment der *Tonhöhe* oder *Helligkeit*, und das zyklische der *Oktavengleichheit* oder *Tonigkeit*. Das Oktavenphänomen gilt als naturgegeben:
– Derselbe Ton wird physiologisch von Frauen und Männern verschieden erzeugt. Er erklingt trotz seiner Gleichheit im Oktavabstand.
– Die Oktave ist der erste Oberton über dem Grundton. Beide stehen im einfachsten Schwingungsverhältnis 2:1.
Ordnet man die Tonigkeiten nach ihrer Hörähnlichkeit, so ergibt sich der Quintenzirkel (wegen der natürlichen Quintverwandtschaft als zweiter Verwandtschaftsgrad nach der Oktave wie auch als Folge spezifisch abendländischer Hörgewohnheit). In Abb. B wurden der Tonigkeit die Farben des Farbkreises zugeordnet. Bei Halbtonanordnung in chromatischer Abfolge erscheinen die oktavgleichen Töne jeweils über ihrem Farbsegment, mit zunehmender Höhe (Helligkeit) eine Spirale bildend.
Bei sehr hohen und tiefen Frequenzen tritt die Wahrnehmung der Tonigkeit hinter der Helligkeit zurück. Hingegen werden andere tonpsychologische Dimensionen deutlich, nämlich *Volumen, Gewicht* und *Dichte*:
– Tiefe Töne gelten als groß, voluminös und bauchig, als schwer, plump und behäbig, als porös, stumpf und weich.
– Hohe Töne gelten als klein, schmal und schlank, als ätherisch, leicht und wendig, als spitz, fest und kantig.
Bei einfachen Sinustönen wird noch eine frequenzabhängige *Lautqualität* wahrgenommen: unter 130 Hz als stimmhafter Konsonant (m,n), von ca. c^1–c^5 als Vokal (in der Folge u,o,a,e,i), über 8200 Hz als stimmloser Konsonant (f,s).

Klang, Intervall, Akkord
Die Tonqualitäten lassen sich weitgehend auf den Klang übertragen. Es tritt jedoch noch ein raumhaftes Moment hinzu, das mit der Klangfarbe zusammenhängt. So klingt ein Tenor z. B. »näher« als ein Sopran bei gleichem Ton (analog etwa zu vorspringenden warmen Farben vor kalten in derselben Ebene).
Im **Intervall** wird Helligkeit zur Distanz oder Breite, Tonigkeit zur Intervallfarbe. Der Sonanzcharakter des Intervalls hängt ab von der Lage, da die Empfindung der Tondistanzen über das Frequenzband ungleichmäßig verteilt ist (*mel*-Skala). Entsprechendes gilt vom **Akkord** bzw. **Mehrklang.** Er besitzt Klangbreite infolge der Tonigkeiten der Einzeltöne, ferner Gefügequalitäten (Außen- und Binnenbreite), Fülle (enge und weite Lage) und spezifische Akkordhelligkeit (z. B. Dur: hell, Moll: dunkel). Die raumhaften Qualitäten der Töne und Klänge führten zur Annahme eines *tonpsychologischen Raumes* (KURTH).

Kon- und Dissonanz
Intervalle werden als wohlklingend (*konsonant* = zusammenklingend) oder spannungsvoll (*dissonant* = auseinander klingend) empfunden. Wichtigste Erklärungstheorien sind:
1. Die **Proportionstheorie** (nach PYTHAGORAS): Je einfacher das Schwingungsverhältnis zweier Töne, desto konsonanter ist ihr Intervall (Abb. A). Störend in dieser Theorie sind die komplizierten Schwingungsverhältnisse der temperierten Stimmung (z. B. der konsonanten Quinte von 293:439).
2. Die **Klangverwandtschaftstheorie** (HELMHOLTZ): Zwei Töne sind konsonant, wenn ein oder mehrere ihrer Obertöne (bis zum 8. Partialton) zusammenfallen. Der 7. Partialton muss, leider unbeachtet bleiben (Abb. A).
3. Die **Tonverschmelzungstheorie** (STUMPF): Zwei Töne sind umso konsonanter, je mehr (ungeschulte) Hörer sie als einen einzigen empfinden (Oktav: 75%, Quint: 50%, Quart: 33%, Terz: 25%). Kon- und Dissonanz ist demnach ein Quantitäts-, kein Qualitätsunterschied.
4. Die neuere **Ohrpartial-** und **Residualtontheorie:** Entscheidend sind die *Ohrpartial*- (REINECKE/WELLEK) und *Residualtöne* (SCHOUTEN), die bei koinzidierenden Obertönen in der Perilymphe entstehen. Die Theorie von HELMHOLTZ gewinnt dadurch neuartig Geltung.

Gehöranlagen
Außer dem physischen äußeren Gehör gibt es das psychische *innere Gehör,* das auf Vorstellung und Gedächtnis beruht und oft auch bei Ausfall des äußeren Gehörs funktioniert (BEETHOVEN, SMETANA u. a.). Das *absolute Gehör* beruht auf einem Dauergedächtnis für bestimmte Eigenarten von Tönen, Akkorden, Tonarten und vermag diese ohne Vergleichston wieder zu erkennen. Es ist Symptom, aber nicht Bedingung für Musikalität. Musikalisch wichtig dagegen ist das *relative Gehör,* das von einem Vergleichston ausgehend Intervalle abmisst.

22 Stimmphysiologie/Physiologie, Akustik

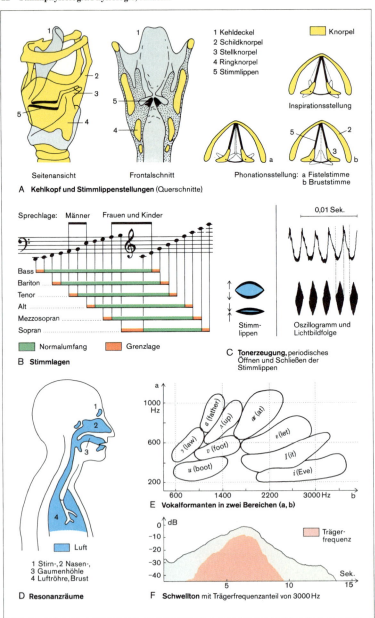

Kehlkopf, Tonerzeugung und -umfang, Resonanz

Stimmphysiologie/Physiologie, Akustik 23

An der Tongebung der menschlichen Stimme sind beteiligt:
- die Atemmuskulatur des Brustkorbs mit der Lunge als *Luftgeber,*
- die Stimmlippen im Kehlkopf als *Schwingungserzeuger,*
- die Hohlräume u. a. von Stirne, Nase, Mund, Luftröhre und Lunge als *Resonatoren.*

Die Lunge, ein schwammartiges Organ aus kleinen Bläschen, liegt zwischen den Rippen und dem Zwerchfell. Sie wird beim Einatmen von den Zwischenrippenmuskeln quer (*kostal*) und von den Zwerchfellmuskeln längs (*abdominal*) gedehnt. Entspannen derselben Muskeln führt zum Ausatmen. Der Luftinhalt der Lungen beträgt ca. 3,5–6,7 l. Davon werden beim normalen Atmen 0,5 l, bei tiefstem Atmen 2–6 l gewechselt, während 0,7 l als Residualluft ständig in der Lunge bleiben. Zum Singen ist die Beherrschung der Atemmuskulatur bis zu minimalster Druckänderung notwendig.

Im Kehlkopf mündet die Luftröhre in die elastischen *Stimmlippen,* die den Ton erzeugen. Der Kehlkopf besteht aus dem großen, beim Mann als Adamsapfel tastbaren *Schildknorpel,* dem beweglichen *Ringknorpel* mit den beiden *Stellknorpeln* und dem *Kehldeckel.* Die Stimmlippen spannen sich zwischen dem Schildknorpel und den dreh- und kippbaren Stellknorpeln. Eine Reihe von Muskeln, vor allem der Letzteren, sorgen für unterschiedliche Spannung und Stellung der Stimmlippen (Abb. A):
- weit geöffnet und entspannt bei ruhigem Atmen ohne Ton; die Stellknorpel stehen auseinander (Inspirationsstellung);
- geschlossen und stark gespannt mit Öffnung zwischen den Stellknorpeln bei hauchiger, hoher Fistelstimme;
- geschlossen mit Spannungswechsel bei Bruststimme, wobei die Stellknorpel aneinander rücken.

Die Stimmlippen selbst sind Bänder (»Stimmbänder«) mit einem Binnenmuskel, der Spannung und Form der Bandränder variiert: bei Bruststimme schwulstig und gut dichtend, bei Kopfstimme kantig und fest, sodass mehr Luft entweichen kann.
In Phonationsstellung sind die Stimmlippen geschlossen. Mit steigendem Luftdruck öffnen sie sich kurz und schließen sich nach Passieren eines Luftstoßes wieder. Dieser Vorgang geschieht periodisch und führt zur Tonbildung (obertonreiche Überlagerungskurve, Abb. C). Das Schließen der Bänder vollzieht sich durch Eigenelastizität, das Öffnen nach der myoelastischen Theorie automatisch, frequenzbestimmt durch verschiedene Längs- und Querspannung sowie durch den variablen Luftdruck, nach der neuromuskulären Theorie (HOUSSON, 1950) durch nervliche Steuerung. Bei schlagartigem Öffnen entsteht ein kurzer Knall (»Glottisschlag«).

Die Tonhöhe hängt von der Spannung und von der Länge der Stimmbänder ab. In der Pubertät wächst der Kehlkopf mit einer Stimmbandverlängerung, die bei Knaben die Tonhöhe um eine Oktave, bei Mädchen um 2 bis 3 Töne absinken lässt. Das Kehlkopfwachstum entfällt bei Kastraten, deren Stimme hell bleibt.
Die Resonanzräume (Abb. D) sind für die Klangfarbe der Stimme verantwortlich: unterhalb des Kehlkopfes Luftröhre und Lungenraum (wichtig für die tieferen Frequenzen), oberhalb Gaumen-, Nasen- und Stirnhöhle sowie der Schädel mit Schallabstrahlung durch die Knochen (wichtig für die höheren Frequenzen). Entsprechend erstreckt sich die Stimme bei einem Normalumfang von ca. 2 (in Ausnahmefällen bis zu 6) Oktaven über verschiedene Register (*Brust-, Mittel-, Kopfstimme*).
Die Sprechlage umfasst etwa eine Quinte und differiert bei Männern und Frauen bzw. Kindern um eine Oktave (Abb. B).
Die Eigenfrequenzen der Resonanzräume liegen weitgehend oberhalb von 1200 Hz. Sie allein klingen beim Flüstern, während bei stimmhaftem Sprechen und beim Singen Kehlkopftonhöhe und Eigenhöhe der Resonanzräume sich überlagern.
Von den Resonanzräumen ist die Mundhöhle mit willkürlicher Öffnung und Zungenstellung am wichtigsten, vor allem für die Bildung der Vokale, deren Formanten in zwei Obertonbereichen liegen (Abb. E).
Die Stimmqualität hängt von der Zahl der Obertöne ab (unter 9 stumpf, über 14 schrill). Sie erhöht sich bei guter Atemstütze. – Da die Stimme ein schwingfähiges System bildet, ist es möglich, einen Ton bei richtiger Luftdruckgebung ohne Energiesteigerung aufgrund des Resonanzprinzips stark anschwellen zu lassen. Die Frequenz von 3000 Hz als eine Art Trägerfrequenz hat an einem solchen Schwellton besonderen Anteil (Abb. F).
Über die äußere Tonhöheneinteilung führen Klangfarbe und Darstellungstyp in der Praxis zu den sog. **Stimmfächern,** die sich je nach Begabung auch überschneiden können. Man unterscheidet u. a.:
- **Bass:** Seriöser Bass (*Zauberflöte:* Sarastro), Charakterbass (*Così:* Alfonso), schwerer und leichter Bassbuffo (*Entführung:* Osmin)
- **Bariton:** Heldenbariton (*Meistersinger:* Sachs), Charakterbariton (*Fidelio:* Pizzarro), lyrischer Bariton (*Barbier:* Figaro)
- **Tenor:** Heldentenor (Tristan), lyrischer Tenor (*Zauberflöte:* Tamino), Tenorbuffo (*Entführung:* Pedrillo)
- **Dramatischer Alt:** (*Maskenball:* Ulrica)
- **Mezzosopran:** (Carmen)
- **Sopran:** dramatischer Sopran (*Tristan:* Isolde), lyrischer Sopran (*Freischütz:* Agathe), Koloratursopran (*Zauberflöte:* Königin der Nacht), Soubrette (*Freischütz:* Ännchen).

24 Instrumentenkunde/Einführung

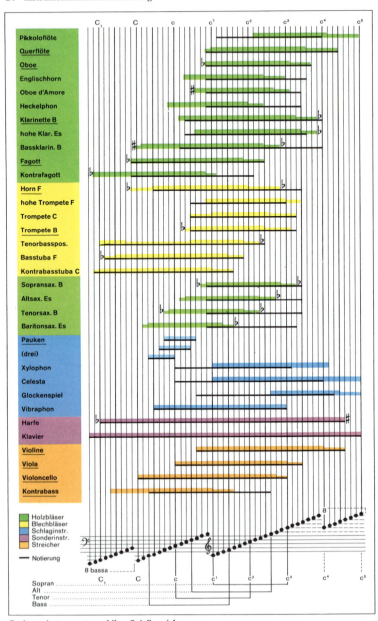

Orchesterinstrumente und ihre Spielbereiche

Instrumentenkunde/Einführung 25

Musikinstrumente sind alle Schallerzeuger, die der Verwirklichung musikal. Ideen und Ordnungen dienen. Die mechan. Musikinstr. und ihre Spielweise sind dabei abhängig vom menschl. Körper und seinen beiden Grundmöglichkeiten, der *Gliederbewegung* und der *Atemgebung*. Dementsprechend erstreckt sich das Feld des für die Musik erzeugten Schalles vom *kurzen Schlag* bis zum *langen Ton*, d. h. von den reinen Rhythmus- bis zu den Melodieinstr. Die Letzteren orientieren sich im Klang und Ausdruck oft an der menschl. Stimme, die in Primitivkulturen, aber auch für lange Zeit in den Hochkulturen über alle Instrumente gestellt wurde. Eine selbstständige Instrumentalmusik kommt im Abendland erst im Barock zur Blüte.

Bei der Entstehung und dem Gebrauch von Musikinstrumenten spielten magische und kultische Bedürfnisse eine entscheidende Rolle. Der untastbare und unsichtbare Ton hat in seiner Flüchtigkeit etwas Immaterielles, das imstande ist, die Umwelt zu bezaubern, Geister und Götter zu beschwören. Erst in den Hochkulturen, und auch dort erst spät, tritt das Instrumentarium in den Dienst ästhetischen Ausdrucks.

Musikinstrumente hat es offenbar immer und überall gegeben. SACHS schließt nach der Form der Instr. auf drei Kulturkreise als Entstehungszentren: Ägypten-Mesopotamien, chines. Altertum und Zentralasien. Wanderwege der Instr. lassen sich vor allem im außereurop. Raum nur schwer nachweisen. Zum zeitlichen Auftreten der Musikinstr. s. S. 158.

Die abendländ. Musikinstrumente gehen nahezu alle auf die antiken Hochkulturen zurück. Der Zustrom erfolgte im frühen MA. aus dem Vorderen Orient über Byzanz (Balkan, Italien) und durch den Islam (über Sizilien und Spanien). Die Möglichkeiten der Vermittlung sind so zahlreich und vielschichtig, dass sie sich im Einzelnen nur schwer rekonstruieren lassen (Handel, Kriege, Kreuzzüge usw.). Spezifisch abendländ. ist zwar nicht die Erfindung, aber die ausgedehnte Weiterentwicklung der **Streichinstrumente** (ab ca. 8/9. Jh.). Die Musikinstrumente zeigen sich im ganzen MA. relativ unverändert, erst in der Renaissance werden die Tiefe ausgebaut (*Bassinstrumente*) und ganze Instrumentalfamilien gebildet. Weitere Perfektion der Musikinstrumente bringt das Barock. Bemerkenswert bleibt, dass im Wesentlichen das alte Instrumentarium beibehalten, keine neuen Instrumente »erfunden« wurden. Allerdings ist der Weg von einer arab. Rebâb oder einer mittelalterlichen Streichlaute zu einer Violine STRADIVARIS weit.

Die antiken Hochkulturen haben die unterschiedlichsten, z. T. wertenden **Gliederungen** vorgenommen.

Im **Mittelalter** standen die Saiteninstr. wegen ihrer Demonstrationsrolle in der Theorie (Intervallproportionen auf dem Monochord) an erster, die Schlaginstr. an letzter Stelle.

In der **Renaissance** führen die Blasinstr., im **Barock** übernehmen die mehrst. Akkordinstr. wie Laute und Cembalo die Führung. Soziologisch blieben bestimmte Instr. bestimmten Kreisen vorbehalten, so die Pauke und Trompete dem Ritterstand bzw. dem Adel, im Heer den Reitern (sogar im 19. Jh. noch der Kavallerie), Flöte und Trommel dem Volk (im Heer der Infanterie). – Das **18.** und **19. Jh.** brachten entscheidende technische Fortschritte auf dem Gebiet der Spielmechanik (Klappensysteme, Ventile). Führend wurden die Melodieinstr. – Das **20. Jh.** bringt eine Erweiterung des Schlagzeugs und als Neuerung die elektr. Musikinstr.

Im 19. Jh. begann die systemat. **Sammlung** von Musikinstr. und mit ihnen die Erstellung von Katalogen, welche alle, auch die räumlich und zeitlich entlegensten Instrumente zu beschreiben, historisch zu entwickeln und systematisch zu ordnen suchten. Am überzeugendsten gelang dies nach MAHILLON (1884) HORNBOSTEL und SACHS (1914).
Das gliedernde Prinzip ist primär die Art der Tonerzeugung, sekundär Spielweise und Bau. Die mechanischen Musikinstr. bilden dabei vier Großgruppen, die im Folgenden modifiziert übernommen werden. Hinzu kommen die physikalisch als fünfte Gruppe:
1. **Idiophone** (Selbstklinger): Schlaginstr. ohne Fell, Rasseln usw. (S. 26 ff.).
2. **Membranophone** (Fellklinger): Trommeln und Pauken (S. 32).
3. **Chordophone** (Saitenklinger): Instr. mit schwingenden Saiten (S. 34 ff.).
4. **Aerophone** (Luftklinger): Blasinstr., Orgeln, Harmonikas usw. (S. 46 ff.).
5. **Elektrophone** (»Stromklinger«): Instr. mit Spielapparat und Lautsprechern (S. 60 ff.).
Die (Orchester-)Praxis teilt die Musikinstr. nach ihrer Spielart in drei Gruppen:
– **Streichinstr.:** die gestrichenen Chordophone;
– **Blasinstr.:** die geblasenen Aerophone, wobei man nach dem urspr. Material *Holz-* und *Blechblasinstr.* unterscheidet;
– **Schlaginstr.:** (*Perkussionsinstr., Schlagzeug*): die meisten Idiophone und Membranophone. Man unterscheidet Instr. von *bestimmter* und *unbestimmter Tonhöhe.*

Die nebenstehende Tabelle zeigt die **Normalumfänge** der wichtigsten Instrumente (bes. für das Orchester). Die Instrumente des klassischen Sinfonieorchesters sind unterstrichen. Neben dem Umfang (Farbe) sind der optimale Klangbereich (Verdickung) und die Notierung (schwarz) ablesbar. Letztere differiert bei den sog. *transponierenden* Instrumenten vom realen Klang (vgl. S. 46).

26 Instrumentenkunde/Idiophone I: Gegenschlagidiophone, Aufschlagstäbe

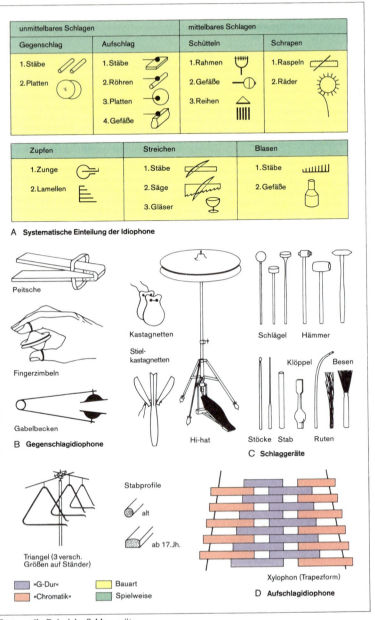

A Systematische Einteilung der Idiophone

B Gegenschlagidiophone

C Schlaggeräte

D Aufschlagidiophone

Systematik, Beispiele, Schlaggeräte

Instrumentenkunde/Idiophone I: Gegenschlagidiophone, Aufschlagstäbe 27

Idiophone (griech. *ídios,* eigen) sind Instrumente, die Töne oder Geräusche durch Eigenschwingung hervorbringen und nicht durch Schwingung einer Membran, einer Saite oder einer Luftsäule. Sie bestehen aus hartem Material wie Holz, Ton, Stein, Metall oder Glas, um direkte Schallabstrahlung zu ermöglichen. **In der Praxis** gehören die Idiophone zur Gruppe des Schlagzeugs. Dort unterscheidet man Instrumente mit *bestimmter Tonhöhe,* die im Liniensystem notiert werden, und solche mit *unbestimmter Tonhöhe,* deren Rhythmus meist nur auf einer Linie wiedergegeben wird. Zuweilen lässt sich durch Bau und Anschlag bei letzteren Instrumenten der Geräuschanteil im Klang so zurückdrängen, dass auch hier bestimmbare Tonhöhen erzielt werden, z. B. bei Kuhglocken.

Die Systematik der Musikinstrumente gruppiert nach Art der Tonerzeugung bzw. der Spielweise *geschlagene, gezupfte, gestrichene* und *geblasene* Idiophone (Abb. A).

Die Hauptgruppe bilden die *geschlagenen* Idiophone. Dabei kann der Schlag *unmittelbar* geschehen, indem die Instrumente paarweise oder mit ihren Teilen *gegeneinander* geschlagen werden (nach dem Ur- und Vorbild des Händeklatschens), oder indem man mit einem Schlaggerät *auf* das Instrument schlägt (nach dem Vorbild des Handaufschlages auf Körperteile). Der entstehende Klang, meist von bestimmter Tonhöhe, ist kurz (*Perkussionsklang*).

Der Schlag kann auch *mittelbar* geschehen, indem Rasselkörper in oder am Instr. *geschüttelt* werden oder indem man das Instr. mit einem Stock oder dergl. *schrapt.* Der entstehende Klang, meist ein Geräusch, ist beliebig lang.

Für die weitere Klassifizierung der Idiophone sind deren Bau, Form und Material maßgeblich.

I. Unmittelbar geschlagene Idiophone
A. Gegenschlagidiophone (Abb. B)
1. Gegenschlagstäbe (Klappern)
Claves (*Rumbastäbchen*), zwei Hartholzstäbchen (aus Lateinamerika).
Gegenschlagblöcke (*Hyoshigi*), wie Gegenschlagstäbchen, nur dicker.
2. Gegenschlagplatten
a) aus Holz
Brettchenklapper (*Bones*), zwei Brettchen aus Hartholz oder Elfenbein, die mit den Händen zusammengeschlagen werden.
Peitsche (*Klappholz*), zwei Brettchen mit Scharnier und Halteriemen.
Kastagnetten, zwei Hartholzschalen, die durch Fingerbewegung in einer Hand gegeneinander oder gegen ein flaches Griffbrettchen zwischen ihnen geschlagen werden (**Stielkastagnetten**). Sie kamen im MA. aus Vorderasien und Ägypten nach Spanien, wo sie bei Tänzen als Rhythmusgeber dienten.

b) aus Metall
Beckenpaare, Tellerscheiben aus Bronze oder Messinglegierung, im Zentrum mit Lederschlaufe oder Stiel zum Greifen versehen. Becken kamen aus Vorderasien nach Europa (1. Jh. n. Chr.?) und drangen mit der Janitscharenmusik im 18. Jh. ins Orchester ein. Ab etwa 1920 entwickelte sich im Jazz und in der Tanzmusik die **Charlestonmaschine** und später das höhere **Hi-hat** (zum bequemen Greifen mit den Fußbetätigung. (Aufschlagbecken s. u.)
Zimbeln oder **Cymbales antiques** (»antike Becken«), kleine abgestimmte Becken (6–12 cm Ø), die mit ihren Rändern gegeneinander geschlagen werden, seit BERLIOZ im Orch. (als Anschlaginstr. s. u.).
Fingerzimbeln, arabische und spanische Kleinstbecken (4–5 cm Ø), die schon im Altertum bekannt waren (**Crotales**).
Gabelbecken, Kleinstbeckenpaare mit Stahldrahthalterung zum einfacheren Spiel, sonst wie Fingerzimbeln, bereits im Altertum verwendet.

B. Aufschlagidiophone
benötigen zur Tonerzeugung ein Anschlagsmittel oder Schlaggerät. Die Schlaggeräte werden wie folgt klassifiziert (Abb. C):
– **Schlägel** (oder **Schlegel**), mit Holzstielen zum Greifen und Anschlagsköpfen unterschiedlicher Form (Kugeln, Zylinder usw.) aus Schwamm, Filz, Holz, Kunststoff u. a., oft umwickelt oder gepolstert, sodass viele Anschlagsnuancen und Klangfarben möglich werden.
– **Hämmer,** wie Schlägel, jedoch Kopf in Hammerform und aus schwererem Material: Holz, Metall, Horn usw.
– **Stöcke,** konisch, mit und ohne Griff und meist mit Anschlagskopf, sowie **Stäbe,** zylindrisch, aus Holz oder Metall.
– **Ruten,** aus Peddigrohr oder Zweig.
– **Besen,** aus Stahldrähten oder Stahllamellen.
– **Klöppel,** mit Schlagstellenverdickung, aus Metall.
Jedes Schlaginstrument hat in der Praxis seine typischen Schlaggeräte.

Bei den Aufschlagidiophonen unterscheidet man nach der Form der schwingenden Teile Aufschlag*stäbe, -röhren, -platten* und *-gefäße.*

1. Aufschlagstäbe
Triangel, ein dreieckig gebogener Stahlstab, in einem Winkel offen, hängend, in versch. Größen für versch. Lautstärken, Anschlag mit Metallgriffeln unterschiedlicher Dicke (je nach Anschlagstempo und Lautstärke). In Europa seit dem MA. bekannt, gelangte im 18. Jh. mit der Janitscharenmusik ins Orchester.

Die meisten übrigen Aufschlagstäbe sind flach im Profil mit größerer Anschlagsfläche und genauerer Tongebung (Abb. D).

28 Instrumentenkund/Idiophone II: Aufschlagstäbe und -platten

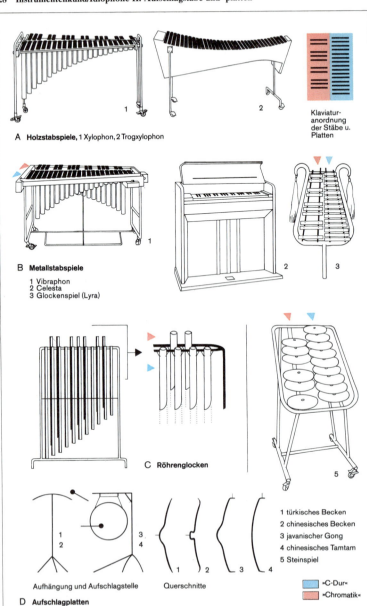

A **Holzstabspiele**, 1 Xylophon, 2 Trogxylophon

Klaviaturanordnung der Stäbe u. Platten

B **Metallstabspiele**
1 Vibraphon
2 Celesta
3 Glockenspiel (Lyra)

C **Röhrenglocken**

1 türkisches Becken
2 chinesisches Becken
3 javanischer Gong
4 chinesisches Tamtam
5 Steinspiel

Aufhängung und Aufschlagstelle   Querschnitte

»C-Dur«
»Chromatik«

D **Aufschlagplatten**

Stäbe, Röhren, Platten

Instrumentenkunde/Idiophone II: Aufschlagstäbe und -platten 29

Holzstabspiele

Xylophon (*Holzklinger*), abgestimmte Stäbe aus Hartholz (Palisander). Bei der älteren Trapezanordnung bilden der beiden Mittelreihen eine G-Dur-Tonleiter, die Außenreihen die chromatischen Zwischentöne (S. 26, Abb. D). Heute meist Klaviaturanordnung. Früher wurden die Stäbe durch Stroh isoliert (»Strohfiedel«) und mit Holzklöppeln angeschlagen (»hülzern Gelächter«), Umfang: c^2–c^5, klingt eine Oktave höher als notiert. Beheimatet ist das Xylophon im südostasiat. Raum, wo es u. a. im Gamelan-Orch. verwendet wird. Es kam etwa im 15. Jh. nach Europa. Beim modernen **Orchesterxylophon** hängen unter den tonschwächeren Bass-Stäben Röhren als Resonatoren (Abb. A).

Trogxylophon, in versch. Lagen, hat einen Trog als Resonator für alle Klangstäbe. Diese liegen in diatonischer oder chromatischer Folge nebeneinander (gut für Glissandi, schwierig für Sprünge). Die Trogxylophone führte ORFF in sein Schulwerk ein.

Marimbaphon, eine Art Xylophon mit Resonatorröhren unter allen Stäben, im Aussehen ähnlich dem Vibraphon (Abb. B, 1). Das Marimbaphon wird im Gegensatz zum Xylophon nur mit weichen Schlägeln angeschlagen (milder Klang), Umfang: c–c^4. Beim Umfang c–c^5 spricht man von einer **Xylomarimba** (*Xylorimba*, Kombination von Xylophon c^2–c^5 und Marimba c–c^4).

Bassxylophon, mit großen Klangstäben und Resonatorröhren, Umfang G–c^1 (g^1).

Klaviaturxylophon, mit Klaviatur und Hammermechanik, seit dem 17/18. Jh. entwickelt, Umfang c^2–c^5.

Metallstabspiele verwenden flache Klangstäbe aus Stahl oder Bronze. Die Stäbe schwingen transversal (ähnlich Saiten) und werden in einem Schwingungsknoten an den Enden durchbohrt für die Befestigung. Die Länge bestimmt die Tonhöhe.

Glockenspiel, Metallstäbe an Stelle der früheren aus Glocken zusammengestellten Spiele, ab 18/19. Jh. in der Militärmusik als tragbare **Lyra** (Abb. B, 3), ab Ende des 19. Jh. auch im Orch. Das moderne Orchesterinstr. hat Klaviaturanordnung der Stäbe, Resonanzröhren bzw. -kasten und Pedaldämpfung, Umfang: g^2–e^5. Kleinere Glockenspiele im ORFF-Schulwerk.

Klaviaturglockenspiel, mit Klaviaturmechanik und Metallköpfen an den Anschlagshämmern, Umfang c^2–c^5 (MOZARTS *Zauberflöte*).

Celesta, ähnlich wie Klaviaturglockenspiel, jedoch weicher im Klang, Umfang c–c^5, gebaut von MUSTEL 1886 (TSCHAIKOWSKY, Abb. B, 2).

Metallophon, wie Xylophon, jedoch mit Stahlstäben, Umfang f–f^3, Resonanzröhren, Pedaldämpfung (äußerlich wie Abb. B, 1), mit Trog auch im ORFF-Schulwerk.

Vibraphon, wie Metallophon, jedoch mit rotierenden Scheiben zum Öffnen und Schließen der Resonanzröhren, wodurch ein im Tempo regulierbares Vibrato entsteht (Elektromotor), gebaut 1907 in den USA (Abb. B, 1).

Loo-Jon, Bassmetallophon, Umfang F–f, Platten über einem Hartholzkasten.

Campanelli giapponesi, Stahlstäbe über Kugelresonatoren (PUCCINI, *Madame Butterfly*).

2. Aufschlagröhren

Tubuscampanophon (*Tubaphon*), wie Xylophon, jedoch mit Stahl- oder Messingröhren (weicherer Klang), Umfang: c^3–c^5.

Röhrenglocken, hängende, abgestimmte Bronze- oder Messingröhren, Anschlagstelle am oberen Rand (Abb. C), Umfang: f–f^2, Pedaldämpfung, Glockenersatz im Orchester.

3. Aufschlagplatten

Platten gibt es in runder, gewölbter oder in quadratisch flacher Form. Urspr. asiat. Kultinstr. Akustisch komplizierte Schwingungsformen, Anschlagstelle stets im Schwingungsbauch (meist Plattenmitte).

Becken, Tellerscheiben aus Bronze- oder Messinglegierung, mit Buckel im Zentrum, der zum Aufhängen durchbohrt ist; daher Anschlag am Rand. Becken werden paarweise (S. 26) oder einzeln benutzt, Ø 39–50 cm. Unbest. Tonhöhe. Zur Verstärkung des Klirreffekts können Nieten lose in den Teller eingelassen (*Nietenbecken*) oder ein *Klirrkopf* oder -ketten auf das Becken gelegt werden.

Chinesische Becken haben, anders als türkische, leicht aufgebogene Ränder (Abb. D).

Tamtam, gehämmerte, runde, flache Metallscheiben, Ø bis 1 m, Rand nach innen gebogen, farbenreicher Ton ohne best. Tonhöhe, Aufhängung durch Schnur am Rand, ohne die im Ganzen schwingende Platte zu stören. Fernöstl. Herkunft, ab Ende 18. Jh. im Orch. (Abb. D, 4).

Gong, runde Metallplatte mit Buckel im Zentrum, Aufhängung an gebogenem Rand (wie Tamtam), exakte Tonhöhe, Umfang: G_1/C–g^2, Anschlag an der Mitte auf dem Buckel, Herkunft: vor allem Java (Gamelan-Orch.), ab Mitte 19. Jh. im Orch. (Abb. D, 3).

Plattenglocken, Aluminium-, Bronze- oder Stahlplatten, rechteckig oder quadratisch, an Schnüren aufgehängt, abgestimmt, Umfang: C–g^2, asiat. Herkunft, ab ca. 1900 im Orch. als Glockenersatz.

Stahlplatten, rund, Ø ca. 20 cm, wie **Amboss** mit Hammer angeschlagen, für Sondereffekte.

Steinspiele, abgestimmte Steinplatten, meist rund, klingen sehr hoch, Umfang: a^3–c^5, nach chines. Vorbild (ORFF).

Instrumentenkunde/Idiophone III: Aufschlaggefäße, Rasseln

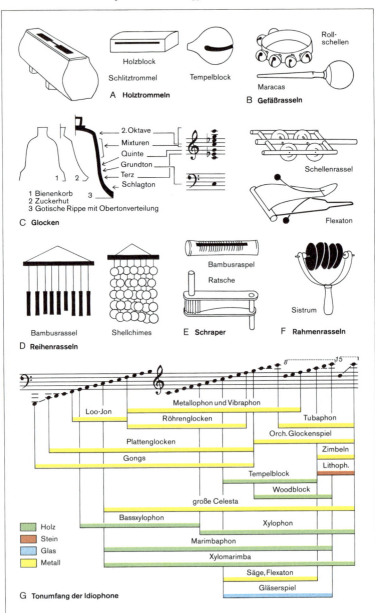

Holztrommeln, Glocken, Rasseln, Umfänge

Instrumentenkunde/Idiophone III: Aufschlaggefäße, Rasseln 31

4. Aufschlaggefäße aus Holz, Metall und Glas
Schlitztrommeln, ausgehöhlte Baumstümpfe mit Schlitzen (Anschlagstelle, Abb. A).
Holzblocktrommeln (*Woodblock*), rechteckige Hartholzblöcke, längsseits ausgehöhlt, hoher Geräuschanteil, Umfang ca. g^2–c^4 (Abb. A).
Tempelblock, kugelförmige Hartholztrommeln mit breitem Klangschlitz, Umfang ca. c^2–g^3, südostasiat. Herkunft (Abb. A).
Röhrenholztrommel, Holzröhre mit unterschiedlichen Höhlungen von den Enden zur Mitte (2 Schlagtöne).
Glocke, wird gegossen aus Glockenspeise (Bronze aus 78% Kupfer, 22% Zinn) oder aus Eisen, Stahl, Glas usw., Anschlag von innen durch Klöppel (»läuten«) oder von außen durch Hämmer (»schlagen«). Die dreidimensional schwingende Glocke hat einen physikalisch nicht messbaren Schlagton und einen unharmonisch spektralen Aufbau von Teilfrequenzen, die vom schwer zu berechnenden Querschnitt der Glockenrippe abhängen. Schon im Altertum sakral und profan verwendet, gelangte die Glocke über Byzanz ins Abendland (ab 6. Jh. als Kirchenglocke belegt). Die *Tulpenform* (»gotische Rippe«) verdrängte im 12. Jh. die ältere *Bienenkorb-* und *Zuckerhutform* (Abb. C). – Im Orch. verwendet man statt der schweren Glocken (c = 8000 kg!) Röhrenglocken u. a. m.
Schellen und **kleinere Glocken** werden meist aus Blech gehämmert, so **Herdenglocken, Almglocken** (Cencerros), **Cowbells, Schalenglöckchen** (Handbells) usw.
Glasglockenspiel, Gläserspiel, aus abgestimmten Trinkgläsern.

II. Mittelbar geschlagene Idiophone
Zur Tonerzeugung muss das ganze Instr. bewegt werden.

A. Schüttelidiophone (Rasseln)
1. Rahmenrasseln
Sistrum (*Isisklapper*), heute hufeisenförmiger Metallrahmen mit aufgehängten Metallplättchen (Abb. F). Im Isiskult der alten Ägypter verwendet (s. S. 164).
Schellenrassel (*Stabpendereta*), Metallplättchen in Bambusrahmen mit Stiel.
Cabaza, afrikan. Kürbisrassel mit Holzgriff, umzogen mit einem rasselnden Kettennetz aus Fruchtkörnern.
Flexaton, ledergepolsterte Holzklöppel schlagen beidseitig gegen eine Stahlzunge in Halterahmen, Tonhöhenveränderung durch Daumendruck gegen die Stahlzunge, liefert ein rasches Tremolo.
2. Gefäßrasseln
Rasselkörper in einem Gefäß (Abb. B).
– **Rollschellen,** metallene, geschlitzte Hohlkörper, aufgehängt an Lederriemen, Reifen oder am *Schellenbaum*.
– **Schellenreif,** Reifen mit Schellenbesatz.
– **Schellentrommel** (*Tamburin*), Schellen-

reif mit Fellbespannung (s. Membranophone, S. 32).
– **Zimbelstern,** drehbarer Reifen mit Glöckchen oder Schellenbesatz im Orgelprospekt.
– **Maracas,** Kalebasse mit Griffstiel (ohne Stiel: Rumbakugeln), auch aus Hartholz (Abb. B).
– **Schüttelrohre,** Bambus- oder Metallrohre.
3. Reihenrasseln
Die Schüttelkörper werden nebeneinander gereiht, auf Schnüre gezogen usw. (Abb. D).
– **Ketten** zum Rasseln und Rascheln.
– **Bambusstäbchen,** gereiht oder gebündelt.
– **Shellchimes,** hell klingende, flache Muschelscheiben, flächig gereiht.
4. Sonderinstrumente
Metallfolie, flach, rechteckig, aufgehängt, unterschiedlich dick als Donnerblech.
Bumbass, Kombination von **Schellenreif** mit Beckenscheiben auf einem bis 2 m hohen Stab und einer **Felltrommel** mit Schnarrsaite.

B. Schrapidiophone
– **Bambusraspel** (*Sapo cubana*), geriffelter Bambusstab, über den ein Holzgriffel ratscht (Abb. E).
– **Guiro** (*Kürbisraspel*), wie Bambusraspel, oft in Fischform mit Rückenflosse.
– **Reco-Reco,** Holzraspel chines. Herkunft.
– **Ratschen** oder **Schnarren,** meist Zahnräder, die an einer Holzzunge ratschen; Karnevalsinstrument (Abb. E).

III. Zupfidiophone
Spieldose, auf einer rotierenden Walze befestigte Stifte reißen abgestimmte Kammzähne (Lamellen) an.
Maultrommel, der Metallrahmen wird mit den Zähnen gehalten, wobei der Mund als Resonator für die dünne, mit den Finger gezupfte Stahlzunge dient. Altes Landsknechts- und Vulgärinstrument.

IV. Streichidiophone
Glasharmonika, Glasschalen rotieren auf einer Welle, werden dabei befeuchtet und von den Fingern oder durch eine Tangentenmechanik mit Klaviatur in Schwingung versetzt. Gebaut von FRANKLIN 1762 nach vorangegangenen Glasspielen mit stehenden Gläsern (**Glasharfen**). Die Glasharmonika war zur Zeit des empfindsamen Stils sehr beliebt, verschwand aber um 1830.
Singende Säge, wird als Stahlzunge zum Schwingen gebracht durch weiche Schlägel oder Streichbogen. Die Tonhöhe verändert sich durch Biegen des Sägeblattes.

V. Blasidiophone
sind selten. Man rechnet hierzu das »piano chanteur« (Paris 1878) mit angeblasenen Stahlstäben und Glasgefäßen, deren Boden durch Blasen in Schwingung versetzt wird.

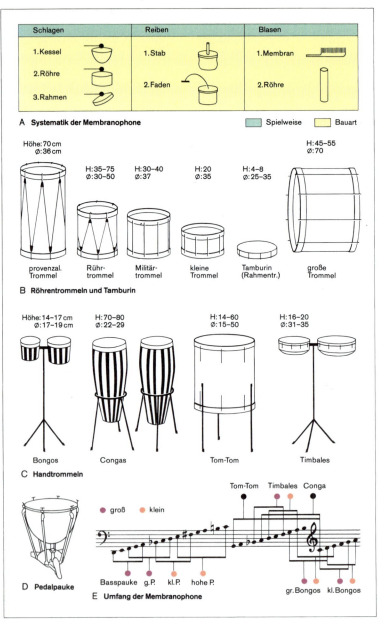

Systematik, Schlag- und Handtrommeln, Umfänge

Instrumentenkunde/Membranophone: Pauken, Trommeln 33

Membranophone (griech. *membrana,* Haut) benutzen zur Tonerzeugung eine gespannte Membran aus Pergament, (Kalb-)Fell oder Kunststoff, die durch Schlagen (*Schlagtrommeln*), Reiben (*Reibtrommeln*) oder Luftstrom (*Mirlitons*) zum Schwingen gebracht wird.

Die größte Gruppe bilden die **Schlagtrommeln.** Es gibt sie mit drei unterschiedlichen Resonatoren: mit *Kesseln,* mit *Röhren* und mit *Rahmen.* Zur ersten Gruppe rechnen die **Pauken,** zur zweiten die **Röhren-** oder **Rührtrommeln,** auch *Schlagtrommeln* genannt (Anschlag mit einem Schlaggerät), ferner die **Handtrommeln** (Anschlag mit der Hand), die Kessel- und Röhrenform kombinieren. In die dritte Gruppe gehört das **Tamburin,** dessen Rahmen oft mit Schellen besetzt wird (*Schellentrommel*).

Die Tonhöhe der Schlagtrommel ist meist unbestimmt. Der Geräuschanteil wird z. T. durch *Schnarrsaiten* noch erhöht. Andererseits kann die Form des Resonators den Geräuschanteil dämmen, bes. die *Kesselform,* sodass bestimmbare Tonhöhen erreicht werden (Pauken, Bongos, Congas usw.).

Pauken (Kesseltrommeln)

sind membranüberspannte Kessel aus Kupfer oder Messing mit kleinem Schallloch im Zentrum. Normalgrößen:
- **Bass-** oder **D-Pauke** (D–A, Ø 75–80 cm),
- **große** oder **G-Pauke** (F–d, Ø 65–70 cm),
- **kleine** oder **C-Pauke** (B–fis, Ø 60–65 cm),
- **hohe** oder **A-Pauke** (e–c^1, Ø 55–60 cm).

Die Membran kann durch einen Eisenreifen mit 6 bis 8 Spannschrauben (zur Tonhöhenveränderung) eingeklemmt sein. Die Spannvorrichtung wurde im 19. Jh. verbessert: Steuerung durch einen Drehmechanismus zentral von Hand (**Hebelmaschinenpauke**) oder durch Drehung des ganzen Kessels (**Drehkesselpauke**). Moderner ist die **Pedalpauke** mit zentraler Fußsteuerung (Abb. D). Der Anschlag erfolgt gewöhnlich mit Schlägeln aus Filz, Flanell oder Schwamm.

Kleinere Handpauken kamen im MA. (11. Jh.) aus dem Orient nach Europa, größere erst später (15. Jh.). Die Pauke galt neben der Trompete als ritterliches Heer- und Hofinstrument. Im Orchester werden die Pauken meist paarweise verwendet (Dominante-Tonika, z. B. c und F).

Röhren- oder Rührtrommeln (Abb. B)

haben einen membranüberspannten *Wickelreifen,* mit einem *Spannreifen* über die zylindrische Schallröhre aus Holz (*Zarge*) gespannt wird. Die Spannung wird durch eine zickzack geführte Leine mit den ledernen *Trommelschleifen* oder durch Schrauben (seit 1837) erreicht.

Die Einfelltrommel ist unten offen, bei der zweifelligen liegt oben das stärkere *Schlagfell,* unten das *Saitenfell,* über das ein oder mehrere Saiten gezogen sind, die auf der vibrierenden Membran ein schnarrendes Geräusch abgeben (*Schnarrsaiten*). Die Röhrentrommeln gibt es in versch. Ausführungen und Größen, u. a.:

Provenzalische Trommel, hat meist nur ein Fell und keine Schnarrsaiten. Sie wird umgehängt und mit einer Hand geschlagen, wozu der Spieler noch eine Pfeife bläst. Ihr originaler südfranz. Name ist *Tambourin,* nicht zu verwechseln mit der Rahmentrommel *Tamburin.*

Rührtrommel, die alte Landsknechtstrommel mit Schnarrsaiten, wird in tragbaren Größen hergestellt und mit Trommelstöcken angeschlagen.

Militärtrommel, eine Rührtrommel mit flacher Zarge, hoher Fellspannung (Schraubenmechanismus) und Schnarrsaiten, wodurch ihr typischer heller und trockener Klang entsteht. Ihr verwandt ist die **Rollier-** oder **Tenortrommel,** ohne Schnarrsaiten.

Kleine Trommel, entstand aus der Militärtrommel durch Verkürzung der Zargen auf ca. 10–20 cm, mit Schnarrsaiten, in der U-Musik und im Jazz (**Snare drum**) verwendet.

Große Trommel, meist so gehalten, dass sie beidseitig angeschlagen werden kann: mit einem lederbezogenen *Holzschlegel* für den betonten und einer *Rute* für den unbetonten Schlag. Im Stand kann auch die *Flemmingmaschine* mit Fußbetätigung zum Anschlag verwendet werden. Die große Trommel ist türk. Herkunft; sie gelangte mit Triangel und Becken durch die Janitscharenmusik Ende des 18. Jh. ins Orch.

Handtrommeln (Abb. C)

sind überall beheimatet, doch kommen die meisten aus Lateinamerika. Es sind durchweg Einfelltrommeln:

Bongos, mit konischer Holzzarge und Ziegenfell, stets paarweise (Quartabstand); das mexikan. Bongopaar ist etwas kleiner als das normale.

Congas (Tumbas) sind lateinamerikan. Nachfahren afrikan. Fasstrommeln; meist in drei Größen.

Timbales sind lateinamerikan. Handpauken mit Schallloch im Kessel, afrikan. Ursprungs, meist paarweise oder zu dritt angeordnet.

Tom-Toms, urspr. chines. Herkunft, haben unten offene Holzzargen, z. T. in ganzen Tonleitern. Mit Holzmembran statt Fell werden sie zu *Holzplattentrommeln.*

Reibtrommeln sind selten. Entweder reibt ein Stab über das Fell oder der Membran überspannte Topf wird an eine Saite gehängt und daran herumgeschleudert (*Waldteufel*). Ergebnis ist ein Heulton.

Blastrommeln (Mirlitons) erzeugen den Ton durch einen Luftstrom, so Membran umwickelte Kämme oder Röhren mit Anblasmembran (Kinder- oder Karnevalsinstr.).

34 Instrumentenkunde/Chordophone I: Zithern

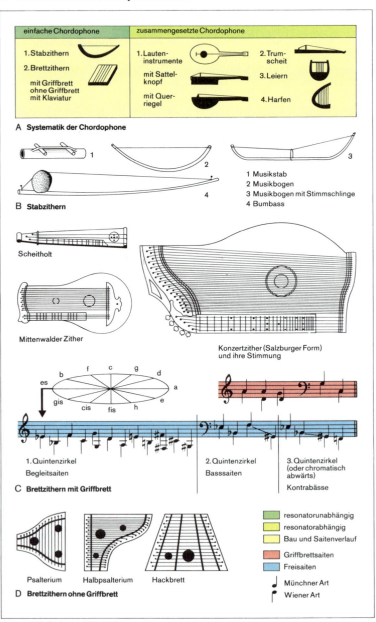

Systematik, Stab- und Brettzithern

Instrumentenkunde/Chordophone I: Zithern   35

Chordophone (griech. *chordae*, Saite) benutzen zur Tonerzeugung schwingende Saiten. Die Saite besteht aus Pflanzenfasern (Primitivkulturen), Haar (Rosshaar, Asien), Seide (Ostasien), Tiersehnen und -därmen (Ursprung in Vorderasien und im Mittelmeerraum, seit dem 17. Jh. auch drahtumsponnen wegen größerer Elastizität), Metalldraht (Messing, seit dem 18. Jh. auch Eisen, seit dem 19. Jh. auch Stahl), Kunstfaser (Nylon u. a.). Spielarten der Chordophone sind
– *Zupfen,* mit Fingern (Laute; Streicher *pizz.*) oder mechan. (Cembalo);
– *Schlagen,* mit harten Stäbchen oder Plättchen (*Plektron*) oder mit Hämmerchen (Klavier);
– *Streichen,* mit Bogen (Violine) oder Rad (Radleier);
– *Mittönen* leerer Saiten (*Aliquotsaiten,* Viola d'Amore).
Klangstärke und -farbe eines Chordophons hängen vor allem vom Resonanzkörper ab, in dem Luft zum Schwingen gebracht wird. Man unterscheidet *einfache* und *zusammengesetzte* Chordophone (Abb. A).
Bei den *einfachen* Chordophonen, den **Zithern,** ist der Resonanzkörper für die Spielbarkeit des Instr. unwesentlich. Die *zusammengesetzten* Chordophone sind ohne Resonator nicht spielbar (z. B. **Lauteninstr.**). Die Saiten sind dabei typisch durch einen *Sattelknopf* in der Zarge (Streichinstr.) oder durch einen *Querriegel* auf der Decke (Zupfinstr.) befestigt.
Sonderformen sind das veraltete **Trumscheit** und die **Leiern** der Antike und des frühen MA. Verläuft bei all diesen Instr. die Saitenebene parallel zum Resonator, so steht sie bei den **Harfen** senkrecht auf diesem.

Stabzithern sind die einfachsten Formen der Zithern (griech. *kithara,* lat. *cithara,* althd. *zitherâ*). Die Saite wird zwischen die Enden eines Holzstabes gespannt.
Musikstab, ist gerade, die Saite läuft über Stege. Ein Resonator kann angehängt bzw. eingeklemmt werden wie die Schweinsblase beim **Bumbass** (Abb. B, 4). Einfachste Stabzither ist ein Bambusstäbchen, aus dem eine Faser als Saite herausgelöst wurde (Abb. B, 1). Mehrere solcher Stäbe ergeben eine Art Psalterium (*indisches Floßpsalterium*).
Musikbogen, ähnelt dem Schießbogen (Abb. B, 2). Die Tonhöhe ändert sich mit der Saiten- bzw. mit der Bogenspannung, auch mittels einer *Stimmschlinge* (Abb. B, 3) oder durch Flageolettgriffe. Der Musikbogen wird gezupft oder gestrichen. Als Resonatoren dienen die Mundhöhle, leere Kürbisse usw.

Brettzithern haben stets mehrere Saiten, die über ein Brett laufen. Das Brett kann gewölbt sein wie bei dem chines. **K'in** oder dem japan. **Koto** (*Wölbbrettzithern*) oder flach wie bei

den europ. Zithern. Brettzithern gibt es mit Griffbrett, wie die Konzertzither, ohne Griffbrett, wie das Hackbrett, und mit Tastenmechanismus, wie beim Klavier.

Brettzithern mit Griffbrett
Die moderne **Konzertzither** hat einen flachen Resonanzkasten. Sie liegt auf dem Tisch oder den Knien des Spielers. Über ein Griffbrett mit 29 Bünden laufen 5 *Spielsaiten* zum Melodiespiel und über den Resonanzkasten zusätzlich 33 bis 42 *freie Saiten* zum meist akkordischen Begleiten (Stimmung s. Abb. C).
Die Zither entwickelte sich aus dem **Scheitholt,** das einen schmalen Resonanzkasten mit Griffbrett und Bünden besaß (*Schmalzither,* Abb. C). Seine 3 bis 5 Metallsaiten wurden mit einem Stöckchen abgeteilt. Ähnliche Schmalzithern sind das schwed. **Hummel,** das norweg. **Langleik** und das frz. **Epinette des Vosges.** Im 18. Jh. baute man dann eine doppelbauchige Zither (Mittenwald) und die einseitig gebauchte Zither (Salzburg), die sich später allgemein durchsetzte (Abb. C).

Brettzithern ohne Griffbrett
entstanden im frühen MA., als die antike Leier und Harfe mit Schallboden versehen wurden (S. 226).
Psalterium (griech. *psallo,* eine Saite zupfen), wurde mit Fingern oder mit Stäbchen gezupft. Die Stäbchen ließen sich auch als Schlägel benutzen, sodass das gezupfte Psalterium (ital. *salterio*) im Mittelalter vom geschlagenen Hackbrett (*salterio tedesco*) kaum zu unterscheiden ist. Die Hauptformen der Resonanzkastens sind Trapez, Rechteck und Schweinskopfform, aus dessen Halbierung im 14. Jh. das Halbpsalterium und die moderne Flügelform hervorgingen (Abb. D).
Hackbrett, in seiner Frühzeit im 15. Jh. baulich identisch mit dem Psalterium, unterscheidet sich von diesem spieltechnisch durch Anschlag seiner Stahlsaiten mit Klöppeln und baulich seit dem 17. Jh. durch 2 Stege, deren linker die Saiten im Verhältnis 3:2 teilt, sodass je zwei Töne im Quintabstand entstehen (Abb. D).
Cimbalo oder Zymbal (*cembalo ungarico*), ein ungar. Hackbrett, trapezförmig oder rechteckig mit vier Beinen und Pedaldämpfung für die 35 zwei- und dreichörigen Saiten (D–e^3). Es wird mit Klöppeln angeschlagen.
Harfenzither (auch *Harfenett, Spitz-* oder *Flügelharfe*), eine Harfe mit Schallboden, auf Tisch, Schoß oder Boden stehend, im 18. Jh. verbreitet.
Äolsharfe, eine Brettzither, deren gleich lange, jedoch verschieden dicke Saiten vom Winde in Schwingung versetzt werden (seit Kircher, 1650). Die Mischung ihrer Obertöne führt zu fremdartigen Klängen, was das Instr. bes. in der Romantik beliebt machte.

36 Instrumentenkunde/Chordophone II: Saitenklaviere

»kurze Oktaven«

»gebrochene Oktaven«

■ abweichende Tonanordnung
■ schwingender Teil der Saite
■ Filz zur Dämpfung der Restsaite

1 Taste
2 Saite
3 Tangente
4 Docke
5 Rechen
6 Zunge
7 Kiel
8 Dämpfer
9 Feder
10 Hammer
11 Hebeglied
12 Repetierschenkel
13 Stoßzunge
14 Rolle

A Frühe Tastenanordnung der tiefsten Oktave

B Clavichord

Tangentenmechanik

Spinett
Virginal
Cembalo

Form und Saitenverlauf   Zupfmechanik

C Kielinstrumente

ältere Stoßmechanik (engl.)   neuere Flügelmechanik

D Hammermechanik (vereinfachte Schemata)

● Stimmton
· Vergleichston

■ 8
■ 4⁺
■ 5⁻

E Einstimmen einer wohltemperierten Oktave nach dem »Kleinen Zirkel«

Bassoktave, Kielinstrumente, Mechaniken, Stimmung

Instrumentenkunde/Chordophone II: Saitenklaviere 37

Saitenklaviere sind Brettzithern mit Tastaturen bzw. Klaviaturen. Lat. *clavis* bedeutet Schlüssel, dann auch Tonbuchstabe zur Bezeichnung eines Tones. Tonbuchstaben wurden im MA. auf die Tasten geschrieben, wodurch der Begriff *clavis* auf die Taste selbst überging (vgl. S. 226).

Ausgang für die Tastenanordnung war die diatonische Tonleiter, welche auf die 7 (weißen) Tasten verteilt wurde: c, d, e, f, g, a, h (ab 12. Jh.). Dazu kamen die (schwarzen) Tasten b, fis und gis, später dis und cis (14./15. Jh.). In der Tiefe verzichtete man auf die nicht benötigten Töne Cis, Dis, Fis und Gis und band diatonische Töne an deren Tasten. So entstand die **kurze Oktave** (Abb. A: links frühe, rechts spätere Art). Die mathematisch ausgeglichene Teilung der Oktave in 12 Halbtöne machte deren feste Bindung an 12 Tasten möglich (*wohl temperiertes Klavier*) und führte zu erweiterten Spielmöglichkeiten auch in der Tiefe. Die *kurze Oktave* wurde durch die *gebrochene* (mit Doppeltasten), dann durch die normale Oktave ersetzt (um 1700). – Das Einstimmen der wohl temperierten Oktave geschieht über eine Folge von etwas zu kleinen Quinten und zu großen Quarten (Abb. E).

Der Umfang der Klaviaturen betrug etwa F–f^2 im 16. Jh., C–c^3 im 17. Jh., F$_1$–f^3 im 18. Jh. (BACHS Cembalo), auf BEETHOVENS Klavier C$_1$–f^3 (was bei Transposition gleicher Partien in Exposition und Reprise zu Veränderungen in der Höhe zwang, z. B. Sonate op. 14,2, 1. Satz, Takt 43 und 170), ab 1817: C$_1$–c^4, heute A$_2$–c^5.

Das Clavichord (Abb. B) hat eine *Tangentenmechanik:* Der Tastenhebel berührt mit einem Metallstift (*Tangente*) die Saite, teilt diese und bringt zugleich das abgeteilte Ende zum Schwingen, während ein Filzstreifen das andere Ende und nach Loslassen der Taste die ganze Saite dämpft. Der Anschlag ist leise, aber durch die direkte Verbindung zum Finger modulationsfähig. Die Tonhöhe hängt von der Länge des abgeteilten Saitenendes ab. Bei den *gebundenen* Clavichorden berührten es zu 5 Tasten in chromatischer Folge die Saiten an verschiedenen Stellen, was den Zusammenklang von Nachbartönen unmöglich machte. Im 18. Jh. baute man *bundfreie* Clavichorde mit 1 oder 2 Saiten je Taste. – Das Clavichord entwickelte sich aus dem Monochord des MA. (s. S. 226). Besonders beliebt war es zur Zeit des empfindsamen Stils im 18. Jh.

Die Kielinstrumente (Abb. C) haben eine *Zupfmechanik*: Als Plektron dienen *Kiele* (*Kielflügel*) aus Vogelfedern oder Leder (heute auch Kunststoff), die an federnden Zungen in lose auf den Tastenhebeln stehenden Holzstäbchen, sog. *Docken* oder *Springern*, befestigt sind. Die Docke trägt zugleich einen Dämpfer aus Filz. Hebt sich die Docke, reißt der Kiel die Saiten an, fällt sie zurück,

dämpft der Filz die Saite ab. Die Lautstärke lässt sich dabei nicht beeinflussen. Man baute daher Instrumente mit mehreren Saitenbezügen in 16'-, 8'- und 4'-Stimmung (' = Fuß, s. S. 74), mit eigenen Dockenreihen in bewegl. Führungsleisten (*Rechen*) als unterschiedl. Register, die man durch Hand-, Knie- oder Pedalzüge mechanisch schalten und koppeln kann. Dazu gibt es ein oder mehrere übereinander liegende Tastaturen (*Manuale*). Klangfarbe und Lautstärke werden stufenweise verändert (*Stufen-* oder *Terrassendynamik*). Beim **Lautenzug** legt sich eine Filzleiste über die Saiten und dunkelt den Oberton reichen Klang ab.

Außer dem großen *Kielflügel* oder **Cembalo** in Flügelform mit mehrchörigem Saitenbezug und bis zu vier Manualen, auch mit Pedalen (*Pedalcembalo*), gibt es die kleineren, einchörigen, einmanualigen **Virginale** und **Spinette** mit Saitenverlauf parallel zur Tastatur (Abb. C). Das rechteckige Virginal (lat. *virga*, Docke) wurde im 16.–18. Jh. vorzugsweise in den Niederlanden und in England gebaut. Das trapezförmige oder drei- bzw. fünfeckige Spinett (lat. *spina*, Dorn) war hingegen vor allem in Italien und Deutschland verbreitet. Der Einbau der Zupfmechanik und der Tastaturen in das Psalterium (*clavis + cymbal*) erfolgte im 14. Jh. Das »*Clavicymbel*« oder *Cembalo* wurde neben der *Orgel* zum führenden Klavierinstrument des 16.–18. Jh. und erst um 1760 vom Hammerklavier verdrängt.

Das Klavier (Pianoforte). Beim Klavier erfolgt die Tonerzeugung durch Hämmerchen, die durch den Tastenmechanismus gegen die Saiten geschleudert wird. Die erste brauchbare Mechanik dieses sog. *Hammerklaviers* entwickelte um 1709 CRISTOFORI in Florenz. Es folgte die dt. Prall- und engl. Stoßmechanik. Die Letztere verbesserte ERARD 1821 durch seine Repetitionsmechanik. Dadurch wurde eine rasche Anschlagfolge und so das virtuose Klavierspiel des 19./20. Jh. möglich. Heute gibt es sehr unterschiedliche Mechaniken. Zur Klangverstärkung verwendete man dickere Saiten und höhere Spannung (bis zu 18 t), was zu der massiven Klavierbauweise mit Gusseisenrahmen führte (USA 1824). – Das Pianoforte besitzt normalerweise 2 **Pedale,** das rechte zur Aufhebung der Dämpfung (*Ped-**), das linke zum leiseren Spiel, welches beim aufrechten Klavier durch Verkürzung des Anschlagweges erreicht wird, beim Flügel durch Verschiebung der Hämmerchen nach rechts, sodass von den zwei- bzw. dreichörigen Saiten nur 1 bis 2 Saiten angeschlagen werden. Im 18./19. Jh. gab es am Bauformen den **Flügel** als Nachbildung des Kielflügels, das **Tafelklavier** als Nachbildung des Spinetts oder des Clavichords, das **Pyramiden-** und **Giraffenklavier** in senkrechter Flügelform und ab ca. 1800 das **Pianino** (die heute gebräuchliche Klavierform).

38 Instrumentenkunde/Chordophone III: Fiedeln, Violen

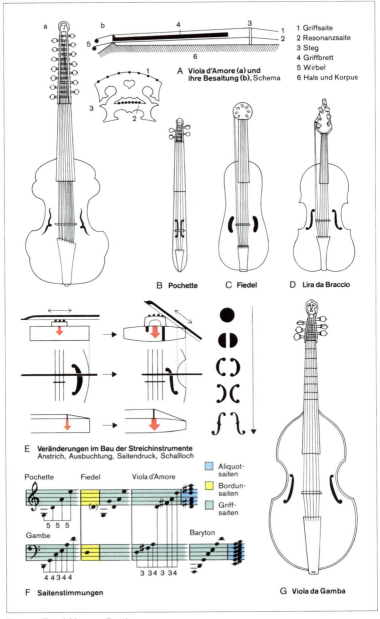

Formen, Entwicklungen, Besaitung

Instrumentenkunde/Chordophone III: Fiedeln, Violen 39

Die Gruppe der **Streichinstr.** zählt SACHS zu den *Lauteninstr.* Der Streichbogen kam aus dem Orient über Byzanz ins Abendland und ist hier seit dem 10. Jh. bildlich belegt. Das Streichen der ursprünglich gezupften Lauteninstr. führte, ausgerichtet an den wechselnden Klangidealen, zu baulichen Veränderungen (Abb. E): Die Saitenbefestigung wird bei allen Lauteninstr. durch Wirbel erreicht, die in einer *Wirbelplatte* (Abb. C) oder einem *Wirbelkasten* (Abb. A) stecken. Nach ihrer Standrichtung unterscheidet man *vorderständige* (Abb. C), *hinterständige* (auch seitlich befestigt wie auf S. 44, Abb. C) und *seitenständige* Wirbel (Abb. A). Für den Klang der Instrumente ist dies ohne Belang, nicht jedoch die Art der Befestigung des anderen Saitenendes am Resonanzkörper. Die gezupfte Saite braucht keine hohe Spannung. Es ist daher möglich, sie in einen *Querriegel* auf der Decke einzuhängen. Die gestrichene Saite dagegen steht unter höherer Spannung. Sie schwingt auch weiter aus. Man führte sie daher über einen Steg und befestigte sie per Saitenhalter an einem kräftigen *Sattelknopf* in der Zarge. **Der Steg** der mittelalterl. Instrumente war flach. Beim Anstrich erklangen alle Saiten gleichzeitig. Das entsprach mittelalterl. Bordun- und Parallelbewegungspraxis ebenso wie die Stimmung der Saiten in Quinten oder Quarten. Mit dem Bedürfnis nach Einzelspiel auf jeder Saite nahm der Steg die Wölbung an. **Der Korpus** erhielt seitliche Einbuchtungen, damit der Bogen beim Anstrich der Ecksaiten genügend Raum hatte. – Die höhere Saitenspannung führte auch zur (Gegen-)Wölbung der Decke und zu Stützen unter den Füßen des Steges (Stegdruck bei der Violine: ca. 28,3 kg): unter die Basssaiten wurde der Bassbalken unter die Decke geleimt und unter die Diskantsaiten der *Stimmstock* (*Stimme*) gesetzt, der auf dem Boden steht und diesem zugleich die Schwingungen der Decke mitteilt. **Das Schallloch** in der Decke zeigt dem höheren Druck entsprechend ebenfalls Veränderungen. Es wird zum Halbkreis mit einem Stützsteg in der Mitte, verdünnt zum *C*, dessen Bügel schließlich gegeneinander verdreht werden, sodass die *f*-Form die schwingenden Kraftlinien in der Decke am wenigsten zerstört. Diese Entwicklung der Streichinstr. findet zwischen dem 13. und 15. Jh. statt. Sie ist nicht geradlinig. Es gibt viele Varianten, doch führt sie schließlich zur Violine als Idealtyp des Streichinstrumentes.

Zu den frühen Streichinstr. gehören die mittelalterl. **Rebec** oder **Rubebe**, Nachfahre des arab. *Rabab* (vgl. S. 226 f.) und die **Fiedel**. Die Fiedel hat im 15./16. Jh. 5–7 Saiten in Quint- und Quartstimmung (Abb. F), wobei zwei Bordunsaiten neben dem Griffbrett zur Wirbelplatte hinlaufen (Abb. C). Ihr verwandt ist die ital. **Lira da Braccio** aus dem Anfang des 16. Jh. (Vorläufer oder Parallele der Violine? Abb. D).

Als Rebec-Nachfahre gilt eine schmale Geige des 15.–17. Jh., die in der Rocktasche der Tanzmeister Platz hatte und daher **Tanzmeister-, Taschengeige** oder **Pochette** hieß (Abb. B; Frühzeit: 3-saitig).

Im 16. Jh. unterscheidet man nach Spielhaltung

– **Viola da Gamba**, zwischen den Knien gespielt. Aus ihr ging die Familie der *Violen* bzw. *Gamben* hervor. Die Gamben haben 6 Saiten in Quart- und Terzstimmung und 7 Bünde auf dem Griffbrett (ähnlich der Laute), spitzwinklig gegen den Hals laufende Schultern, Schalllöcher in *C*-Form, hohe Zargen, flachen Boden, keinen Randüberstand. Klang: mild und dunkel (Abb. G);

– **Viola da Braccio**, mit dem Arm in Schulterhöhe gehalten. Aus ihr ging die Familie der *Violinen* hervor. Die Violinen haben 4 Saiten in Quintstimmung, keine Bünde, rechtwinklig gegen den Hals laufende Schultern, Schalllöcher in *f*-Form, niedrige Zargen, gewölbten Boden und Randüberstände (größere Stabilität). Sie klingen strahlend und hell.

Häufig sind Mischformen anzutreffen. Zur Gruppe der Violen gehören u. a.:

Viola da Gamba (Abb. G), ein Tenorbassinstr. (Stimmung Abb. F); doch gibt es schon im 16. Jh. die ganze Familie *Diskant-, Alt-, Tenor-, Kleinbass-, Großbass-* und *Subbass-Viola da Gamba*. Dazu die frz. *Dessus de Viole* (höchste Saite d²) und die *Pardessus de Viole* (g²). Die Gamben gehen auf Rebec und Fiedel zurück. Ihr milder und leicht abgedunkelter Klang (vgl. BACH, *6. Brandenburg. Konzert*) wurde im 18. Jh. von den tonkräftigeren Violinen verdrängt.

Viola bastarda, eine bes. in England im 16./17. Jh. beliebte Mischform der *Lira da Braccio* und *Viola da Gamba* (engl. *lyroviol*). Sie hatte zwei Schalllöcher und eine Schallrose unter dem Griffbrett, z. T. Bordunsaiten und die Stimmung der Tenorgambe (A₁ D G c e a d¹).

Baryton (*Viola di Bordone*), eine Tenorgambe mit kurvenreichem Korpus, die sich im 17. Jh. aus der Viola bastarda entwickelte. Außer 6–7 Darmsaiten auf dem Griffbrett (Abb. F) besaß es 10–15 diatonische Aliquotsaiten aus Metall, die unter dem unten offenen Griffbrett verliefen und mit dem Daumen der Greifhand gezupft werden konnten.

Viola d'Amore (Abb. A), eine Viola bastarda in Altlage mit geschwungenen Körperformen, flammenartigen Schalllöchern, Rosette und doppeltem Saitenbezug: 5–7 Griffsaiten aus Darm in variabler Stimmung (Dur- oder Mollakkord, Quart-Quint-Folge usw., Abb. F) und 7–14 akkordisch, diaton., seltener chromat. gestimmten Resonanzsaiten aus Metall, die durch den Steg und unterm Griffbrett verliefen (s. Abb.).

40 Instrumentenkunde/Chordophone IV: Violinen

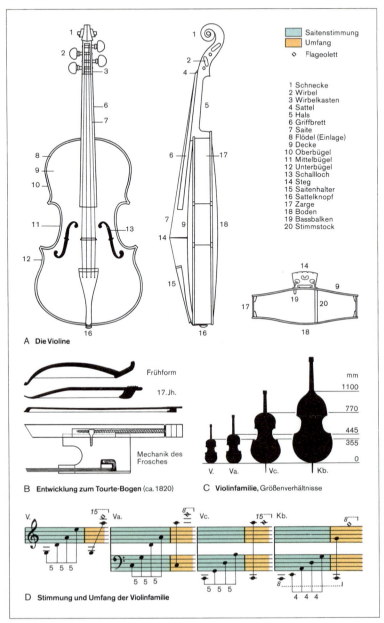

1 Schnecke
2 Wirbel
3 Wirbelkasten
4 Sattel
5 Hals
6 Griffbrett
7 Saite
8 Flödel (Einlage)
9 Decke
10 Oberbügel
11 Mittelbügel
12 Unterbügel
13 Schallloch
14 Steg
15 Saitenhalter
16 Sattelknopf
17 Zarge
18 Boden
19 Bassbalken
20 Stimmstock

A Die Violine

B Entwicklung zum Tourte-Bogen (ca. 1820)

C Violinfamilie, Größenverhältnisse

D Stimmung und Umfang der Violinfamilie

Bau, Größen, Besaitung

Instrumentenkunde/Chordophone IV: Violinen 41

Der Korpus der Violine in der Form der beiden nach außen gerundeten *Unter-* und *Oberbügel* und dem nach innen gerundeten *Mittelbügel* besteht aus dem gewölbten Boden (Ahorn), der ebenfalls gewölbten Decke (Fichte oder Tanne) mit zwei Schalllöchern in *f*-Form und den senkrechten Seitenwänden oder *Zargen* (Ahorn). Die Wölbungen entstehen nicht durch Spannung, sondern werden aus dem Holz herausgearbeitet. Die Maserung des Holzes, das für die Decke als Brett im Längsschnitt, für den Boden als Segment aus dem Querschnitt des Stammes gewonnen wird, ist für die Resonanzfähigkeit von Bedeutung. Das Holz muss aus akustischen Gründen gut getrocknet sein (Gesamtgewicht der Violine ca. 400 g). Decke und Boden haben *Hohlkehlen* mit *Flödel* und Randüberstand für höheren Druck.

Der Hals der Violine trägt das Griffbrett (Ebenholz) und endet im Wirbelkasten mit der Schnecke. Die Saiten laufen aus dem Wirbelkasten über den Sattel, das Griffbrett und den Steg zum Saitenhalter, der mit einer Darmschlinge am Sattelknopf in der Zarge befestigt ist.

Zum Druckausgleich und zur Schallübertragung steht der **Steg** mit dem einen Fuß (unter den Diskantsaiten) über dem *Stimmstock*, der Decke mit Boden verbindet, und mit dem andern Fuß (unter den Basssaiten) auf dem *Bassbalken*, der unter die Decke geleimt wird (vgl. S. 38).

Die Violine hat einen mehrschichtigen Schutzlack. Seine Wirkung auf die Akustik ist umstritten.

Die vier Saiten sind in Quinten gestimmt: g d^1 a^1 e^2. Das Material ist Darm, seit dem 18. Jh. für die G-Saite mit Silberumspinnung, seit 1920 dies auch für die A-Saite. Die E-Saite ist meist aus Stahl.

Durch Aufsetzen des **Dämpfers** (eine Klemme, die den Steg am Schwingen hindert) wird die Schwingungsübertragung der Saiten auf den Resonanzkasten gemildert und der Klang der Violine abgedunkelt.

Der Spieler stemmt die Violine mit dem **Kinnhalter** (ein von SPOHR um 1820 eingeführter Ebenholzteller) und der **Schulterstütze** so zwischen Schulter und Kinn, dass sie ohne Unterstützung der Greifhand hält.

Der Ton kann durch geringe Tonhöhenschwankungen (*Bebung, Vibrato*) modifiziert werden. Im Übrigen hängt die Tongestaltung von der Bogenführung ab, welche durch Druck, Streichgeschwindigkeit und Streichstelle die Dynamik, Rhythmik, Artikulation und Phrasierung bestimmt.

Geschichte

Die Violine erscheint voll entwickelt zu Beginn des 16. Jh. in Oberitalien. Wenig später ist die ganze Familie bildlich belegt: die hohe **Violino piccolo** (c^1 g^1 d^2 a^2), die »kleine« Viola als **Violine**, die **Viola** als Altinstrument, und

Viola tenore (c g d^1 a^1), das **Violoncello** und die **Violone** (Kontrabass). Zentrum des Geigenbaus war neben Brescia (1520–1620) vor allem Cremona. Dort wurden im 17. und 18. Jh. die klanggünstigen Mensuren entwickelt. Sie sind heute noch maßgeblich (Korpuslänge 35,5 cm). Die berühmtesten Geigenbauer sind ANDREA AMATI († 1580), sein Enkel NICOLA AMATI († 1684), dessen Schüler ANTONIO STRADIVARI († 1737), die GUARNERI (ANDREA, † 1698; G. ANTONIO »DEL GESÙ«, † 1744), FRANCESCO RUGGIERO († 1720), ferner der Tiroler JAKOB STAINER († 1683) und der Mittenwalder MATTHIAS KLOTZ († 1743). Ihre Instrumente gelten als unübertroffen, wenngleich sie zumeist im 19. Jh. ihren Originalklang verloren durch Umbau zu Gunsten eines größeren Tones für den Konzertsaal (dickere Saiten, höhere Spannung, höherer Steg, dickere Bassbalken, längeres Griffbrett usw.).

Der Streichbogen (Abb. B) besteht aus der *Stange* (Pernambukholz) mit der *Spitze* und dem verstellbaren *Frosch*, der den Rosshaarbezug spannt (150–250 Haare). Die Haare werden mit Kolophonium bestrichen (Harz, üblich seit dem 13. Jh.), damit sie die Saiten besser greifen (zur Torsionsschwingung der Saiten s. S. 60). Die Spannung der Haare wurde bis ins 18. Jh. hinein z. T. noch mit Daumen- bzw. Fingerdruck reguliert, was Doppelgriffspiel auf mehreren Saiten erleichterte, aber die Lautstärke aber beschränkte. Den modernen Bogen in konkaver Form mit Stellschraube entwickelte TOURTE († 1835).

Die Violinfamilie

Die Viola, auch **Bratsche** genannt, von ital. *Viola da Braccio*, ist gebaut wie die Violine, nur etwas größer (ca. 45 cm). Im 18. Jh. gab es noch die 5-saitige **Viola pomposa** (BACH), ein Cello mit zusätzl. e^1-Saite.

Das Violoncello klingt eine Oktave tiefer als die Bratsche. Besaitung: C G d a. Es wurde im 17. Jh. auch 5- oder 6-saitig gebaut. Das Cello diente vor allem als Generalbassinstrument und wurde erst im 18. Jh. zunehmend auch solistisch eingesetzt. Etwa seit 1800 gibt es den verstellbaren *Dorn* oder *Stachel* in der unteren Zargenwand.

Der Kontrabass (*Violone*) hat einen flachen, zum Hals hin abgeschrägten Boden und spitz zulaufende Schultern wie die Gamben, *f*-Löcher in der Decke und ein bundloses Griffbrett wie die Violinen. Die vier Saiten stehen im Quartabstand: E$_1$ A$_1$ D G. Zuweilen kommt eine 5. Saite C$_1$ hinzu. C$_1$ wird bei 4-saitigen Kontrabässen auch durch maschinelle Verlängerung der E-Saite erreicht. – Der Bogen des Kontrabasses ist kürzer und kräftiger als der Violin- bzw. der Cellobogen. Der Kontrabass klingt eine Oktave tiefer als notiert. Abb. D gibt den realen Klangbereich wieder.

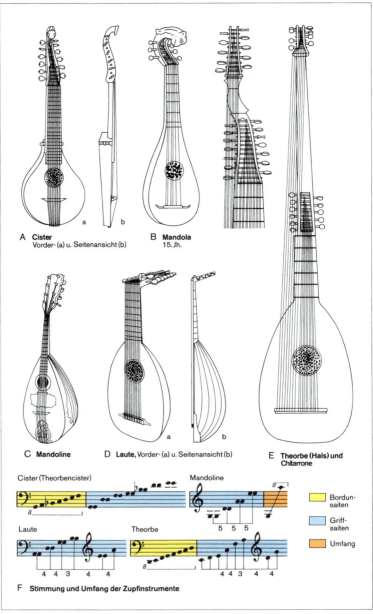

Historische Zupfinstrumente

Instrumentenkunde/Chordophone V: Lauten, Theorben 43

Zu den Chordophonen, die gezupft werden, gehören vor allem die Lauten und Gitarren (Lauteninstr. mit Querriegel). Instrumentenkundliche Typisierung kann der geschichtl. Vielfalt kaum gerecht werden. So orientierte sich schon Sachs zunehmend historisch. Auch hier sollen die wichtigsten älteren gezupften Lauteninstr. den moderneren vorangestellt werden.

Cister, ein Lauteninstr., dessen paarige Metallsaiten über einen Steg laufen und an Nägeln im Unterbügel befestigt sind (Abb. A). Die frühe Cister des 14. Jh. steht der Fiedel nahe. In ihrer Blütezeit (16. Jh.–18. Jh.) hatte die Cister einen birnenförmigen Korpus mit flachen Zargen, die am Hals breiter waren als am Unterbügel. Die Stimmung der 4- bis 12-chörigen Saiten (im 18. Jh. bis zu 40 Saiten) war unterschiedlich. – Die **Theorbencister** des 17. Jh. hatte einfache Bordun- und doppelte Griffsaiten (Stimmungsbeispiel Abb. F). Die Cister wurde im 18. Jh. in Italien von der Mandoline, zu Anfang des 19. Jh. in Deutschland von der Gitarre verdrängt.

Mandola, Mandora oder **Quinterne** (Abb. B), die Vorläuferin der Mandoline: ein Lauteninstr. mit Querriegel, einem Korpus, der ohne Absatz in den Hals überlief, einem geschweiften Wirbelkasten und vier in Quinten gestimmten Saitenchören. Arabischer Herkunft kam sie im MA. ins Abendland.

Mandoline, hat einen bauchigen, birnenförmigen Korpus aus Spänen und doppelten (Stahl-)Saitenbezug. Die Haupttypen der vielen ital. Varianten sind die

Mailändische Mandoline, mit geschweiftem Wirbelkasten und Querriegel (Stimmung der 5 oder 6 Saitenchöre g h e^1 a^1 d^2 e^2 oder g c^1 a^1 d^2 e^2) und die heute allg. verbreitete

Neapolitanische Mandoline (Abb. C), mit Wirbelplatte und Steg, über den die in der Zarge befestigten Saitenchöre laufen (in Violinstimmung, s. Abb. F). Man baut auch eine größere Neapolitanische Mandoline mit 4 Saitenchören G d a e^1, die sog. **Mandola** (nicht zu verwechseln mit der *älteren Mandola,* s. o.). Die Mandoline wird mit Plektron meist tremolierend gespielt. Auch sind die Schwebungen, die bei dem chörigen Saitenbezug z. T. absichtlich entstehen, für ihren Klang typisch. Die Mandoline entstand aus der älteren Mandola um 1650. Ihre Blütezeit war das 17./18. Jh. (Mozart: Don-Giovanni-Ständchen). In Deutschland und Österreich gibt es Mandolinen-Orch.

Die wichtigsten Vertreter der **Querriegelinstrumente** sind Laute und Gitarre.

Laute (von arab. *al'ûd,* das Holz, span. *laúd),* hat einen bauchigen, zargenlosen Korpus aus 7 bis 33 Spänen, einen abgesetzten Hals mit Bünden, einen nach hinten abgeknickten Wirbelkasten, 6 Saitenchöre (»Chor-

laute«) aus Darm, wovon aber nur die unteren 5 paarig, die höchste einfach bezogen sind. Die Normalstimmung im 16. Jh. ist: A d g h e^1 a^1 (Quart-Terzkombination wie Viola da Gamba, Abb. F) bzw. G c f a d^1 g^1. Die Saiten trugen Namen (von oben nach unten): *Chanterelle, Klein-* und *Großklangsaite, Klein-, Mittel-* und *Groß-Brummer.* Die Laute wurde im MA. von den Arabern in den Süden Europas gebracht und entwickelte sich dann zu der heute üblichen Form mit abgesetztem Hals (im Gegensatz zur Mandola), einem einzelnen Schalloch und Bundgriffbrett. Im 14. Jh. verbreitete sie sich über ganz Europa und wurde zum beherrschenden Hausmusikinstrument des 15./16. Jh. Man spielte alle Arten von Musik auf der Laute, z. B. Präludien, Ricercare, Tänze, Lieder und deren Begleitung und Vokalsätze (z. B. Motetten), die man in Lautentabulatur umschrieb (*intavolierte,* vgl. S. 260 f.). Im 17./18. Jh. traten die Klavierinstrumente mit ihrem größeren Klang und ihrer einfacheren Spielweise an die Stelle der Laute. Die Bemühungen um die Aufführungspraxis alter Musik brachten der Laute im 20. Jh. erneut Verbreitung.

Colascione, eine Langhalslaute (bis zu 24 Bünden) mit 3 (16. Jh.), später 6 Saiten (D G c f a d^1). In Süditalien beheimatet, spielte man sie vom 16. bis 18. Jh. auch in anderen Ländern. Die Colascione geht auf den asiat.-oriental. *Tanbur* zurück.

Erzlauten sind mit **Bordunsaiten** und zweitem Wirbelkasten ausgestattet. Sie wurden zuerst im 16. Jh. in Italien gebaut. Man unterscheidet

Theorbe: Ihr erster Wirbelkasten liegt in der Ebene des Griffbretts, ihr zweiter steht nur wenig höher seitlich neben dem ersten (Abb. E). Der Saitenbezug ist teils chörig, teils einfach. Sie hat 8 Griffsaiten (E F G c f a d^1 g^1) und 8 Bordunsaiten (D$_1$ E$_1$ F$_1$ G$_1$ A$_1$ H$_1$ C D), deren Stimmung jedoch zeitlich und räumlich differiert (Abb. F). Die Theorbe entstand im 16. Jh. in Padua und hielt sich bis ins 18. Jh.

Theorbierte Laute: Sie glich entweder der Theorbe, hatte dabei jedoch chörigen Saitenbezug wie die Laute, oder ihr erster Wirbelkasten war wie bei den Lauten üblich geknickt, während ihr zweiter für die Bordunsaiten aufrecht darüber stand: Viele Lauten wurden so mit zusätzlichen Bordunsaiten und zweitem Wirbelkasten versehen.

Chitarrone (*Römische Theorbe*): Sie war gebaut wie die Theorbe, hatte nur wesentlich längere Bordunsaiten und einen entsprechend längeren Hals zwischen den beiden Wirbelkästen (bis zu 2 m Gesamtlänge, vgl. Abb. E). Die Bordunsaiten waren einzeln, die Griffsaiten zwei- und dreichörig (z. B. F$_1$ G$_1$ A$_1$ H$_1$ C D E F G c d f g a).

Die Erzlauten dienten als Fundamentinstrumente vor allem im Generalbaßspiel.

44 Instrumentenkunde/Chordophone VI: Gitarren, Harfen

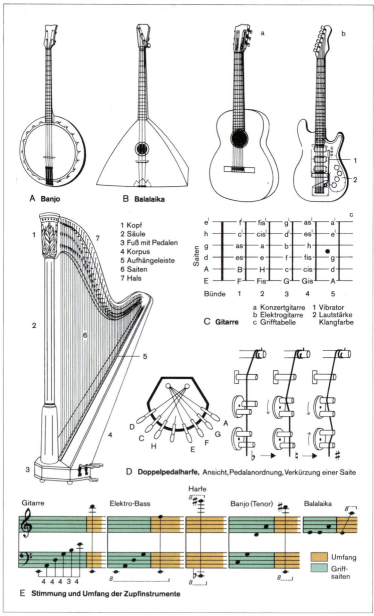

Moderne Zupfinstrumente

Instrumentenkunde/Chordophone VI: Gitarren, Harfen 45

Die Gitarre (von griech. *kithara*) hat einen beidseitig eingebuchteten Korpus mit flachen Zargen und offenem Schalloch, einen Hals mit Bünden und einer Schraubenmechanik für die Saiten (Abb. C, a). Die Gitarre wird eine Oktave höher notiert als sie klingt. Abb. E gibt den realen Klangbereich wieder. Die Bünde verkürzen bei Fingeraufsatz die Saite um je einen Halbton. Auf dem 5., meist besonders gekennzeichneten Bund, wird daher die Tonhöhe der nächsthöheren leeren Saite erreicht (außer bei der G-Saite, Abb. C, c). Die visuell einprägsame Tonordnung auf dem Griffbrett führte schon früh zur Verwendung von Griffschriften für Gitarre und Laute (*Tabulaturen*, s. S. 260 f.).

In Spanien sind seit dem 13. Jh. eine **Guitarra moresca** und eine **Guitarra latina** belegt, Erstere wohl arabisch-persischen Ursprungs, Letztere von der Fiedel abgeleitet mit vier doppelchörigen Saiten (vgl. S. 226). Daneben spielt bis ins 17. Jh. der Name *Vihuela* eine große Rolle. Unter der **Vihuela d'Arco** verstand man die gestrichene Fiedel bzw. Viola, die **Vihuela de Mano** war eine gezupfte Gitarre mit Zargen und gewölbtem Boden (*Wölbgitarre*) und die **Vihuela de Peñola** war die mit Plektron geschlagene Gitarre, beide mit 5–7 Einzelsaiten. Nachdem im 17. Jh. die Gitarre noch einmal mit 4–5 doppelchörigen Saiten bezogen war, wurde ihr Bezug im 18. Jh. endgültig einchörig und um die 6. Saite vermehrt. Seit dem Ende des 18. Jh. ist die Gitarre auch in Deutschland ein Modeinstrument. Sie war dann vor allem in der Jugendbewegung des 20. Jh. als *Klampfe* oder *Zupfgeige* sehr beliebt. Zu den zahlreichen Unterarten der normalen Konzert- oder Wandergitarre gehören

- **Pandora,** cisterähnliches Generalbassinstrument des 16./17. Jh. mit vielfach eingebuchtetem Korpus;
- **Orpheoreon,** Pandora mit schrägem Querriegel;
- **Arpeggione,** Streichgitarre in Cellogröße mit 6 Saiten (E A d g h e¹), die 1823 in Wien gebaut wurde (SCHUBERT);
- **Bassgitarre** (ab Mitte 19. Jh.), mit 6 Griffsaiten und zusätzlich 5–12 Basssaiten auf einem zweiten bundfreien Griffbrett. Bau und Stimmung differieren;
- **Machete,** portugies. Kleingitarre mit vier Saiten (G d a e¹);
- **Ukulele,** hawaiische Machete mit vier Saiten (a d¹ fis¹ h¹);
- **Hawaii-Gitarre,** aus der Ukulele entwickelt, mit Vibrato- und Glissando-Effekten;
- **Banjo** (Abb. A), afrikan. und nordamerikan. Schlaggitarre mit langem Hals und einem Einfelltamburin mit flachen Metallzargen als Korpus, unter dem Schnarrsaiten mitklingen; das Banjo hat 4–9 Griffsaiten verschiedener Stimmung (z. B. Abb. E);
- **Schlaggitarre,** mit flachem Korpus, breitem Unterbügel, *f*-Löchern, aufgesetzter Schonplatte, mit Saitenhalter unter der Zarge und

elektrischen Tonabnehmern (vgl. S. 60); Stimmung wie Gitarre;
- **Elektrogitarre** (Abb. C, b), ähnlich der Schlaggitarre, aber ohne Resonanzkasten;
- **Elektrobass,** Elektrogitarre mit Kontrabass-Stimmung (Abb. E).

Als Abarten der Laute gelten
- **Domra,** kirgis. Langhalslaute in 6 Größen. Ihre 3 Metallsaiten werden mit Schlagring gespielt oder gezupft. Sie stammt aus dem 15. Jh. und geht auf den arab. *Tanbur* zurück;
- **Balalaika** (Abb. B), ukrainisches Zupfinstr. mit dreieckigem Korpus in 6 Größen (Pikkolo bis Kontrabass). Von ihren 3 Saiten sind 2 gleich, die dritte in der Oberquart gestimmt (z. B. Abb. E). Ensembles umfassen bis zu 45 Balalaikas.

Die Harfe

Die moderne **Doppelpedalharfe** (Abb. D) besteht aus einem schräg aufsteigenden **Resonanzkasten,** einem geschwungenen **Hals** und einer meist klassizistischen **Säule,** an deren Fuß sich der **Pedalkasten** befindet. Die Höhe des Instruments beträgt etwa 180 cm.

Die Harfe hat einen Umfang von 6½ Oktaven. Die 47 Saiten sind diatonisch in Ces-Dur gestimmt (Ces₁–ges⁴). Zur chromatischen Tonhöhenveränderung dienen 7 Pedale, die durch Seilzüge in der Vorderstange mit einem saitenverkürzenden Drehmechanismus im Hals verbunden sind. Zu allen gleichnamigen Saiten gehört je ein Pedal, sodass sich bei der 7-stufigen diatonischen Tonleiter sieben verschiedene Pedale ergeben (zuweilen zusätzlich ein achtes, kleineres Tonhaltepedal). Die Harfensaite wird durch *einfachen* Pedaltritt um einen Halbton erhöht (z. B. von ces nach c), durch *doppelten* Pedaltritt um zwei Halbtöne (weiter von c nach cis), sodass im temperierten System alle 12 Töne spielbar sind. Zur Orientierung sind die Fes-Saiten blau, die Ces-Saiten rot gefärbt.

Die Harfe stammt aus dem Orient. (**Bogenharfe** und **Winkelharfe,** vgl. S. 160 und 164). In Europa tritt die Harfe zuerst im 8. Jh. in Irland auf, und zwar als **Rahmenharfe** mit Vorderstange zw. Korpus und Saitenhalter. Form gedrungen **romanisch,** ab etwa 1400 schlanker **gotisch** (s. S. 226). Die Harfen waren diatonisch gestimmt und hatten 7–24 Saiten (16./17. Jh.). Sie dienten als Begleitinstr. zum Gesang, im Barock auch als Generalbassinstr.

Chromatische Tonhöhenveränderung ermöglichte zuerst die **Tiroler Hakenharfe** (2. Hälfte des 17. Jh.), bei der mit der Hand drehbare Haken die Saiten verkürzten. Es folgte um 1720 die einfache **Pedalharfe,** die das Spiel in allen B-Tonarten zuließ. Für sie schrieb z. B. MOZART seine Harfenkonzerte. Um 1810 erfand ERARD die vollchromatische **Doppelpedalharfe,** die sich allgemein durchsetzte.

Instrumentenkunde/Aerophone I/Blech 1: Allgemeines

Blechblasinstrumente	Holzblasinstrumente				Harmonikainstr.
Trompeteninstrumente	Flöteninstrumente		Rohrblattinstrumente		Harmonikas
Lippenpolster	Schneidekante		Gegen-schlag-Z.	Aufschlag-Zungen	Durchschlag-zungen
Kessel	Trichter	Schnabel	Anblasloch	Doppel-rohrblatt	Einzel-rohrblatt	Lamelle
Trompete Posaune Kornett Tuba	Horn Wagner-Tuba Cornophon	Blockflöte Gefäßflöte Orgel	Querflöte Panflöte	Oboe Dudelsack	Klarinette Saxophon	Harmonium Harmonika-instrumente

A **Systematik der Aerophone**

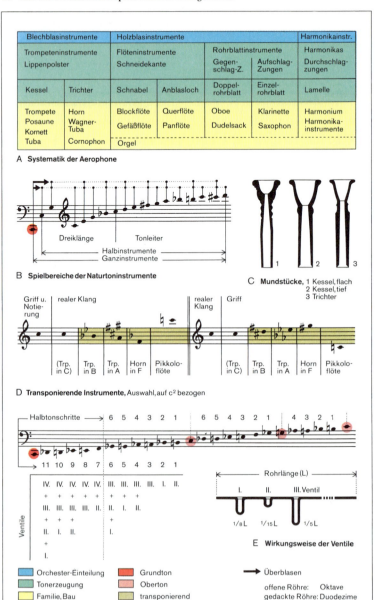

B **Spielbereiche der Naturtoninstrumente**

C **Mundstücke**, 1 Kessel, flach
 2 Kessel, tief
 3 Trichter

D **Transponierende Instrumente**, Auswahl, auf c^2 bezogen

E **Wirkungsweise der Ventile**

- Orchester-Einteilung
- Tonerzeugung
- Familie, Bau
- Grundton
- Oberton
- transponierend
- → Überblasen
- offene Röhre: Oktave
- gedackte Röhre: Duodezime

Systematik, Tonvorrat

Aerophone (griech. *aer*, Luft) sind alle Musikinstrumente mit schwingender Luft als Tonerzeuger, und zwar meist eine begrenzte Luftsäule (Akustik s. S. 14), aber auch ein unbegrenzter Luftstrom (Harmonikainstr.). **Die Systematik** (Abb. A) gruppiert nach Art der **Tonerzeugung** in *Trompeten-, Flöten-, Rohrblatt-* und *Harmonikainstr.*, weiter nach **Mundstückform** und **Bau** der Instr. Die (Orchester-)Praxis unterscheidet zwischen *Blech-* und *Holzblasinstr.* Die meisten Aerophone sind Blasinstrumente, d. h. sie werden vom Atem des Bläsers gespeist im Gegensatz zur mechanischen Luftversorgung bei Orgeln und Harmonikainstr., für die äußerlich eine Tastatur charakteristisch ist (*Tasteninstr.*).

Blechblasinstrumente
erzeugen den Ton durch die elastisch gespannten Lippen des Bläsers, die den Atemstrom periodisch unterbrechen. Die **Klangfarbe** der Instr. hängt vor allem vom **Mundstück** ab:
– flacher **Kessel** mit enger Bohrung, z. B. bei Trompeten und Posaunen, obertonreicher, heller Klang (Abb. C, 1),
– tiefer Kessel oder **Becher**, z. B. bei Kornetten und Flügelhörnern, je tiefer der Kessel, desto weicher der Ton (Abb. C, 2),
– **Trichter**, bei Waldhorn, extrem milder und dunkler Klang (Abb. C, 3).
Für das Timbre ist ferner die **Mensur** (Verhältnis von Rohrdurchmesser zu Rohrlänge), die Art der Bohrung, nämlich *konische* oder *zylindrische* Röhre, und die Form des **Schalltrichters** bestimmend.

Spielbereich der Naturtoninstrumente. Die Tonhöhe der Blechblasinstr. wird primär durch die **Länge der schwingenden Luftsäule** bestimmt. Bei den sog. **Naturtoninstrumenten** ohne Grifflöcher, Klappen oder Ventile ist diese identisch mit der **Rohrlänge.** Ihr entsprechend bringt das Instrument einen bestimmten Grundton den mit gleichzeitig erklingenden Obertönen hervor (z. B. C; man sagt: Das Instr. *steht in C*). Der Bläser kann aber durch Veränderung der Lippenspannung die Obertöne auch einzeln ansprechen lassen, indem er die nicht gewünschten Töne »überbläst«. So erscheinen im unteren Bereich die für die Naturtoninstr. wie Posthorn oder Fanfare typischen Quinten, Quarten und Dreiklänge, während eine vollständige Tonleiter erst in den oberen Bereichen zu erzeugen ist (die ventillosen Clarini spielten daher ein die hohen Diskant). Enge Mensuren begünstigen die Ansprache hoher Töne, weite die der tiefen.
Offene Röhren liefern alle Obertöne, beginnend mit der Oktave (sie »überblasen in die Oktave«), gedackte Röhren liefern nur die ungradzahligen (sie »überblasen in die Duodezime«, was die gedackte Orgelpfeifen oder sich »gedackt« verhaltende Klarinette).
Bei einigen Instr. sprechen der tiefste Ton oder die beiden tiefsten Töne nicht an, bes. bei engen Mensuren. Man unterscheidet entsprechend zwischen **Ganz-** und **Halbinstrumenten** (Abb. B). Die tiefsten Töne der Ganzinstr., z. B. der Posaune, nennt man *Pedaltöne.*

Transponierende Instrumente. Grundton und Naturtonreihe sind durch die Rohrlänge festgelegt (s. o.). So gibt es Instr. in *C-Dur,* in *B-Dur* usw. Wird der Grundton gegriffen, so erklingt der des jeweiligen Instr. Man notiert die Naturtonreihe stets im vorzeichenlosem C-Dur (Abb. B und D), verwendet also eine Art »Griffschrift«, die auf die reale Tonhöhe des Instr. keine Rücksicht nimmt. Das Instr., nicht der Bläser, transponiert das C-Dur in die ihm eigene Tonart, z. B. das c^2 in Abb. D nach b^1, a^1 usw. Umgekehrt muss z. B. ein B-Trompeter, um c^2 zu erzeugen, das eine Sekunde höhere d^2 greifen, weil sein Instr. von Natur eine Sekunde tiefer klingt. In diesem Fall ist das Instrument *klingend* notiert: Die Notation entspricht dem realen Klang und für die Transposition, d. h. den richtigen Griff, muss der Bläser sorgen.

Tonhöhenveränderung lässt sich durch Verlängerung bzw. Verkürzung der Rohrlänge erreichen: durch **Einsatz** zusätzlicher Rohrstücke von Hand (*Inventionshorn*), durch **Ineinanderschieben** der Röhren (*Zugposaune*) oder durch **Betätigung von Ventilen**, die Rohrverlängerungsstücke ein- und ausschalten. Man verändert dadurch die Stimmung des ganzen Instr. (Grundton samt Obertonreihe).

Die Wirkungsweise der Ventile
Normalerweise verwendet man drei Ventile. Das **I.** stimmt das Instr. um einen **Ganzton** tiefer (Verlängerung um $\frac{1}{8}$ der Grundlänge), das **II.** um einen **Halbton** (+ $\frac{1}{15}$ der Grundlänge), das **III.** um eine **kleine Terz** (+ $\frac{1}{5}$ der Grundlänge; Abb. E). Kombination der Ventile bringt eine Vertiefung bis zu 6 Halbtönen. Man kann damit den Quintabstand zwischen dem 1. und 2. Oberton (von g nach c) und die kleineren Abstände zwischen den höheren Obertönen chromatisch ausfüllen. Vom 1. Oberton abwärts reichen drei Ventile bis Ges. Bei einigen Ganzinstr. baut man ein IV. Ventil ein (Quartventil), um chromatisch bis zum Grundton absteigen zu können (möglich nur bei Ganzinstr. mit gut ansprechender Tiefe, z. B. der Basstuba).
Einige Instr. haben ein **Umschalt-** oder **Stellventil.** So kann z. B. das Doppelhorn von der Tenorlage in B mit Rohrlänge von 2,74 m zur Basslage in F mit Rohrlänge von 3,70 m umschalten.

Dämpfer werden zur Klangmodifizierung und zur Vertiefung (bis zu einem Ganzton) seit etwa 1750 in den Schallbecher eingeführt. Ursprünglich nahm man die bloße Faust dazu, dann speziell geformte Dämpfer mit unterschiedlichen akustischen Effekten.

Instrumentenkunde/Aerophone II/Blech 2: Hörner

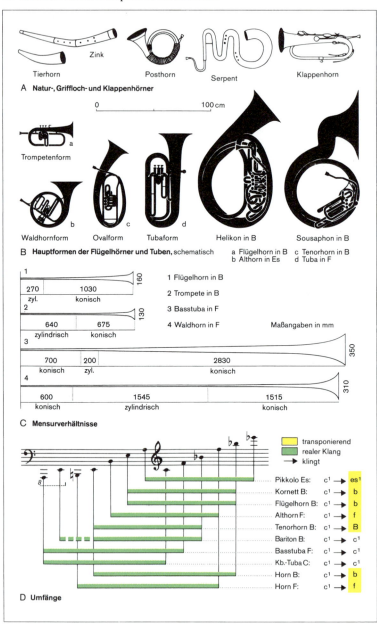

A Natur-, Griffloch- und Klappenhörner

B Hauptformen der Flügelhörner und Tuben, schematisch
a Flügelhorn in B   c Tenorhorn in B
b Althorn in Es   d Tuba in F

C Mensurverhältnisse

D Umfänge

Formen und Lagen

Naturhörner (*Signalhörner*) verfügen nur über die Naturtonreihe. Es gehören dazu:
Tierhorn, aus prähist. Zeit (Abb. A) und das ähnliche **Hifthorn** des MA., das bei der Jagd benutzt wurde;
Olifant, aus Elfenbein, das im MA. aus Byzanz nach Europa kam;
Luren, aus der Bronzezeit (s. S. 158);
Jagd- und **Posthorn,** entwickelten sich aus dem Hifthorn durch Platz sparendes Einrollen der verlängerten Metallröhre (Abb. A).

Grifflochhörner sind Naturhörner mit eingebohrten Grifflöchern zu größerem Tonvorrat. Die bekanntesten sind die Zinken (13.–18. Jh.). Neben dem seltenen **graden** oder **stillen Zink** gab es die schwarzen **krummen Zinken,** aus Holz, oft mit Leder überzogen (Abb. A). Zinken hatten einen Umfang von ca. 2–3 Oktaven und einen weichen, leider etwas unsauberen Ton. Im Frankreich des 16. Jh. man einen Bass- und Kontrabasszink, den schlangenförmigen **Serpent,** Umfang B_1–b^1 (Abb. A).

Klappenhörner entstanden im 18. Jh., als man die Grifflochhörner mit Klappen versah (Abb. A). Am bekanntesten wurde die **Ophikleide** (1817) in Alt- und Basslage, als tiefstes Horninstr. auch im Orch., in der zweiten Hälfte des 19. Jh. von der Basstuba verdrängt.

Ventilhörner. Mit dem Einbau der Ventile in die Hörner entwickelten sich die Familien der **Kornette, Flügelhörner** und **Tuben.** Sie erscheinen äußerlich in 4 Grundformen:
– *Trompetenform,* waagrecht gehalten wie die Trompete, vor allem für hohe Lagen;
– *Waldhornform,* rund, mit gesenkter Stürze, vor allem für Mittellagen;
– *Ovalform,* mit aufgerichteter Stürze, vor allem für Mittel- und Basslagen;
– *Tubaform,* gerade, mit aufgerichteter Stürze, bes. für Basslagen.
Dazu kommen *Helikon* und *Sousaphon* (s. u.). Abb. B zeigt die Formen schematisch und mit je einem konkreten Beispiel, um die Größenverhältnisse der Instrumente in den verschiedenen Lagen zu verdeutlichen.

Das Kornett entstand Anfang des 19. Jh. in Frankreich, als man in das Posthorn Pumpenventile einbaute (*Cornet à piston,* kurz **Piston**). Es spricht leicht an und ist daher weit verbreitet. Das übliche **Soprankornett** steht in B (e–b^2), C oder A, das **Pikkolo** in Es oder D, das **Altkornett** in Es (Es-es[1]). Bei Mensurverengung nähert sich das Kornett klanglich der Trompete.

Die Flügelhörner entstanden um 1830 in Österreich, als man in das Signal- bzw. Klappenhorn Drehventile einbaute. Sie haben überwiegend konisches Rohr und weite Mensur, klingen daher voll und weich. Sie werden auch **Bügelhörner** und in der Bauart des A. SAX (Patent Paris 1845) **Saxhörner** genannt.
Zur Familie der Flügelhörner gehören:
Flügelhorn in B und C (Sopran) mit enger Mensur dem Kornett nahe stehend. Es klingt weich und unterscheidet sich damit von der weitgehend zylindrisch gebohrten und enger mensurierten Trompete mit ihrem schmetternden Klang (Abb. C);
Althorn in F oder Es (Altlage), in Waldhorn-, Trompeten- oder Tubaform;
Tenorhorn in C oder B, in Ovalform oder Tubaform;
Bariton oder **Euphonium** in B, z. T. mit 4. Ventil, in Oval- oder Tubaform;
Basstuba in F (Extremumfang bei 4 Ventilen s. Abb. D) und Es, die 1835 in Nachfolge der Bassophikleide entstand, in Tubaform;
Kontrabasstuba in C und B (mit 4 Ventilen: A_2–b), in Tubaform, auch **Kaiserbass** genannt; Zusatzventile sorgen für Stimmungsausgleich;
Doppeltuba in F/C und F/B (B_2–f^1) als Kombination von Bass- und Kontrabasstuba mit Umschaltventil.
Die Tuben werden mit ihrer weiten Stürze nach oben gehalten. Die Harmoniemusik und Marschkapellen bevorzugen das ovale, um den Leib des Bläsers getragene **Helikon** (als Basstuba in F und Es, als Kontrabasstuba in B) und das nach seinem Erbauer SOUSA (USA) benannte **Sousaphon** (Stimmungen wie Helikon), dessen großer Schalltrichter über den Kopf des Bläsers hinweg nach vorne ragt.

Waldhörner

Das **Naturwaldhorn** entstand gegen Ende des 17. Jh. aus dem Jagdhorn, indem es ein wesentlich längeres, größtenteils zylindrisches, mehrfach gewundenes Rohr, dazu ein trichterförmiges Mundstück und eine weite Stürze bekam (s. Mensurverhältnisse in Abb. C). Der Ton wurde dadurch warm und voll, im *forte* dazu schmetternd stark. Durch Einführen der rechten Hand in die Stürze, die man dazu nach unten senken musste (typische Hornhaltung, daher noch heute Ventilbedienung mit der l. H.), erreichte man eine Abdunklung des Tones und eine Vertiefung bis zu einem Ganzton (HAMPEL, Dresden um 1750). Zum Umstimmen des Horns verwandte man lange, zwischen Mundstück und Rohr aufgesteckte *Setzstücke,* oder innerhalb der Rohrwindungen eingeschobene *Verlängerungsbügel* (*Inventionsbügel,* s. **Inventionshorn** auf S. 50, Abb. A). Der Einbau der Ventile um 1814 brachte die Vollchromatisierung. Das heute gebräuchliche **Doppelhorn** ist ein Tenor-Bassinstrument mit Umschaltventil (Kombination von B- und F-Horn, Umfänge s. Abb. D).
1870 baute man auf Anregung WAGNERS **Waldhorn-** oder **Wagnertuben,** d. h. Tuben mit Waldhornmundstück und 4 Ventilen. Sie klingen dunkler als Tuben und feierlicher als Waldhörner (Tenortuba in B, Basstuba in F).

50 Instrumentenkunde/Aerophone III/Blech 3: Trompeten, Posaunen

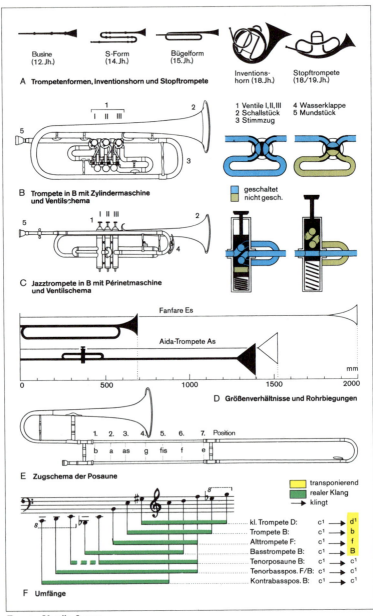

Formen, Ventile, Lagen

Instrumentenkunde/Aerophone III/Blech 3: Trompeten, Posaunen 51

Naturtrompeten, in Bügelform (Abb. A) sind ganz auf ihre Naturtöne angewiesen. Es gibt sie daher in vielen Stimmungen, so in C (Klang und Notation wie die Naturtonreihe S. 46, Abb. B), in B (klingt eine Sekunde tiefer), in D, Es, E, F (aufwärts transponierend). Sie alle sind *Halbinstrumente,* d. h. Grundton und 1. Oberton sprechen nicht an (vgl. S. 46). Trompeten haben **Kesselmundstück** und enge, überwiegend zylindrische Mensur. Eine Naturtrompete ist auch die schlanke **Fanfare** oder **Heroldstrompete,** in B $(f–f^2)$ oder Es $(b–b^2)$. Abb. D zeigt das Größenverhältnis des langen Rohres zum eingerollten Instr.
Als Naturtrompete besonderer Art gilt auch das **Alphorn,** aus zwei langen Holzrinnen, mit Bast- oder Schnurumwicklung.

Ventiltrompeten verwenden Zylinder- oder Pumpventile. Das Pumpventil entstand 1814 und wurde 1839 von PÉRINET in Paris entscheidend verbessert. Das Dreh- oder Zylinderventil wurde 1832 von RIEDL in Wien gebaut. Daher kommt es, dass Périnetventile vor allem in Frankreich, Zylinderventile bes. in Österreich und Deutschland verwendet werden. Abb. B und C zeigen die **Arbeitsweise der Ventile** schematisch:
– **Drehventil,** betätigt über Druckplättchen und einen Hebelmechanismus, schaltet durch einen kleinen Drehzylinder mit zwei Windführungen das Zusatzrohrstück auf gleicher Ebene ein oder aus.
– **Pumpventil,** wird direkt geschaltet und ist daher in der Mechanik etwas einfacher. In geschaltetem Zustand leitet das Ventil den Windstrom nach hinten ab in das Zusatzrohrstück, welches leicht versetzt wieder in das Ventil einmündet.
Kompliziert ist bei beiden die Berechnung der Rohrlängen, dass auch bei den unterschiedl. Kombinationen der Ventile die Stimmung des Instrumentes sauber bleibt.
Außer diesen Ventilen für das ständige Spiel gibt es auch bei Trompeten die *Stell-* oder *Umschaltventile* (s. S. 47), die nicht zurückfedern, sondern die Umstimmung des ganzen Instrumentes für längere Zeit ermöglichen.
Kleine Trompete in F, Es oder D. Eine Spezialausführung ist die **Bachtrompete** (in D).
Trompete in B, die am häufigsten verwendete Trompete (Sopranlage). Sie hat 3 Zylinderventile und ein Stellventil nach A (Abb. B, Mensurvergleich zum Flügelhorn s. 48).
Jazztrompete, eine B-Trompete, aus dem *Piston,* daher mit Périnetmaschine gebaut. Sie ist schlanker, ihre Mensur enger, ihr Klang heller und geschmeidiger (Abb. C).
Aida-Trompete in C oder B wie die normale Soprantrompete. Sie wurde für VERDIS *Aida* (Kairo 1871) mit geradem Rohr und 1 (in H oder As) oder 3 Ventilen gebaut. Sie wirkt gewaltiger als die gerollte Fanfare, obwohl sie ein kürzeres Rohr hat (Abb. D).
Alttrompete in F oder Es.

Basstrompete in B oder C, eine Oktave tiefer als die Soprantrompete, also eigentl. Tenorlage. Die tieferen Lagen der Trompete übernimmt die Posaune (s. u.).

Die Urform der Trompete ist eine gerade Röhre aus Holz (Bambus), später aus Metall. In der Antike diente sie als Kriegs- und Tempelinstrument. Als kostbare Kriegsbeute gelangte sie bes. durch die Kreuzzüge ins Abendland.
Im MA. gab es die große *tromba* (= *busine*) und die kleine *trombetta,* beide in gerader Form (Abb. A). Um die langen Röhren vor dem Verbiegen zu schützen, führte man sie Z- und S-förmig (13./14. Jh.) und schließlich in moderner Bügelwindung (15. Jh.). Die Hauptstimmung war D, später bes. beim Militär Es. Zum Umstimmen nahm man Setzstücke und Krummbügel. Die tieferen Trompeten hießen **Principali,** die höheren **Clarini** (mit engem, flachem Mundstück). Beide werden im Bläsersatz mit **Pauken** kombiniert. Die Clarini erschienen im Barock bes. als konzertante Instr. Die Kunst des Clariniblasens verschwand im 18. Jh.
Auf dem Wege zur Chromatisierung machte man Versuche mit **Klappen** (engl. *slide trumpet*), **Zügen** (*da tirarsi,* mit verschiebbarem Mundstück) und **Stopftrompeten** (nach dem Vorbild des *Inventionshorns,* Abb. A), bis um 1830 die Ventiltrompete entstand.

Posaunen sind die Trompeten der tiefen Lage. Ihre *U*-förmigen Röhren werden aus der geschlossenen Stellung (Grundstimmung) in stufenlosem Glissando oder in 6 Positionen, sog. **Zügen,** auseinander gezogen, wobei die Stimmung jedesmal um einen Halbton sinkt. Die 6 Züge entsprechen den 3 Ventilen und deren Kombinationen (vgl. S. 46, Abb. E). Die tiefsten Töne (der Obertonreihen) heißen *Pedaltöne.* Pos. werden klingend notiert. Die **Altposaune** steht in Es $(A–es^2)$, die übliche **Tenorposaune** in B $(E–b^1)$, die **Bassposaune** in F $(H_1–f^1)$, die **Kontrabassposaune** in E, Es, C und B $(E_1–d^1)$, Letztere auch mit 4 statt 2 Röhren (*Doppelzugposaune*). Meist ersetzt man die Altposaune durch die Tenorposaune und die Bassposaune durch die 1839 entstandene, weit mensurierte **Tenorbassposaune** in B/F mit Stellventil (s. o.). Die **Ventilposaune** in B (seit ca. 1830) hat statt Zug 3 Ventile mit Stellventil nach F, setzte sich aber nicht durch. Die Posaune, von altfrz. *buisine,* mhd. *busine* (= *tromba,* s. o.), entstanden im 15. Jh., als das untere Kniestück der gewundenen tiefen Trompete zu einem beweglichen Zug ausgestaltet wurde. Im 16. Jh. gab es einen ganzen Posaunenchor: Diskant in B, Alt in F, »gemeine, rechte Posaune« (PRAETORIUS) in B, Quart- und Quintposaune in F und Es, Oktavposaune in B. Im 17. Jh. beschränkte man sich dann auf die heute noch üblichen Alt-, Tenor- und Bassposaunen.

52 Instrumentenkunde/Aerophone IV/Holz 1: Flöten

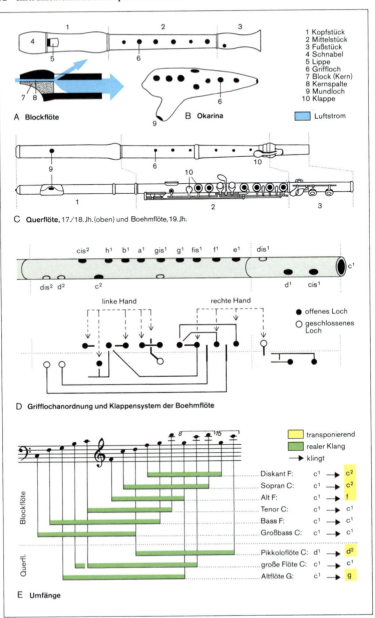

1 Kopfstück
2 Mittelstück
3 Fußstück
4 Schnabel
5 Lippe
6 Griffloch
7 Block (Kern)
8 Kernspalte
9 Mundloch
10 Klappe

A Blockflöte
B Okarina
Luftstrom

C Querflöte, 17./18. Jh. (oben) und Boehmflöte, 19. Jh.

D Grifflochanordnung und Klappensystem der Boehmflöte

- offenes Loch
○ geschlossenes Loch

E Umfänge

transponierend
realer Klang
→ klingt

Blockflöte
- Diskant F: c^1 → c^2
- Sopran C: c^1 → c^2
- Alt F: c^1 → f
- Tenor C: c^1 → c^1
- Bass F: c^1 → c^1
- Großbass C: c^1 → c^1

Querfl.
- Pikkoloflöte C: d^1 → d^2
- große Flöte C: c^1 → c^1
- Altflöte G: c^1 → g

Tonerzeugung, Mechanik, Lagen

Instrumentenkunde/Aerophone IV/Holz 1: Flöten 53

Flöten gehören zur Gruppe der Holzblasinstr., obwohl sie aus verschied. Material hergestellt werden (Holz, Metall, Knochen, Ton). **Tonerzeugung:** Ein Luftstrom wird auf eine scharfe Kante gelenkt und von dieser zerschnitten (*Schneidekante*). Dabei bilden sich Wirbel. Entsprechend der Wirbelfrequenz entsteht ein sog. *Schneideton* nach Art der Spalt- oder Hiebtöne, wie sie bei Peitschenhieben oder an Telefondrähten im Wind zu hören sind. Beim Anblasen wird ein Teil des Luftstromes nach außen, ein Teil in das Instr. gelenkt und durch die schwingende Luftsäule der als Resonator wirkenden Röhre verstärkt. Flöten mit **Schnabel** leiten den Luftstrom mechanisch auf die Schneidekante. Der Ton wird starr. Sie sind dafür einfach zu blasen. Flöten mit **Anblasloch** erlauben Modifikation des Tones durch die Lippen des Bläsers, der u. a. den Anblaswinkel variiert.

Die **Tonhöhe** wird bestimmt durch die Länge der schwingenden Luftsäule (vgl. S. 14). Bei der **Panpfeife** werden versch. lange Röhren zu pentatonischen oder diatonischen Reihen gebündelt. Bei den **Grifflochflöten** verändert sich die Länge der schwingenden Luftsäule im Innern mit der Öffnung der Löcher. Sie reicht im Allg. bis zum ersten geöffneten Loch. Sind alle Löcher geschlossen, erklingt der Grundton. Flöten sind daher an feste Stimmungen gebunden. *Gabelgriffe* (Öffnen eines Loches zwischen zwei geschlossenen) und *Halbverdecken* der Löcher beeinflussen die Knotenbildung der Luftsäule (Halbtonbildung). Flöten klingen dunkel und milde, da die höheren Teiltöne fehlen. Nach Spielhaltung unterscheidet man Längs- und Querflöten, daneben die verschieden gehaltenen Gefäßflöten.

Längsflöten gab es schon in prähistor. Zeit, dann im Altertum als unterschiedlich lange Einzelrohre oder gebündelt wie die oben erwähnte Panflöte und ohne Schnabel. Heute ist ihr Hauptvertreter die Blockflöte. **Die Blockflöte** hat ihren Namen von dem *Block* oder *Kern*, der im Schnabel sitzt und die *Kernspalte* begrenzt, die ihrerseits den Atem des Bläsers auf die *Lippenkante* führt. Die Blockflöte ist umgekehrt konisch gebohrt und hat 7 Grifflöcher in diatonischer Folge vorne und ein Überblasloch für den Daumen hinten. Sie wird heute in 6 Größen gebaut (Abb. E). Bass- und Großbassflöte haben Anblasrohre in *S*-Form und Kleinfingerklappen wegen der großen Länge. Der Umfang beträgt jeweils ca. 2 Oktaven. Blockflöten kamen im MA. aus Asien nach Europa und entwickelten sich im 16. Jh. zu ganzen Familien. Sie hießen wegen ihres milden Klanges *flauto dolce* (ital.) bzw. *flûte douce* (frz.). Im 18. Jh. wurden sie von der brillanteren Querflöte verdrängt, erreichten aber im 20. Jh. als Hausinstrumente große Verbreitung. Zu den Längsflöten gehören auch:

– **Doppelblockflöte** mit zwei Röhren, seit dem MA., auch *Akkordflöte* genannt;
– **Einhandflöte**, auch *Schwegel* (16. Jh.), als altes Militärinstrument stets mit kleiner Trommel zusammen;
– **Gemshorn** aus Tierhorn, am dicken Ende anzublasen (16. Jh.);
– **Flageolett**, (frz.) Vorläufer der Pikkoloflöte im 18. Jh.

Gefäßflöten mit und ohne Schnabel sind alter asiat. Herkunft, jedoch überall, bes. in Primitivkulturen vertreten. In Europa gibt es sie vor allem im 18. Jh. aus kostbarem Porzellan gefertigt. Die **Okarina** ist eine irdene Gefäßflöte mit Schnabel (Italien 1860, Abb. B).

Querflöten haben ihr Anblasloch seitlich im Kopfstück, bei modernen Flöten mit einer Mundlochplatte zum Aufstützen der Unterlippe (BOEHM, s. Abb. C). Sie erfordern eine kunstvolle Anblastechnik und verfügen über einen wandlungsfähigen Ton. Asiat. Herkunft, tauchen sie im MA. (12. Jh.) in Europa auf und finden sich vor allem in Deutschland (*flûte allemande*, ab 18. Jh. *flûte traversière*). Ein früher Vertreter dieser Querflöte ist die militärische **Querpfeife** (auch *Schweizer- oder Feldpfeiff* genannt) mit kurzer, zylindrischer Röhre aus Buchsbaumholz. Im 16. Jh. bekam sie eine erweiterte Mensur und zog in versch. Lagen gebaut als **Querflöte** ins Orchester. Im 17./18. Jh. entwickelte sie sich zu einem mehrteiligen Instr. mit umgekehrt konischer Bohrung (vom Anblasloch zum Ende hin verengt), mit auswechselbaren Fußstücken zum Umstimmen (C-Fuß, H-Fuß usw.) und mit mehreren Griffklappen. Die moderne **große Flöte** in C geht auf TH. BOEHM zurück (*Boehmflöte*), der erstmals 1832 die Löcher nicht nach Greifbarkeit, sondern nach akustischen Maßgaben bohrte und dann mit Klappen zum Greifen versah. 1847 ersetzte er die konische Röhre durch eine zylindrische zugunsten präziserer Intonation, gab jedoch damit den typischen alten Flötenklang auf. Mittel- und Fußstück haben chromatische Lochfolge mit zusätzlichen Überblaslöchern. Das Klappensystem bringt durch starre oder einseitige Verbindungen, Ringklappen, Längsachsenkopplungen, Trillerklappen usw. eine Unzahl von kombinierten Verschlussmöglichkeiten der Löcher in den Spielbereich der Hände (Abb. D, nach RITTER). Die **Altflöte** in gleicher Bauweise steht in G, die **Bassflöte** in B oder C. Umfang jeweils ca. 3 Oktaven. In der zweiten Hälfte des 18. Jh. gab es noch die **Liebesflöte** in A. Die **kleine Flöte** (*Pikkolo*) in C (auch Des) entstand Ende des 18. Jh. Sie spielt in der Blasmusik und seit BEETHOVEN (5. Sinfonie) auch im Orch. eine wichtige Rolle. Die Pikkoloflöte ist zweiteilig, halb so groß wie die große Flöte und klingt eine Oktave höher als diese.

54 Instrumentenkunde/Aerophone V/Holz 2: Rohrblattinstrumente

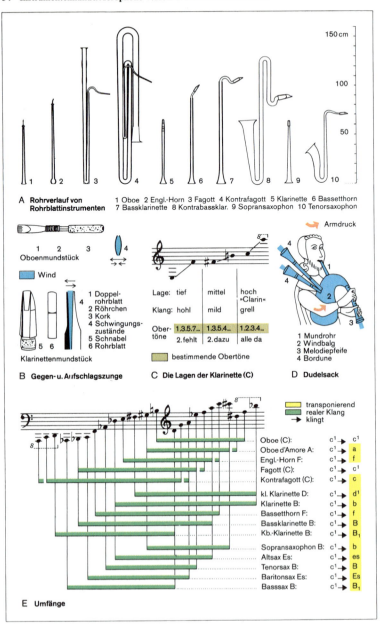

A **Rohrverlauf von Rohrblattinstrumenten**
1 Oboe 2 Engl.-Horn 3 Fagott 4 Kontrafagott 5 Klarinette 6 Bassetthorn
7 Bassklarinette 8 Kontrabassklar. 9 Sopransaxophon 10 Tenorsaxophon

1 2 3 4 Oboenmundstück

Wind

1 Doppelrohrblatt
2 Röhrchen
3 Kork
4 Schwingungszustände
5 Schnabel
6 Rohrblatt

Klarinettenmundstück

B **Gegen- u. Aufschlagszunge**

Lage:	tief	mittel	hoch »Clarin«
Klang:	hohl	mild	grell
Obertöne	1.3.5.7... 2.fehlt	1.3.5.4... 2.dazu	1.2.3.4... alle da

bestimmende Obertöne

C **Die Lagen der Klarinette (C)**

1 Mundrohr
2 Windbalg
3 Melodiepfeife
4 Bordune

D **Dudelsack**

transponierend
realer Klang
→ klingt

Oboe (C):	c^1 →	c^1
Oboe d'Amore A:	c^1 →	a
Engl.-Horn F:	c^1 →	f
Fagott (C):	c^1 →	c^1
Kontrafagott (C):	c^1 →	c
kl. Klarinette D:	c^1 →	d^1
Klarinette B:	c^1 →	b
Bassetthorn F:	c^1 →	f
Bassklarinette B:	c^1 →	B
Kb.-Klarinette B:	c^1 →	B_1
Sopransaxophon B:	c^1 →	b
Altsax Es:	c^1 →	es
Tenorsax B:	c^1 →	B
Baritonsax Es:	c^1 →	Es
Basssax B:	c^1 →	B_1

E **Umfänge**

Formen, Tonerzeugung, Lagen

Instrumentenkunde/Aerophone V/Holz 2: Rohrblattinstrumente 55

Rohrblattinstrumente bilden nach Art der Tonerzeugung zwei Gruppen:
- **Doppelrohrblatt-** oder **Oboeninstr.**
- **Einzelrohrblatt-** oder **Klarinetteninstr.**

Doppelrohrblattinstrumente. Das **Doppelrohrblatt** besteht aus zwei dünnen, aus Holzrohr sehr fein zugeschnittenen Lamellen, die auf ein Metallröhrchen gebunden werden und mit ihren freischwingenden Enden periodisch gegeneinander schlagen (**Gegenschlagzungen,** s. Oboenmundstück, Abb. B). Das Mundstück wird mit Kork seitlich abgedichtet und auf das Instrument gesteckt.

Oboe (von frz. *hautbois*, »hohes Holz«), ein Sopraninstr. in C. Sie hat in Deutschland ein konisch (Abb. A, 1), in Frankreich ein zylindrisch gebohrtes Hartholzrohr mit 16 bis 22 Löchern und einen komplizierten Klappenmechanismus. Der frz. Typ klingt wegen engerer Mensur, schmalerem Rohrblatt und etwas anders gesetzten Löchern schärfer als der deutsche.

Oboe d'Amore oder »**Liebesoboe**« in A, klingt milder wegen ihres birnenförmigen Schallstückes (*Liebesfuß*); tauchte um 1720 auf und war bis Ende des 18. Jh. sehr beliebt.

Englischhorn, eine Altoboe in F mit Liebesfuß wie bei der Oboe d'Amore (Abb. A, 2); entwickelte sich aus 18. Jh. und hieß auch **Oboe da Caccia,** obwohl nicht bei der Jagd verwendet. Das Rohr war zunächst gebogen, ab 1820/30 gerade (Pariser Bauart).

Heckelphon (nach HECKEL, 1904), eine Baritonoboe in C (H–f²) mit weitem Konus und Liebesfuß.

Sarrusophone (nach SARRUS, 1863), Oboen mit weit mensurierter Metallröhre und Saxophontechnik (Kontrabass: B₂–f).

Fagott (ital. *fagotto,* Bündel), auch *Dolcian,* frz. *basson,* das Bassinstr. der Oboenfamilie, mit zwei parallel liegenden, im sog. **Stiefel** steckenden Ahornröhren (**Flügel** mit Anblasröhrchen aus Metall u. **Bass-Stange** mit Schallstück, vgl. Abb. A, 3) mit 22–24 Klappen und 6 Grifflöchern. Das Fagott ist im Barock ein wichtiges Generalbassinstr.

Kontrafagott, hat eine mehrfach gewundene Röhre (Abb. A, 4).

Die Oboe kam aus Vorderasien und Ägypten nach Griechenland (*aulos*) und Rom (*tibia*), als arab. Typ später erneut über Sizilien nach Europa. Im MA. gab es die schlanke, große **Schalmei** mit 7 Grifflöchern, die im 15./16. Jh. als **Bomhart** oder **Pommer** in 7 Größen gebaut wurde. Das Rohr steckte man bis zur Lippenstütze in den Mund. Der Ton wurde dadurch blaselautstärker. Erst im 17. Jh. mit dem Entstehen der **Oboe** aus dem **Diskantpommer** (HOTTETERRE) beeinflusste die Lippen die Tonbildung, und die Oboe wurde zu einem ausdrucksstarken Instrument. Sie ist seit LULLY (1664) im Orchester. Weitere Oboeninstrumente waren das **Kortholt** (*Kurzholz,*

Rauschpfeife, 15./16. Jh.), das **Krummhorn** mit aufgebogenem konischen Rohr (MA. bis 17. Jh.), die **Sordune** mit zylindrischem Holzrohr und vielen Grifflöchern (15./16. Jh.) und das **Rackett** in Büchsenform mit konischer Bohrung von 9facher Büchsenlänge im Innern (16./17. Jh.).

Klarinetteninstrumente erzeugen den Ton mit einfachem Rohrblatt, das die Luftbahn eines **Schnabelmundstückes** periodisch verschließt (*Aufschlagzunge,* Abb. B); Überblasen in die Duodezime (vgl. S. 46). Klarinetten haben zylindrische, unten konische Bohrung (Abb. A, 5). Da die gradzahligen Teiltöne in der tiefen Lage nicht mitschwingen, in der Mittellage allmählich dazukommen und oben normal vertreten sind, klingen Klarinetten von dunkler Weichheit in der Tiefe bis zu schmetternder Helligkeit in der Höhe (Abb. C).

Klarinette, normal in B, auch A und C, die höhere **Quartklarinette** in D, Es und F, die **Altklarinette** in F oder Es (mit geradem oder aufwärts gebogenem Schallbecher), die **Bassklarinette** in B (Abb. A, 7), die **Kontrabassklarinette** in B (Abb. A, 8).

Bassetthorn, eine Altklarinette in F oder Es; entstand Ende des 18. Jh. (MOZART), hatte bis Mitte des 19. Jh. eine gebogene oder geknickte Form mit Kasten (*Buch*) vor der Stürze, in dem die Röhre 3fach gewunden war; heute wie die Bassklarinette gebaut.

Die Klarinette entstand um 1700 aus der **Chalumeau,** einer Volksklarinette mit Grifflöchern, an die DENNER (Nürnberg) Klappen und andere Verbesserungen anbrachte. Sie gehört seit Mitte des 18. Jh. ins Orchester (Mannheim). Die Klarinette war ein Vorzugsinstr. der Romantik (WEBER). Im Jazz wurde sie allmählich vom Saxophon verdrängt.

Saxophone (nach ihrem Erfinder SAX, 1840), verbinden Klarinettenschnabel mit einer weit mensurierten, parabolischen Messingröhre. Sie überblasen in die Oktave und haben einen Umfang von etwa 2½ Oktaven.

Ihre 8 Größen sind: **Sopranino** in F oder Es (des¹–as³), **Sopran** in C oder B (Abb. A, 9), **Alt** in F oder Es, **Tenor** in C oder B (Abb. A, 10), **Bariton** in F oder Es, **Bass** in C oder B, **Kontrabass** und **Subkontrabass** in C oder B.

Sackpfeifen oder **Dudelsäcke** bestehen aus dem Sack als Luftbehälter, dem Mundrohr zum Auffüllen mit Luft, dem Windkanal und den **Klarinettenpfeifen,** und zwar eine **Spiel-** oder **Melodiepfeife** und meist 2 **Bordune** oder **Brummer,** die Grundton und Quinte erklingen lassen. Der Winddruck (Lautstärke) wird mit dem Arm geregelt (Abb. D).

Asiat.-oriental. Ursprungs, gelangte der Dudelsack im MA. nach Europa, wo er als Hirten- und Militärinstr. diente. Die frz. **Musette** (17. Jh.) verwendet **Oboen-** statt Klarinettenpfeifen.

56 Instrumentenkunde/Aerophone VI: Orgel 1

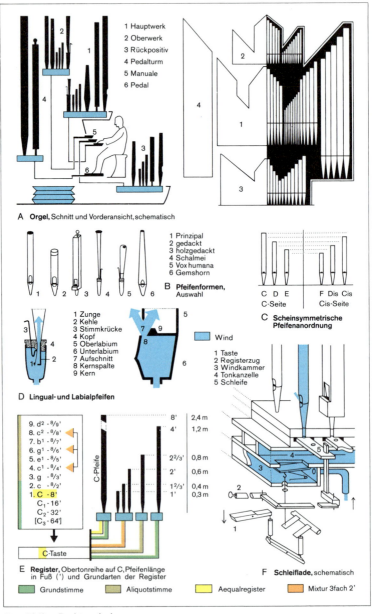

1 Hauptwerk
2 Oberwerk
3 Rückpositiv
4 Pedalturm
5 Manuale
6 Pedal

A **Orgel**, Schnitt und Vorderansicht, schematisch

1 Prinzipal
2 gedackt
3 holzgedackt
4 Schalmei
5 Vox humana
6 Gemshorn

B **Pfeifenformen,** Auswahl

C **Scheinsymmetrische Pfeifenanordnung**

1 Zunge
2 Kehle
3 Stimmkrücke
4 Kopf
5 Oberlabium
6 Unterlabium
7 Aufschnitt
8 Kernspalte
9 Kern

Wind

1 Taste
2 Registerzug
3 Windkammer
4 Tonkanzelle
5 Schleife

D **Lingual- und Labialpfeifen**

E **Register**, Obertonreihe auf C, Pfeifenlänge in Fuß (') und Grundarten der Register

F **Schleiflade**, schematisch

Grundstimme — Aliquotstimme — Aequalregister — Mixtur 3fach 2'

Bau, Pfeifen, Registerprinzip

Instrumentenkunde/Aerophone VI: Orgel 1 57

Die Orgel (griech. *organon,* Werkzeug, Instrument) besteht aus
– **Pfeifenwerk** (Abb. A, 1–4; B),
– **Windwerk** (vgl. Ausschnitt Abb. F),
– **Regierwerk** (Abb. A, 5–6; F).

Pfeifenwerk (*Labial- und Lingualpfeifen*)
Labial- oder **Lippenpfeifen** erzeugen den Ton
wie Flöten. Der Wind wird durch die **Kernspalte** auf die **Schneidekante des Oberlabiums**
und dort teils nach außen, teils in die Pfeife
hineingeleitet (Abb. D). Die Tonhöhe hängt
ab von der *Länge* der Pfeife (*engl. Fuß*): Die
C-Pfeife misst 8′ (»acht Fuß«), die tiefere C_1-Pfeife ist doppelt so lang, also 16′, die höhere
c-Pfeife halb so lang, also 4′. Alle drei Pfeifen
können durch Registerzüge mit derselben C-Taste verbunden werden (Abb. E). So lässt
sich der 8′ mit den Oktaven 4′, 16′, 32′ als
sog. **Grundstimmen** verstärken. Zur Klangfarbenveränderung baute man die Obertonreihe
von C in Einzelpfeifen auf (bis zum 9. Oberton, z. T. auch weiter). Diese Obertonpfeifen
können als sog. **Aliquotstimmen** ebenfalls an
dieselbe C-Taste gekoppelt werden: *einzeln,*
z. B. die Quinte g (Pfeifenlänge $2^{2}/_{3}′ = {}^{8}/_{3}′$, s.
Abb. E) oder in *wählbaren* bzw. *festen Kombinationen,* sog. **Mixturen.** Abb. E zeigt eine
solche, im Orgelbau übliche Mixtur der Pfeifen $c^1 + g^1 + c^2$ (*dreifach* 2′ oder *scharf*), die
auf derselben Windlade stehen und den 8′-Pfeife den typischen hellscharfen Orgelklang beimischen.
Die Einzelpfeife wird zu Tonleiterreihen, **Registern,** ergänzt. Die Kopplungen beziehen
sich stets auf ganze Register. Das 8′-Register,
bei dem Tonhöhe und Taste übereinstimmen,
heißt **Aequalregister.**
Gedackte Pfeifen sind oben geschlossen
(Abb. B, 2, 3). Sie klingen dunkler und eine
Oktave tiefer. Eine 4′ gedackte Pfeife hat die
gleiche Tonhöhe wie eine 8′ offene (vgl.
S. 14). – Andere Register liefern der Orgel
weitere Klangfarben. Diese hängt u. a. ab
vom **Material,** z. B. Holz statt Metall (Abb. B,
3), von der **Form,** z. B. konisch statt zylindrisch (*Gemshorn,* Abb. B, 6), oder von der
Mensur, z. B. enge *Salizionale,* mittlere *Prinzipale* (Abb. B, 1) und weite *Hohlflöten.*
Lingual- oder **Zungenpfeifen** erzeugen den
Ton durch eine (Aufschlag-)Zunge, die auf
einer im **Pfeifenkopf** steckenden **Kehle** befestigt ist (Abb. D). Die Form des **Schallbechers**
bestimmt die Klangfarbe. So gibt es die näselnde, schlanke *Schalmei* (Abb. B, 4), die
helle, gelegentlich waagrecht in den Raum
ragende (dann »spanische«) *Trompete* oder
die weiche, kurzbechrige *Vox humana*
(Abb. B, 5). Wegen ihres scharfen Klanges
werden Zungenpfeifen solistisch und in Plenomischungen verwendet. Lingualpfeifen
tauchen erst ab 15./16. Jh. im Orgelbau auf.

Die Registeranordnung geschieht je nach Disposition der Orgel sowie der Architektur und
Akustik des Kirchenraumes in Klanggruppen,
sog. *Werken* (Abb. A). Das **Hauptwerk** in der
Mitte des Prospektes ist vor allem mit Prinzipalen in 8′ und 4′, bei großen Orgeln auch in
16′ bestückt. Es wird vom Hauptmanual
(meist mittleres) bedient. Das **Oberwerk** darüber und das **Rückpositiv** im Rücken des
Spielers haben charakteristisch ausgewählte
Grundregister, Aliquoten und Zungenstimmen, meist vom 1. und 3. Manual gespielt.
Große Orgeln besitzen noch ein **Brustwerk**
(unterm Hauptwerk in Brusthöhe des Spielers), mit hellen Solostimmen. In den **Pedaltürmen** stehen die langen Basspfeifen (vom
Pedal bedient).
Die Pfeifen eines Registers sind der Größe
nach angeordnet. Um Scheinsymmetrie zu erreichen, gruppiert man die Pfeifen ja Halbton
wechselnd nach rechts und links (Abb. C).

Windwerk
Früher verwendete man Bälge, die von *Kalkanten* getreten wurden. Die Luftversorgung
war ungleichmäßig (*windstößig*). Seit dem
17. Jh. arbeitete man daher mit Doppelbälgen: Ein **Schöpfbalg** pumpte die Luft in einen
Magazinbalg, der einen gleichmäßigen Luftdruck erstellte. Heute ersetzt man den
Schöpfbalg durch ein **elektr. Gebläse.** Windkanäle leiten den Wind zu den **Windkammern**
und **Windladen,** auf denen die Pfeifen stehen.
Wichtige Windladensysteme:
– **Tonkanzellen-** oder **Schleiflade** (Abb. F):
Alle von derselben Taste bedienten Pfeifen
stehen auf derselben **Tonkanzelle.** Die Register werden durch verschiebbare
Holzleisten mit Löchern für jede Pfeife, die
sog. **Schleiflade** oder **Schleife,** eingeschaltet, sodass die Pfeifenreihe eines Registers
genau über dem Schlitz steht. Öffnet die
Taste das **Tonkanzellenventil,** strömt der
Wind aus der Windkammer in die Kanzelle
und von dort in die registergeschalteten
Pfeifen (leiden die andern und durch die Schleifen gesperrt).
– **Registerkanzellen-** oder **Kegellade** (WALCKER 1842): Alle Pfeifen eines Registers
stehen auf derselben **Registerkanzelle,** aus
der sie per Tastendruck durch ein **Kegelventil** einzeln mit Luft versorgt werden.
– **Springlade** (ab ca. 1400): arbeitet mit Tonkanzellen *und* Einzelventilen statt Schleiflade.

Regierwerk
Die Verbindung der Tasten mit dem Pfeifenwerk (**Traktur**) ist im klass. Orgelbau **mechanisch** (Holzwellen). Im 19./20. Jh. arbeitete
man daneben mit *Trakturwind* (höherer Druck
als *Spielwind*) oder Elektromagneten. Heute
baut man wieder mechan. Schleifladen
(Abb. F), z. T. mit elektr. Registratur kombiniert zum rascheren Umregistrieren.
Manual und Pedal sind unterschiedl. **koppelbar,** ebenso die Register, die z. T. durch **Kom-**

58 Instrumentenkunde/Aerophone VII: Orgel 2; Harmonikainstrumente

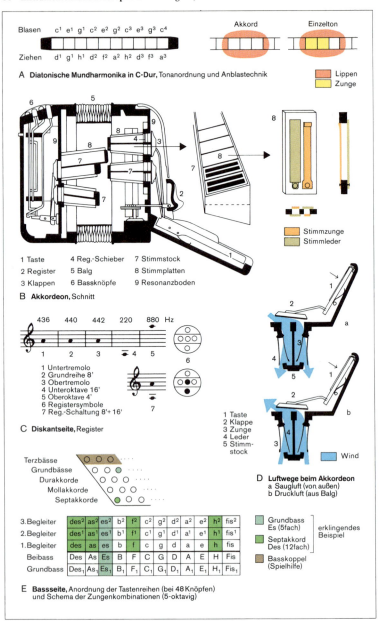

A Diatonische Mundharmonika in C-Dur, Tonanordnung und Anblastechnik

B Akkordeon, Schnitt

C Diskantseite, Register

D Luftwege beim Akkordeon
a Saugluft (von außen)
b Druckluft (aus Balg)

E Bassseite, Anordnung der Tastenreihen (bei 48 Knöpfen) und Schema der Zungenkombinationen (5-oktavig)

Mund- und Ziehharmonika

binationen vorprogrammiert und während des Spiels blitzschnell geschaltet werden können.

Schweller: Orgelpfeifen werden gleichmäßig mit Luft beschickt und haben daher keine Möglichkeit zu *Crescendo* und *Decrescendo*. Im 17. Jh. setzte man bestimmte Register in geschlossene Holzkästen, um Echo- und Fernwirkungen zu erzielen. Der *Jalousieschweller* (18. Jh.) erreichte dann stufenlose dynam. Übergänge durch langsames Öffnen und Schließen der Kastenwände und -decke. Der **Progressionsschweller** (VOGLER, Ende 18. Jh.) zieht nach und nach Hilfsstimmen dazu. Ähnlich arbeitet der **Roll-** und **Kollektivschweller** (19. Jh.).

Geschichte der Orgel (Frühgesch. s. S. 178):

Im 8./9. Jh. kamen Orgeln als kaiserl. Geschenke aus Byzanz an PIPIN und KARL D. GR. ins Frankenreich. Erste Kirchenorgeln standen in Aachen (812), Straßburg (9. Jh.), Winchester (10. Jh.). Im 14./15. Jh. hat die Orgel bereits viele Register, mehrere Manuale und Pedal. Im 17. Jh. werden die Prospekte reich ausgestaltet und die Sonderregister vermehrt, bes. in Deutschland und Frankreich. Bedeutende Orgelbauer des 17./18. Jh. waren A. SCHNITGER († 1720 Hamburg), die Brüder SILBERMANN (ANDREAS, † 1734 Straßburg, und GOTTFRIED, † 1753 Dresden) und R. CLICQUOT († 1719 Paris). In der 2. Hälfte des 18. Jh. verlor die Orgel ihren Werkcharakter zugunsten eines romantischen Klangideals mit orchestralen Farben und fließenden dynamischen Übergängen (Orgel von CAVAILLÉ-COLL, 1811–1899 Paris). Die um 1900 einsetzende **Orgelbewegung** orientierte sich wieder am Klangideal des Barock.

Verwandte der Orgel

Portativ (lat. *portare,* tragen), eine kleine, tragbare Orgel, die man bes. bei Prozessionen und Umzügen verwendete (ab 12. Jh., Blütezeit 15. Jh., s. S. 226, Abb. J).

Positiv (lat. *ponere,* stellen), eine kleine Standorgel mit einem Manual, meist ohne Pedal, mit wenig Pfeifen: Vor allem Labialpfeifen im 8′ und 4′. Positive gab es vom frühen MA. an (Genter Altar). Im Barock diente es vor allem als Generalbassinstr.

Regal (*Bibelregal*), eine flache, tragbare Kleinstorgel mit Zungenpfeifen im 8′, 4′ und 16′. Das Regal stammt aus dem 15. Jh. und kommt wohl wegen seines scharfen, näselnden Tones im 18. Jh. außer Mode.

Harmonium arbeitet mit Durchschlagzungen ohne Pfeifen. Es hat Register im 4′, 8′ und 16′, 1 bis 2 Manuale (C–c⁴) mit Registerteilung in der Mitte, Kniehebel für Crescendo und einen Blasebalg mit Fußbedienung. Das Harmonium entstand im 19. Jh. (DEBAIN, 1840). Es diente als Orgelersatz und in der Kunstmusik (mit eigener Lit.: LISZT, DVOŘÁK, SCHÖNBERG, WEBERN u. a.), später auch im Salonorchester.

Harmonikainstrumente erzeugen den Ton durch Metallzungen, die frei in einem Luftstrom schwingen (*Durchschlagzungen* oder *Lamellen*). Vorläufer war die **Mund-Aeoline** zum Orgelstimmen (BUSCHMANN, 1821).

Mundharmonika, ein in Tonkanäle mit je 2 Zungen eingeteiltes Kästchen; Blasen und Ziehen ergeben je nach Bauweise versch. Töne (Abb. A). Akkordspiel ist einfach, beim Einzeltonspiel deckt die Zunge störende Kanäle ab. Mundharmonikas gibt es in vielen Modellen: diatonische, chromatische, Bassmodelle usw.

Melodika, wird wie eine Längsflöte mit Schnabel gehalten; eine kleine Klaviatur (ca. h–c³) leitet den Luftstrom auf die Zungen.

Akkordeon, eine Ziehharmonika mit Balg (Abb. B). Die Durchschlagzungen sind mit ihren *Stimmplatten* zu ganzen Registern auf den *Stimmstöcken* befestigt. Jede Stimmplatte hat zwei gegenüberliegende Zungen gleicher Tonhöhe (Abb. B). Durch zwei entsprechende Lederventile bringt die Luft beim Einströmen in den Balg (*Saugluft*) nur die eine, beim Ausströmen (*Druckluft*) nur die andere zum Schwingen (Abb. D). Die Stimmstöcke lassen sich durch Registerwippen einschalten.

Die **Diskantseite** mit Klaviatur (ca. f–a³) ist mehrchörig: Grundreihe 8′, Unter- und Obertremoloreihen dazu (Schwebungen durch leichte Frequenzunterschiede, s. Abb. C, 1–3), Unteroktave 16′ und Oberoktave 4′. Schwarze Punkte im Symbolkreis auf den Registerwippen zeigen die Lage der Register.

Die **Bassseite** hat keine Klaviatur, sondern Knopftasten (je nach Modell bis zu 120). Die Stimmzungen umfassen 5 Oktaven (Abb. E). Die Knöpfe sind in Reihen angeordnet, die jeweils feste Stimmzungenkombinationen erklingen lassen:

- **Grundbässe** (Reihe 2) erklingen einzeltönig, jedoch in 5facher Oktave, z. B. in Abb. E: Grundbass *Es*₁, Beibass *Es* und 3 Begleiter *es, es*¹, *es*²;
- **Dur- und Mollakkorde** (Reihe 3 und 4) erklingen 3-tönig je 3fach (3 Begleiter);
- **Septakkorde** (Reihe 5) erklingen 4-tönig je 3fach, z. B. in Abb. E: *des* + *f* + *as* + *ces* (= *h*) in Abb. 3 Begleitern (12 Zungen);
- **verminderte Septakkorde** (Reihe 6, nur bei einigen Modellen) erklingen 12fach.

In der 1. Reihe liegen die **Terz-** und **Wechselbässe** als Grund- bzw. Beibass in bequemer Griffstellung. – Die Bassseite kann auch über Einzelstimmenmanual verfügen. Auch erlaubt die Bassmechanik außer den festen Kombinationen oft noch andere.

Die Tongestaltung hängt weitgehend von der Balgführung ab (»Atemgebung«).

Konzertina, eine Handharmonika in vier- oder sechseckigem Querschnitt (1834), mit Knopftasten im Diskant und Bass; wurde vom größeren **Bandoneon** abgelöst.

60 Instrumentenkunde/Elektrophone I: Tonabnehmer, Generatoren

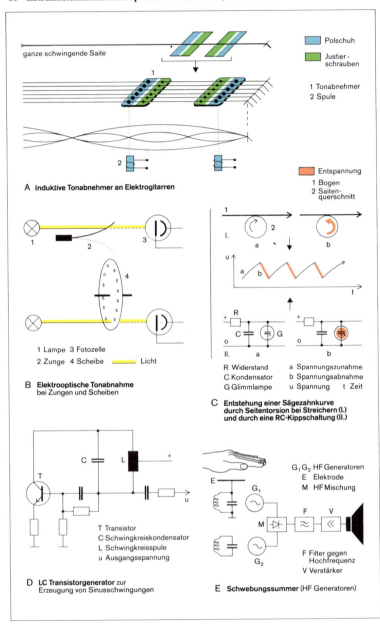

Tonerzeugung

Instrumentenkunde/Elektrophone I: Tonabnehmer, Generatoren 61

Elektrophone oder **elektr. Musikinstrumente** bilden zwei Gruppen:
I. herkömmliche mechan. Instrumente, elektr. verstärkt wie die Elektrogitarre (ohne Resonanzkasten);
II. neu konstruierte Instrumente, meist mit Tastatur (Orgeln).
Beiden Gruppen gemeinsam ist die Schallabstrahlung durch **Lautsprecher.**

Zur Gruppe I
Die Umformung der mechan. Schwingungen in elektr. zwecks Verstärkung erfolgt durch sog. **Tonabnehmer.** Bei dem oft verwendeten induktiven oder elektromagnet. Prinzip verändert der ferromagnet. Schwinger (z. B. die Stahlsaite) den magnet. Fluss eines Spulenkerns (*Polschuh*). Dadurch wird in dessen Spule eine der mechan. Schwingung entsprechend wechselnde Spannung induziert, die abgenommen, variiert und der Verstärkerbzw. Lautsprechergruppe zugeführt werden kann. Die Form der Tonabnehmer und ihre Lage zu den Schwingern beeinflusst die Klangfarbe. So setzt man die Tonabnehmer bei Saiten unter Schwingungsknoten (weniger Obertöne) oder unter Schwingungsbäuche (mehr Obertöne). Elektrogitarren z. B. haben daher meist zwei oder mehr Tonabnehmer, die je nach der gewünschten Klangfarbe schaltbar sind. Auch die Entfernung des Polschuhs von der Saite spielt eine Rolle. Sie ist variabel.

Zur Gruppe II
Im Blick auf die Tonerzeugung kann man hier zwei Arten unterscheiden:
– **mechanische Tonerzeugung** durch Zungen, Saiten oder Scheiben u. a.;
– **elektronische Tonerzeugung** durch RC-, LC- oder sonstige Generatoren.
In beiden Fällen werden die elektr. Schwingungen durch Filter usw. variiert, sodass ein Unterschied nicht mehr unbedingt hörbar ist.

Die erste Art verwendet Tonabnehmer nach drei Arbeitsprinzipien:
1. Das **induktive** bzw. **elektromagnet. Prinzip,** wie oben beschrieben.
2. Das **kapazitive** bzw. **elektrostat. Prinzip** mit zwei Verfahren:
Beim *Niederfrequenzverfahren* bildet der metallische oder metallbelegte Schwinger (Zunge, Saite oder Scheibe) als Elektrode mit einer nahen Gegenelektrode einen Kondensator. Dieser ändert, über einen hochohmigen Widerstand aufgeladen, entsprechend der Schwingbewegung der Elektrode seine Kapazität. Dadurch wird eine schwankende Spannung erzeugt, die abgenommen werden kann. Beim *Hochfrequenzverfahren* liegt der gleiche Kondensator in einem Hochfrequenz-Schwingkreis. Dieser wird durch die wechselnde Kapazität des mechan. Schwingers, z. B. einer Zunge, verstimmt. Die in der Amplitude schwankende HF-Spannung wird gleichge-

richtet und wieder eine der mechan. Schwingung entsprechende NF-Spannung erzeugt.
3. Das **elektrooptische Prinzip.** Ein Lichtstrahl wird durch einen Schwinger oder durch eine rotierende Lochscheibe periodisch unterbrochen und in eine Fotozelle gelenkt, die die entsprechend schwankende elektr. Spannung liefert. Die Schwing- bzw. Drehgeschwindigkeit ist proportional der Frequenz (Abb. B).

Die zweite Art von Instrumenten verwendet rein elektron. Schwingungserzeuger (*Generatoren, Oszillatoren*). Sie bringen unmittelbar eine elektr. Schwingung hervor, die je nach Bauart des Generators verschieden ausfällt.
Am häufigsten sind **NF(Niederfrequenz)-Generatoren** und hiervon ist der älteste der *Glimmlampen-Oszillator:* Ein Kondensator wird durch einen Widerstand langsam aufgeladen, bis die Zündspannung einer parallel geschalteten Glimmlampe erreicht ist. Mit dem Aufleuchten der Glimmlampe fällt die Spannung rasch unter deren Löschspannung ab. Der Vorgang wiederholt sich periodisch. Ergebnis ist eine obertonreiche **Kippschwingung** wie bei gestrichenen Saiten, welche durch den Bogenstrich Torsionsspannungen erhalten (die Saiten haften am Bogenhaar, verdrehen sich mit deren Streichbewegung, bis die Drehspannung zu groß wird und sie sich ruckartig lösen). Im Diagramm erscheint die Kippschwingung als sog. »Sägezahnkurve« (Abb. C).
Die Ladegeschwindigkeit des Kondensators durch den Widerstand bestimmt die Frequenz, wobei eine Änderung um ca. 6% einen Halbton ausmacht. Die Tonleiter kann durch eine entsprechende Widerstandskette vor dem RC-Generator (einstimmiges Spiel) oder durch eigene Generatoren bzw. Frequenzteiler je Ton aufgebaut werden (mehrstimmiges Spiel).
Röhren- oder *Transistorgeneratoren* können mit einem Schwingkreis aus einer Spule und einem Kondensator arbeiten, der teilweise in den Hauptstromkreis (bei Röhren zwischen Anode und Kathode, bei Transistoren zwischen Kollektor und Emitter) eingebaut ist. Durch Rückkopplung eines Teiles der Spannung auf die Steuerelektrode schaukelt sich der Schwingkreis zu verstärkter Sinusschwingung auf (Abb. D).

HF(Hochfrequenz)-Generatoren od. Schwebungssummer dienen vorzugsweise dem einstimmigen Spiel (Abb. E). Durch Gewinnen der Differenzfrequenz von zwei HF-Generatoren kann eine NF-Schwingung erzeugt werden, wobei z. B. der Generatoren durch die Kapazität einer sich nähernden Hand beeinflusst werden kann (Beispiel: Aetherophon).
Als Oszillatoren können auch **Wechselstrommaschinen** dienen, deren Wechselstromfrequenz der Tonhöhe entspricht.

62 Instrumentenkunde/Elektrophone II: Elektronische Orgel, sekundäre Baugruppen

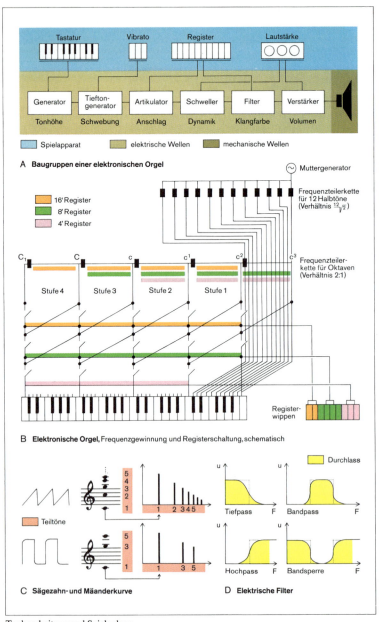

A Baugruppen einer elektronischen Orgel

B Elektronische Orgel, Frequenzgewinnung und Registerschaltung, schematisch

C Sägezahn- und Mäanderkurve

D Elektrische Filter

Tonbearbeitung und Spielanlage

Instrumentenkunde/Elektrophone II: Elektronische Orgel, sekundäre Baugruppen 63

Unter den Elektrophonen ist die **elektronische Orgel** am häufigsten. Sie besteht aus einzelnen **Baugruppen** und dem **Spielapparat** mit den Bedienungselementen wie Kippschalter, Drehknöpfe, Schieberegler und Drucktasten (»Tastatur«, für Hände als *Manual,* für Füße als *Pedal* bezeichnet, daher der Name »Orgel«).

Die Reihe der Baugruppen beginnt mit dem oder den *Generatoren* (auch *Oszillatoren*) für die Tonfrequenzen. Hier gibt es Instrumente mit mechan. Tonerzeugern oder mit rein elektron. Schwingungserzeugern (vgl. S. 61). Eine dritte Möglichkeit besteht darin, natürl. Klangquellen (wie Orgeltöne) auf Tonträger aufzunehmen und dem Instrument als Ausgangsmaterial zur Verfügung zu stellen. Instrumente mit elektron. Generatoren haben selten für jeden Ton einen eigenen Generator, sondern nur je einen für die zwölf Halbtöne der obersten Oktave. Die Frequenzen der übrigen Oktaven werden durch *Frequenzteiler* gewonnen, die die Ausgangsfrequenzen jeweils im Verhältnis 2:1 teilen (je Oktave eine Teilerstufe, Abb. B). Die Stimmung der gesamten Skala hängt von der der zwölf Muttergeneratoren ab.
Noch kostensparender ist die Verwendung eines einzigen Muttergenerators für alle Frequenzen. Er liefert die höchste Frequenz, von der in einer ersten Teilerkette die Frequenzen der 11 restl. Halbtöne der obersten Oktave, in einer zweiten die der übrigen Oktaven gewonnen werden (Abb. B). Durch Veränderung der Frequenz des Muttergenerators lässt sich die Gesamtstimmung des Instrumentes variieren. Die Bindung der Frequenzen an die Spieltasten erfolgt oktavweise durch *Registerschaltung,* ähnlich wie bei der mechan. Orgel (16′, 8′, 4′ usw.). In Abb. B stehen 5 Oktaven der Teilerstufen 4 Oktaven der Tastatur gegenüber, trotzdem können alle Oktaven abgerufen (auch kombiniert) werden.

Der **Tieftongenerator** liefert eine Frequenz von ca. 3 bis 10 Hz, die der normalen Frequenz überlagert werden kann. Ergebnis ist ein (Amplituden-)Vibrato.

Der **Artikulator** imitiert die Ausgleichsvorgänge natürlicher Instrumente. Schlagtöne oder Perkussionsklänge wie vom Klavier oder Zupfbass haben kurze Ein- und lange Ausschwingzeiten, Dauertöne wie die von Streichern oder Bläsern haben unterschiedl. Ein- und Ausschwingzeiten, dazwischen eine ungedämpfte Mittelstrecke (vgl. S. 14, Abb. F). Da die Klangfarbe eines Tones mit von den Ein- und Ausschwingzeiten abhängt, spielt der Artikulator (oder die »Tastung«) auch für die Klangfarbe eine Rolle.

Im **Schweller** kann das Amplitudenmittel und damit die Dynamik variiert werden.

Die **Filtergruppe** ist hauptsächlich für die Klangfarbe verantwortlich, denn sie beeinflusst das Teiltonspektrum (vgl. S. 16). Die Generatoren liefern nämlich unterschiedl. Kurven. Die *Sägezahnkurve* eines LC-Generators ist relativ obertonreich, die *Mäanderkurve* dagegen entspricht einem Ton ohne gerade Teiltöne (Abb. C), also etwa der Farbe einer Klarinette in tiefer Lage (vgl. S. 54, Abb. C). Unterschiedl. Teiltonspektren erreicht man künstlich, indem man Sinustöne addiert (*Aufbauverfahren,* selten) oder umgekehrt ein obertonreiches Spektrum nach Wunsch filtert (*Abbauverfahren*).

Elektrische Filter (Siebe, Pässe) dienen dazu, bestimmte Frequenzen zu schwächen oder auszuschalten, andere passieren zu lassen. Technisch handelt es sich um LC-Schaltungen, RC-Schaltungen oder um sog. *aktive Filter,* die RC-Filter mit verstärkenden Elementen kombinieren. Man unterscheidet vier Arten von Filtern:
– **Hochpass:** sperrt tiefe Frequenzen und lässt hohe passieren (Streicherklänge);
– **Tiefpass:** arbeitet umgekehrt (Bläserklänge);
– **Bandpass:** kombiniert Hoch- und Tiefpass so, dass nur ein mittlerer Frequenzbereich (Bandbreite) passieren kann;
– **Bandsperre:** arbeitet umgekehrt wie der Bandpass (Abb. D).
Die Filter sind zu festen Kombinationen gruppiert. Sie werden durch Register geschaltet, die oft eine der Klangfarbe entsprechende Instrumentalbezeichnung tragen, z. B. »Cello«, »Oboe« usw.
Weitere Baugruppen, die durch Register schaltbar sind, liefern Sondereffekte wie Nachhall, Zupfbass (*Sustain*), Schwebung durch mechan. Klangmodulation (*Leslie*) usw. Auch sind ganze Rhythmusabläufe in unterschiedl. Tempo einschaltbar.
Verstärker und **Lautsprecher** verstärken, entzerren und wandeln die elektr. Schwingungen in mechan., d. h. in Schall, um.

Geschichte
Die erste »elektronische Orgel« baute der Amerikaner CAHILL um 1900. Er benutzte Wechselstrom-Dynamos als Schwingungserzeuger. Größe dieser »Orgel«: ein halbes Maschinen-Haus. – Frühe Besonderheiten waren dann THEREMINS Ätherwelleninstrument (1924) mit stufenloser Tonfolge durch Handannäherung an den Sender (HF-Verfahren, vgl. S. 60, Abb. B) und die »Ondes musicales« von MARTENOT (1928).
Nach dem 2. Weltkrieg nahm die Produktion der Elektrophone im Zusammenhang mit der elektron. Musik einerseits und der U-Musik andererseits zu. Der Versuch, herkömmliche Instrumente mit Elektrophonen zu imitieren, muss unbefriedigend bleiben. Hingegen können Elektrophone neue Klangfarben und Ausdrucksmöglichkeiten erschließen.

64 Instrumentenkunde/Orchester: Besetzungen, Geschichte

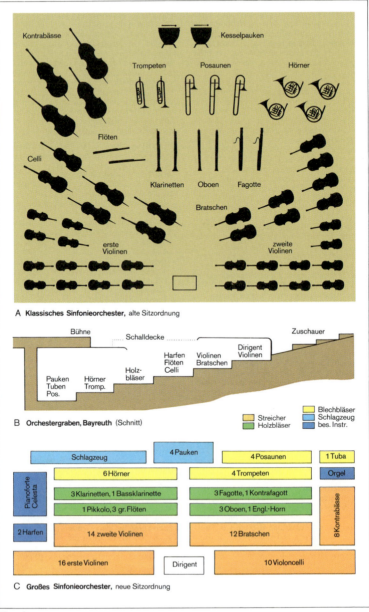

A **Klassisches Sinfonieorchester**, alte Sitzordnung

B **Orchestergraben, Bayreuth** (Schnitt)

C **Großes Sinfonieorchester**, neue Sitzordnung

Sitzordnungen

Unter **Orchester** versteht man ein größeres Ensemble von Instrumentalisten mit chorischer Besetzung der Stimmen (*unisono* oder *divisi*). Im Gegensatz dazu stehen die solistischen Besetzungen bei den kammermusikalischen Gruppierungen (Duo bis Nonett). Die chorische Besetzung bedingt Unterordnung des Einzelnen bis zur Übernahme gleicher Techniken (wie Stricharten usw.) zu Gunsten eines Ensemblegeistes, der wesentlich vom Dirigenten geprägt wird.

Nach der Besetzung unterscheidet man *Sinfonie-, Kammer-, Streich-, Blas-, Blechblasorchester,* nach den Aufgaben ferner: *Opern-, Kirchen-, Unterhaltungs-, Rundfunkorchester* usw., dazu *Tanz-, Kur-, Zirkus-, Militärkapellen* u. a.

Ein modernes, größeres Sinfonie- (und Opern-)Orchester hat etwa folgende Besetzung:

- **Streicher:** max. 16 (meist nur 12) erste Violinen, 14 (10) zweite Violinen, 12 (8) Bratschen, 10 (8) Celli, 8 (6) Kontrabässe.
- **Holz(bläser):** 1 Pikkoloflöte, 3 große Flöten, 3 Oboen, 1 Englischhorn, 3 Klarinetten, 1 Bassklarinette, 3 Fagotte, 1 Kontrafagott.
- **Blech(bläser):** 6 Hörner, 4 Trompeten, 4 Posaunen, 1 Basstuba.
- **Schlagzeug:** 4 Pauken, große und kleine Trommel, Becken, Triangel, Xylophon, Glockenspiel, Glocken, Gong u. a.
- **Dazu nach Bedarf:** 1–2 Harfen, Klavier(e), Orgel, Saxophon u. a.

Es besteht eine klass. Sitzordnung (REICHARDT, Berlin 1775), die durch die neue amerikan. Ordnung (STOKOWSKI, 1945) nur leicht variiert wurde (Abb. A und C).

Das Opernorchester spielt im Gegensatz zur Konzertpraxis des Sinfonieorchesters nicht auf dem Podium, sondern sitzt aus Sichtgründen in einer Versenkung vor der Bühne, im sog. *Orchestergraben,* der den Klang zugleich dämpft und verschmelzen läßt (Abb. B).

Orchester (»orchestra«) war im griech. und röm. Altertum der Theaterspielplatz, wo auch der Chor auftrat. Im MA. fehlt der Begriff. Dann bezeichnet er den Platz, wo in der Oper die Instrumentalisten sitzen. Erst im Laufe des 18. Jh. bezieht er sich auf das Spielerensemble selbst.

Kapelle (»cappella«) hießen im ausgehenden MA. und in der Renaissance die Vokalensembles (mit begleitenden Instrumenten). Mit dem Vordringen einer selbstständigen Instrumentalmusik im 16./17. Jh. wurde *cappella* auch für die Instrumentalensemble gesetzt, später allerdings in abwertender Bedeutung gegenüber Orchester. Heute bezeichnet *a cappella* unbegleiteten Chorgesang.

Geschichte
In MA. und Renaissance herrschte auch innerhalb größerer Instrumentalensembles das solistische Spiel vor. Bläser überwogen. Instrumentalkompositionen gab es kaum. Man spielte Vokalwerke. Die Besetzung war frei. Erst G. GABRIELI weist die Stimmen seiner *Sacrae Symphoniae* (1597) bestimmten Instrumenten zu. Die Klangfarbe wird nun mehr und mehr mitkomponiert (MONTEVERDI, *Orfeo,* 1607). Um die Mitte des 17. Jh. weicht das bunte Renaissance-Ensemble dem Barockorchester, das den Streicherklang bevorzugt. CORELLI in Rom schreibt einen 4-st. Streichersatz für 14–100 Spieler, LULLY in Paris einen 5-st. Satz für seine *24 Violons du Roi* (das erste Orchester mit einheitlicher Spieldisziplin). Bei ihm verstärken zwei Oboen und ein Fagott die Außenstimmen. Sie treten partieweise, bes. im 2. Menuett, solistisch als *Trio* hervor, was bis ins klass. Menuett mit seinem »Trio«-Teil nachwirkt.

Im Barockorchester stehen sich zwei Gruppen gegenüber:
- *Fundamentinstrumente* wie Cello, Fagott, Laute, Cembalo, Orgel usw., die den Generalbass ausführen, und die
- *Melodieinstrumente* wie Violine, Flöte, Oboe usw. für die Oberstimmen.

Der Kapellmeister leitet die Aufführung vom Cembalo aus; die Besetzung des Barockorchesters variiert stark (z. B. BACH, *Brandenburgische Konzerte*).

Das klass. Orchester entwickelt sich in der zweiten Hälfte des 18. Jh. in Mannheim und Paris. Sein vom 4-st. Streichersatz und doppelten Holz geprägter Klang wurde bald zur Norm:
I. und II. Violinen, Violen, Celli (mit Kontrabass), 2 Flöten, 2 Oboen, 2 Klarinetten, 2 Fagotte; Bläser der Frühklassik: 2 Oboen, 2 Hörner.
Dazu kommen gegen Ende des 18. Jh. 2 Trompeten und 2 Pauken; bei BEETHOVEN 3 Hörner (3. Sinfonie), 1 Pikkoloflöte, 1 Kontrafagott, 3 Posaunen (5. Sinfonie), später 4 Hörner, Triangel, Becken, große Trommel (9. Sinfonie).

Im 19. Jh. wächst das **romantische Orchester** (seit BERLIOZ) stark an, vor allem das Blech. WAGNERS *Ring,* 1874, erfordert außer dem großen Sinfonieorchester 1 Basstrompete, 1 Kontrabassposaune, 8 Hörner, 2 Tenortuben, 2 Basstuben, 1 Kontrabasstuba, 6 Harfen, dazu 2 Harfen auf der Bühne und 16 Ambosse. Die Besetzung steigert sich weiter (STRAUSS, *Elektra;* SCHÖNBERG, *Gurrelieder* mit über 100 Spielern).

Im 20. Jh. erweitert sich vor allem die Gruppe der Schlaginstrumente. Dem Riesenorchester treten aber auch kleine Gruppen entgegen, z. B. SCHÖNBERGS *Kammersinfonie* mit 15 Spielern oder STRAWINSKYS *Geschichte vom Soldaten* mit 7 Spielern. Im Übrigen richtet sich die Besetzung heute ganz nach Maßgabe des Komponisten und nimmt auch Elektrophone sowie die Zuspielung vorbereiteter Tonbänder mit auf.

66 Musiklehre/Notenschrift

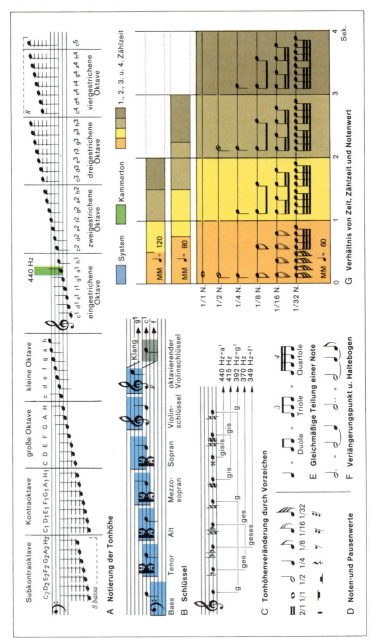

Schriftelemente, metrische Relationen

Die **Notenschrift** versucht, Musik lesbar zu fixieren. Sie beschreibt die verschiedenen Parameter der Musik mit unterschiedlichen Mitteln: **Tonhöhe** und **Tondauer** durch Höhe und Form der Noten, **Tempo, Lautstärke, Ausdruck, Artikulation** usw. durch zusätzliche Zeichen und Wörter, die in der Notation vor 1800 aber noch meistens fehlen (*s. Aufführungspraxis*, S. 82).

Notierung der Tonhöhe (Abb. A)
Es gibt 7 nach dem Alphabet benannte Stammtöne a, h (bzw. b), c, d, e, f, g, die sich als *C-Oktave* angeordnet (c bis h) *klein-* und *groß*geschrieben (**kleine** und **große Oktave**) bzw. mit *Strichen* oder *Ziffern* 8-mal wiederholen: von der **Subkontraoktave** (C$_2$ mit 16,35 Hz) bis zum **fünfgestrichenen c** (c''''' oder c^5 mit 4186 Hz).
Der **Stimm-** oder **Kammerton a^1** legt dabei mit 440 Hz die absolute Tonhöhe der Gesamtskala fest.
Jedem Ton entspricht ein Notenkopf in einem Liniensystem, das GUIDO VON AREZZO um 1000 einführte. Normal sind 5 Linien, in der Choralnotation 4. Zusätzliche **Hilfslinien** werden in Extremlagen unübersichtlich. Man fordert dort **Oktavierung** nach **oben** durch *8''''* und **unten** durch *8va bassa . . .* (*ottava bassa*) bis zum Wiedereintritt der Normalnotation (*loco*).
Zur Festlegung der Tonhöhe dienen **Schlüssel** am Anfang der Liniensystems. Am gebräuchlichsten ist der **G-** oder **Violinschlüssel**, der die Noten auf der zweituntersten Linie als g^1 bestimmt (Abb. A, Mitte). Die tieferen Noten werden mit dem **F-** oder **Bassschlüssel** erfasst. Er bestimmt, dass die Note auf der zweitobersten Linie f ist (Abb. A).
Üblich ist auch die Verwendung der *C-Schlüssel* (c^1, Abb. B), und zwar auf der zweitobersten Linie als **Tenorschlüssel** für Cello, Fagott, Tenorposaune usw., auf der mittleren als **Altschlüssel** für Bratsche, Englischhorn, Altposaune etc., auf der zweituntersten als **Mezzosopranschlüssel** und auf der untersten als **Sopranschlüssel**. Statt des Tenorschlüssels benutzt man auch den *oktavierenden* Violinschlüssel, dessen Klangbereich eine Oktave tiefer als seine Notation liegt und sich damit etwa dem Klangbereich des Tenorschlüssels deckt.

Tonhöhenveränderung durch Vorzeichen (Abb. C). Ein **Kreuz** (♯) vor einer Note erhöht diese um einen Halbton. An den Namen des Stammtones wird die Silbe *-is* angehängt, z. B. *gis*. Ein **Be** (♭) vor der Note erniedrigt den Ton um eine halbe Stufe. An den Stammtonnamen wird die Silbe *-es* angehängt, z. B. *ges* (Ausnahmen: es, as, b). Ganztonerhöhung geschieht durch ein **Doppelkreuz** (𝄪; *gisis* = a, vgl. S. 84, Abb. A), Ganztonerniedrigung durch ein **Doppel-Be** (♭♭; *geses* = f). Ein **Auflösungszeichen** (*Auflöser* ♮) macht die Verände-

rung (*Alteration*) rückgängig. Diese **Vorzeichen** (*Akzidenzien*) gelten in der Regel jeweils für einen Takt. Sollen sie für das ganze Stück gelten, so stehen sie zu dessen Beginn.

Noten- und Pausenwerte (Abb. D). Die **Tondauer** wird durch die *Notenform* bestimmt. Ausgangspunkt für die Einteilung der Notenwerte ist die **ganze (Note)** (^{1}/$_1$). Die **Doppelganze** (^{2}/$_1$) hat die Form der alten *Brevis* (vgl. S. 210, 232). Kleinere Notenwerte (Halbe, Viertel, Sechzehntel usw.) haben **Hälse** rechts aufwärts oder links abwärts (Richtungswechsel ab der Mittellinie, also z. B. im Violinschlüssel von h' abwärts, s. Abb. A), ferner stets nach rechts gerichtete **Fähnchen**. Noten mit Fähnchen können zwecks besserer Übersicht durch Balken zu Gruppen verbunden werden, bes. bei entsprechender Silbenverteilung in der Vokalmusik und bei gleichartigen Spielfiguren in der Instrumentalmusik.
Jedem Notenwert entspricht ein **Pausenzeichen** (Abb. D). Pausen können durch Punkte verlängert werden (nicht durch Haltebögen). Bei Pausen über mehrere Takte wird über die Pause die Taktzahl angegeben.
Wird eine andere als die **normale Zweiteilung** der Note verlangt, so schreibt man die nächste oder übernächste kleinere Notengattung und fasst sie mit einer Zahl zu einer gleichmäßigen Einheit zusammen. So entstehen **Duolen** (im Dreiertakt), **Triolen, Quartolen, Quintolen, Sextolen, Septolen, Oktolen** usw. (Abb. E).
Im Takt wird die Note durch einen **Punkt** um die Hälfte ihres Wertes **verlängert**, durch zwei und mehr Punkte um zusätzlich je eine Einheit der folgenden Unterteilung. **Haltebögen** verbinden Noten gleicher Höhe über Taktstriche hinweg zu längeren Dauern (Abb. F).

Zeit, Zählzeit und Notenwerte (Abb. G). Als **Grundschlag** für den Rhythmus und als **Zählzeit** für das Metrum gilt normalerweise die **Viertelnote**. Das absolute Tempo lässt sich mit der Schlagzahl pro Minute festlegen, wozu das **Mälzelsche Metronom** (1816) dient. Bei *M. M.* ♩ = 60 kommen 60 Schläge pro Minute, also eine Viertel pro Sekunde. Zählzeit und Sekunde fallen hier zusammen. Bei *M. M.* ♩ = 80 kommen 4 Zählzeiten auf 3 Sekunden, bei *M. M.* ♩ = 120 auf 2 Sekunden. Das Tempo der Notenwerte erhöht sich.

Takteinteilung
Mehrere Schläge werden zu **Takten** zusammengefasst, wobei der erste Schlag stets ein besonderes Gewicht erhält. Anzahl und Art der Notenwerte bzw. Schläge eines Taktes werden durch Zähler und Nenner der Taktvorschrift angegeben, z. B. ^{3}/$_4$, ^{6}/$_8$ usw. Der ^{4}/$_4$-Takt hat als Sonderzeichen einen Halbkreis (C), der in durchstrichener Form (𝄵) **Halbe** als Grundschlag verlangt (*alla breve*) und damit im Allg. ein schnelleres Tempo signalisiert.

68 Musiklehre/Partitur

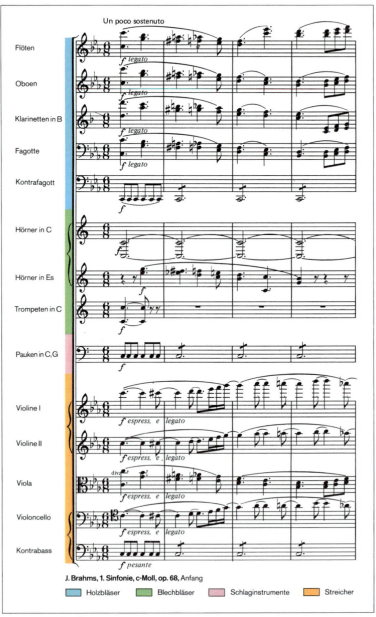

J. Brahms, 1. Sinfonie, c-Moll, op. 68, Anfang

Anordnung und Aufbau

Musiklehre/Partitur 69

Partitur nennt man die Aufzeichnungsweise mehrerer Stimmen in übersichtl. Schichtung. Alle gleichzeitig erklingenden Noten und Pausen stehen dabei genau übereinander (s. Abb., Kontrabass, Pauke und Kontrafagott 6 Achtel gegen die Noten und Pausen der anderen Stimmen). **Taktstriche** dienen dabei als Ordnungsstriche zur besseren Orientierung. Der Taktstrich kam im 16. Jh. auf. Ab dem 17. Jh. besagt er zugleich, dass die 1. Note danach einen Schwerpunkt bildet, der sich entsprechend der Taktangabe wiederholt.

Die ersten 4 Takte der *Sinfonie Nr. 1* von BRAHMS (Abb.) haben dementsprechend 4 solcher Schwerpunkte, doch werden 2 von ihnen durch Überbindung in den Violinen und Violoncelli aufgehoben (*Synkopen*, auch in der Taktmitte). Eine breite, überbordend schwebende Bewegung ist das Ergebnis.

Anordnung der Stimmen richtet sich nach den Instrumentalgruppen und innerhalb der Gruppen nach der Höhenlage der Instr. Grundlage bilden seit dem 19. Jh. die **Streicher**, darüber werden die **Schlaginstrumente** notiert (mit der metallenen Pauke in der Nähe des Blechs), darüber die **Blechbläser** mit Hörnern, Trompeten, Posaunen und Tuben, darüber die **Holzbläser** mit Flöten (Pikkolo als oberstes Instrument der Partitur), Oboen, Klarinetten und Fagotten. **Singstimmen** (Soli über Chor) stehen über den Streichern (früher unter der Viola über dem Streichbass als dem ehemaligen Gb., der sie begleitete). **Instrumentalsolisten** und Harfe werden direkt über den Streichern notiert.

Der Beginn der *Sinfonie Nr. 1* von BRAHMS ist mit den wenigen transponierenden Instrumenten und der nur dreischichtigen motivischen Bewegung in der orgelhaft registermäßigen Kopplung der Instrumente relativ einfach zu lesen (Abb.). Die beiden **Violinen** tragen das Hauptthema in Oktavparallelen vor. – Die **Viola** steht darunter im Alt- oder Bratschenschlüssel. Sie ist 2-st. notiert mit der Angabe *div.* (*divisi*, geteilt), d. h. ein Teil der Bratscher spielt die Ober-, ein Teil die Unterstimme (statt Doppelgriffspiel). Die Viola spielt hier eine Gegenlinie zu den Violinen, melodisch in Gegenbewegung abwärts, rhythmisch die wiegende Bewegung des ⁶⁄₈-Taktes mit Schwerpunkten auf 1 und 4 betonend (Gegensatz zu den synkopischen Überbindungen des Violinenthemas). Die **Celli** und **Kontrabässe** haben oft die gleiche Stimme, hier sind sie geteilt mit je eigenem System mit Akkolade. Die Celli folgen dem Hauptthema der Violinen, jedoch eine Oktave tiefer im Tenorschlüssel, sodass das Thema in 3 Oktavlagen erklingt (spezifische Klangfarbe). Der Kontrabass markiert den Achtelrhythmus auf orgel-

punktartigem c, das real eine Oktave tiefer klingt als notiert, also als C.

Das Schlagzeug wird möglichst einfach notiert, z. B. Instrumente ohne best. Tonhöhe nur auf einer Linie. Die beiden Pauken im Notenbeispiel sind nur auf c (Tonika c-Moll) und auf G (Dominante G-Dur) gestimmt, brauchen daher keine Vorzeichen.

Die Blechblasinstrumente sind meist *transponierend*. Die Notierung nimmt auf ihre Naturstimmung Rücksicht (vgl. S. 46). 2 der meist 4 **Hörner** (in 2 Systemen mit Akkolade) stehen hier in C-Dur, den Orgelpunkt $c-c^1$ verstärkend, 2 stehen in Es-Dur: ihre erste Terz e^2-g^2 erklingt eine Sexte tiefer g^1-b^1, also in Höhe der Viola (Klangkopplung). – Die beiden **Trompeten** in C klingen wie notiert.

Die Holzblasinstrumente sind je doppelt besetzt und auch so notiert. Sie spielen hier wie die Viola und die Hörner das Gegenthema in 4facher Oktave: **Flöten** und **Oboen** klingen wie notiert, **Klarinette** in B erklingt 1 Ton tiefer als notiert, muss also in d-Moll (1 b) geschrieben werden, damit sie in c-Moll (3 b) erklingt; **Fagotte** klingend notiert, das **Kontrafagott** jedoch klingt eine Oktave tiefer als notiert, sein C also als C_1.

Neben der großen **Dirigierpartitur** in Folioformat hat sich für das Literaturstudium die **Taschen-** oder **Studienpartitur** in Oktavformat durchgesetzt (seit 1886, Leipzig; Abb. etwa Originalgröße).

Particell nennt man eine Partitur im Entwurf, bei der der Komponist die Stimmen in wenigen Systemen, meist nach Gruppen geordnet, zusammenfasst, um sie dann auf die Einzelstimmen genauer zu verteilen.

Klavierauszug stellt den Versuch dar, die wesentlichen Stimmen einer Partitur, soweit greifbar, für das Klavier in 2 Systeme zusammenzufassen (ähnlich dem improvisierten **Partiturspiel**). Klavierauszüge sind bes. zum Partien- und Chorstudium der Oper wichtig. Solche »Klavierauszüge« von Vokalstücken (Motetten, Messen usw.) fertigten sich schon die Kantoren und Organisten des 15./16. Jh. an (*Intavolierungen*). Umgekehrt lässt sich ein Klaviersatz, evtl. über die Zwischenstufe des Particells, durch *Instrumentierung* zur Partitur für Orchester ausarbeiten (häufigster Kompositionsvorgang im 19./20. Jh.).

Geschichte. Im 16. Jh. erschien als erste Partitur die sog. *Tabula compositoria* als Kompositionshilfe bei mehrst. Musik. Bis Ende des 18. Jh. waren im Druck und Aufführung mehrst. Musik in Stimmen ohne Partitur üblich. Dirigiert wurde vom Cembalo aus (Gb.-Zeitalter). Erst ab dem 19. Jh. setzte sich die Partitur für Aufführungen mit Dirigenten durch. Das 20. Jh. hat neue Formen des Partiturbildes entwickelt.

70 Musiklehre/Abkürzungen, Zeichen, Vortragsangaben

Verzeichnis der in Noten vorkommenden Abkürzungen, Zeichen und Vortragsangaben
Soweit nicht anders vermerkt, sind die musikalischen Termini italienischer Herkunft. Zur Erleichterung der Aussprache wurde die jeweils betonte Silbe unterpunktet.

abandonné (fr.), frei, ohne Beschränkung
a battuta, im Takt, auf den Schlag
abbandonatamente, mit Hingabe
abbassamento, abb., schwächer werden, sinken lassen (Stimme)
Abbreviatur, Abkürzung, abgekürzte Schreibweise. Die häufigsten Abbreviaturen sind:
– Tonwiederholung; die Abbreviatur zeigt Tonhöhe, Gesamtdauer und Rhythmus der Unterteilung:

– Tonwechsel (»Brille«):

– Figuren- und Taktwiederholung (1. Bsp.); »simile« oder »segue« fordert, »in gleicher Weise« weiterzuspielen:

Für Akkordbrechung steht auch »arpeggio«:

Das Wiederholungszeichen für eine Figur war früher: ⸺, heute: ✗ (»Faulenzer«, s. Bsp.). Das gleiche Zeichen steht auch für Wiederholung ganzer Takte. Für Doppeltakte und mehr steht »bis« (»zweimal«):

– Figurenwiederholung mit wechselnder Tonhöhe; die Figur soll in gleicher Weise bis zum Zielton fortgeführt werden:

– Oktavverdopplung; mit Ober- bzw. Unteroktave zu spielen:

a bene placito, nach Belieben (Tempo)
Abstrich, ⊓ , Bogenstrich abwärts (→ Bogenführung)
a cappella, für Vokalchor ohne Instrumentalbegleitung
a capriccio, nach Belieben (Tempo)
accarezzevole, liebkosend, schmeichelnd
accelerando, accel., beschleunigend, schneller werdend
Accent (fr.), langer → Vorschlag, je eine Sekunde steigend oder fallend:

Der Accent steht auch in Verbindung mit anderen Zeichen, so »Accent und Mordent« (a), »Accent und Trillo« (b, c; alle Notenbeispiele nach der Verzierungstabelle von J. S. BACH):

acceso, entbrannt, feurig
Acciaccatura, »Quetschung«, Verzierungsart mit kurzen, scharf dissonierenden Vorschlagsnoten, besonders im Arpeggio:

Musiklehre/Abkürzungen, Zeichen, Vortragsangaben

Accompagnato, Accomp., Acc., mit ausgeschriebener Begleitung (Rezitativ s. S. 144)
adagio, ad°, langsam
adagissimo, äußerst langsam
à deux (fr.), → a due
ad libitum, ad lib. (lat.), nach Belieben, in Tempo und Vortrag frei; in der Wahl von Vokal- und Instrumentalbesetzungen frei
a due, a 2, zu zweit, bei Doppelbesetzung im Orchester zu zweit eine Stimme spielen: entweder im → unisono oder mit Akkordaufteilung, → divisi
a due corde, → Verschiebung
ad una corda, → Verschiebung
aequal (lat.), gleich; klingt wie notiert: Achtfuß-Register auf der Orgel
Aeuia, Aevia, Abkürzung für **Alleluia**
affabile, gefällig
affannato, betrübt, abgemüht, atemlos
affettuoso, con affetto, gemütsbewegt, affektvoll, mit Gefühl
affrettando, eilend, beschleunigend
affrettato, schneller
agevole, leicht, weich bewegt
agile, agilmente, lebhaft, flink
agitato, agitatamente, aufgeregt, unruhig, erregt
Akzent, > ᵥ ʌ , Betonung
Akzidenzien, Vorzeichen, Versetzungszeichen:
– Kreuz ♯, Erhöhung um einen Halbton
– Be ♭, Erniedrigung um einen Halbton
– Doppelkreuz ×, Erhöhung um zwei Halbtöne
– Doppel-Be ♭♭, Erniedrigung um zwei Halbtöne
– Auflösungszeichen ♮, hebt einfache und doppelte Versetzung auf
Akzidenzien am Zeilenbeginn gelten für die ganze Zeile (Tonartbestimmung durch Vorzeichen), Akzidenzien im Takt gelten nur für diesen (Versetzungszeichen). Akzidenzien über den Notenköpfen außerhalb des Liniensystems sind unverbindlich, eingeklammerte Akzidenzien dienen der Erinnerung bzw. Klärung:

al, à la, bis zu
al fine, bis zum Ende
alla, all', nach Art von
alla breve, ₵ ⁴/₂-Takt im doppelten Tempo: statt der Viertel werden die Halben zur Schlag- bzw. Zählzeit
alla marcia, marschmäßig

alla polacca, auf polnische Art, nach Art einer Polonaise
allargando, allarg., langsamer werdend, breiter werdend (oft zugleich lauter)
alla siciliana, auf sizilianische Art, wie ein Siciliano (%)
alla turca, auf türkische Art
alla zingarese, auf Zigeunerart
allegramente, heiter, fröhlich
allegretto, all^{tto}, ein wenig bewegt, munter, etwas langsamer als → allegro
allegro, all°, heiter, lustig, schnell
allentando, langsamer werdend
all'ongarese, auf ungarische Art
all'ottava, 8va ..., → ottava
all'unisono, → unisono
al segno, (Wiederholung) bis zum Zeichen, → segno, → da capo
alternativement (fr.), **alternativo** (it.), abwechselnd; fordert die Wiederholung eines Tanzsatzes oder eines Satzteiles nach Einschüben
altra volta, noch einmal
alzamento, alzato, alz., beim Händekreuzen auf der Klaviatur: eine Hand über die andere hinwegheben
alzati, Dämpfer aufheben, → Pedal
amabile, lieblich, liebenswürdig
a mezza voce, mit halber Stimme
amorevole, con amore, liebevoll, mit Liebe
ancora, ancora più, noch einmal, noch mehr
andante, and., gehend, ruhig, etwas langsam
andantino, and^{ino}, etwas bewegter als → andante
angoscioso, kummervoll
anima, con anima, Seele, mit Seele
animato, beseelt, belebt
animoso, lebhaft
Anschlag, → Doppelschlag
a piacere, nach Belieben, frei im Tempo und Vortrag; gleichbedeutend mit → ad libitum
appassionato, leidenschaftlich
appoggiando, anlehnend, gebunden
appoggiato, gelehnt, gestützt, gehalten (Singstimme)
appoggiatura, → Vorschlag
appuyé (fr.), mit Nachdruck
a punto d'arco, mit der Bogenspitze
a quattro mani (it.), **à quatre mains** (fr.), zu vier Händen
arcato, mit dem Bogen gestrichen
arco, col'arco, c. a., mit dem Bogen gestrichen (nach → pizzicato)
ardente, glühend, feurig
arditamente, ardito, kühn, virtuos
ardore, con ardore, Glut, mit Glut
arioso, gesanglich, lyrisch
arpège, arpègement (fr.), → arpeggio
arpeggio, nach Harfenspielart gebrochener Akkord; gefordert durch eine unterbrochene oder durchgehende Wellenlinie

72 Musiklehre/Abkürzungen, Zeichen, Vortragsangaben

bouché (fr.), gestopft (Blechblasinstr.), gedackt (Orgel)
bouche fermé (fr.), → bocca chiusa
bravura, con bravura, mit Kühnheit, Virtuosität
brillante, glänzend, geistreich
brio, con brio, Feuer, mit Feuer
burlando, scherzhaft

arpeggiando, arpeggiato, arp., in gebrochenen Akkorden zu spielen (→ arpeggio)
arraché (fr.), gerissen starkes → pizzicato
assai, sehr
assez (fr.), genug, genügend
a tempo, (wieder) im Grundtempo, im Takt
attacca, ohne Pause weiter (am Satzende), direkt anschließen
attacca subito, sofort weiter
au chevalet (fr.), → sul ponticello
Auflöser, Auflösungszeichen, ♮, → Akzidenzien
Aufstrich, v, Bogenstriche aufwärts (→ Bogenführung)
a vista, a prima vista, auf den ersten Blick, ohne vorherige Kenntnis, vom Blatt

barré (fr.), »gesperrt«: bei Bundinstrumenten wie Gitarre verschiebbare Sattelbildung durch quer über alle Saiten gelegten Finger (→ capotasto)
bassa ottava, 8va bassa, → ottava
basso, b., Bass
Basso continuo, b.c., B.c., »fortlaufender Bass«, Generalbass (s. S. 100)
Bebung, mäßig schnelle, geringe Tonhöhenschwankung zur Ausdrucksintensivierung vor allem auf dem Clavichord:

(→ tremolo)
ben, bene, gut
ben legato, gut gebunden (→ legato)
Betonung, / ⌣, Zeichen für schwer-leicht, betont-unbetont
bis, zweimal, Stelle wiederholen (→ Abbreviatur)
bocca chiusa, a bocca chiusa, mit geschlossenem Mund, summen, Brummstimme
Bogenführung, zur Tonerzeugung und Artikulation auf Streichinstrumenten; Hauptbewegung:
– Abstrich ⊓
– Aufstrich v
Ein Bogen ⌢ kann die Anzahl der Noten je Strich anzeigen. Zu den Stricharten im Einzelnen siehe → arpeggio, → col legno, → détaché, → Flageolett, → flautando, → louré, → martelé, → ondeggiando, → portato, → ricochet, → sautillé, → staccato, → sulla tastiera (sul tasto), → sul ponticello, → tremolo

C, als Halbkreis: steht für 4/4-Takt
c., → con
c. a., col → arco
Cadence (fr.), ∞, → Doppelschlag
Cadenza, Cad., Kadenz, Improvisationsstelle (→ Fermate; s. S. 122, Konzert)
cadenzato, taktmäßig, rhythmisch
calando, cal., >, sinken lassen, nachlassen in Tempo und Lautstärke
calmando, calmato, beruhigend, ruhig
cantabile, sanglich, gesangvoll
Cantus firmus, c. f. (lat.), »feste Stimme«, vorgegebene Stimme im mehrstimmigen Satz, Hauptstimme
Capotasto, Kapodaster: mechanische Umstimmungsvorrichtung für Bundinstrumente wie Gitarre (→ barré)
capriccioso, capricc., launisch, eigenwillig
carezzando, carezzevole, zärtlich, kosend
c. b., → col basso
c. d., colla → destra
cédez (fr.), langsamer werden
celere, schnell
c. f., → Cantus firmus
chevalet, au (fr.) → sul ponticello
chiaramente, klar, deutlich
chiuso, gestopft (Horn)
Cluster (engl.), Tontrauben, für alle Instrumente mit mehrstimmigem Spiel in für Orchester bzw. Chor möglich; auf der Klaviatur mit Hand oder Unterarm angeschlagen; Notierungsbeispiel: a) alle weißen Tasten zwischen f′ und f″, Viertel bzw. Halbe lang; b) alle schwarzen Tasten; c) alle Halbtonstufen f′ bis f″; d) alle Halbtonstufen fis′ bis c″:

c. o., col → ottava
col, coll', colla, → con
col arco, c. a., → arco
col basso, c. b., mit dem Bass, mit dem Kontrabass zusammen
colla parte, mit der Hauptstimme: die Begleitung der Haupt- oder Solostimme anpassen
col legno, Bogenführung bei Streichern: »mit dem Holz« des Bogens die Saiten schlagen (c. l. battuto) oder streichen
coll'ottava, c. o., → ottava
come prima, come sopra, wie zuerst, wie oben

Musiklehre/Abkürzungen, Zeichen, Vortragsangaben 73

come stà, wie es da steht, d. h. ohne Verzierungen hinzuzufügen
comodo, bequem, in angenehmem Tempo
con, col, col', colla, c., mit
con affetto, mit Ausdruck, mit Gefühl
con calore, mit Wärme
concitato, aufgeregt
con delicatezza, mit Feinheit
con fuoco, mit Feuer
con grazia, mit Anmut
con gusto, mit Geschmack, mit Stil
con moto, mit Bewegung, bewegt
con slancio, mit Schwung
con spirito, mit Geist
contano, cont., »sie zählen« die Pausentakte: pausierende Orchestermitglieder
Continuo, Cont., → Basso continuo
coperto, bedeckt, zur Dämpfung ein Tuch über die Pauke legen
corda vuota, leere Saite
coulé (fr.), → Vorschlag, → Schleifer
crescendo, cresc., <, anwachsen in der Lautstärke, lauter werden
croisez (fr.), Hände kreuzen
c. s., colla → sinistra
cuivré (fr.), schmetternd wie Blechbläser

da capo, d. c., von vorne, vom Anfang an noch einmal, gleichbedeutend mit:
da capo al fine, Wiederholung vom Anfang bis zum Ende bzw. zu der mit »Fine« oder einer → Fermate bezeichneten Stelle. Die Teilwiederholungen innerhalb dieser Strecke entfallen dabei, was zuweilen durch **da capo senza repetizione** eigens angezeigt wird.
dal segno, dal s., d. s., vom Zeichen ab wiederholen; → segno
Dämpfer, → Pedal, → sordino
debile, schwach
d. c., → da capo
deciso, (rhythmisch) entschieden, bestimmt
decrescendo, decresc., decr., >, abnehmend (Lautstärke), leiser werden
dehors, en dehors (fr.), draußen, wie aus der Ferne, hervorgehoben
delicatamente, fein, zart
delicatezza, con, mit Zartheit
démancher (fr.), Lagenwechsel (Streicher), Hände kreuzen (Klaviatur)
destra, colla destra, c. d., mit der rechten Hand (→ mano destra)
détaché (fr.), Bogenführung bei Streichern: Bogenwechsel je Note:

diluendo, erlöschend
diminuendo, dimin., dim., >, verringern (Lautstärke), leiser werden
distinto, deutlich
divisi, div., Akkordaufteilung auf mehrere Streicher statt Doppelgriffspiel, → a due
dolce, süß, sanft
dolcezza, con, mit Süße
dolcissimo, sehr süß
dolente, klagend
doloroso, con dolore, schmerzvoll, mit Schmerz
Doppelkreuz, x, → Akzidenzien
Doppelschlag, ∞ ? (gruppetto, doublé, cadence, turn), → Vorschlag der Hauptnote von oben und von unten (»doppelt«). Liegendes und stehendes Zeichen sind gleichbedeutend. Chromatische Veränderungen werden ober- bzw. unterhalb des Zeichens notiert. In langsameren Tempi kann die Schlussnote gedehnt sein:

Doppelt-Cadence, Doppelschlag mit Triller (Nb. nach J. S. BACH):

Doppelt-Cadence mit Mordant, wie die Doppelt-Cadence, jedoch mit Nachschlag (Nb. nach J. S. BACH):

Doppeltriller, Trillerketten im Abstand einer Terz oder Sext
Doppelvorschlag (Anschlag, port de voix double), → Vorschlag mit zwei Noten unterschiedlicher Intervalle:

doublé (fr.), → Doppelschlag
doucement (fr.), sanft, zart
douloureux (fr.), schmerzvoll
d. s., → dal segno
due, → a due

due corde, auf zwei Saiten, → Verschiebung
due volte, zweimal
duramente, hart
durezza, con, mit Härte, im 17. Jh.: mit Dissonanzen

éclatant (fr.), glänzend, blitzend
effettuoso, wirkungsvoll
élargissant (fr.), breiter und langsamer werdend
empressé (fr.), eilig, gehetzt
en dehors, → dehors
espressione, con, c. espr., mit Ausdruck
espressivo, espr., ausdrucksvoll
estinguendo, verlöschend, extrem leise werdend
estinto, erloschen, kaum hörbar
éteint (fr.), → estinto
étouffé (fr.), erstickt, Ton sofort abdämpfen (bei Pauke, Becken usw., auch bei der Harfe)
Euouae, Evovae, Abkürzung für »**seculorum. amen**«

f, → forte
facile (fr.), **facilmente** (it.), einfach, leicht
Falsett, ♩♩, Kopfstimme, Fistelstimme
fastoso, prunkvoll
Fermate (it.: **corona**), ⌒ ⌣ , Haltezeichen, verlängert Noten oder Pausen beliebig; in der Da-capo-Arie Schlusszeichen des 1. Teils (»fine«), in Solokonzerten Stellen für solistische Improvisation (→ Cadenza)
fermezza, con, mit Festigkeit
feroce, wild, unbändig
ff, → fortissimo
ffz, → forzatissimo
fiacco, matt
fiero, fieramente, heftig, wild, stolz
fine, al fine, Ende, bis zum Ende (da capo)
fin'al segno, (Wiederholung) bis zum Zeichen, → segno, → da capo
Flageolett, Erzeugen von Obertönen auf Saiteninstr. durch künstliche Knotenbildung (leichter Fingeraufsatz auf die Teilungspunkte 1:2, 1:3 etc., s. S. 14 f. Akustik)
1. Natürliches Flageolett: Ausgangspunkt ist die leere Saite. Notiert wird der Griff (1 a: ♪) oder der Klang (1 b: ♪).
2. Künstliches Flageolett: Ausgangspunkt ist die fest gegriffene Saite. Notiert wird der fest (♩) und der lose (♪) aufgesetzte Finger.
Die Notierungsweise schwankt (Klang oft in Klammern hinzugefügt):

(Saite:) 1 a)   1 b)   2)

Flageolett gibt es auch auf Holzblasinstr. bei Anwendung entsprechender Überblastechnik
flatté, flattement (fr.), → Mordent (17. Jh.), → Schleifer (18. Jh.)
flautando, flautato, flötenartig, Bogenführung bei Streichern: über oder nahe dem Griffbrett streichen (weicher Klang mit wenig gradzahligen Obertönen)
flebile, klagend
forte, f, stark, laut
fortissimo, ff, sehr stark, sehr laut
fortefortissimo, fff, so stark wie möglich
fortepiano, fp, stark betont und sogleich wieder leise; bezieht sich auf Einzeltöne bzw. Einzelakkorde und ist stets relativ zur Lautstärke der Umgebung
forza, con, mit Kraft
forzando, forzato, fz, verstärkt, hervorgehoben, betont (→ fortepiano)
forzatissimo, ffz, sehr stark hervorgehoben (→ forzando)
funèbre (fr.), düster, traurig, zum Begräbnis gehörig (z. B. Trauermärsche)
fuoco, con, mit Feuer
furioso, wild, stürmisch
Fuß, 4′, 8′, 16′, 32′, Registerangabe, bezogen auf die Pfeifen- und Saitenlänge bei Orgel und Cembalo usw.; 8′ (»Achtfuß«) klingt wie notiert, 4′ eine Oktave höher, 16′ eine Oktave tiefer, 32′ zwei Oktaven tiefer. (s. S. 57)
fz, → forzando

gaiement (fr.), fröhlich
garbato, con, mit Anmut, liebenswürdig
gedackt, gedeckt, Orgelregister: oben gedeckte Pfeifen, klingen eine Oktave tiefer
Generalpause, G. P., große Pause für alle Instrumente (Kammermusik, Orchester)
gentile, anmutig
gestopft, für Blasinstrumente: mit Dämpfer
giocoso, scherzhaft, spielerisch
gioioso, freudig
giusto; tempo giusto, richtig; in angemessenem Tempo, im richtigen Tempo
glissando, gliss., gleitend, rasche Tonfolge auf- oder abwärts, über weiße oder schwarze Tasten, auch chromatisch und womöglich ohne feste Tonhöhen. Glissando gibt es auch in Terzen, Sexten, Oktaven usw.:

G. O., → grand orgue
G. P., → Generalpause
gradatamente, allmählich
gradevole, gefällig
grand jeu (fr.), großes Spiel, → grand orgue
grand orgue (fr.), **G. O.,** große Orgel, Hauptwerk

Musiklehre/Abkürzungen, Zeichen, Vortragsangaben 75

grandezza, con, mit Größe
grave, schwer, langsam, feierlich
grazioso, anmutig, graziös
groppo, groppetto, gruppo, → Doppelschlag
gusto, con, mit Geschmack, mit Stil

Haltebogen, verbindet zwei Noten gleicher Höhe zu einem Ton (s. S. 66, Abb. F; dagegen → legato)
harpeggio, → arpeggio
Hauptstimme, ⌐ ¬, Bezeichnung der wichtigsten Stimme in (modernen) Partituren (→ Nebenstimme)
Hauptrhythmus, RH ¬, Bezeichnung des wichtigsten Rhythmus in (modernen) Partituren

impetuoso, con impeto, heftig, mit Ungestüm
incalzando, drängend, beschleunigend
indeciso, unentschieden, frei im Tempo
innocente, unschuldig
inquieto, unruhig
istesso tempo, → l'istesso tempo

jeté (fr.), → ricochet

Kadenz, → Cadenza
kantabel, → cantabile
klingend, nicht transponierend notiert. Die Notierung entspricht dem realen Klang (bei transponierenden Instrumenten)
kurzer Vorschlag, → Vorschlag

lacrimoso, tränenreich, klagend
lamentabile, lamentoso, klagend, traurig
lancio, con, mit Schwung
langer Vorschlag, → Vorschlag
largamente, breit
largando, → allargando
larghetto, etwas breit, etwas schneller als → largo
largo, breit, langsam
legatissimo, sehr gebunden, → legato
legato, gebunden, Notierung mit Legato- oder Bindebogen bei Noten unterschiedl. Höhe:

leggiadro, leicht, anmutig
leggierezza, con, mit Leichtigkeit
leggiero, leggieramente, leicht, locker, duftig, → non legato
legno, → col legno
lentement (fr.), **lento** (it.), langsam
l. H., linke Hand
libitum, → ad libitum
licenza, con alcuna, mit einiger Aufführungsfreiheit
lieto, fröhlich
lievo, leicht
liscio, glatt
l'istesso tempo, dasselbe Tempo, im selben Zeitmaß trotz Taktwechsel; fordert gleiche Schlagzeit, d. h. gleiche Noten- (meist Viertel) oder Taktlänge, z. B.:

loco, am Ort, wieder in Normallage (nach Oktavversetzung)
louré, Bogenführung bei Streichern: leichte Hervorhebung der Einzelnote:

≈ ≈ ≈ ≈
♩ ♩ ♩ ♩

(→ portato)
lo stesso tempo, → l'istesso tempo
lusingando, schmeichelnd

m., → manualiter
ma, aber
ma non troppo, aber nicht zu sehr
maestoso, majestätisch
main droite, m. d. (fr.), mit der rechten Hand
main gauche, m. g. (fr.), mit der linken Hand
malinconico, melancholisch, schwermütig
mancando, manc., abnehmend (leiser und langsamer)
manualiter, man., m. (lat.), auf dem Manual zu spielen (Orgel, ohne Pedal)
mano destra, m. d., mit der rechten Hand
mano sinistra, m. s., mit der linken Hand
marcato, marcando, marc., > v ▼ ∧ / markiert betont
martelé (fr.), Bogenführung bei Streichern: gehämmert, kurze, kräftig abgestoßene Bogenstriche:

(→ martellato)
martellato, ▼, gehämmert, kräftiges → Staccato (→ martelé)
marziale, kriegerisch
m. d., → main droite, → mano destra
m. g., → main gauche
m. s., → mano sinistra
medesimo tempo, dasselbe Tempo
meno, weniger
meno forte, weniger laut
meno mosso, weniger bewegt
meno piano, weniger leise, etwas lauter
mente, alla, aus dem Kopf, improvisiert
messa di voce, <̲ ̲> , An- und Abschwellen des Gesangstones
mesto, traurig
mezza voce, m. v., mit halber Stimme
mezzo, m., mittel, halb
mezzoforte, mf, halb stark, halb laut (zwischen piano und forte)
mezzopiano, mp, halb leise (zwischen piano und forte)
misura, alla, streng im Takt; **senza misura,** frei im Tempo
misurato, gemessen, im Takt

76 Musiklehre/Abkürzungen, Zeichen, Vortragsangaben

M. M., Mälzelsches Metronom, tickendes Pendelchronometer mit Skala von 40–208 Schlägen pro Minute als Tempoangabe (erfunden von MÄLZEL 1816);
M. M. ♩ = **40** bedeutet: 40 Viertel pro Minute
moderato, mod., gemäßigt
molto, viel, sehr
morbido, weich, sanft
Mordent, »Beißer«, eine → Verzierung: Wechsel mit der unteren Nebennote:

Der Mordent tritt auch in Kombination mit anderen Verzierungen auf (→ Accent, → Triller, → Doppelt-Cadence)
morendo, ersterbend, leiser und langsamer werdend
mormorando, murmelnd
mosso, bewegt
moto, con, mit Bewegung
mp, → mezzopiano
m. s., → mano sinistra
muta, Anweisung für Bläser und Pauker, die Stimmung zu ändern
mute (engl.), → Dämpfer
m. v., → mezza voce

Nachschlag, Verzierungsnote(n) nach der Hauptnote, noch in deren Wert einbezogen (→ Vorschlag), meist am Ende eines Trillers (→ Triller 9, 10, 11, 13)
Nebenstimme, , Hinweis in (modernen) Partituren (→ Hauptstimme)
non, nicht
non legato, Artikulationsweise zwischen legato und staccato, nur im piano möglich:

non tanto, nicht so sehr
non troppo, nicht zu viel

O (Null): Daumenbezeichnung im engl. Fingersatz für Klaviaturen; leere Saite auf den Saiteninstr.; → tasto solo im Generalbass (s. S. 100 f.)
obligato, obligat, eine notierte Instrumentalstimme (im barocken Satz), die bei der Aufführung nicht weggelassen werden darf
ondeggiando, ondeggiamento (it.), **ondulé** (fr), wogend, wellig; Spielanweisung für Streicher, Töne (auch auf verschiedenen Saiten) ohne Bogenwechsel an- und abschwellen zu lassen (→ tremolo):

ongarese, all'ongarese, ungarisch
opus, op., Opus, Werk
ossia, oder, wählbare Variante im Notentext (meist Erleichterungen)
ottava, 8va, 8…, Oktave
- **all'ottava**, eine Oktave höher oder tiefer als notiert
- **ottava alta, ottava sopra**, eine Oktave höher als notiert
- **ottava bassa, 8va. ba.**, **ottava sotto**, eine Oktave tiefer als notiert
- **coll'ottava, coll 8va., c. o.**, mit Oktavverdopplung (→ Abbreviaturen)
ouvert (fr.), leere Saite bei Saiteninstrumenten

P, → Pedal
p, → piano
pacato, ruhig
parlando, parlante, parlato, sprechend, im Gesang: nahezu gesprochen
passionato, pass., leidenschaftlich
passione, con, mit Leidenschaft
pastoso, weich, süßlich
patetico (it.), **pathétique** (fr.), pathetisch, leidenschaftlich
Pedal, Ped., P., beim Klavier: rechtes Pedal treten und damit die Dämpfung der Saiten aufheben (→ senza sordino); Zeichen für Pedal-Ende: *; linkes Pedal → Verschiebung
perdendo, perdendosi, sich verlierend, immer leiser werdend
pesante, schwer, wuchtig
piacere, a, nach Belieben
piacevole, gefällig
piangendo, weinend, weinerlich
piano, p, sachte, leise
pianissimo, pp, pmo., sehr leise
pianissimo possibile, ppp, so leise wie möglich
picchettato, → sautillé
pieno, voll; **organo pieno**, volles Orgelwerk; **a voce piena**, mit voller Stimme
pietoso, mitleidsvoll
pincé (fr), gekniffen, gezupft, → pizzicato; → Mordent
piqué (fr.), → sautillé
più, mehr
pizzicato, pizz., gezwickt; Spielanweisung für Streicher: die Saiten mit den Fingern zupfen (dagegen col' → arco)
placido, ruhig, gelassen
plaqué (fr.), Akkord zusammen erklingen lassen (Gegensatz: → arpeggio)
plein-jeu (fr.), volles Orgelwerk
poco, wenig
poco a poco, p. a. p., nach und nach

Musiklehre/Abkürzungen, Zeichen, Vortragsangaben 77

poi, dann, danach
polacca, alla, auf polnische Art
pomposo, feierlich, pompös
ponticello, → sul ponticello
portamento, herantragen: bei Streichern und Sängern knappes gleitendes Angehen eines Tones:

portato, getragen, Artikulationsart zwischen → staccato und → legato: nicht getrennt, jedoch einzeln hervorgehoben:

(→ louré)
portar la voce, die Stimme herantragen, → portamento
port de voix (fr.), → Vorschlag 2; → portamento
port de voix double (fr.), → Doppelvorschlag
possibile, möglichst
poussé (fr.), v, → Aufstrich, → Bogenführung
Praller, Pralltriller, Wechsel der Hauptnote mit der oberen Nebennote (dagegen → Mordent):

precipitando, precipitato, precipitoso, überstürzend, heftig vorwärts eilend
pressante (it.), **pressant** (fr.), drängend
prestissimo, sehr schnell
presto, schnell
prima volta, I^{ma} volta, seconda volta, II^{da} volta, das erste Mal, das zweite Mal (bei Wiederholungen):

primo, I^{mo}, der erste; obere Partie bei 4-händigen Stücken für Klavier
principale, princ., führende (Instrumental-)Stimme, solistisch bzw. konzertierend
Prinzipal, Orgel-Hauptregister
punta d'arco, a, mit der Bogenspitze streichen

quasi, wie, gleichsam
quieto, ruhig

raddolcendo, sanfter werdend
raddoppiare, verdoppeln, (untere) Oktave dazu
raffrenando, bremsend
ralentir (fr.), → rallentando
rallentando, rallent., rall., langsamer werdend
rattenendo, rattenuto, zurückhaltend, langsamer werdend
ravvivando, wieder belebend (schneller)
religioso, religiös
replica, Wiederholung; **senza replica,** ohne Wiederholung (z. B. im Menuett nach dem Trio)
retenant (fr.), zögernd, zurückhaltend
rf, rfz, → rinforzando
r. H., rechte Hand
ricochet, Bogenführung bei Streichern: Bogen wird auf die Saite geworfen und 2–6 (oder mehr) Töne folgen dem ersten staccatoartig nach (Wurfbogen):

rilasciando, nachlassend, langsamer und leiser werdend
rinforzando, rinforzato, rinf., rf, rfz, plötzliches Stärkerwerden, plötzlich verstärkt, bezieht sich auf einen einzelnen Ton oder Akkord (→ forzato, → fortepiano)
ripieno, rip., voll; chorisch besetzte Tuttistelle (vgl. Concerto grosso, S. 123)
riposato, ausgeruht
riprendere, wieder aufnehmen (altes Tempo)
risoluto, resolut, entschieden
ristringendo, anziehend, schneller werdend
ritardando, ritard., rit., langsamer werdend
ritenente, zurückhaltend
ritenuto, rit., plötzlich langsamer
rubato, tempo rubato, geraubt, Freiheit im Tempo, nicht streng im Takt
rustico, ländlich, bäuerlich

S, → segno
saltato, → sautillé
sautillé, gesprungen, Bogenführung bei Streichern: leicht federnde, von der Saite abspringende Bogenstriche (Springbogen):

(→ staccato)
scemando, leiser werdend
scherzando, scherzoso, scherzhaft
schiettamente, schietto, schlicht, einfach
Schleifer, → Vorschlag mit zwei oder mehr Noten, die stufenweise von unten (selten von oben) zur Hauptnote leiten, meist auf den Schlag, im Laufe des 19. Jh. auch vor dem Schlag ausgeführt:

Den Schleifer gibt es in zahlreichen Varianten u. a.: a) tierce coulée (CHAMBONNIÈRES, COUPERIN), b) Zeichen zur BACH-Zeit, c) punktierter Schleifer (QUANTZ):

Schneller, → Vorschlag ähnlich dem Praller:

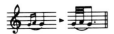

scintillante, funkelnd, glitzernd
scioltamente, flüssig
sciolto, gelöst, frei im Vortrag; als Artikulationsanweisung: s. v. w. → non legato
scivolando, schlitternd, → glissando
secco, trocken, → Secco-Rezitativ S. 144
seconda volta, II^{da} volta, → prima volta
secondo, II°, der zweite, untere Part beim 4-händigen Klavierspiel (vgl. primo)
segno, Zeichen am Beginn oder Ende einer Wiederholung; **dal segno,** vom Zeichen an; **al segno, sin'al segno, fin'al segno,** bis zum Zeichen; → da capo. Die Formen des Zeichens variieren:

segue, seg., es folgt, es geht weiter (z. B. auf der nächsten Seite); auch bei Ton- oder Figurenwiederholung, → Abbreviaturen
semplice, einfach, schlicht
sempre, immer
sentito, gefühlt, empfindungsstark, ausdrucksvoll
senza, ohne; **senza** → **misura,** ohne Zeitmaß
senza → **sordino,** ohne Dämpfer
sereno, heiter
serio, serioso, ernst
sforzando, sforzato, sf, sfz, plötzlich verstärkt, stark hervorgehoben; gilt für einen Einzelton oder -akkord und ist stets relativ zu verstehen
sforzatissimo, sffz, gesteigertes → sforzato
sforzato piano, sfp, stark betont und sogleich leise
simile, auf gleiche Weise, → segue
sin'al fine, sin'al segno, → segno
sinistra (→ **mano**), **colla sinistra, c. s.,** mit der linken Hand
slancio, con, mit Schwung

slargando, breiter werdend, langsamer
slentando, langsamer werdend
smanioso, rasend, leidenschaftlich
sminuendo, → diminuendo
smorendo, → morendo
smorzando, smorz., dämpfend, äußerst langsam und leise werdend, ersterbend
snello, flink
soave, süß, sanft, lieblich
sollecitando, beschleunigend, antreibend
solo, allein, solistisch, → tutti
sopra, oben; **come sopra,** wie oben; **mano destra (sinistra) sopra,** rechte (linke) Hand über der andern (beim Händekreuzen)
sordino, con sordino, con sord., ⌒, Dämpfer, mit Dämpfer; **senza sordino,** ohne Dämpfer
sospirando, seufzend
sostenendo, sostenuto, sost., zurückhaltend, gehalten im Tempo, etwas langsamer
sotto, unter; → sopra
sotto voce, s. v., »unter der Stimme«, nicht voll ausgesungen, mit gedämpfter Stimme; bei Streichern: → flautando
soupirant (fr.), → sospirando
sourd (fr.), gedämpft
spianato, eben, ausgewogen, schlicht
spiccato, spicc., »gesondert«, → sautillé
spirito, con, mit Geist
spiritoso, geistvoll
Sprechstimme, Notierungsweise für rhythmisch festgelegte Sprechstimme (a), für rhythmisch und tonhöhenmäßig festgelegte Sprechstimme (b):

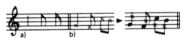

staccatissimo, sehr starkes → Staccato
staccato, stacc., abgestoßen, Töne deutlich voneinander getrennt:

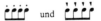

Punkte fordern ein normales, (→ sautillé), Keile ein härteres Staccato (→ martellato)
stendendo, entspannend, langsamer werdend
stentando, stentato, mühsam, schleppend, langsamer werdend
steso, langsam
stesso, derselbe, dasselbe
stinguendo, verlöschend, immer leiser
strascicando, strascinando, schleppend
strepitoso, geräuschvoll, lärmend
stretto, eng, gedrängt
stringendo, string., drückend, drängend, schneller werdend
strisciando, streifend, chromatisch gleitend, → glissando
su, sul, auf
suave, süß
subito, plötzlich, sofort
suffocato, erstickt, gedämpft

Musiklehre/Abkürzungen, Zeichen, Vortragsangaben

suivez (fr.), Spielvorschrift für die Begleitung, der Solostimme in Tempo und Dynamik zu folgen; → colla parte
sul G, auf der G-Saite
sulla tastiera, auf dem Griffbrett, → flautando
sul ponticello, Bogenführung: nahe am Steg streichen (scharfer, obertonreicher Klang)
sur la touche (fr.), → sulla tastiera
sussurrando, flüsternd, säuselnd
svegliando, svegliato, aufgeweckt, munter
svelto, flink, schnell, behende

tacet, tac., schweigt, d. h. eine Stimme (im Orchester) setzt vorübergehend aus
talon, au talon (fr.), Frosch am Bogen; am Frosch zu spielen
tanto, so sehr, so viel
tardamente, tardo, langsam
tardando, verlangsamend
tasto solo, T. s., t. s., Generalbassanweisung: nur die Bassstimme ohne Akkordausfüllung spielen (s. S. 100), Bezifferung: 0
tempestoso, stürmisch
tempo, Zeit, Zeitmaß; → a tempo
tempo giusto, im angemessenen Tempo
tempo rubato, → rubato
ten., → tenuto
tenendo, aushaltend
teneramente, zart
tenuto, ten., gehalten, Ton lang aushalten; **ben tenuto,** gut gehalten; **forte ten., f.ten.,** Lautstärke ohne Nachlassen aushalten
tiré, tirer, tirez (fr.), Abstrich
tosto, bald, eilig; **più tosto,** schneller, mehr, **allegro più tosto andante,** Allegro, aber doch fast Andante
tr., → Triller
tranquillo, ruhig
trascinando, schleppend
trattenuto, aufgehalten, zurückgehalten
tre, drei; **tre corde,** mit drei Saiten (beim Klavier, ohne → Verschiebung)
tremolando, trem., zitternd, bebend, mit Tremolo
tremolo, trem., Tremolo, d. h.
– rascher Wechsel von zwei Tönen, die eine Terz und weiter auseinander liegen (dagegen → Triller im Sekundabstand):

– bei Streichern rasche Tonwiederholung:

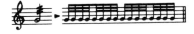

– bei Sängern rasche Intensitätsschwankung eines Tones gleicher Tonhöhe (dagegen → Vibrato)

– langsameres Tremolo: → ondeggiando
– langsamere Intensitätsschwankung: → Bebung
Triller (shake, engl.; tremblement, trille, fr.) rascher Wechsel einer Hauptnote mit der kleinen oder großen Obersekunde (→ Verzierungen). Im 17. und 18. Jh. gibt es mehrere gleichbedeutende Trillerzeichen: tr, t, +, ⁓, ⁓; später verwendet man tr mit Wellenlinie (12–14). Der Triller beginnt, wenn nicht anders gefordert, mit der oberen, dissonanten Nebennote, die die Bedeutung eines Vorhaltes hat (1). Sie kann auch gedehnt werden (2, 3 → Accent; 6). Sollen Triller von unten beginnen, so wird dies entsprechend einem → Doppelschlag notiert (4, → Doppelt-Cadence; 12). In der gleichen Art kann der Triller auch von oben beginnen (5):

Tempo und Länge des Trillers richten sich nach der Länge der Note, über der das Zeichen steht, und nach dem Charakter des Stückes.
Außer kurzen und außer den Haltetontrillern enden alle Triller mit einer Vorwegnahme des Schlusstones (Antizipation; 6) oder einem Nachschlag (8, 9, 10, 12). Beides wird oft nicht notiert (7, 11, 13):

80 Musiklehre/Abkürzungen, Zeichen, Vortragsangaben

Das Trillerzeichen tr steht auch für einen einmaligen raschen Wechsel der Hauptnote mit der oberen Nebennote, → Praller, → Schneller.
Die Beispiele 1–5 und 9 stammen aus der Verzierungstabelle von J. S. BACH und heißen dort: 1) Trillo; 2, 3) Accent und Trillo; 4, 5) Doppelt-Cadence; 9) Trillo und Mordent.
Im 19. Jh. verliert der Triller mehr und mehr seinen Vorhaltscharakter und wird zu einer virtuosen Farbe der Hauptnote, mit der er auch beginnt (HUMMEL, 1828). Oft ist ein entsprechender Vorschlag notiert (13).
Das Trillerzeichen kann auch für zwei Noten gelten: Doppeltriller im Sinne von Terzen-, Sexten- oder Oktav-Trillern werden parallel ausgeführt (14):

troppo, zu viel, zu sehr
t. s., → tasto solo
turco, alla turca, türkisch
turn (engl.), → Doppelschlag
tutta la forza, con, mit aller Kraft
tutte le corde, alle Saiten, → Verschiebung
tutti, alle; in konzertanter Orchestermusik Gegensatz zu den Solo-Stellen

una corda, u. c., eine Saite, → Verschiebung
ungherese, all'ungherese, ungarisch
unisono, unis., all'unisono, Einklang, Zusammenspiel verschiedener Stimmen oder Instrumente im Einklang oder in der Oktave (→ a due)
un poco, ein wenig
ut sopra, wie oben

vacillando, flackernd
velato, verhangen, gedämpft
veloce, schnell, geschwind
Verschiebung, linkes Pedal beim Flügel; es verschiebt die Hämmer: Halb durchgetreten werden nur 2 Saiten (due corde), ganz durchgetreten nur 1 Saite (una corda) angeschlagen.
Verzierungen, Ausschmückung einer Melodie. Die Verzierungen entstammen der Improvisationspraxis von Sängern und Instrumentalisten. Im Laufe der Renaissance und des Barock bildeten sich gewisse feststehende Wendungen heraus. In zeitgenössischer Systematisierung unterscheidet man *willkürliche* und *wesentliche* Verzierungen (QUANTZ, 1752). Die aus der mittelalterlichen Diminution hervorgegangenen *willkürlichen* (oder italienischen) Verzierungen füllen Intervalle aus oder umspielen Töne und verändern daher eine Melodie je nach Schulung und Beliebenheit des Interpreten stark; sie werden nicht notiert (s. S. 82 Aufführungspraxis).
Die *wesentlichen* (oder französischen) Verzierungen aber werden als Formeln an bestimmten Stellen gleichsam auf die Melodie aufgesetzt und vom Interpreten in sie hineinverwoben. Sie wurden ebenfalls oft nicht notiert, können aber im Notentext durch besondere Zeichen oder kleingestochene Zusatznoten angedeutet werden. Solche Verzierungen sind u. a.:
→ Accent → Acciaccatura → Arpeggio → Bebung → Doppelschlag → Doppelt-Cadence → Doppelvorschlag (Anschlag) → Nachschlag → Praller → Schleifer → Schneller → Tremolo → Triller → Vibrato → Vorschlag
Vibrato, Beben, Zittern; vor allem bei Streichern rasche geringe Tonhöhenschwankung, zuweilen durch eine Wellenlinie über den Noten gefordert
vide, vi – de, »siehe«; die beiden Silben markieren Anfang und Ende einer Stelle im Notentext, die übersprungen werden soll
vigore, con, mit Kraft
vigoroso, kräftig
vivace, lebhaft
vivacissimo, äußerst lebhaft
vivo, lebendig
voce; colla voce, Stimme; mit der Stimme wie → colla parte; → mezza voce → sotto v.
voilé (fr.), → velato
volante, eilend
volta, → due volte, → prima volta
volteggiando, Hände überkreuzen
volti subito, v. s., blättere schnell um
volubile, unbeständig, fließend
Vorschlag, Verzierungsnote, die einer Hauptnote vorausgeht, meist die dissonierende Ober- oder Untersekunde. Bei mehreren Vorschlagsnoten: → Doppelvorschlag, → Schleifer.
Der Vorschlag fällt entweder in die Zeit der Hauptnote, d. h. auf den Schlag, oder in die Zeit der vorangehenden Note, d. h. vor den Schlag (→ Nachschlag). Beides wechselt: Im

Musiklehre/Abkürzungen, Zeichen, Vortragsangaben 81

17./18. Jh. wurde der Vorschlag sowohl auf als vor dem Schlag ausgeführt (1), im 18. Jh. dann zunehmend als betonte Vorhaltsdissonanz auf den Schlag (2, 3, 4), anfangs des 19. Jh. noch auf den Schlag, aber unbetont (5 a), danach vor dem Schlag (5 b). Schreibweise und Ausführung sind u. a.
1) forfall und backfall (PURCELL)
2) steigender und fallender → Accent (J. S. BACH) oder → Port de voix (RAMEAU)
3) durchgehende Vorschläge (QUANTZ)

4) langer Vorschlag
5) kurzer Vorschlag; irrationaler, möglichst kurzer Notenwert

v. s., volti subito
vuota, → corda vuota

Wirbel, tr ～～～ oder ♪, rasche Tonrepetition bei Schlaginstrumenten wie Pauke, Trommeln, Becken, Triangel usw. → tremolo

zingarese, alla, nach Zigeunerart

82 Musiklehre/Aufführungspraxis

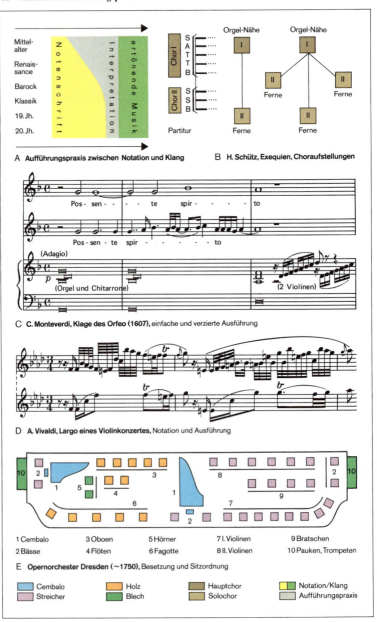

A Aufführungspraxis zwischen Notation und Klang

B H. Schütz, Exequien, Choraufstellungen

C C. Monteverdi, Klage des Orfeo (1607), einfache und verzierte Ausführung

D A. Vivaldi, Largo eines Violinkonzertes, Notation und Ausführung

E Opernorchester Dresden (~1750), Besetzung und Sitzordnung

Raumwirkung, Verzierungspraxis, Besetzung

Musiklehre/Aufführungspraxis 83

Unter **Aufführungspraxis** versteht man alles, was zur *klanglichen Realisation* von Musik vonnöten ist. Je weiter man in die Geschichte zurückgeht, desto größer wird die **Wissenslücke** zwischen **Schriftbild** und **Klang,** die einst von den ungeschriebenen Aufführungsgewohnheiten der Musiker ausgefüllt war (Abb. A).

Zum Studium der Aufführungspraxis alter Musik zieht man heran:
– **Notationskunde** und sorgfältigen **Textvergleich,** um spätere Fehler und Zutaten auszumerzen (kritische **Urtextausgaben**);
– **Abbildungen** von Instrumenten, Musikern, Musikaufführungen (s. S. 246, 258);
– literarische **Beschreibungen** der Musizierpraxis;
– **theoretische Zeugnisse** wie Kompositions- und Instrumentallehren;
– praktische **Spielanweisungen,** z. B. in den Vorworten der Originalausgaben (vgl. Viadanas Vorwort, S. 251);
– **Musikerakten** der Kanzleien und **Besetzungsverzeichnisse** (Abb. E);
– alte **Aufführungspraktiken,** die heute noch lebendig sind, und vieles andere.

Auch die Verwendung rekonstruierter **historischer Instrumente** hilft, das historische Klangbild zu verifizieren. Das für heutige Ohren oft unbefriedigende Ergebnis macht deutlich, dass musikalischer Gehalt sich über die akustische Realisation *zeitbedingt im Hörer* entfaltet, und daher nicht nur die Musik, sondern auch das Hören seine Geschichte hat. – Interpretation jeder, bes. der historischen Musik muss daher primär erfüllt sein von subjektiver musikalischer Wahrheit, ergänzt vom objektiven Wissen um Gehalt und Gestalt der Musik.

Besetzung

Bis ins 17. Jh. hinein schrieben die Komponisten selten genaue Besetzungen vor. Man weiß vom MA., dass die komplizierte Mehrstimmigkeit *solistisch* ausgeführt wurde, die Reigenlieder usw. aber *chorisch.* Auch weiß man, dass sich an der Vokalmusik Instrumente beteiligten, aber nicht, welche und wie (die langen Haltetöne der Motettentenores waren z. B. instrumental).

In der Renaissance spielten die Instrumente Vokalstimmen mit. Die *A-cappella*-Praxis (rein vokal) war nicht so streng, wie sie das 19. Jh. hat sehen wollen.

Die Einzelstimmen wurden möglichst mit verschiedenen Instrumenten besetzt zu Gunsten wahrnehmbarer Linienführung und intensiver Klangfarben (**Spaltklang),** bis das Barock allmählich und die Klassik entschieden den vollen Orchesterklang mit Streichergrundlage bevorzugte (**Verschmelzungsklang).**

Die Besetzung als Klangfarbe wird erst ab etwa 1600 mitkomponiert, zuerst von Monteverdi, z. B. in Orfeos Arie: Orgel und Chitarrone, dazu 2 Violinen (Abb. C). Auch nutzte man Raumwirkungen aus, wie Schütz sie im Vorwort zu seinen *Exequien* vorschlägt: Die Notierung der Chöre besagt nichts über deren Platzierung in der Kirche, wobei Chor II sogar dreifach besetzt und getrennt aufgestellt werden kann (Abb. B). Dirigiert wurde durch Handbewegung, Händeklatschen oder Stabaufstoßen, wobei der Kapellmeister selbst mitspielte (Gb. oder Violine).

Im Opernorchester des 18. Jh. fällt die starke Bläserbesetzung auf. Die Sitzordnung zeigt, dass der Kapellmeister vom Cembalo aus dirigierte, wobei ein 2. Cembalo die Rezitative begleitete (Abb. E).

Das wachsende Orchester des 19. Jh. brachte den Berufsdirigenten, der das komplizierter werdende Zusammenspiel koordinierte und seine Klangvorstellungen verwirklichte.

Improvisation und Verzierungspraxis

Die Aufführungspraxis alter Musik ist heute u. a. deshalb so unklar, weil vieles improvisiert und nicht notiert wurde. Das betrifft die Erfindung **neuer Stimmen** (vgl. S. 264), die Ausführung des **Gb.,** die improvisierten **Einschübe** wie die Kadenzen im Solokonzert (bis Beethoven) und die **Verzierungspraxis.**

Sänger wie Instrumentalisten brachten es hierin zu großer Virtuosität, sodass bes. bei den sog. *willkürlichen* Verzierungen (s. S. 80) eine einfache Melodie kaum wieder zu erkennen ist. Monteverdi notiert exemplarisch in der Orfeo-Arie zwei Alternativen: eine unverzierte und eine verzierte Melodie (Abb. C).

Eine anonyme Überlieferung zeigt die komplizierte Ausarbeitung einer Vivaldischen Konzertstimme (18. Jh., Pisendel? Abb. D; auch hier bleiben gewisse Gerüsttöne erhalten, sie stehen im Notenbeispiel untereinander).

Erst Bach schrieb viele seiner Verzierungen, z. B. im Mittelsatz des *Italienischen Konzertes.*

Im Laufe des 18. Jh. verlieren sich die Verzierungen bis auf wenige wie Praller, Mordent und Triller. Verzierungen waren Sache des Geschmacks und der Schulung.

Nicht notiert wurden auch die **dynamischen Zeichen.** Ihr Fehlen in barocker Notation bedeutet keineswegs Verzicht auf jede Art von Vortragsnuancierung, die nur Cembalo und Orgel mit ihrer registerbedingten Terrassendynamik nicht oder nur bedingt realisieren konnten, Sänger, Streicher usw. aber selbstverständlich verwirklichten.

Bearbeitung von Werken

für bestimmte Gelegenheiten gehört ebenfalls zur Aufführungspraxis. Sie reicht von **Kontrafaktur** (Neutextierung) und **Parodie** (Verwendung weltl. Sätze in geistl. Musik) über **Klavierauszüge** und **Instrumentierung** bis zum **Arrangement** in der Unterhaltungsmusik, wobei manches der Improvisation anheim gestellt wird.

84 Musiklehre/Tonsystem I: Grundlagen, Intervalle

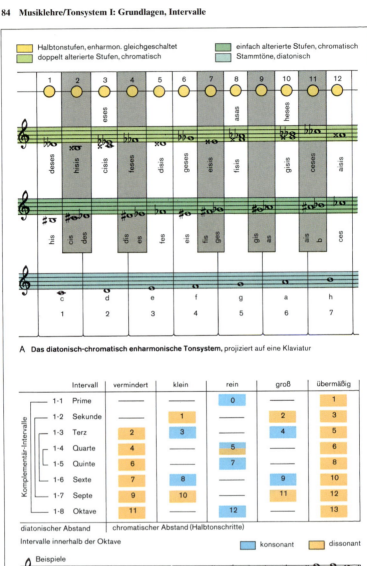

A Das diatonisch-chromatisch enharmonische Tonsystem, projiziert auf eine Klaviatur

B Die Intervalle

Tonvorrat und Tonbeziehungen

Musiklehre/Tonsystem I: Grundlagen, Intervalle 85

Akustisches Material bedarf, um musikalischer Informationsträger werden zu können, systematischer *Selektion* und *Ordnung*. Es entstehen dabei nach Kulturraum und Epoche unterschiedliche Systeme. Das abendländ. **Tonsystem**, das auf die griech. Antike zurückgeht, selektiert Töne (physikal. *Klänge*) und scheidet Gleitsequenzen, Geräusche und Knalle aus.

Von den Tonparametern *Höhe, Dauer, Stärke* und *Farbe* ist nur die **Tonhöhe** für die Ordnung im Tonsystem maßgebend, zusätzlich der **Toncharakter** (vgl. S. 20) als Oktavidentität. Charakteristisch für ein Tonsystem ist die Einteilung der **Oktave**, z. B. in 12 Halbtöne (Europa), 22 Shrutis (Indien) usw. Alle Tonorte sind dabei relative, nicht absolute Tonhöhen.

Das Tonmaterial des abendländ. Tonsystems erstreckt sich entsprechend dem Hörbereich über 7–8 Oktaven mit je 12 Halbtönen (**Materialtonleiter**).

Diatonik

Musikalisch wichtig sind die Beziehungen der Töne untereinander. Sie entstehen im Tonsystem nicht durch die Materialtonleiter, sondern durch eine Tonauswahl daraus, die *Gebrauchstonleiter*. Unserem Tonsystem liegt primär eine *heptatonische* (7-tönige) Leiter aus 5 Ganz- und 2 Halbtonstufen im Abstand von 2 oder 3 Ganztönen zu Grunde. Dieser spezifische Wechsel von Ganz- und Halbtonstufen heißt **Diatonik** (griech., *durch ganze Töne*).

Die 7 **Haupt-** oder **Stammtöne** sind alphabetisch benannt: a bis g, mit h statt b; vgl. Abb. A: die weißen Tasten der Klaviatur und die untere Notenzeile, mit c beginnend. Die beiden Halbtonschritte liegen zwischen h–c und e–f.

Chromatik

Die Teilung der 5 Ganztonstufen ergibt 5 weitere Halbtöne. Sie werden mithilfe der diatonischen Nachbartöne notiert und benannt, denen man ein Kreuz (♯) zur Halbtonerhöhung und ein Be (♭) zur Halbtonerniedrigung vorzeichnet (Abb. A, schwarze Tasten bzw. mittlere Notenzeile; vgl. S. 66). Die Folge aller 12 Halbtöne heißt **chromatische Tonleiter** (griech. *chroma*, Farbe).

Enharmonik

Einfache Alteration bei e–f und h–c ergibt (im temperierten System) keine neuen Tonstufen: eis = f, fes = e, his = c, ces = h. Doppelte Alteration durch Vorzeichnung von Doppelkreuz (𝄪) und Doppel-Be (♭♭) führt zu doppelter Halbtonerhöhung bzw. -erniedrigung, aber ebenfalls zu keiner neuen Tonstufe: cisis = d, disis = e, eses = d usw. (Abb. A: obere Notenzeile).

Die Identität alterierter Stufen heißt **Enharmonik**. Durch enharmonische Gleichschaltung der Tonhöhen ergeben sich der 7 diatonischen, die 14 einfach alterierten und die 14 doppelt alterierten Stufen nur 12 verschiedene Tonorte innerhalb der Oktave (Abb. A, oberste Zeile bzw. Tastenanzahl).

Intervalle

sind Tonabstände. Der *diatonische* Abstand bestimmt ihren Namen, z. B. vom 1. zum 2. Ton = eine Sekunde, von lat. *secundus, der zweite*, s. Abb. B, 1. Spalte; die Ziffern entstammen den diatonischen Stammtönen in Abb. A, also 1–2 = c–d. Die Intervalle lassen sich aber nicht nur von c, sondern von jedem Ton aus aufbauen: d–e, e–f sind ebenfalls Sekunden. Doch sind diese beiden ungleich groß: d–e hat 2 Halbtonschritte (*große Sekunde*), e–f hat 1 Halbtonschritt (*kleine Sekunde*). Die Zahl der Halbtonschritte bestimmt das Intervall also näher. Sie steht in den Farbfeldern der Abb. B.

Innerhalb der Oktave gibt es:

- **reine Intervalle:** Prime, Oktave, Quinte, Quarte;
- **kleine und große Intervalle:** Sekunde, Terz, Sexte, Septe mit Halbtonunterschied zwischen *klein* und *groß* (*kleine* und *große* Sekunde s. o., *kleine* Terz: 3 Halbtonschritte, *große* Terz: 4 Halbtonschritte usw., s. Abb. B);
- **übermäßige und verminderte Intervalle:** bei chromatischer Alteration der Ecktöne, auch bei reinen Intervallen, z. B. *verminderte* Terz c-eses mit 2 Halbtonschritten, *übermäßige* Terz c-eis mit 5 Halbtonschritten, *verminderte* Quinte c-ges mit 6 Halb- bzw. 3 Ganztönen (»Tritonus«) usw. (Abb. B).

Komplementärintervalle ergänzen einander zu einer Oktave, z. B. die große Terz f¹–a¹ und die kleine Sexte a¹–f² zur Quarte f¹–f² (Abb. B). Sie entstehen auch durch Oktavsetzung eines Intervallecktones (Umkehrintervalle). Über eine Oktave hinaus heißen die Intervalle **None** (Oktav + Sekunde), **Dezime** (Oktav + Terz), **Undezime** (Oktav + Quarte), **Duodezime** (Oktav + Quinte). Sie werden eingeteilt und gewertet wie einfache Intervalle. Intervalle können *simultan, sukzessiv, aufwärts* oder *abwärts* wirken.

Konsonante und dissonante Intervalle

Zur reinen Distanzmessung zweier Töne kommt die Zuweisung einer bestimmten Intervallqualität. Sie richtet sich nach dem Konsonanzprinzip, das ort- und zeitgebunden variiert. Seit dem klassischen Kontrapunkt (16. Jh.) galten als

- **konsonant:** Prime, Oktave, Quinte, Quarte mit Hauptton oben, alle Terzen und Sexten;
- **dissonant:** alle Sekunden und Septen, alle verm. und übermäßigen Intervalle (bes. der *Tritonus* als »diabolus in musica«) sowie die Quarte mit Hauptton unten (Abb. B).

Zeichen von Konsonanz ist ein hoher Verschmelzungsgrad mit der Wirkung von Ruhe und Entspannung, Zeichen von Dissonanz sind Reibung und Schärfe mit Streben nach Auflösung in eine Konsonanz.

86 Musiklehre/Tonsystem II: Skalen

Beispiel: C-Dur

Stufenfolge
Ganz- u. Halbtöne
1　2　3　4　5　6　7　8

Tetrachorde
unteres T.　　oberes T.

Transposition
nach D-Dur

Solmisationssilben
do　re　mi　fa　so　la　si　do

A Die Dur-Tonleiter

G　D　A

E　H

Fis　Ges

Des　As

Es　B　F

B Der Quintenzirkel

C
a
F 1♭　d　　　　　e　G 1♯
B 2♭　g　　　　　　h　D 2♯
Es 3♭　c　　　　　　fis　A 3♯
As 4♭　f　　　　　　cis　E 4♯
　　　　b　　　　　gis　H 5♯
Des 5♭　　es　dis
Ges 6♭　Fis 6♯

a
1　2　3　4　5　6　7　8

b
1　2　3　4　5　6　7　8

c
1　2　3　4　5　6　7　8　7　6　5　4　3　2　1

C Die Moll-Tonleiter, Stufenfolgen, a-Moll

d
1　2　3　4　5　6　7　8

a natürliches -, b harmonisches -
c melodisches Moll, d Zigeuner-Moll

⌣ Ganzton　　⌣ Eineinhalbton
⌣ Halbton　　⌣ Leittonbewegung

a-Moll
C-Dur

D Paralleltonarten

■ ♯ -Tonarten　　■ ♭ -Tonarten

Tongeschlechter, Tonarten und ihre Verwandtschaft

Musiklehre/Tonsystem II: Skalen 87

Tonalität und Gebrauchstonleiter
Aus der Materialtonleiter werden Töne ausgewählt und in einem **Bezugssystem** um einen *Zentral-* oder *Grundton* zusammengestellt, das man **Tonalität** nennt. Ordnet man die Töne des Bezugssystems der Höhe nach, so erhält man eine sog. **Gebrauchstonleiter** (vgl. S. 85). Die Gebrauchstonleiter liegt stets im Rahmen einer Oktave. Die Art der Oktavteilung bzw. die Tonabstände zwischen den Tönen der Gebrauchstonleiter bestimmen das **Tongeschlecht.** Grundsätzlich lassen sich im 12-tönig temperierten System 4 Einteilungsarten der Oktave unterscheiden:
- **Pentatonik:** halbtonlose 5-tönige Leiter mit 3 Ganztönen und 2 kleinen Terzen, z. B. c-d-e-g-a-(c) mit der Stufenfolge 1-1-1½-1-(1½);
- **Ganztonleiter:** halbtonlose 6-tönige Leiter mit 6 Ganztönen, z. B. c-d-e-fis-gis-ais-(c), Stufenfolge: 1-1-1-1-1-(1);
- **Diatonik:** 7-tönige Leiter mit 5 Ganz- und 2 Halbtönen (z. B. Dur, s. u.);
- **Chromatik:** 12-tönige Leiter mit Halbtonfolge ohne Ganzton. Sie ist im temperierten System mit der Materialtonleiter identisch.

Die Dur-Tonleiter (Abb. A)
Die Stufenfolge der Dur-Tonleiter ist 1-1-½-1-1-1-½. Sie ist am einfachsten darstellbar in der auf c beginnenden Leiter: c-d-e-f-g-a-h–c. Die Leiter besteht aus zwei analogen Viertongruppen oder **Tetrachorden** mit der Stufenfolge 1-1-½: c-d-e–f und g-a-h–c. Zwischen beiden liegt ein Ganzton: f–g. Die **Zieltöne** f und c werden über die **Leittöne** e und h im Halbtonschritt erreicht. – Zwischen den Ecktönen der Tetrachorde, also der 1., 4., 5. und 8. Stufe, bestehen besondere Beziehungen:
- Die **1. Stufe (I)** ist der **Grundton** oder die **Tonika,** die sich in der 8. Stufe wiederholt;
- die **5. Stufe (V)** ist die **Dominante;** sie steht eine Quinte über der 1. Stufe (Quintverwandtschaft);
- die **4. Stufe (IV)** ist die **Subdominante;** sie steht eine Quarte über der 1. bzw. eine Quinte unter der 8. Stufe, ist also mit dieser quintverwandt wie die 5. mit der 1. Stufe (*Dominantverhältnis*).

12 Dur-Tonarten
entstehen, wenn man das Stufenschema der Dur-Tonleiter von den 12 verschiedenen Tonhöhen der Materialtonleiter aus verwirklicht. Die Verschiebung der Dur-Tonleiter von einer Tonhöhe auf eine andere heißt **Transposition.** Man transponiert z. B. einen Ton aufwärts von C-Dur nach D-Dur (Abb. A). Um die Dur-Stufenfolge zu gewährleisten, müssen dabei die Stammtöne c-d-e-f-g-a-h–c entsprechend alteriert werden, im Beispiel D-Dur f zu fis und c zu cis. Die alterierten Töne sind keine chromatischen Varianten, sondern leitereigene, diatonische Stufen.
Da das Stufenschema der Dur-Tonleiter an keine bestimmte Tonhöhe gebunden, sondern nur ein *System von Tonhöhenrelationen* ist, werden die Stufen (in Nachfolge GUIDOS VON AREZZO, vgl. S. 188 f.) mit Tonsilben bezeichnet (**Solmisation,** *Solfège,* Abb. A). Zwischen *mi–fa* und *si–do* liegen die beiden Halbtonstufen der Dur-Tonleiter.

Der Quintenzirkel (Abb. B)
spiegelt die Quintverwandtschaft der Tonarten. Da ihre Grundtöne im Quintabstand stehen, verschränken sich ihre Tetrachorde, sodass stets das obere der einen das untere der Nachbartonart ist und umgekehrt (s. Nb.). Die Quinttransposition des Dur-Schemas bedingt Zunahme um je ein *Kreuz* bzw. in *Be,* normalerweise bis zu je 6 Vorzeichen. Ges-Dur mit 6 ♭ benutzt im temperierten System die gleichen Tonorte wie Fis-Dur mit 6 ♯. Die beiden Tonarten sind *enharmonisch verwechselt* identisch, sodass sich die Be- und Kreuz-Tonarten in ihnen zu einem Kreis, dem Quintenzirkel, schließen.

Die Moll-Tonleiter (Abb. C)
ging aus der äolischen Kirchentonart hervor. Ihr Stufenschema heißt 1-½-1–1-½-1–1 (von a aus ohne Vorzeichen mit den Stammtönen a-h-c-d-e-f-g–a zu verwirklichen). Änderungen im oberen Tetrachord führen zu drei Arten von Moll:
- **natürliches** (*äolisches*) **Moll** mit Ganztonschritt von der 7. zur 8. Stufe (Abb. C, a);
- **harmonisches Moll** mit Halbtonschritt (*Leitton*) von 7. zur 8. Stufe. Es übernimmt diesen Leitton aus dem Dur, der *harmonisch* zugleich die große Terz der Dur-Dominante ist: Die 7. Stufe erhöht, wodurch zwischen der 6. und 7. Stufe eine übermäßige Sekunde entsteht (Abb. C, b);
- **melodisches Moll** gleicht die unsangliche übermäßige Sekunde des harmonischen Moll aus, indem es außer der 7. auch die 6. Stufe erhöht und damit auf das Moll-Tetrachord ein Dur-Tetrachord setzt. Da der Leitton von der 7. zur 8. Stufe nur aufwärts erforderlich ist, verwendet es melodische Moll **abwärts** die **natürliche Moll-Skala** mit Leitton abwärts zur Dominante (Abb. C, c).
Eine Variante des harmonischen Moll ist das sog. **Zigeunermoll** mit zweitem Leitton aufwärts zur Dominante (Abb. C, d).
Diese Stufenschemata legen die Moll-**Tongeschlechter** fest. Ihre Transposition in bestimmte Tonhöhen ergeben die je 12 Moll-**Tonarten** (c-Moll, d-Moll usw.).

Die Paralleltonarten (Abb. D)
Jeder Dur-Tonart wird eine *parallele* Moll-Tonart zugeordnet, deren Grundton eine kleine Terz unter dem der Dur-Tonart liegt. Paralleltonarten verwenden die *gleichen Töne* und haben daher gleiche Vorzeichen. Sie lassen sich im gleichen Quintenzirkel darstellen. Man verwendet für Dur große, für Moll kleine Buchstaben (C = C-Dur, c = c-Moll, Abb. B).

88 Musiklehre/Tonsystem III: Theorien

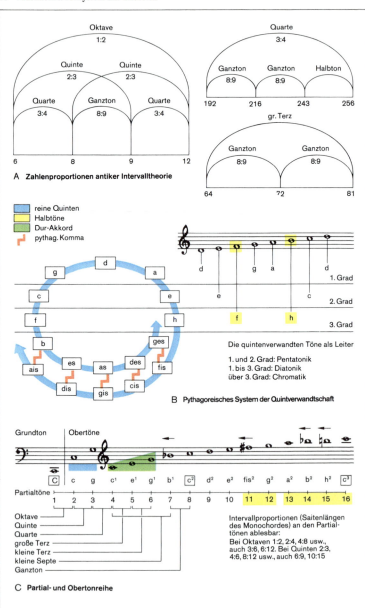

A Zahlenproportionen antiker Intervalltheorie

B Pythagoreisches System der Quintverwandtschaft

C Partial- und Obertonreihe

Tonordnungen und -zusammenhänge

Musiklehre/Tonsystem III: Theorien

Tonverhältnisse können nach dem Distanzprinzip gemessen und nach dem Konsonanzprinzip gewertet werden.

Im **Distanzprinzip** geht es um den exakten Abstand zweier Töne. Seit ELLIS (1885) benutzt man dazu die **Cent-Einheit** (Halbton = 100 Cents, vgl. S. 17). Das Distanzprinzip ist bes. für die Beschreibung fremdländ. Tonsysteme geeignet, es sagt aber noch nichts aus über die Tonverwandtschaften.

Die Festlegung und Erklärung von Tonverwandtschaften erfordert die Herleitung und Einordnung von Tonabständen nach dem **Konsonanzprinzip**. Es bestimmt die Intervallwertung und damit den Sprachwert eines Tonsystems. Herleitungstheorien von Tonsystemen befassen sich daher mit der Begründung von Kon- und Dissonanzcharakter der Intervalle.

1. Zahlenproportionen antiker Intervalltheorie. Der Verwandtschaftsgrad von Intervallen bestimmt sich entsprechend den Proportionen ihrer Schwingungszahlen (*Saitenlänge*, s. u.). Dabei gilt die Einfachheit der Proportion als Kriterium für den Konsonanzgrad. Konsonant sind die **Oktave** mit 1:2, die **Quinte** mit 2:3 und die **Quarte** mit 3:4. Darstellbar sind diese Proportionen mit den Zahlen 6, 8, 9, 12, wobei innerhalb einer Oktave zwei Quinten, zwei Quarten und ein Ganzton mit 8:9 erscheinen (Abb. A).

Die übrigen Intervalle werden aus den ersten dreien abgeleitet. Sie sind aufgrund ihrer komplizierteren Zahlenproportionen dissonant. So ist die große Terz Summe zweier Ganztöne, der Halbton Differenz zwischen zwei Ganztönen und einer Quarte (Abb. A).

2. Quintenschichtung des pythagoreischen Systems. Töne im Abstand einer Quinte sind *im 1. Grade verwandt*, z. B. d-a, im Abstand zweier Quinten *im 2. Grade*, z. B. d-(a)-e und so. (Abb. B). – Die **pythagoreische Quinte** steht im Verhältnis 3:2, lässt sich durch *Saitenteilung am Monochord* nachweisen und ist **rein**, d. h. sie ist etwas größer als die heutige *temperierte* Quinte (702 statt 700 Cent). Ebenfalls rein ist die Quarte (etwas kleiner als temperiert), die die Quinte zur Oktave ergänzt (Komplementärintervall).

Die Schichtung von reinen Quinten ergibt
– **halbtonlose Pentatonik** bei 5 Quinten: c-g-d-a-e, als Leiter in eine Oktave verlegt: d-e-g-a-c;
– **diatonische Heptatonik** bei 7 Quinten (mit d als Mitte der Stammtöne): f-c-g-d-a-e-h bzw. in eine Oktave verlegt: d-e-f-g-a-h-c-(d). Diese Leiter ist mit 3 Quintverwandtschaftsgraden und 2 Halbtönen komplizierter als die Pentatonik;
– **halbtönige Chromatik** bei 12 Quinten: über h hinaus zusätzlich fis-cis-gis-dis-ais, oder unter f hinab b-es-as-des-ges. Die Halbtöne zeigen je nach Ableitung verschiedene Hö-

he; so differieren z. B. ais und b. Das System schließt sich nicht, denn 12 reine Quinten sind größer als 7 Oktaven. Die Differenz beträgt $(3{:}2)^{12} : (2{:}1)^7 =$ 531 441:524 288, ca. 74:73 bzw. 23,5 Cent, also etwa das Viertel eines Halbtons (**pythagoreisches Komma**, vgl. S. 90, Abb. B).

3. Die harmonische Oktavteilung. Die in einer Oktave aufgestellte Tonordnung lässt sich aufgrund der Oktavidentität der Töne durch Oktavtransposition der einzelnen Töne nach oben und unten auf den ganzen Hörbereich entfalten. Daher kann auch die Einteilung der Oktave das Tonsystem konstituieren. Auch die harmonische Oktavteilung arbeitet nach dem Konsonanzprinzip. Aus der Oktave (1:2) entstehen durch harmonische Teilung Quinte und Quarte (2:3:4), aus der Quinte (2:3) die große und kleine Terz (4:5:6), aus der großen Terz (4:5) ein **kleiner** und ein **großer Ganzton** (8:9:10). Damit ist aber die Schwierigkeit dieses Systems aufgewiesen: Es schließt sich nämlich wie das pythagoreische, denn 6 Ganztöne ergeben keine Oktave. Die Differenz zwischen *großem* und *kleinem* Ganzton beträgt 81:80 bzw. 21,5 Cent, also etwa ein Fünftel Halbton (**syntonisches** oder **didymisches Komma**). In der sog. *mitteltönigen* Stimmung ist dieses Komma ausgeglichen; die großen Terzen sind **rein**.

4. Temperierte Oktavteilungen. Alle Differenzen werden experimentell oder mathematisch ausgeglichen. Die Stufen sind gleich groß. Eine Erklärung von Tonbeziehungen ist damit nicht gegeben. Temperierte Oktavteilungen sind:
– **5-tönig:** im javan. Slendro, je Stufe $1\tfrac{1}{5}$ Ton;
– **6-tönig:** die temperierten Ganztonskalen c-d-e-fis-gis-ais-(c) und des-es-f-g-a-h-(des);
– **12-tönig:** die chromatische Skala, je Stufe $\tfrac{1}{2}$ Ton bzw. $\tfrac{1}{12}$ Oktave;
– **18-tönig:** Dritteltonskala (*Mikrointervalle:* BUSONI, SKRJABIN);
– **24-tönig:** Vierteltonskala (HÁBA, WYSCHNEGRADSKY).

5. Die Partial- oder Obertonreihe wird als physikal. Phänomen bei der musikal. Ton (bzw. physikal. Klang) gleichzeitig schwingenden Frequenzen herangezogen, um das Tonsystem als naturgegeben zu erklären. Die Reihe enthält alle Intervalle, vom einfachen in der Tiefe bis zu den komplizierteren in der Höhe (Abb. C als Bsp. von C aus bis zum 16. Partialton). Der 7., 11., 13. und 14. Ton klingen etwas tiefer als im temperierten System (s. Pfeile). Charakteristisch ist das Auftauchen der kleinen Septe Natur 7:4, die etwas kleiner ist als die temperierte. Die Partialtöne 4, 5 und 6 bilden einen natürlichen Dur-Dreiklang mit großer und kleiner Terz (4:5:6). Ein entsprechender Moll-Dreiklang fehlt allerdings.

Musiklehre/Tonsystem IV: Geschichte

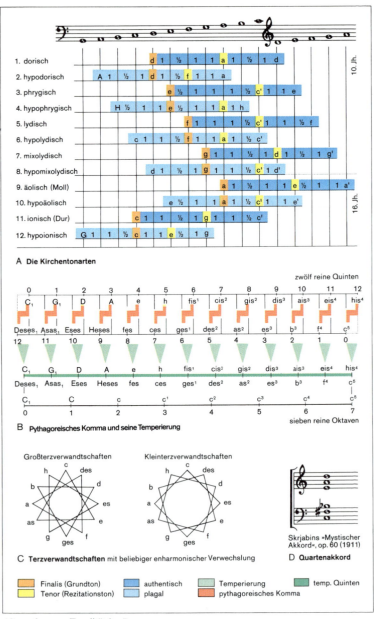

A Die Kirchentonarten
B Pythagoreisches Komma und seine Temperierung
C Terzverwandtschaften mit beliebiger enharmonischer Verwechslung
D Quartenakkord

Alte und neuere Tonalitätsbezüge

Musiklehre/Tonsystem IV: Geschichte 91

Das abendländ. Tonsystem geht auf die griech. Antike zurück. Die Griechen legten ihrem Tonsystem ein **Tetrachord** (Viertonreihe) zu Grunde, dessen Ecktöne feststanden und dessen veränderliche Innentöne die 3 möglichen **Tongeschlechter** bestimmten: die **Diatonik,** die **Chromatik** und die **Enharmonik** (S. 176). Unser Tonsystem dagegen verwendet ausschließlich die **Diatonik** mit *festen* Tonhöhen und verzichtet auf die variablen, primär melischen Möglichkeiten der griech. Chromatik und Enharmonik (beide Begriffe haben im neuzeitlichen Tonsystem einen andern Sinn bekommen, vgl. S. 85).
Die griech. **Tonleitern** bestanden wie unsere Leitern aus 2 Tetrachorden (*Oktavgattungen* mit 7 verschiedenen Tönen). Sie wurden nach griech. Stämmen benannt (s. S. 176 f.).

Die Kirchentonarten

Das MA. unterschied 8 (später 12) Oktavausschnitte nach griech. Muster, die als sog. **Kirchentonarten** (*Modi*) mit den Namen der griech. Tonarten belegt wurden. Durch ein Missverständnis setzte man, anders als in der griech. Antike, **dorisch** auf d an, **phrygisch** auf e, **lydisch** auf f, **mixolydisch** auf g usw. (Abb. A).

Wiederum geht es bei den Tönen nicht um die absolute Tonhöhe, sondern um die *relative Stufenfolge.* Die Kirchentonarten sind also *Oktavgattungen* bzw. **Tongeschlechter,** vergleichbar dem Dur und Moll. Sie können daher transponiert, d. h. von jedem Ton aus aufgebaut werden, z. B. dorisch von g aus, mit 1 ♭ als Vorzeichen, weil um eine Quarte nach oben transponiert (von d nach g). Der Charakter der Kirchentonarten ist aber nicht nur durch die Stufenfolge geprägt, sondern durch die Momente der *einstimmigen Melodik* des Chorals:
– **Ambitus** (Umfang): die Melodien bewegen sich meist im Ambitus einer Oktave;
– **Finalis** (Schlusston): eine Art Grundton oder Tonika der Melodie (Abb. A);
– **Tenor, Tuba** (Rezitationston): meist eine Quinte über der Finalis (Abb. A);
– **Initial-, Kadenz-** und **Melodieformeln:** charakteristische Wendungen, die oft vorkommen (S. 188, Abb. A).

Zu jeder *authentischen* Haupttonart (z. B. dorisch) tritt eine *plagale* Nebentonart (hypodorisch) mit gleicher Finalis. Der Ambitus verschiebt sich dabei um eine Quarte nach unten, sodass die Finalis in der Mitte der Skala liegt. Der Tenor ist in der Regel die Terz (Abb. A). Die 8 mittelalterlichen Kirchentonarten wurden im 16. Jh. auf 12 erweitert (GLAREAN, *Dodekachordon,* Basel 1547):
– **äolisch** oder *Cantus mollis,* das zum (äolischen) Moll wurde;
– **ionisch** oder *Cantus durus,* das zum Dur wurde; beide mit Hypotonarten (Abb. A).
Durch Transposition der diatonischen Leitern

erweiterte sich das System um die chromatischen Halbtöne.

Das Dur-Moll-tonale System

Im 17. Jh. verdrängten Dur und Moll allmählich die Kirchentonarten. Das neuzeitliche, Dur-Moll-tonale, *diatonisch-chromatisch-enharmonische* Tonsystem (S. 84, Abb. A) konnte sich aber erst voll entfalten mit der **temperierten Stimmung** (WERCKMEISTER, 1686/87): Diese beseitigt die Differenzen (Kommata) früherer Systeme, indem es die Oktave in 12 mathematisch gleiche Teile teilt.
Es verzichtet dafür auf die Reinheit der Quinten: 12 reine Quinten überragen 7 Oktaven aufwärts wie abwärts um das *pythagoreische Komma,* dessen Ausgleich die Quinten ein wenig verengt (Abb. B).

Neuere Möglichkeiten

Im 19. Jh. wird neben die Quintverwandtschaft die **Terzverwandtschaft** bedeutsam.
– Schichtung **großer Terzen** führt zu den 4 möglichen Reihen: c-e-gis, des-f-a, d-fis-ais und es-g-h.
– Die **kleinen Terzen** bilden folgende 3 Reihen: c-es-ges-a, cis-e-g-b und d-f-as-h.
Alle Reihen kennen enharmonische Verwechslung im temperierten System, also gis = as, ais = b usw. (Abb. C).
Die Terzverwandtschaft bezieht sich auf die Töne selbst, aber auch auf die Grundtöne von Dur- und Mollakkorden. So sind C-Dur und E-Dur großterzverwandt (*Mediantik*), ebenso C-Dur und e-Moll usw.

Im 19. Jh. wurden die *tonalen,* d. h. auf einen gemeinsamen Grundton orientierten Beziehungen der Töne und Klänge so weit gespannt, dass die bindenden Kräfte nicht mehr reichten. Das tonale System zerfiel. An die Stelle der Beziehung zu einem Grundton setzte man die Beziehung zu
– einer **Skala,** z. B. der Ganztonskala (DEBUSSY), oder zu einer anderen beliebig zusammengestellten Gebrauchstonleiter (BARTÓK);
– einem **Intervall,** z. B. der Quarte wie in SKRJABINS »*synthetischem oder mystischem Akkord*« aus op. 60 (Abb. D) oder den Quartenschichtungen in SCHÖNBERGS *Kammersinfonie* op. 9 (1906);
– einer **12-Tonreihe** nach SCHÖNBERGS Technik »*der Komposition mit 12 nur aufeinanderbezogenen Tönen*« (s. S. 102).
Mit der Einbeziehung anderer Tonqualitäten als der Tonhöhe, bes. der **Tonfarbe,** verliert die Bildung von frequenzorientierten Tonsystemen an Bedeutung. Der Sprachwert der Töne oder Geräusche richtet sich dann nicht nur sekundär nach ihrer Frequenz. Die allgemeinen formbildenden Kategorien wie *Kontrast, Ausgewogenheit, Variation* usw. suchen das spezifische eines Tonsystems zu ersetzen.

92 Musiklehre/Kontrapunkt I: Grundlagen

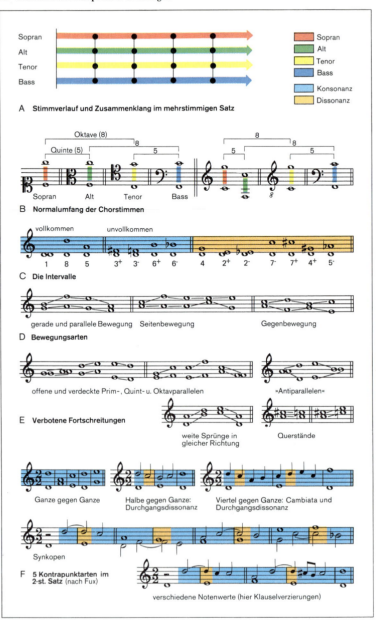

Zusammenklänge und ihre Regeln

Musiklehre/Kontrapunkt I: Grundlagen   93

Kontrapunkt (lat. *punctus contra punctum*, Note gegen Note): verwirklicht sich im mehrst. Satz. Dessen Stimmen haben eine *horizontal* melodische Dimension, ihr Zusammenklang eine *vertikal* harmonische: Beide orientieren sich sinnvoll an der **Konsonanz**. Überwiegt die vertikale Dimension, ergibt sich **Homophonie** (griech. *Gleichstimmigkeit*) mit *rhythmisch gleichen* Stimmen: eine führende (Ober-)Stimme mit akkordischen Begleitstimmen.

Bildet der Satz ein mehr horizontal orientiertes Liniengeflecht, entsteht **Polyphonie** (*Vielstimmigkeit*) mit rhythmisch und melodisch *selbstständigen* Stimmen (Abb. A). Der Kontrapunkt hat sich optimal in der »klassischen« **Vokalpolyphonie** des 16. Jh. ausgeprägt (LASSO, PALESTRINA).

Stimmen: Die klass. Norm ist der **4-st. Satz** mit Vokalstimmen (Chor).

Die Alten notierten mit *C-Schlüsseln* (Sopran-, Alt-, Tenorschlüssel) und Bassschlüsseln, sodass sie kaum Hilfslinien brauchten; neue Notation: Violinschlüssel, oktavierender Violinschlüssel, Bassschlüssel (vgl. S. 66, Abb. B). Der Raum des Alt liegt eine Quinte unter dem Sopran, der Bass eine Quinte unter dem Tenor. Frauen-(Knaben-) und Männerstimmen differieren um eine Oktave (Abb. B).

Intervalle: Man unterscheidet **Konsonanzen** (lat. *Zusammenklänge*, Wohlklänge) und **Dissonanzen** (lat. *Auseinanderklänge*, Missklänge):
- **vollkommene Konsonanzen** mit hohem Verschmelzungsgrad: Prime, Oktave und Quinte (vgl. S. 85);
- **unvollkommene Konsonanzen** mit angenehmer Klangbreite: kleine (–) und große (+) Terzen und Sexten (Abb. C);
- **Dissonanzen** mit Reibungscharakter: Quarte, Sekunde, Septe und alle übermäßigen und verminderten Intervalle (Abb. C).

Stimmbewegung: In die Kp.-Regeln geht die Art der Stimmbewegung ein. Man unterscheidet bei 2 Stimmen 3 Möglichkeiten (Abb. D):
- **gerade Bewegung:** Beide Stimmen steigen oder fallen. Die gleiche Bewegungsrichtung kann die Selbstständigkeit der Stimmen mindern. Ein Sonderfall ist die **Parallelbewegung** (erlaubt nur bei Terzen und Sexten);
- **Seitenbewegung:** Eine Stimme bleibt liegen, die andere steigt oder fällt;
- **Gegenbewegung:** fördert Eigenständigkeit der Stimmen und sorgt für horizontalen Bewegungsausgleich.

Fortschreitungsregeln: Die Kp.-Regeln zielen darauf ab, dem mehrst. Satz **Harmonie** in Zusammenklang und Bewegung zu verleihen und dabei trotzdem der Einzelstimme im Verband mit den andern eine größtmögliche **Eigenständigkeit** zu sichern. In diesem Sinne gibt es günstige und ungünstige, d. h. »verbo-

tene« Fortschreitungen (*Satzfehler*), wobei natürlich jedes Verbot zugunsten eines höheren, individuellen Kunstsinnes durchbrochen werden kann (Quintenparallelen auch bei BACH). Doch garantieren die Kp.-Regeln eine handwerkliche Stimmigkeit des Satzes. Als schlecht klingend angesehen und daher verboten (Abb. E) sind
- **offene Prim-, Quint- und Oktavparallelen:** Sie mindern die Eigenständigkeit der Stimmen (Klangverdopplung) und stören das Gleichgewicht des Satzes;
- **verdeckte Parallelen,** d. h. solche aus einer unvollkommenen in eine vollkommene Konsonanz, sind aus gleichen Gründen ungut;
- **Antiparallelen,** d. h. Sprünge aus dem Einklang in die Oktave und umgekehrt;
- **weite Sprünge** in die gleiche Richtung, bes. wenn dabei die eine Stimme das Lagenniveau der andern kreuzt;
- **übermäßige und verminderte Schritte** brauchen ebenso eine Sonderbegründung wie **chromatische Varianten** in einer Stimme oder gegen eine andere (»**Querstände**«).

Die Kp.-Regeln werden in den Lehrbüchern systematisiert, vom einfachen 2-st. Satz fortschreitend zu komplizierteren Gebilden. Zur Übung wird zu einer gegebenen Stimme (*c. f.*) eine Gegenstimme (*Kontrapunkt*) erfunden. FUX (1725) unterscheidet (Abb. F):
1. **Ganze Noten gegen ganze Noten** (1:1): nur Konsonanzen erlaubt;
2. **Halbe Noten gegen ganze** (2:1): *Thesis* (betonte Zählzeit) konsonant, *Arsis* (unbetont) auch dissonant im *Durchgang*, d. h. der Kp. muss die Dissonanz sekundmäßig erreichen und in gleicher Richtung sekundmäßig verlassen;
3. **Viertel Noten gegen ganze** (4:1): wie Regel Nr. 2, wobei *Thesis* auf die 1. und 3., *Arsis* auf die 2. und 4. Zählzeit fallen. Das 3. Viertel kann auch eine **Durchgangsdissonanz** sein, wenn das 2. und 4. Konsonanzen sind. – Absprung aus einer Konsonanz in eine Konsonanz ist immer möglich. Absprung aus einer Dissonanz nur in der sog. *Fux'schen Wechselnote* (**Cambiata**);
4. **Synkopen:** Auf die *Thesis* kommt eine durch Überbindung **vorbereitete Dissonanz** (Vorhalt), die sich auf der folgenden *Arsis* sekundweise abwärts in eine Konsonanz auflöst:
- die **Septe** ist im *oberen* Ton dissonant, löst sich daher auf die Sexte auf (Septvorh.);
- die **Sekunde** ist im *unteren* Ton dissonant, löst sich daher in die Terz auf (Sekundvorh.);
- die **Quarte** ist je nach Lage im *oberen* oder *unteren* Ton dissonant, löst sich daher in die Terz oder Quinte auf (Quartvorh.);
5. **Verschiedene Werte:** glatter Melodiefluss, schnellere Notenwerte fast nur in Klauseln als **Antizipation** (Vorausnahme des Auflösungstones) und als **Wechselnoten.**

94 Musiklehre/Kontrapunkt II: Formen

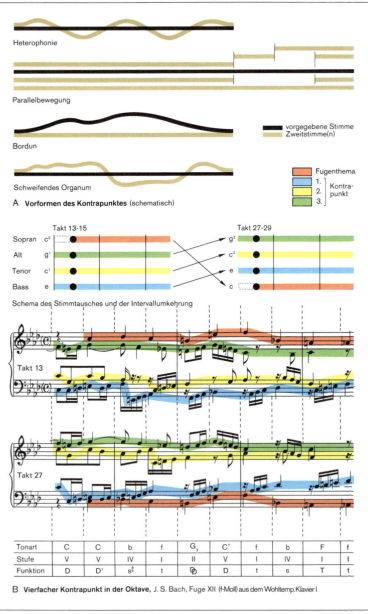

A **Vorformen des Kontrapunktes** (schematisch)

B **Vierfacher Kontrapunkt in der Oktave**, J. S. Bach, Fuge XII (f-Moll) aus dem Wohltemp. Klavier I

Stimmführungen

Typische kp. **Strukturen, Formen** oder **Satztechniken** sind u. a.:

- **c.-f.-Technik:** Zu einer vorgegebenen *festen Stimme* werden sukzessiv kp. Stimmen erfunden; der *c. f.* ist meist ein Choral, ein Lied oder ein Ausschnitt daraus;
- **freie Imitation:** Ein prägnantes Motiv wird in einer Stimme vorgetragen und von den anderen nachgeahmt; dazu erklingen freie kp. Stimmführungen;
- **Kanontechnik:** eine strenge Imitation, nämlich die genaue Nachahmung der ersten Stimme; diese erweist sich dadurch als Kp. zu sich selbst (s. S. 118 f., dort auch *Umkehrung, Krebs, Vergrößerung* usw.);
- **einfacher Kp.:** Kp. bezeichnet auch eine Gegenstimme oder einen Stimmabschnitt zu einer Hauptstimme;
- **doppelter Kp.:** eine Gegenstimme, die auch oktavversetzt zur Hauptstimme erklingen kann, daher: **doppelter Kp. in der Oktave;** alle Intervalle zur Hauptstimme erscheinen dabei in ihrer Umkehrung. – Bei **drei-** und **mehrfachem Kp.** ist entsprechender Stimmtausch möglich.

Ein **4facher Kp. in der Oktave** findet sich in der *f-Moll-Fuge* des *Wohltemperierten Klaviers I* von BACH (Abb. B). Das Fugenthema erscheint zunächst im Sopran, die Kp. in Alt, Tenor und Bass darunter (T. 13). Dann erklingt das Fugenthema um 2 Oktaven nach unten versetzt im Bass, die Kpe. aber oktavversetzt in Sopran, Alt und Tenor darüber (T. 27, s. Schema).
Beim 1. Themeneinsatz T. 13 bildet sich der *Sextakkord* von C-Dur e-c¹-g¹-c²; durch die Intervallumkehrung wird daraus beim 2. Themeneinsatz T. 27 der *Grundakkord* von C-Dur c-e-c²-g². Es ändert sich also die Lage, die Harmonik aber bleibt erhalten: Tonarten, Stufen und Funktionen sind in beiden Stellen gleich, wie eine Übereinanderstellung zeigt (Abb. B).

Geschichte des Kp.
Jede Mehrstimmigkeit besteht aus Zusammenklängen und kommt daher der Sache nach das Gegeneinandersetzen von Tönen (*punctus contra punctum*). Eine Ausnahme bildet der reine Parallelgesang in Oktaven, wie er z. B. beim Gesang von Frauen, Knaben und Männern von Natur aus entsteht. Eigentliche Mehrstimmigkeit mit selbstständigen Stimmen liegt daher erst vor bei »*Anwendung anderer Zusammenklänge als die Oktave, verbunden mit einer Unterscheidung dieser Zusammenklänge*« (HANDSCHIN). Früh- oder Vorformen kp. Mehrstimmigkeit sind (Abb. A):

- **Heterophonie,** eine antike Form der Mehrstimmigkeit. Es handelt sich wohl um variative Umspielung einer Hauptstimme durch eine andere.
- **Parallelbewegung,** praktiziert im Antike und im frühen *Organum* des MA. Der Choral erklang als vorgegebene Stimme in Quint-Oktavparallelen, auch in wechseln-

den Lagen und wechselnder Stimmzahl. Die starre Bindung der Zweitstimmen nimmt ihnen den Charakter von selbstständigen Kp.

- **Bordunpraxis** des MA., der Bass bleibt als Fundament unter der vorgegebenen Stimme liegen. Es ergeben sich dabei zwar verschiedene Zusammenklänge, doch ist der starre Bass kein eigentlicher Kp. (sondern eher ein *Orgelpunkt*).
- **Schweifendes Organum** des MA., die Zweitstimme entwickelt Eigenständigkeit in wechselnden vollkommenen Konsonanzen usw.; reine Improvisation, jedoch nach bestimmten kp. Regeln (vgl. S. 198).

Der Begriff *Kontrapunkt* taucht erst im 14. Jh. auf. Die kurzen kp. Lehrtraktate regeln die Intervallzusammenklänge auf betonten Zeiten (**Gerüstklänge**) und lassen dazwischen Raum für mehr oder weniger freie Gestaltung. Im 15. Jh. wird auch die Dissonanzbehandlung geregelt (**Synkope, Durchgangs-** und **Wechselnoten**). Der strenge Kp. gilt für die Komposition (*res facta*), während das weit verbreitete improvisierte Erfinden von Gegenstimmen zum c. f. *aus dem Kopf (mente oder supra librum cantare)* freier war. Auf dem Hintergrund der **klass. Polyphonie** der Niederländer im 16. Jh. entwickelte sich im Gegenzug ein freier Stil mit expressiver Textausdeutung voller Dissonanzen und Chromatik, bes. im Madrigal. Dazu kam homophone Setzweise, bes. im weltl. Lied. Beides führte um 1600 zur **Monodie** und zum **Gb.** mit vielen kp. Freiheiten. Der strenge Kp. wurde aber als *stylus antiquus* oder *ecclesiasticus* weiter gepflegt, vor allem in der Lehre und in der Kirchenmusik. Mit der Akzentverschiebung von kp. Stimmengefüge zum *harmoniebestimmten* Satz wird (*Harmonik* und (Harmonielehre) im 17. und 18. Jh. Grundlage auch der kp. Komposition wie Kanon, Fugen usw. BACH bezeichnete das »*vollkommenste Fundament der Musik*« und ging in seinem Kp.-Unterricht entsprechend vom 4-st. Satz, d. h. der vollen akkordischen Harmonik, zum 2-st. Satz vor, nicht umgekehrt.
Die Klassiker setzten sich ebenfalls mit dem Kp. auseinander. Im Klangraum der Harmonik erscheint kp. Stimmführung bei ihnen als motivische Verflechtung und *thematische Arbeit*, bes. in den Durchführungen der Sonatensatzform.
Im 19. Jh. pflegte man den klass. Kp. einerseits in historischer Rückwendung (PALESTRINA-Renaissance), andererseits zeitgemäß in einer zunehmend chromatischen Polyphonie, die schließlich zur Aufgabe der tonalen Harmonik führte.
Mit dieser Aufgabe der Tonalität wird im 20. Jh. lineares kp. Denken erneut aktuell. Es spiegelt sich in der Übernahme kp. Kompositionstechniken wie Kanon, Umkehrung, Vergrößerung usw. in der Dodekaphonie und in den neueren seriellen Techniken.

96 Musiklehre/Harmonielehre I: Dreiklänge, Kadenzen

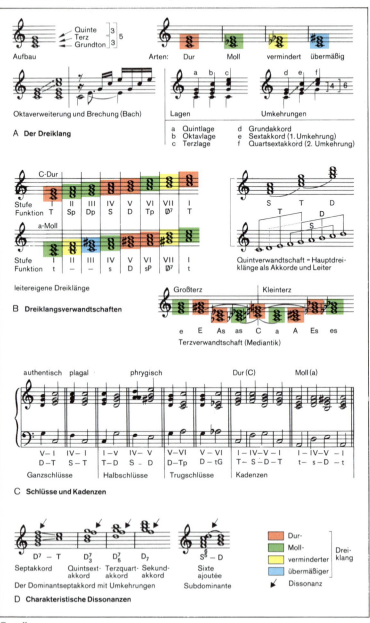

A Der Dreiklang
B Dreiklangsverwandtschaften
C Schlüsse und Kadenzen
D Charakteristische Dissonanzen

Grundlagen

Musiklehre/Harmonielehre I: Dreiklänge, Kadenzen

Die **Harmonielehre** handelt von den Klangbeziehungen der Dur-Moll-tonalen Musik (also etwa von 1600 bis 1900). Ihre Grundlage ist der Dreiklang.
Der Dreiklang besteht aus Grundton, Terz und Quinte bzw. 2 Terzen, die in 4 Kombinationen erscheinen können (Abb. A):
- **Durdreiklang:** große Terz unten, kleine Terz oben;
- **Molldreiklang:** kleine Terz unten, große Terz oben;
- **verminderter Dreiklang:** 2 kleine Terzen im Rahmen einer *verminderten* Quinte;
- **übermäßiger Dreiklang:** 2 große Terzen im Rahmen einer *übermäßigen* Quinte.

Die Dreiklangstöne können beliebig **oktavverdoppelt** werden oder auch in gebrochenen Akkorden erklingen, ohne ihre Funktionsqualität zu verlieren (Abb. A).
Lagen: Der oberste Ton im Dreiklang bestimmt seine *Lage*. In der **Oktavlage** liegt der Grundton oben, in der **Terzlage** die Terz, in der **Quintlage** die Quinte (Abb. A).
Umkehrungen: Die Dreiklangstöne behalten ihre spezifische Qualität als *Grundton, Terz* und *Quinte* auch, wenn sie ihre Reihenfolge umkehren. Der unterste Ton bestimmt die *Umkehrungsform:*
- **Grundakkord:** Grundton liegt unten;
- **1. Umkehrung:** Terz liegt unten, darüber im *Terzabstand* die Quinte, darüber im *Sextabstand* der Grundton; die 1. Umkehrung heißt daher auch **Sextakkord** (eigentlich Terzsextakkord);
- **2. Umkehrung:** Quinte liegt unten, darüber im *Quartabstand* der Grundton und im *Sextabstand* die Terz; die 2. Umkehrung heißt daher **Quartsextakkord** (Abb. A).

Dreiklangsverwandtschaften

Auf jeder Stufe der Durtonleiter lässt sich ein *leitereigener* Dreiklang aufbauen (Abb. B):
- **Durdreiklang (Hauptdreiklänge):** auf den Stufen I, IV und V. Sie sind quintverwandt. Ihre Funktionsbezeichnung ist seit Rameau (1722) **Tonika** (I), **Dominante** (V) und **Subdominante** (IV);
- **Molldreiklänge (Nebendreiklänge):** auf den Stufen II, III und VI. Sie sind mit den Hauptdreiklängen terzverwandt, also *Tonikaparallele* (VI), *Dominantparallele* (III) und *Subdominantparallele* (II);
- **verminderter Dreiklang:** auf Stufe VII; ein *verkürzter Dominantseptakkord* (ohne Grundton).

In der harmonischen Molltonleiter erscheinen folgende Klänge:
- **Molldreiklänge:** auf Stufe I und IV als *Tonika* (t) und *Subdominante* (s);
- **Durdreiklänge:** auf Stufe V und VI als *Dominante* (D) und *Subdominantparallele* (sP);
- **verminderte Dreiklänge:** auf Stufe II und VII;
- **übermäßiger Dreiklang:** auf Stufe III.

Im Moll zeigen sich die Schwierigkeiten, den Klängen eindeutige Funktionen zuzuweisen. Der verminderte Dreiklang der II. Stufe kann subdominantisch (Sextakkordumkehrung) oder dominantisch sein (doppelt verkürzter Dominantseptnonakkord). Der Klang auf der III. Stufe ist nur im **harmonischen** Moll *übermäßig,* im **natürlichen** steht hier der Durdreiklang der Tonikaparallele (in a-Moll also C-Dur), auf der V. Stufe eine »Molldominante« (ohne den spezifisch dominantischen Leitton, in a-Moll gis) und auf der VII. Stufe deren Durparallele.

Quintverwandtschaft: Dreiklänge lassen sich auch als Keimzelle für die diaton. Leiter ansehen:
Der erste Dreiklang konstituiert die Stufen I, III und V, z. B. c-e-g. Mit dem Dreiklang in der **Oberquinte** (Dominante) kommen die Stufen (V), VII und IX (= II) hinzu, also (g-)h-d, mit dem auf der **Unterquinte** (Subdominante) die Stufen IV und VI, also f und a. In Moll gilt Entsprechendes (Abb. B).
Terzverwandtschaft: Die Klänge stehen unmittelbar nebeneinander als Farbwechsel und Gegenklänge, die sich in der Funktionstheorie nicht schlüssig fassen lassen (**Mediantik,** Abb. B).

Schlüsse und Kadenzen: Die Tonika hat Schlusswirkung. Die Folge D–T heißt **authentischer** Schluss, die Folge S–T **plagaler** Schluss. Ein Schluss auf der T heißt **Ganzschluss,** einer auf der D **Halbschluss,** z. B. T–D oder S–D.
Trugschlüsse heißen alle Wendungen, in denen statt der erwarteten Schlusstonika ein anderer Akkord erscheint, meist die Tp.
Die **vollständige Kadenz** besteht aus der Folge T–S–D–T (in Moll: t–s–D–t). Sie festigt den Charakter der Tonika als tonales Zentrum: wegstrebende Spannung von T nach S (Dominantverhältnis), zurückstrebende Spannung von D nach T. S und T erscheinen als metrische Schwerpunkte (2- oder 4-Takt-Gruppe, Abb. C).

Mehrklänge: Schichtet man 3 Terzen übereinander, so entstehen **Septakkorde,** bei 4 Terzen **Septnonakkorde.** Sie sind auf jeder Stufe der Tonleiter aufzubauen.
Der Dominantseptakkord ist der Dreiklang auf der V. Stufe mit kleiner Sept (D[7]), in c-Dur also g-h-d-f. Die Dominantsepte löst sich als *charakteristische Dissonanz* der Dominante in die Tonikaterz auf. Die Umkehrungen des Dominantseptakkordes werden nach ihrer Intervallschichtung benannt (Abb. D).
Die **Sixte ajoutée** ist die *charakteristische Dissonanz* der Subdominante: Hinzugefügt macht sie aus jedem Dreiklang einen Vierklang mit Subdominantfunktion (Umkehrungen möglich).

98 Musiklehre/Harmonielehre II: Alterationen, Modulationen, Analyse

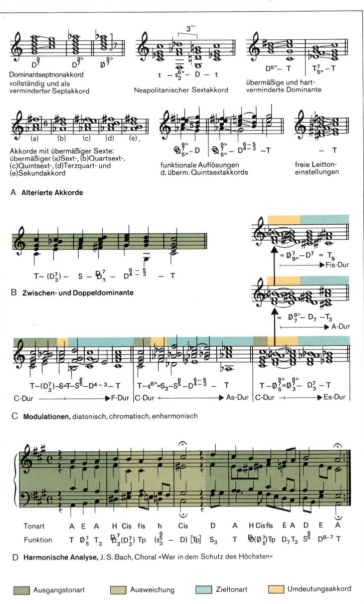

A **Alterierte Akkorde**

B **Zwischen- und Doppeldominante**

C **Modulationen**, diatonisch, chromatisch, enharmonisch

D **Harmonische Analyse**, J. S. Bach, Choral »Wer in dem Schutz des Höchsten«

Erweiterte Klangverbindungen

Musiklehre/Harmonielehre II: Alterationen, Modulationen, Analyse 99

Alterierte Akkorde. Außer leitereigenen Tönen können in Akkorden chromat. Veränderungen (**Alterationen**) vorkommen. Stets handelt es sich um Dissonanzen, die sich leittönig, d. h. im Halbtonschritt, auflösen wollen. Ein durch Kreuz-Vorzeichen erhöhter Ton tendiert nach oben, ein durch Be-Vorzeichen erniedrigter Ton tendiert nach unten. **Bewegungsenergie** und **Farbe** sind in alterierten Akkorden bes. stark: Die wichtigsten dieser Akkorde zeigt Abb. A (alle auf Tonika C bezogen):

– **Dominantseptnonakkord:** In Abb. A ist die Septe f^2, die None a^2; letztere wird tiefalteriert zu as^2; meist fehlt der Grundton g^1, sodass ein *verminderter Septakkord* entsteht;
– **Neapolitanischer Sextakkord:** als Mollsubdominante mit *kleiner Sexte* anstelle der Quinte (= Sextakkord der Mollsubdominantparallele, in Abb. A: Des-Dur); Auflösung in die Dominante mit dem typischen verminderten Terzschritt (des–h);
– **übermäßige Dominante:** mit hochalterierter Quinte (dis statt d);
– **hartverminderte Dominante:** mit tiefalterierter Quinte (des statt d);
– **übermäßiger Sextakkord und übermäßiger Quartsextakkord:** mit übermäßiger Sexte (as–fis statt a–f);
– **übermäßiger Quintsext-, Terzquart- und Sekundakkord:** meist als (Doppel-)Dominanten (D-Dur) mit tiefalterierten Quinten (as statt a); bei der funktionalen Auflösung in die Dominante tauchen Quintparallelen auf (»*Mozartquinten*«, Abb. A).

Die meisten alterierten Akkorde sind Dominanten. Im 19. Jh. werden die Alterationen immer komplizierter und die Akkorde mehrdeutig. Sie lassen sich kaum mehr funktional, sondern als **freie Leittoneinstellungen** (Halbtonstufen) zum folgenden Akkord erklären (Abb. A).

Zwischen- und Doppeldominanten
Zwischen- oder Wechseldominanten beziehen sich im harmonischen Verlauf auf einen anderen Akkord als auf die Tonika (in der Analyse eingeklammert). In der Grundkadenz T–S–D–T z. B. kann die Tonika eine kleine Septe erhalten und damit **Zwischendominante** zur Subdominante werden (Abb. B). Die Zwischendominante zur Dominante heißt **Doppeldominante** ($\overset{D}{D}$). Sie taucht oft nach oder anstelle der S auf.

In Abb. B hat die D (G-Dur) einen *Quartsextvorhalt* (c/e), der sich in Terz und Quinte auflöst (h/d).

Modulationen
Das tonale Zentrum (Tonika) kann wechseln. Geschieht dies nur sporadisch, spricht man von einer **Ausweichung**, sonst von einer **Modulation** in eine neue Tonart. Im 18. Jh. moduliere man vor allem in die S, D, Tp, Dp und Sp. Ab der Klassik erweiterte man diesen Spielraum.

Es gibt viele Modulationsarten und noch mehr Modulationswege. Fast immer wird ein bestimmter Akkord *funktional umgedeutet*, z. B. die Subdominante zur neuen Tonika (S = T, Abb. C). Die drei wichtigsten Modulationsarten sind die

– **diatonische Modulation** durch Zwischendominanten, Trugschlüsse usw. (Abb. C: von C-Dur nach F-Dur);
– **chromatische Modulation** durch gemeinsame chromatische Töne im alten und neuen Tonalitätszentrum, z. B. durch die *Neapolitanische Sexte* (Abb. C: C-Dur nach As-Dur über Sextakkord Des-Dur);
– **enharmonische Modulation** durch enharmonische Verwechslung alterierter Akkordtöne und damit funktionale Umdeutung des ganzen Akkordes. Häufig wird dabei der **verminderte Septakkord** verwendet. Er erscheint als Dominantseptnonakkord ohne Grundton und lässt sich in 3 neue Richtungen weiterführen, so in Abb. C:

h als **Terz** der alten Dominante G-Dur wird **ces** und damit **kleine None** einer neuen (B-Dur zur Tonika Es-Dur);

as als **None** der alten Dominante wird zu **gis** und damit **Terz** einer neuen (E-Dur zur Tonika A-Dur);

f als **Septe** der alten Dominante wird zu **eis** als **Terz** einer neuen (Cis-Dur zur Tonika Fis-Dur).

Die neuen Dominanten können dominantisch oder doppeldominantisch nach Dur oder Moll aufgelöst werden (12 Lösungen).

Harmonische Analyse
Die Harmonielehre ist abstrahierbar von Kunstwerken. Sie berücksichtigt dabei nur den harmonischen Aspekt. Sie ist als Theorie nicht immer schlüssig. Es gibt daher versch. Theorien (*Stufen-, Funktionstheorie* usw.).

Abb. D zeigt eine harmonische Analyse nach der *Riemannschen Funktionstheorie*. Die **Ziffern** stammen dabei aus der Generalbasspraxis. Sie geben wichtige **Intervalle** der Akkorde an, und zwar **rechts oben** neben den Funktionsbuchstaben, außerdem den **Basston**, falls dieser vom Grundton abweicht, und zwar **rechts unten** neben dem Funktionsbuchstaben, z. B.: Der 2. Akkord ist die Dominante E-Dur (D) mit Septe d (7 oben) und mit Quinte h im Bass (5 unten). Die Klänge in *runden* Klammern sind Zwischenfunktionen, bezogen auf andere Klänge als die Tonika. Erscheint dieser erwartete Klang dann nach der Klammer nicht (*Ellipse*), so setzt man ihn in *eckige* Klammern. In Abb. D handelt es sich um eine erwartete Ausweichung in die Tp (fis-Moll), stattdessen erklingt nach der Pause die S mit Terz im Bass (D-Dur).

Das Beispiel zeigt ferner Durchgangs- und Wechselnoten. In der Stimmführung werden kleine, sangliche Schritte und die Gegenbewegung der Stimmen angewandt.

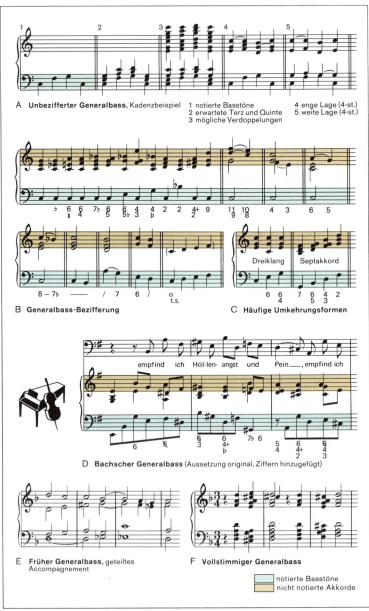

Klänge und Stile

Musiklehre/Generalbass 101

»Der Generalbaß ist das vollkommenste *Fundament* der *Music* welcher mit beyden Händen gespielet wird dergestalt das die lincke Hand die vorgeschriebenen Noten spielet die rechte aber *Con-* und *Dissonantien* darzu greift damit dieses eine wohlklingende *Harmonie* gebe zur Ehre Gottes und zulässiger Ergötzung des Gemüths und soll wie aller *Music,* also auch des General *Basses Finis* und End Uhrsache anders nicht, als nur zu Gottes Ehre und *Recreation* des Gemüths seyn. Wo dieses nicht in Acht genommen wird da ists keine eigentliche *Music* sondern ein Teuflisches Geplerr und Geleyer« (J. S. BACH, 1738).

Zur Technik des Gb. Der Gb. ist eine musikal. Kurzschrift des Barock. Notiert wurde nur eine bezifferte **Bass-Stimme,** die aus dem Stegreif durch Akkorde ergänzt wurde. Gb.-Instrumente waren Laute, Theorbe, Cembalo, Orgel (in der Kirchenmusik) usw., dazu für die Bass-Stimme Gambe, Cello, Kontrabass, Fagott, Posaune.

Unbezifferter Gb.: Über jedem Basston ohne Ziffer erklingt der vollständige leitereigene **Dreiklang** (Abb. A, 1 und 2). Die Dreiklangstöne können beliebig verdoppelt werden (A, 3), woraus in der Praxis eine satztechnisch sinnvolle Kombination gespielt wird (A, 4 und 5).

Abweichungen vom Dreiklang werden durch Ziffern angegeben. In der Frühzeit des Gb. fehlen diese Ziffern aber häufig. Der Spieler musste die Harmonik aus dem Satz selbst erschließen (Abb. E, F).

Generalbassbezifferung: Die Ziffern geben die Intervalle an, gemessen vom notierten Basston; Terz und Quinte sind nötigenfalls zu ergänzen; in der Reihenfolge in Abb. B erscheinen:

- **leitereigener Dreiklang:** keine Ziffer;
- **veränderte Dreiklangsterz:** ♯, ♭ oder ♮;
- **Sextakkord,** stets mit Terz;
- **Quartsextakkord;**
- **Septakkord,** mit *kleiner Dominantsepte (7 b);* Terz und Quinte zu ergänzen;
- **Quintsextakkord,** stets mit Terz;
- **Quintsextakkord** mit *Dominantsepte (5 b* als Abstand zum Basston), vgl. Abb. C;
- **Terzquartakkord** mit Quinte;
- **Terzquartakkord** mit *Dominantsepte,* vgl. Abb. C;
- **Sekundakkord,** stets mit Quarte und Sexte;
- **Sekundakkord,** vgl. Abb. C;
- **Sekundakkord** mit erhöhter Quart (4 ♯ oder 4 +);
- **Nonenakkord,** stets mit Terz und Quinte;
- **höhere Ziffern** sind oft Lagenanweisungen (nur im frühen Gb.);
- **Stimmbewegungen** können notiert werden: 4–3, 6–5, 8–7 b;
- **gleiche Harmonie:** waagrechter Strich;
- **Akkordvorausnahme:** Schrägstrich vor der Ziffer (/7);

- **gleiche Ziffer:** Schrägstrich nach der Ziffer (7/);
- **keine Akkorde greifen:** 0 (Null) oder *t. s.* (*tasto solo,* nur die Taste).

Die Verbindung der Akkorde muss den kp. Regeln entsprechen.

Spielweise: In der Frühzeit des Gb. hielt man sich eng an die zu begleitenden Instrumental- oder Vokalstimmen. Die Stimmen des Gb. verteilte man auf beide Hände (**geteiltes Accompagnement,** Abb. E). Diese Spielart war später, bes. bei bewegteren Bässen, nicht mehr üblich. Dann spielte die linke Hand den Bass, die rechte eine 3-st. Begleitung (Abb. D). Möglich war auch **2- bis 3-st. Spiel** mit strenger Kontrapunktik oder **vollgriffiges Akkordspiel** mit Satzfreiheiten (Abb. F; T. 2: Acciaccatura). Der Gb. hatte als Begleitung im Hintergrund zu bleiben. Dies gilt auch für den **manierlichen Gb.,** in dem der Spieler Verzierungen (*Manieren*), Passagen, Arpeggien usw. anbringen durfte, falls es den Solisten nicht störte.

Zur Geschichte des Gb.
Im 16. Jh. wurden mehrst. Vokalwerke für Laute oder Orgel usw. bearbeitet (*abgesetzt*). Dies diente der *Begleitung* bei geringstimmiger oder solistischer Besetzung dieser Werke (z. B. Motetten), zum andern konnte der Kantor den Chor von der Orgel her *im Ton und Takt halten.* Man begnügte sich dabei mit dem Spiel der wichtigsten Stimmen, vor allem einer *ununterbrochenen* Basslinie, die der jeweils tiefsten Stimme folgte. Dieser *Bass für die Orgel* hieß *Basso continuo* oder *seguente,* auch *Basso principale* oder *generale,* dt. **Generalbass.**
Voraussetzung für die Entstehung des Gb. war, dass sich der Dreiklang im 16. Jh. zur Grundlage des harmonischen Geschehens entwickelt hatte. Die meisten Klänge waren leitereigen und unkompliziert. Das begünstigte ihr Erfassen in Ziffern bzw. die Akkordimprovisation über einem unbezifferten Bass.
Mit dem Entstehen des Gb. Ende des 16. Jh. fällt auch die Entstehung des neuen *monodischen* Stils zusammen, der sich des Gb. ganz wesentlich bediente (Solomadrigale, frühe Oper usw.).
Der Gb. wurde bald bei allen Arten der Barockmusik verwendet (*Gb.-Zeitalter*). Als harmonische Grundlage garantierte er das freie, *konzertante* Spiel der Oberstimmen.
Ab der Mitte des 18. Jh. verlor der Gb. an Bedeutung. Bei der vereinfachten Harmonik und den »Trommelbässen« der Frühklassik störten die starren Gb.-Akkordschläge. Die Komponisten schrieben nun die Mittelstimmen aus (**obligates Accompagnement**). Die Wiederbeschäftigung mit der Musik des Barock im 19./20. Jh. verlangte historisches Wissen um die Gb.-Praxis. Neuausgaben von Barockmusik bieten daher sinnvollerweise einen ausgeschriebenen Gb. als Hilfe für den nicht geübten Spieler.

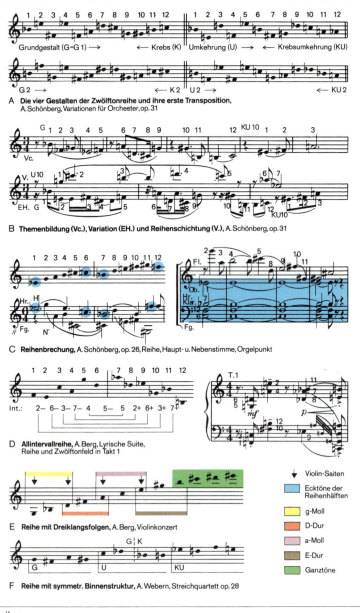

Reihen

Musiklehre/Zwölftontechnik 103

Nach der Phase *freier Atonalität* entwickelten HAUER (ab 1919) und SCHÖNBERG (ab etwa 1920, konsequent zuerst in der *Klaviersuite op. 25*, 1921) zwei Arten von **Zwölftontechnik (Dodekaphonie).** Ziel war eine neue *»Ordnung und Gesetzmäßigkeit«* (SCHÖNBERG), die die formbildenden Kräfte der tonalen Harmonik ersetzen könnte. Grundlage ist die temperierte Halbtonskala (meist in einfachster Schreibweise: ais = b usw.).

HAUERS **Tropenlehre:** 2 Sechstongruppen bilden als Kompositionsgrundlage 44 mögliche Kombinationen (*Tropen*). HAUERS Methode führt zu einer *»gewollten Monotonie«* (STEPHAN) und hat sich nicht durchgesetzt.

SCHÖNBERGS **Methode der** *»Komposition mit 12 Tönen«* (Brief an HAUER, 1923) arbeitet mit **Zwölftonreihen.** Sie lässt der Fantasie und Gestaltungskraft des Komponisten größten Raum.

Die Zwölftonreihe wird zu jedem Werk neu erfunden. Sie legt die 12 Tonorte bzw. die Intervallbeziehungen fest. Die Reihe erscheint in 4 gleichwertigen Gestalten (Abb. A, oberste Zeile):

- **Grundgestalt (G),** gerade Richtung;
- **Krebs (K),** rückwärts: c^2–h^1–gis^1 . . .;
- **Umkehrung (U),** G mit Richtungswechsel, d. h. horizontaler Spiegelung aller Intervalle: b^1–e^1 (Tritonus *abwärts* statt *aufwärts*) – d^2 (kleine Septe *aufwärts* statt *abwärts*) usw.;
- **Krebsumkehrung (KU),** as^1–a^1–c^2 . . .

Die 4 Gestalten können von jedem der 12 Töne der chromatischen Skala ausgehen: die Grundreihe G also nicht nur von b^1, sondern auch von a^1 aus, 1 Halbton niedriger, daher G–1. Diese **Transposition** geht abwärts bis G–11 oder aufwärts bis G 11 (Abb. A, zweite Zeile), ebenso mit K, U und KU. Damit stehen **48 Reihen** als Ausgangsmaterial für jede Komposition zur Verfügung.

Melodie- und Themenbildung: am einfachsten in der Tonfolge 1–12 der Grundreihe wie in Abb. B, Oberzeile (T. 34 ff.): Thema im Cello, Unterzeile (T. 502 ff.): Variation des Themas im Englischhorn. (In der Praxis ist es meist umgekehrt: aus dem *Primäreinfall* eines 12-tönigen Themas wird die Reihe als *Material* gewonnen.) Auch Reihenbrechung ist möglich (Abb. C, s. u.).

Harmonie- und Akkordbildung: durch gleichzeitiges Erklingen der Reihe in

- **Reihenschichtung:** Mehrere Reihen laufen gleichzeitig ab, so in Abb. B, Unterzeile: zu G erklingt U 10;
- **Reihenbrechung:** In op. 26 wählt SCHÖNBERG die Ecktöne 1, 6, 7, 12 der fast gleich gebauten Reihenhälften aus (Abb. C): Sie bilden im 1. Nb. die **Hauptstimme** (Horn), die übrigen die **Nebenstimme** (Fagott), im 2. Nb. den orgelpunktartigen **Vierklang,** die übrigen das Flötensolo.

Die Anordnung der Reihentöne im Zusammenklang unterliegt keiner Regel. Scheinbar sehr frei ist die Anordnung der ganzen Reihe in den ersten drei Akkorden der *Lyrischen Suite* von BERG, die jedoch auf neutrales Quintenmaterial zurückgehen (f–c–g–d usw.). Es entsteht ein **Zwölftonfeld** (Abb. D). – Extreme Ballung der Reihe ist der **Zwölftonakkord.** Die Reihentechnik will bei Gleichwertigkeit der 12 Töne die Bildung tonaler Zentren verhindern. Es sollen daher alle 12 Töne der Reihe erklungen sein, ehe einer wiederholt wird. Unmittelbare Tonwiederholung ist aber häufig (s. Abb. B und C).

Besondere Reihenstrukturen. Die Intervalle einer Reihe bestimmen deren Charakter, zugleich den des Stückes. Der Personalcharakter des Komponisten prägt sich daher bereits in der Reihe aus (»Themeneinfall«, s. o.). SCHÖNBERG verwendet überwiegend Reihen mit hohem atonalem Spannungsgehalt durch sehr dissonante Intervalle.

BERGS Reihen tendieren zur Ausbildung konsonanter oder gar tonaler Felder durch konsonante Intervalle, auch Dreiklänge wie in der Reihe des *Violinkonzertes* (Abb. E), deren Töne 1, 3, 5, 7 zugleich die leeren Saiten der Geige darstellen. Ihre Ganztonfolge am Schluss entspricht dem Melodiebeginn des BACH-Chorals *»Es ist genug«,* der im Konzert zitiert wird.

Berühmt ist die Reihe der *Lyrischen Suite* und der *Storm-Lieder:* Sie enthält alle in einer Oktave liegenden Intervalle (eine **Allintervallreihe,** Abb. D). Sie ist außerdem um den Tritonus in der Mitte gespiegelt, sodass rechts und links Komplementärintervalle erscheinen: kleine Sekunde (2 –) gegen große Sept (7 +), kleine Terz (3 –) gegen große Sext (6 +) usw.

WEBERNS Reihen zeigen selbst schon oft ein Höchstmaß an Konstruktion und Beziehungsdichte in ihrer **Binnenstruktur.** So enthält die Reihe des *Konzertes,* op. 24, in sich bereits Grundgestalt, Krebs, Umkehrung und Krebsumkehrung als symmetrische Dreitongruppen (s. 104). Auch in der Reihe des *Streichquartetts,* op. 28, finden sich Grundgestalt (G), Umkehrung (U), Krebs (K) und Krebsumkehrung (KU) in Viertongruppen, ferner Symmetrie mit U und KU als Reihenhälften (Abb. F).

Vorform der seriellen Musik. Die Zwölftontechnik regelt nur einen Parameter des Tones, die Tonhöhe bzw. die Tonhöhenverhältnisse. Die Übertragung des Reihendenkens auf andere Tonparameter wie **Tondauer** (metrische und rhythmische Folgen), **Tonstärke** (dynamische Bezeichnungen in Reihenordnung) und **Klangfarbe** (reihengeordnete Instrumentalfarbwerte bzw. Besetzungsfolgen) führte nach 1950 zur Ausbildung der **seriellen Musik** mit ihren beiden Arten der *punktuellen* (Reihenregelung je Ton) und *statistischen* Komposition (Regelung der Tonkomplexe).

104 Musiklehre/Form I: Musikalische Gestalt

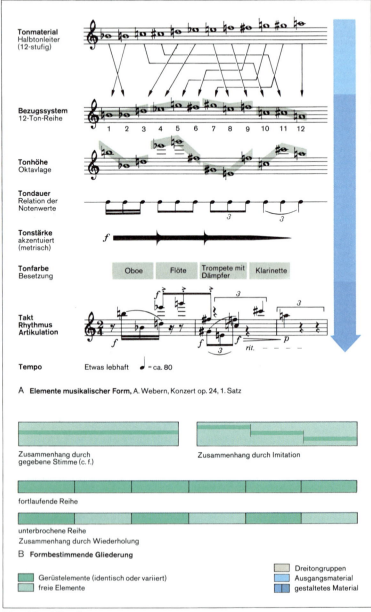

A **Elemente musikalischer Form**, A. Webern, Konzert op. 24, 1. Satz

B **Formbestimmende Gliederung**

Material und Gestaltung

Musiklehre/Form I: Musikalische Gestalt   105

Form bezieht sich einerseits auf die *Gestaltqualität* jeder Musik (**musikalische Form**), andererseits auf allgemeine musikal. *Kompositionsmodelle* (**musikalische Formen**). Musikal. Form verschmilzt 3 Momente:
– **Tonmaterial** als Stoff oder Vorform der Musik;
– **Gestaltungsprinzipien** als formale Kategorien;
– **Ideen oder Vorwürfe** als Antriebskräfte jeder musikal. Gestaltung.

1. Tonmaterial besteht aus physikal. Schwingungen. Die Musik ist daher an Zeitablauf gebunden. Diese Bewegung befähigt sie, in gewisser Parallelität physische und psychische Bewegtheit zu spiegeln oder hervorzurufen. Es bedeutet zugleich, dass ihre Form sich nicht unmittelbar, sondern nur mithilfe des Gedächtnisses anschauen lässt.

Das naturgegebene akustische Material (Klang, Geräusch, Knall) erfährt in den nicht naturgegebenen Tonsystemen der Kulturen eine *vorformale* Selektion (vgl. S. 84 ff.). Eine solche Vorform ist z. B. die diatonische Tonleiter.

Formale Kategorien des Materials sind die Toneigenschaften:
– **Tonhöhe** in Melos und Harmonik;
– **Tondauer** in Tempo, Rhythmus, Metrum;
– **Tonstärke** in dynamischer Bewegung;
– **Tonfarbe** im Kolorit der Besetzung.

Darüber hinaus haben die Ein- und Ausschwingvorgänge, die Interferenzen, die Verzerrungen usw. als *»parasitäre Schwingungen«* (WINCKEL) für die Musik wesentliche Bedeutung. Eine gleichmäßig tönende Sirene ist keine Musik, da das starre Unveränderliche nicht psych. Vorgängen im Menschen entspricht.

Alle Elemente musikal. Form gehen in der künstlerischen Konzeption in einer übergeordneten Gestaltqualität auf, aus der allein sie ihren musikal. Sinn beziehen. Die Analyse versucht hingegen, ihr Zusammenwirken zu entfalten und sie einzeln anzusprechen. Abb. A zeigt in dieser Weise die Stufen, die (nur theoretisch) vom Tonmaterial in formaler Verdichtung zur Komposition führen:
– **Tonmaterial:** Ausgangsbasis ist die vorgeformte 12-stufige chromatische Tonleiter (samt der historischen Dimension ihrer Temperierung um 1700);
– **Bezugssystem:** Die 12 Töne werden in einen für WEBERN typischen Zusammenhang gebracht: eine Zwölftonreihe aus 4 Dreitongruppen dissonanter Intervalle;
– **Tonhöhe:** Die Oktavversetzung der Töne verdeutlicht die gegensätzliche Bewegungsrichtung der Gruppen;
– **Tondauer:** festgelegt in Dreitongruppen, die immer langsamer werden;
– **Tonstärke:** über 3 Gruppen *forte*, dann abnehmend zum *piano;* entsprechend ihrer

metrischen Stellung im Takt tragen die Achtelgruppen Akzente;
– **Tonfarbe:** die 4 Gruppen werden 4 verschiedenen Instrumenten zugewiesen.
Das Nb. zeigt weitere formale Elemente: Die **Artikulation** wechselt gruppenweise: *legato, staccato, legato, portato.* Der **Rhythmus** ergibt sich durch die Anordnung der Dreitongruppen im ³⁄₄-Takt. Das **Tempo** *»etwas lebhaft«* bestimmt den Charakter des Stückes mit. Hinzu kommt die **Interpretation** durch die Spieler (*Aufführungspraxis*). Alle Parameter wirken an der Gestalt des klingenden Musikstückes mit.

2. Gestaltungsprinzipien als formale Kategorien lassen sich in 2 Typen einteilen: Zum einen sind sie *allgemein ästhetischer* Art wie Ausgewogenheit, Kontrast, Abwechslung usw., zum andern *spezifisch musikalisch* wie Wiederholung, Variation, Transposition, Sequenzierung usw.

Übergeordnete formale Momente sind Gliederung, Gewichtsabstufung und Attraktionspunkte, die für das Erfassen der Form im Gedächtnis eine bes. Rolle spielen (Festhalten des Zeitablaufs).

Die Form in der Musik hängt davon ab, auf welche Weise **Zusammenhang** gestiftet wird, denn Form ist *»Einheit im Verschiedenen«* (RIEMANN). Dies gilt auch für größere Formzusammenhänge:
– Als zusammenhangstiftende Achse fungiert oft ein **c. f.**, um den sich sekundäres Material gruppiert;
– Zusammenhang entsteht auch durch **Imitation** einer Stimme durch eine andere, wie in der Fuge, dem Kanon usw.;
– auch **Wiederholung** von Formelementen stiftet Zusammenhang, und zwar Gleiches unmittelbar hintereinander als fortlaufende Reihe (z. B. Variationen) oder in einer durch kontrastierende Teile unterbrochenen Reihe (z. B. Rondo).

Das Gedächtnis braucht die Gerüstelemente, um die Form besser zu erfassen (Abb. B).

3. Ideen oder Vorwürfe begründen die künstlerische Form nicht aus ihrer syntaktischen, erfassbaren Seinsschicht, sondern aus dem inneren Zusammenhang zwischen Kompositionsantrieb und -gestaltung.

Als Antrieb können *außermusikalische* Affekte, Stimmungen, Bildvorstellungen usw., sowie *rein musikalisch* übernommene oder erfundene Themen, Motive usw.

Antrieb kann als Inhalt gelten, der im musikal. Kunstwerk aber vollständig sublimiert wird. Daher gibt es keine klangliche Antithese von Form und Inhalt, sondern höchstens schlechte musikal. Form. Die Musik ist eine der menschl. Ausdrucksmöglichkeiten und in diesem Sinne eine Sprache. Dem Verständnis erschließt sie sich allerdings nicht verbal, sondern nur musikal., dies über die musikal. Form.

106 Musiklehre/Form II: Kategorien der Gliederung

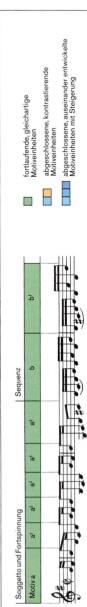

A **Barocker Fortspinnungstyp**, J. S. Bach, Brandenburgisches Konzert Nr. 3, 1. Satz

B **Klassischer Liedtyp**, W. A. Mozart, Sinfonie g-Moll, KV 550, Finale, Hauptthema; 8-taktige Periode («Satz»)

C **Klassischer Entwicklungstyp**, L. v. Beethoven, Sonate op. 2, Nr. 1, f-Moll, 1. Satz, Hauptthema; 8-taktige Periode

Typen der Periodenbildung

Musiklehre/Form II: Kategorien der Gliederung 107

Die Gestalt eines musikal. Kunstwerkes und damit seine Form ist individuell. Alle formalen Erscheinungen folgen daher dem werkimmanenten Gesetz und erfüllen eine nur in diesem Werk gültige Funktion. Diese Verhältnisse in der Analyse des einzelnen Kunstwerkes aufzuweisen, ist Ziel der sog. *funktionalen* Formenlehre.

Um zu einer gültigen Terminologie zu gelangen, bedarf es jedoch der Abstraktion vom Individuellen ins Allgemeine. Daher stellt die *schematische* Formenlehre Modelle auf, an deren Norm das einzelne Kunstwerk im Blick auf seine Form gemessen und beschrieben werden kann.

In der abendländ. Musik sind die häufigsten Modelle *melodischer* Art, sekundär *harmonisch* und *rhythmisch* bestimmt:

- **Motiv,** ist die kleinste, meist melodische Sinneinheit, ein typisches und einprägsames Gebilde, definiert durch die Kraft zur **Verselbständigung:** Es kann *wiederholt* werden, auch auf anderer Tonstufe erscheinen (Abb. A: Motiv a von *g* aus, dann von *d*) oder sich *verändern* (Abb. A, 6. Wiederholung: *g–a–h;* der Rhythmus des Motivs a ist erhalten geblieben). Starke Veränderung führt zu neuem, aber verwandtem Motiv (Abb. A, Motiv b: Wechsel der unteren Nebennote wie in Motiv a, jedoch volltaktig, mit 4 statt 3 Tönen, und mit anderer Fortführung).
- **Phrase,** das nächstgrößere Gebilde nach dem Motiv, umfasst meist 2 Takte (Abb. B, C).
- **Soggetto** (ital. *Subjekt*), ein prägnantes Kopfmotiv mit Fortführung ohne scharfe Begrenzung (typisch für Barock).
- **Satz,** wie in der Sprache eine geschlossene Sinneinheit, ein Abschnitt von meistens 8 Takten. Er gliedert sich in **Vorder-** und **Nachsatz (Halbsätze).**
- **Thema,** eine meist 8-taktige Sinneinheit wie der Satz (synonym). Ein Thema zeigt gegenüber dem Soggetto oft symmetr. Gliederung und harmon. Geschlossenheit (Kadenz, typisch für Klassik).
- **Periode,** wie der Satz eine 8-taktige Einheit, oft nicht thematisch.
- **Abschnitt** oder **Gruppe** bezeichnen nächstgrößere Gliederungen.
- **Teil,** eine größere Einheit in einem Musikstück, oft als Ganzes wiederholt, z. B. die *Exposition* der Sonate.
- **Satz** im übergeordneten Sinn: ein geschlossenes Musikstück in einer **Satzreihe** (wie dem Divertimento) oder einem **Satzzyklus** (wie der Sonate).

Mit dem Aufkommen des Taktes in der Musik um 1600 fallen die gliedernden Zäsuren in der Regel mit den Taktgrenzen zusammen, sodass die Länge der Einheiten und deren Kombinationen in Taktzahlen gemessen werden können. Zur Bezeichnung der Teileinheiten werden große oder kleine Buchstaben ver-

wendet, die die Kategorien der Gleichheit (a a), der Ähnlichkeit (a a′) und der Verschiedenheit (a b) summarisch angeben.

Typen der Periodenbildung.
Die Terminologie Motiv, Soggetto usw. besagt noch nichts über die Art der Abschnitte und Perioden. Es gibt dabei gewisse Typen der Periodenbildung. Hier 3 Beispiele aus dem 18. Jh.:

Barocker Fortspinnungstyp (Abb. A). Für die Periodenbildung des Barock war charakteristisch, dass die Elemente eines Soggetto über längere Strecken fortgesponnen wurden. Durch die unmittelbare Wiederholung des Motivs a auf versch. Tonstufen entsteht ein einheitl. Rhythmus und eine einheitl. motivisch-melodische Bewegung und damit ein einheitl. Affekt. Häufige Fortspinnungsform ist die Sequenz, deren Abschnitte jedoch selten mehr als dreimal wiederholt werden (Motiv b). Ganz anders ist die Periodenbildung in der Klassik. Hier wird mit *Gegensätzen* gearbeitet. Eine erste Phrase bringt eine aufsteigende Bewegung mit 2 gegensätzlichen Motiven, dem aufsteigenden gebrochenen Dreiklang und dem pathopoetisch absteigenden Halbtonschritt in der Höhe (b–a), beides im *Piano.* Es »antwortet« eine wiederum gegensätzliche Phrase mit dem kleingliedrigen Achtelmotiv c, im *Forte.* Der Vordersatz endet hier im Halbschluss auf der Dominante (D-Dur). Es folgt eine variierte Wiederholung der ersten Phrase im *Piano* und der zweiten im *Forte.* Diese beiden bilden den Nachsatz, der zur Ausgangstonika zurückführt und damit den Satz oder das Thema beendet.

Die klare Abgrenzung der Teile und ihre Gegensätzlichkeit bringt diese Art der Periodenbildung in die Nähe der **Liedformen** (S. 109).

Klassischer Entwicklungstyp (Abb. C). Im Beethoven-Beispiel liegt ein ähnliches motivisches Material vor wie bei Mozart: Die Motive a sind gleich, b sind Varianten. Aber die erste Phrase bringt keinen *Gegensatz* zur ersten, sondern eine veränderte *Wiederholung.* Die Bewegung wird *intensiviert.* Wieder schließt die zweite Phrase und damit der Vordersatz im Halbschluss auf der Dominante (C-Dur). Die nächsten 4 Takte bilden nun anders als in Abb. B eine Einheit: Motiv b erscheint variiert in dreimaliger Steigerung, bis ein Schlussmotiv c abkadenziert, und zwar auf der Dominante, also mit erwartungsvoller Öffnung. Die unmittelbare Motivwiederholung unterscheidet sich von der Bachs durch die dramatische Steigerung und den deutlichen Abschluss der ganzen Periode in einer *Fermate* als innehaltende Geste. Die Bewegung ist unterbrochen.

108 Musiklehre/Form III: Musikalische Formen

zweiteilige Liedform	‖: a :‖: b :‖		
dreiteilige Liedform	a	b	a
	‖: a :‖: b		a :‖
Barform	a	a	b
Gegenbarform	a	b	b
Reprisenbarform	a	a	b	a

- ▇ Orchester-Ritornell
- ▇ Soloepisode
- ▇ Tonika
- ▇ Dominante
- ▇ Subdominante
- ▇ entfernte Tonarten
- ⌢ Kadenz

A Liedformen

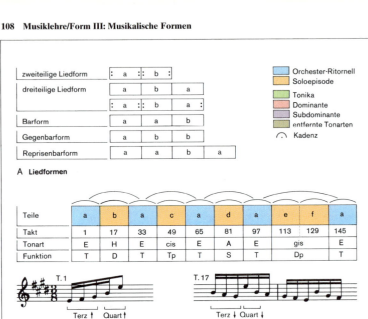

Teile	a	b	a	c	a	d	a	e	f	a
Takt	1	17	33	49	65	81	97	113	129	145
Tonart	E	H	E	cis	E	A	E	gis		E
Funktion	T	D	T	Tp	T	S	T	Dp		T

Ritornell-Soggetto — Solo-Soggetto und Fortspinnung

Kettenrondo, J. S. Bach, Violinkonzert E-Dur, 3. Satz

Teile	a	b	a	c	a	b	a

Bogenrondo, entspricht erweiterter dreiteiliger Liedform

Rondo	a		b	a	c	a		b		a	
Sonatensatz	‖: a		b :‖		c	a		b			Coda‖
Sonatenrondo	a		b	a	c	a		b	⌢	a	Coda

Sonatenrondo aus Rondo und Sonatensatz

Teile	a	a¹	b	c⌢	a	a¹	a⌢	b	c	⌢	a	a¹	Coda
Takt	1	40	65	108	131	147	182	208	247	272	273	304	321
Tonart	B	B	B	F	B		Es	B	B		B	B	B

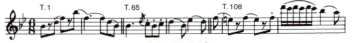

Sonatenrondo, W. A. Mozart, Klavierkonzert B-Dur, KV 595, 3. Satz

B Rondoformen

Reihungsformen

Die musikal. Formen sind vom Kunstwerk abstrahierte Modelle. Sie versuchen, strukturelle und architekton. Zusammenhänge unter vielerlei Aspekten zu erfassen.

So spricht man von **Vokal-** und **Instrumentalformen** (Besetzung), von **homophonen** und **polyphonen** oder **kp.** Formen (Satzstruktur), von **logischen** und **plastischen** oder **Reihungs-** und **Entwicklungsformen** (Zusammenhang), auch von **Liedformen** (Reihungsform) usw. – Doch wird diese Einteilung oft durchquert: Eine Fuge kann vokal und instrumental sein, im homophonen Sonatensatz können polyphone Teile auftauchen usw.

Form und Gattung sind zwei sich häufig überschneidende Begriffe. Die Sonate ist z. B. eine Gattung und zugleich eine typische Instrumentalform. Die Sinfonie dagegen ist ein reiner Gattungsbegriff: Ihre *Besetzung* ist das Orchester, ihre *Form* die Sonate (Satzfolge, Satzstruktur). So kommen zur Definition einer Gattung meist mehrere Gesichtspunkte zusammen: **Besetzung** (Streichquartett, Sinfonie), **Text** (geistl. Oratorium, weltl. Oper), **Funktion** (Präludium, Tanz, Serenade), **Aufführungsort** (Kirchen- und Kammersonate), **Satzstruktur** (Tokkata, Fuge) u. a.

Die meisten Formen werden innerhalb der Gattungslehre behandelt (*Gattungen und Formen*, S. 110–157). Einige Formen aber sind so allgemein, dass sie hier als Modell vorgestellt werden sollen:

Reihung bedeutet entweder fortlaufende Wiederholung des Gleichen mit versch. Veränderungen (**Variationenreihe**) oder fortlaufende Addition neuer Teile (**Abschnittsfolge in Tänzen**). Zu den Reihen gehören auch die Liedformen.

Liedformen bestehen aus 2–3 Teilen in unterschiedl. Kombination. Der Terminus wurde 1839 von A. B. Marx geprägt. Er bezieht sich nicht nur auf das Lied, sondern auf alle entsprechend gebauten Instrumental- und Vokalformen:

– **Zweiteilige Liedform:** Jeder Teil wird wiederholt. Die Teilanfänge und -schlüsse sind oft gleich gestaltet (Abb. A).
– **Dreiteilige Liedform:** entsteht durch Wiederholung des 1. Teils nach einem unterschiedl. 2. bzw. Mittelteil. Diese symmetrisch ausgewogene Form schließt dramatische Entwicklungen aus und bewährt sich bes. in *langsamen Sätzen* (Sonate, Konzert usw.). Der 1. Teil wird häufig wiederholt, ebenso der 2. zusammen mit dem 3. Teil, wodurch eine zweiteilige Form entsteht (Suitensatz, Sonatensatz). Sind die 3 Teile in sich wieder unterteilt, so entstehen erweiterte Liedformen wie das Bogenrondo (Abb. B) oder das Menuett mit Trio (s. S. 146). Formen, die den Anfangsteil nach Zwischenteilen wiederholen, heißen auch **Bogenformen** (Lorenz, 1924).

– **Barformen:** bestehen aus Stollen (a), Gegenstollen (a) und Abgesang (b), auch in verschiedenen Kombinationen wie **Gegenbarform** und **Reprisenbarform** (Abb. A). Es sind bes. die Strophenformen des Minne- und Meistersangs, die Barformen verwenden (vgl. S. 192–197).

Rondoformen. Das instrumentale Rondo entwickelte sich im 17. Jh. und hat mit dem mittelalterl. vokalen *Rondeau* (S. 192 f.) nur die Refrainstruktur gemeinsam. Es ist eine zusammengesetzte Liedform im Sinne einer Bogenform.

– **Kettenrondo** (*ital. Rondo*): eine **Ritornellfolge** mit eingeschobenen **Episoden**. Die Ritornelle sind gleich und stehen in gleicher oder nah verwandten Tonarten. Die Episoden modulieren dann entsprechend. Im Bach-Konzert (Abb. B) kehrt das Orchesterritornell 5-mal wieder, stets in der Tonika E-Dur. Die Soloepisoden schreiten in Dur-Moll-Wechsel die Dominante, die Subdominante, die Tonika- und Dominantparallele ab. Alle Teile sind gleich lang (16 Takte), die letzte Soloepisode als Steigerung verdoppelt. So blockhaft die Aneinanderreihung der Teile anmutet, so kunstvoll verwoben ist doch ihre Thematik: Die 1. Soloepisode bringt quasi eine Umkehrung des Ritornellsoggetto, das dann durch Transposition weiter fortgesponnen wird (vgl. Nb.).

– **Bogenrondo** (*frz. Rondo*): 2 Eckteile umrahmen einen kontrastierenden Mittelteil (Abb. B), der wiederum untergliedert sein kann, z. B. im Menuett mit Trio (s. o.).

– **Sonatenrondo:** Es besteht aus einer Kombination von Rondo und Sonatensatzform und findet sich vor allem in den Schlusssätzen der klass. Zyklen Sonate, Sinfonie, Konzert, Quartett usw. Der Einfluss der Sonatensatzform zeigt sich in der Seitensatzartigkeit des Teils b (im Sonatenrondo keine Wiederholung), in der harmonischen Vielfalt und thematischen Arbeit des durchführungsartigen Mittelteils c und in der transponierten Wiederaufnahme des seitensatzartigen Teiles b in der Tonika. Häufig schiebt sich dann eine Kadenz ein und es folgt nach Sonatenart eine Coda (s. Schema Abb. B).

Das Mozart-Beispiel eines Sonatenrondos (Abb. B: die Schemata sind aufeinander bezogen) zeigt, wie wenig das Formschema über den groben Umriss des Aufbaus hinaus dem melodischen, harmonischen, spieltechnischen, kurz musikalischen Einfallsreichtum eines lebendigen Kunstwerkes gerecht werden kann.

Im 19. Jh. erfährt das Rondo allg. fantasievolle Erweiterungen und erscheint in vielen neuen Spielarten (z. B. Strauss, *Till Eulenspiegel*).

110 Gattungen und Formen/Arie

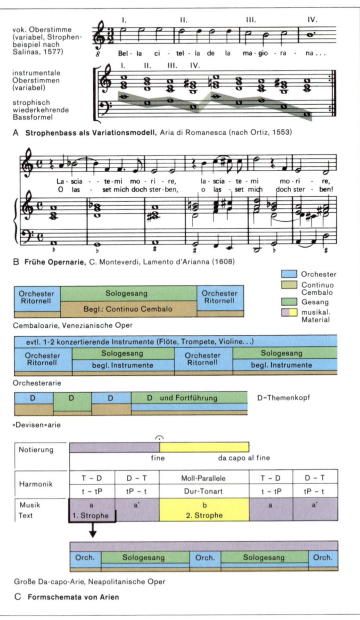

C Formschemata von Arien

Typen und Formen

Aria als Variationsmodell

Aria (von altfrz. *air,* Art und Weise) wird im 15.–18. Jh. eine kadenzierende Bassformel genannt, die in ständiger Wiederholung die Grundlage für Variationen bildet (*Basso ostinato*). Diese Bassmodelle waren sehr bekannt und beliebt: *Aria di Ruggiero, Aria di Siciliano, Aria di Romanesca* (Abb. A, vgl. S. 262 f.) usw.

Die Aria ist Gerüst für Improvisation, ab dem Ende des 16. Jh. auch für Komposition. Sie diente als
– **Tanzbass:** mit Oberstimmenvariationen; in der Suite bleibt die Aria noch im 18. Jh. ein Tanzsatz unterschiedl. Charakters;
– **Variationsmodell:** für die Oberstimmen, bes. in der Klavier- und Lautenmusik, aber auch für Streicher (ORTIZ, 1553);
– **Liedbass:** für neue Strophen je Basswiederholung, Melodie oft leicht variiert. Es gab unzählige Texte für jeden Bass, meist *Ottaverime* (8-Versler), oft samt Melodie improvisiert. Der Text in Abb. A, vom Spanier SALINAS, passt auf die (ital.) Romanesca.

In Frankreich hieß dieses Lied **air** (bes. *air de cour*), in England **ayre**. In Italien gibt es die Aria als Strophenlied auch in der frühen Oper und der Kantate.

Frühe Opernarie

Die Gesänge der frühen Oper entfalteten sich textgebunden rezitativisch über den Gb. bzw. dem Orchester, wobei eine expressive Melodik nach Art der Madrigale zu größeren, vom Affekt her einheitlichen, formal aber freien *ariosen* Gebilden führte.

Berühmtes Beispiel für eine solche frühe »Opernarie« ist die *Klage der Arianna* von Theseus aus der nur fragmentarisch erhaltenen Oper *Arianna* von MONTEVERDI (Mantua 1608; vgl. die Madrigalfassung S. 126). Abb. B zeigt das prägnante Kopfthema, das den Schmerz in einer ergreifenden Geste ausdrückt (Querstände, Chromatik, Pausen, Neuansätze, Steigerung, resignierendes Insichzusammensinken am Schluss). Die Musik folgt dem Text, dessen Gehalt und Sprechweise sie unmittelbar zum Ausdruck bringt (*oratio domina harmoniae*, die Sprache beherrscht die Musik).

In der bürgerl. venezian. Oper des 17. Jh. erfolgt eine gewisse Typisierung der Arien, z. T. bedingt durch die umfangreiche und rasche Produktion (bis zu 80 Arien je Oper). Es sind kurze liedförmige Stücke in bekannten Tanzrhythmen wie der *Forlana* (⁶/₄, die spätere *Barcarole*), der *Villotta* (rasche ⁶/₈), dem *Siciliano* (pastorale, wiegende ⁶/₈). Als Strukturtypen kennt Venedig die
– **Cembaloarie:** nur vom B. c. begleitet, umrahmt von Orchesterritornellen;
– **Orchesterarie:** Orchesterbegleitung mit Ritornellen zwischen den Strophen; später treten 1–2 konzertierende Instrumente,

meist Bläser, hinzu. Ein verbreiteter Formtyp der Orchesterarie ist die **Devisenarie:** Der prägnante Themenkopf wird wie eine Devise vom Orchester vorangestellt, vom Sänger nur mit B. c. und dann nochmals vom Orchester wiederholt, ehe die ganze Arie folgt (Abb. C).

Die Da-capo-Arie wird nach Vorläufern bei MONTEVERDI in Mantua und Venedig zur Blütezeit der *Neapolitanischen Oper* unter ALESSANDRO SCARLATTI (1660–1725) zur Hauptarienform des Barocks. Fast alle Arien BACHS und HÄNDELS sind Da-capo-Arien. Sie besteht textlich aus 2 kurzen Strophen; die zweite wird gegensätzlich zur ersten komponiert, die erste anschließend wiederholt. Man notiert nur die beiden unterschiedl. Teile mit der entsprechenden Wiederholungs- und Schlussanweisung (*da capo al fine;* Abb. C).

In der ausgeprägten Form ab etwa 1700 wird die erste Strophe in zwei Partien mit Orchestereinwurf komponiert (a), dann etwas variiert wiederholt (a′). Dabei bildet sich ein festes Modulationsschema aus (Abb. C; Harmonik: obere Zeile bei Arie in Dur, untere in Moll).

Die Reprise gibt dem Sänger Gelegenheit zu virtuoser Auszierung seiner Partie.

Die Da-capo-Arie kann in ihrer undramatischen Reprisenform die Handlung nicht weiterführen. Sie überlässt diese dem (Secco-) **Rezitativ,** sodass *Rezitativ und Arie* eine übliche Verbindung sind. Dazwischen schiebt sich häufig ein betrachtendes kurzes *Arioso* (*Rec. accompagnato,* s. S. 144). Die Arie selbst prägt allgemeine, statuarische Affekte und Seelenstimmungen aus, oft mit Naturvergleichen (*Gleichnisarie*).

An Typen bilden sich dabei u. a. heraus: die **Aria di Bravura** (*Bravourarie,* rasch, virtuos, für Affekte der Wut, Rache, Leidenschaft usw.), die **Aria di mezzo Carattere** (*mittleren Charakters,* ruhig, für Affekte der Innigkeit, Liebe, Schmerz usw.), die **Aria parlante** (sprechend, rasch deklamierend).

Spätere Arienentwicklung. Um den Fluss der Handlung zu erhalten, reformierte GLUCK die Arie zu einem kleinen, liedhaften Gebilde mit natürlichem Textausdruck.

Lyrisch liedhaft sind auch die kleine, meist zweiteilige **Cavatine** (HAYDN, MOZART), sehr frei mit der Form spielt die **Rondoarie,** oft mit einleitendem Rezitativ (*accomp.*).

Als dramatische Formverbindung erscheinen **Szene und Arie** aus der Opera buffa des 18. Jh. bes. in der großen Oper des 19. Jh. (BEETHOVEN, WEBER, VERDI, MEYERBEER).

Das späte 19. Jh. löst die klar gegliederten Arienformen auf (WAGNERS Sprechgesang und unendl. Melodie); im 20. Jh. kultivieren historisierende Tendenzen wieder alte Arienformen (z. B. STRAWINSKY, *The Rakes Progress*).

112 Gattungen und Formen/Charakterstück

A **Charakterisierende Titel**, Fr. Couperin, Pièces de Clavecin (1713), La Fleurie ou La tendre Nanette

B **Tonmalerei**, R. Schumann, Kinderszenen op. 15 (1838), Kind im Einschlummern

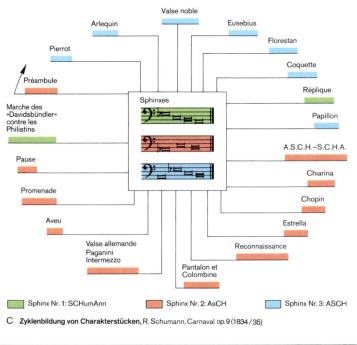

C **Zyklenbildung von Charakterstücken**, R. Schumann, Carnaval op. 9 (1834/35)

Inhalt und Form

Gattungen und Formen/Charakterstück 113

Das **Charakterstück** (*lyrisches Stück, Genrestück*) ist ein kurzes instrumentales (meist Klavier-) Stück, das in der Regel einen außermusikal. Titel trägt.
Die Form des Charakterstückes liegt nicht fest. Wegen der Kürze und der meist lyrischen Gehalte überwiegen **Liedformen.**
Das Charakterstück steht zwischen der absoluten und der Programmmusik.
So erscheinen als Momente absoluter Musik im Klavierstück von COUPERIN (Abb. A) die Gestaltung als zweiteiliger (Suiten-)Satz, der tänzerische Charakter, die melodiöse Oberstimme und die sich aus der Komposition ergebende Vortragsart, die durch die Spielanweisung *»Gracieusement«* lediglich verdeutlicht wird.
Dieses Stück trägt nun andererseits einen außermusikal. Titel, der versucht, den Stimmungsgehalt des Stückes zu charakterisieren. Er ist daher subjektiv, poetisch und nicht eindeutig (COUPERIN bietet zwei Titel an).
Bei der Entstehung von Charakterstück und Titel gibt es grundsätzlich zwei Möglichkeiten:
– Der Komponist schreibt aus musikal. Fantasie ein Stück mit stark ausgeprägtem Charakter und gibt ihm nach dem Kompositionsvorgang einen außermusikal. Titel, wie es z. B. SCHUMANN von sich bezeugt, oder ein Titel wird erst später auf Verlegerwunsch hinzugesetzt;
– der Komponist greift von einem außermusikal. Vorwurf (Bild, Gedicht, Person, Landschaft usw.) aus und überträgt den Stimmungsgehalt in Musik.
Der zweite Weg entspricht der Kompositionsweise der **Programmmusik** (vgl. S. 142), wobei sich Programmmusik und Charakterstück dadurch unterscheiden, dass Erstere mehr Handlungsablauf oder Bilderfolgen, Letzteres mehr Stimmungshaftes, Zuständliches schildert.
Fasst man den Begriff des Charakterstückes weit, so lassen sich auch diejenigen Stücke dazurechnen, die einen einheitlichen und stark ausgeprägten Charakter zeigen, aber keinen außermusikal. Titel, sondern nur eine Gattungsbezeichnung tragen. In dem Maße, wie das Außermusikalische als kompositionsbestimmender Faktor zunimmt, nähert sich das Charakterstück der Programmmusik. So umfasst das Charakterstück im weitesten Sinne:
– **Präludien** (z. B. BACH), besonders **Choralvorspiele,** deren Charakter durch den Choraltext bestimmt wird; im 19. Jh. die **Préludes** von CHOPIN; im 20. Jh. diejenigen von DEBUSSY (mit Untertitel) u. a.;
– **Stücke allgemeinerer Art** wie Tänze, Märsche, Fantasien, Klavierstücke, Bagatellen, Moments musicaux, Impromptus, Albumblätter usw.;
– spezielle **Charakterstücke** wie Ballade, Berceuse, Capriccio, Elegie, Ekloge, Intermezzo, Lied ohne Worte, Nocturne, Rhapsodie, Romanze usw.;

– Charakterstücke mit **programmatischem Inhalt:** Tombeau oder Lamento als Grab- oder Trauergesang, Battaglia als Schlacht-, Caccia als Jagdschilderung, wie sie bereits im MA. und in der Renaissance begegnen;
– Charakterstücke mit **außermusikal.,** in einem Titel verbalisierten **Inhalt.**

Tonmalerei im Charakterstück
wird als Mittel eingesetzt, um die Fantasie des Hörers in bestimmte Richtungen zu lenken. Bei der Wiedergabe von Außermusikal. ist die Grenze zwischen Zuständlichem (Charakterstück) und Ablauf (Programmmusik) oft nicht scharf zu ziehen. Auch das Zuständliche muss musikal. im Nacheinander gezeichnet werden, was die Möglichkeit programmatischen Ablaufs impliziert. SCHUMANNS Stück *Kind im Einschlummern* malt Stimmungsgehalt und Vorgänge aus: Es beginnt mit wiegendem Schaukeln und endet mit dem raschen Versinken in die Ruhe des Schlafes (überraschende Harmonik, Stillstand im Akkord; Abb. B).

Zyklusbildung von Charakterstücken
Um die kleine Form in einen größeren Zusammenhang zu heben, werden Charakterstücke oft gebündelt herausgegeben (BEETHOVENS *Bagatellen,* MENDELSSOHNS *Lieder ohne Worte* usw.). Umgekehrt kann eine zentrale poetische oder musikal. Idee einen Zyklus von Charakterstücken zusammenbinden wie in SCHUMANNS *Papillons, Carnaval, Waldszenen* usw. oder Variationszyklen, in denen das Thema oder seine Motive Ausgang für Stücke unterschiedlichsten Charakters sind wie SCHUMANNS *Abegg-Variationen* (**Charaktervariationen**).
Im *Carnaval* reihen sich 20 Charakterstücke (Figuren und Situationen auf einem Maskenball) um eine zentrale Idee, die tonsymbolisch in drei *Sphinxes* gebannt wurde: Es handelt sich um das böhmische Städtchen ASCH, aus dem Schumanns Verlobte ERNESTINE V. FRICKEN (*»Estrella«*) stammte und zugleich um die Tonbuchstaben S, C, H, A aus SCHumANNs Namen. Motivisch hängen die Stücke mit je einer der Sphinxes zusammen.

Zur Geschichte
Das Charakterstück begegnet schon bei den Lautenisten des 16./17. Jh., den engl. Virginalisten, den frz. Clavecinisten und in deren Nachfolge bei den Deutschen im Empfindsamen Stil des 18. Jh. Affektenlehre und Nachahmungstheorie spielen eine Rolle. Der Klassik fremd, wurde es zur Hauptform der Romantik, verflachte dann in der Salonmusik des 19. Jh. (*Heinzelmännchens Wachtparade, Gebet einer Jungfrau*). In der instrumentalen Volksmusik und in der Unterhaltungs- und Popmusik des 20. Jh. sind charakteristische Titel, z. T. aus werbungspsychologischen Gründen, üblich.

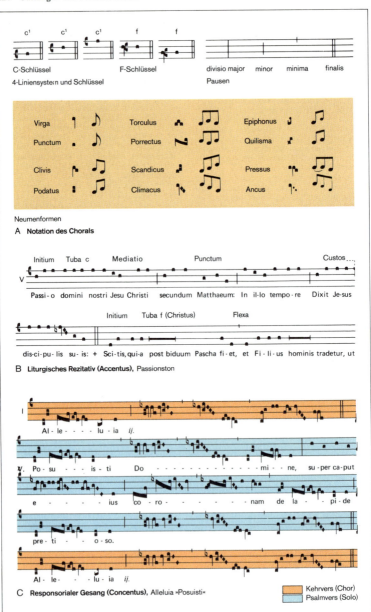

Elemente und Stile

Gattungen und Formen/Choral 115

Choral ist der einstimmige, unbegleitete Gesang der kathol. Liturgie (*gregorianischer Choral,* s. S. 184), später auch das Kirchenlied der protestant. Gemeinde.
Die Gesänge der beiden Hauptformen des kathol. Gottesdienstes stehen nach dem Kirchenjahr geordnet in zwei Büchern:

– Das **Graduale Romanum** enthält die Gesänge der Messe, und zwar zunächst die in jeder Messe wechselnden Stücke (*Proprium*): *Introitus, Graduale, Alleluia, Tractus* (Fastenzeit, Requiem), *Sequenz* (Feste, Requiem), *Offertorium* und *Communio;* dann die feststehenden Teile (*Ordinarium*): *Kyrie, Gloria, Credo, Sanctus* mit *Benedictus, Agnus Dei;* dann das Requiem u. a. (vgl. S. 128).

– Das **Antiphonale Romanum** enthält die Offiziumsgesänge des Tages: *Laudes* (Morgenlob bei Sonnenaufgang), *Prim* (1. Stunde = 7 Uhr), *Terz* (3. Stunde = 9 Uhr), *Sext* (6. Stunde = 12 Uhr), *Non* (9. Stunde = 15 Uhr), *Vesper* (Abendlob bei Sonnenuntergang, 18 Uhr), *Komplet* (Tagesschluss, 20 Uhr). Für die Gesänge der Nacht, die *Matutin,* gibt es noch das **Matutinale** oder das **Liber responsoriale.**

Der *gregorian. Choral* wird vom Priester, vom Vorsänger (*Cantor*), vom Chor aus Klerikern und Chorknaben (*Schola cantorum*) und vom Volk ausgeführt. Vortragsarten (vgl. S. 180):
– *solistisch:* Priester und Vorsänger;
– *responsorisch:* Wechsel von Solo und Chor;
– *antiphonisch:* Wechsel von zwei Chören.

Notation des Chorals. Dem normalen Umfang der Choralmelodien entsprechend verwendet man 4 Linien und 2 Schlüssel: den *C-* oder *Ut*-Schlüssel und den *F-* oder *Fa*-Schlüssel, beide in verschiedenen Positionen.
Als Notenzeichen dienen **Neumen,** die sich im MA. aus Frühformen zur heute noch üblichen quadratischen und rhombischen Notenform entwickelten (Auswahl in Abb. A, vgl. S. 186). Die Neumen fixieren die Tonhöhe, nicht den Rhythmus. Bei syllabischem Vortrag stehen über jeder Silbe die Einzelnoten *Virga* und *Punctum,* der Rhythmus richtet sich hier nach dem Text und seinen Akzenten. Bei melismatischem Vortrag werden zwei und mehr Töne über einer Silbe durch mehrtönige Neumen dargestellt. Nach einer betonten Note folgen meist ein bis zwei unbetonte, sodass ein steter Wechsel von Zweier- und Dreiergruppen entsteht. Nicht auf die Tonhöhe, sondern auf die Vortragsart beziehen sich Neumen wie *Epiphonus, Pressus, Ancus, Quilisma* (vgl. dazu S. 186). – Am Ende jeder Notenzeile gibt ein *Custos,* eine kleine Note ohne Text, die Tonhöhe des folgenden Zeilenbeginns an.

Accentus und Concentus unterscheidet man seit Ornitoparchus, 1517, als Stilarten des Chorals:

1. Der Accentus ist ein liturgisches Rezitieren auf einer bestimmten Tonhöhe, dem *Tenor,* oder der *Tuba,* mit bestimmten Melodiefloskeln entsprechend der Gliederung des Textes: das **Initium** am Satzanfang (Aufstieg zum Tenor), das **Punctum** am Satzende (Abstieg zur Finalis), die **Flexa** beim Komma, das **Metrum** beim Semikolon oder Doppelpunkt (Mittelkadenz), die **Interrogatio** bei Fragezeichen, in feierlichen Gesängen die **Mediatio** statt Flexa und Metrum, usw. (Abb. B). Der Accentus kommt hauptsächlich als Priestergesang vor. Er wird im Offizium bei den Orationen und Lektionen, in der Messe bei Epistel, Evangelium usw. angewendet. Je feierlicher die Form, desto reicher die Floskeln (Präfationen, Passionen usw.). Auch wechseln die *Tubae* wie in Abb. B, wo die Worte des erzählenden Evangelisten auf c, die Christusworte feierlicher auf dem tieferen f vorgetragen werden. Der Accentus kennt auch Volkseinwürfe (*Akklamationen,* z. B. »Amen«).
2. Der Concentus umfasst die eigentlichen Gesänge. Das Wort-Ton-Verhältnis reicht hier von einfacher *Syllabik,* je ein Silbe ein Ton gesungen wird, über *Gruppenmelodik* bei einzelnen Silben zu reicher *Melismatik,* in der auf jede Silbe viele Töne kommen.
Modalität. Der Choral ist diatonisch. Zu den 8 Kirchentonarten (*Modi*) s. S. 90 u. S. 188. Die Tonart wird vor dem Choral durch die röm. Ziffer angegeben.

Die wichtigsten Offiziumsgesänge sind außer den **Nocturnresponsorien:**

– **Offiziumsantiphonen:** schlicht syllabisch, Psalmformeln mit Antiphonen;
– **Marienantiphonen:** melismatischer Chorgesang, nur 4 erhalten, z. B. das *Salve Regina* von Petrus de Compostela († 1002);
– **Invitatorienantiphonen:** melismenreich.

Die wichtigsten Messgesänge sind:
Antiphonen:
– **Introitus:** melismendurchsetzter Gesang;
– **Offertorium:** Chorantiphonen ohne Psalmvers, ebenfalls melismendurchsetzt;
– **Communio:** syllabisch schlicht wie die Offiziumsantiphonen.
Responsorien:
– **Graduale:** alter Gesang, Aufbau meist vierteilige Antiphon und stark melismatischer Versus (*Solopsalmodie*).
– **Alleluia:** ursprünglich solistisch, seit Gregor I. mit Psalmvers, melismenreichster Messgesang. Alleluia und Versus meist motivisch verknüpft, Jubilus in Formen wie aab oder abb usw. Vortragsweise: Solointonation des Alleluia ohne Jubilus, Chor: Alleluia mit Jubilus, Solist: Versus, Chor: Alleluia mit Jubilus (Abb. C).
– **Offertorium:** seit 1958 wieder in responsorialer Form mit Antiphon und Solopsalmodie, reich ausgestaltete Melodien.
Dazu die chorischen Gesänge des Ordinariums.

116 Gattungen und Formen/Fuge

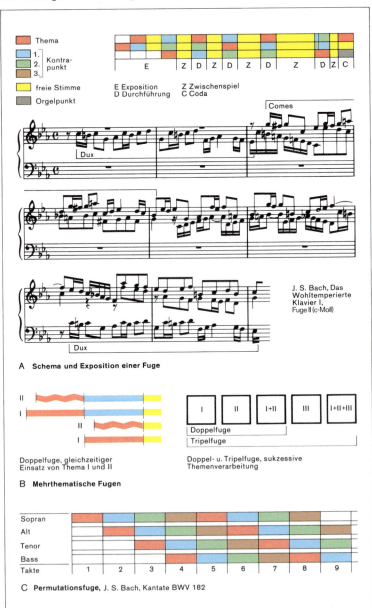

A Schema und Exposition einer Fuge

B Mehrthematische Fugen

C Permutationsfuge, J. S. Bach, Kantate BWV 182

Bau und Typen

Gattungen und Formen/Fuge 117

Die **Fuge** ist ein mehrst. Instrumental- oder Vokalstück, wobei der Terminus Fuge sich auf dessen spezifische polyphone **Setzweise** und zugleich auf dessen **Form- und Bauprinzip** bezieht. Die Stimmenzahl liegt in der Regel bei 3 und 4.

Ihre exemplarische Gestalt erhielt die Fuge in der BACH-Zeit. Ihr strenges und zugleich fantasievolles Ordnungsprinzip galt als Abbild einer höheren Weltharmonie.

Keine Fuge gleicht der andern. Als Beispiel diene die BACH-Fuge Abb. A. Sie ist **3-st.** und hat wie jede einfache Fuge nur **1 Thema**. Dieses Thema beginnt prägnant (»Themenkopf« T. 1/2) und läuft dann weniger prägnant weiter (T. 3 ff.). Das Thema (*Subjekt*) erklingt zuerst in seiner **Grundgestalt** als **Dux** (*Führer*) in der Mittelstimme, dann als **Beantwortung** oder **Comes** (*Begleiter*) in der Oberstimme (T. 3/4). Der Dux steht in der Tonika c-Moll, auf c beginnend, der Comes auf der dominantischen V. Stufe mit Beginn auf g. Aus tonalen Gründen verändert der Comes den Quartsprung c^2–g^1 des Dux (T. 1) in einen Quintsprung g^2–c^2 (T. 3, *tonale* Beantwortung statt intervallgetreuer *realer*). Dazu erklingt in der Mittelstimme ein **Kontrapunkt** (*Kontrasubjekt*).

Der 3. Einsatz muss wieder in der Grundgestalt erfolgen, daher die Rückmodulation von g- nach c-Moll (T. 5/6). Sie arbeitet mit motiv. Material. Dann erscheint das Thema als Dux in der Unterstimme (T. 7/8).

Die andern Stimmen pausieren nicht: Der Kontrapunkt (T. 3/4) erklingt in der Oberstimme, die Mittelstimme bringt einen 2. Kontrapunkt dazu.

Damit ist die sog. **Exposition** der Fuge (vgl. dagegen die *Exposition* und *Durchführung* der *Sonate*, S. 148 f.) beendet, worin alle Stimmen das Thema einmal ganz gebracht haben. Dabei ist die *Folge von Dux- und Comesform* des Themas verbindlich (bei einer 4-st. Fuge käme nun wieder die Comesform), die *Einsatzfolge* der Stimmen aber ist variabel.

Das Schema Abb. A zeigt maßstabsgetreu den weiteren Verlauf der c-Moll-Fuge. Es folgt ein *modulierendes* **Zwischenspiel** (T. 9/10) ohne Thema, aber mit thematischer bzw. kp. Substanz. Der nächste Teil (T. 11/12) *führt* das Thema wieder vollständig *durch*, jedoch nur in der Oberstimme, wozu in Unter- und Mittelstimme die Kontrapunkte 1 und 2 erklingen. Dieser Teil heißt **Durchführung**. Er steht hier in der Paralleltonart Es-Dur.

Es folgen wieder ein Zwischenspiel (T. 13/14), dann eine Durchführung in der Molldominante g-Moll mit dem Thema in der Mittelstimme (T. 15/16, die Mitte der Fuge), dann ein Zwischenspiel (T. 17–19), eine Durchführung in der Tonika c-Moll mit dem Thema in der Oberstimme (T. 20/

21), ein längeres Zwischenspiel (T. 22–26) und die letzte Durchführung in c-Moll mit Thema im Bass (T. 27/28). Ein kadenzierendes Zwischenspiel (T. 29) leitet über zur **Coda**, in der das Thema in c-Moll letztmals über einem *Orgelpunkt* im Bass erklingt (T. 29–31).

So wechseln in der Fuge ständig Partien strengster thematischer Kontrapunktik (**Durchführungen**) mit lockereren Episoden (**Zwischenspielen**). Die Anzahl dieser Partien, ihre Länge, ihr Tonartenplan usw. variieren jedes Mal, die Art der thematischen Verarbeitung ist sehr vielseitig mit *Engführung* (Einsatz des Themas in einer neuen Stimme, noch ehe die alte es beendet hat), *Umkehrung, Krebs, Augmentation, Diminution* usw. (vgl. S. 118 f.). – Alle kp. Errungenschaften aus dem MA. und der Renaissance fließen so in die Fuge des Barock ein als die große Synthese polyphoner Kunst.

Eine Sonderform der einfachen Fuge ist die **Permutationsfuge** ohne Zwischenspiele (Abb. C). Weitere Sonderformen bilden die *mehrthemigen* Fugen:

– **Doppelfuge:** Fuge mit 2 Themen, die entweder von Anfang an in fester Kopplung erklingen (z. B. MOZART, *Kyrie* des *Requiem*) oder einzeln in zwei Expositionen nacheinander vorgestellt und später miteinander verbunden werden (Abb. B).

– **Tripelfuge:** Fuge mit 3 Themen, die in der zweiten Art der Doppelfuge nacheinander exponiert und gekoppelt werden (Abb. B).

– **Quadrupelfuge:** Fuge mit 4 Themen nach dem gleichen Prinzip wie die Tripelfuge.

Der Fuge vorweg kann ein Präludium, eine Tokkata oder eine ähnliche freie Form gehen.

Zur Geschichte

Die Fuge (lat. *fuga*, Flucht, zuerst Terminus für Kanon, vgl. S. 119) entwickelt sich im 17. Jh. aus den Imitationsformen des 16. Jh. und des Frühbarock wie der *Fantasie*, dem *Tiento* vor allem dem *Ricercar* (S. 260). Sie erscheint dann traditionsgemäß in bestimmten Zusammenhängen, so im Mittelteil der Frz. Ouvertüre, in den raschen Sätzen der Kirchensonate, auch dem Concerto grosso (konzertante Fuge) und als Chorfuge in Kantate, Oratorium, Messe (*Kyrie, Amen* des Gloria, Credo u. a.) usw., schließlich als Höhepunkt der Entwicklung in eigenen großen Sammlungen, bes. von BACH (*Wohltemperiertes Klavier I*, 1722, und *II*, 1744, *Kunst der Fuge*, 1749/50). Seither galt die Fuge wegen ihrer Stimmführungskunst als Lehr- und Probestück jedes angehenden Komponisten. Klassik und Romantik versuchten die Fugenform mit der Sonatensatzform oder mit »poetischen« (BEETHOVEN) und *programmatischen* Inhalten zu verbinden. Auf die groß dimensionierten Fugen der Spätromantik (LISZT, REGER) folgten klassizistisch orientierte des 20. Jh. (HINDEMITH, STRAWINSKY).

118 Gattungen und Formen/Kanon

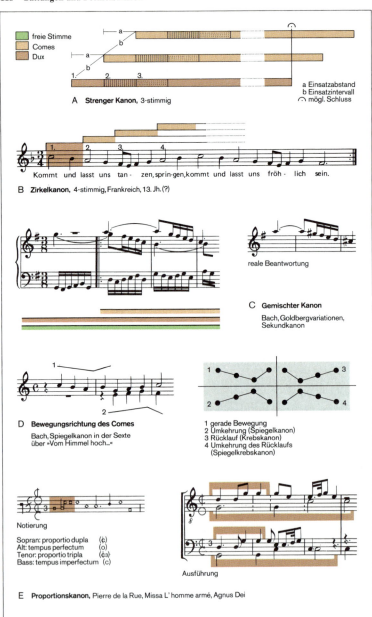

A **Strenger Kanon,** 3-stimmig

a Einsatzabstand
b Einsatzintervall
⌒ mögl. Schluss

Kommt und lasst uns tan-zen, sprin-gen, kommt und lasst uns fröh-lich sein.

B **Zirkelkanon,** 4-stimmig, Frankreich, 13. Jh. (?)

reale Beantwortung

C **Gemischter Kanon**

Bach, Goldbergvariationen, Sekundkanon

D **Bewegungsrichtung des Comes**

Bach, Spiegelkanon in der Sexte über »Vom Himmel hoch...«

1 gerade Bewegung
2 Umkehrung (Spiegelkanon)
3 Rücklauf (Krebskanon)
4 Umkehrung des Rücklaufs (Spiegelkrebskanon)

Notierung

Sopran: proportio dupla (¢)
Alt: tempus perfectum (o)
Tenor: proportio tripla (¢3)
Bass: tempus imperfectum (c)

Ausführung

E **Proportionskanon,** Pierre de la Rue, Missa L'homme armé, Agnus Dei

Arten und Stimmführung

Gattungen und Formen/Kanon 119

Kanon bedeutet die strenge Nachahmung einer Stimme (*Dux*) durch eine andere (*Comes*). Dem Wortsinn nach ist *Kanon* die *Regel* oder Anweisung für diese Nachahmung.

Strenger Kanon (Abb. A). Notiert wird nur der Dux. Die Comes wiederholen die Dux-Stimme notengetreu, wobei sie im zeitlichen **Einsatzabstand a** (Ziffern 1., 2., 3.) und u. U. in einer anderen Tonhöhe, d. h. im **Einsatzintervall b** (z. B. Oktave, Quinte, Quarte) beginnen. Am Schluss des Kanons können die Stimmen einzeln auslaufen oder gemeinsam in einer Fermate enden.

Zirkelkanon: Nach ihrem Ablauf beginnen die Stimmen wieder von vorne, sodass der Kanon unendlich weitergehen könnte (*canon perpetuus*). Zu diesem Typ gehören die meisten Gesellschaftskanons (Abb. B).

Spiralkanon: ein Zirkelkanon, bei dem der Dux einen Ton höher endet als er anfing, und sich die Stimmen so in jedem Durchgang einen Ton höher schrauben (z. B. im *Musikalischen Opfer* BACHS mit dem symbolhaften Hinweis: *»Ascendeque modulatione ascendat Gloria Regis«*, Wie die Tonhöhe möge der Ruhm des Königs steigen).

Rätselkanon: Einsatzabstand und Einsatzintervall sind nicht angegeben, sondern müssen herausgefunden werden.

Gemischter Kanon (Abb. C). Er besteht aus einem strengen Kanon und zusätzlichen *freien* Stimmen. Am häufigsten sind zwei kanonische Oberstimmen und ein freier Bass.

Bestimmungsmomente des Kanon
1. **Stimmzahl:** Normal sind 2 bis 3 Stimmen, möglich aber bis zu 8 und mehr. Vielstimmige Kanons bestehen oft aus übereinander geschichteten einfachen Kanons (*Gruppenkanon*), der beim **Doppelkanon** aus 2, der **Tripelkanon** aus 3, der **Quadrupelkanon** aus 4 Einzelkanons, die meist gleichzeitig einsetzen.
2. **Einsatzabstand:** Je dichter der Einsatzabstand, desto schwieriger die harmonische Fortschreitung. Der Einsatzabstand beträgt Null in der Fauxbourdon-Anweisung (s. S. 230) und im *canon sine pausis* (*ohne Pausen*, vgl. Abb. E).
3. **Einsatzintervall:** Jeder Comes kann in einem andern Einsatzintervall zum Dux beginnen (vgl. Abb. E). Normalerweise ist das Einsatzintervall jedoch für alle Comes gleich: Einklang im **Primkanon** (Abb. B), Sekunde im **Sekundkanon** (Abb. C), Terz im **Terzkanon** usw.
Die Beantwortung des Dux durch den Comes erfordert oft Änderung der Ganz- und Halbtöne (**tonale** Beantwortung), weil eine intervallgetreue Nachahmung (**reale** Beantwortung) in abweichende tonale Bereiche führen würde (vgl. den orig. tonalen und den konstruierten realen Comes in Abb. C).

4. **Bewegungsrichtung des Comes** (Abb. D): Im **Normalkanon** folgt der Comes dem Dux in gleicher Richtung (*gerade Bewegung*). Im **Umkehrungskanon** (Spiegel- oder **Gegenkanon**) bringt der Comes alle Intervalle des Dux in *umgekehrter Richtung*, also eine fallende Terz als steigende usw., als seien sie an einer horizontalen Achse *gespiegelt*. Im **Krebskanon** bringt der Comes den Dux von hinten beginnend *rückwärts*, im **Spiegel-Krebskanon** außerdem horizontal *gespiegelt*.
5. **Temporelation von Dux und Comes:** Der Comes kann den Dux schneller oder langsamer vortragen. Hierher gehört das komplizierteste der Kanonkunst, der

Proportionskanon. In der Mensuralnotation des 13.–16. Jh. konnten durch Proportionszeichen verschiedene Temporelationen gefordert werden. Im Kanon Abb. E entsteht aus einer einzigen Stimme ein 4-st. Satz. Die Stimmen setzen im Quint-Oktavabstand **gleichzeitig** ein. Sie tragen die gleichen Noten in *unterschiedlichem* Tempo und Rhythmus vor:
– **Sopran:** durchstrichener Halbkreis (alla breve), entspr. $^2/_4$-Takt;
– **Alt:** Vollkreis, entspr. $^3/_4$-Takt;
– **Tenor:** wie Sopran mit Ziffer 3, entspr. $^2/_4$-Takt mit Triolen bzw. $^6/_8$-Takt;
– **Bass:** Halbkreis, entspr. $^2/_2$-Takt. Vgl. auch S. 240, Abb. B.
Die spätere Notation erlaubt ein noch gradzahlige Vervielfachung oder Verringerung des Tempos (*canon per augmentationem* oder *per diminutionem*).

Zur Geschichte. Der erste erhaltene Kanon stammt aus dem 13. Jh. (*engl. Sommerkanon*, S. 212). Es folgen im 14. Jh. die frz. **Chasse** (S. 219) und die ital. **Caccia** (S. 221), beide mit Jagdszenen im Text mit sinnbildlicher Beziehung zum Fliehen und Verfolgen der Kanonstimmen. Die Satztechnik und die Stücke werden auch *fuga* (Flucht) genannt. In der franko-fläm. Vokalpolyphonie des 15./16. Jh. erlebte der Kanon seine Blütezeit. Der Kanon wurde zum Lehrstoff und galt als bes. Zeichen kompositorischen Könnens (s. Abb. von Kanons auf Musikerporträts). Eine Sonderstellung nimmt der Kanon im Spätwerk BACHS ein: *Goldbergvariationen* (Abb. C), *Kanonische Veränderungen über das Weihnachtslied »Vom Himmel hoch«* (Abb. D), *Musikalisches Opfer* und *Kunst der Fuge*. In der Klassik und Romantik wird Kanontechnik nur zuweilen angewendet (Durchführungen, Menuette, Scherzi). Es entstehen dagegen zahlreiche Gesellschaftskanons (HAYDN, MOZART). Eine neue Hinwendung zum Kanon bringt das 20. Jh., einmal in der Singbewegung seit etwa 1920 (JÖDE), zum andern bei vielen, um rational fassbare Form bemühten Komponisten (Zwölftonkanons, rhythmische Kanons, Klangfarben- und Lautstärkekanons).

120 Gattungen und Formen/Kantate

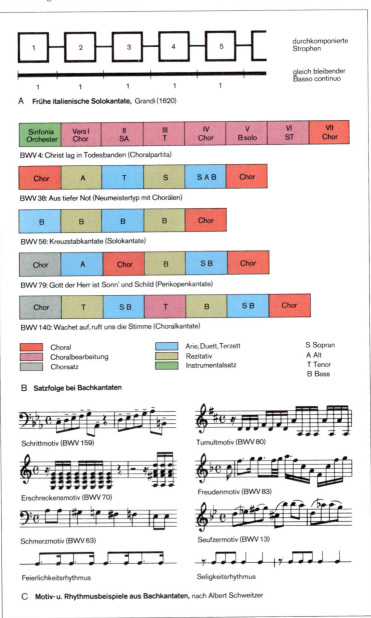

A Frühe italienische Solokantate, Grandi (1620)

B Satzfolge bei Bachkantaten

C Motiv- u. Rhythmusbeispiele aus Bachkantaten, nach Albert Schweitzer

Satzfolge und Figuren

Gattungen und Formen/Kantate 121

Die **Kantate** ist ein Werk für Gesang mit Instrumentalbegleitung, welches in der Regel mehrere Sätze (Rezitative, Arien, Chöre, Instrumentalritornelle) umfasst.

Die italienische Kantate

kommt mit der Monodie auf als Sologesang mit B. c., die die polyphonen Formen weltl. Liedkunst wie Madrigal, Villanella, Canzone ablöst. Der Sache nach kann man bereits bei CACCINI (*Nuove musiche,* 1601), PERI (*Varie musiche,* 1609) und im geistlichen Bereich bei VIADANA (*Cento concerti ecclesiastici,* 1602) Kantaten finden. Der Titel *Cantade* erscheint jedoch erstmals bei GRANDI (1620). Diese frühe ital. Solokantate ist strophisch. Ein Basso ostinato kehrt in allen Strophen wieder, die Melodie ist jedoch in jeder Strophe neu (Abb. A). Das unterscheidet die Kantate von der frühen Arie, die auch melodisch ein Strophenlied darstellt.

Stehen bei FERRARI (1633/41) bereits rezitativische und ariose Partien nebeneinander, so bringt die erste Blütezeit der ital. Kantate die Loslösung vom Basso ostinato, den Ausbau von Arien (CARISSIMI) und Rezitativen (ROSSI), die Wiederholung von Sätzen, instrumentale Zwischenspiele und Ritornelle.

Die *Bologneser Schule* mit COLONNA und Tost bringt erstmals Orchesterbegleitung, die bes. STRADELLA ausbaut.

In der *Neapolitanischen Schule* wird die Kantate dann zur Standardgattung, bestehend aus 2–3 Da-capo-Arien mit Rezitativen. Komponisten sind A. SCARLATTI (über 600 Kantaten), LEO, VINCI, HASSE (Texte von METASTASIO), HÄNDEL u. a.

Eine Sonderform der Kantate ist das ital. **Kammerduett,** das in seiner Besetzung aus zwei Solostimmen mit B. c. der Triosonate entspricht.

Die deutsche Kirchenkantate

Die weltl. Kantate fand im 17. Jh. wegen ihrer hohen ital. Gesangskultur im übrigen Europa kaum Nachfolger. Eine Ausnahme bilden K. KITTELS *Arien und Cantaten* von 1638 (strophische Sololieder nach ital. Manier). In der protest. Kirchenmusik entwickelte sich dagegen eine Gattung, die damals unter *Arie, Motette, Concerto* lief und heute als **ältere Kirchenkantate** bezeichnet wird. Vorläufer sind einige wie ital. Kantaten gearbeitete *Geistliche Konzerte* und *Symphoniae sacrae* von SCHÜTZ. Der älteren Kirchenkantate lagen Bibeltext, Choräle, geistliche Oden (neue geistl. Strophenlieder) und zuweilen betrachtende, freie Prosa zugrunde. Demnach unterscheidet man:

– **Biblische Kantate,** mit deutlichen Abschnitten, Ritornellen, Chören, auch Anfangswiederholung am Schluss;

– **Choralkantate,** verarbeitet alle Strophen eines Gemeindechorals, teils streng als **Choralvariation** und **Choralpartita** mit dem Choral als c. f., teils als freiere Kirchenliedkantate. Komponisten dieses Typs sind vor allem TUNDER, KUHNAU, KRIEGER, BUXTEHUDE;

– **Odenkantate,** als eine Übertragung der ital. Solokantate: ein Strophenlied mit wechselnder Besetzung und Musik je Strophe. Oft werden erste und letzte Strophe vom Tutti gestaltet;

– **Spruchodenkantate,** Mittelding zwischen Odenkantate und Konzertmotette mit einem Bibelspruch als Motto der Ode;

– **Mischformen** wie die **Dialogkantate,** in Art einer betrachtenden Wechselrede.

Der älteren Kantate fehlt das Rezitativ, während die Arie z. T. sogar in Choralkantaten (die mittleren Strophen als freie Prosa wiedergebend) vertreten ist.

Um 1700 dichtet der Weißenfelser Pfarrer ERDMANN NEUMEISTER Kantatentexte über Predigtgedanken für alle Sonn- und Feiertage des Jahres (*Geistliche Cantaten statt einer Kirchen-Musik,* 1700). Nach dem Vorbild der Oper bringt er freie Verse für **Rezitative** und **Da-capo-Arien,** Erstere im Predigerton, Letztere voll subjektiven Ausdrucks. Eine Vermischung mit der älteren Kantate erfolgt: Im 2., 3. und 4. Jahrgang (1708, 1711, 1714) sind Eingangsverse für Chor, Bibelsprüche (*Dictum*) und Choralstrophen vertreten. Die Neumeistertexte werden u. a. von KRIEGER, ERLEBACH, TELEMANN und BACH vertont.

Die Kantaten Bachs (Abb. B)

folgen meist den NEUMEISTER-Typen (Dichter u. a. in Weimar S. FRANCK, in Leipzig HENRICI, gen. PICANDER), sind aber doch sehr vielgestaltig:

In der frühen Kantate Nr. 4 (um 1708) liegt eine **Choralpartita** älterer Art vor: Der Choral ist c. f., jeder Vers bildet einen **Satz** unterschiedlicher Struktur und Besetzung. Wie in den alten *geistlichen Konzerten* erklingt zu Beginn eine **Orchestersinfonia,** am Schluss dagegen ein **4-st. Choral.** – In Nr. 38 begegnet ein NEUMEISTER-Typ mit Chorälen, in Nr. 56 eine Solokantate nach ital. Vorbild, in Nr. 79 ein später NEUMEISTER-Typ mit Eingangschor über einen Bibelspruch (*Perikope*) und in Nr. 140 eine **Choralkantate** freierer Form aus der späteren Leipziger Zeit (1731). Alle Kantaten schließen mit einem Choral.

Die Kantaten wurden in Jahreszyklen geschaffen (BACH schrieb 5 Zyklen à 59 Stück, 3 sind erhalten) und im Gottesdienst *vor* und *nach* der Predigt aufgeführt (oft zweiteilig, s. Nr. 79). Sie unterstützten musikalisch die Besinnung auf den liturg. Text. BACH prägt dabei über die barocke Figurenlehre hinaus eine eigene musikal. Sprache mit ähnl. Motiven für ähnl. Textstellen aus (Abb. C).

Spätere Beispiele sind MOZARTS *Exultate* (ital. Solokantate, S. 355); weltl. Kantaten, oft als *Balladen, Oden, Rhapsodien,* von MENDELSSOHN, BRAHMS, SCHÖNBERG u. a.

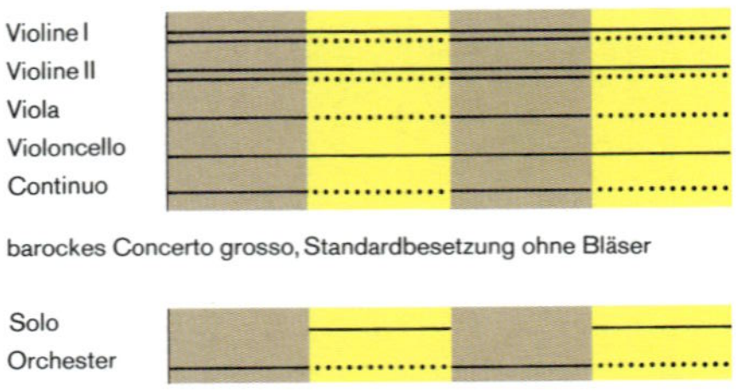

Violine I
Violine II
Viola
Violoncello
Continuo

barockes Concerto grosso, Standardbesetzung ohne Bläser

Solo
Orchester

klassisches Solokonzert

A Zwei Prinzipien des Konzertierens

Presto (a-Moll)   Largo (d-Moll)   Allegro (a-Moll)

RI Ritornell
Ct Couplet
A vollst. Thema
S Solovarianten

RI	Ct	RI	Ct	RI	Ct	RI	Ct	RI	Ct	RI
A	S	A	S	A	S	A	S	A	S	A
a	a-C	a	a-e	e	e-a	a	a	a	a	a
T.1	13	21	24	35	45	58	60	68	71	75

Takt 1

Modulationen   Themen

B Ritornellform des barocken Solokonzertes, A. Vivaldi, Violinkonzert a-Moll, op. 3, 6

Tutti   Solo
Tonika   Dominante

Allegro (A-Dur)   Adagio (fis-Moll)   Allegro assai (A-Dur)

Exposition I Orchester					Exposition II Solo und Orchester					Einschub Orch.	Durchführung Solo u. Orch.	Reprise Solo und Orchester						Einschub Orch.		Kadenz	Schluss Orchester	
Haupt-satz		Seiten-satz		Schluss-gruppe	Haupt-satz		Seiten-satz		Steige-rung u. Triller	Epilog u. Über-leitung	(hier) neues Motiv	Haupt-satz		Überleitung		Seitensatz		Steige-rung u. Triller	Epilog u. Steige-rung		Solo	Schluss-gruppe u. Coda	
												Orch.	Solo	Orch.	Solo								
A	A'	B	B'	C	A	A'	B	B'	B''	A'	D	A	A	A'	A'	B	B'	D	A'	D		B''	C
T.1	18	31	46	62	67	82	99	114	129	137	143	198	206	213	217	229	244	261	284	290	297	298	305

Takt 1   T.99   T.143   T.143

C Modifizierte Sonatensatzform des klassischen Konzertes, W. A. Mozart, Klavierkonzert A-Dur, KV 488

Strukturen und Formen

Konzert, von mittellat./ital. *concertare,* zusammenwirken, bedeutet die **Veranstaltung,** die **Gruppe der Musiker** (s. u. Concerto, engl. *consort*) und eine **Gattung.**
Eine zweite Ableitung des Begriffs von lat. *concertare,* wettstreiten (PRAETORIUS, 1619), zielt auf das Gegen- und Miteinander der Stimmen in der konzertanten Satzstruktur. Diese entwickelt sich Ende des 16. Jh. bes. in der venezianischen Mehrchörigkeit (S. 254, 264) und wurde als Stil kennzeichnend für das ganze Barock (*»Zeitalter des konzertierenden Stils«,* HANDSCHIN).
Der **Generalbass** bildet dabei die Grundlage, auf der die konzertierenden Stimmen ihre spezifische Freiheit erhalten. Sie zeigt sich im wechselweisen Pausieren, im *Chorweisen umbwechseln* (PRAETORIUS), im solistischen Hervortreten, in freier motivischer Arbeit usw.

Vokalkonzerte des Barock
Das frühe **Concerto** ist noch vorwiegend vokal, hervorgegangen aus der Motetten- und Madrigaltradition, so VIADANA, *Cento concerti ecclesiastici* (1602) oder SCHÜTZ, *Kleine geistliche Konzerte* (1636/39) für 1–3 Vokalsolisten, Gb. und wenige Soloinstr. Später treten Orchester- und Chorsätze, Rezitative und Arien hinzu: Das Vokalkonzert wird zur Kantate (s. S. 120 f.).

Instrumentalkonzerte des Barock
Im instrumentalen Bereich lassen sich 3 Besetzungsmöglichkeiten und damit Arten des Konzertierens erkennen:
– **Mehrchöriges Konzert:** das Gegeneinander mehrerer, etwa gleichstarker Gruppen in alter, venezianischer Tradition; berühmtes spätes Beispiel: BACHS *3. Brandenburg. Konzert.*
– **Concerto grosso:** Eine Solistengruppe (**Concertino, Soli**) steht gegen die Großgruppe (**Concerto grosso, Tutti, Ripieno**). Die Standardbesetzung des Concertino ist 3-st., ungleich oder in Triosonatenbesetzung mit 2 Violinen (auch Flöten, Oboen) und B. c. (Cello, Cembalo). Die Solisten führen als die besten Spieler auch das Tutti an, das in den Solopartien schweigt (Abb. A, Gegensatz: der Wechsel von Solist und Orchester im klass. Konzert). Das Concerto grosso entwickelte sich ab etwa 1670 in Oberitalien (STRADELLA 1676, CORELLI 1680, VIVALDI ab 1700). Die **Satzfolge** und **-struktur** entsprach der Kirchen- bzw. Kammersonate (ab VIVALDI meist 3-sätzig: schnell-langsam-schnell).
– **Solokonzert:** entwickelt sich gleichzeitig mit dem Concerto grosso. Soloinstr. sind bes. Trompete, Oboe, Violine (TORELLI, 1698), Klavier (BACH, ab etwa 1709).
Bedeutsam sind die Konzerte VIVALDIS (ab op. 3, gedruckt 1712). Sie haben 3 Sätze, wobei die Kantilenen des langsamen Mittelsatzes oft über wenigen Gb.-Akkorden improvisiert wurden. Die Ecksätze zeigen

Ritornellform: Das Tutti spielt jeweils das Thema oder einen Teil desselben (Abb. B: 2. Ritornell *nur Mittelteil,* 3. *nur Beginn,* in e-Moll, usw.), dazwischen liegen modulierende Soloepisoden (**Couplets,** nach Art des frz. Balletts) mit thematischen Motiven und freien Spielfiguren.
Die VIVALDISCHEN Themen sind harmonisch großflächig, einfach und zugleich prägnant (Nb. Abb. B). BACH übertrug 9 VIVALDI-Konzerte zum Eigengebrauch und für Studienzwecke auf Cembalo und Orgel.

Instrumentalkonzert der Klassik/Romantik
Auch das Konzert der Klassik, bevorzugt für Violine und Klavier, ist noch immer 3-sätzig, wobei der Mittelsatz in der *D* oder *Tp* steht (Abb. C; auch entferntere Tonarten). Der Kopfsatz wird in einer *modifizierten Sonatensatzform* gestaltet:
Das Orchester **exponiert** verkürzt in der Regel beide Themen, belässt aber den Seitensatz in der Haupttonart. Erst bei der Wiederholung der **Exposition** greift der Solist ein mit einer Fülle von virtuosen Spielfiguren und mit der üblichen Modulation (Abb. C: A′, T. 82) in die Dominanttonart für das 2. Thema. Dies kontrastiert wie in der Sonate zum 1. Thema (vgl. Nb. C, T. 1 und 99). Eine virtuose Steigerungspartie, die üblicherweise in einen Triller oder Doppeltriller mündet, beendet die Exposition für den Solisten (B″). Das Orchester leitet zur **Durchführung** über (Durchführungsmotiv bei MOZART meist aus dem Schluss der Exposition), die der Solist im Wechselspiel mit dem Orchester gestaltet. Nach der **Reprise** erscheint als bes. Höhepunkt kurz vor Schluss eine Soloepisode ohne Orchester (**Kadenz**), in der Solist über die Themen des Satzes fantasiert und zugleich sein technisches Können zeigen kann. Sie wurde bis zur Zeit BEETHOVENS improvisiert (Niederschriften MOZARTS und BEETHOVENS u. a. erhalten), später in den Satz einkomponiert.
Die **Mittelsätze** der Konzerte sind meist liedhaft kantabel, die **Schlusssätze** überwiegend virtuos spielerisch in Rondoform. (Schema Abb. C; alle Konzerte differieren, Abb. C gilt daher nur als ein Beispiel).
Neben dem Solokonzert gibt es **Doppel-** und **Tripelkonzerte** (BEETHOVEN: für Violine, Cello und Klavier als Solistentrio) und die **Sinfonia concertante** mit konzertierenden Instrumenten (MOZART).
Die Romantik experimentiert mit Satzverbindungen (*attacca,* schon bei BEETHOVEN), einsätzigen **Konzertstücken,** aber auch 4-sätziger Anlage (BRAHMS, *Klavierkonzert B-Dur* mit Scherzo) bei ständig wachsender Virtuosität im Solopart.

Das 20. Jh. bringt z. T. Rückbesinnung auf altes, freieres Konzertieren aller Instrumente (BARTÓK, *Konzert für Orchester*).

124 Gattungen und Formen/Lied

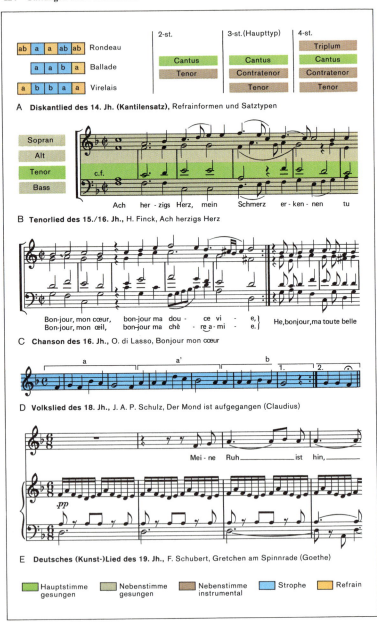

A **Diskantlied des 14. Jh. (Kantilensatz)**, Refrainformen und Satztypen

B **Tenorlied des 15./16. Jh.**, H. Finck, Ach herzigs Herz

C **Chanson des 16. Jh.**, O. di Lasso, Bonjour mon cœur

D **Volkslied des 18. Jh.**, J. A. P. Schulz, Der Mond ist aufgegangen (Claudius)

E **Deutsches (Kunst-)Lied des 19. Jh.**, F. Schubert, Gretchen am Spinnrade (Goethe)

Typen

Gattungen und Formen/Lied   125

Lied bedeutet *textlich* ein Gedicht mit Strophen gleicher Bauart (Vers- und Silbenzahl), *musikalisch* die Vertonung eines solchen strophischen Textes. Dabei kann jede Textstrophe auf die gleiche Melodie gesungen werden (*Strophenlied*) oder melodisch wechselnd gestaltet sein (*durchkomponiertes* Lied).

– Im **Strophenlied** spiegelt die Melodie den Versrhythmus und den Strophenbau des Textes, ferner im Ausdruck die *Gesamtstimmung* aller Strophen ohne Rücksicht auf die womöglich wechselnde Stimmung in den Einzelstrophen (Ideal der GOETHE/ ZELTERschen Liedauffassung).

– Im **durchkomponierten Lied** kann die Beziehung zwischen Text und Musik enger gestaltet werden, indem die Musik auf jede Einzelheit des Textes eingeht, aber auch verstärkt eigenmusikalische Kräfte gegenüber dem Gedichtbau einsetzt.

Im MA. entstehen neben den geistl. **Hymnen** die weltl. Lieder der Troubadours, Trouvères und Minnesänger, später der Meistersinger (vgl. S. 192–197). Die Lieder sind einst., ihre Strophenformen sehr reich.
Im 13. Jh. erscheinen auch mehrst. Lieder, bes. der 2- bis 4-st. geistl. **Conductus** (Notre-Dame-Epoche) und das weltl. 3-st. **Rondeau** (ADAM DE LA HALLE).
Im **14. Jh.** blüht in **Frankreich** vor allem das hochpoetische, expressive **Diskantlied** (MACHAUT) mit den gesungene Refrainformen *Rondeau*, *Ballade* und *Virelais* (Abb. A). Es steht im mehrst. **Kantilenensatz** (von lat. *cantilena*, Lied), in der die gesungene Hauptstimme (*Cantus, Discantus* oder *Duplum*) über dem instrumentalen *Tenor* und, im 3-st. Satz, *Contratenor* liegt. Im selteneren 4-st. Satz kommt noch ein *Triplum* hinzu (Abb. A).
Im **Trecento Italiens** gibt es eine reiche weltl. Liedtradition mit **Ballata, Caccia** und **Madrigal** (vgl. S. 220–223).
Im **15./16. Jh.** ist die mehrst. frz. **Chanson** die beherrschende Liedform.
In Deutschland kommt das **Tenorlied** auf. Die Liedmelodie liegt im Tenor, die andern Stimmen werden gesungen oder gespielt (Abb. B). Hauptkomponisten sind H. FINCK, H. ISAAK, L. SENFL. Die *Tenores* stammen aus dem höfischen Liedgut oder werden neu geschaffen. Der Satz zeigt sich überwiegend akkordisch syllabisch, mit eingestreuten, bewegteren melismatischen Partien nach Motettenart.
Demgegenüber vertritt die frz. **Chanson** des 16. Jh. das gesellige Lied unterschiedlichsten Charakters, häufig mit rasch deklamierenden Partien (Abb. C, bes. nach dem Doppelstrich). Die Chanson ist 3- bis 6-st. Es gibt zahlreiche Arrangements für eine Singstimme und Lautenbegleitung.
Vaudeville (syllabisch akkordisch) und **Air** (Sololied mit Lautenbegleitung) sind weitere Liedtypen jener Zeit.

Italien übernimmt die Chanson als *Canzone alla francese,* hat selbst aber eine reiche Liedkultur mit **Frottola, Villanella** (S. 252 f.) und **Madrigal** (S. 126 f.).
Mit der Monodie um 1600 erscheinen zahlreiche Gesänge mit Gb.-Begleitung, so das **Gb.-Lied,** z. T. mehrst. und mit Soloinstrumenten, das **Solomadrigal** (MONTEVERDI), die geistl. **Konzerte** (SCHÜTZ), die **Kantaten** (GRANDI) und die als **Arien** bezeichneten Strophenlieder (ALBERT, KRIEGER).
Im 18. Jh. werden diese Arien als schlichte strophische **Oden** und **Lieder** in vielen Slgn. gedruckt und in den *Singspielen* verwendet.
Gegen Ende des 18. Jh. kommt der von HERDER kultivierte Begriff des **Volksliedes** und die damit verbundene enthusiastische Bewegung zum Einfachen, Natürlichen auf.
Die Melodie *»Der Mond ist aufgegangen«* von J. A. P. SCHULZ (Abb. D; *Lieder im Volkston*, 1785) zeigt typische Merkmale des Volksliedes:
– **schlichte Gestalt,** die »den Schein des Bekannten darzubringen versucht . . .« (SCHULZ), ausgewogener, ruhiger Rhythmus, kleiner Ambitus, keine schwierigen Intervalle, leicht zu singen und zu behalten;
– **übersichtliche Gliederung** nach Gedichtzeilen: zwei Melodiebögen mit gleichem Schluss (a, a') für gleichen Reim, ein 3. verwandter mit Halbschluss (b 1) und Ganzschluss bei Wiederholung (b 2).

Das 19. Jh. bringt nach Vorbereitung in der Wiener Klassik (MOZART, BEETHOVEN) den Typ des deutschen **Kunstliedes** (SCHUBERT, SCHUMANN, BRAHMS, WOLF).
Das Lied *Gretchen am Spinnrade* schrieb SCHUBERT als Siebzehnjähriger (Abb. E). Es gilt als Urtyp der Gattung. Die Komposition geht von Gehalt und Ton des GOETHE-Gedichtes aus. Die Klavierbegleitung wird wesentlicher Bestandteil des Liedes: Die Sechzehntel der r. H. spiegeln in einer kreisenden Figur der Drehbewegung des Spinnrades, der Rhythmus der l. H. die antreibende Fußbewegung für das Schwungrad, die punktierte Halbe das ruhende Gestell. Das Vorspiel malt die Stimmung, noch ehe der Text beginnt. Wie aus einem Nachsinnen erklingt dann der Gesang.
Das Kunstlied wird auch in großen Zyklen komponiert, so SCHUBERTS *Schöne Müllerin* und *Winterreise,* SCHUMANNS *Dichterliebe,* BRAHMS' *Magelone* u. a.
Eine Erweiterung bedeutet das orchesterbegleitete, zuweilen auch sinfonische Lied (MAHLER, *Lied von der Erde*).
Das dt. Kunstlied findet im außerdt. Bereich Nachahmung (MUSSORGSKI, DEBUSSY). Im 20. Jh. erscheinen zwar keine neuen Liedtypen, doch leistet die 2. Wiener Schule mit SCHÖNBERG (Zyklus der *Georgelieder,* op. 15, 1908), BERG und WEBERN (frühe Lieder) einen bedeutenden Beitrag zur Gattung.

126 Gattungen und Formen/Madrigal

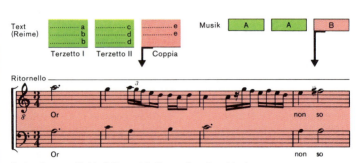

A **Das Trecento-Madrigal,** Giovanni da Firenze, Angnel son biancho

B **Das Madrigal des 16. Jh.,** Ph. Verdelot, Ogn'hor voi sospiro (Ausschnitt)

C **Spätes Madrigal,** C. Monteverdi, Lamento d'Arianna, 1. Teil

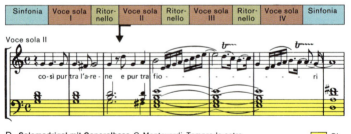

D **Solomadrigal mit Generalbass,** C. Monteverdi, Tempro la cetra, Aufbau und 2. Soloepisode (Beginn)

Typen

Gattungen und Formen/Madrigal 127

Das Madrigal ist eine mehrst. ital. Vokalgattung in zwei versch. Ausprägungen:
– das Madrigal des 14. Jh. (Trecento-Madrigal, vgl. S. 220–223),
– das Madrigal des 16. Jh. und frühen 17. Jh., das auch über Italien hinaus Schule machte (vgl. S. 254 f.).

Das Trecento-Madrigal blüht bes. im 2. Drittel des 14. Jh. Für die Herleitung seines Namens bieten sich drei Wurzeln an:
– *materialis,* im Sinne von weltlich, denn das Madrigal ist eine weltl. Gattung;
– *matricalis,* im Sinne von muttersprachlich, denn das Madrigal ist ital.;
– *mandrialis* als *zur Herde gehörig,* denn das Madrigal hat häufig pastoralen Inhalt.
Die Etymologie ist jedoch unsicher. Zentrale Themen sind Liebe und Erotik. Die dichterischen Bilder stammen meist aus der Natur. Die wichtigsten Dichter sind PETRARCA, BOCCACCIO, SACCHETTI und SOLDANIERI. Die Sprache ist schlicht, die Textform relativ einfach:
im ausgereiften Madrigal 2–3 Strophen oder *Piedi* als *Terzetti* (Dreizeiler) und 1 Refrain oder *Ritornello* als *Coppia* (Doppelzeile), mit 7–11 Silben je Zeile und der Reimordnung abb, cdd ... ee oder aba cbc ... bb oder ähnlich (Abb. A).
Das Madrigal wird zunächst 2-st., später auch 3-st. gesetzt. Die Terzetti erklingen auf die gleiche, die Coppia auf eine neue Melodie (Abb. A). Typisch für die Terzetti sind eine melismenreiche, virtuos gesangliche Oberstimme und ein einfacherer, aber ebenfalls sanglicher Tenor (s. S. 220). Die Coppia ist wesentlich kürzer, zeigt aber eine ähnliche Faktur. Sie steht meist in einem tänzerischen Dreiertakt (Abb. A).
Von der **Caccia** beeinflusst entstand in der 2. Hälfte des 14. Jh. das **kanonische Madrigal,** 2-st. als Kanon oder 3-st. mit Kanon in den Oberstimmen und einem freien Tenor.
Hauptkomponisten sind JACOPO DA BOLOGNA, GIOVANNI DA CASCIA (= DA FIRENZE), PIERO DA FIRENZE, später FRANCESCO LANDINI (vgl. S. 221 u. 223).

Das Madrigal des 16. und frühen 17. Jh. hat musikal. mit dem Trecento-Madrigal nichts gemein. Seine Textdichter berufen sich allerdings auf die Madrigaldichter des 14. Jh., vor allem auf PETRARCA und BOCCACCIO. Das Madrigal wird als weltl. Gegenstück zur Motette eine höchst kunstvolle und ausdrucksstarke Gattung mit manieristischem Einschlag, eine Kunst für Kenner und Liebhaber (*musica reservata,* vgl. S. 255). Die Ausführung ist solistisch, auch mit Instr., die nach Belieben mitgehen konnten.
Textl. besteht das Madrigal meist aus freien Versen (*rime libere*). Hauptdichter sind PIETRO BEMBO, ARIOST, TASSO usw. Die musikal. Gesamtanlage gliedert sich nach dem Text in eine Folge kleiner Abschnitte, wobei es bes.

auf den Ausdruck einzelner Textstellen und Wörter ankommt (*imitar le parole,* ZARLINO, 1558). Durch diese formale Freiheit wird das Madrigal zum Versuchsfeld für neue Musik im 16. Jh.
Das frühe Madrigal (1. Druck: Rom 1530) ist noch schlicht, im Wechsel homophoner und polyphoner Struktur, meist 4-st. mit führender Oberstimme und Bicinienbildung (Klangfarbenwechsel, rhythm. und melod. Lebendigkeit).
Abb. B zeigt einen Ausschnitt aus einem frühen Madrigal von PHILIPPE VERDELOT (1540), in dem zunächst die Ober-, dann die Unterstimmen ein Bicinium bilden, um dann in eine gemeinsame Kadenz zu münden. Typisch ist hier ferner der harmonisch unvermittelte Sprung von D-Dur nach B-Dur (Tp zu g-Moll), wodurch zwischen Tenor (fis) und Alt (f') ein eklatanter Querstand entsteht (T. 2). Der Text heißt an dieser Stelle:»schweigend, hebend, *in Liebesglut*«.
Das Madrigal der Blütezeit von etwa 1550 bis 1580 (Epocheneinteilung s. S. 255) ist 5-st. (auch 6-st.). Textausdeutungen durch rhythmisch, harmonisch und chromatisch ungewöhnliche Wendungen (*Madrigalismen*) nehmen zu. Die führenden Komponisten sind anfangs VERDELOT, FESTA, ARCADELT, dann WILLAERT, DE RORE, LASSO, PALESTRINA, DE MONTE, A. GABRIELI (vgl. S. 255).
Das Madrigal der Spätzeit (bis 1620) steigert Ausdruckskunst und Virtuosität ins Extrem, bes. bei GESUALDO, MARENZIO, MONTEVERDI.
Abb. C zeigt MONTEVERDIS Bearbeitung seiner urspr. monodischen Klage der Ariadne aus der verlorenen Oper *Arianna* (Mantua, 1608) zu einem 5-st. Madrigal (VI. Madrigalbuch, 1614). Der Text wird von allen Stimmen gesungen. Imitation, Gegenbewegung, Querstände, expressive Chromatik, wechselnde Betonung der Worte *lasciate* und *mi (lasst* mich sterben, lasst *mich* sterben) und die ruhige Vollkadenz in tiefer Lage beim Wort *morire,* sterben, gehören zu den Kunstmitteln dieses Satzes. (Die urspr. Fassung s. S. 110, Abb. B.)
Nach Vorläufern erscheint bei MONTEVERDI ab dem V. Madrigalbuch (1605) das **Solomadrigal** mit Gb.-Begleitung und das **konzertante Madrigal** als Vertreter des neuen Stils.
Abb. D zeigt den Aufbau eines Solomadrigals von MONTEVERDI (VII. Madrigalbuch, 1619). Instrumental sind **Einleitung** (*Sinfonia*), **Zwischenspiele** (*Schlusszeile der Sinfonia als Ritornelle*) und **Schluss** (erweiterte Anfangssinfonia). Die Ritornelle sind gleich, die Solopartien (**Strophen**) stets neu mit virtuosen Koloraturen und improvisierten Verzierungen, wie die 2. Solopartie andeutet (Nb).
Das ital. Madrigal wurde im 16. und frühen 17. Jh. bes. in Deutschland und England nachgeahmt (S. 256–259).

Gattungen und Formen/Messe

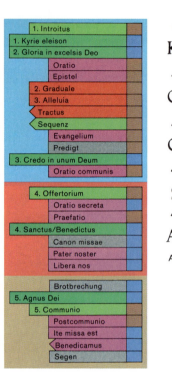

B Aufbau der Messe

A Ordinarium missae, I. Choral-Zyklus mit Credo Nr. I (überliefert ab 10. Jh.)

- Wortgottesdienst
- Eucharistiefeier
- Kommunionfeier
- feststehender Text (Ordinarium)
- wechselnder Text (Proprium)
- gesprochener Text
- Priestergesang
- Chor: responsorisch
- Chor/Gemeinde: antiphonisch

Introitus »Requiem aeternam....«		Nr. 1	Nr. 1	Nr. 1
Kyrie eleison, Christe eleison,....		Nr. 1	Nr. 1	Nr. 1
Graduale »Requiem aeternam....«				
Tractus »Absolve, Domine,....«				
Sequenz »Dies irae, dies illa,....«		Nr. 2-7	Nr. 2-6	Nr. 2, 1-9
Offertorium »Domine Jesu Christe,....«		Nr. 8-9	Nr. 7-8	Nr. 3
Sanctus mit Benedictus		Nr. 10-11	Nr. 9	Nr. 4
Agnus Dei mit »Dona eis requiem....«		Nr. 12	Nr. 10	Nr. 5
Communio »Lux aeterna....«		Nr. 12	Nr. 10	Nr. 6
Absolutio pro defunctis »Libera me....«				Nr. 7
Missa pro defunctis		Mozart	Berlioz	Verdi

C **Requiem**, Choralgesänge und Gliederungen in den Vertonungen von Mozart, Berlioz und Verdi

Teile und Gliederung

Die **Messe** (von lat. *missa*, aus dem *Ite, missa est* der Entlassung) ist neben den Stundengebeten des Offiziums der zentrale Gottesdienst der kath. Kirche. Ihre liturg. feste Form in lat. Sprache bildete sich für den Westen im Gegensatz zur Vielfalt des Ostens etwa ab dem 5. Jh. heraus. Sie wurde im *2. Vatikanischen Konzil* 1964–69 reformiert mit dem Ziel einer aktiveren Teilnahme der Gläubigen am Geschehen (u. a. Landessprache statt Latein), doch ist ihr **Aufbau** fast so geblieben, wie er den Messvertonungen in der MG. zugrunde lag (Abb. A):

Der Wortgottesdienst beginnt mit dem Einzugsgesang (**Introitus**) und dem Ruf der Christengemeinde um Erbarmen (**Kyrie eleison, Christe eleison, Kyrie eleison,** je 3 Mal), dann ertönt der Lobgesang der *großen Doxologie* (**Gloria**) und das Priestergebet (**Oratio**).
Es folgen die Lesungen (**Epistel** und **Evangelium**), im Hochamt als liturg. Rezitative vom Lettner aus gesungen, dazwischen ausgedehnte tropierende Gesänge (**Graduale** mit **Alleluia** bzw. in Buß- und Fastenzeiten mit **Tractus** und **Sequenz**). Mit der Predigt, dem Glaubensbekenntnis (**Credo**, nur an Sonn- und Feiertagen) und den allg. Fürbitten (**Oratio communis**) schließt der Wortgottesdienst.
Die Eucharistiefeier umfasst den Opfergesang (**Offertorium**), das Priestergebet über den Opfergaben (**Oratio secreta**) und das Kernstück der Messe mit dem feierlichen Hochgebet (**Präfation**, dem Heiligruf (**Sanctus** mit *Benedictus*) und der Wandlung von Wein und Brot im stillen Gebet (**Canon Missae**). Es folgen das Vaterunser (**Pater noster**) und die Fürbitten (**Libera nos**).
Der Kommunionteil beginnt mit der Brotbrechung und dem Lamm-Gottes-Ruf der Gemeinde (**Agnus Dei**), dann folgen die Kommunion der Gläubigen (**Communio**) und das Nachgebet des Priesters (**Postcommunio**). Die Messe schließt mit dem Entlassungsgruß (**Ite, missa est**) und der Gemeindeantwort (**Deo gratias**, am Gründonnerstag und in Prozessionsmessen: **Benedicamus Domino**). Der Segen steht seit dem II. Vaticanum vor dem Ite, missa est.

Zur Messe gehört der **gregorianische Choral** (S. 114 u. 184 ff.), ausgeführt vom Priester, dem Chor (*Schola cantorum*) und der Gemeinde. Man unterscheidet die schlichte **Missa cantata** und die feierliche **Missa solemnis** (Hoch-, auch Bischofs- oder Pontifikalamt). Zu den Messgesängen von Chor und Gemeinde gehören:
– **Ordinarium Missae: Kyrie, Gloria, Credo, Sanctus** und **Agnus Dei.** Diese 5 Teile sind in jeder Messe textgleich, musikal. gibt es einige verschiedene Fassungen (Abb. B). Gloria und Credo werden vom Priester intoniert, ehe die Schola einsetzt.

– **Proprium Missae: Introitus, Graduale, Alleluia, Offertorium, Communio.** Diese 5 Teile wechseln in jeder Messe. Sie sind *zyklisch* nach dem **Kirchenjahr** (*Pr. de tempore*) bzw. den **Heiligenfesten** (*Pr. de Sanctis*) geordnet.
Das Ordinarium ist antiphonisch, vom Proprium sind Graduale und Alleluia (bzw. Tractus) responsorial, Introitus, Offertorium und Communio antiphonisch. Dazu kommt der solist. Priestergesang (Abb. A).
Die Melodien des Ordinariums sind z. T. sehr alt. Ihre Überlieferung setzt im 10. Jh. ein. Die Propriumsgesänge sind noch älter als die des Ordinariums.

Mehrstimmige Messvertonungen

Propriumsvertonungen sind in der Zeit der frühen Mehrstimmigkeit üblich, dann aber wegen ihres Umfangs als Jahreszyklen selten (*Magnus liber* um 1200; ISAAKS *Choralis Constantinus* vor 1517; PALESTRINAS *Offertoriumszyklus* von 1593).
Gemeinsame Vertonung von Proprium und Ordinarium ergeben eine **Plenarmesse** (DUFAY, *Missa S. Jacobi,* 1429).
Vom **Ordinarium** werden im MA. zunächst nur Einzelsätze vertont, im 14. Jh. auch zu Zyklen zusammengestellt (*Messe von Tournai*), bis ab dem 15./16. Jh. die zyklische Vertonung des 5-teiligen Ordinariums zur Regel wird (**musikalische Messe**).
Grundlage und Motivquelle für die mehrst. Vertonung war im 15./16. Jh. die liturg. Choral (c. f.). – Man unterscheidet nach Satzstruktur und Vorlage:
– **Diskantmesse:** c. f. in der Oberstimme;
– **Tenormesse:** c. f. im Tenor;
– **Chansonmesse:** c. f. ein weltl. Lied;
– **Parodiemesse:** übernimmt eine mehrst. Vorlage wie Motette oder Chanson.
Der Stilwandel um 1600 bringt die **konzertierende Messe** mit Solostimmen, Gb. und Instrumenten.
Die von Oper und Oratorium beeinflusste barocke **Kantatenmesse,** die die Ordinariumsteile in Arien, Duette, Chöre (**Nummern**) zerlegt, führt zu den **Orchestermessen** der Klassik (HAYDN, MOZART) und **Romantik** (SCHUBERT, BRUCKNER).
Seit dem 17. Jh. werden die Textabschnitte *Christe* im Kyrie und das *Benedictus* im Sanctus meist für die **Solisten** geschrieben, das Ende des Gloria und Credo sowie das *Hosianna* im Sanctus **fugiert** gearbeitet.
BACHS *h-Moll-Messe* und BEETHOVENS *Missa solemnis* sprengen mit ihrem Umfang den Rahmen der Liturgie (Konzertaufführung).

Requiem. Im Ordinarium der **Totenmesse** (Missale von 1570) fehlen Gloria und Credo, das Proprium hat dagegen **Graduale, Tractus** und die **Sequenz** *»Dies irae«* (s. S. 190), die in den mehrst. Vertonungen den größten Raum einnimmt (Abb. C).

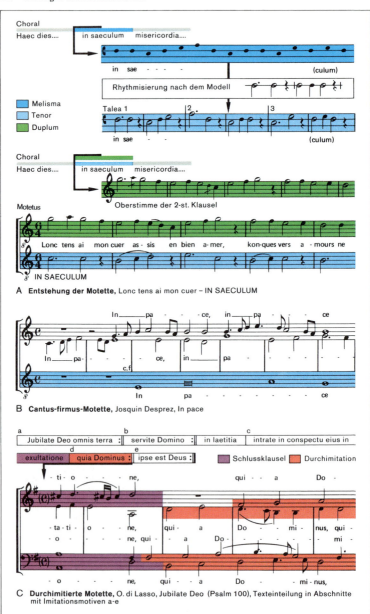

130 Gattungen und Formen/Motette

A Entstehung der Motette, Lonc tens ai mon cuer – IN SAECULUM

B Cantus-firmus-Motette, Josquin Desprez, In pace

C Durchimitierte Motette, O. di Lasso, Jubilate Deo (Psalm 100), Texteinteilung in Abschnitte mit Imitationsmotiven a–e

Entwicklung

Gattungen und Formen/Motette 131

Die **Motette** ist eine mehrst. Gattung der Vokalmusik. Sie stammt aus dem MA. und hat in ihrer Geschichte zahlreiche Wandlungen durchgemacht.

Entstehung der Motette. Im Choralgesang des MA. war es möglich, bestimmte, vorzugsweise solistische Partien zur Hervorhebung des Textes bes. schmuck- und kunstvoll, nämlich **mehrstimmig**, vorzutragen. Im mehrst. Choralgesang der Notre-Dame-Epoche um 1200 bearbeitete man die **melismatischen** Abschnitte des Chorals (in Abb. A: *in saeculum*) auf sehr rationale Weise: Man ordnete die Töne dieses Choralmelismas nach einem kurzen, rhythmischen Modell, der **Talea** (frz. *taille*, Abschnitt; vgl. S. 202 f.):

In Abb. A umfasst dieses Modell 5 Notenwerte (und 2 Pausen). Wiederholt man das Modell 3 Mal, sind 15 Töne des Choralmelismas *»in saeculum«* rhythmisch geordnet. Sind die Töne des Choralmelismas nach der x-ten Wiederholung des Modells verbraucht, können sie wiederholt werden **(Color)**.

Über das so bearbeitete Choralmelisma als Stützstimme oder **»Tenor«** setzte man eine freie Oberstimme (*Organum duplum*). Der ganze 2-st. Abschnitt heißt *Discantuspartie* bzw. **Klausel.**

Noch in der Notre-Dame-Zeit wird die Oberstimme der Klausel mit **lat.** Text in Versform versehen, der sich zunächst tropierend auf das Tenorwort (hier *»in saeculum«*) bezieht, bald aber auch **frz., weltl.** und sogar erotisch sein kann (Abb. A: frz. Liebesgedicht).

Das textierte Duplum heißt **Motetus** (vgl. S. 205), die so entstehende neue Gattung **Motette.** Sie löste sich aus dem Choral und wurde zur führenden weltl. Gattung der Ars antiqua und Ars nova (13./14. Jh.).

Textierung 3-st. Klauseln mit 2 Oberstimmen führte zur **Doppelmotette,** 4-st. Klauseln zur **Tripelmotette** mit 2 bzw. 3 verschiedenen Texten (s. S. 206).

Die isorhythmische Motette ist der spezifische Motettentyp der Ars nova im 14. Jh. (VITRY, MACHAUT). Das rhythmische Modell, die Talea, ist länger und vielstimmig. Es erfasst in abschnittsweiser Wiederholung den ganzen Satz (S. 218 f.). Diese höchst kunstvolle Form hielt sich als Festmotette bis ins 15. Jh. (DUFAY).

Im 15. Jh. wird die Motette wieder **geistl.** liturg. als Propriumsvertonung der Messe oder im Offizium verwendet. Inhaltlich handelt es sich um **Psalm-** oder **Evangelienmotetten.** Eine neue Form der Motette ist 3-st., im Kantilenensatz und ohne *c. f.*
Die Cantus-firmus-Motette im 15./16. Jh. verarbeitet als c. f. einen Choralausschnitt im Tenor, allerdings ohne starre rhythm. Zubereitung, sondern in natürl. Fluss. Immerhin bewegt sich der Tenor langsamer als die Oberstimmen, hat meist jedoch den gleichen

Text wie diese. Die langen Notenwerte des Tenors durchziehen Halt gebend das Stück. Der c. f. hat Symbolcharakter. Die Melodie des c. f. wird oft von den übrigen Stimmen abschnittsweise nachgeahmt bzw. als motivisches Material imitatorisch vorweggenommen.

In der 3-st. Motette *In pace* von JOSQUIN (Abb. B) beginnt der Alt mit einer aufsteigenden Bewegung bis zur Quarte mit folgender Sekunde abwärts, imitiert vom Sopran im Quintabstand. Das Motiv ist mit den ersten vier Tönen des c. f. im Tenor verwandt. Weiter taucht es im Sopran in T. 5 auf.

Die Stimmenzahl wächst bis zu 6, wobei oft 2 Stimmen zu Bicinien gekoppelt werden.

In Deutschland entsteht im 16. Jh. die **Liedmotette.** Als c. f. verwendet sie ein dt. Kirchenlied (*Choral*) und führt dieses zeilenweise im Tenor oder im Sopran im Stil des Tenorlieds bzw. Kantionalsatzes (Melodie oben) durch, jedoch in lebendigem Wechsel von homophonen und polyphonen Partien. Frei über Verse (nach Bibel oder neu) komponiert ist die dt. **Spruchmotette** (LECHNER, DEMANTIUS).

In England entstehen im 16. Jh. die **Anthems,** engl. Motetten nach Festlandvorbild.
Die durchimitierte Motette des 16. Jh. bildet den Höhepunkt der Motettenentwicklung, zugleich den Gipfel der franko-fläm. Vokalpolyphonie. Der c. f. entfällt, alle Stimmen beteiligen sich gleichmäßig am motivischen Material, den *Soggetti,* die für jeden Abschnitt der Motette neu erfunden werden.

Die LASSO-Motette Abb. C hat 5 Abschnitte, die sich nach der sinnvollen Einteilung des Textes richten. Ziel ist es, den Textgehalt in der Musik voll zum Ausdruck zu bringen.

Die Abschnitte sind verzahnt zu einem weit tragenden Stimmenfluss. So setzt noch in der Schlusskadenz des 3. Abschnitts (Nb.) das neue Soggetto *»quia«* im Tenor ein. Es wird sogleich von Bass/Alt und vom Sopran, also in allen Stimmen, imitiert (*Durchimitation*).

Die Ausführung war rein vokal (*a cappella*) oder mit Instrumenten, die die Vokalstimmen mitspielten.

Spätere Formen

Im 17. Jh. entsteht die solistisch besetzte **Gb.-Motette.** Erste Slg. sind die *Concerti ecclesiastici* von VIADANA (1602). Auch die *Kleinen geistl. Konzerte* von SCHÜTZ sind solche Motetten über Bibelsprüche (vgl. S. 123).

Daneben lebt die polyphone **Chormotette** alten Stils weiter, z. B. in der *Geistl. Chormusik* von SCHÜTZ mit vielen doppelchörigen Motetten venezianischer Tradition oder in den 6 Motetten BACHS.

Das 19. und 20. Jh. haben keine neuen Motettentypen entwickelt, jedoch wurden Motetten geschrieben (BRAHMS, HINDEMITH).

132 Gattungen und Formen/Oper

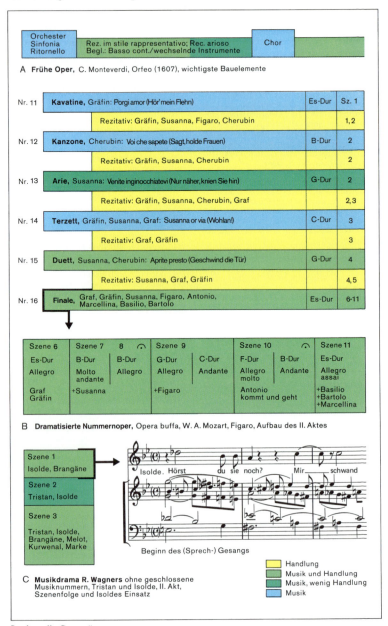

A **Frühe Oper,** C. Monteverdi, Orfeo (1607), wichtigste Bauelemente

B **Dramatisierte Nummernoper,** Opera buffa, W. A. Mozart, Figaro, Aufbau des II. Aktes

C **Musikdrama R. Wagners** ohne geschlossene Musiknummern, Tristan und Isolde, II. Akt, Szenenfolge und Isoldes Einsatz

Strukturelle Gegensätze

Gattungen und Formen/Oper 133

Die **Oper** ist ein musikal. Drama, in dem anders als im Schauspiel mit Musikeinlagen die Musik am *Handlungsablauf* und an der Schilderung von *Stimmungen* und *Gefühlen* wesentl. beteiligt ist. Die Verbindung der versch. Künste Musik, Dichtung, Dramatik, Malerei, Bühnenbild, Tanz, Gestik enthält viele Möglichkeiten, aber auch Widersprüche, sodass die Geschichte der Oper unterschiedlichste Ausprägungen der Gattung kennt.

Die Oper entstand Ende des 16. Jh. in **Florenz**, wo ein Humanistenkreis von Dichtern, Musikern und Gelehrten (*Florentiner Camerata*) das antike Drama wieder zu beleben suchte, in dem Gesangssolisten, Chor und Orchester beteiligt waren. So schuf man nach dem Vorbild der Pastoraldramen des 16. Jh. (TASSO, GUARINI) die ersten Opernlibretti und setzte sie in Musik mit den Mitteln der Zeit:
– die neue **Monodie** (Singstimme mit Gb.-Begleitung, vgl. S. 145);
– madrigaleske und motettische **Chöre;**
– **Instrumentalritornelle** und -tänze.

Die ersten Opern auf Texte von RINUCCINI sind PERIS *Dafne* (1597, verloren) und *Euridice* (1600) sowie CACCINIS *Euridice* (1600; s. S. 144, Abb. A).

Der Durchbruch zur großen barocken Oper gelang MONTEVERDI mit seinem *Orfeo* (Mantua 1607, Text von STRIGGIO).

Sein Rezitativ wird zum musikal. lebendigen und gestisch starken *stile rappresentativo (darstellender Stil),* dazu treten frei geformte lyrisch-dramatische Gesänge (*Rec. arioso*) mit Orchesterbegleitung, Lieder (*Arien*), Chöre und ein reich besetztes Orchester mit Sinfonien, Ritornellen und Tänzen (Abb. A).

Venedig ist bald das Opernzentrum in Norditalien. 1637 wird dort das erste kommerzielle Opernhaus eröffnet. Heldensagen und antike Geschichte liefern die Stoffe für das Spätwerk MONTEVERDIS und die zahllosen neuen Opern, bes. von CAVALLI und CESTI.

Rom entwickelt neben der weltl. Oper mit großen Chören die **geistl. Oper** (S. 135). Ende des 17. Jh. und im 18. Jh. übernimmt die **Neapolitanische Schule** mit A. SCARLATTI (1660–1725) die Führung. Bedeutendster Textdichter ist P. METASTASIO. Zentraler Operntyp wird die *ernste* **Opera seria** mit ihrer Abfolge von **Secco-Rezitativen** für die Handlung und großen **Da-capo-Arien** zur Affektdarstellung. Als Ouvertüre erklingt die **Neapolitan. Opernsinfonia** (vgl. S. 136).

In der Opera seria dominiert die Musik. Die Handlung trat zurück, die Musikstücke wurden nummeriert (**Nummernoper**, vgl. Abb. B). Stärkste Ausprägung fand diese Barockoper durch HÄNDEL.

Daneben entwickelte sich in Neapel aus den Zwischenaktseinlagen der Opera seria (**Intermedien**) die *heitere* **Opera buffa** mit den bürgerl. Stoffen der Commedia dell'Arte (z. B. PERGOLESI, *La serva padrona,* 1733).

Die Opera buffa gibt im 18. Jh. Impulse zur Überwindung der starren Opera-seria-Form, bes. durch Einführung von Ensembles und Finali. Eine Reform der Seria versuchte um 1770 auch GLUCK. Bewusst einfach gibt sich das dt. **Singspiel** des 18. Jh. mit gesprochenen Dialogen und Liedern.

Die Oper der Klassik, bes. MOZARTS Buffooper, bringt dann eine Dramatisierung der alten Nummernoper, ohne auf absolute musikal. Elemente zu verzichten.

Der II. Akt aus MOZARTS *Figaro* (1786) zeigt dies beispielhaft (Abb. B).

Das Secco-Rezitativ treibt wie bisher die Handlung weiter (Szenenhäufung), die Nummern aber reichen mit ihren vielen Formen von überwiegend musikalischen Haltepunkten (Nr. 11, 12, 14) über leichte Aktion (Nr. 13: Verkleidung) bis zur Verbindung von Handlung und Musik (Nr. 15: Cherubin springt aus dem Fenster; Nr. 16: aufregendes Finale). Absolut-Musikalisches zeigt sich im Tonartenplan des ganzen Aktes mit Es-Dur als Rahmen und im rondoartigen Aufbau des Finales (Szenen-, Tonarten- und Satzgruppierung um eine Mitte, zugleich Steigerung von Tempo, Personenzahl und Dramatik; s. S. 342 f.).

Frankreich hatte eine eigene Operntradition mit dem **Ballet de Cour** (seit 1581), dem **Comédie-Ballet** und der höfischen **Tragédie lyrique** LULLYS im 17. Jh. Letztere orientierte sich am klass. frz. Theater (Sprache, 5 Akte) und hatte musikalisch freie Rezitative, liedhafte **Airs,** viele **Chöre** und **Tänze** und als Einleitung die **Frz. Ouvertüre.** Im 18. Jh. kommt es zum Streit um die ital. Opera buffa (PERGOLESI-Auff., Paris 1752) und zur Gründung der bürgerl. **Opéra comique** mit gesprochenen Dialogen.

Über die **Revolutions-** oder **Schreckensoper** entwickelt sich die **große Oper** des 19. Jh. (MASSENET, MEYERBEER), daneben die parodistische **Operette** (OFFENBACH) und in ganz Europa die Nationalopern.

In Deutschland zeigt die *romantische Oper* (WEBER, *Freischütz,* 1821) Tendenz, das Schema der Nummernoper in wechselvolle Szenen und Arien aufzulösen. Das Musikdrama R. WAGNERS ist dann konsequent durchkomponiert: Szenenfolge und Text sind Grundlage einer fortlaufenden Musik mit »unendlicher Melodie«, Sprechgesang, Leitmotivtechnik, farbenreichem Orchester und einer expressiven, hochchromatischen Harmonik (Abb. C).

WAGNERS Musikdrama erreicht auch im Blick auf die Vermengung der Künste ein Extrem (**Gesamtkunstwerk**), dem im 20. Jh. erneute Arbeit mit alten Formen (BERG, STRAWINSKY), aber auch Suche nach neuen Möglichkeiten des Musiktheaters folgten (ZIMMERMANN, KAGEL).

134 Gattungen und Formen/Oratorium

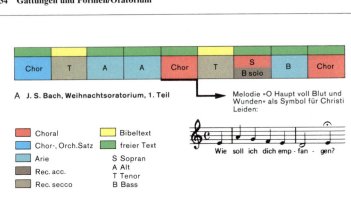

A J. S. Bach, Weihnachtsoratorium, 1. Teil → Melodie »O Haupt voll Blut und Wunden« als Symbol für Christi Leiden:

Wie soll ich dich emp-fan-gen?

- 🟥 Choral
- 🟦 Chor-, Orch.Satz
- 🟦 Arie
- ⬛ Rec. acc.
- ⬛ Rec. secco
- 🟨 Bibeltext
- 🟩 freier Text
- S Sopran
- A Alt
- T Tenor
- B Bass

1. Einleitung (Orchester)	**c-Moll**	Die Vorstellung des Chaos
Rezitativ Raphael (B)	c-Moll / D-Dur	Im Anfang schuf Gott (Moses I, 1, 1-4)
2. Arie Uriel (T) mit Chor	A-Dur	Nun schwanden vor dem heiligen
3. Rezitativ Raphael		Und Gott machte (Moses I, 1, 7)
4. Solo Gabriel (S) mit Chor	C-Dur	Mit Staunen sieht das Wunderwerk
5. Rezitativ Raphael		Und Gott sprach (Moses I, 1, 9-10)
6. Arie Raphael	d-Moll / D-Dur	Rollend in schäumenden Wellen
7. Rezitativ Gabriel		Und Gott sprach (Moses I, 1, 11)
8. Arie Gabriel	B-Dur	Nun beut die Flur das frische Grün
9. Rezitativ Uriel		Und die himmlischen Heerscharen
10. Chor	D-Dur	Stimmt an die Saiten, ergreift die Leier
11. Rezitativ Uriel		Und Gott sprach (Moses I, 1, 14)
12. Rezitativ Uriel	D-Dur	In vollem Glanz steiget jetzt die Sonne
13. Chor mit Soli	**C-Dur**	Die Himmel erzählen die Ehre Gottes

Aufbau des 1. Teiles

B J. Haydn, Die Schöpfung

Gesamtanlage:
1. Teil: Weltall, Erde, Nr. 1-13
2. Teil: Tiere, Menschen, Nr. 14-28
3. Teil: Preis und Dank, Nr. 29-34

Satzfolgen

Gattungen und Formen/Oratorium 135

Unter einem **Oratorium** versteht man im Allg. ein abendfüllendes, meist geistl. Werk für Soli, Chor und Orchester in nichtszenischer, d. h. konzertanter Aufführung.

Die Bezeichnung leitet sich ab vom *Oratorio (Betsaal),* wo man **Bibellesungen** und andächtige **Betrachtungen** mit geistl. Liedern (*Lauden*) abhielt.

Als frühestes Zeugnis ist erhalten CAVALIERIS *Rappresentazione di anima e di corpo* (Darstellung der Seele und des Körpers, Rom 1600) mit Rezitativen, Chören und Tänzen, also den Stimmitteln der neuen Oper (eine *»geistl. Oper«*). Für die Gattungsgeschichte ist diese Parallelität typisch: Immer wieder beeinflussten Neuerungen der Oper auch das Oratorium.

Zentrale Figur des Oratoriums ist der **Erzähler** (*Historicus, Testo*), der in **Rezitativen** (Tenor mit Gb.) den Bibeltext bzw. die Handlung als Leitfaden für die verschiedene Musiknummern vorträgt. Die Stoffe stammen aus dem Alten Testament, zuweilen auch aus dem Neuen oder aus Heiligenlegenden. Die neu gedichteten Partien fallen dem Solisten oder dem Chor zu. Frühes Beispiel für ein Oratorium mit Testo, Soli (**Ariosi**) und einer Fülle von **geistl. Madrigalen** für Chor ist G. ANERIOS *Teatro armonico spirituale* (Rom 1619) in ital. Sprache (*Oratorio volgare*). Berühmtester Oratorienkomponist des 17. Jh. ist CARISSIMI (1605–1674, Rom) mit seinen lat. Oratorien (*Oratorio latino*). Seine Schüler und Nachfolger sind DRAGHI, STRADELLA und CHARPENTIER in Paris.

Die Neapolitanische Schule mit A. SCARLATTI (1660–1725) führt dann nach Opernvorbild **Secco-** und **Accompagnato-Rezitativ** und die **Da-capo-Arie** ins Oratorium ein. Höhepunkt dieser Entwicklung sind HÄNDELS Oratorien in London: erstmals in engl. Sprache *Esther* (1732), ferner *Messias* (1742), *Judas Maccabäus* (1746) und viele andere. HÄNDELS Oratorium verbindet in barocker Mischung Weltgeist und große Würde mit Innigkeit und Pathos.

In Deutschland schrieb im 17. Jh. SCHÜTZ seine oratorienartigen **Historien** (Auferstehungshistorie, 1623; Weihnachtshistorie, 1664). Im 18. Jh. wurde das Bibelwort z. T. versifiziert, Lieder, Arien und Chöre kamen hinzu (MENANTES 1704, BROCKES). Kleinere Werke blieben im kantatenartigen Rahmen.

BACHS *Weihnachtsoratorium* (1733/34) geht aus diesem Rahmen hervor. Es ist ein Zyklus von 6 Kantaten (Teile 1–6) zum *1. bis 3. Weihnachtstag,* zur *Beschneidung,* zum *Sonntag nach Neujahr* und zum *Erscheinungsfest* (*Epiphanias*). Bibeltext (Secco-Rezitativ, Tenor) wechselt mit freien Versen in Chören, Accompagnati und Arien. Viele Stücke gehen auf ältere *weltl.* Kantaten zurück, die neuen, geistl. Text bekamen (*Parodieverfahren*), so der Eingangs-

chor *»Jauchzet, frohlocket!«* auf die Kantate *»Tönet ihr Pauken«* (BWV 214). Symbolisch weist der 1. Choral *»Wie soll ich dich empfangen«* mit seiner Melodie *»O Haupt voll Blut und Wunden«* auf die Leidensgeschichte Christi voraus (Abb. A).

Dem Zeitgeschmack der Jahrhundertmitte entsprach RAMLERS empfindsames Oratorium *Der Tod Jesu* (1755) mit Musik von GRAUN, das noch 1 Jh. später jährlich in Berlin in der Karwoche aufgeführt wurde.

Eine Wende bringt das Oratorium der Klassik und des 19. Jh., eingeleitet von HAYDNS *Schöpfung* (1798) und *Jahreszeiten* (1801).

Die *Schöpfung* strahlt einen aufgeklärten Optimismus aus und weiß Bibeltext mit Weltreligion und Erlösungsmythos der Menschheit zu verbinden. Musikalisch arbeitet HAYDN auch mit tonmalerischen Zügen, z. B. düsteres c-Moll im rudimentären Sinfoniesatz der Chaosvorstellung, dagegen Wendung nach Dur mit dem Erscheinen des Lichtes. Den Bibeltext tragen 3 Erzengel in knappen Secco-Rezitative vor, die Musikstücke sind nummeriert wie in der Nummernoper: es wechseln Accompagnato-Rezitative mit Arien und Chören, Letztere ad maiorem Dei gloriam vielstimmig und barock fugiert.

Die Gesamtanlage ist dreiteilig (im Barock allg. zweiteilig) und behandelt die Erschaffung der Erde und Pflanzen, der Tiere und Menschen und das Leben des ersten Paares im Paradies, das einen einzigen Dankgesang darstellt (Abb. B).

HAYDNS *Schöpfung* hatte einen weltweiten Erfolg. Sie rief zahlreiche Chorgründungen hervor und begünstigte die weitere Pflege des Oratoriums (auch außerhalb der Kirche). BEETHOVEN (*Christus am Ölberge*, 1800), SPOHR und bes. MENDELSSOHN (*Paulus* 1836, *Elias* 1846) schrieben Oratorien, wobei vor allem in den Chören HÄNDEL imitiert wurde. SCHUMANNS *Paradies und Peri* (1843) bearbeitet einen weltl. Märchenstoff, doch verbirgt sich auch hierin der erwähnte Erlösungsmythos wie in LISZTS *Legende von der heiligen Elisabeth* (1862, mit beachtenswerter Stoffnähe zu WAGNERS *Tannhäuser*).

Auch in Frankreich bleibt das Oratorium (*Drame sacré, Mystère*) im 19. Jh. sehr beliebt. BERLIOZ (*L'Enfance du Christ*, 1854), SAINT-SAËNS, FRANCK u. a. liefern Werke mit allen Errungenschaften des romantischen Orchesters (Tonmalerei, Leitmotivtechnik).

Im 20. Jh. gibt es keine generelle inhaltl. oder formale Richtung des Oratoriums, aber zahlreiche interessante Einzellösungen, so HONEGGERS *Le roi David* (1921), STRAWINSKYS weltl. Opernoratorium *Oedipus Rex* (1927, frz./lat., mit möglicher szenischer Darstellung) oder SCHÖNBERGS Oratorium *Die Jakobsleiter* (1917–22).

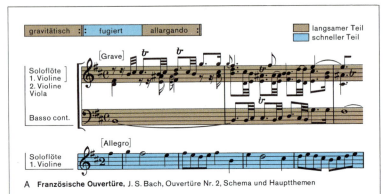

A Französische Ouvertüre, J. S. Bach, Ouvertüre Nr. 2, Schema und Hauptthemen

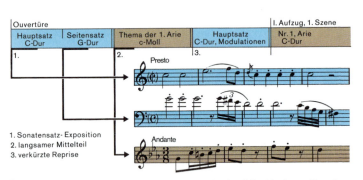

B Neapolitanische Opernsinfonia, Schema

C Klassische Ouvertüre, W. A. Mozart, Entführung aus dem Serail, Kombination von Neapol. Opernsinfonia und Sonatensatz mit Bezug zur Oper

D Moderne Operneinleitung, A. Berg, Wozzeck

Grundstrukturen

Gattungen und Formen/Ouvertüre 137

Die **Ouvertüre** ist das instrumentale Einleitungsstück einer Oper, eines Oratoriums, eines Schauspiels, einer Suite u. a.

Bis zum 17. Jh. gab es für solche Vorspiele keine festen Formen. Meist handelte es sich um kurze Stücke, die den Vorstellungsbeginn markierten und die Aufmerksamkeit der Hörer erregen wollten. Beispiel für eine frühe, kurze Operneinleitung ist die *Tokkata* zu Beginn des *Orfeo* von MONTEVERDI (1607) mit ihren festlichen Bläserakkorden.

Im 17. Jh. entwickelte sich außer den allg. *Sinfonia* genannten Opernvorspielen die sog. **Kanzonen-Ouvertüre** der Venezian. Oper (CESTI, CAVALLI) mit einem langsamen Teil in geradem und einem schnellen in ungeradem Takt; sie wird Vorbild für die

Französische Ouvertüre,
die erstmals bei LULLY in Paris (*Alcidiane*-Ballett, 1658) erscheint und zum bekanntesten Ouvertürentyp des Barock wurde. Sie ist dreiteilig:
- **1. Teil:** langsam, gerader Takt, punktierter Rhythmus, feierlich im Ausdruck, voll barocken Pathos;
- **2. Teil:** schnell, meist fugiert und sehr bewegt, oft im Dreiertakt;
- **3. Teil:** urspr. nur ein Zurückfallen ins erste Tempo für die Schlussakkorde, später auch themat. Rückgriff auf den 1. Teil (Abb. A).

Es war üblich, die Tänze aus der frz. Oper für den Ballett- oder Konzertgebrauch zu einer Folge (*Suite*) zusammenzustellen. Vorweg spielte man die Opernouvertüre. Dann entstanden eigene Suiten samt Ouvertüre. BACHS *Ouvertüre* entstammt einer solchen Orchestersuite (Abb. A; vgl. S. 150, Abb. D).

Neapolitanische Opernsinfonia

Ein gegensätzl. Ouvertürentyp entwickelte sich in Neapel, vor allem durch A. SCARLATTI (1696). Diese *Sinfonia* gliedert sich in 3 Teile bzw. Sätze:
- **1. Teil:** schnell, konzertant;
- **2. Teil:** langsam, kantabel, meist mit einem Soloinstrument;
- **3. Teil:** schnell, oft fugiert, mit tänzerischem Charakter (Abb. B).

Die *Neapolitanische Opernsinfonia* wurde auch losgelöst von der Oper konzertmäßig in sog. *Akademien* musiziert oder direkt dafür komponiert. Die Folge ihrer Teile bzw. Sätze erweist sich als Ausgang für die spätere Satzfolge von Sonate, Sinfonie und Konzert (vgl. S. 152, Abb. A).

Klassische Ouvertüre

Sie verwirklicht die im Laufe des 18. Jh. in Frankreich aufkommende Forderung nach stimmungsmäßiger und thematischer Verbindung der Ouvertüre zur Oper bzw. zur ersten Szene der Oper (RAMEAU, GLUCK). Sie übernimmt oft die Sonatensatzform.

In der Ouvertüre zur *Entführung* (1781/82) folgt MOZART noch deutlich der neapolitan. Opernsinfonia. Der 1. Teil ist aber zugleich eine Sonatensatzexposition mit der typischen Modulation von der Tonika (C-Dur) zur Dominantebene (G-Dur), auf der der Seitensatz erklingt. Dieser Seitensatz ist allerdings aus dem 2. Teil des Hauptsatzes entwickelt (also Hauptsatz A, Seitensatz A').

Statt Durchführung folgt ein langsamer Mittelteil mit der Mollversion des ersten Arienthemas der Oper (Belmonte: »Hier soll ich dich denn sehen«). Die Ouvertüre stellt damit nicht nur einen unmittelbaren Bezug zur ersten Szene her, sondern lässt außer dem türk. Kolorit auch das eigentl. Thema der Oper, Liebe und menschl. Bewährung, aufleuchten.

Der 3. Teil greift auf den 1. zurück, verzichtet aber auf das Thema A' und bringt stattdessen eine Reihe wechselvoller Modulationen (Abb. C).

Die Ouvertüre im 19./20. Jh.

Starken Inhaltsbezug zeigen die Ouvertüren BEETHOVENS zu *Fidelio:* Die *Leonoren-Ouvertüren* 1–3 schildern Stimmungen der Oper und ihren dramatischen Höhepunkt (Trompetensignal, die Ankunft des Gouverneurs anzeigend). Sie waren als Opernouvertüren zu sinfonisch, zu gewichtig und zu lang. Die 4. (Fidelio-) Ouvertüre zielt hingegen bündig auf die 1. Szene. Sie wird in der Regel gespielt.

Programmouvertüren, die sich programmatisch auf den Opernstoff beziehen, setzen sich in der Romantik durch (WEBER, *Freischütz*).

Konzertouvertüren sind programmatische Natur- und Seelengemälde in Tönen, komponiert für den Konzertsaal (MENDELSSOHN, *Hebriden*). Eine unprogrammatische Richtung vertritt BRAHMS in seiner *Akademischen Festouvertüre*.

Schauspielouvertüren haben ebenfalls programmatt. Inhalt (BEETHOVEN, *Egmont*; MENDELSSOHN, *Sommernachtstraum*).

Potpourriouvertüren hingegen reihen die bekanntesten Melodien einer Oper oder Operette hintereinander.

Im Laufe des 19. Jh. kommt das **freie Opernvorspiel** auf, das eine bestimmte Stimmung schildert und unmittelbar in die Oper überleitet (WAGNER, *Tristan*).

Auch im 20. Jh. gibt es keine formale Norm für Ouvertüren, sondern es sind Individuallösungen üblich.

So hat BERGS *Wozzeck* eine sehr kurze Operneinleitung (Abb. D). Es erklingt ein d-Moll-Akkord mit gestörtem Fundament (diss. Quinte *e–b*), dann ein Crescendo in eine dichte Dissonanz (ausweglose Konfliktsituation) mit Trommelwirbel, das »militärische Milieu darstellend« (BERG). Das anschließende Oboenthema erklingt später zu den Worten »mir wird ganz Angst um die Welt« und erhält leitmotivische Funktion.

138 Gattungen und Formen/Passion

Typen nach Setzweise und Aufbau

Die textl. Grundlage der **Passionen** ist die
bibl. Leidensgeschichte Christi mit ihrer dramatischen Aktion: Erzählerpart **(Evangelist)**,
wörtliche Rede und Gegenrede Einzelner **(Soliloquenten** wie Christus, Pilatus, Petrus) und
Ausrufe der Menge **(Turbae** wie Juden,
Kriegsknechte). Die Aufführung in der Kirche erfolgte schon früh mit verteilten Rollen
(ab 9. Jh. belegt) und wechselnder Rezitati-
onshöhe (*Tuba*) des gregorian. Chorals:
– **Christus:** Tuba f (Priester);
– **Evangelist:** Tuba c′ (Diakon);
– **Soliloquenten, Turbae:** Tuba f′ (Subdia-
  kone), vgl. S. 114, Abb. B.
Da der Passionston Basis für die mehrst.
Kompositionen war, standen die Passionen
später fast alle in f.

Motettische Passion (Abb. A)
Der gesamte Evangeliumstext wird in der motettischen Passion **mehrst. durchkomponiert,**
also auch die erzählende Partie des Evangelisten, Einleitungs- und Schlusschor bringen An- und Absage, sonst erklingt nur Bibeltext. Die Passionstöne liefern den c. f. oder
die Soggetti für den mehrst. Satz. Die Passion
gliedert sich *nach Motettenart* in Abschnitte
mit je neuen Soggetti, mit Imitationen und
Wechsel der Stimmenzahl (Evangelist durchweg 4-st., Soliloquenten auch 2- bis 3-st.,
Chöre 4- bis 5-st.). Der 1. Beleg stammt von
LONGAVAL (OBRECHT?). Er wurde um 1500
aus allen 4 Evangelien zusammengestellt
(*Evangelienharmonie*). Dt. protestant. Passionen stammen von BURCK (1568), LECHNER
(1593), DEMANTIUS (1631) u. a.

Responsoriale Passion
Vorsänger wechselt mit Chor, wobei der
Evangelist 1-st., die Soliloquenten 1- bis 3-st.
und die Turbae mehrst. chorisch ausgeführt
werden (Abb. B).
Diese Passion lässt sich als älteste mehrst.
seit dem Ende des 14. Jh. in Frankreich nachweisen. Sie gilt zugleich als **dramatische** oder
szenische Passion (Blütezeit 16. Jh.).
LASSOS *Matthäuspassion* wird eingeleitet
von einem kurzen 5-st. Chor, der das Pas-
sionsgeschehen ankündigt. Alle erzählenden Partien trägt der Evangelist nach den
Regeln des Passionstones vor. Sie sind daher nicht in Noten festgehalten. Die Soliloquenten treten musikalisch in kurzen, imitatorisch angelegten Duetten oder Terzet-
ten auf (Nb. B). Die Turbachöre sind 5-st.,
motettisch.
Die erste deutschsprachige Passion stammt
von J. WALTER (um 1530). Er schuf für den
neuen Luthertext einen dt. Passionston, der
sich an den röm.-lat. Passionston anlehnte.
Nur die Turbachöre sind bei ihm mehrst. gesetzt.
Die bekanntesten responsorialen Passionen
des 17. Jh. stammen von H. SCHÜTZ. Er
schrieb je eine *Matthäus-, Lukas-* und *Johan-
nespassion* (bis 1665).

Die Einleitungsworte verkündet ein Chor.
Evangelist und Soliloquenten singen 1-st.,
und zwar formelhaft liturg. rezitierend
(stellenweise auf einer Tonhöhe, s. den
»Tonbalken« in Nb. B) oder aber textaus-
deutend nach dem modernen monodischen
Prinzip, z. B. die bewegten Quartsprünge
des Petrus mit Textwiederholung »Ich,
ich« (Nb. B).
Die Turbachöre sind 4-st., in der tonmalerischen Art des Madrigals, z. B. der Ausruf
der Kriegsknechte »Wahrlich« mit langer
Note auf der Haupt- und kurzer auf der
Nebensilbe, dann das rasche, wie mit spitzem Finger hinweisende »du, du« als ag-
gressiver Quartsprung, der von allen Stimmen in wechselnder Tonhöhe imitiert wird
(Nb. B).

Oratorische Passion
Im Laufe des 17. Jh. wurden in die Passionen
Choräle für die Gemeinde, Gb.- und Orchesterbegleitung und liedartige **Arien** mit eigenem Text aufgenommen (SELLE 1643). In
dieser Entwicklung entsteht die oratorische
Passion mit der Übernahme der neueren Formen aus Oper und Oratorium:
– **Secco-Rezitativ:** für den Evangelisten und
  die Soliloquenten, mit Continuo-Orgel (Positiv) und Streicherbass;
– **Accompagnato-Rezitativ:** als lyr. Betrach-
  tung oft zwischen Secco-Rezitativ und Arie
  geschoben; auch erhalten die Christusworte
  in BACHS *Matthäuspassion,* wie vorher
  schon bei THEILE, zur Hervorhebung Strei-
  cherbegleitung;
– **Da-capo-Arie; Arioso** und **Chöre** mit frei
  hinzugedichteten Texten.
Textdichter waren BROCKES, METASTASIO u. a.
Mit der Aufnahme freier Texte ergaben sich
neue Gestaltungsmöglichkeiten einzelner
Szenen wie des Gesamtaufbaus.
So gliedert sich BACHS *Matthäuspassion,*
mit 78 Nummern (Nummern wie die Musikstücke wie in Oper und Oratorium) die
umfangreichste orator. Passion, in 2 Teile
mit 3 Doppelchören, 13 Chorälen, 11 Ariosi und 15 Arien (Texte von PICANDER,
Abb. C).
Die bekanntesten orator. Passionen stammen
von G. BÖHM (*Johannesp.,* 1704), KEISER
(*Markusp.,* ~ 1712), TELEMANN (46 Passionen, 1722–1767), BACH (*Johannesp.,* 1723;
Matthäusp., 1729; *Markus-* und *Lukasp.,* verschollen).

In der zweiten Hälfte des 18. Jh. und im
19. Jh. gab es **Passionsoratorien** und kürzere
Passionskantaten, die keinen Bibeltext, sondern freie Texte zum Leidensgeschehen
vertonten (z. B. GRAUN, *Der Tod Jesu,* 1756,
Text von RAMLER, vgl. S. 135).
Moderne Passionen im 20. Jh. verwenden alle
textl. und musikal. Möglichkeiten der Darstellung (z. B. PENDERECKI, *Lukaspassion,*
1964/65).

140 Gattungen und Formen/Präludium

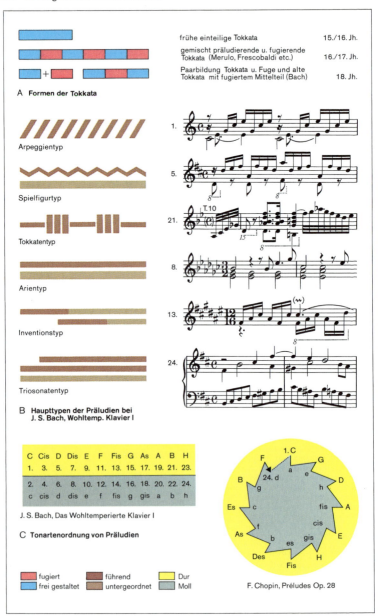

frühe einteilige Tokkata 15./16. Jh.
gemischt präludierende u. fugierende Tokkata (Merulo, Frescobaldi etc.) 16./17. Jh.
Paarbildung Tokkata u. Fuge und alte Tokkata mit fugiertem Mittelteil (Bach) 18. Jh.

A Formen der Tokkata

Arpeggientyp

Spielfigurtyp

Tokkatentyp

Arientyp

Inventionstyp

Triosonatentyp

B Haupttypen der Präludien bei J. S. Bach, Wohltemp. Klavier I

C	Cis	D	Dis	E	F	Fis	G	As	A	B	H
1.	3.	5.	7.	9.	11.	13.	15.	17.	19.	21.	23.
2.	4.	6.	8.	10.	12.	14.	16.	18.	20.	22.	24.
c	cis	d	dis	e	f	fis	g	gis	a	b	h

J. S. Bach, Das Wohltemperierte Klavier I

C Tonartenordnung von Präludien

fugiert — führend — Dur
frei gestaltet — untergeordnet — Moll

F. Chopin, Préludes Op. 28

Typen und Zyklusbildung

Gattungen und Formen/Präludium 141

Präludium (lat. *praeludere*, »vorweg«-spielen) ist ein einleitendes Instrumentalstück, meist für Orgel, Klavier oder Laute. Es dient als Vorspiel zu Vokalwerken wie Liedern, Motetten, Madrigalen usw., auch Chorälen, wobei es die Tonangabe übernimmt (daher oft nach Tonarten geordnet), oder es steht vor Instrumentalstücken, bes. Fugen. Im 19. Jh. verselbstständigt es sich als Charakterstück.

Frühe Formen des 15./16. Jh.
Das Präludium zählt zu den ersten Stücken selbstständiger Instrumentalmusik (Orgel und Klavier, 15. Jh.). Es ist zwar als Vorspiel noch zweckgebunden, doch hat es keine formalen Vorbilder in der Vokalmusik und entwickelt daher einen eigenen, typisch instrumentalen Stil: **Läufe, Akkorde, Doppelgriffe, Spielfiguren** (vgl. S. 260). Im Übrigen wurden diese Vorspiele fast durchweg **improvisiert.** Ihr Instrumentalstil und eine aus der Improvisation erwachsene **formale Freiheit** bleiben in der Geschichte der Gattung erhalten.

Erste Quellen mit ILEBORGHS Orgeltabulatur (1448) und andere Fundamentbücher, Orgel- und Lautentabulaturen des 15. Jh.
Die Bezeichnungen gehen in den Quellen durcheinander und werden noch im 17. Jh. weitgehend synonym gebraucht: *Praeambulum, Intonatio, Capriccio, Tokkata, Intrada, Fantasia, Ricercar, Tiento* usw. (die letzten drei mit Imitation und fugierter Schreibweise).

Eine bes. Entwicklung macht die **Tokkata** durch. Zunächst einteilig im freien Präludienstil nimmt sie Ende des 16. Jh. fugierte Teile auf, was über die vielgliedrigen Tokkaten BUXTEHUDES (bis zu 3 fugierte Partien) hinweg zur Paarbildung von **Tokkata und Fuge** bei BACH führt. Auch bei BACH (*Partita e-Moll*) gibt es aber noch die Tokkata mit eingeschlossener Fuge. Sogar SCHUMANNS *Tokkata op. 7* hat noch einen kurzen fugierten Mittelteil (Abb. A).

Das Präludium bei Bach
Der strengen Polyphonie der Fuge geht die freie Gestaltung des Präludiums (Tokkata, Fantasia) voraus. Gehaltlich sind beide Sätze aufeinander bezogen.

Das Präludium wechselt in seinem Verlauf nicht die Gestaltungsart. Es lassen sich gewisse Strukturtypen unterscheiden (Abb. B):
– **Arpeggientyp:** Eine Akkordreihe (oft nur als solche notiert) wird in eine gleichmäßige Arpeggienbewegung aufgelöst. Die Ruhe der Akkorde verbindet sich mit einem schwebend pulsierenden Rhythmus.
– **Spielfigurentyp:** dem Arpeggientyp verwandt; die Akkordfolge löst sich in eine quirlende, gleichmäßige Figurengirlande über einem Bassgerüst auf.
– **Tokkatentyp:** Akkordfolgen werden hier in virtuose Arpeggien, Figuren und Läufe zerlegt, die Bewegung gipfelt aber immer wieder in vollgriffigen Akkorden, meist mit pathetisch punktiertem Rhythmus.

– **Arientyp:** Über Gb.-artiger Begleitung erhebt sich eine cantable Melodie wie eine Singstimme in Arien und Liedern oder ein Soloinstrument in langsamen Konzertsätzen.
– **Inventionstyp:** polyphone Satzanlage, in der die Stimmen einander imitieren wie in den 2- und 3-st. Inventionen.
– **Triosonatentyp:** 2 imitierende Oberstimmen über einem freien Bass.

Das Präludium kann sich an jeden Formtyp anlehnen, außer der Fuge, sodass man weitere Typen aufstellen könnte (*Concerto-grosso-Typ, Ouvertürentyp* usw.). In *Wohltemperierten Klavier I* (1722, genauso in *II*, 1744) hat BACH die Präludien und Fugen altem Intonationsmuster gemäß nach Tonarten geordnet: in allen 24 Dur- und Molltonarten der temperierten Oktave (S. 90) in chromatischer Folge (Abb. C). Zugleich prägt jedes Präludium (mit Fuge) die *Charakteristik* seiner Tonart aus.

Choralvorspiele waren nötig als Intonationen vor dem Gemeindegesang, den Choral, und als »Choralzwischenspiele« gleicher Art bei strophischem Wechsel von Orgel und Gemeinde (*alternatim-Praxis; Orgelmesse,* S. 261). Grundlage ist immer ein c.f. (die Choralmelodie). Es bildeten sich 5 Vorspieltypen heraus:
– **Orgelchoral:** c.f. vollständig in einer Stimme, meist im Bass, in langen Notenwerten, aber auch koloriert im Sopran; bzw. imitieren;
– **Choralricercar:** c.f. abschnittsweise imitiert in allen Stimmen; auch kanonisch;
– **Choralfuge:** fugierte Bearbeitung der Choralzeilen oder -motive;
– **Choralpartita:** Choral als Thema mit einer Folge von Variationen;
– **Choralfantasie:** freie Fantasie über einzelne Choralzeilen oder -motive.

Das Präludium des 19./20. Jh.
In der Klassik spielt das Präludium keine Rolle. Erst die Romantik entdeckt es neu: MENDELSSOHN, SCHUMANN usw. schreiben Präludien und Fugen in barocker Imitation. Im 19. Jh. löst sich andererseits das Präludium wieder von der Fuge und tritt als selbstständiges **Charakterstück** auf (Terminus: **Prélude,** vgl. S. 113). Es bindet sich dabei in Barockmanier an ein einheitliches, meist klavieristisches Motiv.

In diesem Sinne schreibt CHOPIN seine 24 *Préludes* op. 28 (1836). Er ordnet sie nach dem Vorbild BACHS als Tonartenzyklus, jedoch nicht chromatisch, sondern im Quintenzirkel mit Wechsel von Dur- und paralleler Molltonart (Abb. C).

Bedeutende Préludes nach CHOPIN stammen von DEBUSSY (2 mal 12, 1910/13), SKRJABIN (90 Prél.), RACHMANINOFF (op. 23 und 32), MARTIN (8 Prél., 1928), MESSIAEN (8 Prél., 1929).

142 Gattungen und Formen/Programmmusik

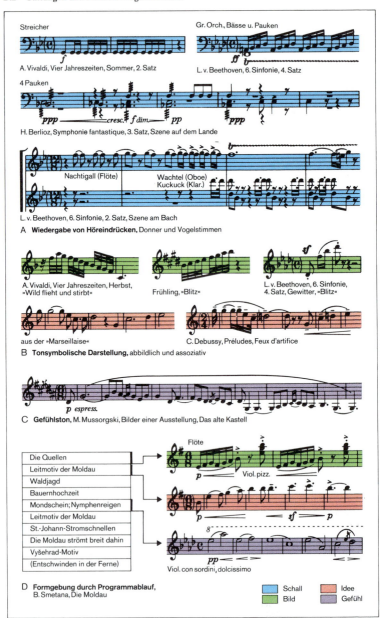

Verhältnis von Inhalt und Form

Gattungen und Formen/Programmmusik 143

Unter **Programmmusik** versteht man Instrumentalmusik mit *»außermusikalischem Inhalt«*, der durch einen **Titel** oder ein **Programm** mitgeteilt wird. Der Inhalt besteht vorzugsweise aus einer Folge von Handlungen, Situationen, Bildern oder Gedanken. Er regt die Fantasie des Komponisten an und lenkt die des Hörers in eine bestimmte Richtung.

Zur Programmmusik zählen auch **Ouvertüren** von Opern, Oratorien oder Schauspielen, sofern sie deren Inhalt widerspiegeln, alle **Konzertouvertüren** mit programmatischem Inhalt (S. 137) und weitgehend das **Charakterstück** (S. 112 f.). Nicht dazu gehören trotz außermusikal. Inhalts Vokal-, Ballett- und Filmmusik.

Der Programmmusik steht der größere Bereich der *»absoluten«* Musik gegenüber, die *»frei«* von außermusikal. Vorstellungen ist. Empfindungen und Gefühle werden über Vortragsbezeichnungen hinaus nicht verbalisiert. Es gibt drei Grundmöglichkeiten, Außermusikalisches durch Musik darzustellen:

– Wiedergabe von Höreindrücken;
– tonsymbolische Darstellung von visuellen Sinneseindrücken (Tonmalerei) und von Assoziationen;
– Darstellung von Gefühlen und Stimmungen (Stimmungsmalerei).

Wiedergabe von Höreindrücken (Abb. A) beruht auf akust. Imitation vor allem von Hörnern bei Jagdszenen, von Vogelstimmen (*»Kuckucksterz«*) und Donner. Mittel und Ausführung sind anfangs stark stilisiert; sie gewinnen mit dem Anwachsen des Orchesters im 19. Jh. an Raffinement (Instrumente als Klangfarbenträger).

So wählt VIVALDI den tiefsten Ton der Geigen in raschen Sechzehnteln, um das dunkle Rollen des Donners nachzuahmen. BEETHOVEN imitiert den Donner durch teilweise dissonante (geräuschhafte) Überlagerung der Orchesterinstr., durch die rollenden Figuren der Celli und Bässe und durch den Paukenwirbel im ff. BERLIOZ schließlich verwendet 4 Pauken und malt realistisch das aus der Ferne anschwellende und wieder abklingende Donnergrollen.

Das Zitat der Vogelstimmen bei BEETHOVEN erscheint stilisiert in Rhythmus und Takt (6/8), Tonart (B-Dur) und Klangfarbe (Holzbläser).

Tonsymbolische Darstellung. Im Gegensatz zur direkten Imitation von Schall lassen sich *visuelle* Sinneseindrücke (alle anderen Sinne außer Ohr und Auge spielen in der Musik keine Rolle) nur **abbildlich** und **tonsymbolisch** darstellen. Gewisse Momente in der Erscheinung werden dabei in der Musik analog gestaltet:

– **Bewegung:** anlaufen und anhalten, langsam und schnell; auf und ab durch höhere und tiefere Töne; nähern und entfernen durch lauter und leiser werden;

– **Zustände:** Höhe und Tiefe durch hohe und tiefe Töne, Nähe und Ferne durch laute und leise Töne, auch durch die Toneigenfarbe von Instrumenten (fernes Horn, nahe Trompete usw.);

– **Licht:** Hell und Dunkel durch hohe (*grelle*) und tiefe (*matte*) Töne.

So zeichnet VIVALDI die Flucht des gejagten Wildes und seinen Tod als raschen Lauf, der in der Tiefe (*»am Boden«*) endet. Blitze hingegen werden dargestellt als Bild des Aufflammens (rasche Aufwärtsbewegung) und plötzlichen Endens (kurze Schlussnote mit Pause; Abb. B).

Nichtsinnliches kann in der Musik **tonsymbolisch** wiedergegeben werden. Im Barock erhielten bestimmte Tonfiguren einen eigenen Sprachwert, der z. T. aus abbildlichen Darstellungen resultierte, dann aber als **Figur** direkt verstanden wurde. Es entwickelte sich ein ganzes Arsenal solcher musikalisch-rhetorischer Figuren in den Kompositionslehren der Zeit, z. B. die chromatisch absteigende Quarte als Ausdruck des Schmerzes (passus duriusculus, Lamentobass; vgl. Motivtabelle S. 120).

Auf der ursprüngl. Bindung einer Melodie an einen Text beruht die Möglichkeit, durch bloße Melodie-Zitate die **Assoziation** an deren Text herzustellen.

So erklingen in DEBUSSYS *Feux d'artifice* (*Préludes*, Bd. II) gegen Schluss verzerrte Bruchstücke der *Marseillaise* (Abb. B).

Auf Assoziation beruht auch die **Leitmotivtechnik:** Ein Motiv oder Thema wird mit einer außermusikal. Idee gekoppelt und erscheint dann ständig als deren Träger (z. B. das Motiv der Moldau bei SMETANA).

Darstellung von Gefühlen und Stimmungen ist die der Musik angemessenste Ausdrucksart. Sie lässt sich absolut-musikal. Gestaltung vollen Raum ohne programmatische Einschränkung. Der Gefühlston wird zwar als Abstraktion gewisser Momente wiedergegeben, z. B. Trauer durch langsame, Freude durch rasche Bewegung, aber die Kategorien sind so allgemein, dass der programmat. Vorwurf der verbalisierten Angabe bedarf.

So malt MUSSORGSKI durch eine schwermütige, traurige Melodie die Stimmung und die Gefühle beim Anblick einer *alten Burg* (*Il vecchio castello*; Abb. C).

Formgebung durch Programmablauf wird z. B. in der Anordnung der Teile in einer sinfonischen Dichtung wie der *Moldau* von SMETANA sichtbar, wobei die Teile selber durchaus absolut musikalischen Gesetzen folgen können (Liedform in der *Bauernhochzeit* usw.). Das Programm wirkt sich aber auch aus auf Einzelheiten wie die Motivzerstückelung in den *St.-Johann-Stromschnellen* (Abb. D).

144 Gattungen und Formen/Rezitativ

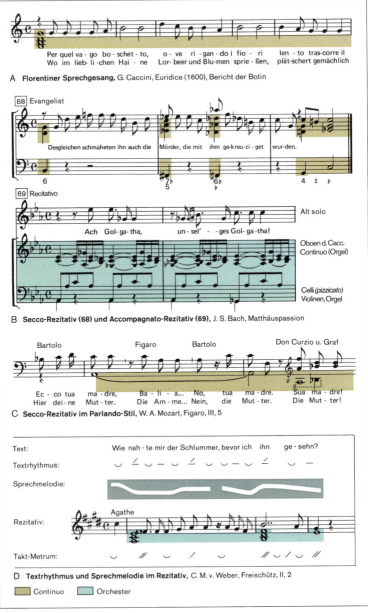

A **Florentiner Sprechgesang**, G. Caccini, Euridice (1600), Bericht der Botin

B **Secco-Rezitativ (68) und Accompagnato-Rezitativ (69)**, J. S. Bach, Matthäuspassion

C **Secco-Rezitativ im Parlando-Stil**, W. A. Mozart, Figaro, III, 5

D **Textrhythmus und Sprechmelodie im Rezitativ**, C. M. v. Weber, Freischütz, II, 2

Stilarten

Gattungen und Formen/Rezitativ 145

Das **Rezitativ** (ital. *recitare,* vortragen) ist ein **Sprechgesang.** Die tonlich gehobene Art des Sprechens ist als *feierliche Deklamation* im kultischen Bereich bereits in den ältesten Hochkulturen bekannt. Dabei scheinen sich immer wieder bestimmte Formeln, Wendungen und Tonhöhen des Rezitierens gebildet zu haben, die die individuelle Textgestalt auf eine allgemeinere, objektivere Ebene hoben. Im 1-st. Gesang der Kirche spielt das **liturg. Rezitativ,** das auf antike und hebräische Vorbilder zurückgeht, bis heute eine große Rolle (s. S. 114, Abb. B).

Das Rezitativ im 17. Jh.
Die ersten Opern bestanden nach antikem Vorbild aus Rezitativen und Chören. Das Rezitativ orientiert sich dabei theoret. an der **Monodie** des griech. Dramas, einem *Sologesang* mit Kitharabegleitung. Da man aber keine praktische Vorstellung von der griech. Monodie besaß, geriet die neue Monodie um 1600 zu einem Sprechgesang mit zeitgemäßer Gb.-Begleitung (S. 133).
Die Gb.-Akkorde dienen dabei als Grundlage für die freie Entfaltung der Stimme. Der Gb. wird vom Orchester, häufiger aber von **Solisten** ausgeführt, die sich im Rhythmus leicht nach den Sängern richten konnten: Laute, Cembalo bzw. in der Kirche Orgel, Gambe, Cello, Fagott o. Ä. als Bass.
Man unterschied in der Frühzeit des Rezitativs 3 Stilarten:
– **stile narrativo:** der *erzählende* Stil ohne Aktion, schlicht, meist den Botenberichten vorbehalten wie in CACCINIS *Euridice* (Abb. A). Die Melodik gliedert sich nach der sprachlichen Syntax. Punkt, Komma, Versenden, Sinneinheiten führen zu Einschnitten (Abb. A nach *boschetto,* nach *fiori*). Die Harmonik bleibt in diesen Teilstrecken oder länger gleich. Sie wechselt mit einer neuen Idee, einem hervorzuhebenden Begriff usw., im frühen Rezitativ sogar noch seltener, um die Darstellung der Sprache durch aktiv musikal. Elemente nicht zu stören. Der Rhythmus richtet sich nach der Textdeklamation (z. B. stärkster Akzent auf Hauptsilbe *boschetto,* zugleich melodischer Hochton des Motivs). Parallelismen ergeben sich aus gleicher Textstruktur (z. B. boschetto – fiori);
– **stile recitativo:** der *vortragende* Stil, jeder gehobenere Sprechgesang;
– **stile rappresentativo:** der *darstellende* Stil, der die Gemüts- und Seelenverfassung der *Hauptpersonen* affektreich schildert. Dieser Stil ist expressiv nach dem Vorbild des Solomadrigals. Er kennt die theatralische Geste, den Dialog und die dramatische Bühnenaktion (MONTEVERDI). Formal verdichtet er sich oft zum Arioso und gerät in die Nähe der frühen Opernarie (vgl. S. 110 f.).
Je stärker sich in der Folgezeit die Affektdarstellung aus dem Rezitativ in die Arie verlagerte, desto mehr fiel dem Rezitativ die Aufgabe zu, die **Handlung** voranzutreiben. Bereits in der venezianischen Oper (CAVALLI, CESTI) vollzog sich die Trennung von Rezitativ und Arie, die dann in der Neapolitanischen Schule ab etwa 1690 zur Regel wurde (A. SCARLATTI).

Das Rezitativ ab dem 18. Jh.
Im 18. Jh. stehen die beiden Grundtypen des Rezitativs fest:
– **Secco-Rezitativ** (ital. *secco,* trocken, weil nur vom **Continuo** (Gb.) begleitet). Es enthält die Aktion (Oper) bzw. die erzählte Handlung (Oratorium, Kantate, Passion).
Seine Form ist frei, ebenso der Vortragsrhythmus, der sich vom notierten Takt zu Gunsten einer lebendigen Gestaltung lösen darf.
Es gibt im Secco-Rezitativ einige feststehende Wendungen (Abb. B):
Sextakkord zu Beginn; kurze Silben, rasche Noten (»schmäheten ihn« in hämmernder Repetition); wichtige Begriffe auf spannungsreiche Akkorde (so bei »Mörder«, dann noch gesteigert bei »ihm«: Hochton und Neapolitan. Sextakkord; Schluss mit Vorhalten, zuerst vom Sänger, dann vom Continuo; Schlussakkord meist Dominante zur folgenden Arie (in Abb. B folgt in Nr. 69 Tonikagegenklang As-Dur als entrückender Farbwechsel).
– **Accompagnato-Rezitativ** (von ital. *accompagnato,* begleitet, weil vom Orchester getragen), auch **Arioso** genannt. Es ist meist lyrisch, mit betrachtendem, madrigalischem Text, von einheitlichem Affekt in auskomponiertem Satz (Abb. B). Es steht zwischen Secco-Rezitativ und Arie. In der Opera buffa ist es oft dramatisch und abwechslungsreich.
Das **Secco-Rezitativ** entwickelt in der Opera buffa einen raschen, dialogisierenden **Parlandostil.** Die Notation ist zuweilen unvollständig, auf der Bühne wird temperamentvoll improvisiert. Eine aktionsgeladene Stelle zeigt Abb. C.
Weitern schon GLUCK das **Accompagnato-Rezitativ** aus, so erhält es wegen seines Farbreichtums, seiner natürlichen Dramatik und freien Form im 19. Jh. bes. Bedeutung. Das Rezitativ wird zur **Szene** (*Szene und Arie*).
Auch hier verwirklicht sich das Grundprinzip des Rezitativs: Textrhythmus und Sprechmelodie werden in Musik transponiert, doch interpretiert die Musik den Text nicht mehr formelhaft, sondern individuell. Auftakt und Schwerpunktverteilung stimmen in Abb. D in Text und Musik überein, doch zielt alles auf das Wort »ihn« hin mit Emphase (Akzent durch Stellung im Takt, Hochton, Dominantspannung) und überlangem Verweilen (doppelt punktierte Halbe).
Extrem dieser Entwicklung ist WAGNERS *Sprechgesang,* ein Accompagnato-Rezitativ, das sich über die ganze Oper ausbreitet.

146 Gattungen und Formen/Serenade

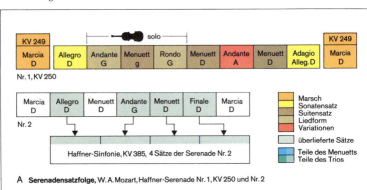

A **Serenadensatzfolge**, W. A. Mozart, Haffner-Serenade Nr. 1, KV 250 und Nr. 2

B **Satzform eines Menuetts mit Trio**, W. A. Mozart, Eine kleine Nachtmusik, KV 525

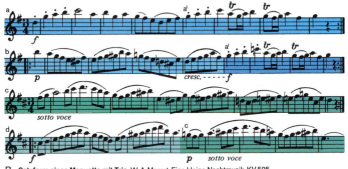

C **Besetzungsbeispiele für Serenaden**

Formen und Besetzungen

Gattungen und Formen/Serenade 147

Serenade, Divertimento, Notturno, Kassation sind Begriffe, die im 17./18. Jh. etwa gleichbedeutend für eine *unterhaltende Musik* (auch *Tafelmusik*) gebraucht wurden. Ihr Charakter ist heiter, ihre Besetzung klein.

Serenade, ital. *sera*, Abend, oder *al sereno*, unter heiterem Himmel, im Freien, Werk im Ständchencharakter, eine abendl. Freiluftmusik ohne festgelegte Besetzung oder Satzfolge;

Serenata oder **Serenade** ist auch ein Vokalständchen oder eine weltl. **Huldigungskantate** zu festl. Anlässen aller Art (Fürstenhochzeit, Geburtstag usw.), meist mit allegor. Inhalt und entsprechender Darbietungsform (Inszenierung). Serenata bezeichnet auch einfache Ständchen oder Lieder;

Divertimento, ital. *Zerstreuung, Unterhaltung,* in bunter Satzfolge (3–12), vorzugsweise kammermusikal.;

Notturno, ital. *nächtlich, Nachtmusik* (frz. **Nocturne**), in Form und Besetzung nicht festgelegt;

Kassation, ital. *Entlassung,* eine Feierabendmusik, Musik zur Entspannung. HAYDN nannte seine Streichquartette 1–12 urspr. Kassationen, dann Divertimenti.

Die instrumentale Serenade hat 5–7 Sätze, kann aber auch mehr haben wie in der *Haffner-Serenade Nr. 1, KV 250,* von MOZART (Abb. A).

Einleitend erklingt ein Marsch, urspr. als Aufzug der Musiker. Der gleiche bildet auch das Schlussstück zum Abgang. Die *Haffner-Serenade Nr. 1* ist zwar ohne den Marsch überliefert (zu MOZARTs Zeit war der Marsch in der Serenade bereits unmodern), doch nimmt man an, dass der Einzelmarsch *KV 249* urspr. zu ihr gehörte.

Die Serenade ist in **Satzart** und **-folge** ein Nachfahre der Suite. Noch im späten 18. Jh. hat sie daher meist mehrere **Menuette**, vermischt mit Sonaten und Konzertsätzen.

KV 250 beginnt mit einem Allegro in Sonatensatzform, also wie der Kopfsatz einer Sinfonie. Die nächsten 3 Sätze sind ein langsames Andante, ein Menuett in schmerzvollem g-Moll und ein heiteres Rondo in G-Dur. Diese Satzfolge entspricht der einer Sinfonie. Typisch für die süddeutsche und Salzburger Serenade ist die Verwendung der **Solovioline**. Es folgen dann langsame Variationen und ein rascher Schlusssatz mit langsamer Einleitung, wobei sich jedesmal ein Menuett zwischen diese Sätze schiebt.

Die Nähe der Serenade zur Sinfonie wird aus der Überlieferung der *Haffner-Sinfonie, KV 385,* deutlich. Ihr lag die *Haffner-Serenade Nr. 2* zugrunde, deren Marsch und 2. Menuett verschollen, deren übrige Sätze aber von MOZART selbst zu einer Sinfonie zusammengestellt wurden (Abb. A). Ähnlich verhält es sich mit der *Kleinen Nachtmusik, KV 525,* die als Serenade ebenfalls ein 2. Menuett besaß, das heute fehlt. Sie schrumpfte dadurch formal zu einer kleinen Sinfonie zusammen.

Der Charakter der Serenadensätze ist allg. heiter, unbeschwert, leicht fasslich. Ein klarer Aufbau begünstigt diese Fasslichkeit, bes. beim Menuett, das in der Klassik wegen der Gradzahligkeit seiner Takte, der Symmetrie seiner Anlage, der Klarheit seines harmon. Bauplans, der motiv. Geschlossenheit seiner melod. Bewegung und der Anmut seiner tänzerisch-menschl. Gestik als Kompositionsmuster gelehrt wurde.

Menuette sind immer *3-teilig:* **Menuett,** **Trio** (d.i. ein 2. gegensätzliches Menuett, urspr. in Triobesetzung mit 2 Oboen und Fagott), Wiederholung des 1. **Menuetts** (ohne Binnenwiederholungen; s. Abb. B).

Im Menuett der *Kleinen Nachtmusik* von MOZART umfasst die 1. Zeile 2 Melodiebögen an und aʹ: Staccato-Aufstieg zum c^2 (T. 2) und terzweiser Abgang (T. 3), Halbschluss auf der Dominante (T. 4) und weiter in gebundener melodischer Geste, die zugleich den Auftakt der anschließenden Wiederholung aʹ einwebt. Der terzweise Abgang wird bei der Wiederholung um ein Viertel ineinander gedrängt (T. 6/7) und dadurch ein bündiger Schluss in T. 8 erreicht. Die 2. Zeile beginnt gegensätzl.: *p* statt *f*, Abwärts- statt Aufwärtsbewegung, Achtel statt Viertel, *legato* statt *staccato*. Die Achtelbewegung ist motivisch mit T. 4 in Teil a verwandt. Das Menuett schließt mit dem Teil aʹ (T. 13 ff.). Das **Trio** in der Dominanttonart D-Dur bringt eine weich fließende Kantilene über 8 Takte im *p* als Gegensatz zum Teil a. Der kurze Teil d ist dynam. gegensätzl., aber motiv. verwandt mit Teil c, den er ein- und einmündet. Es wiederholt sich das Menuett und schließt den Kreis. Das Ganze erscheint wie eine harmon. Idylle, in deren scheinbarer Einfachheit sich klass. Größe verwirklicht.

Die variable Besetzung der Serenade reicht vom Orchester (in Abb. C: KV 205, KV 250, BRAHMS op. 11) bis zu solist. Kammermusikbesetzung, die überwiegt. Sehr typisch sind die ausgesprochenen **Bläserserenaden** als Freiluftmusik (*Harmoniemusik*), bei MOZART meist mit 2 Oboen, 2 Hörnern, 2 Fagotten, dazu oft 2 Klarinetten. Berühmt ist die gewillige Besetzung der *Gran Partita, KV 361* (Serenade Nr. 10, Abb. C).

Dem steht reine solistische Streicherbesetzung als Kammermusik gegenüber, so BEETHOVENS *Streichtrio, op. 8* (*Serenade*). BEETHOVENS *Septett* und SCHUBERTS *Oktett* sind zwar nicht dem Namen, wohl aber ihrer solistischen Besetzung und ihrem Charakter nach Serenaden (Abb. C).

148 Gattungen und Formen/Sonate

A Sonate als Satzzyklus, Haupttypen

Preludio a	Allemanda a	Corrente a	Gavotta a

A. Corelli, Triosonate, op. 4,5 (Kammersonate)

Grave a	Fuga a	Andante C	Allegro a

J. S. Bach, Violin-Solosonate, BWV 1003 (Kirchensonate)

Allegro D	Andante G	Allegretto D

W. A. Mozart, Violinsonate, KV 306

Allegro C	Adagio E	Scherzo C, a	Allegro C

L. v. Beethoven, Klaviersonate, op. 2,3

Allegro	Adagio	Menuetto	Prestissimo

B Besetzungen der Triosonate und ihrer Nachfolger

	Triosonate Standardbes.	Triosonate für Orgel (Bach)	Sonate mit obl. Cembalo (Bach)	Klaviertrio	Streichquartett	Streichtrio
1. Oberstimme	1. Violine	Orgel r. H.	Violine (Flöte, Gambe)	Violine	1. Violine	1. Violine
2. Oberstimme	2. Violine	l. H.	Cembalo r. H.	Klavier r. H.	2. Violine	
harmonische Füllung	Cembalo r. H.					
Bass-Stimme	Cello (l. H.)	Pedal (l. H.)	Cello (l. H.)	Cello (l. H.)	Bratsche / Cello	Bratsche / Cello

Legende: langsam / schnell — Modulationen — Tonika — Tonikaparallele

C Sonatensatzform, L. v. Beethoven, op. 2, Nr. 1, Kopfsatz

Exposition

Hauptsatz 1. Thema	Überleitung Modul.	Seitensatz 2. Thema	Fortführung Steigerg.	Schlussgruppe Synkopen
f	f – Es	As	As	As
T. 1	9	21	26	41

Durchführung

1. Thema	2. Thema	Synkopen	Motiv 2. Thema	Motiv 1. Thema
As, C	b, c...	As,...	f	C
49	55	73	82	95

Reprise

Hauptsatz	Überleitung	Seitensatz	Fortführung	Schlussgruppe
f	f – C	f	f	f
101	109	120	125	140

Coda

Synkopen Akkorde
f
146

Satzzyklen und Strukturen

Gattungen und Formen/Sonate 149

Die **Sonate** ist eine mehrsätzige Instrumentalkomposition. Je nach Besetzung unterscheidet man in der klass. Zeit:
– die **Solosonate** für ein Einzelinstrument, meist Klavier oder Violine;
– die **Duosonate**, bes. für Violine oder Cello und Klavier, das **Trio, Quartett** und andere kammermusikal. Besetzungen;
– die **Sinfonie** als Sonate für Orchester;
– das **Konzert** als Sonate für Solist und Orchester.

Die frühe Sonata (lat. *sonare,* klingen) war ein Instrumentalstück ohne festliegendes Formschema. Sie entstand gegen Ende des 16. Jh. in Venedig. Mehrchörigkeit als Kontrastmittel in Dynamik und Klangfarbe sowie Abschnittsgliederung als Vorstufe der späteren Mehrsätzigkeit waren typisch. Hauptkomponisten: A. und G. GABRIELI (s. S. 264 f.).

Typen der Barocksonate. Ende des 17. Jh. bildeten sich zwei bei CORELLI (1653–1713) standardisierte Haupttypen aus:
– die **Kammersonate** (*Sonata da Camera*), mit Präludium und 2 bis 4 Tanzsätzen (ital. Form der Suite, vgl. S. 150 f.).
– die **Kirchensonate** (*Sonata da Chiesa*), mit 4 Sätzen in der Folge **langsam,** gravitätisch, imitatorisch – **schnell,** fugiert – **langsam,** kantabel, homophon – **schnell,** fugiert (Abb. A).

Die Sätze selber sind in der Regel *zweiteilig* mit jeweiliger Wiederholung. Alle Sätze stehen in der gleichen Tonart, in der Kirchensonate auch wechselnd (Abb. A: a-Moll, aber: *Andante* C-Dur).

Die Sonaten D. SCARLATTIS bestehen nur aus einem einzigen, zweiteiligen Satz.
Besetzungsmäßig gehören die Kammer- wie die Kirchensonate zum Typ der **Triosonate** mit 2 Oberstimmen, meist Violinen, und 1 Continuo-Stimme, ausgeführt von Bass und Gb.-Cembalo. Die Kirchensonaten wurden meist **mehrfach,** die Kammersonaten **einfach** besetzt.

BACH übertrug die **Triosonate** auf die *Orgel,* ferner die **Sonate** mit *1 Melodieinstrument* (Flöte oder Violine) und *Cembalo* mit *2 obligaten Stimmen* (Vorläufer des klassischen Duos) bzw. mit *Continuo-Cello* (Vorläufer des Klaviertrios; später übernimmt die Bratsche die harmoniefüllende Funktion des Cembalos; Abb. B). Außerdem gab es schon im Barock die **Solosonate** für ein Einzelinstrument.

Die klassische Sonate umfasst 3 oder 4 Sätze (Abb. A):
– **1. Satz (Kopfsatz),** schnell und dramatisch, zuweilen mit einer *langsamen Einleitung.* Er steht in der *Sonatensatzform.*
– **2. Satz,** langsam und lyrisch, als *Liedform* oder als *Thema mit Variationen* gebaut. Tonartlich ist er mit dem 1. Satz verwandt,

denn er steht im gegensätzlichen Moll bzw. Dur, in der D, Tp u. a.
– **3. Satz,** in der Haupttonart, ist ein **Menuett** (*Serenade,* S. 146 f.), seit BEETHOVEN ein **Scherzo.** Es fehlt oft. Auch werden zuweilen 2. und 3. Satz vertauscht.
– **4. Satz (Finale),** steht als schneller Schlusssatz in der Haupttonart (in Moll evtl. mit Duraufhellung am Schluss) und bildet formal ein *Rondo* oder einen *Sonatensatz.*
Es gibt viele Ausnahmen mit anderer Satzfolge, z. B. ein langsamer Variationensatz zu Beginn, wie in BEETHOVENS op. 26 oder in MOZARTS *A-Dur-Sonate, KV 331,* oder mit nur 3 oder gar 2 Sätzen wie BEETHOVENS op. 111.

Die Sonatensatzform (auch *Sonatenhauptsatzform*) umfasst **Exposition** (zuweilen mit langsamer **Introduktion**), **Durchführung, Reprise, Coda** (Abb. C):
– **Exposition:** bringt die *Aufstellung* der Themen. Der **Hauptsatz (1. Thema)** steht in der Haupttonart (Abb. C, T. 1: *f-Moll, staccato, aufwärts*). Die **Überleitung** führt das 1. Thema fort oder bringt neues motivisches Material. Sie moduliert bei Durtonika in die Dominante, bei Molltonika in deren Parallele. Auf der neuen tonartlichen Ebene folgt der **Seitensatz** als gegensätzlich gestaltetes, meist lyrisches **2. Thema** (Abb. C, T. 21: *As-Dur, legato, abwärts*), das in der gleichen Tonart fortgesponnen wird. In einer **Fortführung** wie in der **Schlussgruppe** taucht meist wieder neues motivisches Material auf.
– **Durchführung:** arbeitet mit den in der Exposition aufgestellten Themen oder sonstigem motivischem Material aus der Exposition. Sie ist dramatisch angelegt und sucht tonartlich entferntere Bereiche auf (Halbschluss auf der D).
– **Reprise:** wiederholt die Exposition. Der Seitensatz erscheint nun in der Haupttonart, wodurch die Modulation in die Dominante bzw. Parallele entfällt und eine gewisse Synthese der aufgestellten Gegensätze erreicht wird (Abb. C: vgl. T. 21 und 120).
– **Coda:** bildet den Abschluss des Satzes. Als Reminiszenz oder als Steigerung erklingen das Hauptthema oder andere Motive.
Die Sonatensatzform entwickelte sich aus dem zweiteiligen Suitensatz. Die Durchführung war als Abwechslung bringende Episode gedacht. Lange wurden Exposition und Durchführung mit Reprise wiederholt. Mit wachsender Dramatik in der Durchführung entfiel deren statisch wirkende Wiederholung, seit BEETHOVENS *Appassionata* (1804/5) auch die der Exposition.
Jede Sonate hat ihr eigenes Formgesetz. Auch werden in der **Romantik** 3. und 4. Themen eingeführt, die Sätze zuweilen miteinander verschmolzen und die Form stark erweitert.
Im **20. Jh.** gibt es gelegentlich historisierende Wiederbelebung der Sonate.

150 Gattungen und Formen/Suite

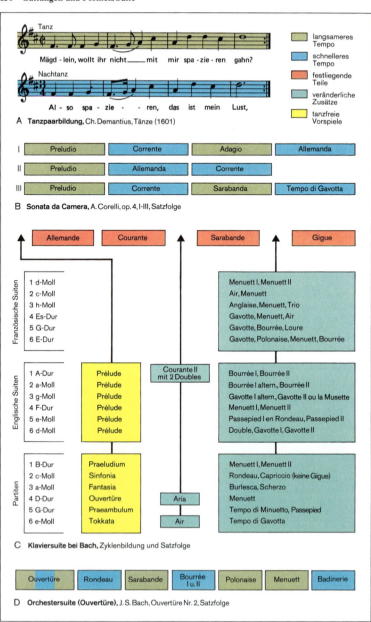

A **Tanzpaarbildung**, Ch. Demantius, Tänze (1601)

B **Sonata da Camera**, A. Corelli, op. 4, I–III, Satzfolge

C **Klaviersuite bei Bach**, Zyklenbildung und Satzfolge

D **Orchestersuite (Ouvertüre)**, J. S. Bach, Ouvertüre Nr. 2, Satzfolge

Zyklenbildung

Gattungen und Formen/Suite 151

Suite (*frz. Folge*) ist eine Zusammenstellung von getanzten oder stilisierten Tänzen und tanzfreien Sätzen, bes. im Barock. Die Sätze stehen meist in gleicher Tonart.

Ausgangspunkt für die Suite ist die **Paarbildung** von Tänzen: Auf einen *langsamen, geschrittenen Tanz* folgt ein *schneller, gesprungener* **Nachtanz**. Der erste steht in geradem, der zweite in ungeradem Takt (Abb. A). Auf der volkstüml. Ebene hießen diese Tänze **Dantz** und **Hupfauf**, auf der höfischen des 16. Jh. **Pavane** und **Galliarde**, auch **Pavane** und **Saltarello**, bis sie im 17. Jh. von **Allemande** (langsam, ⁴/₄) und **Courante** (rasch, Dreiertakt) abgelöst wurden. Erweiterungen waren üblich. So kamen im 17. Jh. die spanische **Sarabande** (langsam, gravitätisch, ³/₂) und die engl. **Gigue** (schnell, ⁶/₈, ¹²/₈) hinzu, die dann zu den *festliegenden Teilen* der Suite gehörten (s. u.).

Der Name **Suite** taucht zuerst in den Tanzdrucken bei ATTAIGNANT, Paris 1557, auf. Die *suytte de bransles* bezeichnet dort unterschiedlich rasche Bransles (allg. *Wiegeschritt*, auch Gavotte, Courante usw. sind Bransles). Im 16. Jh. umfasst diese frz. Suite meist 4 Bransles, die an Tempo zunehmen: *br.double* (langsam) – *br.simple* (ruhig) – *br.gay* (rasch) – *br.de Bourgogne* (schnell). Die ersten beiden haben geraden, die beiden letzten ungeraden Takt.

Andere Bezeichnungen für die Suite sind
- **Partita** (ital. *partire,* teilen), also die Teile, Sätze oder Tänze in der Reihung;
- **Ordre** (frz. *ordre,* Reihe, Ordnung), also die Reihe der Stücke (COUPERIN);
- **Ouvertüre** (frz. *ouverture,* Eröffnung), Satzfolge nach dem Einleitungsstück benannt;
- **freie Titel**: oft blumenreich wie *Banchetto musicale* (SCHEIN, 1617, darin 20 Orchestersuiten); *Lustgarten neuer teutscher Gesäng, Balletti, Galliarden und Intraden* (HASSLER, 1601).

Italien entwickelt im 17. Jh. die **Sonata da Camera** als instrumentale Folge von Tanzsätzen vermischt mit wenigen andern. Die Satzfolge liegt nicht fest, meist wechseln langsam und schnell. CORELLI setzt ein freies Präludium vorweg. Jede seiner Sonaten bildet musikal. einen Zyklus in gleicher Tonart und mit motivischer Verwandtschaft (Abb. B; Rom 1694).

Die Ballettproduktion für die Oper fördert bes. in Frankreich die **Ballett-** und **Orchestersuite** (LULLY, RAMEAU). Auch hier ist die Satzfolge frei. Die frz. **Klavier-** und **Lautensuite** bevorzugt jedoch die 4 Kernsätze, erweitert um die neuen des frz. Hofes wie Gavotte, Bourrée und Menuett (CHAMBONNIÈRES, GAULTIER), während COUPERINS *Ordres* freie Folgen von Charakterstücken sind.

In Deutschland entwickelt sich im 17. Jh. die **Variationssuite** mit gleichem motivischem Material in allen Sätzen (musikal. Zyklus), oft für Orchester mit einer *Intrada* als Einleitungssatz. In der **Klaviersuite** bildet sich nach frz. Muster der 4-sätzige Kern heraus mit **Allemande-Courante-Sarabande-Gigue** (zuerst bei FROBERGER mit Gigue an 2. Stelle). BACH greift diese Form der Solosuite auf und führt sie zum Höhepunkt. Die meisten Tänze waren damals bereits unmodern und wurden musikal. stilisiert (Allemande, Gigue), andere aber wurden noch getanzt (Gavotte, Polonaise, Menuett usw.).

Die Suiten BACHS sind meist zu 6 gebündelt (Abb. C):
Die *Französischen Suiten* (um 1720) erweitern die 4 Kernsätze um 2–4 Tänze zwischen Sarabande und Gigue. 3 Suiten stehen in Moll, 3 in Dur. Originaltitel: *Suites pour le clavecin. Frz.* wurden sie später wohl nur im Gegensatz zu den *Engl.* genannt. Die *Englischen Suiten* (um 1720) haben alle ein Prélude als Einleitungssatz. Originaltitel daher: *Suites avec préludes.* Die 1. Suite hat eine 2. Courante mit 2 *Doubles* (Doppel, verschiedene Auszierung), im Übrigen wieder Sondertänze. Die *Partiten* (1731) haben Präludien verschiedener Spielart und Bezeichnung, außerdem schieben sich zweimal Aria und Air zwischen Courante und Sarabande, dazu die üblichen Erweiterungen zwischen Sarabande und Gigue. BACH nennt die Tänze im Vorwort *»Galanterien, denen Liebhabern zur Gemütsergötzung verfertiget«* und weist damit auf den Abstand zum Tanzboden hin. Während die 6 Cellosuiten BACHS mit ihren *Préludes* usw. den *Engl. Suiten* ähneln, variieren die 3 *Partiten* für Violine solo (in der Slg. der 6 Solosonaten und -partiten) die Satzfolge (I: Double-Einschübe, II: *Chaconne* nach den Kernsätzen, III: Aufgabe des Kerns). Ähnlich frei verhalten sich die 4 Orchestersuiten nach frz. Muster und mit Frz. Ouvertüre (**Ouvertürensuiten,** Abb. D).

HÄNDEL lässt sich in den großen Orchestersuiten, *Wassermusik* und *Feuerwerksmusik,* ebenfalls Freiheit in der Satzfolge; die Klaviersuiten aber haben die Kernsätze.

Die Suite blieb etwa bis zur Mitte des 18. Jh. lebendig, dann traten an ihre Stelle Kunstmusik Divertimento, Serenade, Sonate und Sinfonie an ihre Stelle. In der Tanzpraxis verdrängten Ländler, Walzer, Polka usw. die alten Hoftänze bis auf das **Menuett,** das auch in den neuen Gattungen der Kunstmusik auftaucht.

Seit dem Versinken der Barocksuite wurden bis heute aktuelle **Ballettsuiten** (TSCHAIKOWSKY, *Nussknackersuite*), aktuelle **Tanzsuiten,** stilisierte **Tanzsuiten** (BARTÓK, *Tanzsuite für Orch.; Suite* op. 14) und historisierende »alte« Suiten geschrieben, die in Gehalt und Charakter neu sind (GRIEG, *Holbergsuite;* SCHÖNBERG, *Suite für Streicher, Klaviersuite* op. 25, *Suite* op. 29).

Gattungen und Formen/Sinfonie

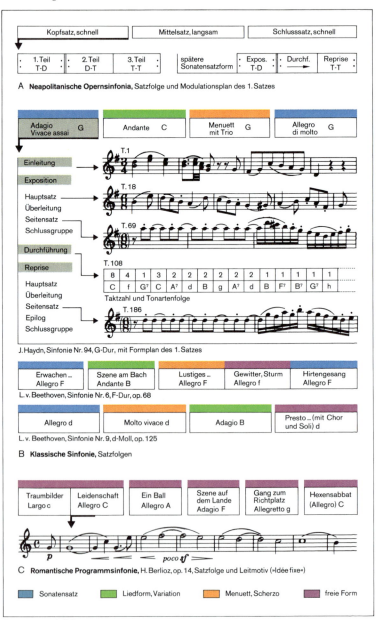

A **Neapolitanische Opernsinfonia,** Satzfolge und Modulationsplan des 1. Satzes

J. Haydn, Sinfonie Nr. 94, G-Dur, mit Formplan des 1. Satzes

L. v. Beethoven, Sinfonie Nr. 6, F-Dur, op. 68

L. v. Beethoven, Sinfonie Nr. 9, d-Moll, op. 125

B **Klassische Sinfonie,** Satzfolgen

C **Romantische Programmsinfonie,** H. Berlioz, op. 14, Satzfolge und Leitmotiv (»Idée fixe«)

Sonatensatz — Liedform, Variation — Menuett, Scherzo — freie Form

Satztypen und -folgen

Gattungen und Formen/Sinfonie 153

Die **Sinfonie** ist in ihrer klass. Form ein 4-sätziges Werk für Orchester nach dem Vorbild der Sonate.

Vorklassische Sinfonia. Seit dem Ende des 16. und 17. Jh. bezeichnet der ital. Ausdruck **Sinfonia** Werke für Orchester (auch mit Gesang) ohne best. Formangabe. Vorläufer der Sinfonie wurde dann speziell die *Neapolitanische Opernsinfonia,* die sich im 18. Jh. aus ihrer Funktion als Opernouvertüre löste (vgl. S. 136 f.).

Sie hat 3 Teile oder Sätze (schnell-langsam-schnell) und ihr Kopfsatz enthält im Modulationsplan und in der Wiederholung der Teile keimhaft die Sonatensatzanlage (Abb. A).

In der **vorklassischen Sinfonia** entfällt der Gb., bauen die Streicher ihre zentrale Stellung aus, übernehmen die Bläser Begleitfunktion (2 Hörner, 2 Oboen; vgl. S. 65). Der Stil ist harmon. einfach, dafür kantabel. Auch bildet sich ein 2. Thema heraus.

Führend ab etwa 1730/40 sind **Oberitalien** (SAMMARTINI, 1700–75), dann bes. die **Mannheimer** (J. STAMITZ, 1717–57) und die **Wiener Schule** (MONN, 1717–50; WAGENSEIL, 1715–57).

Klassische Sinfonie. Sie repräsentiert sich vor allem im Werk J. HAYDNS mit mindestens 104 Sinfonien von 1759 bis zu den ausgereiften 12 *Londoner Sinfonien* 1795 und W. A. MOZARTS mit 41 Sinfonien von 1764 bis zu den 3 letzten von 1788 in **Es-Dur,** KV 543, **g-Moll,** KV 550, und **C-Dur,** KV 551 (*Jupiter*).

HAYDNS frühe Sinfonien stehen noch in Divertimento-Nähe mit variabler Satzzahl, ab etwa 1765 aber haben sie in der Regel 4 Sätze mit Menuett.

HAYDNS *Sinfonie mit dem Paukenschlag* gehört zu den *Londoner Sinfonien* (Abb. B). Dem **1. Satz** folgt ein **Andante** (in der Subdominante C-Dur) als *Thema mit Variationen,* ein **Menuett** mit Trio und ein rasches **Kehrausfinale** als Kombination von *Rondo und Sonatensatz.*

Das Schwergewicht liegt auf dem **Kopfsatz.** Er steht in Sonatensatzform mit *langsamer Einleitung* (s. Nb., feierlich, zuweilen punktierter Rhythmus wie alte Frz. Ouvertüre). Zäsurenlos folgt die *Exposition* mit raschem Hauptsatz (1. Thema, s. Nb.), modulierender Überleitung und tänzerisch-melodiösem Seitensatz auf der Dominante D-Dur (2. Thema, s. Nb.). Die *Durchführung* ist voll drängender Dramatik in der thematischen Arbeit, in der Dynamik und in der ausgreifenden Tonartenfolge, die immer rascher, endlich sogar von Takt zu Takt wechselt (T. 108 ff.). Die *Reprise* bringt den Seitensatz in der Haupttonart (Nb.) und schiebt einen Epilog vor die Schlussgruppe.

BEETHOVEN steigert seine 9 Sinfonien über den Gattungsbegriff hinaus zu Einzellösungen. Er erweitert die Form (Durchführung, Coda) und vergrößert das Orchester (s. S. 65). Auch fließt außermusikalischer Gehalt in die alte Form der Sinfonie ein: seine **6. Sinfonie,** die *Pastorale,* ist eine *»Sinfonia caracteristica – oder Erinnerung an das Landleben«,* bleibt aber trotz programmatischen Inhalts *»mehr Ausdruck der Empfindung als Malerei«* (BEETHOVEN). Die Sätze entsprechen der Gattung (vgl. Satzfolge bei HAYDN, Abb. B), tragen aber Titel:

1. *Erwachen heiterer Gefühle bei der Ankunft auf dem Lande,* ein Kopfsatz allegro ma non troppo in Sonatensatzform (F-Dur);
2. *Szene am Bach,* ein langsames Andante in Liedform (B-Dur);
3. *Lustiges Zusammensein der Landleute,* normalerweise ein Menuett oder Scherzo, hier ein Bauerntanz mit Trios;
4. *Gewitter, Sturm,* ein eingeschobener Satz (f-Moll), der seinen programmatischen Vorwurf in freier Form ausmalt;
5. *Hirtengesang. Frohe, dankbare Gefühle nach dem Sturm,* ein Allegretto als übliches Finale der Sinfonie.

In der 9. Sinfonie mit Schlusschor kombiniert BEETHOVEN Sinfonie und Kantate. Der Schlusssatz ist kein normales Finale mehr, sondern richtet sich gehaltlich und formal nach dem Text der Ode *»An die Freude«* von SCHILLER (Abb. B).

Nachklassische Sinfonie. Im 19. Jh. gibt es in der Sinfonik zwei Richtungen, die sich beide auf BEETHOVEN berufen:

– die eine sucht den klass. Sinfoniebegriff reiner Instrumentalmusik mit romant. Mitteln zu erweitern (SCHUBERT, MENDELSSOHN, SCHUMANN, BRAHMS, BRUCKNER, SIBELIUS, TSCHAIKOWSKY usw.);
– die andere sucht über ein außermusikal. Programm neue sinfon. Formen. Sie führt über die **Programmsinfonie** (BERLIOZ) zur **sinfonischen Dichtung** (LISZT, STRAUSS).

BERLIOZ' *Symphonie fantastique,* op. 14 (1830), kreist um ein eigenes Liebeserlebnis, wobei die Geliebte durch ein Leitmotiv symbolisiert wird (s. Nb. C). Dieses Motiv taucht als *»idée fixe«* in allen Sätzen auf. Trotz des Programms lassen sich noch die alten Sinfoniesätze erkennen, mit zwei Scherzi: *Ein Ball* und *Gang zum Richtplatz* (Abb. C).

Eine Synthese aller sinfonischen Möglichkeiten gelingt G. MAHLER in seinen 9 Sinfonien (1884–1910, die 10. blieb Fragment).

Im 20. Jh. entstehen zahlreiche Sinfonien für großes oder für Kammerorchester, doch realisieren sie alle Individuallösungen weit außerhalb des durch die Klassik geprägten Gattungsbegriffes Sinfonie (WEBERN, STRAWINSKY, PROKOFJEW, HARTMANN, MESSIAEN, SCHOSTAKOWITSCH, BERIO).

154 Gattungen und Formen/Tanz

Tanz	Takt	Rhythmus	Zeit	Tanzart
Pavane	4/4		16./17. Jh.	
Galliarde	3/2		16./17. Jh.	
Allemande	4/4		16./17. Jh.	
Courante	3/2		17. Jh.	
Chaconne	3/4		16./17. Jh.	
Bourrée	¢		17./18. Jh.	
Sarabande	3/2		17./18. Jh.	
Gavotte	¢		17./18. Jh.	
Siciliano	6/8		17./18. Jh	
Gigue	6/8		17./18. Jh.	
Menuett	3/4		17./18. Jh.	
Polonaise	3/4		19. Jh.	
Mazurka	3/4		18./19. Jh.	
Walzer	3/4		19./20. Jh.	
Bolero	3/4		19. Jh.	
Polka	2/4		19. Jh.	
Galopp	2/4		19. Jh.	
Habanera	2/4		19. Jh.	
Tango	4/8		20. Jh.	
Engl. Waltz	3/4		20. Jh.	
Foxtrott	¢		20. Jh.	
Charleston	¢		20. Jh.	
Rumba	4/4		20. Jh.	
Samba	¢		20. Jh.	
Cha-Cha-Cha	4/4		20. Jh.	

Entstehungszeit (Bezifferung im farbigen Feld: Blütezeit)				
14. Jh.	18. Jh.	langsameres Tempo	Einzelpaare
15. Jh.	19. Jh.		
16. Jh.	20. Jh.	schnelleres Tempo	Gruppenpaare
17. Jh.			

Tanzrhythmen, Tanzart, historischer Ort

Gattungen und Formen/Tanz 155

Tänze gehören auf der frühesten Menschheitsstufe und bei den Naturvölkern zum kultischen Bereich. Stets ist der Tanz mit Musik verbunden. Sie wird durch die körperl. Tanzbewegung geprägt, so wie sie umgekehrt die Körperbewegung lenkt und bis zur Ekstase steigern kann.

Schritt und Gegenschritt des Tanzes sind Ausgang für die **gradzahlige Anlage** der Akzente und den **symmetr. Periodenbau** in Rhythmik und Melodik (z. B. 2 + 2 + 4 + 8 Takte). Dazu kommt das Prinzip der **Wiederholung** mit entsprechender Abschnittsbildung in der Musik. In Antike, MA. und Renaissance wurde Tanzmusik von den Instrumentalisten (Spielleuten) meist **improvisiert.** Typisch war die sequenzartige Wiederholung von Melodieabschnitten mit Halb- und Ganzschluss (Estampida, Ductia, vgl. S. 212 f.). Dazu gab es die *Tanzlieder,* meist mit Refrain.

Auch konnte ein *Gerüstsatz* für 1- und mehrst. Improvisation zu Grunde liegen, den die Spieler wie ein Bluesschema des späteren Jazz im Kopf hatten, so bes. bei der burgund. *Basse Danse* des 15./16. Jh.

Diese *Basses Danses* waren Schritttänze unterschiedlichen Charakters, die offenbar schon zu Folgen (*Suiten*) zusammengestellt wurden. Die Lehrbücher der Zeit beschreiben daneben eine Unzahl anderer Tänze.

Alle Tänze, ob volkstümlich oder höfisch, waren **Gruppentänze** mit wechselnder Gruppenpaarbildung, erst das 19. Jh. bringt den heute vorherrschenden **Einzelpaartanz.** Gruppentänze gibt es heute noch als Kinderreigen, im Volkstanz und auf Bällen (z. B. die geschrittene *Polonaise*).

Schon in der Renaissance folgte einem langsamen **Schreittanz** in geradem Takt ein schneller **Spring-** oder **Drehtanz** in ungeradem Takt (*Nachtanz*). Die Tanzpaarbildung wird auch im Barock beibehalten, außerdem entstehen ganze Tanzfolgen als Suiten, bes. auch in zahlreichen Balletten der Opern mit allegorischem Inhalt und szenischer Darstellung, woran sich der Adel selbst beteiligte (Ballettsuiten, vgl. S. 151). Die wichtigsten Tänze die Barock bzw. der barocken Suite zeigt die nebenstehende Abb. mit Angabe des Rhythmus, der Entstehungs- und Blütezeit:

Pavane, von span. *pavo,* Pfau, oder von der ital. Stadt Padua, feierlicher höfischer Schreittanz, Anfang 16. Jh. anstelle der **Basse Danse,** meist mit **Saltarello** bzw. **Galliarde** als Nachtanz; Einleitungssatz der dt. Orchestersuite im frühen 17. Jh.;

Galliarda, von ital. *gagliarda,* rasch, schneller, frz./ital. im Tripeltakt, ab etwa 1600 höfischer Nachtanz zur Pavane.

Allemande, frz., *deutscher Tanz,* ruhiger Schreittanz, auftaktig, höfisch im 17. Jh., stilisiert als Kopfsatz der Suite;

Courante, frz., *eiliger Tanz* im Dreiertakt, höfisch ab 17. Jh.; die ital. **Corrente** ab etwa

1650 ist schneller und glatter; 2. Kernsatz der Suite;

Chaconne, urspr. span. **Tanzlied,** dann Variationsmodell wie **Passacaglia** (Bass);

Bourrée, frz. Reigentanz aus der Auvergne, ab 17. Jh. höfisch (Lully);

Sarabande, wohl span. Schreittanz, ab 17. Jh. am frz. Hof, Dreiertakt ohne Auftakt, feierlich und gravitätisch; 3. Kernsatz der Suite;

Gavotte, frz. Reigentanz (in der Bretagne noch lebendig), ab 17. Jh. höfisch, stets auftaktig, nicht zu rasch;

Siciliano, ital., kein eigentlicher Tanz, sondern charakteristische Pastoralmusik, von Brossard als *danse gay* bezeichnet;

Gigue, frz., von engl. *jig (giga,* Geige), nach schottischem oder irischem Tanzlied, ab 17. Jh. auf dem Kontinent höfischer Tanz, rasch, imitatorisch; Schlusssatz der Suite;

Menuett, von frz. *menu (pas),* zierlicher (Schritt), urspr. Volkstanz, ab etwa 1650 bevorzugter Hoftanz Ludwigs XIV. (Lully), ruhiger Dreiertakt;

Polonaise, poln. Schreittanz, urspr. in geradem Takt, ab 18. Jh. ¾, langsam, oft schwermütigen Charakters.

Mit dem Untergang des *Ancien Régime* versank auch die alte höfische Tanzkultur und die neue bürgerl. trat an ihre Stelle. Das aufwachende Nationalbewusstsein im 19. Jh. brachte dazu die Pflege und die Verbreitung der verschiedenen **Nationaltänze.**

– **Polonaise** und **Mazurka** kamen aus Polen,
– **Polka** und **Schnellpolka** aus Böhmen,
– **Csárdás** mit seinem langsamen *Lassu-* und schnellen *Friszka*teil aus Ungarn (²/4),
– **Bolero** aus Spanien, **Habanera** aus Kuba und **Tango** aus Argentinien,
– **Schottischer Walzer** oder **Ecossaise** im schnellen Dreitakt aus Schottland,
– **Deutscher Tanz,** ein schneller, rustikaler Drehtanz (überlagert mit dem feineren **Contretanz** und dem höfischen **Menuett** in der Tanzszene des *Don Giovanni* von Mozart) noch im 18. Jh., sowie der
– **Ländler** als langsamer Drehtanz und der
– **Wiener Walzer** als schneller Modetanz ab Beginn des 19. Jh., ferner der rasche
– **Galopp** (1825) in geradem Takt aus Deutschland und Österreich, der
– **Cancan** im schnellen ²/4 aus Paris ab etwa 1830.

All diese Tänze fanden auch Aufnahme in die Operette des 19. Jh.

Im 20. Jh. wurden die *angelsächs.* Tänze Mode wie der langsame **English Waltz** (1920), dann die *amerikan.* Tänze wie **Foxtrott, Slow Fox,** der jazznahe **Blues** und die Steptänze wie **Charleston** und **Jitterbug,** dann die *lateinamerikan.* Tänze afrikan. Ursprungs wie die brasilian. **Samba** (20er Jahre) und die kuban. **Rumba** mit **Mambo** und **Cha-Cha-Cha** (1953).

156 Gattungen und Formen/Variation

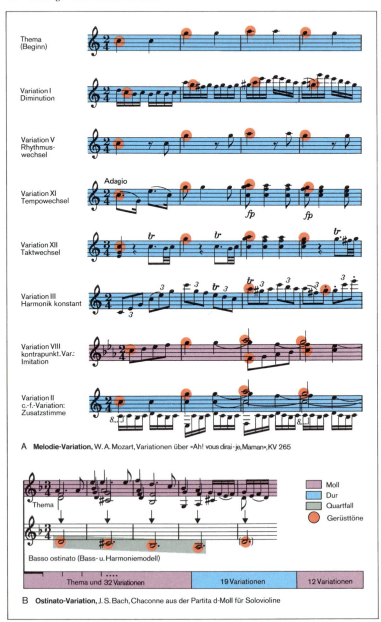

A **Melodie-Variation**, W. A. Mozart, Variationen über »Ah! vous dirai-je, Maman«, KV 265

B **Ostinato-Variation**, J. S. Bach, Chaconne aus der Partita d-Moll für Solovioline

Variable und konstante Elemente

Gattungen und Formen/Variation 157

Die **Variation** ist als Veränderung eines Gegebenen ein **Grundprinzip musikal. Gestaltung**. Daneben gibt es spezielle **Formen** der Variation, z. B. die *Chaconne* (s. u.). Verändert werden Rhythmus, Dynamik, Artikulation, Melodik, Harmonik, Tonfarbe, Besetzung usw., nie aber alle Faktoren gleichzeitig. Als Kompositionstechnik taucht Variation innerhalb größerer Formen auf, meist um Wiederholungen abwechslungsreicher zu gestalten (z. B. die Reprise der Da-capo-Arie). **Variationstechniken** werden exemplarisch auch in eigenen *Variationsreihen* vorgeführt (Abb. A). Die wichtigsten Techniken seien hier angesprochen:

1. **Melodievariation** mit Verzierung (*Kolorierung*). Die Haupttöne der Melodie bleiben als **Gerüsttöne** bestehen. Auflösung der Hauptnotenwerte in kleinere (*Diminution*) führt zu **Umspielungen** (Var. I: d^2–c^2–h^1–c^2), **Wechselnoten** (h^1 in T. 1), **Durchgangsnoten** (Lauf in T. 3/4) u. a. – Diese Variationsart findet sich bereits in den ma. Choralbearbeitungen, in der Instrumentalpraxis des 15./16. Jh. usw.

2. **Rhythmische Veränderung** einer Melodie oder eines Satzes (Var. V); Tempo- und Taktwechsel sind häufig (Var. XI, XII). – Die Umrhythmisierung von Tänzen führte im 15./16. Jh. zu Tanzpaaren (vgl. S. 150, Abb. A) und später zur *Variationssuite*.

3. **Änderung des Stimmverlaufs**. Eine Melodie oder ein Bass können streckenweise oder ganz aufgegeben werden, während ihre **Länge** (Taktzahl) und ihre **Harmonik** als Modell erhalten bleiben. In Var. III erklingen statt der Gerüsttöne c^2–g^2 in T. 1 und 2 ein C-Dur-Arpeggio und -Lauf. Zusätzlich erscheint hier ein Rhythmuswechsel (Triolen). – Harmoniekonstanz gewährt große gestalterische Freiheit, bes. in Ostinato-Variationen (s. u.).

4. **Harmonische Veränderung** ist bedeutsam in der tonalen Musik, z. B. als Dur-Moll-Wechsel (Var. VIII), als Ausweichung in entfernte Tonarten usw.

5. **Kontrapunktische Variation** geschieht oft durch Verflechtung von Motiven in freier Imitation. So wird in Var. VIII der leicht veränderte Themenkopf mehrfach nachgeahmt. – Solche kp. Arbeit taucht auf in Motetten, Fugen, als *thematische Arbeit* in Sonatensatzdurchführungen usw.

6. **C.-f.-Variation** durch Zusatz weiterer Stimmen zu einer gegebenen ist ebenfalls kp. bestimmt. In Var. II tritt die Unterstimme durch *Diminution* bes. hervor (Gegenstück zu Var. I), während sich zur Oberstimme als **fester Melodie** (*Cantus firmus*) harmon. Gegenstimmen gesellen. – Stimmenzusätze zu c. f. finden sich in Motetten, Choralbearbeitungen usw.

7. **Frei variierendes Spiel** mit melodisch, harmonisch oder rhythmisch charakteristischen Motiven gibt es u. a. in Fugenzwischenspielen, Sonatendurchführungen, den *Charaktervariationen* des 19. Jh. usw.

In der modernen Musik spielt die systematische Variation der verschiedenen *Parameter* eine große Rolle. Die Zwölftonkomposition und die serielle Technik beruhen z. B. auf ständiger Variation der Reihe in Bezug auf Tonhöhe, Lautstärke, Rhythmus, Besetzung usw.

Die Formen der Variation

erscheinen stets als Variationsfolgen mit vorangestelltem Ausgangsmodell. Als Modell dient eine Melodie oder ein Bass bzw. dessen immanente Harmonik. Var.-Reihen gibt es seit dem 16. Jh.

I. Variationen über ein Melodiemodell
Die Melodie ist stets einfach geführt und klar periodisiert (2, 4, 8, 16 oder 32 Takte), daher einprägsam und für die zunehmende Komplizierung der Variationen geeignet. Oft werden bekannte Melodien als Modelle verwendet. Hauptformen sind:
– die **Var.-Suite** (17. Jh.) mit umrhythmisierter Melodie je Satz;
– das frz. **Double** (17./18. Jh.) als Tanzwiederholung mit stark verzierter Oberstimme;
– die **Choralvariation** oder **-partita** (17./18. Jh.) mit Ausschmücken des Chorals als c. f. oder dessen kp. Verarbeitung;
– das **Thema mit Variationen** (18./19. Jh.) als Einzelwerk (Abb. A) oder als langsamer Satz in Sonaten, Quartetten, Sinfonien usw. Im Barock noch eine additive Reihe, gewinnt diese Form in der Klassik und Romantik Entwicklung und Steigerung.

II. Variationen über ein Bassmodell
Die Bässe sind meistens kurz (4 oder 8 Takte) und enthalten eine klar kadenzierende Harmonik. Sie wiederholen sich ständig (ital. *ostinato*), um größere Formen zu bilden. Hauptformen dieser *Ostinato-Technik* sind:
– die ital. **Strophenbass-Arie** und die **Var.** über **Lied- und Tanzbässe**, die z. T. bestimmte Namen trugen wie *Romanesca, Follia* u. a. (16./17. Jh.);
– die engl. **Grounds** (Variationen über Ostinato-Bässen) der Virginalisten um 1600;
– die **Chaconne** und die **Passacaglia**, die im 16. Jh. von Spanien über Italien nach Deutschland kamen und berühmte Beispiele bieten (Händel, Bach, später Brahms, *4. Sinfonie*, u. a.).
In der *Chaconne* aus der 2. Partita für Solovioline von Bach wirkt als melodisches Thema die Oberstimme der ersten 4 bzw. 8 Takte, das Variationsmodell ist hingegen der 4-tönige Bass mit Quartfall ein beliebtes Modell im Barock) und das hinter ihm stehende Kadenzschema (t, D, sP oder ähnlich, D und wieder t). Dieses Schema wird 64-mal mit ständiger Variation der Spiel- und Ausdrucksmöglichkeiten wiederholt (Abb. B).

158 Vor- und Frühgeschichte

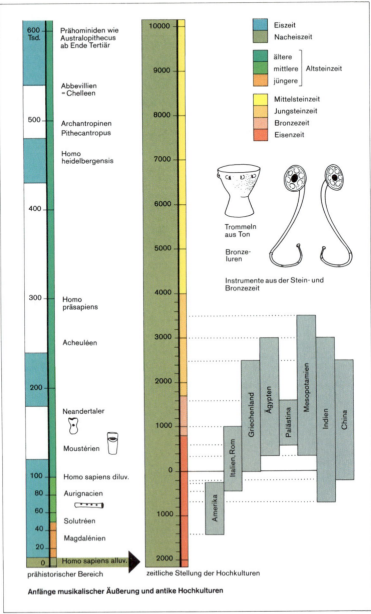

Zeitliche Relationen und frühe Musikinstrumente

Vor- und Frühgeschichte 159

Die Anfänge der Musik sind unbekannt. Nach den Mythen der Völker ist die Musik göttl. Ursprungs. In der Tat gehört die Musik in der Frühzeit zum **Kultbereich,** ihr Klang ist Beschwörung des *Unsichtbaren,* von *Umwelt* und *Mensch.* Bei der Suche nach den Anfängen der Musik muss man u. U. andere Phänomene im Bereich des Klingenden einbeziehen, als man mit dem Terminus *Musik* belegen kann. Die abendländ. Vorstellung von Musik geht auf die griech. Antike zurück sowie auf die antiken Hochkulturen des vorderasiat. und fernöstl. Raumes.

Die frühesten Zeugnisse von Musik sind
– **Instrumentenfunde:** aus der Altsteinzeit, dazu der sog. *Urbesitz* (s. u.);
– **Aufzeichnungen:** aus dem 3. Jtsd. v. Chr. (ägypt. Bilderschrift, vgl. S. 164) und 3. Jh. v. Chr. (griech. Buchstabennotation, vgl. S. 170 f.); sie sind Ausnahmen und spiegeln keineswegs die Praxis ihrer Zeit;
– **klingende Musik:** seit EDISONS Phonograph, 1877. Doch selbst hier erschwerten Klangverfälschungen und veränderte Denk- und Hörgewohnheiten eine richtige Deutung dessen, was die Musik ihrer Zeit war;
– **Schriften über Musik:** in Dichtung, Chronik, Musiktheorie usw. seit der Antike.

Zum Wissen von Musik und Musikauffassung früherer Menschheitsstufen kann auch die **Musikethnologie** durch Studium der Musik der Primitivkulturen und Naturvölker beitragen.
Seit dem Ende des 18. Jh. gibt es außerdem **Entstehungstheorien,** die die Musik auf **Sprache** (HERDER), auf **Tierlaute,** bes. die Nachahmung der **Vogelstimmen** (DARWIN), auf wortlose **Rufe** (STUMPF), auf emotionale **Interjektionen** (SPENCER) u. a. zurückführen.

Der Urbesitz an Musikinstrumenten
Einige Instrumente scheinen zu allen, auch prähistor. Zeiten existiert zu haben, deren Erfindung »Erfindung« sehr nahe liegt. Zu diesem Urbesitz gehören:
– **Aufschläger:** rhythmisches Fußstampfen und Hände- oder Schenkelklatschen, auch mit Stöcken, Ruten usw.,
– **Rasseln:** aus Steinen, Hölzern, Metallplättchen, auch als Ketten,
– **Schraper** und **Schwirrholz:** in vielerlei Material und Form,
– **Trommeln:** hohle Baumstücke, womöglich nach Vorbild des Axtschlages,
– **Flöten:** aus Schilfrohr, zugleich Urtrompete,
– **Hörner:** das Tierhorn, z. B. vom Rind, als Signal- und Musikinstr.,
– **Musikbogen:** wie Schießbogen, steht am Beginn aller Saiteninstr.

Instrumentenfunde
Altsteinzeit: Am ältesten sind **Phalangpfeifen** aus Rentierfußknochen aus dem Ende der Altsteinzeit. Sie geben nur einen Ton, wohl mehr Signal- als Musikinstrument. – Aus der letzten Eiszeit, vielleicht auch früher, stammen die ersten **Spaltlochflöten,** ebenfalls aus Rentierknochen, während für das *Aurignacien* Röhrenknochenflöten mit 3, später auch 5 **Grifflöchern** (*Pentatonik?*). Höhlenabbildungen von Schießbögen lassen auf deren Verwendung als **Musikbögen** schließen (*Magdalénien*).
Jungsteinzeit: Die ersten tönernen **Trommeln** bzw. **Handpauken** begegnen in Europa erst im 3. Jtsd. v. Chr. (Bernburg). Ihr Korpus ist verziert (Kultzwecke) und zeigt Ösen für die Membranbefestigung (Abb.). Aus der gleichen Zeit stammen tönerne **Rasseln,** oft in Gestalt von kleinen Tieren oder Menschen.
Bronzezeit: In Europa finden sich Metallverzierungen an **Tierhörnern,** die selbst vergangen sind, aber auch Hörner, die nach dem Vorbild des Tierhorns ganz aus **Metall** gefertigt wurden. Eine Sonderform dieser Hörner sind die nord. **Luren,** bes. aus Dänemark und Südschweden (Abb.). Sie sind weit geschwungen, haben ein festes, posaunenartiges Mundstück, ein mehrteiliges, schlankes Rohr von ca. 1,50 bis 2,40 m Länge, flache, verzierte Schallteller und, wie Versuche ergaben, einen vollen, weichen Klang. Luren fand man fast immer **paarweise** in gleicher Stimmung. Die Paarigkeit entspricht dem Tierhornvorbild. Sie dient der Klangverstärkung, vielleicht auch dem Akkordspiel (man fand drei Lurenpaare zusammen, von denen zwei in *C* und eins in *Es* stehen). Weitere Instrumente der Bronzezeit sind Trompeten, Klangplatten, Klapperbleche, dazu Tonrasseln usw.

Zeitliche Stellung der Hochkulturen
Die Entwicklung der Menschheit vollzieht sich in so gewaltigen Dimensionen, dass die Epoche des nacheiszeitl. Menschen (*homo sapiens alluvialis*) ab ca. 10 000 v. Chr. minimal erscheint (vgl. die proportionsgetreue Abb.). Dabei beginnt die Zeit der antiken Hochkulturen erst nach dem um 3000 v. Chr. vermuteten Naturkatastrophen mit Überschwemmungen, die als »Sintflut« erinnert werden (Bibel, Gilgamschepos). Die Musik bleibt auch in den antiken Hochkulturen zunächst noch kultisch gebunden und wird erst spät eine ästhetische Ausdruckskunst. Zusammenhänge der mündlichen Traditionen sind z. T. heute noch lebendig (Indien, China). Improvisation spielte eine bedeutende Rolle. – Es ist merkwürdig, dass sich zwar die Musikanschauungen bis heute ständig wandeln, das Instrumentarium aber relativ gleich geblieben ist, wenn sich auch die einzelnen Instrumentenarten unterschiedlich entwickelt haben. Erst die elektron. Instrumente des 20. Jh. bringen grundsätzlich Neues, entsprechen aber z. T. nicht mehr den menschl. Spiel- und Hörmöglichkeiten.

160 Antike Hochkulturen/Mesopotamien

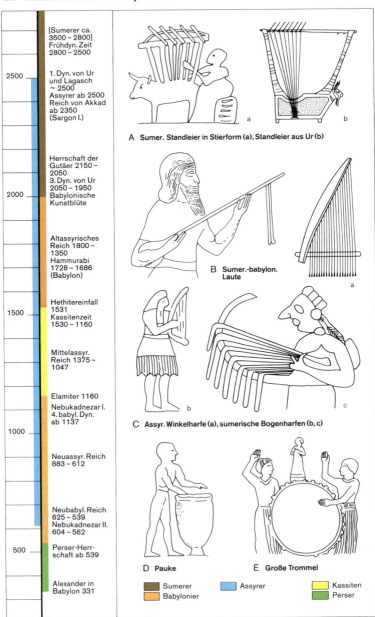

Zeitstrahl, Musikinstrumente

Antike Hochkulturen/Mesopotamien 161

Mesopotamien hat eine wechselvolle Geschichte. Im 4. Jtsd. v. Chr. siedelten dort die Sumerer, später die Akkadier bzw. Babylonier, die Assyrer, auch die Hethiter, Kassiten, Elamiter und Perser, bis schließlich ALEXANDER D. GR. 331 v. Chr. in Babylon einzog. Mesopotamien liegt zentral. Es nahm starken Einfluss auf die umliegenden Länder im Süden (arab. Stämme), im Westen (Hethiter, Phrygier, Phöniker, Ägypter, Griechen), im Norden (Iran, indogerman. Stämme), im Osten (über den Norden bis Indien). So kommt es, dass die Musik Mesopotamiens, vor allem auch seine Instrumente, sich in diesen Ländern, wenn auch z. T. erheblich modifiziert, wieder finden, wie auch umgekehrt Beeinflussungen vorliegen. Es war üblich, dass bei Eroberungen die Musiker fremder Völker verschont wurden und man die Musik oft als kostbares Gut übernahm.

Die Quellen zur Musik sind literarische Belege sowie die aufschlussreichen Abbildungen (meist Rollsiegel), Steinreliefs und Funde von Instrumenten.

Saiteninstrumente

Die Leier gilt als sumer. Nationalinstrument. Dargestellt wird sie schon Ende des 4. Jtsd. v. Chr. Kostbare, mit Gold, Silber und bildreichen Muschelplatten verzierte Leiern fand man in den Königsgräbern von Ur I. Diese frühen sumer. Leiern sind so groß, dass sie auf dem Boden standen (**sumerische Standleier**, Abb. A). Der Resonanzkasten wurde in Form eines Stieres gebaut (Fruchtbarkeitssymbol, vgl. Rollsiegel Abb. A a). Später ist die Form stilisiert, es bleibt aber ein Stierkopf als Schmuck der Vorderstange (Abb. A b). Der Spieler saß vor dem Instrument und griff mit beiden Händen in die Saiten. Deren Zahl schwankt bei den Abb. zwischen 4, 5 und 7, bei den Funden auch zwischen 8 und 11. Die Saiten wurden am Joch mit Stimmknebeln befestigt und liefen über einen Steg auf dem Resonanzkasten. Sie sind zum Spieler hin angesetzt, damit der sie alle erreichen konnte. – Aus der Standleier wird später die **Handleier**, deren früheste Abbildung aus babylon. Zeit stammt (ca. 1800 v. Chr.).

Die Harfe begegnet ebenfalls schon in der sumer. Epoche. Schallkasten und Saitenträger bilden eine bogenförmige Einheit (**Bogenharfe**) oder stoßen in leichtem Knick aneinander (**Knickbogenharfe**). Je nach Modell wurde sie senkrecht oder waagrecht gehalten (Abb. C b, c). Die Harfen haben 4–7 Saiten (mangelhafte Darstellungsweise?). Die Assyrer kennen vor allem die **Winkelharfe.** Ihr Schallkasten liegt oben, der Saitenträger steht in spitzem Winkel dazu, die Saitenzahl ist hoch (Abb. C a).

Die Laute heißt sumer. *pantur*, griech. *pandura*, also »kleiner Musikbogen«. Belegt ist sie auf babylon. Darstellungen aus dem 2. Jtsd. v. Chr., meist in Frauenhand, in gleicher Form aber auch bei den Assyrern (Abb. B). Auffallend ist der lange Hals (**Langhalslaute**) mit Griffbrett, über das 2 bis 3 Saiten laufen, und der kleine, fellbespannte Resonanzkörper in Form eines halben Kürbisses (auch Schildpatt u. a.).

Blasinstrumente

Flöten sind schon in der Frühzeit belegt. Sie heißen *gi-bu*, »Langrohr«, haben kein Mundstück und wurden fast senkrecht gehalten. Daneben gibt es *Grifflochpfeifen*.

Doppelschalmeien waren vermutlich die beiden gleich langen Silberröhren ohne Mundstück mit je 4 Grifflöchern, die man in den Gräbern von Ur I fand.

Trompeten in gerader Form sowie als *Schneckentrompeten* tauchen erst in assyr. Zeit auf (Ninive). Sie wurden wohl als Signalinstrumente im Heer benutzt.

Schlaginstrumente

gab es eine ganze Reihe: **Rasseln, Klapperstäbe, Sistren** in U-Form, **Bronzeglocken** und **Hand-Cymbals.** Eine Besonderheit bilden die großen **Kesselpauken** aus Metall (Abb. D). – Man kannte die kleine **Zylindertrommel,** *aufrecht* vor dem Bauch getragen, als zweifellige Trommel auch *waagrecht,* beidseitig mit den Händen angeschlagen, die kleine Rahmentrommel (**Tamburin**) und eine **große Rahmentrommel** (Ø ca. 1,50–1,80 m) mit zwei Fellen, gespielt von zwei Spielern. Sie ist vermutl. asiat. Ursprungs. Häufig trug sie obenauf eine kleine Standfigur (Abb. E).

Von der Musik selbst weiß man wenig. Aufgrund der Saiten- und Grifflochzahl der Instrumente schließt man auf **Pentatonik** bzw. **Heptatonik**. Schon für die Sumerer stand die Musik in enger Beziehung, sodass die *Zahl* in ihr eine bes. Rolle spielte (Bezug zu den Jahreszeiten, den Planeten usw.). Außer der Einstimmigkeit scheint man auch gewisse Arten der **Mehrstimmigkeit** gekannt zu haben. So wurden Leiern und Harfen fast immer mit zwei Händen gezupft; (auch die Doppelschalmei war *zweistimmig* (Bordunpraxis?).

Auf vielen Bildern finden sich mehrere Musiker zu kleinen **Orchestern** zusammengestellt, so z. B. *zwei Harfen und Sänger* oder *Leier, Harfe, Trommel, Cymbals,* auch *Doppelschalmei, Doppelflöte, Harfe, Leier* usw., also ausgesprochen zart klingende Kombinationen. Die Bibel beschreibt das Orchester NEBUKADNEZARS II. (*Dan. 3*), wonach *Trompeten* oder *Hörner, Pfeifen* oder *Doppeloboen, Leiern* und *Harfen* vermutlich zunächst einzeln, dann gemeinsam musizierten (SACHS). Es gab Berufsmusiker. Bilder zeigen Musizieren bei Kultfeiern, Tanz und Wettkämpfen, aber auch bei Mahlzeiten und im Garten.

162 Antike Hochkulturen/Palästina

1700	Aramäische Wanderungen (Abraham, Isaak, Jakob)
1600	
1500	Israelitische Stämme in Palästina
1400	Ägyptische Herrschaft
1300	
1200	Auszug aus Ägypten (Moses)
1100	Richterzeit 1200 – 1000
1000	Saul ~ 1010, David 1006 – 966, Salomo 966 – 926
900	
800	Reich Israel 926 – 722
	Reich Juda 926 – 587
700	Assyrer erobern Israel 722
600	Babylonische Gefangenschaft 586 – 538
500	Palästina wird persische Provinz
400	
300	Alexander ab 332
200	
100	Makkabäer ab 140
	Röm. Provinz ab 63
0	Christus † 33
100	Zerstörung Jerusalems 70

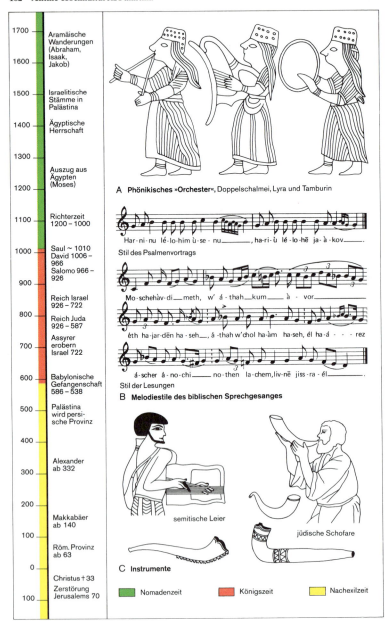

A **Phönikisches »Orchester«**, Doppelschalmei, Lyra und Tamburin

Har-ni-nu lé-lo-him ù-se-nu, ha-ri-ù lé-lo-hē ja-à-kov.
Stil des Psalmenvortrags

Mo-schehàv-di-meth, w' á-thah-kum à-vor
éth ha-jar-dēn ha-seh, á-thah w'chol ha-àm ha-seh, él ha-á-rez
á-scher á-no-chi no-then la-chem, liv-nē jiss-ra-él.
Stil der Lesungen

B **Melodiestile des biblischen Sprechgesangs**

semitische Leier

jüdische Schofare

C **Instrumente**

🟩 Nomadenzeit   🟥 Königszeit   🟨 Nachexilzeit

Zeitstrahl, Musikinstrumente, Vokalstile

Antike Hochkulturen/Palästina   163

Palästina stand in regem musikal. Austausch mit seinen Nachbarländern, vor allem Mesopotamien und Ägypten. In Palästina selbst führten die phönikischen und hebräischen Stämme.

Die Phöniker galten als Erfinder einiger Instrumente wie des *Doppelaulos* (Doppelschalmei) und des *Psalteriums* (unsicher). Typisch waren wohl gewisse Instrumentalkombinationen wie *Doppelflöte, Leier* und *Rahmentrommel,* also ein Blas-, ein Saiten- und ein Schlaginstrument (Abb. A).

Die Hebräer. Die Entwicklung der jüdischen Musik erfolgt in den drei großen Epochen der Nomadenzeit, der Königszeit und der Nachexil- oder Prophetenzeit. Leider gibt es nur wenig Instrumentenfunde und -darstellungen. So ist man auf die Angaben im *Alten Testament* und ihre Deutung angewiesen.

In der Frühzeit gab es keine Berufsmusiker. Gesang, Spiel und Tanz war Sache aller, besonders auch der Frauen. Wechselchöre und Vorsänger sind belegt, so MOSES und MIRJAM als Vorsänger der Männer und Frauen (*2. Mos. 15, 20f.*). JUVAL oder JUBAL (*1. Mos. 4, 21*) ist der erste bibl. Instrumentalspieler, auf den sich daher noch die ma. Autoren als den Erfinder der Musik berufen. Auf JUVAL gehen **Kinnor** und **Ugab,** vielleicht auch das **Schofar** (*Jowel*) zurück (»von dem sind kommen die Geiger und Pfeifer«, wie LUTHER übersetzt):

Kinnor, das Instrument König DAVIDS, mit *Harfe* übersetzt. Es handelt sich jedoch um eine hebräische Tragleier mit 5–9 Saiten, wie sie ähnlich auch in Assyrien gefunden wurde (Abb. C). Sie war das bevorzugte Begleitinstr. zum Gesang im Tempel der Königszeit.

Ugab, eine lange, dunkeltönige Längsflöte, vielleicht aber auch ein Klarinetten- oder Oboeninstr. Es gehört zur Volks- und Hirtenmusik, nicht in den Tempeldienst.

Chazozra, silberne Tempeltrompeten.

Schofar, ein (Widder-)Horn ohne Mundstück für best. Signale im Tempeldienst. Schofare sind zahlreich abgebildet und erhalten (Abb. C).

Zum reichen **Schlagzeug** gehört das **Tof,** eine alte hebräische Rahmentrommel nach mesopotam. Vorbild, bes. von Frauen gespielt, ferner die **Pa'amon,** ein Glöckchen der Standesfürsten.

In der Königszeit kommen neue Instrumente aus dem Ausland hinzu, vor allem durch die fremden Frauen SALOMOS. Eine von ihnen bringt als Tochter des Pharao eine Vielzahl ägypt. Instrumente mit, auch erscheint die **Doppelschalmei** als »phönikische Pfeife« (Abb. A) und die **Nevel** oder **Nabla** als Winkelharfe. Das **Asor** ist ein zitherartiges Saiten-

instrument, ebenfalls phönikischer Herkunft (*Psalterium?*).

Es entwickelt sich in dieser Zeit ein Berufsmusikertum für den Tempeldienst, die **Leviten,** mit Chören und stark besetzten Orchestern (*2. Chron. 5, 12–14*), mit Ausbildung in Tempelschulen und mit einer zunftmäßigen Organisation.

In der Zeit der Reichsteilung werden statt der starken Instrumentalmusik mehr und mehr die Vokalformen des synagogalen Sprechgesanges (*Kantillation*) entwickelt. Hochleistung und Vorbild hierfür waren die **Psalmen** DAVIDS.

Es gibt auch aus dieser Zeit keine Melodieaufzeichnungen. Ausläufer der mündl. Tradition reichen vermutlich jedoch an einigen abgeschiedenen Orten in Nordafrika, Jemen, Persien, Babylonien und Syrien bis heute, wo sie von den Musikethnologen und von den Forschern der hebräischen liturg. Musik gesammelt wurden (so von IDELSOHN, vgl. Abb. B).

Man unterschied in der Liturgie drei Gesangsstile, die *Psalmodie, die Lectio* und die *Hymnodie.*

1. Die Psalmodie (Psalmvortrag): Die Musik folgt dem Bau eines Psalmverses, d.h. sie transponiert den Sprachvers in eine bestimmte Melodiefloskel, die **Psalmformel** (vgl. S. 180 f.), und verleiht ihm durch die Tonhöhe eine feierl. Verfremdung. Die Sprache bestimmt den Rhythmus der Silben- bzw. Tonfolge auf dem Rezitationston, der *Tuba* oder *Schofar* genannt wurde. Satzanfang, -mitte und -ende werden durch mehrtönige Melismen hervorgehoben: **Melodieanstieg** zu Beginn (später *initium*), eine **Halbschlusswendung** auf dem Nebenton mit Längung und Zäsur in der Mitte (*mediatio*) und ein **Abstieg** zum Ruhepunkt des Grundtones am Schluss (*finalis;* Abb. B). Psalmen wurden ursprüngl. *antiphonal* (Königszeit), später *responsorial* gesungen, d.h. nicht mehr zwei Chorhälften wechselten, sondern ein Solist trug die Psalmverse vor, wobei ihm ein Chor mit Zwischenrufen antwortete (**Solopsalmodie** mit Chor-Akklamationen wie »Amen«, »Halleluja«).

2. Die Lectio (Lesung): Auch das Vorlesen bibl. Prosa und Gebete wurde in sprachgebundenes Singen gehoben (belegt ab dem 5. Jh. v. Chr.). Dieser Sprechgesang hebt Satzbeginn und -ende, Einschnitte und besonders wichtige Stellen durch *ekphonetische Akzente* hervor. Auch beleben ornamentale und expressive Melismen formelhaft den stets solistischen Vortrag der Lesungen (Abb. B).

3. Die Hymnodie (Liedergesang): Die strophische Wiederholung von Melodien ist textabhängig in ihrer Gliederung. Die Hymnodie entwickelte sich womöglich aus der Psalmodie und ist eine typische Form des christl. Gemeindegesanges geworden.

164 Antike Hochkulturen/Ägypten

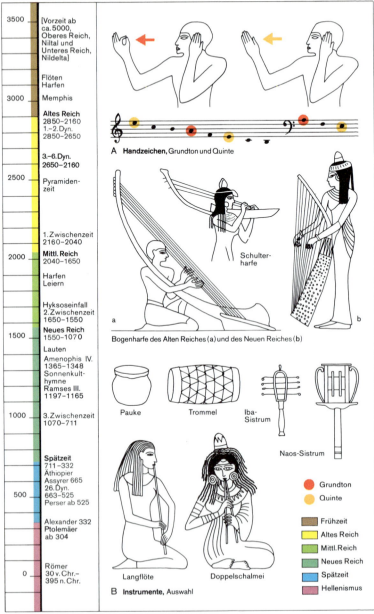

3500	[Vorzeit ab ca. 5000, Oberes Reich, Niltal und Unteres Reich, Nildelta]
	Flöten Harfen
3000	Memphis
	Altes Reich 2850–2160 1.–2. Dyn. 2850–2650
	3.–6. Dyn. 2650–2160
2500	Pyramidenzeit
	1. Zwischenzeit 2160–2040
2000	**Mittl. Reich** 2040–1650
	Harfen Leiern
	Hyksoseinfall 2. Zwischenzeit 1650–1550
1500	**Neues Reich** 1550–1070
	Lauten Amenophis IV. 1365–1348 Sonnenkulthymne Ramses III. 1197–1165
1000	3. Zwischenzeit 1070–711
	Spätzeit 711–332 Äthiopier Assyrer 665 26. Dyn. 663–525 Perser ab 525
500	
	Alexander 332 Ptolemäer ab 304
0	Römer 30 v. Chr.– 395 n. Chr.

A **Handzeichen**, Grundton und Quinte

Bogenharfe des Alten Reiches (a) und des Neuen Reiches (b)

Pauke · Trommel · Iba-Sistrum · Naos-Sistrum

Langflöte · Doppelschalmei

B **Instrumente**, Auswahl

● Grundton
● Quinte

■ Frühzeit
■ Altes Reich
■ Mittl. Reich
■ Neues Reich
■ Spätzeit
■ Hellenismus

Zeitstrahl, Cheironomie, Musikinstrumente

Antike Hochkulturen/Ägypten   165

Das Land am Nil gehört zum ältesten Siedlungsgebiet der Erde. Der instrumentale Urbesitz ist reichlich nachgewiesen: gefüllte Hohlkörper als *Rasseln, Schwirrhölzer, Gefäßpfeifen* aus Muscheln und Ton u. a. m. In der Zeit der ersten Blüte der Stadt Memphis um 3000 v. Chr. und der Gründung des *Alten Reiches,* hat die Musik sich bereits aus ihren magisch-kultischen Anfängen heraus zu einer Kunst entwickelt, die im Tempel, am Hofe und im Volke unterschiedlich ausgeübt wurde. Instrumente noch aus dem 4. Jtsd. v. Chr. sind **Langflöte** und **Harfe,** Letztere im Altertum eine Art *Nationalinstr.* der Ägypter. Die Grabkammern mit ihrem Bilderschmuck, den Hieroglyphen und den erhaltenen Instr. als Grabbeigaben lassen Rückschlüsse auf das Musikleben zu.

Altes Reich (2850–2160 v. Chr.)

Als **Saiteninstrument** diente die große und auf dem Boden stehende **Bogenharfe** (Abb. B). Der einteilige Saitenhalter erinnert noch an den älteren *Musikbogen* (vgl. S. 34). Er läuft in einen breiten, schaufelförmigen Resonator aus, der oft mit unheilabwehrenden Götteraugen bemalt ist (vgl. griech. Leiern, S. 172). Die 6–8 Saiten wurden unten an einem Stimmstock befestigt (gemeinsames Umstimmen aller Saiten? Ist noch heute für die Harfe typisch). In den Bildern sieht man die Harfe als Begleitinstr. mit Sängern, Flötenspielern usw. zusammen, einmal auch als Orchester mit 7 Harfen.

Als **Blasinstrumente** finden sich die alte **Langflöte,** die **Doppelschalmei** und die **Trompete.** Die Langflöte ist ein 100–120 cm langes Bambusrohr mit 4–6 Grifflöchern und ohne Mundstück (Abb. B). Sie existiert noch heute als *Nay* und *Uffata* in der Kunst- bzw. Volksmusik Ägyptens. Die Doppelschalmei, mit gekreuzter Handhaltung gespielt, lebt in der heutigen *Zummarah* Ägyptens fort. Die Röhren waren gleich lang (Abb. B). Vielleicht blies man die gleiche Melodie doppelt mit geringen Schwebungen (heutige Praxis), oder es handelte sich um Heterophonie bzw. Bordunpraxis. – Trompeten dienten im Totenkult.

Als **Schlaginstrumente** kamen hinzu: **Handpauken, Trommeln** (Abb. B), **Klappern, Klapperstöcke** und im Isiskult die **Sistren** (*Isisklapper*). Es gab **Berufsmusiker,** deren Namen z. T. überliefert sind (der älteste: KHUFU-ANCH, Sänger und Flötist am Hofe, 3. Jtsd. v. Chr.).

Das **Tonsystem** scheint pentatonisch oder heptatonisch gewesen zu sein, wie man aus der Saitenzahl der Harfen und aus Vermessung der Grifflochabstände der Flöten und Schalmeien entnimmt. Eine Notenschrift gab es nicht, jedoch entwickelten die Ägypter die älteste **Cheironomie:** Bestimmte Handzeichen und Armstellungen bezeichneten bestimmte Töne (Abb. A, nach HICK-MANN). Auf zahlreichen Darstellungen finden sich »Dirigenten«, die solche Handzeichen Sängern, Flötisten, Harfenisten usw. geben.

Mittleres Reich (2040–1650 v. Chr.)

Es kommen neue Instr. hinzu, vor allem die **Leier** aus dem kleinasiat. Raum und neue **Trommelarten** (mit Lederriemen bespannt wie afrikan. Röhrentrommeln, Abb. B). Neben das ältere **Iba-Sistrum** in Hufeisenform tritt nun das **Naos-Sistrum** in stilisierter Tempelsilhouette (Abb. B).

Neues Reich (1550–1070 v. Chr.)

Die Harfe entwickelt schon im Mittleren Reich neue Formen, die nun auf Abbildungen des Neuen Reiches erscheinen. Hierzu gehört die saitenreiche (8–16, meist 10–12) **Standharfe** mit gebogenem Schallkasten mit Blattornamenten und die kleinere bootsförmige 3- bis 5-saitige **Schulterharfe,** beide meist in Frauenhand (Abb. B b). Noch kleiner waren die späteren, sichelförmigen **Handharfen,** die auch auf Tisch oder Ständer gestellt wurden (*Sängerharfen*). Zum anderen gab es mannshohe, gewölbte **Riesenharfen,** bes. zur Zeit RAMSES' III., die meist von Priestern gespielt wurden. Dazu kommt aus Vorderasien die kleinere **Winkelharfe** (assyr., vgl. S. 160) und neue **Leierformen.** Importiert wird nun auch die **Laute.** Sie erscheint in Ägypten in drei Formen: als Langhalslaute (vgl. S. 160), als Rebabtyp und gitarrenartig.

Als Blasinstrumente sind nun die **Doppeloboen** neu, an Schlaginstrumenten **Handtrommeln** in neuer Form und **Becken.**

Vermessung der Bundabstände auf den Lauten sowie der Grifflöcher der neuen Oboen zeigen, dass die *Tonabstände enger* werden. Hier entwickelt sich also das halbtonstufige System der Spätantike.

Erhalten ist *Liebeslyrik* und der Text einer *Sonnenhymne* aus der Zeit des AMENOPHIS IV. (ECHNATON).

Die Spätzeit (711–332 v. Chr.)

und die **Zeit der Ptolemäer** bringt im Mittelmeerraum und Kleinasien bekannten Instr. auch nach Ägypten. Neu sind **große Trommeln, Gefäßtrommeln** nach Art der heutigen arab. *Darabukken* (ähnl. Abb. B) und **Gabelbecken,** ferner einige Blasinstr.

Je stärker ausländ. Instrumente, Musiker und fremdes Musikdenken das Land überschwemmen, desto stärker machen sich restaurative Tendenzen bemerkbar. Die alte Musik steht für hohes Ethos und ist wichtiger Erziehungsfaktor. Auf diesen ägypt. Konservativismus berufen sich die klass. griech. Schriftsteller wie HERODOT und PLATO in ihrem Musikdenken.

Aus hellenist. Zeit stammt der erste Orgel, die **Hydraulis** des KTESIBIOS aus Alexandria (3. Jh. v. Chr., vgl. S. 178), und eines der frühesten (christl.) Notendenkmäler, der Hymnus aus Oxyrhynchos (3. Jh. n. Chr., vgl. S. 180 f.).

166 Antike Hochkulturen/Indien

	[steinzeitl. Induskultur ca. 3000, Harappa-Kultur ca. 2500 – 1800]
1500	Einwanderung der Arier Frühvedische Zeit, ca. 1500 – 1000
	Kastenbildung
1000	Entstehung des 1. Veda (Rig) ~ 1000
	Spätvedische Zeit, ca. 1000 – 600 2. – 4. Veda
500	Gautama Buddha 560 – 483
	Alexander 327 – 325 Marya-Dyn. 321 – 185
0	5. Veda: Nâtyaveda Musikschriften von Matanga und Dattila Reichszerfall Sassaniden, 240
	Gupta-Reich 320 – 535
500	Kanyakubia-Reich
	Arabereinfälle ab 711
1000	Schwinden des Buddhismus und Hinduismus durch Islamisierung
	Sharngadevas »Ozean der Musik« Stilbruch Nord- u. Südindien
1500	Untergang des Sanskrit als Volkssprache, alte Musik wird Gelehrtenkunst

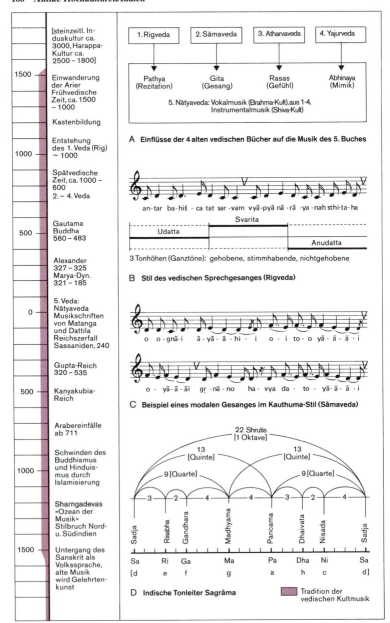

A Einflüsse der 4 alten vedischen Bücher auf die Musik des 5. Buches

B Stil des vedischen Sprechgesanges (Rigveda)

C Beispiel eines modalen Gesanges im Kauthuma-Stil (Sâmaveda)

D Indische Tonleiter Sagrâma

Zeitstrahl, Vokalstile, Tonsystem

Im 3. Jtsd. gab es im Nordwesten Indiens eine alte ind. Kultur, die gewisse Beziehungen zu Mesopotamien und Ägypten aufweist. Über die Musik dieser Frühzeit existieren nur Vermutungen. Um 1500 v. Chr. wanderten die Arier ein und stellten die Oberschicht der sich nun herausbildenden Kasten. Ihre Musik ist mit der westl., bes. der griech. verwandt. Sie verband sich fest mit dem neuen, dominierenden **vedischen Kult** (Gott *Brahma; sanskrit veda,* Wissen).
Die 4 *vedischen Bücher* (ab ca. 1000 v. Chr., auch die Musik bzw. deren Texte enthaltend) waren der höchsten Kaste vorbehalten. Um 200 v. Chr. entsteht ein 5. vedisches Buch, **Nâtyaveda,** für die übrigen Kasten. Hier findet sich die erste *Schrift über die Musik* Indiens. Sie steht im Abschnitt über das Theater, denn ind. Musik ist mit Sprache, Tanz und Gebärde verbunden. Der fiktive Verfasser BHARATA stellt eine dem Gotte *Brahma* gewidmete **Vokalmusik** aus den vier alten vedischen Büchern zusammen. Die weltl. Musik, d. h. vor allem die **Liebeslyrik** und **Instrumentalmusik,** wird diesem Brahmakult gegenübergestellt als Kult des heimischen, nichtarischen Gottes *Shiva* (Abb. A). Auch in den nächsten Quellen, den Schriften des MATANGA und DATTILA (1. Jh. n. Chr.) wird zwischen der vedischen Kultmusik und der dem Gott Shiva geweihten höfischen Kunst- und Unterhaltungsmusik (*deshi*) unterschieden.
Im 14. Jh. wird der Norden Indiens islamisiert und die vedische Kultmusik zurückgedrängt. Die alten Traditionen bestehen nur im Süden ungebrochen weiter. Um 1500 n. Chr. wird die *Kultmusik* wie die alte *Sanskritsprache* Sache einer dünnen Schicht Hochgebildeter, in der man auch heute noch versucht, sie lebendig zu halten.

Die vedische Kultmusik ist einstimmig vokal. Ihre Melodien prägen bestimmte Tonarten aus, die erstmals BHARATA darstellte, die aber auf uralte modale Praktiken zurückgehen. Die Texte des **Rigveda** wurden vorgetragen als syllabischer **Sprechgesang** im engen Rahmen von drei Ganztonhöhen (Abb. B).
Die feierlichere Form der vedischen Kultmusik ist im 2. Buch, dem **Sâmaveda** überliefert. Hier ist der Text Ausgangspunkt für einen **Gesang,** der tonartl. und rhythm. modal geprägt ist und sich im reiner Vokalise ergeht: in Abb. C auf *a,* auf *o,* auch auf inhaltl. bedeutungslosen Klangsilben. Das Beispiel stammt aus einer der heutigen *Sâmaveda-Schulen* im Süden namens *Kauthama* (Überlieferungsbestand bis 3000 Jahre alt).

Das Tonsystem ist modal. Es wird zuerst in der Musiklehre des BHARATA überliefert (*Bharata-System*). Zu Grunde liegt eine 7-stufige Leiter, wobei der Abstand der Töne nach **Shrutis** bemessen wird. Eine Oktave enthält 22 Shrutis. Ein Shruti ist also etwas größer als

ein Vierteilton. Maßstab ist nicht ein mathemat. System wie bei den Griechen, sondern das Gehör (ind. *shuri,* hören). Die **Tonleiter** (*Grama*) baut 3 Intervallgrößen übereinander (ursprüngl. waren die Shrutis wie die griech. Intervalle *abwärts* gerichtet): 2 Shrutis oder etwa ein Halbton, 3 Shrutis oder ein kleiner Ganzton und 4 Shrutis oder ein großer Ganzton. Die wichtigste Leiter baut auf dem Ton *Sa(dja)* auf. Diese **Sagrâma** entspricht mit ihrer wichtigsten Tonfolge – und etwa dem d-Modus, also dem griech. Phrygisch bzw. dem kirchentonartl. Dorisch (Abb. D).
Die Tonarten sind melodisch geprägt. Im System der Modi wird daher unterschieden zwischen dem modalen **Zentralton** (*vadi*), im Sagrâma also *Sadja,* abgekürzt *Sa,* den **Konsonanzen** (*samevadi*) mit 9 und 13 Shrutis (Quarten und Quinten), den **Dissonanzen** (*vivadi*) mit 2 oder 20 Shrutis (Sekunden, Septen) und den **Assonanzen** (*samvadi*) mit den übrigen Abständen.
Die zweite Grundleiter ist die von *Ma* ausgehende **Magrâma,** den g-Modus mit Durterz entspricht. Die 7 Tonstufen dienen als Ausgangstöne für 7 Leitern, die sog. **Murchanas,** und zwar 4 nach dem Muster des Sagrâma und 3 nach dem des Magrâma. Diese Murchanas bilden als 7 reine Leitern (*Jatis*) neben 11 gemischten die Grundlage für die einzelnen Melodiemodi und damit für das *Raga-System*. Diese Modi oder Ragas sind weiter abhängig von der Zahl der verwendeten Leiterstufen (z. B. 5 als Pentatonik oder 6 als Hexatonik, 7 als Heptatonik usw.), dem Melodieumfang, dem Anfangston, dem Zentralton, dem Endton, den Binnenkadenzen usw.

Der Rhythmus ist ebenfalls modal. Die *vedische* Musik beschränkte sich auf drei Werte: leicht-schwer-gedehnt, d. h. 1-, 2- und 3-zeitig, wozu die *deshi*-Musik zwei Kürzen fügte ($\frac{1}{2}$ und $\frac{1}{4}$). Zweier- und Dreiertakte bilden Kombinationen von je 2 bis 4 Takten (*Talas*), die wiederholt werden. Die Systematisierung der Taktarten (im Süden) in 7 Grundformen mit je 5 Abarten geht wohl auf altind. Überlieferung zurück. Durch Übereinanderschichten versch. Rhythmen entsteht eine **Polyrhythmik,** die für ind. Musik typisch ist: Rechte und linke Hand trommeln Grund- und Kontrarhythmus, während die Melodie (Stimme oder Instr.) eine dritte Schicht bildet.

Die Instrumente
dienen in der altind. Musik als Begleitung zum Gesang. **Flöte** und **Trommel** gelten als ursprünglich indisch, alle anderen Instrumente stammen aus dem Westen, wie die **Tambura** (pers. Laute?) oder die **Vina** (Stabzither, urspr. ägypt. Bogenharfe?) oder die doppelte **Shannai** (arab. Doppelschalmei?). Die ind. Instrumente haben zwar eine gewisse Entwicklungsgeschichte, doch halten sie sich eng an ihre antiken Vorbilder.

168 Antike Hochkulturen/China

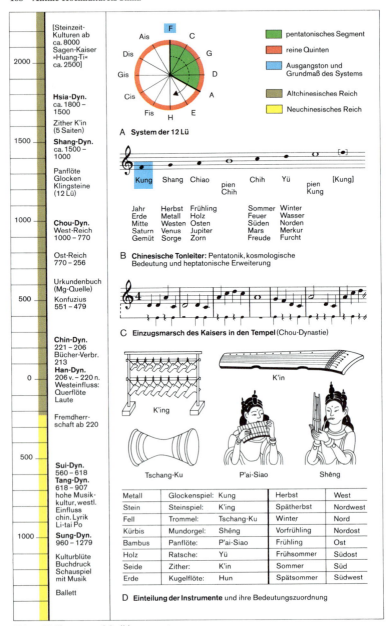

Jahr	Herbst	Frühling	Sommer	Winter
Erde	Metall	Holz	Feuer	Wasser
Mitte	Westen	Osten	Süden	Norden
Saturn	Venus	Jupiter	Mars	Merkur
Gemüt	Sorge	Zorn	Freude	Furcht

A System der 12 Lü

B Chinesische Tonleiter: Pentatonik, kosmologische Bedeutung und heptatonische Erweiterung

C Einzugsmarsch des Kaisers in den Tempel (Chou-Dynastie)

Metall	Glockenspiel:	Kung	Herbst	West
Stein	Steinspiel:	K'ing	Spätherbst	Nordwest
Fell	Trommel:	Tschang-Ku	Winter	Nord
Kürbis	Mundorgel:	Shêng	Vorfrühling	Nordost
Bambus	Panflöte:	P'ai-Siao	Frühling	Ost
Holz	Ratsche:	Yü	Frühsommer	Südost
Seide	Zither:	K'in	Sommer	Süd
Erde	Kugelflöte:	Hun	Spätsommer	Südwest

D Einteilung der Instrumente und ihre Bedeutungszuordnung

Zeitstrahl, Tonsystem, Musikinstrumente

[Steinzeit-Kulturen ab ca. 8000
Sagen-Kaiser »Huang-Ti« ca. 2500]

2000

Hsia-Dyn. ca. 1800 – 1500

Zither K'in (5 Saiten)

1500

Shang-Dyn. ca. 1500 – 1000

Panflöte
Glocken
Klingsteine (12 Lü)

1000

Chou-Dyn.
West-Reich 1000 – 770

Ost-Reich 770 – 256

Urkundenbuch (Mg-Quelle)

500

Konfuzius 551 – 479

Chin-Dyn. 221 – 206
Bücher-Verbr. 213

Han-Dyn. 206 v. – 220 n.
Westeinfluss:
Querflöte
Laute

0

Fremdherrschaft ab 220

500

Sui-Dyn. 560 – 618

Tang-Dyn. 618 – 907
hohe Musikkultur, westl. Einfluss
chin. Lyrik
Li-tai Po

1000

Sung-Dyn. 960 – 1279
Kulturblüte
Buchdruck
Schauspiel mit Musik

Ballett

Antike Hochkulturen/China 169

In China ersteht aus steinzeitl. Frühkulturen im 3. Jtsd. v. Chr. eine erste Hochkultur mit den fünf *Sagen-Kaisern*. Auf den ältesten von ihnen, Huang-Ti (*gelber Kaiser*), führt die Legende die Erfindung von Schrift und Musik zurück. Diese ist zahlhaft geordnet, ihr Grundton *Huang-Kung* (*gelbe Glocke*) bildet zugleich die Grundlage des allg. Maßsystems. Dem entspricht die Länge der ersten Flöte, die Huang-Ti Minister Ling-Lun aus einem westl. Bambuswald schnitt und nach China holte. In der Tat übernahm China sein Tonsystem aus dem Westen (asiat. Kulturzentren, auch mesopotam. Traditionen).

Dieses System war **pentatonisch** und bereits in der **Hsia-Dynastie** (ca. 1800–1500) scheint ein Vorläufer der fünfsaitigen Zither **K'in** existiert zu haben.

Shang-Dynastie (ca. 1500–1000)

Das Instrumentarium der **Shang-Dynastie** umfasst **Bronzeglocken, Steinspiele, Gefäß-** und **Panflöten, Zithern** (*Tjin*), **Trommeln** usw. – Die Musik steht im Zusammenhang mit der Himmelsreligion und ordnet den Tönen der pentatonischen Leiter entsprechend kosmolog. Bedeutungen zu, wobei der Grundton stets für das Ganze, die Folgetöne für das Einzelne stehen (Abb. B). Die Musik ist Spiegel von Umwelt und Innenleben des Menschen.

Dem Tonsystem liegen die **12 Lü** (Halbtöne) zu Grunde, die sich aus der Folge reiner Quinten herleiten. Ein Ausschnitt von 5 Quinten liefert jeweils das Material für eine pentatonische Leiter. Jeder der 5 Töne kann Grundton der Leiter sein, sodass sich je Leiter 5 *Tonarten* ergeben. Da die pentatonische Leiter auf jedem der 12 Lü aufgebaut werden kann, kommt man auf 60 Tonarten (Abb. A).

Chou-Dynastie (ca. 1000–256)

Wegen ihrer Wirkung auf den Menschen und seine Charakterbildung rückt die Musik in der Chou-Zeit stark in den gesellschaftl. Zusammenhang. Ein Musikministerium ist für die Musikerziehung und -ausübung zuständig. Noch immer besteht die feste Beziehung zwischen dem Maßsystem der Musik und dem des Reiches. Einem polit. Wechsel folgte stets ein Wechsel der Musik. Das System der *relativen* 12 Lü blieb bestehen, wurde jedoch spätestens um 300 v. Chr. durch heptaton. Leitern erweitert, indem man den Tönen *Chih* und *Kung* jeweils einen Halbton zuordnete (*pien Chih* und *pien Kung*). Die heptaton. Musik gilt als *neu*. Am Ende der *Chou*-Zeit gibt es 84 Tonarten.

Aus der *Chou*-Zeit stammt auch die erste mg. Quelle, das **Buch der Urkunden** (9.–7. Jh., nur Texte). – Auf Konfuzius (551–478) gehen die systemat. **Musiktheorie** mit einer Verteidigung der alten Musik und ihres ethischen Anspruches sowie das **Buch der Lieder** (ca. 300 Liedtexte ohne Melodien) und das **Buch der Riten** (musikal. Zeremoniell) zurück. Obwohl 213 v. Chr. eine Kulturrevolution und eine

allg. Bücherverbrennung in China stattfinden, werden doch die lebendig gebliebenen Melodien z. T. später aufgezeichnet und überliefert. Zu dieser Überlieferung gehören auch *Lieder* des Konfuzius und der *Einzugsmarsch des Kaisers in den Tempel* (Abb. C, mit Melodie- und Rhythmusinstr.): Er steht in geradem Schreitrhythmus und ist streng pentatonisch aus einzelnen Melodiefloskeln gebaut.

Das Ritenbuch überliefert auch eine nach Material geordnete **Systematisierung der Musikinstrumente:**

- **Metall:** kleine Handglocken mit Holzklöppel und schwere Hängeglocken mit Metallklöppeln.
- **Stein:** Klingsteine aus Jade oder Kalkstein, mit Klöppeln angeschlagen (Abb. D).
- **Leder:** unterschiedl. Trommeln, u. a. die zweifellige *Tschang-Ku,* die vor dem Bauch getragen wurde (Abb. D).
- **Kürbis:** Mundorgel *Shêng* aus Bambusröhrchen mit Doppelrohrblättern und einer hohlen Kürbisschale als Windfang, Halterung und Resonator. Sie ist heute noch in Gebrauch (Abb. D).
- **Bambus:** Panflöte *P'ai-Siao* (Abb. D), Längsflöte *Yo* mit 3 und *Ti* mit 6 Grifflöchern, Querflöte *Ch'ih.*
- **Holz:** u. a. die Holztrommel *Chu* und die Ratsche *Yü* in Tigerform mit Rückenzähnen.
- **Seide:** Aus Seide sind die 5–7 Saiten der Wölbbrettzither *K'in,* deren in ihrer heutigen Form etwa eine Größe von 1,20 auf 20 cm hat und auf die *Chou*-Zeit zurückgeht (Abb. D). Die jüngere Zither *Shé* ist ca. 210 cm lang und hat 17–50 Saiten.
- **Ton:** die eiförmige Gefäßflöte *Hun* mit 6 Grifflöchern.

Wie bei den Tonarten spielt auch hier die Zuordnung des bipolaren Systems der männl. Sonnen- und weibl. Mondprinzips sowie der kosmolog. Bedeutungen eine Rolle (Abb. D). Die abgebildeten Instrumente gehen auf Darstellungen aus der Tang-Dynastie zurück (9. Jh.), haben aber antike Vorbilder.

Die Han-Dynastie (206 v.–220 n. Chr.)

gilt als Epoche der Restauration alter Musik (*Konfuzianismus*) und zugleich des westlichen Einflusses. So gelangten **Aulos** und **Laute** (*P'ip'a*) nach China. Eine **Notenschrift** wird entwickelt. Das kaiserl. Musikbüro *Yüeh-fu* sammelt die Dokumente alter Musik und pflegt mit über 800 Musikern die kultische, höfische und militärische Musik. Daneben gab es Volksmusik- und eigene Auslandsabteilungen.

Nach der Fremdherrschaft und der **Sui-Dynastie** mit vor allem türk. Einfluss auf die Musik bringt die Blütezeit der **Tang-Dynastie** (618–907) und der folgenden **Sung-Dynastie** (960–1279) wieder eine besondere Pflege altchines. Musik, daneben allerdings weiteren westl. Einfluss.

170 Antike Hochkulturen/Griechenland (3. Jtsd.–7. Jh. v. Chr.)

Zeitstrahl

- 2000 — Idole: Harfen- u. Doppelaulosspieler (frühkykladisch)
- Einwanderung der Indogermanen
- Abb. v. Leier und Doppelaulos (mittelminoisch)
- 1500 — Fund einer Leier in Menidi (mykenisch)
- Dorische Wanderung
- 1000 — Buchstabenschrift
- Olymp. Spiele ab 776
- Homer ~ 750
- Terpander in Sparta 676
- Sappho
- 500 — Anakreon, Pythagoras, Pindar 518–442
- Euripides
- Phrynis von Mytilene
- Aristoteles
- Aristoxenos
- Euripidesfragment: Noten
- Apollohymnen in Delphi
- Seikiloslied
- 0
- Aristides Quintilianus
- Hymnen des Mesomedes
- Oxyrhynchoshym.
- Gaudentios

Farblegende: Bronzezeit, Geometr. Zeit, Archaische Zeit, Klassische Zeit, Hellenismus, Nachhellenismus

A Entwicklung der Kitharodie

Proömium: Lied des Aöden — Teile des Epos: Hexameter auf gleiche Melodie

Teilung im 7. Jh.

- Kitharodischer Nomos; Kitharode
- Rezitation des Epos; Rhapsode

B Kitharodischer Nomos, Aufbau

| 1. Archa Beginn | 2. Metarcha Nachbeginn | 3. Katatropa Zuwendung | 4. Metakatatr. Nachzuwend. | 5. Omphalos Nabel | 6. Sphragis Sieg | 7. Epilogos Nachwort |

C Terpanders Erweiterung der 5-saitigen Leier

5 Saiten: Pentatonik
7 Saiten: Heptatonik
(∨ Halbtongriffe)

D Die prosodischen Zeichen

Laut-Höhe
- hoch: / — ocheia; acutus
- tief: \ — bareia; gravis
- h.-t.: ∩ — perispomeion

Wortgrenze
- verbunden: ⌣ — ophen; conjunctio
- getrennt: ⌐ — diastole; distinctio
- Apostroph: ʼ — apostrophos

Laut-Dauer
- lang: — makros; longa
- kurz: ⌣ brachys; brevis

Anlaut
- mit h: ⊢ — daseia; aspiratio
- ohne h: ⊣ — philer; siccitas

E Die wichtigsten Versfüße

- Iambos: ⌣ —
- Trochaeos: — ⌣
- Anapaest: ⌣ ⌣ —
- Dactylos: — ⌣ ⌣
- Spondeos: — —
- Baccheos: ⌣ — —
- Creticos: — ⌣ —
- Ionicos: ⌣ ⌣ — —
- Choriambos: — ⌣ ⌣ —

Metrum: ⌣ — = 1:2 (♩ ♩), auch 1:1½ (♩ ♩.)

Zeitstrahl, Kitharodie, Prosodie, Verslehre

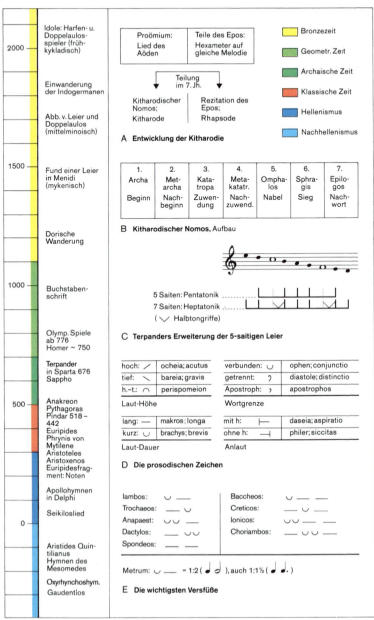

Auf den ägäischen Inseln Thera und Kos fand man als Idolfiguren aus Marmor **Harfen-** und **Doppelaulosspieler** (Mitte 3. Jtsd. v. Chr.). Sie bezeugen den musikal. Einfluss Mesopotamiens, Phrygiens und Ägyptens auf die *frühkyklad. Kultur* ebenso wie Abb. von **Leiern** und **Doppelaulos** in der *minoischen* auf Kreta (um 1500 v. Chr.). Auf dem Festland fand man in den Kuppelgräbern der *mykenischen* Kultur das Fragment einer prunkvollen *Elfenbeinleier* (um 1200 v. Chr.). In der **Zeit des geometrischen Stils** mehren sich die Bildbelege für die Musikpraxis. Es ist noch die Zeit der **Götter** und **Mythen**. In ihnen spiegelt sich das Wesen der griech. Musik besser wieder als in Instrumentenfunden oder in musikgeschichtl. Daten. Zu den wichtigsten Gestalten gehören:

Apollo, Lieblingssohn des Zeus, Gott des Lichtes, der Wahrheit, der Traumdeutung (Orakel zu Delphi), der Musik und der Dichtung, Leierspieler und Chorführer der Musen (*Apollon Musagetes*);

Dionysos, Sohn des Zeus, Gott der sinnlich berauschenden Urkräfte der Natur, Gott des Weines, des Tanzes und des Theaters. In seinem Gefolge die **Silene** und **Nymphen** findet uns **Marsyas**, der den Aulos blies. Im Wettstreit zwischen Apollo und Marsyas (bei dem Marsyas unterlag) spiegelt sich das **apollinische**, licht-klare, geordnet-schöne und das **dionysische**, sinnlichekstatische, rauschhaft-mythische Prinzip griech. Musik;

die 9 Musen, urspr. Quellnymphen und Göttinnen des Rhythmus' und des Gesangs, Töchter des Zeus und der *Mnemosyne* (Erinnerung), wohnen auf den Bergen *Helikon* und *Parnass*. Sie stehen für die versch. Aspekte von *Musik,* Sprache, Tanz und Wissenschaft: **Klio** (Geschichte, Heldenlied), **Kalliope** (Dichtung, erzählendes Lied), **Melpomene** (Tragödie), **Thalia** (Lustspiel), **Urania** (Lehrgedicht, Sternkunde), **Terpsichore** (Chorlyrik, Tanz), **Erato** (Liebeslied), **Euterpe** (Tonkunst, Flöte), **Polyhymnia** (Gesang, *Hymnen*).

Zeit des geometrischen Stils (11.–8. Jh.)
Die vermehrten Abb. auf Vasen und die literar. Belege in der *Ilias* und *Odyssee* des HOMER (8. Jh.) geben ein genaueres Bild von der Musik. Vorherrschend ist der Gesang mit Saitenspiel (**Kitharodie**), ausgeführt von den homerischen Helden selbst oder von Berufssängern, den **Aöden**. Man wählte Teile des Epos aus und sang die Verszeilen wohl auf gleiche Melodieformel. Vorweg ging das **Proömium,** ein Götterhymnus. Um 750 kommt der Sage nach durch den Phrygier OLYMPOS der Gesang zum Aulos auf (**Aulodie**). Der Aulos imitiert die menschl. Stimme, bes. den Schmerzensschrei. Er gehört zum Dionysoskult. Im 7. Jh. mehren sich seine Darstellungen auf Bildern. Gesungen wurde auch *chorisch:* große Hymnen im Gottesdienst, auch im Totenkult.

Archaische Zeit (7.–6. Jh.)
Im 7. Jh. fällt der Vortrag des Epos allmählich einem Sprecher, dem **Rhapsoden,** zu, während sich das Proömium zu einem eigenständigen Musikstück, dem **kitharodischen Nomos** entwickelt, den der **Kitharode** unabhängig vom Epos vorträgt und der bes. in den großen Wettkämpfen eine Rolle spielt (z. B. in Olympia). Der kitharodische Nomos war 7-teilig (griech. *nomos*, Gesetz; Abb. B).

TERPANDER, der im Musikwettbewerb auf dem Apollofest in Sparta 676 siegte, fügt den 5 Saiten der Leier 2 weitere hinzu (Halbtongriffe, heptatonische Leiter) und vergrößert den Tonvorrat (Abb. C).

Im 7. Jh. kommt vor allem auf Lesbos die neue Gattung der **Lyrik** auf, also Gesang zur Lyra (*lesbische Kitharodie*). Hauptvertreter sind ARCHILOCHOS VON PAROS (um 650), SAPPHO VON LESBOS (um 600) und ALKAIOS VON LESBOS (um 600). Erhalten sind nur die Texte.

Der griech. Vers bildet eine Einheit von Musik und Sprache, im 6. der Begriff *musiké* umfasst. Die Versrhythmen sind nicht eine Folge von *qualitativen* Schwereunterschieden wie im german. Akzentrhythmus mit schweren und leichten, d. h. betonten und unbetonten Silben, sondern eine *quantitierende* Folge von Kürzen und Längen, wobei allerdings Fußheben (*arsis*) die Kürzen und Fußsenken (*thesis*) die Längen begleiten konnten. Zugleich geht eine **Tonhöhenbewegung** in den Vers ein, der ungefähr eine Quinte umfasst. Sprache wird zur Melodie, der Dichter ist zugleich Sänger und Musiker. Die Einheit im Begriff *musiké* zerfiel Ende der klass. Zeit in Sprache (Prosa) und Musik (bes. Instrumentalmusik). Der klass. griech. Vers wurde in der Zeit seines Unterganges lehrhaft systematisiert. Abb. D zeigt die Zeichen und Namen dieser griech. Prosodie (Sprechgesang):

– **tonoi** oder *tonische Akzente* für die Tonhöhe hoch, tief und hoch-tief (*perispomeion* entspr. *circumflexus*),
– **chronoi** für die Silbenlänge: lang-kurz,
– **padae** für die Wortgrenzen, später *Bindestrich, Komma* und *Apostroph,*
– **pneumata** für die Anlaute.

Die feste Verbindung von Längen und Kürzen ergab die sog. **Versfüße.** Abb. E zeigt die wichtigsten der späteren Systematisierung. Jambus und Trochäus sind 3-, Anapäst, Daktylus und Spondeus 4-, die übrigen 5-, 6- und mehrzeitig. Außer dem Verhältnis 1:2 (»Dreiertakt«) gab es auch das Verhältnis 1:1½ (5/8-Takt, heute im Tanz *Syrtos Kalamatianos*). Die Versfüße wurden zu Versmaßen zusammengefügt. So ergaben 6 Daktylen den **daktylischen Hexameter** (z. B. »hurtig im Donnergepolter entrollte der tückische Marmor«, Voss). Kompliziertere Versmaße trugen den Namen des Dichters, der sie anwandte.

172 Antike Hochkulturen/Griechenland II (7. Jh.–3. Jh. v. Chr.), Musikinstrumente

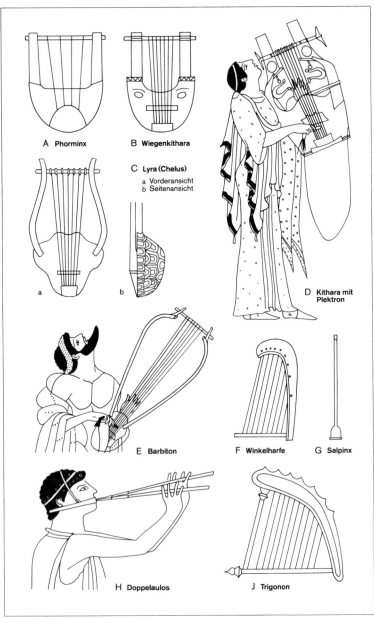

Musikinstrumente

Antike Hochkulturen/Griechenland II (7. Jh.–3. Jh. v. Chr.), Musikinstrumente

Außer der Kitharodie und Aulodie gab es den **Chorgesang** (wohl stets mit instrumentaler Begleitung). Dichtermusiker sind hier vor allem ALKMAN in Sparta (*Mädchenchöre*), BAKCHYLIDES und PINDAR. Hauptformen sind:
– **Päan**, Apollo gewidmetes Lied mit Kitharabegleitung;
– **Dithyrambos**, Lied aus dem Dionysoskult, mit Begl. von Auloi oder Barbiton;
– **Hymnos**, feierl. Götterlied mit Kithara;
– **Threnos**, Totenklagelied, mit Auloi;
– **Hymenaios**, Brautlied mit Aulosbegl.;
– **Skolion**, Trinklied mit Auloi oder Barbiton.
Im 7. Jh. tritt auch das reine Instrumentalspiel auf: die **Kitharistik** als Saitenspiel, die **Auletik** als Spiel auf dem Aulos. So wird berichtet, dass SAKADAS VON ARGOS mit seinem Aulosspiel programmatisch den Drachenkampf des Apollo darstellte und damit den Sieg bei den delphischen Spielen 586 davontrug. – Im 6. Jh. blüht auch die gesellige Musik mit Chor- und Sololiedern, bes. von ANAKREON.

Die klassische Zeit (5.–4. Jh. v. Chr.)
Die große Form der klass. Zeit ist die **Tragödie**. Sie entwickelte sich aus den Dionysosfesten mit ihren von Chören gesungenen Dithyramben. Instrumentalisten und Chor (bis 15 Sänger) stehen in einem halbrunden Raum, der *Orchestra*, vor der eigentlichen Bühne. Der Chor singt das *Eingangslied*, während des Stückes die *Standlieder* (Stasimon) und zum Schluss das *Auszugslied*. Die Chorlieder waren womöglich mit Tanz und Pantomime verbunden (griech. *orchestra*, Tanzraum).
Die Solisten dialogisierten mit dem Chor (*Kommos*), sangen aber auch zur Aulosbegleitung (*Parakatabase*). AISCHYLOS (525–456) und SOPHOKLES (496–406) sind die klass. Dichter der ersten Epoche.
Die zweite Epoche vertritt EURIPIDES (485–406). Der objektivierende Chor tritt zurück. Stattdessen werden die leidenschaftl. Stimmungen des Einzelnen dargestellt. Die Solisten singen *strophische* oder *durchkomponierte* »Arien« und »Duette«, oft im ausdrucksstarken enharmon. Tongeschlecht.
Hauptvertreter der **attischen Komödie** ist ARISTOPHANES (445–388). Ihre Chorlyrik und Sologesänge sind einfacher (*Lieder*).
Die **neue Musik** im 5. Jh. zielt auf subjektiven Ausdruck. Der Tonumfang wird abermals vergrößert, Chromatik und Enharmonik sind beliebt. PHRYNIS VON MYTILENE (um 450) und TIMOTHEOS VON MILET (um 400) führen diese neue Musik an, die gleichzeitig große **Instrumentalvirtuosen** hervorbringt.

Die griechischen Musikinstrumente
Die Phorminx ist das älteste Instr. Ihr halbrunde Schallkörper trägt zwei Arme für das Querjoch mit den 4 oder 5, ab dem 7. Jh. 7 Saiten (Abb. A).
Die Kithara entwickelt sich im 7. Jh. aus der Phorminx. Ihr großer Resonanzkasten ist vorne flach, hinten gewölbt und unten gerade. Die Kithara wird an einem Schulterband getragen. Die 7, ab 5. Jh. 12 Saiten laufen über einen Steg zum Joch. Die rechte Hand zupft oder spielt mit **Plektron** (an Halteschnur befestigt), die linke Hand dämpft die Saiten (Abb. D). Die Kithara ist dem Apollon gewidmet.
Die Wiegenkithara hat einen gerundeten Schallkasten wie die Phorminx, ist oft mit Götteraugen bemalt, ein Frauen- und Hausinstrument (Abb. B).
Die Lyra besteht aus einer Schildkrötenschale mit Ziegenhörnern, Querjoch und 7 Saiten (Abb. C). Hermes soll sie erfunden haben, als sein Fuß die trockene Sehne in einem leeren Schildpatt berührte. Sie heißt auch Chelus (Schildkröte). Wie die Kithara gehört sie zum Apollokult.
Das Barbiton hat längere Arme und ist schlanker als die Lyra. Es dient zur Gesangsbegleitung bei Trinkgelagen. Vasenbilder zeigen den Sänger gern in ekstatischer Haltung (Abb. E). Als einziges Saiteninstrument gehört es zum Dionysoskult. Es kommt auf mit der geselligen Lyrik im 7. Jh.
Die Harfe ist erst ab Mitte 5. Jh., bes. in Unteritalien, verbreitet, und zwar als Winkelharfe (Abb. F), oder mit stützender Vorderstange als Trigonon (Abb. I). Sie war vor allem ein Fraueninstrument.
Die Laute ist erst ab Mitte 4. Jh. belegt, und zwar als Langhalslaute **Pandura,** griech. *Trichordon (Dreisaiter)*.

Die Blasinstrumente
Der Aulos, auch **Bombyx** oder **Kalamos** (*Rohr*) genannt, aus Holz, Elfenbein oder Metall mit *Doppelrohrblatt* (wie Oboe). Man blies meist 2 Auloi gleichzeitig, die sog. **Doppelaulos**, gehalten nur durch Bänder, die sog. *Phorbeia* (Abb. H). Der Aulos gehört zum Dionysoskult. Sein Klang galt als süß und leidenschaftlich. Er kommt aus Kleinasien (*phrygische Flöte*).
Die Syrinx, auch **Panpfeife** genannt nach dem Hirtengott Arkadiens *Pan;* 5 oder 7 (im 3. Jh. bis 14) Pfeifen versch. Länge und Tonhöhe werden nebeneinander gebunden.
Die Querflöte, selten, ab 4. Jh. belegt.
Die Salpinx, Trompete aus Metall mit Hornmundstück, Signalinstrument (Abb. G).

Die Schlaginstrumente
– **Krotala:** Kastagnettenart aus dem Dionysoskult der griech. Frühzeit.
– **Kymbala:** Beckenpaar (6. Jh. v. Chr.).
– **Tympanon:** Rahmentrommel (*Tamburin*).
– **Krupezion:** eine mit dem Fuß getretene Klapper (Tanz und Chorlyrik).
– **Xylophon:** ab dem 4. Jh. auf Vasenbildern in Apulien, daher *apulisches Sistrum*.
Daneben gab es noch eine Reihe anderer Instr. wie die alte **Sambyke** (Rahmenharfe bei HOMER), der **Kochlos** (Muschelhorn) usw.

174 Antike Hochkulturen/Griechenland III: Musiktheorie, Denkmäler

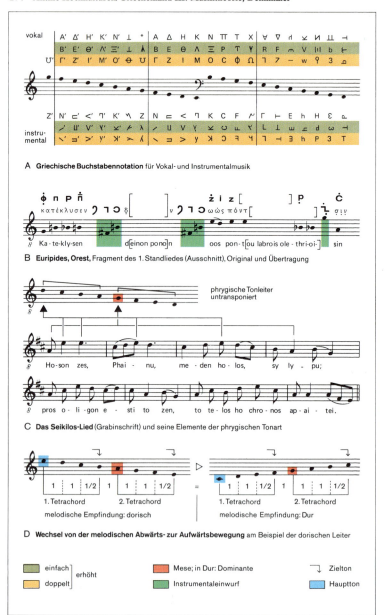

A **Griechische Buchstabennotation** für Vokal- und Instrumentalmusik

B **Euripides, Orest,** Fragment des 1. Standliedes (Ausschnitt), Original und Übertragung

C **Das Seikilos-Lied** (Grabinschrift) und seine Elemente der phrygischen Tonart

D **Wechsel von der melodischen Abwärts- zur Aufwärtsbewegung** am Beispiel der dorischen Leiter

Notenschrift, Denkmäler

Musiktheorie. Schon im 6. Jh. hatte PYTHA-GORAS die Zahlengrundlage der Musik gelehrt. Dabei handelt es sich vor allem um die Intervallproportionen (s. S. 88), doch dahinter steht der Glaube, dass die Bewegung des Kosmos und die der Menschenseele auf den gleichen harmon. Zahlenproportionen beruhen. Die Musik ist durch ihr Zahlenprinzip daher Abbild der Weltordnung, nimmt aber umgekehrt auch Einfluss auf das Gemüt und den Charakter des Menschen: Sie wird zu einem moral. und gesellschaftl. Faktor, der in der Erziehung und im öffentl. Leben beachtet werden muss. Die Musik wird dort zur Gefahr, wo sie aus den alten, strengen Ordnungen ausbricht und sich zu neuen, orgiastischen Formen und zu unkontrollierbarem Subjektivismus erweitert.

In diesem Sinne protestiert PLATO (427–347) gegen die *neue Musik* des 5./4. Jh. (vgl. S. 165). ARISTOTELES (384–322) dagegen objektiviert die **Ethoslehre** und stellt der *neuen Musik* eine dieser entspr. **Ästhetik** zur Seite. Verstärkt setzt nun die **Theorie** ein, vor allem mit dem ARISTOTELES-Schüler ARISTOXENOS VON TARENT (354–300), der sich im Gegensatz zu den Pythagoreern nicht auf die *Zahl*, sondern auf die *Hörerfahrung* beruft. Es folgen EUKLEIDES VON ALEXANDRIEN (um 300 v. Chr.) und zahlreiche Theoretiker (s. S. 178), die Probleme der Harmonik, der Intervallproportionen, des Rhythmus, der Notenschrift usw. behandeln. Die griech. **Notenschrift** (ab 6. Jh. v. Chr.) spielte eine Rolle in Theorie und Lehre. Es gab zwei Systeme, ein älteres für die Instrumentalmusik und ein jüngeres für die Vokalmusik. Beides sind Buchstabennotationen, wobei die **Vokalschrift** das ionische Alphabet sehr systematisch verwendet: Jeder Buchstabe bezeichnet eine Tonhöhe, und zwar *Alpha* die *diaton*. Grundstufe *f*, *Beta* die einfach erhöhte *chromat*. Stufe *fis* und *Gamma* die doppelt erhöhte *enharmon*. Stufe. In der **Instrumentalschrift** wird dasselbe Zeichen entsprechend zweimal umgekippt (Abb. A). Ausgangsoktave ist die mittlere, die obere wird mit Strichen bezeichnet (wie heute noch), die untere durch Kopfstellung der Zeichen.

Denkmäler

Von insgesamt 40 bisher entdeckten Notenbeispielen griech. Musik (PÖHLMANN) sind aus der Zeit **v. Chr.** erhalten:
– das **Euripides-Fragment,** Ende 3. Jh. v. Chr., Papyrus Wien G 2315 (Abb. B);
– **Tragödienfragment** (3 Zeilen), 2. Jh. v. Chr., Papyrus Zenon 59 533;
– **5** weitere kleine **Dramenfragmente,** 2. Jh. v. Chr., Papyri Wien 29 825 a–f;
– **2 Apollohymnen,** vollst., 2. Jh. v. Chr., eingemeißelt in die Südwand des Athener Schatzhauses in Delphi;
– das **Seikilos-Lied,** vollst., 2. Jh. v. Chr. (1. Jh. n. Chr.?), Grabsäule, heute Kopenhagen, Inv. 14 879 (Abb. C).

Aus den ersten Jahrhunderten **nach Chr.** sind außer einigen Beispielen in Theoretikertraktaten erhalten:
– **drei Hymnen** des MESOMEDES aus Kreta, der im 2. Jh. n. Chr. am Hofe HADRIANS wirkte: *Musen-, Helios-* und *Nemesishymnus;*
– **das Meleagros-Fragment** (EURIPIDES), 2. Jh. n. Chr., Papyrus Oxyrhynchos 2436;
– **2 Tragödienfragmente,** 2. Jh. n. Chr., Papyrus Oslo 1413;
– **2 Dramenfragmente,** 2. Jh. n. Chr., Papyrus Michigan 2958;
– **5 Fragmente:** 1 *Päan,* 1 *Lied auf den Tod des* AIAS, 1 *Tragödienfragm.,* 2 *Instrumentalstücke,* 2. Jh. n. Chr., Papyrus Berlin 6870;
– **5 Instrumentalstücke** aus antikem Musikunterricht (sehr kurz).

Dazu kommt der **frühchristliche Hymnus** aus Oxyrhynchos (3. Jh., s. S. 180 f.).

Das Euripides-Fragment entstammt dem *Orest,* aufgezeichnet etwa 200 Jahre nach seiner Entstehung (noch original?). Abb. B zeigt einen Ausschnitt (Vers 327 bzw. 343). Über dem Text stehen die Vokalnotenbuchstaben, in Texthöhe die Zeichen der instrumentalen Zwischenspiele: Zeichen für *Absatz, fis* und *h*. Die Melodie ist chromat. bzw. enharmon. Der Rhythmus wurde durch den Text bestimmt.

Das Seikilos-Lied ist ein *Skolion* auf der Grabsäule des SEIKILOS aus Tralles in Kleinasien (Abb. C, vollst.). Es fordert zum Trinklied zum Genuss des kurzen Lebens auf. Die Tonart wird durch die Melodie geprägt: Oktavumfang *e′–e*, Zentralton *a* (*Mese*); oberster Ton und Schlusston *e* (*Finalis*), Halbschlüsse auf *g* (T. 4 und 6) und die Halbtonverteilung ergeben eine **phrygische Leiter**, eigentlich von *d′–d*, hier um einen Ganzton nach oben transponiert (2 Kreuze).

Die Griechen empfanden diese Tonart als weich und klagend. Indessen scheint das Lied heute in heiterem Dur zu stehen (Dreiklangsbildungen, tänzerischer 6/8-Takt). Die melodische, d. h. tonartliche Empfindung, hat sich also geändert. Sie hängt ab vom **Stufenbau** einer Leiter. Die klass. griech. Tonart war das strahlende Dorisch: Es entspricht seinem Charakter nach dem heutigen Dur, dem im Tonleiter den gleichen Stufenbau hat mit *Leittönen* zu den Endtönen der beiden Tetrachorde, wobei der Endton des 2. (e bzw. c) gleich der Anfangston des 1. Tetrachordes und damit Hauptton, heute Tonika, ist. (Der Anfangston des 2. Tetrachordes, die *Mese*, ist heute Dominante.) Da die Griechen die melodische Bewegung abwärts empfanden, realisierten sie den dorischen Stufenbau als *e*-Leiter abwärts, während der gleiche Stufenbau aufwärts eine *C*-Leiter ergibt (Abb. D). Die *e*-Leiter ist uns *Moll verwandt* (*phrygischer Kirchenton*), die *C*-Leiter erklingt uns als reines *Dur*.

176 Antike Hochkulturen/Griechenland IV: Tonsystem

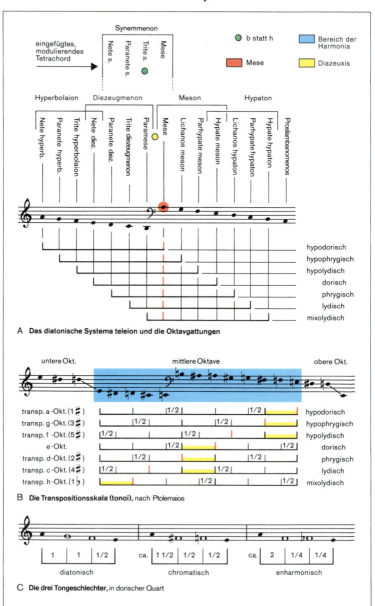

A Das diatonische Systema teleion und die Oktavgattungen

B Die Transpositionsskala (tonoi), nach Ptolemaios

C Die drei Tongeschlechter, in dorischer Quart

Gesamtsystem, Skalen, Tongeschlechter

Antike Hochkulturen/Griechenland IV: Tonsystem 177

Das griech. Tonsystem ist die Grundlage des neuzeitlichen. Nach der *Pentatonik* der Frühzeit herrscht ab dem 8. Jh. die *Heptatonik*. Bald darauf liegt das *diatonische Systema teleion* vor. In Spätklassik und Hellenismus treten *Chromatik* und *Enharmonik* hervor und setzen zugleich Beschreibung, Überlieferung und Modifizierung des Systems ein.

Das diatonische Systema teleion (Abb. A) Hauptelement des griech. Systems ist die absteigende Quarte, das **Tetrachord** (*Viersaiter*), was bereits der Saitenzahl der Phorminx entspricht. Von den Saiteninstrumenten leiten sich auch die Tonnamen her: Die Töne der mittleren Oktave e'–e einer dorisch gestimmten Kithara heißen
- **Hypate** (*chorde*), »obere« (*Saite*), nach der Spielhaltung der Kithara (wie Gitarrenhaltung) die Basssaite, also der tiefste Ton e;
- **Parhypate**, die »nebenobere«, der Halbton f, wie Hypate mit dem Daumen gespielt;
- **Lichanos**, der »Zeigefinger«, Ton g;
- **Mese** (*chorde*), »mittlere« (*Saite*), Ton a;
- **Paramese**, die »nebenmittlere«, Ton h;
- **Trite**, die »dritte« (Saite) v. u., Ton c';
- **Paranete**, die »nebenunterste«, Ton d';
- **Nete** (*chorde*), die »unterste« (*Saite*), also der oberste Ton e'.

Diese 8 Töne bilden die klassische Tonleiter, die aus den beiden **gleich gebauten** Tetrachorden **Meson**, das »mittlere«, und **Diezeugmenon**, das »getrennte« (weil dazwischen der *trennende* Ganzton Diazeuxis liegt) besteht. Beide haben die **Stufenfolge 1–1–½** (wie unsere Dur-Tonleiter, jedoch abwärts, vgl. S. 174). Das Gesamtsystem entsteht, indem oben und unten je ein *verbundenes Synemmenon*-Tetrachord angefügt wird: **Hypaton**, das »oberste«, und **Hyperbolaion**, das »hinausragende«. Die Tonnamen wiederholen sich dabei, z. T. mit Zusatz des Tetrachordnamens. Das System wird mit dem **Proslambanomenos** *A*, dem »hinzugefügten«, auf 2 Oktaven gebracht.
Um die getrennten Tetrachorde in der Mitte zu verbinden, fügt sich ein **Synemmenon**-Tetrachord ein, das – um gleich gebaut zu sein – h zu b erniedrigen muss: Es *moduliert* also. Die Mitte des ganzen Systems bildet die *Mese a*. Das System versteht sich relativ und ist nicht an absolute Tonhöhen gebunden.

Die Oktavgattungen oder Tonarten sind Ausschnitte aus dem Gesamtsystem. Sie bestehen aus je zwei gleich gebauten Tetrachorden, von denen es nach Lage des Halbtons drei verschiedene gibt: den **dorischen** (1–1–½), den **phrygischen** (1–½–1) und den **lydischen** (½–1–1). Es geht also nicht um *Tonhöhenunterschiede*, sondern um *Tonqualitäten*, die aus den Tonabständen resultieren, entsprechend dem neuzeitlichen **Dur** (1–1–½) und **Moll** (1–½–1). Die Griechen kannten 7 verschiedene Oktavgattungen (Abb. A). Das **Dorische**,

Phrygische, Lydische und **Mixolydische** bilden außerdem **Hypo-** (»Unter«-) und **Hyper-** (»Über«-)Tonarten aus ihren Tetrachorden, bei denen jedoch der Endton jeweils um eine Quinte **tiefer** bzw. **höher** liegt. Nur das **Hypodorisch, Hypophrygisch** und **Hypolydisch** tauchen dabei als neue Oktavgattungen im *Systema teleion* auf, die anderen fallen zusammen:

a'–a: hypodorisch, auch hyperphrygisch, auch lokrisch und äolisch genannt
g'–g: hypophrygisch, auch hyperlydisch, auch iastisch und ionisch genannt
f'–f: hypolydisch, auch hypermixolydisch
e'–e: dorisch, auch hypomixolydisch
d'–d: phrygisch
c'–c: lydisch
h–H: mixolydisch, auch hyperdorisch

Die **Mese a** liegt in jeder Tonart an anderer Stelle. Sie übt eine Art Dominantfunktion als melodischer Zentralton aus.

Die Transpositionsskalen. Der praktische Tonvorrat der Griechen umfasst etwa 3 Oktaven, wobei die höchste die *untere*, die tiefste die *obere* genannt wurden. Die mittlere Oktave e'–e war der Bereich der sog. **Harmonia**, in der alle Tonarten sich verwirklichen konnten: Das entsprach etwa dem Umfang der klassischen Kithara, deren Saiten entsprechend der gewünschten Tonart gestimmt werden mussten. Die dorische Tonart erbrachte dabei kein Versetzungszeichen, denn sie stimmte mit der e-Oktave überein. Alle anderen wurden in die e-Oktave transponiert, was zu den **Transpositionsskalen** oder *tonoi* mit bis zu 5 chromatischen Erhöhungen führte (Abb. B).

Die drei Tongeschlechter (Abb. C) Das griech. Tonsystem ist nicht vom *vertikal* harmonischen Denken bestimmt, sondern vom *horizontal* melodischen. Es scheint, dass sich hinter den drei Tongeschlechtern, die die griech. Theoretiker im recht unterschiedl. Proportionsangaben zu beschreiben versuchen, etwas *melisch Variables* verbirgt, das wahrscheinlich zeitlich, örtlich und individuell verschieden ausgeführt worden ist. In der diatonischen dorischen Quarte gelten die Ecktöne a und e als fest, nicht aber die beiden Mitteltöne g und f, die sich in *Richtung auf den Zielton e* verschieben können. Unverändert bleibt dabei das **diatonische** Tongeschlecht. Das **chromatische** verschiebt g zum *fis* (oder *ges*), das **enharmonische** verschiebt g zum f, sodass zwischen den ersten beiden Tönen der Quarte zwei Ganztöne liegen und für die restlichen beiden Schritte nur ein Halbton übrig bleibt. Zwischen f und e schiebt sich damit noch ein Viertelton (in Abb. C als *fes* notiert). Die Griechen empfanden diese Verschiebungen als Färbungen, die dem subjektiven Ausdruck dienten. Die Termini *Chromatik* und *Enharmonik* haben mit dem neuzeitl. Begriffen wenig zu tun.

178 Spätantike und frühes Mittelalter/Rom, Völkerwanderung

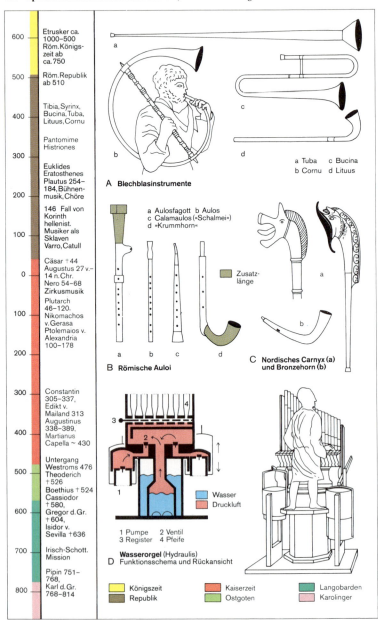

600	Etrusker ca. 1000–500 Röm. Königszeit ab ca. 750
500	Röm. Republik ab 510
400	Tibia, Syrinx, Bucina, Tuba, Lituus, Cornu
300	Pantomime Histriones
200	Euklides Eratosthenes Plautus 254–184, Bühnenmusik, Chöre
100	146 Fall von Korinth hellenist. Musiker als Sklaven Varro, Catull
0	Cäsar †44 Augustus 27 v.–14 n. Chr. Nero 54–68 Zirkusmusik
100	Plutarch 46–120. Nikomachos v. Gerasa Ptolemaios v. Alexandria 100–178
200	
300	Constantin 305–337, Edikt v. Mailand 313
400	Augustinus 338–389, Martianus Capella ~430
500	Untergang Westroms 476 Theoderich †526
600	Boethius †524 Cassiodor †580, Gregor d. Gr. †604, Isidor v. Sevilla †636
700	Irisch-Schott. Mission
800	Pipin 751–768, Karl d. Gr. 768–814

a Tuba c Bucina
b Cornu d Lituus

A Blechblasinstrumente

a Aulosfagott b Aulos
c Calamaulos (»Schalmei«)
d »Krummhorn«

Zusatzlänge

B Römische Auloi

C Nordisches Carnyx (a) und Bronzehorn (b)

1 Pumpe 2 Ventil
3 Register 4 Pfeife

Wasser
Druckluft

Wasserorgel (Hydraulis)
D Funktionsschema und Rückansicht

Königszeit — Kaiserzeit — Langobarden
Republik — Ostgoten — Karolinger

Zeitstrahl, Musikinstrumente

Die Musik der Römer zeigt nicht die Eigenständigkeit der griech. Musik. Bilddarstellungen und literar. Berichte bezeugen jedoch, dass sie im Kult, in der Gesellschaft, zur Tafel, zum Tanz, zur Arbeit, im Heer usw. eine große Rolle spielte, wie auch die Übernahme und Modifizierung der hoch entwickelten spätgriech. Musik Sinn für Qualität und hohe Musikalität voraussetzen. Allerdings nahmen ausländ. Musikersklaven, bes. die aus der hellenist. Welt, im röm. Musikleben eine Schlüsselstellung ein.

Bei den Etruskern gab es Gesang im religiösen Zeremoniell, aber auch eine starke Instrumentalmusik; Spezialität: **Längs-** und **Querflöte** (*subulo*).

In der römischen Republik ist der etrusk. Einfluss sehr stark. Viele Instr. wurden übernommen, bes. Blasinstr.:
- **Tuba:** die gerade Trompete der Etrusker (*Salpinx*);
- **Lituus:** etrusk. Horn mit gekrümmtem Schallbecher, Vorbild für das spätere nordische **Carnyx** mit Tierrachen, z. T. mit schwingender Zunge darin, das neben dem gebogenen, oben geschlossenen **Bronzehorn** (mit seitlichem Anblasloch) in Gallien und Irland gefunden wurde (Abb. C);
- **Cornu:** das Horn mit Querstab zum Halten, im Heere und im Amphitheater verwendet;
- **Bucina:** die gewundene Trompete mit abnehmbarem Mundstück, ursprüngl. ein Hirteninstr., dann Reitertrompete und Kultinstr. von hohem Rang;
- **Syrinx:** die griech. Hirtenflöte;
- **Tibia:** röm. »Nationalinstrument«, anfangs eine Knochenpfeife und Querflöte der Etrusker, dann Bezeichnung für den (griech.) **Aulos** und **Doppelaulos** mit Rohrblatt.

Daneben gibt es die im Mittelmeerraum üblichen Saiteninstr. (Leiern) und Schlaginstr. (s. u.).

Bereits für das 4. Jh. v. Chr. sind Bühnendarbietungen mit Musik belegt, bes. pantomim. Tänze zur Tibia nach etrusk. Vorbild. Schauspieler, Mimen und Musiker bildeten eine Art Bühnengenossenschaft (*histriones*). Übernahme und Nachbildung der griech. Dramen führten im 3. Jh. v. Chr. zu *Sprechgesang, Arien, Duetten* und *Chören,* bes. auch in den Komödien des PLAUTUS (*Lieder*).

Der hellenist. Einfluss verstärkt sich im 2. Jh. mit Ausbreitung des Röm. Reiches nach Osten. Griech. Instrumente wurden weiterentwickelt. So gibt es versch. **Aulosarten** (Abb. B). Mit dem Ansatz eines Verlängerungsstückes oberhalb des Mundstückes wird sogar ein *Aulosfagott* gebaut. Der *Calamaulos* (griech. *kalamos*, Rohr) ist ein weitmensurierter, konischer Aulos (Vorläufer der *Schalmei*). Auloi der Kaiserzeit hatten etwa 15 Löcher (z. T. mit *Stimmringen* verschließbar).

Das röm. Schlagzeug bestand u. a. aus **Tympanon** (Tamburin), **Cymbala** (Becken), **Crotala** (Klappern) und **Scabillum** (Fußklapper, für Tänze in den Bacchus- und Kybelemysterien). Die griech. Lyrik wurde auch in der lat. Sprache nachgeahmt; so waren die lat. Gedichte von CATULL (*Carmina*) und HORAZ (*Oden*) für Chöre (auch Wechselchöre) und für Sologesang mit Begleitung der Lyra, Kithara, Laute und Harfe gedacht. Die Kithara war bei Dilettanten und Virtuosen sehr verbreitet. Zu ihren Spielern gehörte auch NERO.

In der Kaiserzeit gibt es eine ausgesprochene Unterhaltungsmusik zu den großen Schaukämpfen und -veranstaltungen in den Amphitheatern. SENECA (*84. Brief*) spricht von *vielstimmigen Chören* und *stark besetzten Blechblasensembles.* Hier erklingt häufig kombiniert mit dem *Cornu* die Wasserorgel. **Die Wasserorgel** (*Hydraulis*) wurde im 3. Jh. v. Chr. von KTESIBIOS, Ingenieur in Alexandria, erfunden. Die röm. Modelle besaßen offenbar drei Pfeifenreihen im Abstand einer Quinte und Oktave (evtl. auch Oktav und Doppeloktav), die durch Registerschieber und Tasten geschaltet wurden. Zwei Pumpen, mit Rückschlagventil, sorgten für den Windzufuhr. Um die Windstößigkeit auszugleichen, leitete KTESIBIOS die Druckluft in einen Metallbehälter, der unten geöffnet war und in einem größeren, wassergefüllten Behälter stand. Die Luft drückte das Wasser nach unten, sodass es im Außenbehälter stieg und nun seinerseits die Luft im Binnenbehälter unter gleichmäßigen Druck setzte, bis der Wasserspiegel in beiden Behältern gleich war (Abb. D). Die Orgel klang laut und war im Amphitheater beliebt. Ihren rein weltl. Charakter verlor sie erst im frühen MA.

Eine bes. Bedeutung kommt der Tradition und dem Ausbau der **Musiktheorie** zu. Es ist griech. Gedankengut, das z. T. in bewusst historischer Perspektive gesammelt und neu durchdacht wird. Hier sind bes. zu nennen: EUKLIDES von ALEXANDRIA und ERATOSTHENES (3. Jh. v. Chr.) als Quellenwerke aus dem vorröm.-hellenist. Raum, in röm. Zeit DIDYMOS V. ALEXANDRIA (ca. 30 v. Chr.; *didymisches* und *syntonisches Komma:* Differenz zwischen großem und kleinem Ganzton), MARC. TER. VARRO (1. Jh. v. Chr.; Musik im *Quadrivium der Zahlenwissenschaften*), PLUTARCH (1. Jh. n. Chr., wichtige Quellensammlung), PTOLEMAIOS in Alexandria (2. Jh. n. Chr., Tonsystem, Skalen), AUGUSTINUS (*De Musica*, 4. Jh. n. Chr.), MARTIANUS CAPELLA (5. Jh.) und BOETHIUS (ca. 500, *De institutione musicae*, 5 Bücher, Grundlage der spekulativen Musiktheorie des MA.). Die Tradition geht durch die Wirren der Völkerwanderung über ISIDOR VON SEVILLA (7. Jh.) u. a., über die *Gelehrtenkreise in Irland* und, kultiviert durch die *karoling. Renaissance* im 8./9. Jh., in das lat. Mittelalter über.

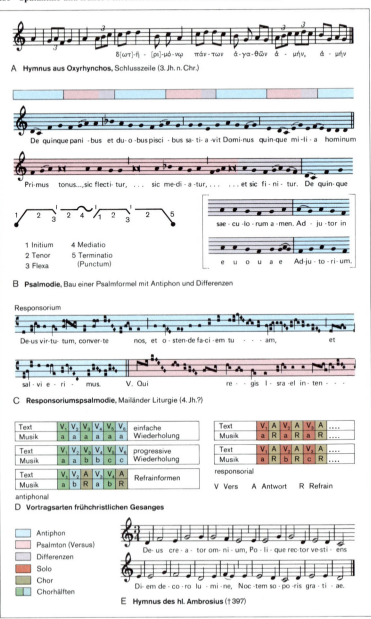

Hymnodie, Psalmodie, Vortragsarten

Spätantike und frühes Mittelalter/Musik der frühchristlichen Kirche 181

Musik der Frühkirche (1.–6. Jh.)
Ausgangspunkt bilden die jungen Christenge-
meinden, bes. in Antiochien, dem Missions-
zentrum des hl. PAULUS. Die Christen waren
in den ersten 3 Jh. kleine (verbotene) Sekten
in der antik-heidnischen Umgebung. Eine
Wende bringt das 4. Jh. mit dem Mailänder
Edikt von 313, das den Christen freie Reli-
gionsausübung zusichert. Zu den Quellen der
frühchristl. Kirchenmusik rechnet man
– die jüdische Tempelmusik, vor allem in der
  Tradition des Psalmensingens,
– die Musik der Spätantike, d. h. des kulturell
  hellenist. Mittelmeerraumes.

Der Hymnus aus Oxyrhynchos (Abb. A)
Im Gottesdienst waren Instrumente verboten.
Sie galten als Luxus, waren dem heidnischen
Kultus verbunden und lenkten zudem vom
Wort ab, das verkündet werden sollte. In der
Ostkirche ist das Verbot heute noch gültig.
Im geselligen Kreis durften jedoch geistl.
Lieder zur Kithara gesungen werden (nicht
zum orgiastischen Aulos). Fragmentarisch ist
aus dem 3. Jh. ein solches Lied aus Oxyrhyn-
chos in Ägypten erhalten. Tonart und Rhyth-
mus weisen auf hellenist. Vorbilder.
PAULUS erwähnt »Psalmen, Lobgesänge und
geistliche Lieder« (Epheser 5, 19; Kolosser 3,
16), und zwar im Zusammenhang mit häusl.
Verhalten der Christen, nicht spezifisch mit
der gottesdienstl. Musik. Das Singen von
Psalmen (*Psalmodie*) und von neugedichteten
Texten (*Hymnodie*) sind später die beiden
Hauptarten des christlichen Gesanges.

Die Psalmodie (Abb. B). Ein Psalm besteht
aus Versen unterschiedl. Silbenzahl. Jeder
Vers wird innerhalb eines best. Psalmtones
auf die gleiche *Psalmformel* gesungen:
– das *Initium,* eine Eingangswendung, meist
  aufsteigend,
– der *Tenor (Tuba, Repercussio)* zum Rezitieren des Psalmes, wobei die Anzahl der
  Töne von der Silbenzahl des Verses abhängt,
– die *Flexa* als kleine Zäsur der Syntax des
  Verses gemäß, bei der sich die Stimme ein
  wenig senkt (»sic flectitur«),
– die *Mediatio* als Mittelkadenz mit einem
  kleinen Melisma (»sic mediatur«),
– die *Terminatio,* die zum Schlusston (*Finalis*) zurückführt (»et sic finitur«).
Normalerweise folgt nicht sogleich der
nächste Psalmvers, sondern ein Einwurf, eine
»Gegenstimme« oder »*Antiphon*«. Damit ein
guter Übergang entsteht, wird der Schluss des
Psalmverses je nach Antiphonbeginn abge-
wandelt. Der Psalmsänger muss diese sog.
Differenzen (meist auf *saeculorum amen,* abgekürzt als Vokalfolge *e u o u a e*) beherr-
schen. Abb. B aus der späteren röm. Überlieferung zeigt drei derartige *Differenzen* mit
entsprechendem Antiphonbeginn. Die Antiphon wird außerdem meist dem Psalmvers
vorangestellt (Schema Abb. B).

Ein Psalm wird selten ganz gesungen. Meist
begnügt man sich mit Teilen oder mit einer
Auswahl von Einzelversen.

Die Responsoriums-Psalmodie
Ein besonders kunstreicher Vortrag von Antiphon und Psalmvers (abgekürzt ℣), ist die
responsoriale Psalmodie, also die mit Wechsel
von Chor und Solo (Stellung in der Messe:
Alleluia, Graduale, im Offizium: *Responsorien*). Die Psalmverse beschränken sich in der
Regel auf einen einzigen, der vom Cantor
solistisch mit reichen Melismen vorgetragen
wird. Die Antiphon wird zum »antworten-
den« Refrain des Chores (*Responsorium*).
Zum Abschluss wird das Responsorium wiederholt. Das Beispiel Abb. C stammt aus der
ältesten mailändischen Liturgie.

Vortragsarten frühchristlichen Gesanges
Früh ist der Wechselgesang belegt. Griech.
Terminus dafür ist *antiphonal* oder *antiphonisch,* wörtlich »gegenstimmig«, lat. *responsorial* oder *responsorisch,* »antwortend«. Das
mehr auf die Gleichartigkeit der Partner zie-
lende *antiphonal* bezeichnet den Wechsel von
zwei Chorhälften, *responsorial* dagegen den
von Chor und Solo. Bes. im antiphonalen Gesang gibt es nun versch. formale Möglichkeiten (Abb. D):
– *einfache Wiederholung:* Jeder neue Vers
  (V) wird auf die gleiche Melodie (a) gesungen;
– *progressive Wiederholung:* Je zwei Verse
  werden auf die gleiche Melodie gesungen,
  wobei die Chöre abwechseln (späteres Sequenzprinzip);
– *Refrainformen:* Nach zwei Versen mit je
  eigener Melodie, gesungen von Chor I und
  Chor II, singen beide Chöre einen textl.
  und musikal. gleichen Refrain.
Dazu gibt es Mischformen dieser Grundmo-
delle. Diese responsoriale Vortrag dürfte Refrainformen bevorzugt haben, da hierbei der
Chor, d. h. meist die Gemeinde, den Refrain
übernahm und der Solist die neuen Teile.

Die Hymnodie (Abb. E) umfasst das Singen
neu gedichteter Texte, und zwar zunächst
meist Prosa wie die große Doxologie »Gloria
in excelsis Deo«. Die ersten Verse gehen auf
den hl. AMBROSIUS, Bischof von Mailand, und
HILARIUS VON POITIERS zurück.
Vorbild für die ambrosian. Hymnen waren die
Madrashe des hl. EPHREM von Edessa (Syrien, 4. Jh.), dessen Strophen mit Chorrefrain
dichtete und auf beliebte Melodien des HAR-
MONIUS sang. AMBROSIUS ließ seine Hymnen
zur Stärkung der Orthodoxen (kleine Doxologie »Ehre sei dem Vater *und* dem Sohne
und dem Heiligen Geiste«) gegen die Arianer
(»Ehre sei dem Vater *durch* den Sohn *im* Heiligen Geiste«) singen, wobei zwei Halbchö-
ren die Strophen und der Gemeinde die kleine
Doxologie als Refrain zufielen.

182 Spätantike und frühes Mittelalter/Byzanz

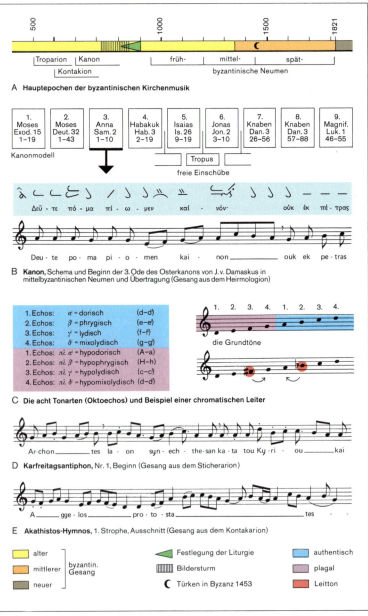

A Hauptepochen der byzantinischen Kirchenmusik

B **Kanon**, Schema und Beginn der 3. Ode des Osterkanons von J. v. Damaskus in mittelbyzantinischen Neumen und Übertragung (Gesang aus dem Heirmologion)

C Die acht Tonarten (Oktoechos) und Beispiel einer chromatischen Leiter

D **Karfreitagsantiphon**, Nr. 1, Beginn (Gesang aus dem Sticherarion)

E **Akathistos-Hymnos**, 1. Strophe, Ausschnitt (Gesang aus dem Kontakarion)

Kirchenmusik

Spätantike und frühes Mittelalter/Byzanz 183

Byzanz war kultureller Mittelpunkt, seit KONSTANTIN D. GR. 330 seine Residenz aus dem heidnisch-antiken Rom in das christl. Byzanz (*Konstantinopel*) verlegte, seit das Christentum 391 zur Staatsreligion avancierte und seit Byzanz nach der Reichsteilung 395 und dem Untergang Westroms 476 unverändert die Hauptstadt des Oström. Reiches blieb. Es führte die alten, vor allem kirchenmusikal. Traditionen fort, sogar über seine Eroberung durch die Türken 1453 (Untergang des Oström. Reiches) hinaus.

Die Ostkirche ist dabei sehr vielgestaltig: Sie umfasst die Kirchen der Länder des frühen Christentums (Palästina, Syrien, Griechenland usw.), jeweils mit eigener Sprache und Liturgie, wie die *byzantinische*, d. h. *griech.-orthodoxe*, die *russ.-orthodoxe*, die *äthiopische*, die *koptische* (christl.-ägyptische) usw. Die Lösung der Ostkirche vom Westen erfolgte 1054.

Die byzantin. Kirchenmusik geht auf griech., syrische und über hebräische auf synagogale Gesangstraditionen zurück. Man unterscheidet 3 Epochen: die Zeit des *alten, mittleren* und *neuen* Gesanges.

Die Epoche des alten Gesanges reicht über die Zeit der Festlegung der Liturgie (9. Jh.) hinaus bis ins 14. Jh. Neumenaufzeichnungen gibt es erst nach dem Bildersturm 726–843. Neben dem Psalmengesang blühten die frühen Hymnenformen Troparion, Kontakion und Kanon:
Das Troparion entwickelt sich wohl im 5. Jh.: Zwischen die biblischen Psalmverse werden die Troparien neu geschaffene, liedhaft einfache Verse eingeführt (*tropos,* Wendung). Troparien heißen daher dann auch die selbstständigen Kirchenlieder.
Das Kontakion ist ein vielstrophiges Gebilde, das von SOPHRONIOS VON JERUSALEM, SERGIOS VON BYZANZ, vor allem aber von dem hl. ROMANOS aus Syrien im 6. Jh. gedichtet und gesungen wurde (Vorbild EPHREM, 4. Jh.). Nach einer Einleitung (*kukulion*) folgen die 20 bis 40 gleich gebaute Strophen (*oikoi,* Häuser). Berühmt ist der Maria gewidmete *Akathistos Hymnos* von ROMANOS mit seinen 24 Strophen, die als Akrostichon das Alphabet bilden (Abb. E).
Der Kanon (Abb. B) entstand im 7.–9. Jh. Zu Grunde liegen die neun bibl. *Cantica* oder *Oden,* die auch in der westl. Hymnodie eine große Rolle spielen, so Nr. 3, der Gesang der Anna »Exultavit cor meum«, oder Nr. 9, Marias »Magnificat anima mea«. Jeder Ode folgen mehrere auf die Melodie der Ode gesungene Zusatzstrophen (*Tropen*). Die berühmtesten Kanondichter waren ANDREAS VON KRETA († um 740) und JOHANNES VON DAMASKUS († um 750).
Für die Zeit des hl. EPHREM ist das Parodieverfahren belegt, d. h. es wurden neue Texte auf beliebte alte, auch weltl. Melodien gesungen (S. 180). Die Hymnen der Blütezeit vom

5.–7. Jh. erhielten jedoch durchweg eigene Melodien, die später oft nicht vom Textdichter, sondern vom *Melurgen* komponiert wurden. Wie sich die Texte im Thema und Typ einer langen Tradition einordnen und dabei feststehende Topoi verwenden, so hält sich auch die Melodik eng ans Traditionell-Typische, indem sie bestimmte melodische Wendungen, Floskeln und Kadenzen benutzt. Die hymnischen Gesänge aus *Liturgeia* (Messe) und Offizium stehen in eigenen liturgischen Büchern:
– **Das Heirmologion** enthält nach Tonarten geordnet die *Heirmoi* (Oden der Kanons).
– **Das Sticherarion** enthält die freien *Hymnen,* die *Troparien,* die großen *Antiphonen* usw. nach dem Kirchenjahr geordnet.
– **Das Kontakarion** u. a. Bücher wie das *Asmatikon* enthalten die kunstvolleren Gesänge.

Die heirmologischen und sticherarischen Gesänge sind syllabisch mit wenigen Melismen über wichtigen Wörtern (Abb. B über »kainon«), an Zäsuren, Kadenzen und am Schluss. Dagegen stehen die melismatischen Gesänge, die seit dem 13. Jh. zunehmen und im 15. Jh. besonders reich sind.

Die Epoche des mittleren byz. Gesanges (14. bis 19. Jh.) ist charakterisiert durch neue Hymnenkompositionen, bes. von JOHANNES KUKUZELES (14. Jh.).
Der neue byz. Gesang datiert ab 1821 mit der Reform des Bischofs CHRYSANTHOS.

Das Tonartensystem (Abb. C) der **diatonischen** Melodien umfasst 4 authentische und 4 plagale Modi, also 8 Tonarten (*okto echos*) mit unterschiedl. Lage von Grundton und Ambitus. Sie gehen auf die griech. Leitern zurück. Daneben gibt es u. a. die **Pentatonik** (*trochos,* Rad) und die **Chromatik** mit leittönigen Veränderungen.

Die Notation (Abb. B) ist als Gedächtnisstütze für die mündl. Tradition gedacht. Es gibt *ekphonetische* Zeichen für die Lesungen und *Neumen* für die Gesänge. Sie bezeichnen keine festen Tonhöhen, sondern Intervalle, auch Rhythmen und Vortragsarten. Die Deutung, bes. der frühen Neumen ab 9. Jh., ist schwierig. Abb. B zeigt mittelbyzantin. Neumen aus dem 12. Jh. Die moderne Notation beschränkt sich auf wenige Neumen (seit CHRYSANTOS, 1821).

Die weltliche Musik am Kaiserhof in Byzanz ist wie die kirchl. an strenge Zeremonien gebunden. Sie ist nicht erhalten, mag aber der Kirchenmusik ähnlich gewesen sein, da sie das gleiche Tonsystem, die gleichen Rhythmen und Vortragsarten verwandte. Man weiß von Wechselchören (Antiphonie), von instrumentalbegl. Gesang und von der Orgel als einem rein weltl. Instrument (die Kirchenmusik schließt Instrumente noch heute aus).

184 Mittelalter/Gregorianischer Choral/Geschichte

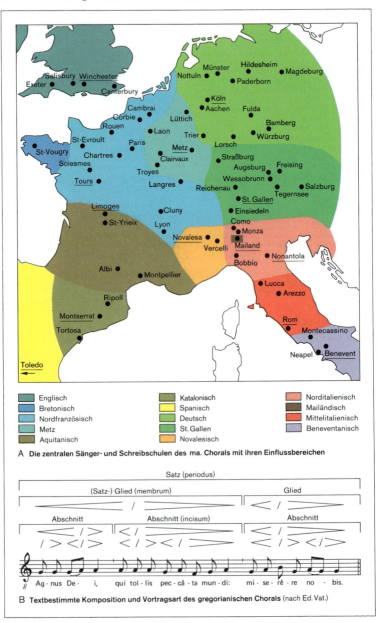

A **Die zentralen Sänger- und Schreibschulen des ma. Chorals mit ihren Einflussbereichen**

B **Textbestimmte Komposition und Vortragsart des gregorianischen Chorals** (nach Ed. Vat.)

Sängerschulen, Textvertonung

Der heute noch praktizierte einstimmige, lat., liturg. Gesang der kathol. Kirche wird nach Papst GREGOR I. (590–604) auch **»gregorianischer Choral«** genannt.
Ab dem 4. Jh. entwickelten sich mit der Erstarkung und raschen Ausbreitung des Christentums die Erzbistümer und Klöster in relativer Unabhängigkeit von Rom. So gab es zur Zeit GREGORS I. unterschiedl. Liturgien und Gesangsarten wie die *römische,* die *mailändische* (*ambrosianische,* bis heute erhalten), die *spanische* (*mozarabische*), die *gallikanische,* die *irisch-britische* (*keltische*), im Osten die *byzantinische,* die *ost- und westsyrische,* die *koptische* usw. Im Westen beanspruchte der Bischof von Rom als *Pontifex maximus* gewissermaßen im Nachfolge des röm. Kaisers die Führung. Der Osten machte sich jedoch vom Westen unabhängig (6. Jh., endgültig 1054).
Ende des 6. Jh. führte Papst GREGOR I. eine Reform der röm. Liturgie durch (*Antiphonale cento*). Um die Ordnung und Sammlung der röm. Melodien bemühten sich mehrere Päpste, darunter wohl auch GREGOR I. Die Melodien wurden im 7. Jh. womöglich glatter und fasslicher gestaltet (*alt-* und *neuröm. Choral*), vielleicht im Blick auf die liturg. Vereinheitlichung des Westens unter der Führung Roms. Diese gelang dem Papsttum in Verbindung mit der karoling. Monarchie. Unter PIPIN (751–768) wurde Gallien, unter KARL D. GR. (768–814) das ganze Frankenreich unter röm. Einfluss gebracht. Die Zentralisierung betraf in erster Linie Verwaltung und Kirchenrecht, in zweiter die Liturgie und den Choral, der erst zu dieser Zeit legendenhaft als »gregorianischer« mit der Autorität GREGORS I. verbunden wurde.
Abb. A zeigt die versch. Sänger- und Schreibschulen der Klöster und Kathedralen zur Zeit der Neumenaufzeichnungen und ihre ungefähren Einflussbereiche (vgl. S. 186 f.).

Die Schola cantorum. Der Choral wurde in Rom von einem Spezialchor gesungen, der die Sänger eigens dafür schulte und daher *Schola cantorum,* »Sängerschule«, hieß (institutionalisiert von GREGOR I.). Sie bestand aus 7 Sängern, wovon die ersten 3 wohl auch solistisch hervortraten, der 4. jedoch als *Archiparaphonista* (»Erzenbensänger«), der 5.–7. *Paraphonista* (»Nebensänger«) genannt wurden und nur chorisch, vielleicht auch mehrstimmig (parallel?) sangen. Zur Verstärkung dienten Knabenstimmen (Oktavparallelen). Nach dem Vorbild der *Schola cantorum* wurden Sängerschulen in ganz Europa gegründet. Hervorragend waren die Schulen von Tours, Metz und St. Gallen.

Erweiterung des Repertoires. Zum sanktionierten röm. Choral kam im MA. einiges hinzu: liturg. Gesänge zu neuen Festen, Hymnen, Tropen und Sequenzen (S. 190 f.). Die Gesangszentren unterschieden sich dabei sehr.

Im 16. Jh. hat das Tridentinische Konzil die Neuschöpfungen beschränkt und eine Reformausgabe des Chorals initiiert: die *Editio Medicea* von 1614. Die Quellenstudien der Mönche von Solesmes im 19. Jh. führten zur heute gebräuchlichen *Editio Vaticana* von 1905 ff. mit dem röm. und mittelalterl. Repertoire von ca. 3000 Melodien.

Textdarstellung im gregorianischen Choral
Man unterscheidet den Lesestil (*Accentus*) und den Gesangsstil (*Concentus,* s. S. 114 f.), an Gattungen die Lesungen (Epistel, Evangelium usw.), die Psalmodie (S. 180 f.) und den Chor- und Sologesang. Auch Letzterer steht im Dienste der Textdarstellung, bis auf wenige melismatische Gesänge wie der Jubilus des Alleluia. Es gibt keine Takteinteilung oder metrische Schwerpunktbildung. Der Text bestimmt den Rhythmus der Melodie, sein Sinn, seine Syntax und seine Sprachgeste die Einschnitte und Tonhöhenbewegung. Abb. B zeigt die erste Zeile eines *Agnus Dei* aus der 18. Messe (12. Jh.) mit den rhythmischen und dynamischen Zeichen entsprechend der Chorallehre. Der Satz zerfällt in 3 Abschnitte:
– *Agnus Dei* (»Lamm Gottes«) mit Höhepunkt auf *Dei:* Ganztonschritt nach oben und kleines »Melisma«;
– *qui tollis peccata mundi* (»das du trägst die Sünden der Welt«), als Relativsatz dem ersten Anruf gleichgestellt, auf der gehobenen Ebene des a rezitiert, mit einem kleinen Melodiefloskel, den den Doppelpunkt im Text durch die steigende Terz f–g–a zum Ausdruck bringt;
– *miserere nobis* (»erbarme dich unser«), Schlussglied gegenüber den ersten beiden Abschnitten, Hochton h auf dem Zielwort *miserere,* zugleich wird *nobis* gedehnt wie vorher *Dei* und mit dem Abstieg zur Finalis g die Schlusswirkung verstärkt.
Der ganze Satz wird auf die gleiche Melodie dreimal wiederholt, beim letzten Mal mit der Wendung *dona nobis pacem* (»gib uns den Frieden«) anstelle des *miserere nobis,* wobei das Wort *pacem* (Frieden) auf das Melisma des Wortes *nobis* (uns) und indirekt *Dei* (Gottes) fällt und eine Verbindung dieser drei zentralen Begriffe entsteht.
Als Beispiel für eine reiche Responsorial-Melodie im Concentus-Stil s. S. 114, Abb. C.

Mehrstimmigkeit und Begleitung
Der röm. Choral und insbesondere die Neuschöpfungen werden Grundlage für die Mehrstimmigkeit (ab 9. Jh. belegt). Sie dienen auch später als *c. f.* oder Motivgeber in Messsätzen, Motetten usw., bleiben aber selber unberührt. Im 9. Jh. taucht die Orgel in der (West-)Kirche auf und hat sicher die hymnischen Gesänge und Lieder, vielleicht aber auch den Choral begleitet. Nur die *Sixtinische Kapelle* in Rom blieb konsequent beim A-*cappella-Gesang* ohne Orgel.

Mittelalter/Gregorianischer Choral/Notation, Neumen

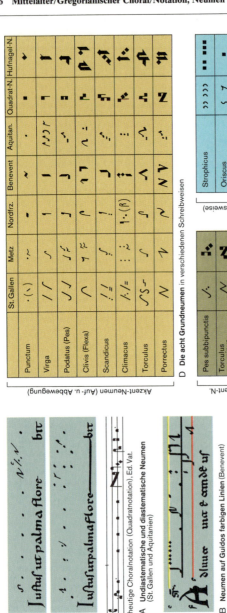

A Undiastematische und diastematische Neumen (St. Gallen und Aquitanien)
B Neumen auf Guidos farbigen Linien (Benevent)
C Neumen mit Buchstaben (Montpellier)
D Die acht Grundneumen in verschiedenen Schreibweisen
E Häufige Neumen in St. Galler und heutiger Choralschrift (Quadratnotation)

Neumen

Mittelalter/Gregorianischer Choral/Notation, Neumen 187

Der gregorianische Choral wurde im MA. in Neumen notiert (griech. *neuma*, Wink, Gebärde, Handzeichen bei der Chorführung). Die Neumen gehen zurück auf die Cheironomie und die Zeichen der griech. Prosodie (S. 170 f.). Die schriftl. Fixierung der Melodien deutet auf Schwierigkeiten in der mündl. Tradition. Die frühesten Handschriften mit Neumen stammen aus dem 8./9. Jh. (paläo-fränkisch), die letzten aus dem 14. Jh. (St. Gallen).

Es bildeten sich zeitl. und örtl. unterschiedliche Schreibschulen (s. Karte S. 184). Abb. D stellt den Schreibduktus einiger Schulen nebeneinander. Mehrere Zeichen in einem Feld sind Varianten. *St. Gallen:* zarter Strich; *Metz:* leicht gewellt, deutlicher Federansatz; *Nordfrz.:* kräftiger; *Benevent:* breitfedrig, starke Balken; *Aquitanien:* zierlich, Tendenz zur Auflösung in Punkte.

Akzentneumen. Für die Lesungen gibt es die *ekphonetischen Neumen* (Gliederung, Kadenzen usw.), für die Gesänge die *Melodie-* oder *Akzentneumen* (Auf- und Abbewegung). Auf jede Silbe kommt eine ein- oder mehrtönige Neume, außer bei längeren Melismen (Abb. A, Zeilenende). Die Neumen bezeichnen keine Tonhöhen, sondern nur Richtungen:

- **Punctum** (Punkt), aus dem antiken Gravis-Akzent ` , bedeutet Abwärtsbewegungen, also ein tieferer Ton (ob Sekunde, Terz, Quarte usw. ist nicht erkennbar) oder tief bleiben. St. Gallen hat Punkt oder Querstrich (Tractulus), Metz ebenfalls.
- **Virga** (Stäbchen), aus dem antiken Acutus-Akzent ´ , Aufwärtsbewegung, also ein höherer Ton oder hoch bleiben.
- **Podatus** oder **Pes** (Fuß), tief-hoch-Bewegung, Verbindung von Punctum und Virga, daher zum Teil zwei Zeichen (Metz, Aquitanien).
- **Clivis** oder **Flexa** (Beugung), hoch-tief-Bewegung, aus dem antiken Circumflexus-Akzent ^.
- **Scandicus** und **Climacus** sind dreitönig, auf- oder abwärts.
- **Torculus** und **Porrectus** sind dreitönig, hoch-tief-hoch und umgekehrt.

Feste *Verbindungen* von Einzelzeichen hießen *Ligaturen;* so ist z. B. der Pes eine zweitönige, der Porrectus eine dreitönige *Ligatur.* Feste *Zusammenstellungen* von Einzelzeichen hießen *Konjunkturen;* so ist der Climacus eine dreitönige *Konjunktur* (später *Rhomben-form*). Ein Ausführungsunterschied zwischen Ligatur und Konjunktur besteht nicht.

Die Zeichen werden erweitert durch die 4- und mehrtönigen zusammengesetzten Neumen. Ein *Pes subbipunctis (Fuß mit 2 Unterpunkten)* ist z. B. eine 4-tönige *Apposition* (*Verbindung* von Ligatur und Konjunktur, stets über *einer* Silbe).

Haken-Neumen (Abb. E), benannt nach dem Apostroph-Häkchen ' (WAGNER), sind Vortragszeichen, so die

- *liqueszierenden Neumen,* bei allen Semivokalen, *l, r, m, n,* unbekannte Vortragsart (nasal?), und die
- *ornamentalen Neumen,* wie der **Strophicus** (2- und 3-tönig, gleiche Tonhöhe) und der **Oriscus,** beide meist einen Halbton unter sich, also auf c, b oder f stehend (Beben der Stimme?); ferner der **Pressus** (Vibrato? Akzent?), das **Trigon** (?), der **Salicus** (Pralltriller?), das **Quilisma** (Glissando? Gutturalton?).

Diastematie macht die Melodiebewegung intervallisch sichtbar: Die Neumen werden hoch oder tief gesetzt, was dann für die Tonbezeichnung übernommen wurde. Der hohe Ton hieß vorher *acutus* (scharf, spitz), der tiefe *gravis* (schwer, stumpf). Die Schreibschulen differieren dabei sehr. Abb. A zeigt *undiastematische* Neumen (St. Gallen): Das Melisma am Zeilenende geht nicht aufwärts, sondern nur die Neumen, die beim Schreiben aus Platzmangel nach oben verrutschten. Die Neumen darunter sind *diastematisch* (Aquitanien). Sie wurden z. T. sogar auf ins Pergament geritzte Linien gesetzt. Die röm. Choralnotation zeigt den wirklichen Verlauf der Melodie. – Die aquitanischen Neumen lösen sich in Punkte auf.

Liniensystem: Von den Notationsversuchen mit Linien setzte sich das System GUIDOS VON AREZZO († 1050) durch: terzweise Anordnung der Linien und Färbung der beiden Linien, unter denen ein Halbton liegt: C-Linie gelb, F-Linie rot; außerdem Schlüsselvorzeichnung c und f (Abb. B).

Buchstabennotation bewährte sich nicht (Abb. C: Neumen und Buchstaben).

Romanusbuchstaben vom 9.–11. Jh. in Handschriften vom Metz und St. Gallen, bezeichneten Vortragsweisen, z. B. das Tempo: a = *amplius* (breiter), c = *celeriter* (schnell), m = *mediocriter* (mittel); den Ausdruck: p = *pressio* (gepresst), f = *cum fragore* (mit Getöse) usw.

Die Quadratnotation ist die heute noch gebräuchliche *römische Choralnotation.* Sie entwickelte sich aus nordfrz. und aquitan. Neumen ab dem 12. Jh.

Die gotische Hufnagelnotation entstand aus stilisierten Neumen in den Niederlanden und in Deutschland im 14./15. Jh. (*deutsche Choralnotation*).

Rhythmus-Fragen sind im Choralvortrag von der Notation her meist nicht zu klären. Tempo und Rhythmus sind textabhängig und wurden nicht notiert.

Die Neumenschrift setzte voraus, dass die Sänger die Melodien mit ihren genauen Intervallen aus der mündl. Tradition lernten und kannten. Gerade ihre notationstechnische »Unvollkommenheit« spiegelt den hohen Stand der Sängerschulen.

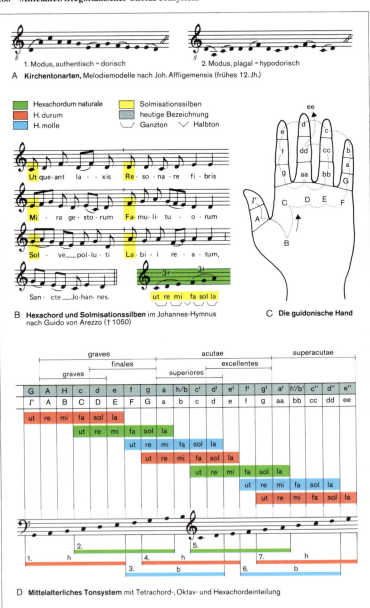

Tonarten, Hexachordsystem

Mittelalter/Gregorianischer Choral/Tonsystem 189

Die gregorian. Melodien bewegen sich im Rahmen der Diatonik, als Materialtonleiter vergleichbar mit den weißen Tasten auf dem Klavier. B und h galten als diaton. Varianten des gleichen Tones: *b rotundum*, rund geschrieben, und *b quadratum* oder *durum*, eckig geschrieben (h).

Im 9. Jh. ordnete die *Musica enchiriadis* die Tonqualitäten der Materialtonleiter nach griech. Tetrachord-Vorbild, jedoch verändert und mit lat. Namen: *graves, finales* (Grundtöne der Kirchentonarten), *superiores* und *excellentes*. Im 11. Jh. hob GUIDO V. AREZZO (*Micrologus*, 1025) die Oktavidentität der Töne hervor. Er ordnete mit Erweiterung nach oben in: *graves, acutae* und *superacutae* (Abb. D, vgl. S. 198 f.).

Die Kirchentonarten

Die einstimmigen Melodien prägen bestimmte Charakteristika aus, die zur Systematisierung in 8 *Modi*, den Kirchentonarten oder *Kirchentönen* führen. Diese Charakteristika beziehen sich auf:
– **Schlusston** (*Finalis*), als Ziel- und Ruhepunkt eine Art Tonika;
– **Tenor** (*Tuba, Repercussio*), als melodischer Hauptton eine Art Dominante;
– **Umfang** (*Ambitus*), normalerweise eine Oktave, aber häufig auch erweitert um einen Ton nach unten und zwei Töne nach oben;
– **Melodieformeln** von Modellcharakter mit typischen Intervallen und Wendungen.

Die Systematisierung in 8 Kirchentonarten erfolgt wohl erst, nachdem die gregorian. Melodien weitgehend existierten. Die frühesten Aufstellungen stammen aus dem 9. Jh. (AURELIANUS REOMENSIS, ODO VON CLUNY). Entsprechend den 4 Finales gibt es 4 Haupttonarten, die *authentischen Modi* (Tenor der Quinte). Dazu kommen 4 *plagale Modi* als Nebentonarten mit den gleichen Finales, jedoch um eine Quarte nach unten verschobenem Ambitus, anderen Melodiemodellen und dem Tenor auf der Terz (mit Ausnahmen, s. S. 90). Man nummerierte die Tonarten durch: 1. *Protus authentus*, 2. *Protus plagalis*, 3. *Deuterus auth.*, 4. *Deuterus plag.*, 5. *Tritus auth.*, 6. *Tritus plag.*, 7. *Tetrardus auth.*, 8. *Tetrardus plagalis*. In der gleichen Weise zählte man die Kirchentonarten latein. vom 1. bis 8. *Modus* durch.

Im 9./10. Jh. übernahm man die Namen der griech., zurückgehend über BOETHIUS († 524) auf die ptolemäischen Transpositionsskalen sowie beeinflusst durch den byzantin. *Oktoechos*. Durch einen Irrtum stimmen die Namen der Kirchentöne jedoch nicht mit den originalen griech. Tonarten überein, z. B. griech. dorisch e–e, ma. dorisch d–d (vgl. Tabellen S. 90 und 176 f.).

Die Melodiemodelle in Abb. A stammen von JOHANNES AFFLIGEMENSIS (12. Jh.). Sie zeigen für den 1. Modus die typische aufsteigende Quinte mit weiterem Anstieg zur kleinen Septe, dann Melodieabfall, Verweilen auf dem Tenor a und Kadenz zur Finalis d. Im Beispiel für den 2. Modus wird die Finalis d entsprechend dem nach unten verlagerten Ambitus der Plagaltonart bis zum a abwärts unterschritten, im Übrigen aber umsungen, mit typischem Aufstieg zur Terz als Tenor.

Das Hexachordsystem

Das Hexachord (*Sechssaiter*) ist eine Sechstonreihe mit festliegenden Tonabständen: 2 Ganztöne unten, 1 Halbton in der Mitte und 2 Ganztöne oben. Jedem dieser Töne wächst aus seiner Umgebung eine bestimmte »Qualität« zu. So hat der dritte Ton stets einen Halbton über sich. Um die Lage der 6 Töne leichter einprägsam zu machen und damit ein System zum Blattsingen unbekannter Melodien zu entwickeln, unterlegte GUIDO VON AREZZO dem Hexachord Tonsilben (*Epistola de ignotu cantu*, 1028). Die Silben stammen aus einem Johanneshymnus aus dem 8. Jh., während GUIDO selbst wohl die dorische Melodie dazu erfand: Es fallen dabei die ersten Silben der Halbverse *ut re mi fa sol la* auf die Töne *c d e f g a*. Der Halbton liegt immer zwischen den Silben *mi* und *fa*, denn die Silben bezeichnen relative Tonhöhen. Das Hexachord wurde auf c, auf g, später auch auf f aufgebaut:
– c: *hexachordum naturale*
– g: *hexachordum durum* (mit h)
– f: *hexachordum molle* (mit b)
Auf das ganze System verteilt ergaben sich 7 ineinander greifende Hexachorde, die der Sänger im Kopf hatte. Überstieg eine Melodie einen Hexachordumfang, so ging man rechtzeitig in ein anderes Hexachord über (*Mutation*). Das Denken in Hexachorden und das Singen nach Tonsilben, das sog. Solmisieren, machten es den Sängern möglich, die Lage des Halbtons zu behalten oder bei entsprechender Mutation neu zu finden (Abb. D).

Auf GUIDO geht auch die sog. *guidonische Hand* zurück, an deren Gliedern sich der Sänger die Töne des Systems merken konnte (Abb. C). Sie dürfte auch zur Demonstration in den Gesangsschulen und beim Chorleiten verwendet worden sein.

Die hexachordale Solmisation hielt sich bis ins 16. Jh., wurde dann leicht verändert und zur Oktave erweitert: do re mi fa sol la si (ti) do. Sie ist vor allem in den roman. Ländern heute noch in Gebrauch (*Solfège; Solfeggio*).

Musica ficta. Im Laufe des 13./14. Jh. erschienen chromat. Töne im sonst diaton. System. So führte z. B. ein Hexachord d–h zum Ton fis, denn da zwischen *mi* und *fa* stets ein Halbton liegt, muss f zu fis erhöht werden (Tritonus-Verbot: *mi contra fa, diabolus in musica*). Diese scheinbare Chromatik (*musica ficta, musica falsa*) spielt im gregorian. Choral kaum eine Rolle, um so mehr in den weltl. und geistl. Neukompositionen des Spätmittelalters.

190 Mittelalter/Gregorianischer Choral/Tropus und Sequenz

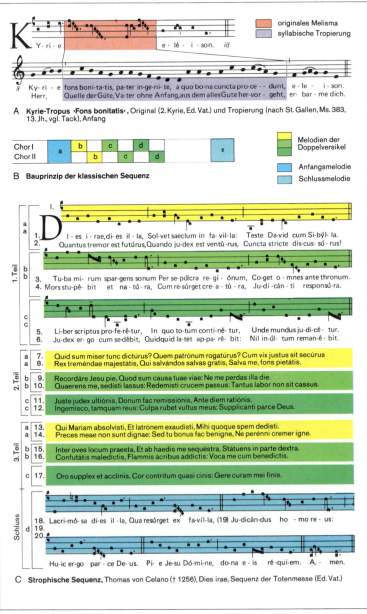

A Kyrie-Tropus ›Fons bonitatis‹, Original (2. Kyrie, Ed. Vat.) und Tropierung (nach St. Gallen, Ms. 383, 13. Jh., vgl. Tack), Anfang

B Bauprinzip der klassischen Sequenz

C Strophische Sequenz, Thomas von Celano († 1256), Dies irae, Sequenz der Totenmesse (Ed. Vat.)

Kyrietropus, Sequenzstrukturen

Tropus und Sequenz. Als in karoling. Zeit der röm. Choral als sanktioniertes Melodiengut der Kirche verbreitet wurde, fand der Drang zum Neuschaffen in der Kirchenmusik mit *Tropus* und *Sequenz* eine eigene Ebene. Man nimmt an, dass sogar weltl. Musiziergut in diese Schicht eindrang. Tropen und Sequenzen gelten als bes. Schmuck (an Festen). Sie finden sich überwiegend in der Messe.

Der Tropus ist eine formal nicht festgelegte Ergänzung zum Choral, und zwar eingeschoben oder angehängt. Arten des Tropierens:

– **Textieren von Melismen** (Abb. A): Der Tropus ist ein neuer Text, der einem vorhandenen Melisma im Choral *syllabisch* unterlegt wird (auf jeden Ton des Melismas kommt eine Silbe des neuen Textes). Dieser nimmt auf den Choraltext Bezug: So wird in Abb. A das Wort »Kyrie« durch den Tropus ergänzt.

– **Neuer Text mit neuer Melodie:** Beide richten sich danach nach dem Choraltext bzw. der Choralmelodie (Tonart usw.).

– **Rein melodische Interpolation:** In den gregorianischen Choral wird zum Schmuck einer bestimmten Stelle ein Melisma eingefügt. So könnte das Melisma im Kyrie in Abb. A bereits ein melodischer Tropus sein. Die eingefügten Melismen lassen sich zuweilen nach Stil und Quellenlage (begrenzte Überlieferung) erkennen.

Die Sequenz ist ein Sonderfall des Tropus: die Textierung des langen Melismas auf der letzten Silbe des *Alleluia,* des sog. *Jubilus,* auch *sequentia* oder *longissima melodia.* Der Jubilus bzw. die Sequenz erklang in der Messe bei der Alleluia-Wiederholung nach dem Psalmvers (*All.-Versus-All.*) vor dem Evangelium. In Messen ohne Alleluia steht die Sequenz nach dem Tractus.
Aus der Frühzeit der Sequenz gibt es den bekannten Bericht des NOTKER BALBULUS von St. Gallen († 912): NOTKER bestätigt die Schwierigkeit, die langen textlosen Jubili auswendig zu lernen. Bei einem Flüchtling aus dem 851 von den Normannen zerstörten Kloster Jumiège bei Rouen sah er textierte Jubili (*prosa* genannt) und dichtete daraufhin selber »bessere« Texte für die Alleluiamelismen. Aus der Gedächtnisstütze wurde eine eigene dichterische und bald auch musikal. Form.
Aufbau der Sequenz (Abb. B). In der klassischen Sequenz wurden je zwei Verse auf die gleiche Melodie gesungen, wobei zwei Halbchöre abwechselten. So entstand eine Reihe von *Doppelversikeln,* eingeleitet und abgeschlossen von einem einzelnen, gemeinsam gesungenen Vers. Die Verse sind ganz unterschiedl. lang. Es gibt gleichzeitig jedoch *a-parallele* Sequenzen ohne Doppelversikel oder mit unregelmäßigem Bau, ferner die früher sog. *archaische* Sequenz mit *doppeltem Kursus,* d. h. Wiederholung mehrerer Versikel.

Weltliches Gegenstück der Sequenz ist der *Lai* oder *Laich* und die instrumentale *Estampie* (S. 192 f.).
In der **Geschichte der Sequenz** unterscheidet man drei Epochen:

1. **Die klassische Sequenz,** etwa 850–1050, besonders in St. Gallen, auf der Reichenau und im Kloster St-Martial von Limoges (ost- und westfränkisches Repertoire). Die wichtigsten Vertreter sind, außer NOTKER, EKKEHART I. († 973) von St. Gallen, HERMANNUS CONTRACTUS († 1054) und BERNO († 1048) von der Reichenau, ferner WIPO VON BURGUND († um 1050).

2. **Die Reimsequenz,** ab 12. Jh., mit Angleichung der Versikelpaare in Länge und Rhythmus, mit Reim statt Assonanz, mit eigenen Melodien und ohne Bezug zum Alleluia. Bedeutendster Vertreter ist der Augustiner ADAM VON ST. VICTOR bei Paris († 1177).

3. **Die Strophensequenz,** ab 13. Jh., eine Weiterentwicklung der Reimsequenz; Vertreter: THOMAS VON CELANO († 1256), THOMAS VON AQUIN († 1274) usw.

Die Sequenzen, bes. des jüngeren Stils, waren im MA. so beliebt, dass sie einen großen liturg. Raum einnahmen. Ihr Bestand betrug etwa 5000. Das Tridentiner Konzil beschränkte im 16. Jh. ihre Zahl in der offiziellen röm. Messliturgie auf vier:

– *Victimae paschali laudes,* von WIPO VON BURGUND, eine Sequenz zu Ostern,
– *Veni sancte spiritus,* von STEPHAN LANGTON (Canterbury, † 1228), zu Pfingsten,
– *Lauda Sion,* von THOMAS VON AQUIN, als Sequenz zum Fronleichnamsfest,
– *Dies irae,* von THOMAS VON CELANO, als Sequenz des Requiems.

Dazu wurde 1727 als fünfte Sequenz eingeführt:

– *Stabat Mater,* vom Franziskaner JACOPONE DA TODI († 1306) oder dem hl. BONAVENTURA (?), zum Fest der Sieben Schmerzen Mariae am 15. 9.

Abb. C zeigt die Sequenz des Requiems vollständig: Jeder Versikel ist zu einer dreizeiligen Strophe ausgebaut, je 2 Strophen werden auf die gleiche Melodie gesungen (alter Doppelversikel), je 3 Melodiezeilen werden als »Großstrophe« wiederholt (ohne Doppelversikel bei Strophe 17) und die Strophen 18–20 bilden einen freien Schluss. Die düstere dorische Melodie wird immer wieder zitiert (z. B.: BERLIOZ, *Sinfonie fantastique;* LISZT, *Totentanz*).

Liturgisches Drama. Aus den Introitus-Tropen zu Ostern und Weihnachten entwickelten sich gesungene Dialoge, die bald auch dramatische Aktion aufnahmen. So entstanden selbstständige, kleine geistliche Spiele, z. B. das *Danielspiel,* und später die *Mysterien,* die auch außerhalb der Liturgie und der Kirche aufgeführt wurden.

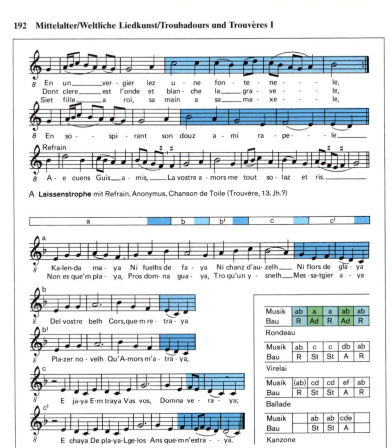

A **Laissenstrophe** mit Refrain, Anonymus, Chanson de Toile (Trouvère, 13. Jh.?)

B **Lai(ch)strophe**, Raimbaut de Vaqueiras, Estampida, (Troubadour, 12. Jh.), sequenzartiges Bauprinzip und Beispiel der 1. Strophe

C **Kanzonenstrophe und Strophenformen mit Refrain**

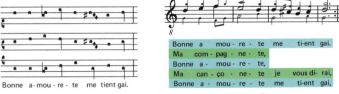

D **Adam de la Halle, Rondeau**, Original (Ms. Paris, BN, f. fr. 25566, fol. 33) und Übertragung

Halbschluss (ouvert) — Chor (Refrain) — A Abgesang — St Stollen
Ganzschluss (clos) — Solo (Additamenta) — Ad Additamenta — R Refrain

Strophenformen

Mittelalter/Weltliche Liedkunst/Troubadours und Trouvères I

Die weltl. Lyrik des MA. begann im letzten Drittel des 11. Jh. mit den **Troubadours** in Südfrankreich und wurde ein Jh. später von den **Trouvères** in Nordfrankreich und von den **Minnesängern** im deutschsprachigen Raum fortgesetzt. Die Bewegung hatte ihren Höhepunkt um 1200. Sie verebbte mit dem Niedergang des klassischen Rittertums Ende des 13. Jh.

Die neue weltl. Liedkunst ist das Gegenstück zur gleichzeitigen geistl., also formal zu Reim- und Strophensequenz, Hymnus und Conductus, inhaltlich bes. zur Marienverehrung. **Entstehungsland** ist *Aquitanien*, das auch im Bereich der geistl. Neuschöpfungen eine führende Rolle einnahm (bes. St-Martial, vgl. S. 191 und 201).

Der Kreis, in dem diese Lyrik gepflegt wurde, war der *Adel,* dazu kamen Kleriker und im Dienste des Adels stehende Bürgerliche.

Troubadours und Trouvères (von provenzal. *trobar,* frz. *trouver,* finden) bedeuten vom Wort her Erfinder von Text und Melodie, (*Dichtermusiker*). Sie unterscheiden sich nach frz. Dialekten. Sprachgrenze ist die Loire. Südlich herrscht die *langue d'oc* der Troubadours (provenzal. *oc,* ja), nördlich die *langue d'oil* der Trouvères (altfrz. *oil,* frz. *oui,* ja).

Die Liedtypen nach ihrer Form

Die mittelalterl. Liedkunst produzierte eine unübersehbare Fülle textl. und musikal. Formen. Man teilt sie (nach GENNRICH) in 4 Grundtypen ein:

1. Litaneitypus: Vortragsform der ältesten Versepen, wobei jeder Vers auf die gleiche Melodie gesungen wurde:

a) Chanson de Geste: das erzählende Heldenlied in Langzeilenversen ohne feste Strophen, sondern mit freien Abschnitten (**Laissen**); diese Abschnitte sind unterschiedl. lang und enden mit einer Schlusswendung (z. B. *Rolandslied*);

b) Laissenstrophe: regelmäßige Abschnittsbildung in der *Chanson de Geste,* nach einer bestimmten Anzahl von Melodiewiederholungen je Vers mit Halbschluss (frz. *ouvert,* offen) folgt eine letzte Wiederholung mit Ganzschluss (frz. *clos,* geschlossen), z. B. Abb. A, Zeile 1: 3fache Wiederholung, Zeile 2: Schluss;

c) Rotrouenge: Laissenstrophe aus 3–5 Zeilen und einem **Refrain** (Abb. A). Die Strophe sang der Solist, den Refrain der Chor. Laissenstrophe und Rotrouenge sind die ältesten frz. Liedformen.

Die **Chanson de Toile** ist eine kleinere Form der *Chanson de Geste.* Sie erzählt Märchen-, Romanzen- und Liebesstoffe, etwa von einer unglücklichen Königstochter (Abb. A).

2. Sequenztypus: Wie in der geistl. Sequenz mit ihren Doppelversikeln erhalten je zwei Verse gleichen Reim und gleiche Melodie mit Halb- und Ganzschluss; die Verspaare sind ungleich lang; Bezeichnungen: **Lai, Laich** (**Leich**), **Descort, Estampida** (**Estampie**), Letztere instrumental.

Die Estampida *Kalenda maya* soll urspr. von zwei alternierenden Fiedelspielern aufgeführt und erst dann textiert worden sein. Ihre 1. Zeile wird entgegen dem alten Sequenzprinzip wiederholt, hat aber nur Ganzschluss (Abb. B).

3. Hymnentypus: geht auf die Form der *ambrosian. Hymne* zurück: jambische Dimeter in 4 Zeilen mit durchkomponierter Melodie a b c d (**Vers,** s. S. 180, Abb. E). Wird die erste Doppelzeile wiederholt, entsteht die

a) Kanzonenstrophe: Stollen, Stollen, Abgesang (ab ab cd, **Barform**), der Abgesang ist meist 3-zeilig (ab ab cde; Abb. C);

b) Rundkanzone: Der Stollenschluss wird am Schluss des Abgesangs wieder aufgenommen (ab ab cdb; vgl. S. 196, Abb. B).

4. Rondeltypus: Liedformen mit *Refrain,* wohl vom Sequenztypus hergeleitet (*verkürzter Strophenlai*), doch überschneidet sich das Kernstück der Strophe in Ballade und Virelai mit der *Kanzonenstrophe* des Hymnentypus:

a) Ballade: eine Kanzonenstrophe mit Refrain, zuweilen mit Refrain vorweg und doppelzeilig (Abb. C);

b) Virelai: eine Kanzonenstrophe umrahmt vom Refrain, dessen zweite Hälfte auch im Abgesang auftaucht (Abb. C);

c) Rondeau: Wechsel von Chor (*Refrain*) und Solo (sog. *Additamenta,* Zusätze), beide singen die gleiche zweizeilige Melodie oder deren 1. Hälfte nach dem Schema in Abb. C (vgl. Beispiel Abb. D).

Die Troubadours verwenden neben den frühen *durchkomponierten Versen* vor allem den *Hymnentypus* und die einfacheren Strophenformen, während bei den Trouvères *Litanei-, Sequenz-* und *Rondeltypen* überwiegen.

Die Melodien sind im Stil die gleichen wie die der geistl. Lieder. Sie bewegen sich tonal im Rahmen der **Kirchentonarten.** Kontrafaktur ist häufig. Die alte Auffassung, dass die Melodien im Rhythmus der 6 Modi (S. 202 f.) gesungen wurden, kann nicht aufrechterhalten werden; vielmehr herrscht entsprechend der melodischen auch eine **rhythmische Vielfalt,** die sich an der Textdeklamation orientiert (VAN DER WERF: *»deklamatorischer Rhythmus«*). Indes liegen auch einzelne modale und mensurale Aufzeichnungen vor.

Die Liedtypen nach Inhalten

Die mittelalterl. Lyrik legt Wert auf die kunstvolle Ausgestaltung überlieferter **Topoi.** Nicht primär im persönl. Erlebnisbericht, sondern im Einfallsreichtum der textl. und musikal. Strukturen und ihrer Variation entfaltet sich die Kunst der Dichtermusiker. Es entstehen bestimmte Liedtypen:

– **Chanson (Kanzone, Lied):** Liebeslied, meist mit unerfüllter Sehnsucht oder vorgetäuschter Erfüllung;

194 Mittelalter/Weltliche Liedkunst/Troubadours und Trouvères II

- **Alba, Aube (Taglied):** der Tagesanbruch trennt das liebende Paar;
- **Pastorela:** besingt die niedere Minne (Ritter-Bauernmädchen);
- **Sirventes (Spruch):** politische, moralische, soziale und sonstige Lieder;
- **Chanson de Croisade (Kreuzlied):** Kreuzzugsaufrufe oder -berichte;
- **Lamentation, Planch (Trauerlied):** auf den Tod des Dienstherrn u. a.

Außerdem gibt es das **Jeu parti, Tenso** oder **Partimen** (Wechselreden und Streitgespräche), die **Ballades** (Tanzlieder) usw.

Geschichte

Der erste bekannte Troubadour ist WILHELM (GUILLAUME) IX. VON AQUITANIEN (1071 bis 1126). Er hat wahrscheinlich Vorläufer gehabt. ELEONORE VON AQUITANIEN, Enkelin WILHELMS IX., wurde für die Vermittlung der Troubadourskunst nach Norden wichtig, denn in 1. Ehe (1137–1152) war sie mit LUDWIG VII., König von Frankreich, verheiratet, in 2. Ehe (1152) mit Herzog HEINRICH V. ANJOU-PLANTAGENET, der 1154 als HEINRICH II. König von England wurde. Ihre Töchter führten die Tradition des ritterl. Frauendienstes weiter, bes. MARIE, verh. mit HEINRICH I. VON CHAMPAGNE († 1181), der in Troyes residierte. MARIE wusste die bedeutendsten Troubadours und Trouvères an ihren Hof zu ziehen, darunter CONON DE BÉTHUNE, GACE BRULÉ und CHRÉTIEN DE TROYES, den Begründer der Romantradition um den sagenhaften König Artus und seine Ritter Erec, Iwein, Lanzelot, Parzival, Tristan usw.
Die Troubadoursbewegung findet ihr Ende im 1. Drittel des 13. Jh., mitverursacht durch die **Albigenser-Kriege** (1209–1229) in Südfrankreich.

Liedinhalte: WILHELMS Lieder zeigen noch große Natürlichkeit; Ziel ist eine gehobene, höfische Unterhaltung.
Die Liebe wird zum Zentralthema in den Liedern JAUFRÉ RUDELS († um 1150). Vor allem besingt er die *ferne* Geliebte, d. h. ihm geht es nicht um das natürliche Erfüllung der Liebessehnsucht, sondern um die Aufrechterhaltung der Spannung, das Leid des Zurückgewiesenen, die Stilisierung der Situation. Die Dame ist unerreichbar hohen Standes *(hôhe minne,* s. u.). JAUFRÉ RUDEL war wie BERNART DE VENTADORN und viele andere Bürgerlicher im Adelsdienst, was die Kluft zur besungenen Dame vergrößerte.
Trobar clus: Geistliche mit hoher lat.-lit. Bildung, z. B. PEIRE D'ALVERNHE oder der berühmte FOLQUET DE MARSEILLE führten eine gelehrte Dichtung herauf, indem sie in Bildern und Vergleichen, in Anspielungen auf die antike Mythologie und in philosophierenden Gedanken Hintergründiges und Verschlossenes *(motz serrat e clus)* in die frz. Verse trugen.

Tanzlieder: Viele Lieder sind volkstümlich gehalten. Sie besingen den Frühling, den Tanz, das Spiel usw. Ein Beispiel bietet RAIMBAUT DE VAQUEIRAS mit seinem Mailied *Kalenda maya.* Die durchsichtigen Kurzzeilen mit ihren gleich schwingenden Reimen fangen im raschen Dreierrhythmus die Leichtigkeit und Helle des Maitanzes ein (S. 192, Abb. B, 1. von 5 Strophen vollständig).

Die Generationen der Troubadours. Überliefert sind etwa 450 Namen, dazu fast 2500 Gedichte und etwa 300 Melodien.
1. **Epoche (1080–1120):** GUILLAUME IX., Herzog von Aquitanien und Graf von Poitiers (1071–1126), 11 Liedtexte erhalten;
2. **Epoche (1120–1150):** JAUFRÉ RUDEL († um 1150), Motiv der Fernliebe, 3 Melodien; MARCABRU († um 1140), am Hof WILHELMS X. in Poitiers und bei ALFONS VIII. von Kastilien, 4 Melodien, *trobar clus;*
3. **Epoche (1150–1180):** BERNART DE VENTADORN (1130–95), berühmtester Troubadour, 19 Melodien erhalten, darunter das *Lerchenlied;*
4. **Epoche (1180–1220):** Hochblüte um 1200, PEIRE VIDAL († 1205), RAIMBAUT DE VAQUEIRAS († 1207), am Hofe BONIFAZ' II. von MONTFERRAT (S. 192, Abb. B), PEIROL, AIMERIC DE PEGUILHAN, ARNAUT DANIEL († 1210), der »größte Dichterkomponist« (DANTE), FOLQUET DE MARSEILLE († 1231), hochgelehrt, Bischof von Toulouse;
5. **Epoche (Spätzeit bis 1300):** GUIRAUT RIQUIER († 1298), der letzte Troubadour.

Die Generationen der Trouvères. Die Liederhss. führen eine Unzahl von Namen auf. Über 4000 Gedichte sind erhalten, dazu etwa 2000 Melodien (älteste Hs. *Chansonnier d'Urfé,* um 1300).
1. **(1150–1200):** CHRÉTIEN DE TROYES (1120–1180), RICHARD LÖWENHERZ († 1199), BLONDEL DE NESLE (* 1155, Befreiung RICHARDS von Burg Trifels);
2. **(1200–1250):** CONON DE BÉTHUNE († 1219 auf Kreuzzug), GACE BRULÉ († 1220), COLIN MUSET († 1250), THIBAUT IV DE CHAMPAGNE (Roi de Navarre, † 1258), Prior GAUTIER DE COINCI († 1236, geistl. *Miracle de la Sainte Vierge,* darin viele Kontrafakta weltl. Melodien, weit verbreitet);
3. **(1250–1300):** JEHAN BRETEL († 1272), Bürger in Arras, und vor allem ADAM DE LA HALLE (1237–1287), Menestrel ROBERTS II. von Arras, mit ihm 1283 nach Neapel; u. a. 16 3-st. Rondeaux (S. 192, Abb. D, Hauptstimme in der Mitte, vgl. S. 209) und 18 Jeux partis, darunter das Singspiel *Jeu de Robin et de Marion* mit Dialogen und 28 Liedern.

Im Laufe des 13. Jh. übernehmen die bürgerl. Singvereinigungen der Städte (**Puis**) die Bewegung. Die Ursprünglichkeit wird durch Wettbewerb, Reglement und Künstlichkeit ersetzt.

Mittelalter/Weltliche Liedkunst/Minnesang I   195

Minnesang. Um die Mitte des 12. Jh. setzt die mhd. Lyrik ein, die wegen ihrer vorherrschenden Liebesthematik **Minnesang** genannt wird. Diese Lyrik wird wie in Frankreich getragen vom **Adel,** dem **Rittertum** und begabten **Ministerialen** (Dienstleuten). Mit dem Niedergang des Rittertums und dem Erstarken der Städte im 14. Jh. wird der Minnesang vom bürgerlichen Meistersang abgelöst.

Die Entstehungstheorien beziehen sich zunächst auf den Text. Sie gelten auch für die frz. Lyrik:
- **antike Theorie** (unbestritten): Vorbild sei die klass. lat. Dichtung (OVID, HORAZ);
- **mittellat.** Theorie (sehr wahrscheinlich): Vorbild seien die Romane des MA. (z. B. *Abaelard und Heloisa*), die Vagantenlyrik und die geistl. Dichtung;
- **arabische Theorie** (unbestritten): Arabische Liebeslyrik und der hohe Frauenkult in Spanien beeinflussten das benachbarte Südfrankreich;
- **Volksliedtheorie** (fraglich): Verschollene volkstümliche Lieder steigen in die Kunstsphäre auf.

Die Herkunft der Melodien ist ungeklärt. Sie könnten **Kontrafakta** oder Nachbildungen geistl. Lieder sein, aber auch bodenständigem weltl. Liedrepertoire entstammen.

Die Liedformen übernahm man vom Westen, bes. die **Barform** der frz. **Kanzone** und das Sequenzprinzip des frz. **Lai** (Laich). Selten sind dagegen die Formen mit Refrain (kein Trouvères-Einfluss).

Die Melodien der Lieder wurden vom Dichter selbst erfunden. Jedes Lied hatte seine eigene Melodie, dennoch war Übernahme fremder Melodien möglich: So wurden viele roman. Melodien wegen ihrer internationalen Beliebtheit (Kreuzzüge, Pilgerfahrten usw.) nachgesungen. Der Terminus **Lied** (mhd. *diu liet*) bezieht sich übrigens zunächst auf den Text (Strophenform), die Melodien heißen *doene* (Töne). Doch wurden die Gedichte grundsätzlich nicht rezitiert, sondern gesungen (»ein Vers ohne Musik ist wie eine Mühle ohne Wasser«, FOLQUET DE MARSEILLE).

Eine Entwicklung der Melodien ist mangels Quellen nicht zu belegen. Eine erste Epoche der Einstimmigkeit liegt im 12./13. Jh., in einer 2. Epoche im 14./15. Jh. tritt verstärkt Durmelodik hervor, und es tauchen vereinzelt mehrst. Bearbeitungen auf (MÜNCH V. SALZBURG, OSWALD VON WOLKENSTEIN, s. S. 256 f.).

Der Rhythmus ist wie in Frankreich durch die Choralnotation der meisten Melodien nicht eindeutig auszumachen. Übertragung mit gleich langen Notenwerten wie im Choral muss entfallen, denn auch die geistl. Lieder der Zeit sind rhythmisiert. Abb. B, S. 196, zeigt einen *4-hebigen* Übertragungsversuch (LUDWIG) und einen *modalen* nach roman. Vorbild (HUSMANN).

Die Aufführungspraxis. Die Dichtermusiker sangen meist selbst, ließen sich aber oft von Instrumentalisten (*Spielleute, Jongleure*) auf **Fiedel, Laute, Harfe** usw. begleiten, sofern sie sich nicht selbst begleiteten. Die Instrumente besorgten Vor-, Zwischen- und Nachspiele. Zum Gesang erklangen sie nicht in Akkorden, sondern in einer Art **Heterophonie:** Sie spielten die gleiche Melodie mit Varianten und Verzierungen. Aufzeichnungen von Instrumentalbegleitungen gibt es nicht. Sie wurden improvisiert.

Hörerkreis. Der Dichter schrieb seine Lieder für einen bestimmten Bekanntenkreis. Er trug sie auf der Burg auch vor diesem vor (Adel, Ritter, Damen usw.). Häufig nehmen die Lieder auf diese Personen Bezug.

Die Liedinhalte entsprechen abgesehen von bes. Situationen den **Topoi** der Troubadours und Trouvères. Schwergewicht liegt auf der hochstilisierten Formkunst, die nur die großen Dichter zu persönlicher Aussage vertiefen. Das vom Westen importierte ritterl. Ideal der **hôhen minne,** die keine Erfüllung kennt, hat mit ihrer *tiurenden* Kraft erzieherischen Wert. Ihr steht die sinnliche **nidere minne** gegenüber.

Außerhalb der Minnethematik liegt der große Bereich der **Sprüche** (frz. *sirventes*).

Die Generationen der Minnesänger lassen sich nur anhand der lit.-gesch. Gliederung verfolgen:
1. **Epoche (1150–1170),** *früher donauländischer Minnesang* (ohne westl. Vorbild?): die **5** Namenlosen mit ihren Liebesliedern im Volksliedton, der KÜRENBERGER (Strophenform wie Nibelungenlied), MEINLOH VON SEVELINGEN, DIETMAR VON AIST.
2. **Epoche (1170–1200),** *Minnesangs Frühling,* starker Westeinfluss: HEINRICH VI. (Sohn Barbarossas, † 1197, Messina), HEINRICH VON VELDEKE (Niederrhein), FRIEDRICH VON HAUSEN († 1190 auf Barbarossas Kreuzzug), RUDOLF VON FÉNIS-NEUENBURG (Schweiz), HEINRICH VON RUGGE (Tübingen).
3. **Epoche (1200–1230),** *Höhe des Minnesangs:* REINMAR VON HAGENAU († 1205, Wien, klagende Fernliebe voller Unwirklichkeit), HARTMANN VON AUE († 1215, Freiburg?), HEINRICH VON MORUNGEN († 1222, München, hintergründig gelehrte Lieder), NEIDHART VON REUENTHAL († um 1245, Bayern, dörflich-derbe Pastorelen) und vor allem WALTHER VON DER VOGELWEIDE (um 1170–1230, Würzburg), der bedeutendste Minnesänger. WALTHER lernte »singen und sagen« (also singen und dichten) in Österreich, wirkte am Babenberger Hof in Wien (bis 1198), beim Landgrafen HERMANN VON THÜRINGEN (bis 1202), machte 1207 (?) den sagenhaften Sängerkrieg auf der Wartburg mit, war dann bei OTTO IV. (1212) und später bei FRIEDRICH II. (ab 1214), der ihm in Würzburg ein Lehen gab.

196 Mittelalter/Weltliche Liedkunst/Minnesang II, Meistersang

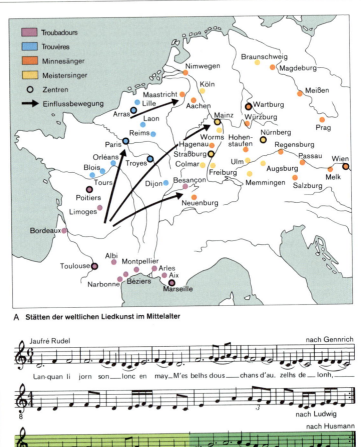

A Stätten der weltlichen Liedkunst im Mittelalter

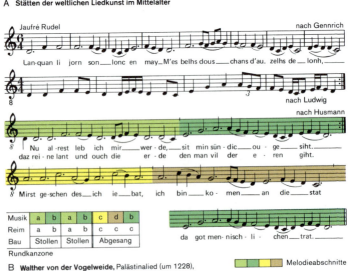

B **Walther von der Vogelweide,** Palästinalied (um 1228), mögliche Vorlage (J. Rudel, um 1140) und Form

Pflegestätten, Palästinalied

WALTHER geht aus vom höfischen Ideal der **hôhen minne**, bringt in seinen Mädchenliedern einen lebensvollen Gegenklang und gelangt schließlich zur **ebenen minne**, der gleichberechtigten Partnerliebe. Bedeutsam sind seine polit. und religiösen Lieder. Das **Palästinalied** schrieb WALTHER für den Kreuzzug von 1228 (ohne selbst mitzuziehen). Es ist die einzige vollständig erhaltene Melodie WALTHERS (Abb. B). Sie geht vielleicht auf ein frz. Vorbild zurück (RUDEL), doch ergeben sich auch ohnedies durch die Melodietypen der Modi Verwandtschaften. Zugleich hebt sich WALTHERS Melodie aber deutlich ab. – Dass es sich formal um eine **Rundkanzone** handelt, lässt sich nur an der Melodie, nicht am Text erkennen.

4. **Epoche (1230–1300)**, *Wende des Minnesangs:* gekennzeichnet durch den Übergang in die bürgerl. Schichten, KONRAD VON WÜRZBURG († 1287), HEINRICH VON MEISSEN, gen. FRAUENLOB († 1318, Mainz), WIZLAV III., FÜRST VON RÜGEN († 1325), der legendäre TANNHÄUSER (wirkte um 1250 in Bayern).

5. **Epoche (14./15. Jh.)**, *später Minnesang:* läuft schon parallel zum Meistersang, u. a. mit HERMAN MÜNCH VON SALZBURG (14. Jh.), HUGO VON MONTFORT (1357 bis 1423, Bregenz) und OSWALD VON WOLKENSTEIN (1377–1445, Tirol, »letzter Minnesänger«).

Die Quellenlage. Während die Texte des Minnesangs schon ab dem 13./14. Jh. überliefert sind (z. B. in der *Großen Heidelberger Liederhandschrift,* dem *Codex Manesse* von 1315–30, ohne Noten), stammen die Melodieaufzeichnungen erst aus dem 14.–16. Jh. (noch original?). Die Meistersinger haben die Melodien der Minnesänger benutzt, gesammelt und aufgezeichnet. Die wichtigsten Quellen sind:
- **Münsteraner Fragment,** Anfang des 14. Jh., Quadratnotation, 3 Melodien WALTHERS mit Text, davon eine vollst. (Abb. B);
- **Carmina burana,** um 1300 (bis 1803 im Kloster Benediktbeuern, heute in München, Stb.), z. T. mit Neumen, **lat.** und **mhd.** **weltl. Lyrik** von Geistlichen (PHILIPPE DE GRÈVE, STEPHAN LANGTON usw.), aber auch von DIETMAR VON AIST, REINMAR, WALTHER, MORUNGEN, NEIDHART usw.) mit Sprüchen, Liebesliedern (oft mit **mhd.** **Zusatzstrophen**), Trink- und Tanzliedern der **Vaganten** (entlaufene Kleriker und Studenten) und geistl. Spielen;
- **Jenaer Liederhandschrift,** um 1350, Quadratnotation, 91 Melodien;
- **Wiener Liederhandschrift,** vor 1350, Melodien FRAUENLOBS, REINMARS VON ZWETER usw.;
- **Mondsee-Wiener Liederhandschrift,** um 1400, 56 Melodien, bes. MÜNCH VON SALZBURG;

- **Kolmarer Liederhandschrift,** um 1460, womöglich das »*Goldene Buch von Mainz*«, 105 Melodien;
- **Donaueschinger Liederhandschrift,** um 1450, 21 Melodien, bes. FRAUENLOBS;
- **Rostocker Liederbuch,** um 1475, 31 Melodien.

Melodiezuweisung zu einem Text kennt 3 Sicherheitsgrade:
1. Text und Melodie sind zusammen überliefert; sehr selten (*Münster. Fragm.,* s. o.).
2. Eine Melodie mit fremdem Text trägt den Namen eines Minnesängers, z. B. »*Herrn Walthers guldin weise*« in der *Kolmarer Liederhs.* Sie passt jedoch formal genau auf einen best. WALTHER-Text, in diesem Fall auf das *Taglied.* Die Zuweisung bleibt zweifelhaft.
3. Melodien aus roman. Überlieferung werden zu inhaltl. und formal entsprechenden mhd. Liedtexten gesetzt (**Kontrafaktur).** Je komplizierter die Form, desto stichhaltiger die Zuweisung.

Die Meistersinger

Bürger, vor allem Handwerker, schlossen sich zu zunftmäßigen **Singschulen** zusammen mit festen Regeln und Satzungen (ähnlich den *Puis* in Frankreich). Blütezeit dieser Singbewegung war das 15./16. Jh. (Mainz, Würzburg, Nürnberg usw., Abb. A). Die Bewegung verfiel im 17. Jh.

Die Texte waren meist bibelbezogen, oft politisch-satirisch, doch gab es auch Schwankund Tanzlieder.

Die Melodien (*Töne*) sind modal mit Dur-Moll-Tendenz, syllabisch, z. T. mit melismat. Verzierungen (»*Blumen*«).

Als Strophenform dominiert die **Barform** (aab), auch mit *Doppelversikel* aa, Steg b und Wiederaufnahme des Versikels a.

Die Lieder wurden in eigenen Handschriften gesammelt und streng gehütet. Am bekanntesten ist das »*Goldene Buch von Mainz*« (*Kolmarer Liederhandschrift,* s. o.).

Bei ihren wöchentl. Zusammenkünften stellte der **Singer** (auf dem Singestuhl) sein neues Lied vor, das die **Merker** (hinter dem Vorhang) nach ihrer **Tabulatur** mit zahlreichen Regeln beurteilten. Man unterschied **Schüler,** die noch Regelfehler machten, **Dichter,** die neue Texte auf alte Melodien sangen, und **Meister,** die Text und Melodie neu erfanden.

Die berühmtesten Meistersinger waren HEINRICH VON MEISSEN, gen. FRAUENLOB, als Begründer der ältesten Singschule von Mainz (um 1315, noch in Minnesangnähe), MICHEL BEHAIM († 1476), HANNS FOLZ († 1513) und HANS SACHS (1494–1576, Schuster in Nürnberg, über 4500 Lieder, über 2000 Sprüche und über 200 Schauspiele). SACHSENS bekannte *Silberweise* zeigt Verwandtschaft zum *Salve Regina,* d. h. zum geistl. Lied bzw. zum LUTHER-Choral.

198 Mittelalter/Mehrstimmigkeit/Frühes Organum (9.–11. Jh.)

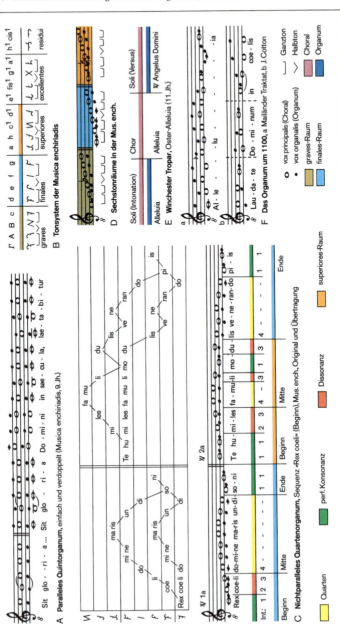

Musica enchiriadis, Organum im 11. Jh.

Mittelalter/Mehrstimmigkeit/Frühes Organum (9.–11. Jh.) 199

Aus der Verbindung von Choral als melischem Element, das mit der Christianisierung aus dem Mittelmeerraum in den Norden verpflanzt wurde, und klangl. Musikpraktiken (insbes. Orgel), ergab sich im frühen MA. ein Spannungsfeld horizontaler und vertikaler Kräfte, das – entzündet an der Dissonanz – spätestens seit dem 9. Jh. zur »artifiziellen« Mehrstimmigkeit führte und die Möglichkeit einer fortschreitenden Entwicklung in ihr immer neu anbot und initiierte. Aus der permanenten Auseinandersetzung mit den jeweils erreichten kompositorischen Möglichkeiten resultieren die für die abendländ. Musikgeschichte charakteristischen vielen Wellen »neuer Musik«.

Im frühen und hohen MA. gab es Mehrstimmigkeit in den Sängerschulen einzelner Kathedralen und Klöster. Sie wurde improvisiert und ist nur in wenigen Beispielen in Lehrtraktaten und Einzelaufzeichnungen greifbar. Mehrstimmigkeit war vertikaler Tropus im Sinne eines klangl. Schmuckes. Ihr Name ist **Organum** (griech. *organon*, Instrument, Orgel), wohl im Blick auf die *exakten Tonhöhen* der Orgelpfeifen als Voraussetzung für das Zusammenfügen mehrerer Stimmen.

Die *Musica enchiriadis*, ein anonymer Musiktraktat des 9. Jh. aus Nordfrankreich, beschreibt als erste Quelle neben Parallelsingen in Oktaven ein *Quint-* und ein *Quartorganum.* Beide sind an eine vorgegebene Stimme *vox principalis* oder *cantus* (ab 13. Jh. *cantus firmus*) gebunden. Er liegt als Hauptstimme oben.

Quintorganum: Der Cantus wird von der Organalstimme in **parallelen Unterquinten** begleitet. Oktavverdopplung beider Stimmen ist möglich (Abb. A). Auch können Instrumente mitgehen, bes. die Orgel mit ihrer Quint-Oktavmixtur (*organum*-Klang).

Quartorganum: Zur Vermeidung der Dissonanz des Tritonus werden nicht überall parallele Quarten angewendet, sondern auch kleinere Intervalle. Die *vox organalis* ist nicht mehr nur eine Verdopplung des Cantus in anderer Lage, sondern wird selbständig. Hier beginnt die eigentliche (»artifizielle«) Mehrstimmigkeit.

Die *Musica enchiriadis* entnimmt das Beispiel für das Quartorganum einer Sequenz, deren syllab. Doppelversikel wechselweise von Solisten mehrstimmig (Vers 1 a, 2 a ...) und vom Chor einstimmig (Vers 1 b, 2 b ...) gesungen werden. Die Silben der beiden Stimmen erscheinen in einem Liniensystem mit Tonhöhenzeichen (Abb. C).

Die *vox organalis* darf c, den tiefsten Ton des Cantus, nicht unterschreiten. Sie beginnt mit dem Cantus im konsonanten Einklang, bleibt dann auf c (Sekunde und Terz als Dissonanzen), bis der Cantus die Quarte f erreicht hat (perfekte Konsonanz), läuft dann in Quartenparallelen weiter und verbindet sich am Zei-

lenende wieder mit dem Cantus in Einklängen. Im Gegensatz zum Quintorganum werden also *Beginn* und *Ende* der Zeile gegenüber der »regulären« Parallelbewegung abgehoben.

Das Tonsystem der *Musica enchiriadis* gliedert sich in 4 gleich gebaute Tetrachorde mit Halbton in der Mitte:
- *graves* (»schwere«): tiefe Töne,
- *finales:* Grundtöne der Kirchentonarten,
- *superiores* (»obere«): höhere Töne,
- *excellentes:* »herausragende« Töne.

Dazu kommen die *residui* als die beiden »übrigen« Töne (Abb. B, vgl. S. 188 f.).

Töne in gleicher Tetrachordlage (Quintabstand) haben die gleiche Qualität (Ton- bzw. Intervallumgebung) und daher ein verwandtes Notenzeichen (das griech. *Dasia*-Zeichen, Abb. B unter Ton e, vgl. S. 170, Abb. D). Es wird 4fach variiert, gedreht und gewendet. Außerdem werden 3 Klangräume unterschieden: c–a, g–e′ und f–d′. Sie gehen von den *graves, finales* und *superiores* aus, die jeweils um 1 Ganzton nach unten und oben erweitert wurden (bis zur nächsten Halbtongrenze). Die Organalstimme bewegt sich innerhalb dieser Sechstonräume (**Hexachorde**). Überschreitet der Cantus die Hexachordgrenze, so entstünde bei Quartparallelen in der Organalstimme ein Tritonus, in Abb. C bei der Silbe »les«: f–h^1. Daher springt die Organalstimme rechtzeitig, nämlich schon bei der Silbe »Te« zu Versbeginn, auf den Grundton g des neuen Hexachordes (Klangraumwechsel). – Solche nicht notierten Operationen sprechen für solistische Ausführung des Quartorganums, während das Quintorganum chorisch zu machen war.

Zur Zeit GUIDOS V. AREZZO um 1000 pflegte man noch die alten Organumarten, doch beschreibt GUIDO schrittweises Zusammenkommen der Stimmen am Zeilenende (*occursus*-Lehre) und Stimmkreuzung.

Das Winchester Tropar (um 1050) überliefert als frühestes Organumdenkmal etwa 150 Organa (Responsorien, Sequenzen usw.). Die Chorpartien sind ein-, die solistischen zweistimmig (Abb. E). Der Cantus bzw. Choral liegt wahrscheinlich oben. Die Stimmen sind in getrennten Stimmbüchern und in schwer deutbaren Neumen aufgezeichnet.

Das Organum um 1100 (JOHANNES COTTON, *Mailänder Traktat*, Fragm. Chartres 109 und 130 usw.) verstärkt Gegenbewegung und lehrt ausdrücklich Stimmkreuzung, sodass die Organalstimme an Selbständigkeit gewinnt und häufig über dem Cantus liegt. Sie wird zum »Discantus« (Auseinander- oder Gegengesang). Es wechseln Kon- und Dissonanzen, die ersteren (Oktave, Quinte, Quarte, Einklang) stehen am Beginn und Ende von Wort- und Sinneinheiten (Abb. F, b). Die Organalstimme kann auch mit kleinen Melismen »koloriert« werden, bes. am Zeilenende (Abb. F, a).

200 Mittelalter/Mehrstimmigkeit/St-Martial-Epoche

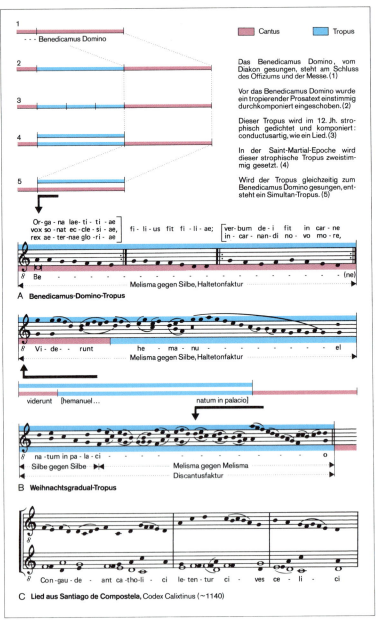

A **Benedicamus-Domino-Tropus**
B **Weihnachtsgradual-Tropus**
C **Lied aus Santiago de Compostela**, Codex Calixtinus (~1140)

Organumstrukturen

Mittelalter/Mehrstimmigkeit/St-Martial-Epoche 201

In der 1. Hälfte des 12. Jh. erscheint die Mehrstimmigkeit in einem neuen Stadium. Dieses **neue Organum** wird nicht mehr improvisiert, sondern *komponiert* und aufgezeichnet. Der Choral liegt nicht mehr oben, sondern *unten*, als Konstruktionsbasis des mehrst. Satzes, während die organale Oberstimme entsprechend ihrer neuen Lage und Qualität musikal. an Gewicht gewinnt.

Die führende Schule ist das Kloster **St-Martial** in Limoges (Südfrankreich), zugleich das Zentrum der neuen Einstimmigkeit (Tropus und Sequenz, geistliche Lieder, S. 191). In Südfrankreich mit Aquitanien entfaltet sich parallel zum geistl. Lied auch die neue weltl. Lyrik der Troubadours, wobei im weltl. und geistl. Bereich z. T. die gleichen Melodien verwendet werden (vgl. S. 193).

Die neuen Formen des geistl. Liedes sind außer dem strophischen Sequenz:

– **Conductus** (lat. *conducere,* führen, geleiten), ein Lied, das im Gottesdienst u. a. vor den Lesungen erklang, während der Diakon zum Lesepult schritt. Als »Geleitgesang« taucht der Conductus auch bei Auf- und Abtritten wichtiger Personen in den geistl. Spielen der Zeit auf.

– **Benedicamus-Domino-Tropen,** ein Einschub, urspr. in Prosa, nun auch in Strophenform vom *Benedicamus Domino,* das ab dem 11. Jh. am Schluss der Offizien und der Messe (hier alternativ zum *Ite, missa est*) steht.

Die neue Art des 2-st. Satzes wird in St-Martial nur auf die neuen, liedhaften Gesänge (*Cantus*) angewendet, nicht auf den alten gregorian. Choral. Dieser wurde wahrscheinlich auch mehrstimmig ausgeführt, doch offenbar auf alte Organumart, nämlich improvisiert. Er fehlt in den mehrst. Aufzeichnungen.

Die Quellen überliefern die gleichen Lieder oft ein- und mehrstimmig. Es handelt sich bei den Quellen um 4 *St-Martial-Hss.* aus der Zeit kurz vor 1100 bis zum Anfang des 13. Jh. mit nahezu 100 2-st. Stücken, ferner um den *Codex Calixtinus* aus Santiago de Compostela (Nordspanien, Wallfahrtsort des St. Jakob) mit 20 Stücken. Die Organa sind in Partituranordnung in Neumen auf Linien geschrieben, sodass die Tonhöhe klar, der Rhythmus jedoch unklar ist. Bei der Deutung kann u. U. der Versrhythmus des Textes helfen.

Die Gerüstklänge des neuen Organums bleiben nach wie vor die Konkordanzen Einklang, Oktave, Quinte und Quarte. Doch wird die Kolorierungspraxis in die Komposition einbezogen und die Organalstimme mit z. T. formelhaften Melismen bereichert.

Im Organum der St-Martial-Epoche lassen sich versch. Satzstrukturen unterscheiden:

1. **Haltetonfaktur** (nun speziell *organum* genannt): Über einer gedehnten Note (Silbe) des Cantus erklingt ein Melisma der Organalstimme, das auf die gleiche Silbe gesungen wird. Das Melisma ist rhythmisch frei, die Sänger müssen aber auf gleichzeitigen Silbenansatz achten (solistische Ausführung). Im Weihnachtsgradual-Tropus (Abb. B) stehen über den Choraltönen »Viderunt« und den neukomponierten Tönen des Tropus »hema« (in Choralfunktion) kürzere Melismen, während die Silbe »nu« durch ein ausgedehntes Melisma hervorgehoben wird.

2. **Discantusfaktur** (*discantus,* Lehnübers. der frühma. Mehrstimmigkeits-Bezeichnung *diaphonia:* »Auseinandergesang«): Hier steht Note gegen Note, und zwar in zwei Arten:

a) *Silbe gegen Silbe* bei syllab. Cantus. Beide Stimmen bewegen sich im Textrhythmus;

b) *Melisma gegen Melisma* bei melismat. Cantus. Der Rhythmus ist frei, erhält aber womöglich durch die Verteilung von Kon- und Dissonanzen und durch Wiederholung melismat. Formeln Tendenz zur Regelmäßigkeit (vormodaler Rhythmus?). – Vor der Schlusssilbe »o« mit Quintklang (Abb. B) erklingt als Steigerung nochmals ein Haltetonmelisma.

Die unterschiedl. Struktur sichert dem neuen Organum eine bunte Reichhaltigkeit. Bes. Reiz scheint im Wechsel von gebundenem Versrhythmus und freien Organalrhythmen bestanden zu haben.

Unter den mehrstimmigen Stücken sind die *Benedicamus-Domino-Tropen* von bes. Bedeutung. Die tropierenden Texte erklingen nämlich gleichzeitig zu den Tönen des (nicht gregorianischen) Chorals *Benedicamus Domino,* die in Haltetonfaktur überlang gedehnt werden (Abb. A, Ton d). In diesem **Simultantropus** kündigt sich ein Gestaltungsprinzip an, das später für die **Motette** charakteristisch wurde: Über einem *liturgischen* Tenor erklingt eine *neue* Oberstimme mit *neuem* Text. Der Versrhythmus bleibt in der syllabischen Tropuskomposition *Organa laetitiae* (Cantus wohl noch aus dem 10. Jh.) erhalten. Das Wort »organum« braucht nicht unbedingt auf den festl. Schmuck der Mehrstimmigkeit Bezug zu nehmen, sondern kann auch im Sinne von (einstimmigem!) **Festgesang** interpretiert werden.

Der *Codex Calixtinus* überliefert ein Wallfahrtslied mit 3 Stimmen (Abb. C). Die Liedmelodie selbst liegt in der Unterstimme, dem neuen Organum entsprechend (unteres System, hohe Noten), darüber erklingt eine mäßig melismat. Oberstimme (oberes System). Die dritte Stimme wurde später hinzugefügt (unteres System, schwarze Noten). Sie ist syllab. und stellt wahrscheinlich eine einfache (entkolorierte?) Alternative zur Oberstimme dar. Vielleicht handelt es sich aber auch um den frühesten Beleg von komponierter *Dreistimmigkeit*.

202 Mittelalter/Mehrstimmigkeit/Notre-Dame-Epoche I

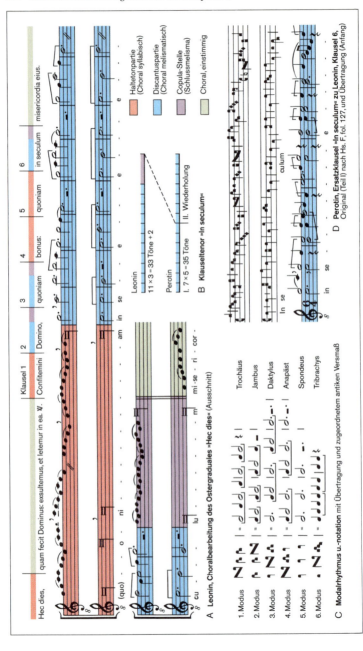

Choralbearbeitungen, Modalrhythmus

Die **Notre-Dame-Epoche** bildet einen ersten Höhepunkt in der Geschichte der Mehrstimmigkeit. Sie erhält ihren Namen von der Sängerschule an der Kathedrale Notre-Dame in Paris. Die Epoche fällt zeitlich etwa mit dem Bau der Kathedrale von 1163 bis Mitte 13. Jh. zusammen. Die Musik ist eine anspruchsvolle Kunst der Geistlichen, vor allem für den Gottesdienst.

Die Komponisten sind allg. noch anonym, doch nennt der engl. Theoretiker des 13. Jh. ANONYMUS 4 (nach 1272) die Magister LEONIN (um 1180) und PEROTIN (um 1200). Der bekannteste Textdichter (bes. Conductus) ist PHILIPPE LE CHANCELIER († 1236).

Modalrhythmus und -notation. Außer in den freien Organumpartien herrschen rasche Dreierrhythmen vor. Die Theoretiker teilen sie in **6 Modi** ein, wobei eine Zuordnung zu den alten Versmaßen versucht wird (Abb. C). Der ternäre Rhythmus und die Modi dürften tatsächlich mit der neuen rhythmischen lat.-roman. Lyrik des 12. Jh. zusammenhängen.
– **1. Modus:** Folge lang–kurz wie 2:1, Oberstimmenmodus, als Dreierligatur mit folgenden Zweierligaturen. Die Pause am Schluss (Strich) ist in den Modi verschieden lang: Sie füllt jeweils eine Dreier- bzw. Sechsereinheit auf.
– **2. Modus:** Umkehrung des 1., notiert als Zweierligaturen mit abschließender Dreierligatur.
– **3. Modus:** Folge lang–kurz–lang wie 3:1:2, also etwa ¾- (oder ⅜-) Takt, von denen je 2 eine *Doppeleinheit* bilden; häufiger Oberstimmenmodus, notiert als Dreierligaturen mit *Longa* (»Lange«, Quadratnote mit Hals) vorweg.
– **4. Modus:** theoret. Gegenstück zum 3., kommt praktisch nicht vor.
– **5. Modus:** Folge von *Longae,* meist 3 mit Pause (Doppeleinheit), typischer Tenormodus.
– **6. Modus:** Folge von *Breves* (»Kurze«), notiert als mehrtönige Ligaturen mit Brevis (Quadratnote) vorweg; häufiger Oberstimmenmodus.

Kleinere Rhythmen werden als »Brechung« (*fractio*) der regulären modalen Werte aufgefasst und durch in die Ligaturen eingeschobene zusätzliche Noten oder durch *Currentes* (angehängte Rhomben) angezeigt.

Die Tondauer wird in der Modalnotation nicht aus der Einzelnote, sondern aus der Gruppierung ersichtlich (*Gruppennotation*). So kann die Dreierligatur je nach Modus eine Folge von 2:1:2 (1. Modus), 1:2:1 (2. Modus), 1:2:3 (3. Modus), 3:3:3 (5. Modus) oder 1:1:1 (6. Modus) sein. Die Notierung ist sinnvoll, weil der Rhythmus sich nicht mit jeder Note ändert, sondern modellhaft länger gleich bleibt.

Die Gattungen der Notre-Dame-Epoche waren Organum, Motette und Conductus.

Das Organum ist nun nicht mehr nur die Bezeichnung für Mehrstimmigkeit allg., sondern auch für die **Choralbearbeitung.** Die Notre-Dame-Epoche nimmt dazu wieder den gregorian. Choral, und zwar die responsorialen Gesänge aus Messe (*Graduale, Alleluia*) und Offizium (bes. der Matutin und Vesper). Nur die Solopartien wurden mehrstimmig bearbeitet und zu einem Jahreszyklus, dem *Magnus liber organi de gradali et antiphonario* (*Großes Organumbuch aus Graduale und Antiphonale*) zusammengestellt. Er soll von LEONIN stammen, dem besten Organumkomponisten (*optimus organista,* ANONYMUS 4).

Das Organum LEONINS ist 2-st. Der Choral heißt *Cantus* oder *Tenor,* die Oberstimme *Discantus* oder *Duplum.* Der Choral wird dabei in einzelne Worte oder Sinnabschnitte gegliedert, sog. **Klauseln** (*clausulae,* Abb. A). Ihre Gestaltung ist unterschiedlich:
– **Haltetonpartien** (*Organum purum* oder *duplum*): Bei syllab. Choral werden die einzelnen Choraltöne orgelpunktartig gedehnt (*organicus punctus*), die Oberstimme singt rhythmisch freie Melismen darüber. So in Abb. A, Klausel 5 *quoniam:* Der Silbenansatz ist gemeinsam, über den Choraltönen erklingen perfekte Konkordanzen.
– **Discantuspartien** (*Discantus*): Bei melismatischem Choral würde eine Dehnung jedes Tones zu lang werden; hier hat der Tenor eine Folge von freien oder regelmäßigen Longae, wie in Abb. A bei *in seculum* (Tenor im 5. Modus, Duplum in 1.).
– **Copula:** modalrhythmisch exakt durchorganisierte und notierte 2-st. Haltetonpartie. Seit dem späteren 13. Jh. werden auch kadenzartige Haltetonpartien am Ende einer Discantuspartie *Copula* genannt.

PEROTIN, der beste Discantuskomponist (*optimus discantor,* ANON. 4), bearbeitete den *Magnus liber* mit Klauseln im Diskantstil (Abb. D: moderner Satz, vgl. bes. die Tenores), die gegen die älteren Klauseln LEONINS ausgetauscht werden konnten (Abb. A: anstelle des »in seculum«). Teilweise gibt es zum Austauschen oder Aneinanderhängen auch mehrere Klauseln.

Das vorgegebene liturg. Choralmelisma wird als Klauseltenor einer rhythmischen Formel unterworfen (*ordo,* später *talea,* vgl. S. 130, Abb. A). In Leonins Klausel *in seculum* wurden die 35 liturg. Choraltöne in 11 Gruppen à 3 Töne und die restlichen 2 Töne für das Schlussmelisma eingeteilt. PEROTIN bildet 7 Gruppen à 5 Töne: Der neue Tenor fällt kürzer aus, er wird daher wiederholt (Abb. B). In dieser Materialbehandlung, bei der der rhythmische Fluss der Choralmelodie preisgegeben wird zu Gunsten rationaler Aufgliederung, manifestiert sich der Wille des Komponisten, sich vom Zwang des bloßen »Bearbeitens« freizumachen in Richtung auf autonomes Komponieren.

Mittelalter/Mehrstimmigkeit/Notre-Dame-Epoche II

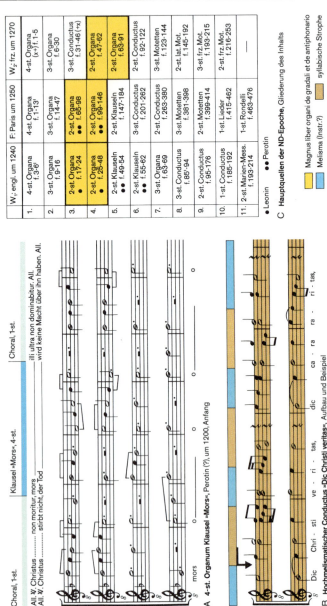

A 4-st. Organum Klausel »Mors«, Perotin (?), um 1200, Anfang
B Hochmelismatischer Conductus »Dic Christi veritas«, Aufbau und Beispiel
C Hauptquellen der ND-Epoche, Gliederung des Inhalts

Klausel Mors, Conductus, Quellen

Die PEROTIN-Generation ging über die Zweistimmigkeit hinaus bis zu 3- und 4-st. Organa. Die Stimmen heißen *Tenor, Duplum, Triplum* und *Quadruplum.* Alle bewegen sich im Bereich hoher Männerstimmen, also im »Tenor«-Bereich. Das MA. liebt die hellen, durchsichtigen, linearbestimmten Klänge im Gegensatz zu den späteren voluminösen Klangverschmelzungen. Auch die Instrumente, die ja mitgehen konnten, liegen hoch. Zusammentreffen und Überschneiden der Stimmen ist wegen der engen Lage häufig. Dafür unterscheiden sie sich gelegentlich im Rhythmus. Nb. A zeigt den Beginn der Klausel *Mors*: im Tenor die ersten beiden Ordines mit ihren Longae und Pausen (T. 1–3 und 4–6; diese rhythmische Formel bleibt in der ganzen Klausel gleich), das Duplum ist etwas bewegter, Triplum und Quadruplum stehen im raschen 1. Modus.

Harmonisch bilden die Stimmen auf den rhythmischen Schwerpunkten zu Beginn und meist auch in der Mitte der sog. *Perfectiones* (in Abb. A als Takte gekennzeichnet, *Doppeleinheiten*) *perfekte* Konkordanzen aus Einklängen, Quarten, Quinten und Oktaven. Dazwischen liegen Dissonanzen.

Alle Stimmen singen die Vokalise »o« (aus *mors*), keinen zusätzlichen Text (eine Textierung der Oberstimmen erfolgt erst später, s. u. Motette). Es handelt sich also um einen rein klanglichen Zusatz (»Tropus«) zum Choral.

Die vielstimmigen Klauseln sind bes. prunkvoll. Sie heben oft zentrale Worte hervor, so z. B. Klausel *Mors* den überwundenen »Tod«, im Osteralleluia (Abb. A, auch der Choral hat dort ein Melisma). Neben diesen stark rhythmischen, vollmodalen Discantussätzen gerät das alte, rhythmisch freie *Organum purum* zunächst aus der Mode, um im späteren 13. Jh. angesichts der nun als monoton empfundenen rhythm. Homogenität wieder neues Interesse zu finden.

Die Motette

Nach mittelalterl. Tropierungsverfahren unterlegte man den melismatischen Oberstimmen einer Diskantklausel einen syllabischen Text. Dieser musste rhythmisch wie das modale Duplum und so wie dieses gegliedert sein. Es handelte sich um Verse. Sie bezogen sich inhaltlich und oft auch im Reim auf das Choralwort des Tenors (z. B. auf *in seculum*, s. S. 202, Abb. D, und S. 130, Abb. A). Das textierte Duplum hieß *motetus* (von frz. *mot,* Wort, bzw. *motet,* Vers, Refrain), die Gattung wurde **Motette** genannt. Die textierte Klausel erklang wie die untextierte als *Choralbearbeitungstropus* und konnte wie die Klausel beliebig ausgetauscht werden. Das führte zu ihrer Verselbständigung: Die Motette wurde auch außerhalb des Chorals, z. B. am Schluss des Gottesdienstes, gesungen, bald aber auch außerhalb der Kirche. Sie brauchte dann nicht unbedingt mehr eine Klauselvorlage, sondern wurde auch neu komponiert. (Motettenarten s. S. 206, Abb. A)

Der Conductus

ist als 1- bis 3-st. Lied eine zentrale Gattung der Notre-Dame-Epoche. Sein Inhalt ist geistl., aber nicht liturg., später auch weltl., moralisch, politisch usw., immer festliche und ernste Klerikerkunst. Die Hauptstimme mit Tenorfunktion liegt im Conductus unten, ist aber nicht liturg. vorgegeben wie der Choraltenor der Motette, sondern als Liedmelodie mit entsprechend regelmäßigem Aufbau neu erfunden. Der Text dieses Liedtenors gilt auch für die Oberstimmen (gleichzeitige Silbenaussprache, Partituranordnung). Die strophische Gesamtanlage des Textes bietet zwei Vertonungsmöglichkeiten:
– Je Strophe oder Doppelstrophe wird die Musik wiederholt, oder
– jede Strophe erhält neue Musik, d. h. der Text wird *durchkomponiert.*
Der Conductus kann schlicht syllabisch sein, auch mit kleineren Melismen in den Oberstimmen (Nb. Abb. B), oder aber er hat längere melismatische Partien in allen Stimmen gleichzeitig; dies vor allem am Zeilenbeginn und -ende, auch gleichsam als Vor-, Zwischen- und Nachspiele der Strophen, wobei diese Partien ohne syllabischen Text (*sine littera,* d. h. Vokalisen) evtl. auch instrumental ausgeführt worden sind. Ein solcher hochmelismatischer Conductus war besonders feierlich (Schema Abb. B).

Der Rondellus

Außer dem Conductus gibt es noch 1-st. **Reigenlieder** (*Rondelli*), die von den Klosterschülern getanzt und gesungen wurden.

Die Quellen

Es gibt 4 Hss. mit dem gesamten Notre-Dame-Repertoire, das nach Gattungen und Stimmenzahl faszikelweise gesammelt und geordnet wurde. 3 Hss. überliefern dabei den *Magnus liber* (Abb. C):
– **Florenz** (*F*), Bibl. Medicbeo-Laurentiana, plut. 29, 1, Mitte 13. Jh., Frankreich;
– **Wolfenbüttel** (*W₁*), Herzog-Aug.-Bibl., Helmst. 628, Mitte 13. Jh., England;
– **Wolfenbüttel** (*W₂*), ebda. 1099, späteres 13. Jh., Frankreich;
– **Madrid** (*Ma*), Bibl. Nac. 20 486, Ende 13. Jh., Spanien; etwas unterschiedlich und ohne *Magnus liber.*
Die Hss. beginnen mit der teilweise PEROTIN zugeschriebenen 4-st. Organa als größte Besonderheit. Der *Magnus liber* steht in der frühesten, den leoninischen am nächsten kommenden Fassung in W_1 (Fasz. 3–4, PEROTIN-Ersatzklauseln folgen in Fasz. 5–6). Eine spätere Fassung mit eingebauten perotinischen Ersatzklauseln steht in *F*, die späteste Fassung in W_2. Viele der Ersatzklauseln sind nachweislich Quellen späterer frz. Motetten geworden.

206 Mittelalter/Mehrstimmigkeit/Ars antiqua I: Motette

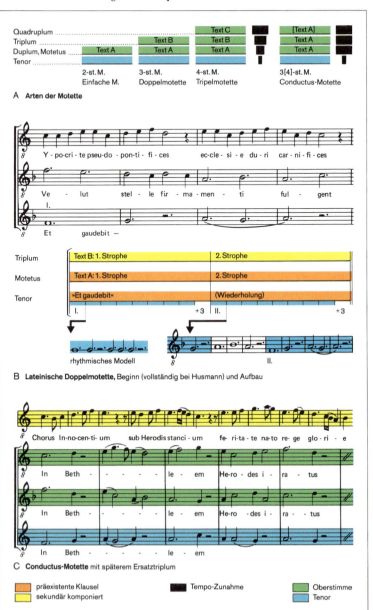

Arten der Motette

Die Epoche der **Ars antiqua**, der »alten Kunst«, umfasst etwa die Zeit von 1240/50 bis 1310/20. Die Bezeichnung kam um 1320 als Gegenbegriff zur *Ars nova* auf (bes. bei JACOBUS VON LÜTTICH, vor 1324/25). Die Abgrenzung der Ars antiqua zur Notre-Dame-Epoche ist problematisch. Beide pflegen die gleichen Gattungen. Andererseits entwickeln sich Rhythmus und Notation im 13. Jh. stark, und da die Ars nova um 1320 sich gerade auf diesem Gebiet manifestierte, spricht vieles dafür, auch die Ars antiqua mit dem Aufkommen der Mensuralnotation und dem ihr entsprechenden Stadium der Gattungen zu verbinden und von der modalen Epoche abzugrenzen.

Die Gattungen der Ars antiqua

– **Das Organum** der Notre-Dame-Epoche (*organa dupla, tripla* und *quadrupla*) wird noch gesungen, doch stagniert das Neuschaffen.
– **Der Conductus** ist noch beliebt, wird aber von der Motette allmählich abgelöst. Zuweilen haben geistl. Conductus weltl. Trouvèreslieder als Grundmelodie. Umgekehrt tauchen auch geistl. Conductusmelodien als Trouvèreslieder auf. Kontrafakta sind also üblich. Da der Conductus mensural notiert ist, lassen sich Rückschlüsse auf die rhythmische Gestalt der Trouvèreslieder ziehen, vorausgesetzt, dass die Lieder bei der Übernahme in den Conductus nicht verändert wurden.
– **Die Motette** ist die Hauptgattung der Ars antiqua, zugleich das Feld für Neuerungen und Experimente.
– **Der Hoquetus** geht satztechnisch in die Notre-Dame-Epoche zurück, seine Anwendung wird ausgebaut (s. S. 209).
– **Das Rondeau** wird mehrstimmig gesetzt und gilt als Vorläufer des späteren Kantilenensatzes (s. S. 209).

Im Übrigen nimmt die Einstimmigkeit mit Choral und Lied in der Praxis immer noch den größten Raum ein. Die Mehrstimmigkeit ist Sache von Kennern und Spezialisten. Die Bezeichnungen Ars antiqua und Ars nova beziehen sich nur auf die Mehrstimmigkeit.

Die Motette der Ars antiqua

ist aus der Oberstimmentextierung von Diskantklauseln der Notre-Dame-Epoche hervorgegangen (s. S. 205). Die Erfindung des Textes, d. h. der Verse bzw. des Refrains (*mot, motet*), ist also das Entscheidende, da die Musik vorgegeben war. Die Motette ist daher eine ebenso wichtige lat. wie musikal. Gattung. Sie ist zunächst lat. geistl., aufgeführt in der Kirche als nichtliturg. Schmuck des Gottesdienstes (bes. am Schluss). Da nicht liturg., wurde die Motette bald frz., dann auch weltl. (sogar erotisch). So führte man sie mehr und mehr außerhalb der Kirche auf. Sie wurde von Solisten gesungen und instrumental begleitet. Die Bezeichnung der Motette richtet sich nach der Anzahl der textierten Stimmen. Der Tenor

ist immer untextiert und dürfte stets instrumental ausgeführt worden sein (Abb. A):
– **einfache Motette**, 2-st., Tenor und textiertes Duplum bzw. Motetus, lat. oder frz.;
– **Doppelmotette**, 3-st., Tenor, Motetus und Triplum, die Oberstimmen mit 2 versch. Texten: beide lat. (*lat. Doppelmot.*), beide frz. (*frz. Doppelmot.*) oder gemischt (*lat.-frz. Doppelmot.*). Das Triplum hat immer mehr Text und ist schneller als der Motetus. Die Doppelmotette ist die häufigste Motettenart (Abb. B);
– **Tripelmotette**, 4-st., mit Quadruplum, 3 versch. Oberstimmentexte, lat., frz. oder gemischt;
– **Conductusmotette**, 3- bis 4-st., Tenor und gleich textierte Oberstimmen, die daher auch rhythmisch einander angeglichen sind. Der Tenor hat anders als im Conductus nur seine Textmarke, da er kein Lied, sondern ein Choralmelisma ist (Abb. C: *In Bethleem*).

Das Verhältnis von Text und Musik ist in diesen Strukturen sehr kompliziert. Vermutlich waren Dichtermusiker am Werk, bzw. der Dichter musste die Klausel, zu deren Oberstimmen er den Motettentext entwarf, genau kennen. Die meisten Dichter sind anonym. Die versch. Texte konnten allerdings wegen des Simultanvortrags kaum verstanden werden, sodass das musikal. Moment der Motetten überwog. In der Stimmbehandlung wird das konstruiert Rationalistische der Motette deutlich. Wie in der Diskantklausel wird der Tenor der neu komponierten Motetten aus einem Choralmelisma gebildet, also aus liturg. Material, und rhythmisch zubereitet. Dies gilt nicht für die seltenen Liedtenores, die mit Text gesungen wurden. Die Gesamtanlage vieler Motetten ist zweiteilig wie schon ihre Klauseln. Textlich erhält jeder Teil eine Strophe (Abb. B: Im Tenor bleiben bei einem 5-tönigen rhythmischen Modell nach 8-maliger Wiederholung 3 Töne des Choralmelismas übrig, die als Einzellongae den Strophenschluss markieren; dann folgt Tenorwiederholung als 2. Teil.).

Viele 2-st. einfache Motetten wurden später zu 3-st. Doppelmotetten, indem man ein modernes rasches Triplum mit eigenem Text dazukomponierte. Der neue Text nimmt auf den alten Bezug, z. B. Motetus: Priesterlob, Triplum: Priestertadel (Abb. B). Harmonisch passt sich das neue Triplum der alten Klausel an, rhythmisch jedoch unterscheidet es sich stark.

Verschiedentlich hat man auch alte Oberstimmen durch modernere ersetzt. Abb. C zeigt eine Conductusmotette zum Fest der unschuldigen Kinder, die zu einer lat. Doppelmotette umgebaut wurde: In der alten Conductusmotette erklingt der gleiche Text, »In Bethleem ...« in beiden Oberstimmen; in der neuen Doppelmotette tritt an die Stelle des alten Triplums ein belebteres mit eigenem Text.

208 Mittelalter/Mehrstimmigkeit/Ars antiqua II: Gattungen, Theorie

Motette, Hoquetus

Motetten im Petrus-de-Cruce-Stil

Im späten 13. Jh. tritt die Motette in ein neues Stadium ein, das von PETRUS DE CRUCE (um 1300) repräsentiert wird: Das Triplum erhält raschere und rhythmisch vielfältigere Noten. Die Teilung der Brevis geht über 3 Semibreves hinaus bis zu 9 kleineren Werten, die alle noch *Semibreves* heißen, in Wirklichkeit aber schon zum *Minima*-Bereich der Ars nova gehören. Die Dauer dieser Semibreves ist sehr unterschiedlich: Bei zwei Semibreves tritt Alteration der zweiten ein, ab 3 und mehr dagegen ergeben sich gleichmäßige Teilungen, also Triolen, Quartolen, Quintolen usw. (Abb. A). Diese Semibrevesgruppen wurden durch Punkte voneinander getrennt (vgl. S. 210, Abb. I). Da jede dieser schnellen Noten nur eine Silbe trägt, muss das Brevistempo gegenüber der franconischen Zeit verlangsamt worden sein. Die Struktur der Komposition wird immer komplizierter.

Der neue mehrst. Liedsatz. Das mehrst. Lied wird im 13. Jh. als Conductus weiter gepflegt (s. o.). Im Conductus liegt die Hauptmelodie in der Unterstimme. Nun aber gibt es auch Liedsätze, in denen die Hauptmelodie sich von der Tenorlage löst und zu einer begleiteten Mittel- oder Oberstimme wird. Dies ist der erste Schritt zum modernen Liedsatz, wie er im 14. Jh. in Mode kommen wird.

Ein Beispiel sind die 3-st. Rondeaux des Trouvère ADAM DE LA HALLE (s. S. 192, Abb. D). Die Hauptstimme liegt hier in der Mitte. Sie taucht in anderen Quellen als 1-st. Lied auf. Der 3-st. Satz ist schlicht, die Harmonik klangvoll, durchsetzt von Terzen und Sexten, die in der Theorie noch als Dissonanzen gelten, hier aber zu weichen Sextakkordbildungen komponiert werden (ähnl. dem späteren Fauxbourdon). Dazu kommt der Schmelz der aus der Linie geborenen Versetzungszeichen der *musica ficta* (»Chromatik« des 13. Jh., vgl. S. 189).

Wandernde Refrains. Die Lieder der Trouvères sind teilweise wohl sehr bekannt und beliebt gewesen. Ihre Melodien unterscheiden sich dabei nicht von den geistl. So kommt es, dass sie und bes. ihre gängigen Refrains als Zitate in weltl. und geistl. Motetten eingewoben werden. Ihre eigene Herkunft kann dabei wiederum geistl. sein, z. B. die textlose Oberstimme einer Diskantklausel aus dem *Magnus liber* der Notre-Dame-Epoche (Motettenquellen). Aus dem Klauselduplum wird dann ein 1-st. Lied. Für die Verwendung der Refrains in den Motetten (meist 3-st. frz. Doppelmotetten) sind vier Arten typisch (Abb. B):

- vollständiges Zitat im Motetus über dem vorgegebenen Tenor,
- vollständiges Zitat im Triplum über dem vorgegebenen Tenor,
- vollständiges oder teilweises Zitat im Motetus, dann als Antwort im Triplum oder umgekehrt,

- zweigeteiltes Zitat im Motetus, gleichsam als Rahmen für andere Aussagen.

Das Nb. in Abb. B zeigt den Refrain »cele m'a s'amour donee ...« (»sie hat mir ihre Liebe geschenkt, der mein Herz und mein Leib gehören«) als Triplum über dem bekannten Tenor *In seculum* (vgl. S. 202) und als Motetus über dem Tenor *Ne* (aus *Adjuva me domine,* Teil des Stephangraduales *Sederunt principes*). Das führt zu harmon. und rhythm. Problemen, die aber durch geringe Variation des Refrains gelöst werden.

Der Hoquetus. Schon in der Notre-Dame-Epoche gibt es etwa ab 1200 in den Oberstimmen der Organa Partien, in denen die Stimmen abwechselnd von Pausen durchsetzt sind, und zwar so, dass stets die eine pausiert, während die andere singt und umgekehrt. Der Wechsel geschieht meist rasch und von Ton zu Ton, sodass man das Wort Hoquetus als frz. »Schluckauf« gedeutet hat. Die Theoretiker bezeichnen den Hoquetus als »Zerschneiden der Stimme« (»truncatio vocis«, FRANCO). Von mehreren Stimmen hoquetieren immer nur zwei, z. B. die Oberstimmen in Abb. C über dem gleichmäßig ordinierten Tenor. Hoquetuspartien sind virtuos und ausdrucksvoll. Sie stehen daher an textlich und formal wichtigen Stellen der Komposition.

Im Laufe des 13. Jh. und später wird der Hoquetus von einer Satzstruktur zu einer Gattung. Im *Codex Bamberg* finden sich untextierte, offenbar für Instrumente gedachte Hoqueti über dem Tenor *In seculum* (Abb. C; vgl. S. 212, Abb. B).

Komponisten und Theoretiker der Ars antiqua:

- JOHANNES DE GARLANDIA, um 1190–1272, Paris, *De musica mensurabili positio*, ~ 1240.
- FRANCO VON KÖLN, *Ars cantus mensurabilis*, um 1280 (s. S. 211).
- HIERONYMUS DE MORAVIA, 2. Hälfte 13. Jh., Paris, schrieb eine große Kompilation mit eigenen Zusätzen.
- ANONYMUS 4 (CS I), nach 1272, England, *De mensuris et discantu*.
- ADAM DE LA HALLE, um 1237–1287 oder 1306, bekannter Trouvère.
- JEHANNOT DE L'ESCUREL, † 1303, u. a. als Liedkomponist bekannt.
- PETRUS DE CRUCE, 2. Hälfte des 13. Jh., Komponist nach FRANCO, wohl Lehrer des JACOBUS VON LÜTTICH.
- JOHANNES DE GROCHEO, um 1300, Paris, *De musica*, sehr moderner Traktat.
- WALTER ODINGTON, Anfang 14. Jh. in Evesham, England, *De speculatione musices*.
- JACOBUS VON LÜTTICH, um 1260–1330, Paris und Lüttich, *Speculum musicae* in 7 Büchern zwischen 1321 und 1324/25, Verteidigung der Ars antiqua.

210 Mittelalter/Mehrstimmigkeit/Ars antiqua III: Mensuralnotation, Quellen

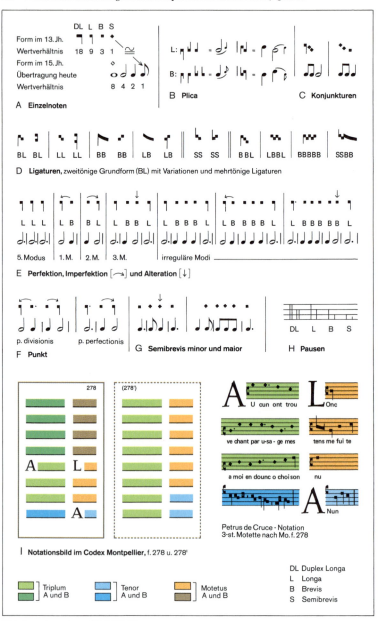

Notationselemente und Schriftbild

Mittelalter/Mehrstimmigkeit/Ars antiqua III: Mensuralnotation, Quellen   211

Die Textierung der Klauseloberstimmen und die Differenzierung der Rhythmen im 13. Jh. machten es nötig, die modalen Ligaturenketten aufzulösen und die Einzelnote rhythmisch zu bestimmen. Dies führte zu der Messungs- oder **Mensuralnotation,** deren erster Theoretiker bzw. Erfinder FRANCO VON KÖLN war. Er schrieb seinen Traktat *Ars Cantus mensurabilis* um 1280.

Cantus mensurabilis, auch *Musica mensurabilis,* ist die mehrst. Musik, deren Tondauern in einem durch Zahlenverhältnisse geregelten Maßsystem aufeinander bezogen und »messbar« sind. Der Gegenbegriff *Cantus planus* bezeichnet den 1.-st. Choral, dessen gleichmäßige bzw. nicht messbar freie Rhythmik nicht notiert wurde.

Die **Mensuralnotation** war bis etwa 1600 in Gebrauch, ehe sich die moderne Notation mit ihrem Taktschema durchsetzte. Die franconische Mensuralnotation verwendete schwarze Noten (*schwarze Mensuralnotation*). Im 15./16. Jh. zeichnete man die gleichen Noten hohl (*weiße Mensuralnotation*).

Einzelnoten (Abb. A)

Haupteinheit ist die **Brevis,** gleichsam als *Schlag-* oder *Zählzeit* auch **Tempus** (Zeit) genannt. Ihre Länge bemisst sich nach dem Mindestmaß für einen silbentragenden Vokalton (»quod est minimum in plenitudine vocis«, FRANCO).

Die Brevis hat 3 **Semibreves,** die **Longa** hat 3 Breves. Der längste Wert ist die **Duplex Longa** (2 Longae). Das System ist bis auf diese ternär: Die Dreiereinheiten gelten mit dem Symbolgehalt der Dreieinigkeit als perfekt, ihre Dauer, speziell die der Longa, als Perfektion (*perfectio*).

Die kleineren Notenwerte wurden immer weiter geteilt, ihr Tempo verlangsamt. Formal entspricht die schwarze Semibrevis im 15. Jh. der hohlen Rhombe, heute der Ganzen. Um die Temporelation richtig wiederzugeben, setzt man für die Brevis als Zählzeit die Viertelnote (mit Punkt), für die Semibrevis die Achtel usw. (Übertragungsverhältnis von 8:1, Abb. A).

Notenkombinationen

Plica heißt ein kurzer Strich am Kopf der Longa oder Brevis. Er bedeutet eine Verzierungsnote auf- oder abwärts, meist halb so lang wie die Hauptnote (Abb. B).

Konjunkturen sind Semibreveskombinationen, die als rasche Noten von der Hauptnote abgezogen werden. Die Kürzen stehen immer vor der Länge (Abb. C).

Ligaturen stehen für *verbundene* Töne, die urspr. auf eine Silbe kamen. FRANCO gibt ihnen jedoch individuelle rhythmische Bedeutungen. Ausgangspunkt sind die alten modalen B(revis)-L(onga)-Ligaturen ab- und aufwärts (Abb. D, 1 u. 2, vgl. S. 202, Abb. C u. D). Veränderung von Anfang oder Ende der Ligatur bedeutet rhythmisch das Gegenteil, z. B. abwärts: Beginn *ohne* Hals, aus B wird L (Abb. D, 1 zu 3); aufwärts: Beginn *mit* Hals, aus B wird L (Abb. D, 2 zu 4); *Schrägschreibung* abwärts mit Hals: aus L wird B (Abb. D, 1 zu 5); *Rechtsdrehung* des oberen Longa-Quadrates: aus L wird B (Abb. D, 2 zu 6) usw. Ein *Aufwärtshals* zu Beginn bezeichnet zwei Semibreves (Abb. D, 9–10). In den mehrtönigen Ligaturen sind alle mittleren Noten Breves, Anfang und Ende werden wie zweitönige Ligaturen gelesen (Abb. D, 11–14).

Perfektion, Imperfektion und Alteration

Eine Longa vor einer Longa ist immer perfekt, eine Longafolge entspr. dem 5. Modus (Abb. E, 1). Tritt zu einer Longa eine Brevis, so wird diese von der Longa abgezogen: sie *imperfiziert* die Longa. Imperfektion von hinten entspr. dem 1. Modus, von vorne dem 2. (Abb. E, 2 u. 3). Stehen 2 Breves zwischen 2 Longae, bleibt die 1. Brevis unverändert (*b.recta*), die 2. wird verdoppelt (*b.altera*). Diese *Alteration* entspr. dem 3. Modus (Abb. E, 4). Stehen mehr als 3 Breves zwischen 2 Longae, werden Imperfektion und Alteration angewendet (Abb. E, 5–7).

Punkte rufen abweichende Perfektionsbildungen hervor. So teilt der Divisionspunkt 2 Breves und verhindert die Alteration (vgl. Abb. E, 4 u. F, 1), der Perfektionspunkt hinter einer Longa schützt diese vor Imperfektion (vgl. Abb. F, 2 u. E, 2).

Alle Regeln für das Verhältnis von Longa zur Brevis gelten auch für das von Brevis zur Semibrevis. Die 1-zeitige Semibrevis heißt *minor,* die 2-zeitige *maior* (Abb. G).

Pausen können imperfizieren, aber nicht imperfiziert oder alteriert werden: Die Anzahl der durchstrichenen Spatien entspr. den pausierten Breviseinheiten, also 3 Spatien für die perfekte Longapause, 2 für die imperfekte usw. (Abb. H).

Die wichtigsten Handschriften der Ars antiqua:
– **Bamberg** (*Ba*), Stb.lit 115, um 1300, Nordfrankreich; 100 Motetten (99 3-st., 1 4-st.), alphabetisch nach Motetus geordnet; im Anhang: 1 Conductus u. 7 instr. Hoqueti.
– **Burgos** (*Hu*), Monast. de Las Huelgas, Anfang 14. Jh., Burgos; 186 Stücke (Organa, Motetten, Conductus usw.).
– **Montpellier** (*Mo*), Bibl. de la Fac. de Médecine H. 196, 14. Jh., Paris; 330 Stücke (bes. Motetten), Fasz. 1–6 altes, 7–8 neues Repertoire (um 1300).
– **Turin** (*Tu*), Bibl. Reale, vari 42, um 1350, Lüttich; 34 Stücke (Conductus, Motetten).

Die Handschriften haben Quartformat und sind wohl für die Praxis angelegt. Die Stimmen der Motetten stehen einzeln in Kolumnen: links das Triplum, rechts der Motetus, darunter der Tenor – stets so, dass alle gleichzeitig blättern müssen. Abb. I zeigt die typische Blatteinteilung in *Mo* (Ende einer Motette B und Beginn einer neuen A).

212 Mittelalter/Mehrstimmigkeit/ Pheriphere Mehrstimmigkeit im 13. Jh.

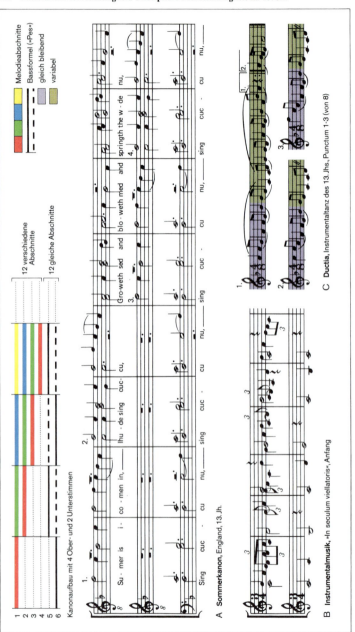

A Sommerkanon, England, 13. Jh.
B Instrumentalmusik, »In seculum viellatoris«, Anfang
C Ductia, Instrumentaltanz des 13. Jhs., Punctum 1–3 (von 8)

Sommerkanon, Instrumentalmusik

Neben dem Zentrum der Mehrstimmigkeit Paris gab es im 13. Jh. auch andere Stätten mehrstimmiger Musik, die vor allem in Randgebieten noch alte oder andere Musizierformen pflegten. Sehr eigenständig und für die Entwicklung der kontinentalen Musik im 15. Jh. von großer Bedeutung war England.

England setzt sich mit der neuesten Mehrstimmigkeit auseinander: Eine der Handschriften mit Notre-Dame-Repertoire, W_1, ist in England geschrieben. W_1 überliefert aber auch eigene Kompositionen, bes. zum *Ordinarium Missae*. Es sind 2- bis 3-st. tropierende Einschübe ins *Sanctus* und *Agnus Dei*. Außerdem gibt es im 11. Fasz. schlichte, überwiegend syllabische, 2-st. Sätze zu Marienmessen: Choralbearbeitungen ohne strenge Tenorordinierung und conductusartige Sequenzen neueren Stils (Versform).

Eine wichtige Quelle sind die **Worcester-Fragmente** (*Worc*), wohl aus der Singschule der Kathedrale mit deren Repertoire vom Anfang 13. Jh. bis Mitte 14. Jh. Darunter sind wieder einige Notre-Dame-Stücke, doch überwiegen die eigenen 2- bis 3-st. Kompositionen:

– **Motetten,** 54 Stck, schlichter als die frz., die Tenorbehandlung ist freier, die Oberstimmen sind einander angeglichen: von ähnlicher Rhythmik über gleichen Text (*Conductusmotetten*) bis zu Stimmtausch;

– **Choralbearbeitungen** (*Organa*), 23 Stck, z. T. mit tropierendem syllab. Oberstimmentext (wie frühe Notre-Dame-Motetten);

– **Ordinariumssätze,** 10 Stck, teilweise mit eigenen Grundmelodien statt der vorgegebenen liturg. c. f.;

– **Sequenzen** neuen Stils, 9 Stck, conductusartig;

– **Lieder: Conductus, Hymnen, Rondelli** mit natürl. fließender Melodik.

Es fällt auf, dass die bes. kunstvoll und rhythmisch »gedrechselte« frz. Kompositionsweise in England fehlt. Die Einfachheit der Struktur spricht nicht für Rückständigkeit im Können, sondern eher für eine natürliche Haltung im Musizieren.

Dem entspricht die häufige Verwendung von **Terzen** und **Sexten,** die auch in der Theorie zuerst von den Engländern als Konsonanzen anerkannt wurden: von ANONYMUS 4 und WALTER ODINGTON (Anfang 14. Jh.). ODINGTON begründet dies empirisch, indem er die pythagoreischen komplizierten und daher »dissonanten« Zahlenverhältnisse der gr. und kl. Terz von 64:81 und 27:32 auf die einfachen von 4:5 und 5:6 reduziert. Die Terz-Sextklänge werden im 15. Jh. als *Fauxbourdon* auch auf dem Kontinent in Mode kommen.

Die Melodik ist rhythmisch einfach und ebenfalls terzenfreudig, was ihr Dur-Charakter verleiht. Man kann sie daher auch volkstümlich genannt.

Ein besonderes Beispiel für die engl. Geschmacksrichtung ist der sog. **Sommerkanon.** Es ist der älteste erhaltene Kanon überhaupt und stammt wahrscheinlich aus der Abtei zu Reading (*Reading rota*). Seine Datierung ist unsicher (um 1260), doch spiegelt es die engl. Praxis des 13. Jh. (Abb. A).

Das Stück ist 6-stimmig: Die Oberstimmen bilden einen 4-stimmigen Kanon im $^6/_8$- oder $^4/_4$-Takt, aus 12 textlich und musikalisch jeweils neuen Abschnitten à 2 Takten, die sich in allen Stimmen beliebig oft wiederholen können. Die beiden Unterstimmen bilden darunter einen sog. Pes (Fuß): Sie wiederholen eine 4-taktige Formel, die so ineinander greift, dass je 2 Takte gleich klingen. Das ganze Stück besteht harmonisch aus einem Wechsel von einem »F-Dur«- und einem »g-Moll«-Klang, und zwar von Longa zu Longa, sodass ein glockenhaftes Pendeln, eine gewisse Monotonie, jedenfalls die erwähnte engl. Volkstümlichkeit zu hören ist.

Deutschland bleibt in der Mehrstimmigkeit des 13. Jh. völlig im Hintergrund. Der berühmte FRANCO VON KÖLN war Theoretiker und ist als Komponist nicht belegt. Im *Codex Darmstadt* (Anfang 14. Jh., nordfrz.) ist allerdings eine 3-st. lat. Doppelmotette *Homo miserabilis - Homo luge* (Triplum-Motetus) erhalten mit dem merkwürdigen dt. Tenor »Brumas e mors, Brumas ist tôd, o wê der nôt!« Sie wird z. T. FRANCO zugeschrieben.

Spanien ist mit der Quelle *Hu* vertreten, die das Repertoire des Nonnenklosters Las Huelgas in Burgos spiegelt. Auch hier ist die Auseinandersetzung mit Stücken aus der Notre-Dame-Schule offenbar als »moderner« Musik bemerkenswert, ferner die Zunahme von Ordinariumsvertonungen (im Gegensatz zu den Propriumsstücken des *Magnus liber*). Im Übrigen dürften die 1-st. Marienlieder *Cantigas de Santa María* des 13. Jh. weit berühmter als spanische Mehrstimmigkeit gewesen sein. Sie tradieren wohl älteres Melodiengut mit neuen Texten in Art der Troubadourlyrik (bes. von ALFONS X. von Kastilien, † 1284).

Instrumentalmusik

Die Instrumente, vor allem die Fiedel (S. 226 f.), konnten bei den Vokalstimmen mitgehen. Auch führten sie in den Motetten den Tenor aus. *Codex Ba* überliefert im Anhang 7 textlose Hoqueti für Instrumente, einer mit dem Titel *In seculum viellatoris* (»für den Fiedler«, Abb. B). Als improvisierte Tanzmusik der Zeit sind einige 1-st. Stücke im *Chansonnier du Roi* erhalten. Sie heißen **Ductia** oder **Stantipes** (JOH. DE GROCHEO), auch **Estampida.** Ihr Aufbau gleicht der Sequenz (vgl. S. 192, Abb. B): eine Folge von Abschnitten (*puncta*), die je einmal wiederholt werden und entsprechend *offen* bzw. *geschlossen,* d. h. mit Halb- oder Ganzschluss enden (Abb. C).

Mittelalter/Mehrstimmigkeit/Ars nova I: Mensuralsystem, Motette

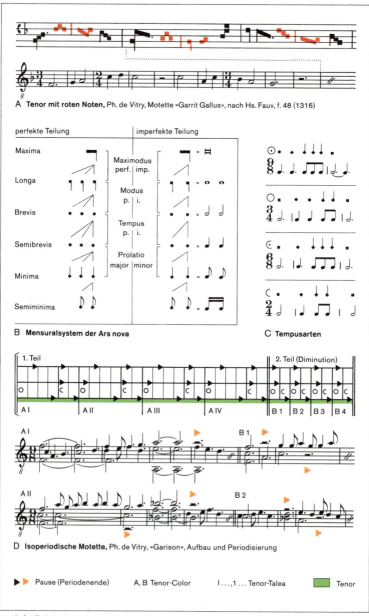

A **Tenor mit roten Noten,** Ph. de Vitry, Motette »Garrit Gallus«, nach Hs. Fauv, f. 48 (1316)

B **Mensuralsystem der Ars nova**

C **Tempusarten**

D **Isoperiodische Motette,** Ph. de Vitry, »Garison«, Aufbau und Periodisierung

▶ ▶ Pause (Periodenende)   A, B Tenor-Color   I...,1... Tenor-Talea   Tenor

Metrische Relationen, Isoperiodik

Mittelalter/Mehrstimmigkeit/Ars nova I: Mensuralsystem, Motette 215

Die Epoche der **Ars nova** umfasst etwa die Zeit von 1320–1380. Sie ist spezifisch frz. mit Zentrum Paris.
Die Epochenbezeichnung geht auf den *Ars nova* betitelten Traktat von 1322 des PHILIPPE DE VITRY zurück. Vorher hatte JOHANNES DE MURIS, Mathematiker und Astronom an der Sorbonne, in seiner *Notitia artis musicae* von 1321 das Mensuralsystem der Ars nova dargestellt. In den Streit um die Ars nova griff JACOBUS VON LÜTTICH ein, der letztmals die gesamte spekulative Musiktheorie des MA. in 7 umfangreichen Büchern seines *Speculum musicae* von 1321–24 zusammenfasste und die Ars antiqua heftig, aber sachkundig verteidigte. Neuerungen der Ars nova vollziehen sich vor allem auf folgenden Gebieten:
– **Motette** (Isoperiodik, Isorhythmik),
– **mehrst. Lied** (Kantilenensatz),
– **Mensuralsystem,**
– **Mensuralnotation.**
Organum und Conductus versinken. Die weltl. Musik überwiegt. Hier zeigt sich die innere Schwäche der Kirche im 14. Jh. Papst JOHANNES XXII. wendet sich 1324/25 von Avignon aus sogar mit der Bulla *Docta Sanctorum* gegen die Ars nova (Androhung von Kirchenstrafen, falls die neue Musik in der Kirche aufgeführt wird).

Mensuralsystem und -notation erweitern das alte franconische System. Kleinste Einheit ist offiziell die Minima, die aber um 1320 bereits schon wieder teilbar ist: allerdings nur in 2, noch nicht in 3 Semiminimae. Die Maxima dagegen ist auch dreiteilig. Das ternäre Mensuralsystem umfasst damit 4 vollständige Stufen oder Gradi:
– **Maximodus:** Verhältnis Maxima-Longa,
– **Modus:** Verhältnis Longa-Brevis,
– **Tempus:** Verhältnis Brevis-Semibrevis,
– **Prolatio:** Verhältnis Semibrevis-Minima.
Neben die binäre Teilung tritt vollgültig (wenngleich *imperfekt* genannt) die **binäre.** Sie hat einen 5. Gradus: Minima-Semiminima. Da an den Noten selbst nicht zu erkennen ist, ob sie binär oder ternär geteilt wird, gibt man oft die Teilungsart durch rote Noten oder eigene Mensurzeichen an.
1. **Rote Noten** bezeichnen vorübergehenden Mensurwechsel (Taktwechsel). Frühestes Beispiel ist der Tenor der Motette *Garrit gallus-In nova fert* von VITRY (Erfinder der roten Noten?). Er besteht aus 2 rhythmisch gleich gebauten Abschnitten mit der Folge: schwarz LBB, rot BBL, 2-zeitige Pause, rot LBB, schwarz BBL, 3-zeitige Pause (Abb. A). Durch Imperfektion, Alteration und Taktwechsel ergeben sich unterschiedl. Notenwerte.
2. **Mensurzeichen** setzt man für längere Strecken, bes. für die 4 Kombinationen von Tempus und Prolatio:
– *tempus perf.* (B = 3 S) *cum prolatione maiori* (S = 3 M), entspr. ⁹⁄₈-Takt;

– *tempus perf.* (B = 3 S) *cum prolatione minori* (S = 2 M), entspr. ³⁄₄-Takt;
– *tempus imperf.* (B = 2 S) *cum prolatione maiori* (S = 3 M), entspr. ⁶⁄₈-Takt;
– *tempus imperf.* (B = 2 S) *cum prolatione minori* (S = 2 M), entspr. ²⁄₄-Takt.
Die Zeichen sind **Kreis** für *tempus perf.,* **Halbkreis** für *tempus imperf.,* **Punkt** für *c. prolatione maiori,* **kein Punkt** für *c. prolatione minori* (Abb. C).
Der Kreis erhält sich lange als Zeichen für den Dreiertakt (noch bei BACH), der Halbkreis bedeutet heute noch ⁴⁄₄-Takt.

Die Motette ist die Hauptgattung der Ars nova, bes. die frz. Doppelmotette. Der Inhalt bezieht sich auf Liebe, auf Politik, auf Soziales usw. Die Motette ist zwar noch ein Stück für Kenner, aber zugleich eine öffentl. Kunstform geworden. Bes. die isorhythmische Motette wird rund 150 Jahre lang die traditionelle Gattung für hohe Feste. Die Stimmen sind gemischt vokal-instrumental:
– **Triplum,** wird zum Cantus in Sopranlage, Knaben- oder hohe Männerstimmen, rascher Rhythmus (z. B. ⁶⁄₈ in Abb. D);
– **Motetus,** Hauptstimme in Altlage, in ausgewogener Bewegung;
– **Tenor,** instrumentale Stützstimme in langen Notenwerten und Großtakten (Langmensur, z. B. 3 × ⁶⁄₈, Abb. D). Zuweilen tritt ein gleich gearteter **Contratenor** hinzu.
Tenorgestalt, Diminution und Augmentation
Noch immer ist der Tenor ein Choralmelisma, das nach einem rhythmischen Modell zubereitet wird. Dies Modell ist länger, sein Terminus **Talea** (frz. *taille,* Abschnitt, in der Poetik metr. Schema eines Gedichtes). Die Talea misst in Abb. A 10 Takte und wird 3-mal wiederholt, in Abb. D 6 Großtakte und wird 4-mal wiederholt (A I–IV). Der 2. Teil in Abb. D bringt eine *Wiederholung der Tenortöne* (**Color**). Zugleich verkürzt er die Mensur: Aus 6 Großtakten werden 2 (B 1–4, im Nb.: aus *doppelt punktierten Ganznoten* f, a usw. im Tenor werden *punktierte Halbe* f, a usw.). Verkürzung heißt **Diminution,** Vergrößerung **Augmentation.** Beides wird durch Mensurzeichen gefordert ohne neue Tenornotierung. Die meisten Ars-nova-Motetten haben einen Diminutionsteil (2. Teil, s. Abb. D).

Isoperiodik. Um auch die Oberstimmen in eine dem Tenor entsprechende Ordnung zu bringen, stimmte VITRY deren Periodenbau über den einzelnen Tenorabschnitten aufeinander ab. Zäsuren (Pausen) erscheinen stets an der gleichen Stelle, z. B. Abb. D im Triplum A I, T. 6 = A II, T. 6 usw.; im Motetus B I, T. 3 = B 2, T. 6 usw. Kleine Abweichungen sind möglich, z. B. im Motetus A I, T. 3 = A II, T. 3. Die Einteilung in gleiche Perioden (*Isoperiodik*) nimmt keine Rücksicht auf das melodische Material, z. T. nicht einmal auf den Text. Es ist eine absolut musikal. Gestaltungsweise.

216 Mittelalter/Mehrstimmigkeit/Ars nova II: Isorhythmie, Kantilenensatz

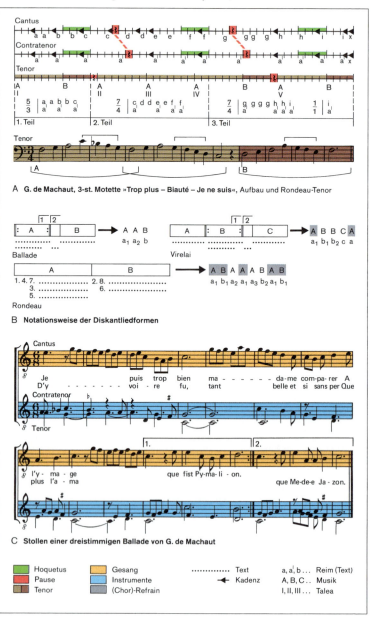

A G. de Machaut, 3-st. Motette »Trop plus – Biauté – Je ne suis«, Aufbau und Rondeau-Tenor

B Notationsweise der Diskantliedformen

C Stollen einer dreistimmigen Ballade von G. de Machaut

Motette, Liedformen

Isoperiodik (Forts.). Ein anderes Beispiel für Isoperiodik ist die MACHAUT-Motette *Trop plus-Biauté-Je ne suis* (Triplum-Motetus-Tenor). Sie hat als Tenor kein Choralmelisma, sondern ein Rondeau, das vermutlich von MACHAUT selbst stammt. Sein Refrain lautet: »Je ne suis mie certains d'avoir amie, mais je suis loyaus amis« (*Ich bin nicht sicher eine Freundin zu haben, doch ich bin ein treuer Freund*).
Sein Teil A geht von f aus und endet im Halbschluss auf c. Teil B führt zurück zum f. Teil A besteht dabei aus 2 gleichen Motiven, das auch in B leicht variiert wiederkehrt (Nb. Abb. A).
Die Gesamtanlage des Motettentenors entspricht nun genau der Rondeauform (»à modum rondelli«): AB = Talea I, A = Talea II, A = Talea III, AB = Talea IV, AB = Talea V (vgl. Abb. A und B, Rondeau).
Der Tenor bestimmt Länge, Aufbau, Tonart und Inhalt der Motette. Text und musikal. Gestaltung der Oberstimmen werden im Blick auf den Tenor konzipiert. Motetus (hier als Contratenor) und Triplum (hier als Cantus) haben verschiedene Strophenform: das Triplum eine sequenzartige Laichstrophe mit fortlaufenden Doppelreimen aa bb cc …, der Motetus eine litaneiartige Laissenstrophe auf gleichen Reim aaaaa …; das Triplum ist viel länger als der Motetus: 10 Doppelverse stehen 12 Einzelversen gegenüber. Beide kommentieren den Tenor, indem sie die Schönheit der Angebeteten loben und zugleich auf ihre Tugend anspielen.
Die Motette hat 3 Großteile mit Hoquetuspartien an ihren Enden:
– Teil 1: Talea I, Versverhältnis Triplum-Motetus 5:3,
– Teil 2: Taleae II und III mit Überlappung, Versverhältnis 7:4,
– Teil 3: Taleae IV und V, mit letztem Tenorabschnitt B als Sonderschluss.
Die Kadenzen und die Pausen stehen in beiden Oberstimmen periodisch gleich, sodass Cantus und Contratenor stark aufeinander bezogen sind.
Isorhythmie geht über Isoperiodik hinaus: Nicht nur der Periodenbau, sondern sogar die **Notenwerte** der Perioden sind gleich. Die rationale Organisation des Tenors mit Aufteilung in *Color* (Tonhöhe) und *Talea* (Tondauer) ist dabei auch auf die Oberstimmen ausgedehnt. Die isorhythmische Motette stellt den Gipfel an rationaler Strukturierung in der gotischen Musik dar. Zugleich schafft Isorhythmie den Ausgleich zu der expressiven Melodik und der gesteigerten harmon. Farbigkeit (Terzen, Chromatik).
Isorhythmie übertrug man von der Motette auch in Messen- und Kantilenensätze. Ein Beispiel ist das *Agnus Dei* der MACHAUT-Messe (S. 218). VITRY und MACHAUT haben schon in den 20er Jahren des 14. Jh. isorhythmische Motetten komponiert.

Das **Diskantlied** (lat. *cantilena*), hat eine gesungene Oberstimme und 1–3 begleitende Instrumentalstimmen. Rückgrat des Satzes ist das 2-st. Diskant-Tenor-Gerüst (Liedmelodie und Begleitstimme), wozu der Contratenor als Füllstimme in Tenorlage kommen kann. Die gleichen Sätze sind oft 2- und 3-st. überliefert. Zuweilen gibt es noch eine 4. Stimme in Cantuslage (Triplum).

Im **Kantilenensatz** (von *cantilena;* auch Diskantliedsatz) erscheinen vor allem die Refrainformen Ballade, Rondeau und Virelai (vgl. S. 192 f.). Die Notationsweise zeigt deutlich, wie aus den wenigen musikal. Bausteinen durch unterschiedl. Wiederholung und Textierung die langen komplizierten Liedgebilde entstehen (Abb. B):
– **Ballade** (frz. *baler,* tanzen), hat normalerweise eine Einleitung (*Envoi*) und 3 Strophen mit Refrain. In der Rücklaufballade MACHAUTS ist der Refrain melodisch gleich dem Stollen, auch fehlt das Envoi, sodass nur die Kanzonenstrophe notiert wird. Der übrige Text steht wie üblich an anderer Stelle, nicht unter den Noten. – Die Ballade ist die häufigste Form im Kantilenensatz (daher auch *Balladensatz,* LUDWIG). Von 42 vertonten Balladen MACHAUTS (*ballades notées* im Unterschied zu seinen 204 unvertonten Balladentexten) sind nur eine 1-st., dagegen 19 2-st., 15 3-st., 4 4-st., dazu nach Motettenart eine Doppelballade (3-st.) und eine Tripelballade (4-st.). Abb. C zeigt den Stollen einer 3-st. Ballade von MACHAUT. Über dem ruhigen instrumentalen Fundament schwingt der bewegte Cantus mit seinen freien Koloraturen.
– **Rondeau,** Rundgesang, in 1-st. Form mit Chorrefrain, mehrst. ohne, hat nur 2 melodische Glieder A und B, die entsprechend der Versfolge 1–7 sich wiederholen (Abb. B). Von 21 Rondeaux bei MACHAUT sind 8 2-st., 11 3-st. und 2 4-st., darunter Besonderheiten wie Kanon-, Zahlen- und Reimspiele.
– **Virelai** (frz. *virer,* sich drehen und *lai,* Laich) ist seltener als Rondeau und Ballade; auf den Refrain A folgt eine Kanzonenstrophe mit Stollen BB und Abgesang C, dann wieder Refrain A. A und C können melodisch gleich sein. Die Verszeilen sind im Unterschied zu Rondeau und Ballade ungleich lang. Von 34 Virelais bei MACHAUT (*chansons balladées*) sind 26 1-st., 7 2-st. und nur 1 3-st.

Hoquetuspartien sind im 14. Jh. häufiger als im 13. Sie erscheinen stets an kompositorisch besonderen Stellen, z. B. am Schluss der Motetten und ihrer Teile. MACHAUT hat einen längeren Hoquetus über den Tenor *David* für Instrumente geschrieben. Er ist ein Unikum in der Mg.

218 Mittelalter/Mehrstimmigkeit/Ars nova III: Messe, Machaut

Guillaume de Machaut, 4-st. Messe, Agnus Dei, 1. Teil (isorhythmisch)

Isorhythmie

Chasse (frz., auch *chace,* Jagd) ist ein 3-st. Kanon im Einklang, inhaltlich wird ein Frühlings- oder Jagdgeschehen geschildert, wobei das Verfolgen der Tiere in gewisser Parallele zur kanonischen Stimmenfolge steht, die auch *fuga* (lat., Flucht) genannt wird.

Die lat. Bezeichnung für Kanon ist *rota,* also Rad (*Radel, Round*), was sich auf die kreisende Stimmbewegung wie auch auf die bildhaft kreisförmige Niederschrift mancher Kanons bezieht.

Vorbereitet ist das Kanonprinzip im Stimmtauschverfahren, bes. engl. Motettenoberstimmen im 13. Jh. (auf kurze Strecken schon in Notre-Dame-Klauseln).

Messordinarien

Im 14. Jh. werden statt des Propriums zunehmend die Ordinariumsteile mehrst. gesetzt: **Kyrie, Gloria, Credo, Sanctus** und **Agnus Dei.** Sie wurden normalerweise vom Chor als 1-st. Choräle gesungen. Dieser Chor, d. h. die kirchliche *Schola cantorum* und nun zunehmend auch die *Hofkapelle,* sang auch das mehrst. Ordinarium. Das Ordinarium wurde in Einzelsätzen (nicht zyklisch) komponiert und in den Hss. entsprechend gesammelt, beginnend mit dem Kyries. So ist auch die Kompositionsweise dieser Sätze sehr unterschiedlich:

1. **Choralbearbeitungssatz:** bes. bei textreichen Stücken wie Gloria und Credo; der Choral liegt im Tenor, ist aber frei, nicht ordiniert; alle Stimmen haben den gleichen Text; der Satz ist schlicht, meist akkordisch-syllabisch.
2. **Motettensatz:** bes. bei Kyrie und Agnus Dei, Choral im Tenor, ordiniert wie in der Motette, die übrigen Stimmen bewegen sich sehr unterschiedlich, haben aber gleichen Text wie der Tenor, nur selten eigenen nach Motettenart; eine mehrtextige Motette ist jedoch immer das **Ite missa,** das (als noch lange mehrst. gesetzt wird) und damit den Abschluss des Ordinariumzyklus bildet.
3. **Kantilenensatz:** für textreiche Sätze, ohne Choral, mit führender, frei erfundener Oberstimme (wie die weltl. Ballade, daher auch *Balladenmesse,* Ludwig) oder mit Choralparaphrase in der Oberstimme.

Auch früheste **Ordinariumszyklen** sind freie Satzzusammenstellungen und noch keine musikalischen Zyklen. Außer den 3 sg. Messen von Toulouse (Fragm.) und Besançon sind bes. 2 Messen bekannt geworden:
– **Messe von Tournai,** 3-st., Anfang 14. Jh., aus Hs. *Tournai,* Sätze aus versch. Epochen: alte modale Rhythmen in den Choralbearbeitungen, in Gloria und Credo auch neue binäre Teilung, Schlussstück lat.-frz. Doppelmotette über Ite missa.
– **Messe von G. de Machaut,** 4-st., Kyrie, Sanctus, Agnus und Ite missa in Motettensatz, Gloria und Credo in Kantilenensatz.
S. 218 zeigt den 1. Teil des Agnus. Der Tenor entstammt der XVII. Messe. Das *Agnus Dei* wird mit 3 Ruhepunkten zu Anfang, in der Mitte und am Schluss gesungen (T. 1, 3, 5–6). Im Takt 4 zeigen die beiden Oberstimmen bei ungleichem Tonmaterial den gleichen Rhythmus wie in Takt 2: sie sind hier isorhythmisch.

Dann folgt diese Anlage gleichsam ins Große projiziert für die Abschnitte I und II, die gleichzeitig die Taleae des Tenors darstellen. Die Isorhythmie lässt sich in den übrigen Stimmen leicht verfolgen: Die rhythmisch gleichen Takte stehen im Nb. genau untereinander (Zeile I und II). So erscheinen im Contratenor in beiden Zeilen: Pause, 3 Halbe, Pause, Halbe, Ganze usw.; die Töne über *tollis pecca* sind a f e d a g a usw., über *mundi miserere* jedoch c′ f g a c′ b a usw. Gewisse Abweichungen kommen vor. Sie treten als Verzierungen in kleineren Notenwerten auf (*Colores*).

Die meisten Ordinariumssätze finden sich in den Hss. *Ivrea* und *Apt,* die das Repertoire der päpstlichen Kapelle in Avignon enthalten

Die Päpste residierten von 1309–76 in Avignon (Babylonisches Exil), während des Abendländischen Schismas von 1378–1417/30 auch die Gegenpäpste.

Die Hs. *Apt* überliefert außerdem **3-st. Hymnen** mit Hauptmelodie in der Oberstimme und gleichem Text in den andern.

In der Beliebtheit der Motette und des Diskantliedes im 14. Jh. zeigt sich der Aufbruch eines neuen, weltl. Musiziergefühls. Thematik und Bilder der Texte sind dabei eher »romantisch« in ihrer Hochstilisierung alter Gefühle und Formen, auch der alten Mythologie. Dem entspricht die kunstvolle Melodik in Lied und Motette wie die ausziselierte Rhythmik der Ars nova. Der Komponist tritt als Schöpfer des Kunstwerkes persönlich hervor. Es ist seine Leistung, die der neuen Musik eine ästhetische Selbstständigkeit sichert. Die beiden berühmtesten Komponisten waren nicht mehr anonyme Diener an einer dienenden Musik, sondern zugleich Dichter und welterfahrene, hochverehrte Persönlichkeiten:

Philippe de Vitry (1291–1361) aus Vitry in der Champagne, Dichtermusiker und Politiker in Paris, Freund Petrarcas, ab 1351 Bischof von Meaux.

Guillaume de Machaut (um 1300–1377) aus Machaut, Champagne, ab 1323 Sekretär Johanns, Herzog von Luxemburg und König von Böhmen, weite Reisen durch ganz Europa, ab 1340 als Canonicus an der Kathedrale in Reims; umfangreiches dichterisches Werk, dazu 23 Motetten, 18 Lais, an die 100 Lieder, 1 Messe u. a. – Machaut ließ seine Werke in eigenen Hss. sammeln, nach Gattungen geordnet: Zeugnis einer persönlichen Schöpfung, die ein hohes Echo fand.

220 Mittelalter/Mehrstimmigkeit/Trecento I (1330–1350)

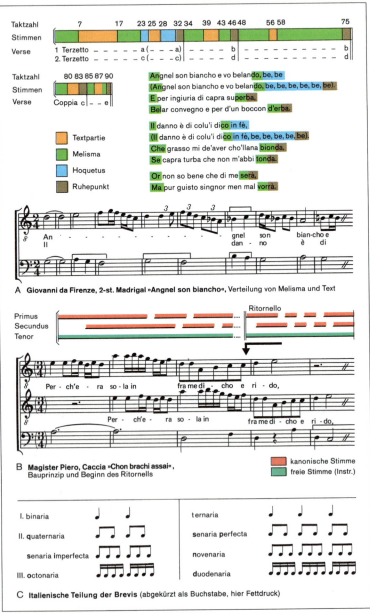

A **Giovanni da Firenze, 2-st. Madrigal »Angnel son biancho«**, Verteilung von Melisma und Text

B **Magister Piero, Caccia »Chon brachi assai«**, Bauprinzip und Beginn des Ritornells

C **Italienische Teilung der Brevis** (abgekürzt als Buchstabe, hier Fettdruck)

Madrigal, Caccia, Mensuralsystem

Mittelalter/Mehrstimmigkeit/Trecento I (1330–1350) 221

In Italien entwickelt sich im 14. Jh. eine eigenständige Mehrstimmigkeit. Es handelt sich um eine weltl. Liedkunst für hohe Männerstimmen und Instrumentalbegleitung. Sie setzt etwas später als die frz. Ars nova ein, übertrifft diese aber an melodischer Verve und harmonischer Klarheit. Dafür ist sie ihr an kunstreich rationalist. Bau und komplizierter Rhythmik unterlegen.

Die mehrst. Liedkunst des Trecento wird getragen von der Aristokratie: bis etwa 1350 in den Städten Norditaliens, dann bes. in Florenz. Wichtige Höfe in Oberitalien waren:
- **Mailand:** die Signorien der Visconti (Lucchino und Giovanni) und der Sforza;
- **Verona:** die Familie della Scala (Alberto und Mastino II);
- **Mantua:** die Gonzagas;
- **Padua:** Della Scala und da Carrara;
- **Modena** und **Ferrara:** die Familie d' Este.

Es wurden Texte vor allem von Petrarca (1304–1374), Boccaccio (1313–1375) und Sacchetti (1335–1400) vertont.

Die **Entstehungsgeschichte** der Trecentomusik ist umstritten. Italien erlebt im 13./14. Jh. eine Blüte des 1-st. Liedes (*Lauda*). Die neue Mehrstimmigkeit führte man daher auf provenzalischen Einfluss zurück, auch auf den frz. Conductus. Neuere Theorien glauben, dass es in Italien im 13. Jh. eine große mehrst. Kirchenmusik gab, vor allem mit 2-st. Sätzen, in denen die Hauptstimme oben lag, ferner dass sich die reiche Improvisationspraxis der Sänger und Instrumentalisten in den Kompositionen des Trecento niedergeschlagen habe.

Zur 1. Generation der Komponisten von etwa 1330–1350 gehören:
- Jacopo da Bologna;
- Giovanni da Cascia (G. da Firenze), wirkte u. a. in Mailand und Verona;
- Donato da Florentia, Vincenzo da Rimini, Piero di Firenze, Gherardello de Florentia.

Hauptgattungen des Trecento sind **Madrigal** (ca. 178 erhalten), **Caccia** (ca. 26) und **Ballata** (ca. 420, in der 1. Generation fast nur 1-st.).

Das Madrigal handelt von Schäferidyllen und Pastorellen, von Liebe in verschlüsselter, zuweilen auch derb komischer Weise, von Moral und Satire (zum Namen s. S. 127). Seine dichterische Form umfasst 2–3 Strophen und ein Ritornell (S. 126, Abb. A). Die Strophen haben gleiche, das Ritornell eine neue Melodie. Der Satz ist 2-st. (später auch 3-st.) mit Hauptstimme oben und gleichem Text für beide bzw. alle Stimmen. Der Tenor als Unterstimme ist frei erfunden und frei geführt (nicht frz. ordiniert), beide Stimmen sind sehr melodisch, und bes. die Oberstimme ist von langen Melismen (Koloraturen) durchsetzt. – Als Mischform mit der Caccia gibt es *kanonische Madrigale*, auch 3-st. mit Oberstimmenkanon.

Im Madrigal *Angnel son biancho* des Giovanni da Firenze (Abb. A) ist der Liebes-

text stilisiert rustikal (Geliebte als weißes Lamm usw.). Ruhepunkte stehen am Zeilenschluss. Die 1. Zeile wird wiederholt (der Ruhepunkt verschiebt sich entsprechend). Jede Zeile beginnt und endet mit einem Melisma, wie die Verteilung im Text zeigt. Aus dem maßstabgetreuen Schema Abb. A (1 mm = 1 Takt) wird deutlich, dass die Melismen mehr Raum einnehmen als die Textpartien: es überwiegt die »reine« Musik.

Das Madrigal liebt Tonmalerei: Aus dem »belando« (*blöken*) wird ein Hoquetus, der sich bei Zeilenwiederholung sogar noch verlängert.

Das Ritornell ist im Verhältnis zum ganzen Madrigal nur kurz (vgl. S. 126).

Trotz der überwiegenden vollkommenen Konsonanzen Einklang, Quinte und Oktave treten viele Terzen auf und beleben mit Weichheit und Klangfülle den Satz. Vorherrschend ist dabei immer die melodische Linie der Einzelstimmen. Deutlich ergeben sich daraus Kadenzen zur Oktave (T. 3–4) und zur Quinte (T. 7–8).

Die Caccia (ital., Jagd) handelt wie die frz. Chasse von der Jagd und anderen turbulenten, mit Interjektionen geschmückten Szenen. Später gibt es auch Liebestexte usw.

Die Caccia hat in der Regel 2 lebhafte, kanonisch geführte Oberstimmen (Kanon im Einklang), die den Text vortragen, und eine ruhige, freie, instrumentale Unterstimme. Bei einigen Stücken fehlt diese Unterstimme. – Die Caccia ist meist zweiteilig: dem langen 1. Teil folgt ein kurzes Ritornell.

In der Caccia *Chon brachi assai* des Magister Piero (Abb. B) ist der kanonische Einsatzabstand der Stimmen im 1. Teil groß (8 Takte), im Ritornell dagegen klein (1 Takt, s. Nb). Das Ritornell kann auch frei imitatorisch sein.

In der Rhythmik und Notation des Trecento (Abb. C) gilt die **Brevis** als Grundwert. Ihre Teilung (*divisio*) in 3 Grade ergibt die versch. Taktarten:

Der I. Grad teilt die Brevis in 2 oder 3 Teile (»Viertel«), also in geraden und ungeraden Takt, die gleichberechtigt sind;

der II. Grad unterteilt die Brevis in 4, 6 oder 9 Teile (»Achtel«), wobei die 6 als 2 mal 3 (senaria imperfecta = 6/8) und 3 mal 2 (s. perfecta = 3/4) auftaucht. Diese Teilungen entsprechen den 4 Temporaten der frz. Ars nova (vgl. S. 214, Abb. C);

der III. Grad unterteilt die Brevis in 8 oder 12 Teile (Sechzehntel).

Im Übrigen verwendet man ein 6-Liniensystem, dazu die frz. Notenform samt den (petroninischen) Divisionspunkten für die Brevesgruppierung. Diese Brevisteilung wird als Buchstabe abgekürzt angegeben, z. B. **q** = quaternaria usw. (Abb. C).

Satztypen, Ballata

Zur 2. Generation der Komponisten von 1350 bis 1390 gehören Bartolino da Padova, Laurentius de Florentia, Niccolò da Perugia, Paolo Tenorista und die zentrale Figur der Trecentomusik Francesco Landini (auch Landino, um 1335–1397), geb. in Fiesole, schon als Kind erblindet, wirkte als Dichtermusiker und Organist am Dom zu Florenz. Überliefert sind 154 Werke, darunter 141 Ballate (91 2-st., 50 3-st., davon 8 mit 3. Stimme als späterem Zusatz), 11 Madrigale (9 2-st., 2 3-st.), 1 3-st. kanonisches Madrigal, 1 3-st. Caccia.

Das Schwergewicht der Trecentomusik verschiebt sich landschaftl. wie erwähnt von Norditalien südwärts nach Florenz unter der Medici als Zentrum, aber auch nach Pisa, Lucca und Perugia.

Die Ballata

ist die Hauptform der 2. Epoche. Sie tritt ab ca. 1365 2-st., dann auch 3-st. auf und verdrängt das Madrigal. Der **2-st.** Satz entspricht dem des Madrigals, d. h. beide Stimmen haben gleichen Text und sind vokal konzipiert. Aber auch Kombination einer Vokalstimme und einer begleitenden Instrumentalstimme sind möglich. Der **3-st.** Satz dagegen ist unterschiedlich:

– **Typ I:** zwei Vokalstimmen *Cantus* und *Tenor* (2 hohe Männerstimmen), dazu ein instrumentaler *Contratenor* (Unter- oder Mittelstimme);
– **Typ II:** alle drei Stimmen sind vokal;
– **Typ III:** eine Vokalstimme als Cantus wird von zwei Instrumentalstimmen begleitet: womöglich eine Nachbildung des frz. Kantilenensatzes.

Immer, auch bei Typ II, können Instrumente mitgehen, sodass ein Mischklang entsteht.

Die **Form der Ballata** entspricht dem frz. **Virelai.** Eine Strophe aus 2 Stollen (Piedi) und Abgesang (Volta) wird umrahmt von einem Refrain (Ripresa). In der Regel umfasst jeder dieser Teile zwei gereimte Verse. Entsprechend besteht die Ripresa (Textzeile 1) aus 2 Melodiebögen A B, ebenso die Volta aus C D. Der 1. Piede (Textzeile 2) mündet in einen Halbschluss (*verto*), der 2. (Zeile 3) in einen Ganzschluss (*chiuso*). Die Volta (Zeile 4) wird auf die gleiche Melodie gesungen wie die Ripresa. Zum Schluss (Zeile 5) wird die Ripresa wiederholt (Abb. B).

Die Ballata *Più bella donn'al mondo* von Landini gilt als eines der schönsten Liebeslieder (Refrain und 1. Strophe in Abb. C vollst.). Die Oberstimme führt, die Unterstimme begleitet (ist evtl. auch instrumental, obwohl die Silbenzahl genau zur Anzahl der Noten passt). Ihr Stütz- oder Begleitcharakter wird bes. in Takt 3 deutlich gegenüber der bewegteren Oberstimme. Diese umsingt die Oktave f^1, bildet die klangvolle Sexte $f–d^1$, die linear be-

stimmte Erhöhung cis^1 (mit Synkope zur Hervorhebung des »non«), dann Quinten und wieder Koloraturen.

Die Stimmen laufen meist in Gegenbewegung. Melodieschritte und Rhythmen sind ausgesprochen kantabel. Auffallend ist daher die quasi hoquetierende Stelle zu Beginn des Schlussmelismas in T. 8/9 des 2. Teils.

Harmonisch beginnt der 2. Teil auf der »Dominantebene« a und führt dann zum Grundton d zurück: ein früher Zug zur Dreiklangstonalität.

Die Schlussformel mit den Synkopen und dem Terzsprung ($h–d'$) ist eine häufige Wendung im Trecento (*Landinoklausel*).

Die schriftl. Fixierung der Stücke gibt nicht die volle **Aufführungspraxis** wieder. So ersieht man aus den Noten nicht, wie die **Instrumente** sich beteiligen; auch differieren die Quellen in Zahl und Anordnung der **Koloraturen.** Diese Koloraturen waren als Verzierungen nicht ausschließlich Sache der Instrumente, sondern wurden auch von Sängern reichlich angewendet. Schon die notierten Koloraturen sprechen für eine hohe **Stimm- und Gesangskultur,** die wohl schon im MA. eine ital. Spezialität war. Trotz der harmon. Klangfülle und -weichheit mit »vortonalen« Zügen fehlt auch in der ital. Mehrstimmigkeit die Bassregion. Die Stimmen wurden von hohen Solotenören gesungen, der Klang blieb durchsichtig und hell.

Ab etwa 1360 macht sich in Italien der Einfluss der frz. Ars nova bemerkbar. Das hängt politisch mit der Herrschaft frz. Fürsten in einigen Städten Italiens und mit der Rückkehr des Papstes und seiner Kapelle 1377 aus Avignon nach Rom zusammen. Man übernimmt die Motette mit Isorhythmie und Mehrtextigkeit, den Kantilenensatz, frz. Notationsmethoden und zuweilen frz. Texte. Dies betrifft vor allem die **3. Generation** der Trecentisten mit Gratiosus und Bartolino da Padova, Paulus und Andreas de Florentia, Matheus de Perusio, Mag. Zacharias, den Casertas u. a. (Spätzeit 1390 bis 1420, vgl. S. 225).

Die bekanntesten Musiktheoretiker des Trecento sind Marchetto da Padova (*Lucidarium* und *Pomerium* 1325) und Prosdocimus de Beldemandis (Padua, Anfang 15. Jh.).

Die **Quellen** überliefern etwa 650 Stücke in über 30 Hss., darunter

– **Codex Rossi** (*RS*), Rom, Bibl. Vat., Rossi 215, um 1350 und früher, erste Trecentoquelle mit 37 Stücken, davon allein 30 Madrigale;
– **Squarcialupi-Codex** (*Sq*), Florenz, Bibl. Mediceo-Laur., Palat. 87, 1. Hälfte 15. Jh., (Besitzvermerk: *Antonio Squarc.,* Organist in Florenz, 1417–80), prächtig illuminierte Sammelhs. mit über 350 Stücken, davon 226 Ballate, 114 Madrigale und 12 Caccie.

224 Mittelalter/Mehrstimmigkeit/Spätzeit des 14. Jh., Ars subtilior

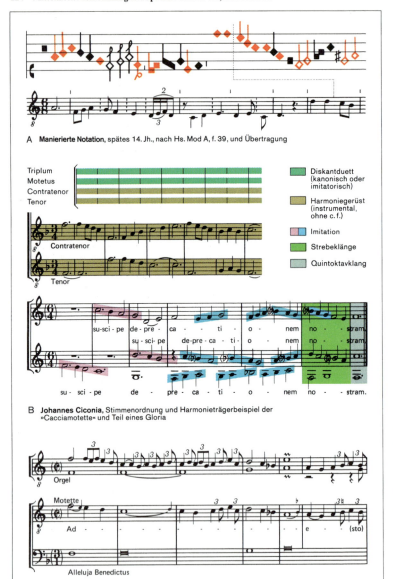

A **Manierierte Notation**, spätes 14. Jh., nach Hs. Mod A, f. 39, und Übertragung

B **Johannes Ciconia**, Stimmenordnung und Harmonieträgerbeispiel der »Cacciamotette« und Teil eines Gloria

C **Intavolierung einer Ars-nova-Motette (Vitry?) für Orgel**, England, 14. Jh.

Strukturbeispiele, früheste Orgeltabulatur

Frankreich. Die Ars nova hatte gattungsgeschichtl. Endgültiges geleistet: Die **isorhythmische Motette** VITRYS und MACHAUTS ist in ihrer durchdachten Ausgewogenheit von Form und Ausdruck Endpunkt der Mottentenentwicklung seit Notre-Dame. Das **Diskantlied** der Ars nova wird von MACHAUT gleich auf eine unüberbietbare Höhe geführt. Da nach dem Tode von MACHAUT 1377 neue Impulse fehlen, gehen die Komponisten auf alten Gleisen weiter. Es entsteht die **frz. Spätzeit** (BESSELER), in der die Ars nova gesteigert wird zu einer **Ars subtilior** (GÜNTHER), wie die Zeit ihre Musik und Notation selber verstand: eine nuancenreiche, hochgezüchtete, kostbare Musikkultur.

Man führt Isorhythmie und Mehrtextigkeit auch in den Kantilenensatz ein und treibt vor allem das zentrale Gebiet der Ars nova weiter voran: den Rhythmus und seine Notation. Das Mensuralsystem wird über die Semiminima hinaus erweitert, die Schlagzeit verlangsamt sich erneut. Der manierierte Rhythmus mit häufigen Mensurwechseln, Duolen, Triolen, Synkopen usw. führt zu einer **manierierten Notation** (APEL) mit *Fusa* und *Dragma* als kleinsten Werten, die vielgestaltig mit Doppelhälsen, Fähnchen und Hohlköpfen erscheinen (Abb. A).

Die meisten Komponisten stehen im Dienste einer *Hofkapelle,* bes. der frz. in Paris (KARL V., 1364–80; KARL VI., 1380–1422). **Zur 1. Generation** bis etwa 1400 gehören: F. ANDRIEUX (Schüler MACHAUTS?), JEAN CUVELIER, JEAN GALIOT, SOLAGE, JEAN SUSAY, JEAN VAILLANT u. a. **Zur 2. Generation** ab etwa 1400 zählen: JOHANNES CARMEN (Paris), JOHANNES CESARIS (Anger), BAUDE CORDIER (Reims), NIC. GRENON (Paris und Burgund), RICHARD LOCQUEVILLE (Cambrai), TAPISSIER (Burgund) u. a.

Italien. Während sich in Florenz nach dem Tode LANDINIS 1397 noch eine Trecentotradition hielt und der Süden um Neapel (PHILIPPUS und ANTONELLO DE CASERTA, NIC. DE CAPUA) eine frz. beeinflusste weltl. Musik pflegte, bahnte sich im Norden unter JOHANNES CICONIA (um 1335–1411) ein allmählicher Umschwung an, der den Niederländerstil vorbereitete. Die geistl. Kompositionen nehmen zu, Stimmführung und Harmonik verändern sich. CICONIA stammt aus dem frz. beeinflussten Lüttich. Er ist der erste bekannte »Niederländer« (*Franko-Flame*), der nach Italien ging. Schon in den 60er Jahren vorübergehend in Italien tätig, lebte er ab 1403 bis zu seinem Tode als Kathedralkantor in Padua.

CICONIA bildet im 4-st. Satz *Tenor* und *Contratenor* aus der frz. Motette zu einem *harmonischen Gerüst* ohne ordinierten c. f. aus. Kennzeichnend sind Quint- und Oktavsprünge. Beide Stimmen sind instrumental (Abb. B).

Darüber werden *Triplum* und *Motetus* einander angeglichen durch *Kanon-* und *Imitationstechnik*. Ergebnis ist eine **Cacciamotette** mit ausgewogenem, klangvollen Satz. Imitation dehnte CICONIA in (geistl.) Vokalwerken auf alle Stimmen aus, z. B. in dem 3-st. Gloria Abb. B. Bemerkenswert sind hier auch die stark kadenzierenden Strebekläng mit ihrer Auflösung, die bereits an die spätere Tonalität erinnert.

England bringt Mehrstimmigkeit vorzugsweise im geistl. Bereich. Die isorhythmische Motette kommt nur vereinzelt vor, das Diskantlied wird gar nicht übernommen. Man bevorzugt die einfacheren engl. Satzstrukturen. Die Quellen überliefern folgende Gattungen aus dem 14. Jh.:
- **Ordinariumssätze:** Der Choral liegt im Tenor, d. h. in der Mitte oder unten, nur selten oben wie in den entsprechenden frz. Sätzen im Diskantstil.
- **Magnificats:** aus der engl. Marientradition, in Choralbearbeitungsstil;
- **Hymnen:** in 3-st. Satz mit Hauptmelodie in der Oberstimme.
- **Conductus:** wird in England noch gesungen, einfacher, syllabischer Satz;
- **Carols:** als Nachfolger des Conductus um die Wende des 15. Jh., 2- bis 3-st. geistl. Weihnachtslieder mit Refrain.

Insgesamt zeigt sich England gegenüber der Ars nova in Frankreich traditionell. Der alte Sinn für Wohlklang und Klangfülle erweitert den Gebrauch von Terzen und Sexten, auch als Akkordketten mit Quint-Oktav-Schluss (»Fauxbourdon«, vgl. S. 213).

Deutschland. OSWALD VON WOLKENSTEIN aus Tirol (1377–1445) schreibt neben 1-st. Liedern erstmals 2- bis 3-st. Sätze:
- nach Vorbild des Kantilenensatzes, wobei er sogar einige frz. Diskantlieder übersetzte und variiert übernahm,
- mit Liedmelodie im Tenor, über den er eine relativ schlichte Instrumentalstimme setzte (s. S. 256, Abb. A). Im 3-st. Satz tritt noch eine instrumentale Unterstimme dazu.

In der Mondsee-Wiener-Liederhs. (Anfang 15. Jh.) stehen ebenfalls einige 2- bis 3-st. Stücke vom MÜNCH VON SALZBURG. Die Liedmelodie liegt hier im Cantus.

An neuer **Instrumentalmusik** ist aus England die erste Orgel- oder Klavizimbeltabulatur erhalten: Eine 3-st. Motette (VITRY?) wurde in eine Griffschrift (*Tabulatur*) übertragen (*intavoliert*). Die sonst getrennt aufgezeichneten Mottentenstimmen erscheinen hier ohne Text untereinander in einem System aus Noten und Buchstaben. Die linke Hand oder das Pedal spielt dabei den Tenor (lange Noten), die rechte Hand die Oberstimmen, doch sie viele Verzierungen anbringt (*Colorierung*; Abb. C).

226 Mittelalter/Mehrstimmigkeit, Musikinstrumente

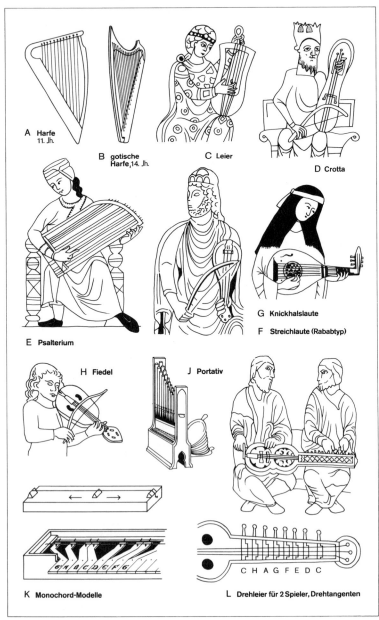

Saiteninstrumente, Portativ

Mittelalter/Musikinstrumente 227

Das MA. übernimmt im Wesentlichen das Instrumentarium des Altertums. Es gibt im MA. jedoch weder eine zielstrebige Entwicklung noch eine bauliche Normierung der Instrumente. Daher die bunte Vielfalt und die unterschiedl. Erscheinungsformen der Typen und ihre uneinheitl. Benennung. Erst im 15./16. Jh. setzt mit dem Aufkommen einer eigenen Instrumentalmusik und dem Ausbau der Bassregion die Familienbildung der Instrumente und deren theoretische Systematisierung ein (Gipfelleistung: VIRDUNG, *Musica getutscht*, 1511; PRAETORIUS, *Syntagma musicum*, II, 1619).

Der Instrumentalklang im MA. war hoch, hell, durchdringend, ganz in Sopran- bis Tenorlage. Die tiefen Bässe fehlen. Es gibt kein Orchester mit großem Klangvolumen, sondern kleine, individuelle Gruppierungen von Solisten, möglichst als Mischklang aus Saiten-, Blas- und Schlaginstrumenten.

Instrumente dienen zur Liedbegleitung (bes. Saiteninstrumente, gezupft und gestrichen), zu Tänzen und Umzügen (bes. Bläser). Fast alles wird nach Modellen improvisiert. Nur in der Mehrstimmigkeit spielen die Instrumente die eigenen oder die Vokalpartien aus Stimmbüchern mit. Reine Instrumentalmusik ist selten, und auch dann handelt es sich meist um urspr. Vokalgattungen (*Hoquetus*, vgl. S. 208 f., *Motettenintavolierung*, vgl. S. 224 f.).

Die Spieler waren außer den Organisten Spielleute in festem Dienst am Hofe (*Menestrels*) oder fahrendes Volk (zugleich Jongleure, Spaßmacher usw.) für Jahrmärkte und Feste.

Saiteninstrumente (Quellen s. S. 538).
Harfe, ab 8. Jh. belegt, als Rahmenharfe in gedrungener romanischer, ab 14. Jh. in schlanker gotischer Form (Abb. A, B), irisch-engl. Spezialität (*cythara anglica*, noch heute im irischen Wappen).
Leiern, Lyra und Kithara der Antike finden sich leicht verändert wieder: zuerst die Leier aus Oberflacht (alemannischer Grabfund, 5./6. Jh.), mit schlanken Jocharmen und 6 Wirbeln, ähnlich im Münchener Psalter (10./11. Jh.) mit 5 Saiten, Sattelknopf und einem Stimmschlüssel (Abb. C). Daneben gibt es die Rundleier ohne Jochansatz (*cythara teutonica*, 7.–9. Jh.), im 9. Jh. auch mit Griffbrett als Mittelsteg und 3 Saiten. Diese *Griffbrettcythara* erscheint schon im 9. Jh. auch mit Streichbogen als **Crwth, Crotta,** dt. **Rotta,** bes. in Irland als Instrument der Barden (Abb. D).
Psalterium, belegt ab 9. Jh., Vorform der Zither (Abb. E), verwandt mit dem Hackbrett (vgl. S. 34). Im 13. Jh. entwickelte man daraus durch Einbau einer Anschlagsmechanik das **Cymbalum** (*Clavicymbel*).
Laute, als **Langhalslaute** (vgl. S. 160, Abb. B), Vorbild arab. *Tanbur,* ab 10. Jh. belegt; als **Kurzhalslaute,** im Typ der arab. *Rabab*, mit kleinem birnenförmigem, bauchigem Korpus ohne Halsansatz, mit 3–5 Saiten und Wirbelplatte, gezupft, aber auch gestrichen (*Streichlaute, Rubebe, Rebec*), in beliebiger Schulter- oder Kniehaltung (Abb. F); als **Knickhalslaute** mit großem Korpus, vielen Saiten, höherem Druck, daher abgeknicktem Wirbelkasten, durch arab. Vermittlung nach Sizilien und Spanien (Abb. G).
Fiedel (*viella, viola,* auch *lyra, geige*), schon in OTFRIDS Evangelienbuch genannt (9. Jh.), kastenförmig mit Halsabsatz, erst ab 11./12. Jh. Einbuchtungen für den Streichbogen in sehr unterschiedl. Formen (dagegen birnenförmiger Rebabtyp), 3–6 Saiten, z. T. mit Bordun (vgl. S. 38), Spielhaltung meist auf linker Schulter (Abb. H), auch quer vor dem Körper.
Drehleier (*organistrum*), ab 9. Jh., 3 Saiten (später bis 6), die gleichzeitig von einem Rad gestrichen werden; größere Instrumente waren bis 180 cm lang und für 2 Spieler gedacht (Abb. L, Plastik, Santiago de Compostela, 13. Jh.); die Drehtangenten (Hebel über den Tonbuchstaben, Abb. L, aufgeklappter Tangentenkasten nach einer Zeichnung aus dem 13. Jh.) berühren alle Saiten beim Hochkippen, und es ergeben sich bei Quint-Oktavstimmung der Saiten (d a d') Parallelklänge wie im alten Organum (daher *organistrum*). Die Tangenten können auch anders gebaut sein und nur 1 Saite berühren (Melodie), während die anderen unverändert weiterklingen (Bordune).
Monochord, Einsaiter mit verschiebbarem Steg zur Demonstration der Intervallproportionen 1:2, 2:3 usw.; statt eines verschiebbaren Steges verwendete man auch mehrere feste, die per Hebel (Tasten) an die Saite gehoben wurden (Abb. K); so entstand das *Clavichord* (vgl. S. 36); als *Polychord* auch mit mehreren Saiten.

Blasinstrumente und Orgel
fast durchweg wie im Altertum:
– **Horn** (röm. *cornu*), als kleines Naturhorn aus Metall, Tierhorn (*bugle*, ahd. *herhorn*, 9. Jh., s. S. 48) oder Elfenbein (**Olifant**);
– **Trompete** (röm. *tuba*, ahd. *trumba*, mhd. *trumpet*), mit Zug als **Posaune** (S. 53);
– **Doppelrohrblattinstrumente: Schalmei** und **Platerspiel** (mit Windblase), ab 15. Jh. **Bomhart** dazu;
– **Flöten:** Längs-(Schnabel-), Quer- und Doppelflöte, Syrinx, Einhandpfeife;
– **Dudelsack,** ab 9. Jh., mit 1–2 Spielpfeifen und Bordunen (S. 54, Abb. D);
– **Orgel,** ab 8. Jh. im Abendland als **Positiv** und tragbares **Portativ** (Abb. J; s. S. 59).

Schlaginstrumente
wie im antiken Mittelmeerraum: Handtrommel, Schellentrommel, kl. Pauke, Becken, Gabelbecken, Triangel, Glocken, Klappergeräte, Rasseln.

228 Renaissance/Allgemeines

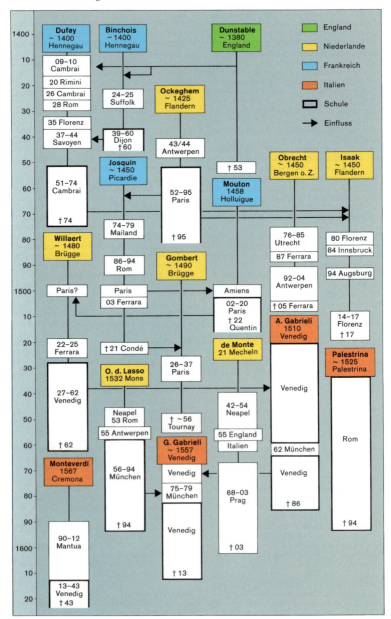

Herkunft, Schaffenszentren und Einflussbereiche der wichtigsten Komponisten

Renaissance/Allgemeines 229

Das 15. und 16. Jh. zeigen eine durchgehende Entwicklung in Haltung und Kompositionstechnik der Musik. Mittelpunkt ist die mehrst. Vokalmusik. Der Höhepunkt wird mit ORLANDO DI LASSO und PALESTRINA erreicht. Die Instrumentalmusik entwickelt gleichsam als Gegengewicht zur vorherrschenden Vokalmusik eine erste Selbstständigkeit.

Das Zentrum des Schaffens verlagert sich von Frankreich über den franko-flämischen Raum und das burgundische Stammland nach Italien, das im 16. Jh. die Führung übernimmt. England mit DUNSTABLE und Italien mit der Epoche CICONIA um 1400 sind für den Anfang dieser Entwicklung bedeutsam. Man hat das 15./16. Jh. das Zeitalter der **niederländischen Vokalpolyphonie** genannt, die führenden Meister jener Zeit stammen aber nicht nur aus den Niederlanden, sondern aus dem heutigen Nordfrankreich, dem Hennegau, Belgien usw. Daher ist es richtiger, von der **franko-flämischen** Musik zu sprechen. Im Übrigen gab es regen internationalen Austausch: Die meisten Komponisten sind weit gereist und haben den größten Teil ihres Lebens als *oltramontani* (*von jenseits der Berge*) in Italien zugebracht.

Renaissance und Humanismus

Der Begriff Renaissance wurde von dem Maler VASARI 1550 angewendet und ist seit BURCKHARDT (nach 1860) für die Kunst des 15./16. Jh. in Italien gebräuchlich.

Renaissance bedeutet *Wiedergeburt* des Menschen aus der bewussten Begegnung mit der Antike. Dort war der Mensch zum Maß aller Dinge geworden. Erneut orientiert er sich nun an sich selbst. Hierin begegnen sich Renaissance und Humanismus (lat. *humanitas,* Menschlichkeit). Mit der »Entdeckung« des Menschen geht parallel die neuzeitl. Entdeckung der Natur und der Welt. Es ist das Ende des MA.:

– Entdeckung Amerikas 1492 durch COLUMBUS, erste Weltumsegelung 1519–21;
– Aufschwung der neuzeitl. Naturwissenschaften u. a. mit KOPERNIKUS († 1543), GALILEO GALILEI († 1642), KEPLER († 1630);
– Erfindung der Buchdruckerkunst durch GUTENBERG, Mainz um 1455, und des Notendrucks durch HAHN (HAN), Rom 1476.

Das neue Menschenbild führt auch zu einem neuen Künstlertypus (mit Vorläufern im 14. Jh.): Das *Genie,* das sich als schöpferische Kraft in einer übergreifenden göttl. Ordnung erlebt. Zugleich spiegelt sich das neue Selbstbewusstsein des Menschen *in den kirchlichen Wirren* und *Glaubenskämpfen,* den zahlreichen *Konzilien* im 15. Jh., dem *Reformwerk* vor allem MARTIN LUTHERS, der *Gegenreformation* mit dem *Konzil zu Trient* (1545–63).

In der **Baukunst** führt die Orientierung an der Antike zu einer **neuen Einfachheit** der Linie, der Form und der Proportionen (BRAMANTE,

MICHELANGELO). Hier führt der ital. Süden gegenüber dem gotischen Norden (Spätgotik noch im 16. Jh.).

In der **Malerei** werden **Natürlichkeit** angestrebt, die **Perspektive** ausgebildet und der Mensch ins Bild gerückt (MICHELANGELO, RAFFAEL, LEONARDO DA VINCI, GRÜNEWALD, DÜRER; GEBR. VAN EYCK, BREUGHEL).

In der **Plastik** schafft man die freistehende Gestalt (DONATELLO).

Die Musik des 15./16. Jh. fand zur Orientierung an der Antike zwar keine Originale vor wie andere Künste, doch lassen sich Renaissanceelemente auch in ihr aufzeigen. Sie führen gegenüber dem MA. zu einer *Vermenschlichung* der Musik:

– Der hohe **Spaltklang** der Gotik weicht dem **Vollklang** der Renaissance in der niederl. Vokalpolyphonie;
– die Linie entwickelt durch polyphone Schichtung den **Akkord;**
– die sukzessive Komposition der Stimmen weicht der **Simultankonzeption;**
– die statischen Quint-Oktavklänge werden von weichen **Terzen** und **Sexten** überflutet;
– die funktionale **Dreiklangsharmonik** bereitet sich vor;
– statt der gekräuselten gotischen Linie wird die **einfache,** vom menschl. Atem gegliederte **Melodie** zum Ideal;
– die komplizierte gotische Rhythmik weicht einer pulsierenden **Lebendigkeit;**
– das ordinierte Tenorgerüst, die komplizierte Rationalität und der Konstruktivismus der Isorhythmie wird aufgegeben zu Gunsten **einfacher Formen und Proportionen;**
– neu ist die Forderung nach **Natürlichkeit** in der Musik (GLAREAN, ZARLINO): Die Musik soll die Natur nachahmen, indem sie als Vokalmusik den Text nachahmt (*imitar le parole*), d. h. dessen Affekt- und Ausdrucksgehalt wiedergibt.

Spätgotische Reste tauchen in Zahlenmystik und niederländischen Kanonkünsten auf.

Die Musikergenerationen (Abb.)

I. (1420–1460): DUNSTABLE, DUFAY, BINCHOIS;

II. (1460–1490): DUFAY, OCKEGHEM, BUSNOIS;

III. (1490–1520): OBRECHT, ISAAK, JOSQUIN, MOUTON;

IV. (1520–1560): WILLAERT, GOMBERT, CLEMENS NON PAPA, JANEQUIN;

V. (1560–1600): A. GABRIELI, DE MONTE, LASSO, PALESTRINA.

Eine letzte Gruppe leitet bereits die neue Epoche des Barock ein: G. GABRIELI, SWEELINCK, GASTOLDI, GESUALDO, MARENZIO, MONTEVERDI.

Schulzentren sind **Cambrai** (DUFAY), **Paris** (OCKEGHEM, MOUTON), **Venedig** (WILLAERT, A. und G. GABRIELI, MONTEVERDI), **München** (LASSO) und **Rom** (PALESTRINA).

230 Renaissance/Fauxbourdon, Satz, Parodie

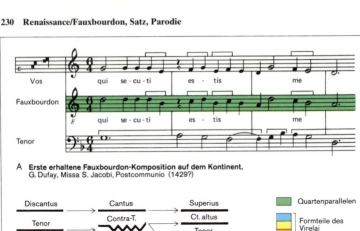

A **Erste erhaltene Fauxbourdon-Komposition auf dem Kontinent,**
G. Dufay, Missa S. Jacobi, Postcommunio (1429?)

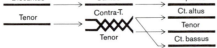

B **Entwicklung des 4-st. Satzes**

Quartenparallelen

Formteile des Virelai

1. fauxbourdonartig
2. Doppelleittonkadenz
3. liegender Contratenor
4. aufwärts springender Ct.
5. abwärts springender Ct.
6. Schlussklang ohne Terz
7. Tenor aufwärts zur Terz

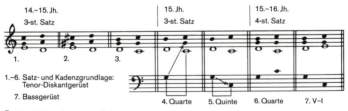

Tenorklausel — Sopran- und Tenorklausel — Unterterzklausel

C **Die wichtigsten Klauseln**

14.–15. Jh. 3-st. Satz | 15. Jh. 3-st. Satz | 15.–16. Jh. 4-st. Satz

1.–6. Satz- und Kadenzgrundlage: Tenor-Diskantgerüst
7. Bassgerüst

4. Quarte   5. Quinte   6. Quarte   7. V–I

D **Entwicklung der tonalen Kadenz**

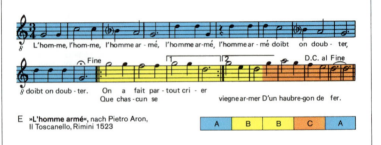

E **»L'homme armé«**, nach Pietro Aron,
Il Toscanello, Rimini 1523

| A | B | B | C | A |

Stimmführung, bekannteste Parodievorlage der Zeit

Renaissance/Fauxbourdon, Satz, Parodie 231

Mehrstimmigkeit ist in der Renaissance noch immer wörtlich zu verstehen als Summe kontrapunktisch gestalteter Einzelstimmen (überliefert in Stimmen, nicht in Partitur). Angleichung der Stimmen geschieht in der sog. Durchvokalisierung: alle Stimmen erhalten Vokalcharakter (»Vermenschlichung« der Musik, s. S. 229). Hauptmittel dazu sind fließende Melodik und Durchimitation im Satz. Das Klangideal der Renaissance wandelt sich ferner durch Hereinnahme der Bassregion (4-st. Satz als Norm), durch farbige Terz- und Sextklänge (Fauxbourdon) und vortonaler Dreiklangsharmonik (Kadenzen). Am Ende dieser Entwicklung steht der Akkord als Materialgrundlage des Generalbasszeitalters.

Fauxbourdon bedeutet Sextakkordketten, die sich in einen Quint-Oktavklang auflösen. Ihr Ursprung geht wohl auf engl. Einfluss zurück (Faburden, S. 234 f.).
Im kontinentalen 3-st. Satz erklingen zur Hauptmelodie (Choral) in der Oberstimme 2 Unterstimmen (bourdon und »fa-bourdon« als Contra- oder »Gegen«tenor) streckenweise in engl. Sextakkordketten. Womöglich um das Kompositionsverbot von Quartparallelen zu umgehen, wird aber nur ein 2-st. Satz notiert. Die zur Oberstimme quartparallel, also »falsch« verlaufende Mittelstimme ergänzen die Ausführenden nach der Anweisung »à faux bourdon«, »nach Art des falschen Basses«. Der Fauxbourdon erscheint ab etwa 1430 auf dem Kontinent, gleichzeitig mit dem Faburden in England.
Vermutlich bezieht sich MARTIN LE FRANC im *Champion des Dames* um 1440 hierauf, wenn er schreibt, DUFAY und BINCHOIS machten »frisque concordance« nach engl. Art im Gefolge DUNSTABLES. Frühester Beleg auf dem Kontinent begegnet in DUFAYS Postcommunio der *St. Jacobsmesse* von 1429 (Abb. A). Die Textstelle »Ihr, die ihr mir gefolgt sein werdet . . .« spiegelt sich im quartparallelen *Folgen* der Mittelstimme.

Der 4-st. Satz als Norm ist Ende des 15. Jh. erreicht. Ausgang ist der 2-st. Satz des 11./12. Jh. mit Choraltenor (Cantus) und Oberstimme (Discantus). Im 3-st. Satz des 13.–15. Jh. tritt ein Contratenor in Tenorlage hinzu, der den Tenor häufig kreuzt. Dann spaltet sich der Contratenor in einen hohen (altus) und tiefen (bassus), sodass die Stimmen heißen:
– Discant(us) oder Sopran(us) (»oberster«), meist Melodieführung;
– Contratenor altus oder Alt, meist eine harmonische Füllstimme;
– Tenor, oft als c. f. tragende Stimme des Satzes;
– Contratenor bassus oder Bass, die Harmonik tragende tiefste Stimme.

Die Entwicklung der tonalen Kadenz
Das Schließen hat bes. Bedeutung für die

Tonalität eines Stückes. In der Einstimmigkeit ist der Schlusston (Finalis) der Grundton der Tonart. Weil er tief liegt, wird er meist sekundweise von oben, seltener von unten erreicht (Abb. C, Tenorklausel). Die letzten 2 bis 3 Töne haben daher geringe Variationsbreite. Sie bilden Formeln des Schließens aus, sog. **Klauseln.** Die wichtigsten Klauseln begegnen im 2-st. Satz (Abb. C):
– **Tenorklausel:** der Tenor erreicht wie in der Einstimmigkeit die Finalis im Ganztonschritt von oben; Halbtonschritt nur beim phrygischen Schluss;
– **Sopranklausel:** der Sopran steigt in Gegenbewegung zum Tenor sekundweise aufwärts, meist halbtönig (Leitton). In der häufigen Unterterz- oder Landinoklausel wird dieser Schritt durch einen Terzsprung von unten ersetzt.

Im 3-st. Satz steigt die Mittelstimme fauxbourdonartig sekundweise aufwärts in den Schlussklang (Abb. D, 1). Dabei können Halbtonerhöhungen (Leittöne) die Schlusswirkung verstärken. Die Kadenz mit doppeltem Leitton ist im 14./15. Jh. häufig (Abb. D, 2). Die Mittelstimme kann aber auch auf gleichem Ton verharren (Abb. D, 3). Im 15. Jh. erscheinen dann 2 zukunftsweisende Varianten dieser Kadenz:
– Der Contratenor startet nicht aus der Mittel-, sondern aus der Unterlage. Er springt eine Oktave aufwärts oder eine Quinte abwärts in den Schlussklang (Abb. D, 4 und 5). Im ersten Fall stehen die tiefsten Töne der beiden letzten Akkorde im Verhältnis einer Quarte aufwärts, im zweiten einer Quinte abwärts: Beide Male ergibt sich die Grundtonfolge Dominante-Tonika (V.–I. Stufe).

Im 4-st. Satz des 15./16. Jh. wird dieser D-T-Schritt meist als Quarte aufwärts zur Norm, wobei noch immer das Diskant-Tenorgerüst die Satzgrundlage darstellt (in Abb. D: Tenor hohle Noten). Der Schlussklang bleibt bis ins 16. Jh. ohne Terz.
Gegen Ende des 16. Jh. übernimmt der Bass die tragende Funktion in der Kadenz durch Quart- oder Quintsprung (Abb. D, 6 und 7). Der Tenor steigt schließlich eine Sekunde aufwärts zur Terz (vollst. Dreiklang). Bis ins 18. Jh. bleibt diese Schlussterz auch in Mollstücken stets eine große (*Picardische Terz*), wohl wegen der unreinen Schwingung der kleinen Terz im mitteltönigen System (Abb. D, 7).

Parodie gehört zu den Stilmerkmalen der Renaissance: eine weltl. Liedmelodie ersetzt den liturg. Choral als c. f. Am häufigsten parodiert wurde das Lied *L'homme armé* (Abb. E, Balladenform) mit etwa 30 Bearbeitungen. Als Vorlage dienen auch ganze mehrst. Sätze, z. B. Chansons (Parodiemesse, s. S. 244). Erst das Tridentiner Konzil (1545–1563) wendet sich gegen das Parodieverfahren.

232 Renaissance/Vokalgattungen, weiße Mensuralnotation

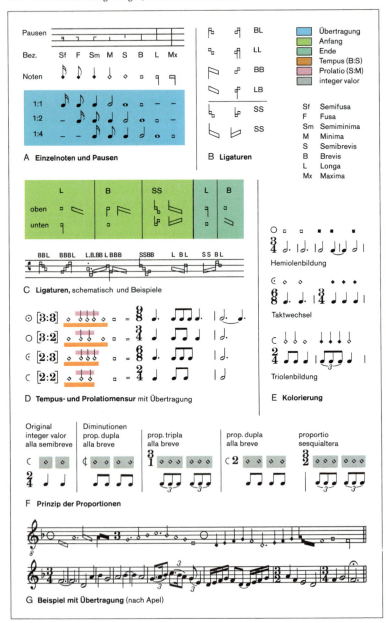

Funktionsprinzip und Erscheinungsbild

Im 15./16. Jh. bekommen die geistl. Kompositionen, voran Messe und Motette, das Hauptgewicht. Erst im Laufe des 16. Jh. tritt mit dem neuen ital. Madrigal eine gleichwertige, weltl. Gattung neben die geistl.
Der Prozess der Durchvokalisierung ist in Diskantlied und Motette am deutlichsten zu beobachten. Im Ersteren werden die melodiöse Oberstimme und die instrumentalen Stützstimmen ausgeglichen, glatter und sanglicher. Das Gleiche gilt für den Tenor und die übrigen Stimmen der Motette. Dabei wird zugleich die Satzstruktur in vertikaler (homophone Partien) und horizontaler Hinsicht (Abschnittsbildung) durchsichtiger und klarer. Dies geschieht nicht schlagartig, auch nicht in gleichmäßiger Progression, sondern es gibt immer wieder Gegenströmungen in den Komponistengenerationen.

Die geistlichen Gattungen
Messordinarium: Zyklusbildung herrscht vor durch c. f. (auch Parodie, S. 244 f.) oder Kopfmotive. Die Messensätze werden meist nach Motettenart komponiert;
Messproprium: wieder häufiger, Komposition nach Motettenart;
Offiziumskomposition: zahlreiche Magnificats, Hymnen und Antiphonen;
Motette: überwiegend geistl. Text (Bibel). Die wenigen weltl. Motetten sind feierlich und ernst.
Der Motettenaufbau wandelt sich vollständig: keine Mehrtextigkeit mehr, keine Isorhythmie. Ziel ihrer neuen Entwicklung ist eine freie Abschnittsbildung mit je neuem Imitationsmotiv (16. Jh.).

Die weltl. Gattungen
frz. Chanson: Nachfahre des Diskantliedes, Höhepunkt im 16. Jh.;
ital. Madrigal des 16. Jh.: steigt auf zur kunstvollsten Kompositionsgattung des 16. Jh. mit starkem Ausdrucksgehalt;
dt. Tenorlied: instr.-vokaler Mischklang wie Diskantlied, mit c. f. (Liedmelodie) im Tenor;
volkstüml. Formen: ital. Frottola, Balletto, Villanella (span. Villancico) u. a., mit stark homophonem Einschlag.

Die Quellen
Zu den großen Sammelhss. des 15. Jh. gehören
Old Hall (*OH*), St. Edmund's College, Rep. 1360–1440 Engl., ca. 150 engl. Stücke von DUNSTABLE, POWER u. a.;
Trienter Codices (*Tr* 87–93), Trient, Domkapitel Mss. 87–92 und Kapitelsarchiv, Repertoire 1420–1480 der Hofkapelle FRIEDRICHS III. (1440–1493), Oberitalien, Trient, 1864 Komp. von DUNSTABLE, DUFAY, BINCHOIS u. a.
Im 16. Jh. lösen die Drucke zunehmend die Hss.-Tradition ab.

Weiße Mensuralnotation
Die Vergrößerung der Handschriftenformate im 15. Jh. auf Folio (Papier) machte das schwarze Ausfüllen der Köpfe großer Noten mit Tinte unpraktisch. Man ging dazu über, nur die Umrisse zu zeichnen. Diese sog. *weiße* Mensuralnotation fußt auf den Prinzipien der schwarzen (S. 210 f., 214 f.).
Einzelnoten und Pausen sind regulär um Semiminima, Fusa und Semifusa erweitert. Alle Verhältnisse können binär und ternär sein. Als Übertragungsmodus bietet sich 1:4 an (Abb. A).
Ligaturen entsprechen den schwarzen (Abb. B, vgl. S. 210, D). Mittelnoten sind Breves, Ligaturenanfang und -ende aber variieren: Abb. C zeigt die Formen für L, B und S bei absteigenden (»oben«) und aufsteigenden (»unten«) Ligaturen; so im 1. Nb.: absteigende Ligatur, Anfang »oben« Quadrat mit Hals, also B, Mitte B, Ende »unten« Quadrat ohne Hals, also L usw. Auch in Ligaturen können Punkte gliedern.
Tempus- und Prolatiomensur (Abb. D) sind weiterhin die häufigsten Taktarten (S. 214, C). Fast immer wird ein Mensurzeichen gesetzt, u. U. auch eine Proportionsziffer.
Kolorierung, meist **Schwärzung** der Notenköpfe ermöglicht rhythm. Besonderheiten:
– **Triolenbildung:** 3 schwarze sind so viel wie 2 weiße Noten;
– **Taktwechsel:** ohne Mensurzeichen, wie bei der Triolenbildung Umkehrung der 2- in 3-zeitige Teilung und umgekehrt (in Abb. E auf die Brevis als Takteinheit bezogen);
– **Hemiolenbildung:** Die schwarze B verliert gegenüber der weißen ein Drittel ihres Wertes. Drei schwarze B binden so 2 Takte zu einer höheren Einheit zusammen;
Prinzip der Proportionen beruht darauf, dass die Mensuralnotation nicht absolute, sondern relative Werte angibt. Erst eine Bestimmung von außen (Mensurzeichen) legt den Wert der Note fest (heute verwendet man nur das Notensymbol: Es ist stets 2-zeitig). Ein derart festgelegter oder die Zählzeit, der sog. **integer valor** (*ganzer Wert*). Mensurzeichen oder Proporzangabe bestimmen, auf welchen Notenwert der **integer valor** fallen soll. Abb. F zeigt eine Reihe von Möglichkeiten. So wird die S in der *prop. dupla* (2:1) doppelt, in der *prop. tripla* (3:1) dreimal so schnell. Der **integer valor** fällt dabei auf die Brevis (*alla breve*). Bei den Proportionen untereinander, z. B. zwischen *dupla* und *sesquialtera* (Abb. F), bezieht sich der Nenner des Bruches nach vorne, der Zähler nach hinten.
In den Proportionen manifestiert sich spätgotisch rationales Musikdenken. Sie tauchen außer im Tanz in Messen, Motetten (Diminutionsteil) und in Kanons auf (S. 118, Abb. E). Der proportionalen Starrheit steht im 15. Jh. aufkommende *Tactusprinzip* gegenüber.

234 **Renaissance/England im 15. Jh.**

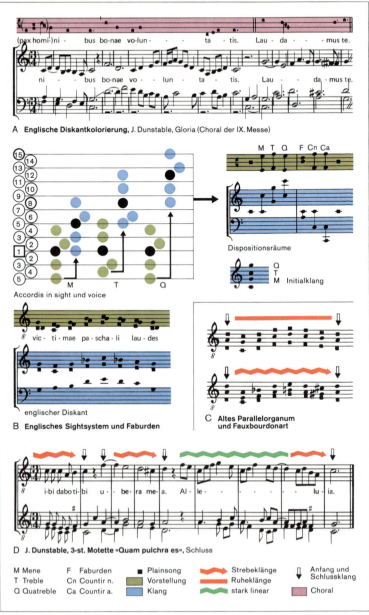

Choralbehandlung, Sightsystem, neues Klangbild

In England liegt auch im 15. Jh. das Schwergewicht der Mehrstimmigkeit auf der **geistl. Musik** mit Messensätzen, geistl. Motetten, Marienkompositionen, Hymnen und Carols (S. 225).

Typisch engl. sind schlichte, volkstüml. Melodik, überschaubare Rhythmik und eine farbige Harmonik, die den Vollklang (Terzen und Sexten) bevorzugt.

Eher altertüml. als modern wird die engl. Musik gewissermaßen im Gegenzug Anstoß und Vorbild für eine neue Natürlichkeit, die in die frz. Spätzeit einbricht.

Diskantkolorierung. In England entwickelt sich eine bes. Art der Choralbehandlung. In einer 3-st. Komposition liegt der Choral oben (Messordinarien, vgl. S. 225), jedoch so, dass die Choraltöne in einen einfachen Rhythmus gefasst (meist 3/4) und mit einigen Zwischentönen verziert (*koloriert*) werden. Ergebnis ist eine natürlich fließende Melodie mit textbestimmten Atemzäsuren und bescheidenen Melismen.

Abb. A zeigt eine Choralvorlage und eine Diskantkolorierung untereinander. Der Choral (oberste Zeile) ist aus der Tenorlage um eine Quarte nach oben in die Diskantlage transponiert.

Diese melodiöse Choralbehandlung steht in großem Gegensatz zur frz. Tenorordinierung des Chorals.

Engl. Diskant und Sightsystem. Dem alten Stegreifdiskantieren auf dem Kontinent entsprechend (*discantus supra librum,* noch im 18. Jh.) gibt es im 15. Jh. in England eine improvisierte liturg. Mehrstimmigkeit, den sog. **engl. Diskant.** Er beruht auf **Parallelgesang imperfekter Konsonanzen** (bis zu 5) zwischen den Quint-Oktavsäulen. Der Choral (*Plainsong*) liegt unten oder in der Mitte (beim *Faburden,* s. u.).

Statt Notierung benutzte man ein bestimmtes Vorstellungssystem (*Sightsystem*). Die Sänger blicken auf den notierten Plainsongton, zu dem sie sich durch Regeln festgelegte Intervalle (Accordis) vorstellen (*in sight,* »auf Sicht«, Abb. B: braune Punkte), sie aber transponiert singen (*in voice,* Abb. B: blaue Punkte):
– **Mene** (*Haupt*gegenstimme), transponiert eine Quinte aufwärts, Klangraum (*degree,* Abb. B): bis Oktave über Plainsong;
– **Treble** (*Triplum*), transponiert Oktave aufwärts, Klangraum: Quinte bis Duodezime;
– **Quatreble** (*Quadruplum*), transponiert Duodezime aufwärts, Klangraum: Doppeloktave (Knabenstimmen);
– **Faburden,** transponiert Quinte abwärts, Klangraum bis Terz unter Plainsong;
– **Countir** in **natural sight** (*Cn, natürliche* Gegenstimme), Quinttranspos. abwärts, reicht bis Oktave unter Plainsong;
– **Countir** in **alterid sight** (*Ca, veränderte* Gegenstimme), Duodezimtranspos. abwärts, bis Doppeloktave unter Plainsong.

Die erlaubten *Accordis* der Stimmen zeigt Abb. B (Punkte). Beim Initialklang stellen sich die Sänger den Choralton selbst vor, was dann entspr. den Transpositionen den Quint-Oktavklang ergibt (Abb. B: schwarze Punkte). Zeilen- und Sinneinheiten werden von diesen Klängen begrenzt.

Beim **Faburden** liegt der Plainsong in der Mitte, d. h. in der *Mene*-Stimme, die auch *Burden* genannt wird. Darunter erklingt der *Faburden* als tiefe Gegenstimme zum *Burden,* darüber der *Treble;* s. Nb. B, Ostersequenz *Victimae paschali laudes,* vorgestellte und klingende Töne.

Die Improvisationspraxis des engl. Diskants wird von L. POWER, R. CUTELL, PSEUDO-CHILSTON u. a. in der 1. Hälfte des 15. Jh. beschrieben.

Hinter der Klangzeile steht noch die alte Organumpraxis. Die starren Quint-Oktavklänge, die an das alte Parallelorganum erinnern (S. 198 f.), sind jedoch bis auf die Eckpfeiler in der Zeile aufgelöst in eine durch Terz und Sext (Fauxbourdonart), Chromatik und Leittöne *klangsinnliche, farbige* und *vorwärts strebende* Bewegung (Abb. C).

Die Kompositionen engl. Musiker sind vor allem im *Old-Hall-Manuskript* und in den *Trienter Codices* erhalten (s. S. 233, Gattungen s. S. 225). Der führende Komponist ist JOHN DUNSTABLE (um 1380–1453), Kanonikus und Musiker des HERZOGS VON BEDFORD, wodurch er die spätgot. frz. und die burgund., wohl auch die ital. Musik kennen lernt. DUNSTABLE greift die Anregungen auf, schreibt aber vornehmlich im engl. Geschmack:
– **Messen,** zuerst Einzelsätze des Ordinariums, oft mit ordiniertem Tenor, dann freie Tenores bzw. den Choral im Diskant (Abb. A); später den gleichen Tenor für zwei Ordinariumssätze, z. B. Gloria und Credo (»Messpaare«), schließlich gleicher Tenor in allen Sätzen: Damit ist der liturgische Messzyklus zu einem musikalisch geworden, der **Tenormesse** (z. B. *Missa Rex coelorum*). Der Tenor wird in den Sätzen variiert. Er braucht nicht unbedingt liturgisch zu sein.
– **Motetten,** 3-st., lat., geistl., von 30 sind 12 isorhythmisch. Unterstimme ist der Tenor. Zuweilen tritt darunter ein Contratenor als 4. Stimme. – Nb. D zeigt den Schluss einer Hoheliedmotette. Die Unterstimmen können instrumental ausgeführt worden sein. Harmonisch wechseln statische Anfangs- und Schlussklänge mit bewegten, fauxbourdonartigen Zwischenpartien. Zum Schluss erklingt über dem Alleluia eine kadenzierende Vokalise.
– **Chansons,** 3-st., ital., weltl., Diskantliedeinfluss, sehr verbreitet, z. B. *O rosa bella.*

236 Renaissance/Franko-flämische Vokalmusik I/1 (1420–1460): Anfänge, Burgund

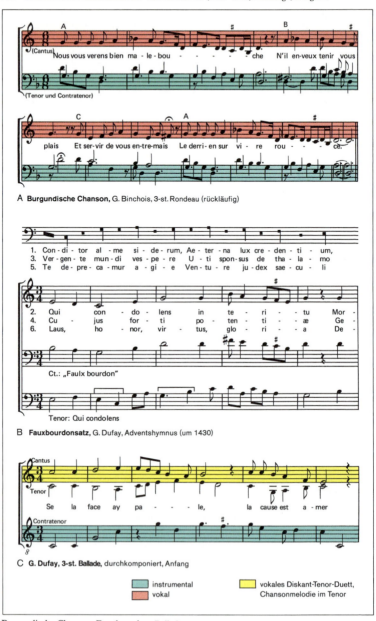

A **Burgundische Chanson**, G. Binchois, 3-st. Rondeau (rückläufig)

B **Fauxbourdonsatz**, G. Dufay, Adventshymnus (um 1430)

C **G. Dufay, 3-st. Ballade**, durchkomponiert, Anfang

instrumental | vokal | vokales Diskant-Tenor-Duett, Chansonmelodie im Tenor

Burgundische Chanson, Fauxbourdon, Ballade

Renaissance/Franko-flämische Vokalmusik I/1 (1420–1460): Anfänge, Burgund 237

Als neues politisches und kulturelles Zentrum bildet sich **Burgund.** Im Süden umfasst es die Franche Comté und die Bourgogne mit der Hauptstadt **Dijon,** im Norden schließen sich Lothringen, Luxemburg, der Nordosten Frankreichs (Picardie, Hennegau), das heutige Belgien und die Niederlande an (Flandern, Brabant usw.). Burgund. Residenzstädte des Nordens waren vor allem **Brüssel** und **Lille.** Der burgund. Hof, bes. unter PHILIPP DEM GUTEN (1419–1467) und KARL DEM KÜHNEN (1467–1477), zieht viele Künstler an (Hofmaler Gebr. VAN EYCK usw.).

Die Hofkapelle (ca. 17 Sänger) ist unter Führung von BINCHOIS fast ganz frz., erst in der 2. Hälfte des 15. Jh. überwiegen die Niederländer (um 1500: 36 Sänger). Zu ihnen gehören: NICOLAUS GRENON, HAYNE VAN GHIZE-GHEM, DUFAY, PHILIPPE DE LA FOLIE, PIERRE FONTAINE, der Engländer ROBERT MORTON, GILLES JOYE, CONSTANT DE TRECHT, JACQUES VIDE, RICHARD LOCQUEVILLE, ANTOINE BUS-NOIS und bes.

GILLES BINCHOIS (um 1400–1460), aus Mons (Hennegau), Kapellmeister PHILIPPS DES GUTEN, Meister des *burgundischen Chanson.*

Ars nova um 1430

Der Umschlag von der frz. Spätzeit in die neue Musik der Renaissance vollzieht sich etwa um 1430 (vgl. S. 229). Um diese Zeit ist DUNSTABLE auf der Höhe seines Ruhmes, andererseits greift nun die junge Generation mit DUFAY und BINCHOIS in die Entwicklung ein. Da die Musiker viel reisen, bes. nach Italien, kommt es zu einer Erweiterung des frz.-gotischen Gesichtsfeldes und einer Verschmelzung mit engl. und ital. Einflüssen. Das Neue zeigt sich vor allem im Werk des jungen DU-FAY.

MARTIN LE FRANC spricht im *Champion des Dames* um 1440 von der *»contenance angloise«,* die die jungen Komponisten angenommen hätten, und von der *neuen Art, frische Zusammenklänge zu benutzen* (»*la nouvelle pratique de fere frisque concordance«*). Dies bezieht sich wohl einerseits auf Terz, Sext und Fauxbourdon (BESSE-LER), andererseits auf die neue Dissonanzbehandlung (BUKOFZER; Einführung und Auflösung s. Abb. C, T. 5).

JOHANNES TINCTORIS (um 1435–1511), Musiktheoretiker und Komponist aus Brabant, bezeichnet die neue Musik ab etwa 1430 ausdrücklich als »*ars nova*«. Er nennt die Engländer mit DUNSTABLE als deren Quelle, DUFAY und BINCHOIS in der 1., OCKEGHEM, BUSNOIS und CARON in der 2. Generation als deren kontinentale Vertreter (CS IV, 154 b, Vorwort zum *Proportionale* von 1477).

TINCTORIS' Bemerkung, erst seit etwa 1437 gebe es Musik zum Hören (*»auditu dignum«,* CS IV, 77 b, *Ars contrapuncti,*

1477), bezieht sich offenbar auf die sinnl. erlebbare Schönheit und die menschl. Ausdruckskraft der neuen Musik.

Kennzeichen des neuen Stils sind Einfachheit und Schlichtheit (vgl. S. 229):

Melodik: gerundeter, atemgerecht phrasiert, klar gegliedert, häufig Durterzen und Dreiklangsgebilde (s. *Cantus* Abb. B, T. 1–3, *Tenor* Abb. C);

Rhythmik: elementarer Tanz- und Körpereinfluss, einfache Proportionen, oft Dreiertakt ($^3/_4$, *tempus perfectum,* Abb. B, C);

Harmonik: neben Quint-Oktavklang viele Terzen, Dreiklänge und Sextakkorde (*Fauxbourdon,* Abb. B), zunehmend schwere Klangwirkung durch neue Bassregion mit funktionalharmon. Tendenz, bes. Dominante-Tonika (s. *Contratenor* Abb. A, C).

Beispielhaft führt DUFAY das Fauxbourdonprinzip in seinen Adventshymnen von 1430 durch (Abb. B). Sie werden strophenweise wechselnd 1- und 3-st. gesungen. Die Liedmelodie liegt im Diskant, Gegenstimme ist der Tenor (mit liturg. Textmarke frz. Tradition: *Qui condolens).* Der Contratenor läuft quartparallel zum Diskant. Er wird nach der *Canonanweisung »Faulx bourdon«* aus dem Stegreif gesungen (im Nb. B ergänzt);

Stimmenzahl: 3-st., ab Mitte 15. Jh. 4-st. als Norm, gelegentlich eine 5. Stimme;

Satzbau: freie Abschnittsbildung, Imitation und Variation des Materials, Klangkontraste durch Wechsel von 2-st., 3-st. und 4-st. Partien.

Frz. und burgundische Chanson

Da der führende Chansonmeister der 1. Generation BINCHOIS am burgund. Hofe wirkte, spricht man im Blick auf ihn von der *burgund. Chanson,* womit aber nur eine Lokalisation der allg. frz. Chanson gemeint ist. Formal ist die Chanson (auch *das* Chanson) in der Trouvèrestradition und wie bei MACHAUT **Ballade, Rondeau** (Abb. A: Refrain AB, Additamenta: CA) und **Virelai (Bergerette),** wird nun aber häufig auch durchkomponiert. Der Satz ist 3-st., der Rhythmus tänzerisch (oft $^3/_8$). Die Liedmelodie liegt im Cantus oder Diskant. Sie wird von Tenor und Contratenor instrumental begleitet (Diskantliedsatz, Abb. A).

Der Tenor ist jedoch oft ebenso liedhaft gestaltet wie der Cantus (Diskant-Tenorduett, Abb. C). Er taucht zuweilen als c. f. in Messen und Motetten wieder auf. Der Contratenor ist harmon. Füllstimme und immer instrumental. Bei DUFAY liegt die Liedmelodie häufig im **Tenor,** wozu ein vokaler Diskant erklingt (wiederum Diskant-Tenorduett). Der Contratenor ist auch bei ihm stets instrumentale, harmon. Füllstimme, erkennbar an großen Umfang und an den weiten, kadenzierenden Sprüngen (Quarten, Quinten, Oktaven, Abb. C).

238 Renaissance/Franko-flämische Vokalmusik I/2 (1420–1460): Dufay

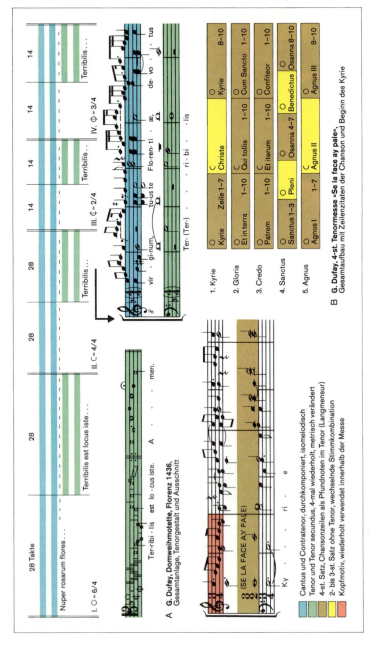

A **G. Dufay, Domweihmotette, Florenz 1436,** Gesamtanlage, Tenorgestalt und Ausschnitt

B **G. Dufay, 4-st. Tenormesse »Se la face ay pale«,** Gesamtaufbau mit Zeilenzitaten der Chanson und Beginn des Kyrie

Cantus und Contratenor, durchkomponiert, isomelodisch
Tenor und Tenor secundus, 4-mal wiederholt, metrisch verändert
4-st. Satz, Chansonzeilen als Pfundnoten im Tenor (Langmensur)
2- bis 3-st. Satz ohne Tenor, wechselnde Stimmkombination
Kopfmotiv, wiederholt verwendet innerhalb der Messe

Festmotette und Messzyklus

Renaissance/Franko-flämische Vokalmusik I/2 (1420–1460): Dufay 239

Motette. Die Mehrtextigkeit wird aufgegeben. Auch Tenorordinierung und Isorhythmie gelten als veraltet (nur noch in Festmotetten, s. u.). Der c. f. liegt weiterhin im Tenor, verläuft aber in freien, langen Noten. Die Tendenz ist, auch den Tenor den andern Stimmen anzugleichen durch Aufhebung des c. f. und Imitationstechnik. Die Motette hat meist 2 Großteile mit Mensurwechsel ($\frac{3}{4}$, $\frac{4}{4}$). Der Satz ist normalerweise 4-st., mit vielen gliedernden Kadenzen, homophonen Partien (syllab. Deklamation) und abschnittsweisem Wechsel der Stimmenzahl.

Neben der geistl. Motette entstehen im frühen 15. Jh. noch die weltl. festl. (z. B. Hochzeitsmotetten). Dann verschwindet die weltl. Motette ganz. An ihre Stelle tritt die Chanson und im 16. Jh. das Madrigal.
Vertont werden Bibel- bzw. Psalmentexte wie Messproprien und Offizien (Antiphonen, Magnificats usw.).
Im 15. Jh. gibt es noch eine kleine **Liedmotette,** in der die Oberstimme führt, 3-st., mit Diskant-Tenorgerüst wie im Chanson; Contratenor bisweilen als c. f.
Ein Beispiel für die repräsentative Festmotette ist DUFAYS *Nuper rosarum flores* zur Einweihung des Domes von Florenz 1436 (Abb. A). Den Unterbau der 4-st. Motette bilden die beiden Tenores, die nur einmal notiert werden (Nb. A: Tenor I vollst.), aber 4-mal erklingen: Wie aus einer Samenzelle entfaltet sich das Ganze, dessen strenge Architektur ein Symbol der Schöpfungsordnung ist.
Die Mensurzeichen bestimmen dabei das Verhältnis der 4 unterschiedl. proportionierten Großteile zueinander: I:II:III:IV = 6:4:2:3, wobei den 1. Teil 3 *Diminutionsteile* folgen.
Jeder Teil wird vom Oberstimmenbicinium eingeleitet. Das Nb. A zeigt, wie sehr Ober- und Unterstimmen differieren. Das war altertümlich. Modern dagegen ist, wie die Oberstimme über den Tenorabschnitten z. T. gleiches melod. Material variieren (*Isomelodik*).

Messe. In Sätzen ohne c. f. führt die Oberstimme (*freie Diskantmesse*). Meist ist aber ein c. f. vorhanden, und zwar im Diskant oder Tenor:
Diskantmesse: Der Choral in der Oberstimme wird formelhaft paraphrasiert, später nach Vorbild der engl. Diskantkolorierung (S. 234 f.) zu einer liedhaften Melodie ausgestaltet. Zyklusbildung durch gleichen Choral je Satz bzw. variierte Choralanfänge.
Zunächst werden wie im 14. Jh. Einzelsätze des Ordinariums, dann Satzpaare und ab etwa 1420/30 vollst. Zyklen komponiert (Vorbild DUNSTABLE?). Einer der frühesten Zyklen ist DUFAYS *Missa sine nomine*.
Tenormesse: Der c. f. liegt hier im Tenor. Er kann ein Choral oder ein weltl. Lied sein. Zyklusbildung durch gleichen c. f. in allen Sätzen und durch gleiche Kopfmotive im Diskant.
Den Aufbau einer Tenormesse (DUFAY, *Missa Se la face ay pale,* um 1450) zeigt Abb. B. Zu Grunde liegt die 10-zeilige Chanson *Se la face ay pale* (S. 236, Abb. C). Das Kyrie bringt die Chanson 1 Mal ganz (auf den Text »*Kyrie eleison*«), verteilt sie jedoch auf die beiden Eckteile: Das mittlere *Christe* ist c.-f.-frei und bildet eine geringstimmige Kontrastpartie in gerader Mensur. Im **Gloria** und **Credo** erklingt die Chanson 3 Mal ganz. **Sanctus** und **Agnus** arbeiten wieder mit Chansonaufteilung und Kontrastpartien.
Das Nb. B zeigt die langen Noten der Chanson im Tenor, die Harmonie stützende Funktion der Unterstimmen (vgl. CICONIA, S. 224) und das Kopfmotiv in der Oberstimme, das in den Sätzen variiert auftaucht.

Die **4-st.** Tenormesse wird zur Hauptform der niederländ. Vokalpolyphonie. Die Ausführung ist chorisch mit Instrumenten, die nach Belieben (und Vorhandensein) die Chorstimmen mitspielen, oft aber auch rein vokal.

GUILLAUME DUFAY (um 1400–1474), aus *Fay* bei Cambrai (Hennegau), führender Musiker im 15. Jh. Seine wechselvolle Biografie (nach BESSELER) ist typisch für das Wanderleben der franko-flämischen Musiker:

1. **Cambrai 1410–20,** Lehrzeit als Chorknabe (bei RICHARD LOCQUEVILLE);
2. **Rimini, Pesaro 1420–26,** am Hof der MALATESTA, frz. Spätzeitstil, Festmotetten und Hochzeitsballade *Resveillies vous;*
3. **Cambrai 1426–28,** engl. Einfluss: *Missa S. Jacobi* mit Fauxbourdon (S. 230 f.), 1427 Priesterweihe in Bologna;
4. **Rom 1428–33,** Kapellsänger MARTINS V., 5-st. Motette *Ecclesiae militantis* (zur Papstwahl EUGENS IV., 1431), Hymnenzyklus (S. 236);
5. **Savoyen 1433–35,** als »bester Kapellmeister der Welt« bei Herzog LUDWIG und Herzogin ANNA;
6. **Florenz, Bologna 1435–37,** mit Papst EUGEN IV., Domweihmotette 1436 (Abb. A);
7. **Savoyen 1437–44,** Motette *Magnanimae gentis* für Bern und Freiburg, *Missa Caput;*
8. **Cambrai 1445–60,** Kanonikat in Cambrai und Mons (BINCHOIS), Reisen, zum Fasanenbankett Lille 1454 (zur Rettung des christl. Konstantinopel vor den Türken) die Klagemotette *O très piteulx,* Messzyklen (Abb. B);
9. **Cambrai 1460–74,** Spätstil mit Auflösung des c. f. und weit strömender Melodik, 4-st. Messe *Ecce Ancilla Domini,* Messe *Ave Regina coelorum* und gleichnamige 4-st. Motette (für eigene Sterbestunde), † 1474, Trauergesänge von OCKEGHEM, BUSNOIS u. a.

240 Renaissance/Franko-flämische Vokalmusik II (1460–1490); III/1 (1490–1520)

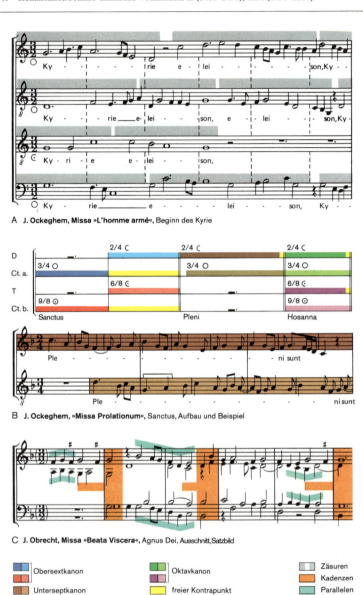

A J. Ockeghem, Missa »L'homme armé«, Beginn des Kyrie

B J. Ockeghem, »Missa Prolationum«, Sanctus, Aufbau und Beispiel

C J. Obrecht, Missa »Beata Viscera«, Agnus Dei, Ausschnitt, Satzbild

Obersextkanon — Oktavkanon — Zäsuren
Unterseptkanon — freier Kontrapunkt — Kadenzen — Parallelen

Satzstrukturen

Die 2. Epoche der franko-flämischen Vokal-polyphonie wird vor allem durch die späten DUFAY (S. 239) und durch JOH. OCKEGHEM (s. u.) repräsentiert. Gleichsam im Gegenzug zur neuen Renaissance-Klarheit engl. und ital. Anregung rückt nun wieder ein gotisch-mystisches Element frz. Tradition vor, bes. bei OCKEGHEM.

In OCKEGHEMS Satz greifen die Linien so in-einander, dass Zäsuren und Kadenzen über-spielt und die klar gegliederten Abschnitte von einem fortlaufenden Stimmenfluss über-deckt werden. Abb. A zeigt eine solche Ver-unklarung der Zäsuren beim Neueinsatz des Wortes *eleison* (T. 2/3) und des zweiten *Kyrie* (T. 6). **Die Melodik** ist ebenfalls komplizier-ter: durchsetzt von kleineren, unregelmäßigen Notenwerten und Synkopen (Abb. A, bes. So-pran und Alt; Abb. B).

Die Rhythmik wird gegenüber der tanznahen Dreierbewegung des jungen DUFAY weicher und schwebender. Auch die Übereinander-schichtung verschiedener Mensuren (z. B. *tempus perfectum* ¾ und *tempus imperf.* ²⁄₄, Abb. B) zeigt das mehr melodisch-horizontale als akkordisch-vertikale Denken.

Die Gattungen
der 2. Epoche sind die der vorigen:
Messe, überwiegend 4-st., führende Gattung, als
– **Tenormesse:** c. f. meist eine Chansonmelo-die; motivisches Material des c. f. taucht in allen Stimmen auf, bes. durch Imitation zu Abschnittsbeginn. Der c. f. kann auch selbst auf die versch. Stimmen aufgeteilt werden, z. B. die 1. Chansonzeile im Tenor, die 2. im Alt usw. (*wandernder c. f.*).
– **Diskant-Tenormesse:** mit c. f. im Tenor und einer liedhaft gestalteten Oberstimme. Zu-weilen wird auch als *Parodie* eine mehrst. Chanson übernommen, genauer: deren Dis-kant-Tenorgerüst (s. S. 236, Abb. C).
– **Diskantmesse:** mit c. f. im Diskant ist un-modern und selten geworden.
– **Freie Messe:** ohne c.-f.-Vorlage bzw. einem selbst erfundenen c. f., z. B. OCKEGHEMS *Missa mi mi* (Solmisationssilben, s. S. 188).
Motette, geistl., meist 4-st., zweiteilig, c. f. im Tenor oder im Diskant; Beginn der Durch-imitation.
Chanson, 3-st., in frz. Tradition, tritt bei OCKEGHEM und seinen Zeitgenossen etwas hinter Messe und Motette zurück.

Kontrapunktische Künste
Die Beherrschung der Kompositionstechnik auf der Grundlage der Kontrapunktlehren ist nie ein Problem gewesen, scheint nun aber über das Mystische und Symbolhafte hinaus bei bes. kunstreichen Konstruktionen zuwei-len zum Selbstzweck zu werden:
– **Stimmführung:** neu die 4 Grundmöglich-keiten der *originalen Richtung* oder *Grund-*

gestalt, der *Umkehrung,* des *Krebs* und der *Krebsumkehrung* (s. S. 118 f.).
– **Kanontechnik:** Kanons aller Art, bes. *Pro-portionskanons,* die nur in der Mensuralno-tation möglich sind (S. 118 f.). – So wird die *Missa prolationum* von OCKEGHEM nur in 2 Stimmen notiert, die andern beiden er-geben sich aus den zusätzl. Mensurzeichen (Abb. B): im *Sanctus* z. B. von perfekter zu imperfekter Mensur mit freiem Kp. im Contratenor altus, im *Pleni* als Septkanon in ²⁄₄- und ¾-Takt (Nb. B), im *Hosanna* als Doppelkanon mit 4 Mensurschichten bei gleichzeitigem Stimmeneinsatz.
Die Kanonanweisungen sind oft verschlüs-selt (*Rätselkanon*).
OCKEGHEM war für seine kp. Kunst bekannt. Er schrieb sogar einen 36-st. Kanon (9-mal 4-st.). In seinem Gesamtwerk spielen die Kanons aber eine untergeordnete Rolle. Sie stehen in gewissem Gegensatz zum irratio-nalen Fluss seiner Stimmen. Kanonkünste gewähren dichtesten musikal. Zusammen-hang und bewirken vollkommene Stimman-gleichung auf dem Wege zur Gleichartig-keit der Stimmen im *A-cappella*-Satz.

Musiker der 2. Epoche sind (außer DUFAY): JACQUES BARBIREAU (1408–1491, Antwer-pen), ANTOINE BUSNOIS († 1492, Brügge), PETRUS DE DOMARTO, GUILLAUME FAUGHES, JEAN PYLLOIS, JOH. REGIS († 1485), JOH. TINCTORIS (um 1435–1511, s. S. 237) und der span. Musiktheoretiker RAMOS DE PAREJA (1440–1491), dazu

JOHANNES OCKEGHEM (um 1420–1495), aus Termonde, Ostflandern, Kantoreisänger in Antwerpen, lernte vermutl. bei BINCHOIS, ab 1452 Kapellmeister der frz. Könige in Paris, dazu ab 1459 Trésorier der Abtei St-Martin in Tours, wegen seiner ausdrucks-starken Musik hochberühmt, viele Reisen, starb in Tours. – Erhalten etwa 17 Messen, ein Requiem (das früheste mehrst.), 7 Mo-tetten und 22 Chansons.

Die 3. Epoche der franko-flämischen Vokal-polyphonie mit OBRECHT, JOSQUIN, ISAAK usw. (s. S. 243) drängt stilistisch wieder auf neue Klarheit, Einfachheit und Durchsichtig-keit des Satzes, verbunden mit großer Weich-heit im Klang. Dies wird erreicht durch
– zahlreiche Kadenzen bei Wort und Sinnab-schnitten;
– klangvolle Parallelführung von Stimmen (Abb. C: Sexten, Dezimen und Terzen in wechselnder Stimmkombination);
– einfachere Melodik und glattere Rhythmik (Abb. C).
OBRECHT war einer der wenigen Meister, die tatsächlich aus den Niederlanden stammten (Bergen op Zoom). Er war befreundet mit ERASMUS VON ROTTERDAM, der in seiner Mu-sik das Schlichte und klassisch Maßvolle be-wunderte.

Teil d. Messe	c.-f.-Beginn	Tonart	Schluss
Kyrie	ut (c)	ionisch	dorisch
Gloria	re (d)	dorisch	dorisch
Credo	mi (e)	phrygisch	dorisch
Sanctus	fa (f)	lydisch	dorisch
Agnus I	sol (g)	mixolyd.	dorisch
Agnus II	la (a)	äolisch	dorisch

 paarige Imitation

ionisch, c.-f.-Schluss, Kadenz auf c
Modulation, Kadenz auf d

A Josquin, Missa »L'homme armé super voces musicales«, Aufbau der Messe und Ende des Kyrie

Tonsilbendarstellung

Ausdeutung der 3

Dreifaltigkeitssymbol

Beispiele aus der Messe »Hercules Dux Ferrarie« und aus dem Credo der Missa »De Beata Virgine«

B Tonsymbolik bei Josquin

C Bicinienbau bei Josquin, Motette »Ave maris stella«, 2. Teil, Beginn

Zyklusbildung, Tonsymbolik, paarige Imitation

OBRECHT schrieb vor allem **Tenormessen**, oft mit homophonen Einschüben, um wichtige Textstellen in akkordischer Deklamation hervorzuheben, z. B. das *»et incarnatus est«* im Credo (wurde zur Tradition bis ins 19. Jh.). Von OBRECHT stammt wohl die erste mehrst. *Matthäuspassion* im Motettenstil, worin auch die Partien der Einzelpersonen mehrst. gesetzt sind (*motettische Passion,* vgl. S. 138 f.). Die überragende Gestalt dieser Epoche war JOSQUIN DESPREZ. JOSQUIN war Nordfranzose, wirkte aber ebenfalls lange in Italien (s. u.). Er steigerte die Musik zu hoher, textinspirierter Ausdruckskunst, jedoch in durchsichtigem, klarem musikalischen Satz. In seinem Werk überwiegen Messen, Motetten und Chansons.

Messen: JOSQUIN verwendet noch c. f. in langen »Pfundnoten« im Tenor, oft wandert der c. f. aber zeilenweise durch die versch. Stimmen.

– Häufig wird aus den c. f. auch ein 2-st. **Kanongerüst**, meist zwischen Tenor und Sopran (altes Diskant-Tenorgerüst).

– Neben den bisherigen c.-f.-Vorlagen erfindet JOSQUIN auch **freie Tonfolgen**, meist mit Symbolgehalt. So gewinnt er den c. f. einer Messe für den Herzog von Ferrara, indem er jeder Silbe des Namens »*Hercules Dux Ferrarie*« die Solmisationssilbe gleichen Vokals zuordnet (Abb. B).

– Auch die Möglichkeit rein musikal. **Zyklusbildung** wird in den Messen gesteigert. In der *Missa L'homme armé super voces musicales* (Messe mit dem c. f. *L'homme armé* auf den versch. *Tonsilben*) beginnt der c. f. in jedem Satz einen Ton höher: vom Kyrie auf *ut* (c) bis zum Agnus II auf *la* (a) im Hexachordum naturale. Dadurch steht jeder Satz in einer neuen Tonart, doch wird stets dorisch geschlossen (Abb. A). Die Rückmodulation zeigt zugleich die ausgeprägte **Sequenztechnik** bei JOSQUIN, die mit zur Durchsichtigkeit und klangl. Schönheit seines Stils beiträgt (Nb. A).

Motetten nehmen in ihrer Zahl wieder zu. Sie sind geistl. (Proprien- und sonstige Bibeltexte), zweiteilig (*prima* und *secunda pars,* auch hier noch oft mit Mensurwechsel), mit und ohne c. f.

Durchimitation. In den Motetten wie in den Messen, bes. den freien ohne c.-f.-Vorlage, gibt es die sog. Durchimitation, d. h. motivisches Material wird auf **alle** Stimmen verteilt in gegenseitiger Imitation, meist zu Abschnittsbeginn. Als frühes Beispiel für vollständige Durchimitation gilt die *Missa Pange Lingua* von JOSQUIN. Motivisch-imitatorische Verbindungen lassen sich auch sonst zwischen den Stimmen feststellen (Abb. A: im Modulationsteil; Abb. C: normale Imitation zu Beginn). Imitation ist dem Ohr leicht fasslich. Sinnliche Erfahrbarkeit und Schönheit gehören zu den Idealen JOSQUINSCHER Musik.

Bicinienbau. Der klare, renaissancegeprägte Aufbau in einfachen Proportionen und Abschnitten zeigt sich auch in den wechselnden Kombinationen von 2, 3 und 4 Stimmen im Satz, was lebendige Klangkontraste und eine scheinbare Mehrchörigkeit erzeugt. Häufig werden 2 Stimmen gekoppelt (**Bicinium**) und gegen 2 andere oder gegen alle 4 gesetzt. Die Stimmenpaare imitieren einander dabei (*paarige Imitation,* Abb. C).

Tonsymbolik. An JOSQUIN bewunderten die Zeitgenossen außer dem kompositor. Können seine musikal. Ausdruckskraft. Hierin wird deutlich, wie sehr sich die Renaissancemusik gegenüber der mittelalterl. subjektiviert hat. Der Ausdrucksgehalt richtet sich nach dem Text (bes. Ausdeutung einzelner Stellen). Dabei spielt auch die **Tonsymbolik** eine wachsende Rolle. Der Hörer musste die Bedeutung dieser Symbole allerdings kennen, sonst konnte er sie nicht verstehen. So erscheinen z. B. im Credo an der Stelle *tertia die, am dritten Tag*, Triolen, desgleichen Triolen als Dreifaltigkeitssymbol über dem *Qui cum patre et filio simul adoratur, der mit dem Vater und dem Sohne zugleich angebetet wird* (Abb. B). Tonsymbolik und ausdrucksstarke Textausdeutung werden im 16. Jh. weiter ausgebaut.

Zu den Musikern der 3. Epoche gehören ALEXANDER AGRICOLA (1446–1506), PHILIPPE CARON, LOYSET COMPÈRE (1450–1518), ANTOINE DIVITIS (1475–nach 1526), ANTOINE DE FEVIN (1473–1511/12), JEAN GHISELIN (VERBONNET?), HEINRICH ISAAK (um 1450–1517, s. S. 257), JEAN MOUTON (1458–1522, Paris), PIERRE DE LA RUE (1460–1518, bes. Kanonkünste in Messen), die Theoretiker PIETRO ARON (1489–1545), FRANCHINO GAFFURI (1451–1522), GIOVANNI SPATARO (1458 bis 1541) und

JACOB OBRECHT (1450–1505), aus Bergen op Zoom, Kapellmeister in Utrecht, Bergen, Brügge, Antwerpen usw., starb in Ferrara; viele Messen (PETRUCCI, 1503 ff.) und Motetten, 14 weltl. Werke.

JOSQUIN DESPREZ oder DES PRÉS (um 1450–1521), geb. bei St-Quentin (Picardie), 1459–74 in der Sforzakapelle in Mailand, 1486–99 in der päpstl. Kapelle in Rom, bis 1505 in Mailand und Ferrara, starb in Condé. – Werke: über 30 4-st. Messen (zuerst in frühen Drucken PETRUCCIS: 5 [1502], 6 [1505], 6 [1514] u. a.), Motetten (zuerst in PETRUCCIS *Odhecaton,* 1501, dann weitere Slgn.), frz. Chansons (u. a. bei SUSATO, 1545 und ATTAIGNANT, 1549).

Drucker für Messen, Motetten und Chansons usw. in Stimmheften, Lautentabulaturen, Orgeltabulaturen usw.: PETRUCCI, Venedig 1501 ff., OEGLIN, Augsburg 1512 ff., SCHÖFFER, Mainz 1513 ff., ATTAIGNANT, Paris 1527 ff., SUSATO, Antwerpen 1543 ff.

Renaissance/Franko-flämische Vokalmusik IV (1520–1560): Willaert, Gombert

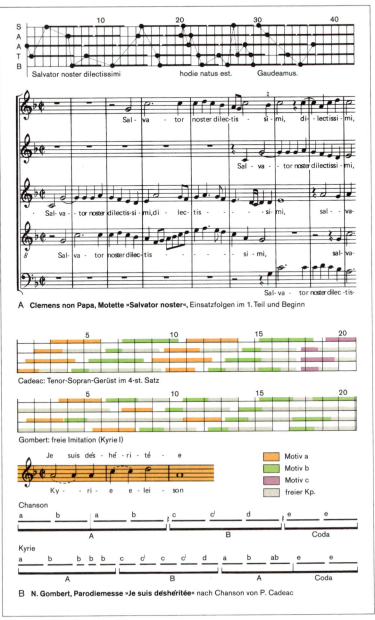

A **Clemens non Papa, Motette »Salvator noster«**, Einsatzfolgen im 1. Teil und Beginn

B **N. Gombert, Parodiemesse »Je suis déshéritée«** nach Chanson von P. Cadeac

Motettenstruktur, Parodieverfahren

Hauptgattungen dieser Zeit sind im weltl. Bereich Chanson, Lied, Villanella und das neue Madrigal, im geistl. Motette als maßgebliche Vokalgattung der Zeit überhaupt, Messe, ferner Hymnen, Lamentationen, Magnificats, Passionen usw.

Motette. Die alte Motette mit c. f. wird seltener. Die neue Motette ist frei erfunden. Der Text bildet das Rückgrat für den Aufbau. Er wird *abschnittsweise* vertont. Jeder Abschnitt hat ein neues Motiv, das von allen Stimmen imitiert wird (*Durchimitation*). Die Klangfülle wächst: 5-st. und 6-st. Satz ist die Norm. Die 4. Epoche verlässt die klare Durchsichtigkeit JOSQUINS. Der Satz wird dichter, Linienführung und Klangwirkung fantastischer. Stärker als bisher tritt die rein musikal. Architektur hinter dem erhöhten *Ausdruck des Textes* zurück.

Abb. A zeigt den Beginn einer Motette von CLEMENS NON PAPA. Irrational wirkt die Art dieser Fünfstimmigkeit: Alle Stimmen imitieren zwar das gleiche Motiv, doch sind die Stimmeneinsätze unregelmäßig. Die Bicinienbildung JOSQUINS ist noch zu erkennen, aber verunklart: Alt/Tenor anderer Einsatzabstand als Sopran-Alt/Bass. Das Schema Abb. A zeigt die Unregelmäßigkeit der Einsatzabstände im 1. Teil der Motette. Dieser Teil umfasst 3 Abschnitte mit unterschiedl. Motiven (*Salvator ..., hodie ...* und *Gaudeamus,* eine Weihnachtsmotette: *Unser liebster Heiland ist heute geboren. Freuen wir uns*).

Die Abschnitte sind so ineinander verzahnt, dass die ihnen zu Grunde liegenden klaren Längenproportionen (20:10:10 Takte) verwischt werden (21:13:12). Der 2. Teil der Motette steht zum 1. im Verhältnis 3:2, das wiederum fantastischer und weniger offen erscheint (64:42 Takte). Die Motette erhält etwas Dunkles, Mystisches, das sich auch in der Schönheit der vielschichtigen Linienführung und der zunehmenden Klangfülle ausspricht. So wird der Textgehalt zum Klingen gebracht, den die Motette bevorzugt: Bibelzitate voller Jenseitigkeit und Geheimnis.

Messe. Die Messen zeigen die gleiche kp. Kunst wie die Motetten. Eine beliebte Form ist die sog. **Parodiemesse.** Ihr liegt ein *mehrst. Satz,* eine geistl. Motette oder ein weltl. Chanson, Madrigal oder Ähnliches zu Grunde. Das Parodieverfahren zeigt sich prinzipiell schon in der Tenormesse mit weltl. c. f., also einer Lied- oder Chansonmelodie. Sie konnte bereits im 15. Jh. aus einem mehrst. Satz stammen. Die frühe Parodiemesse benutzte sogar sehr häufig nur eine Stimme aus der mehrst. Vorlage. Erweiterte Übernahme zeigt die Diskant-Tenormesse, die womöglich ebenfalls auf mehrst. Vorlagen zurückgeht. Die Vorlagen sind, wenn sie nicht ausdrücklich angege-

ben werden, oft nicht zu erkennen. Neu ist nun jedoch das Verfahren, das man mit dem speziellen Terminus der Parodiemesse belegt hat: die Übernahme eines ganzen mehrst. Satzes. Es gibt dabei viele Varianten, u. a.:
– Man übernimmt den ganzen Satz, meist je Messsatz 1-mal, bei Gloria und Credo auch mehrfach;
– man verwendet nur den Beginn der Vorlage, dies meist bei jedem Messsatz, wodurch ein musikal. Zyklus ensteht;
– man teilt den Satz auf und versieht ihn mit freien Einschüben;
– man ersetzt eine oder mehrere Stimmen oder komponiert neue hinzu.

Abb. B zeigt die strukturellen Unterschiede im Original, die Chanson *Je suis déshéritée* von CADEAC, und in der entsprechenden Parodiemesse von GOMBERT. Der Chanson liegt ein kanonisches Diskant-Tenorgerüst zu Grunde, ergänzt von imitierenden oder frei geführten Bass und Alt. GOMBERT übernimmt scheinbar den Gerüstsatz, lockert ihn aber zu freier Imitation auf. – Dem dreimaligen Kyrieruf bleiben die Motive a und b vorbehalten (die Stollenglieder der Chanson), dem Christe die Motive e und d (die Abgesangsglieder der Chanson), das variiert wiederholte Kyrie endet mit Motiv e (der Coda der Chanson). Die Neutextierung bringt eine leichte Veränderung der Motive mit sich: So werden den in Motiv a bei weniger Silben noch mehr Noten übergebunden (Nb. B).

Das Parodieverfahren zeigt, wie weltl. Elemente in die Kirchenmusik übernommen wurden, was umso auffälliger war, je bekannter die vorliegenden Chansons oder Tanzsätze waren. Das Verfahren erscheint nie umgekehrt, also nie vom Geistl. ins Weltl. Das Tridentiner Konzil verbot die Parodiemesse und den weltl. c. f. in den Messen, aber ohne anhaltenden Erfolg.

Die Hauptvertreter der 4. Epoche sind:
NIKOLAS GOMBERT (um 1500–60), aus Brügge, Schüler JOSQUINS, wirkte u. a. in der Hofkapelle KARLS V.; Messen, Motetten.
JACOBUS CLEMENS NON PAPA (um 1512–1555/6), aus Middelburg, »non Papa« im Unterschied zum Dichter JACOBUS PAPA in Ypern; Messen, Motetten, Chansons und 3-st. nl. Psalmlieder (*Souterliedekens,* 4 Bde., Antwerpen 1556/7).
ADRIAN WILLAERT (um 1480–1562), aus Brügge (?), Schüler MOUTONS und JOSQUINS (?), ab 1527 Kapellmeister an S. Marco in Venedig (S. 251); Werke u. a.: Madrigale, Villanellen, Chansons, 8 Parodiemessen (4- bis 6-st., auf Motetten MOUTONS u. a.), *Musica nova,* Venedig 1559 (mit neuer Textdarstellung voller Bilder und starkem Ausdruck, Motetten z. T. noch mit altem c. f. oder Kanongerüst), 3-st. Ricercare für Instrumente (S. 260).

246 Renaissance/Franko-flämische Vokalmusik V (1560–1600): Lasso

A O. di Lasso, Echokanon für 2 Chöre (1581), Ausschnitt

1 Posaune (Pos. Chor-Imitation durch Chorteilung, 6-stimmig),
2 Kythara, 3 Lachen, 4 Sprung, 5 Gesang

B Tonmalerei bei O. di Lasso, Motette »In hora ultima«, Aufbau und Beispiele

C Die bayrische Hofkapelle unter O. di Lasso, nach H. Mielich (1570)

Doppelchortechnik, 6-st. Motette, Kapellbesetzung

Die 5. Epoche bringt den Höhepunkt der franko-fläm. Vokalpolyphonie, und zwar vor allem im Werk des »belgischen Orpheus« ORLANDO DI LASSO. Die Musik dient dem *Textausdruck* und der Darstellung seines *Affektgehaltes*.

– Hauptform ist noch die **Motette:** lat., meist geistl., abschnittsweise durchimitiert; motettisch ist auch die Anlage der Messensätze.

– Die Stimmen, meist 5–6, sind völlig angeglichen; allenfalls macht sich eine Führung der Oberstimme bemerkbar, während der Bass als Harmoniestütze bei zunehmender Dur-Moll-Tonalität Kadenzsprünge enthält (häufige D-T-Kadenzen, weniger »Nebendreiklänge«).

– Der Stimmausgleich lässt die *A-cappella*-Ausführung als Ideal erscheinen (Bildbelege gottesdienstl. Musik), häufig gehen aber Instrumente mit.

– Es wird eine Synthese erreicht zwischen der architekton. Klarheit JOSQUINSCHER Prägung und den dunkleren Strukturen der GOMBERT-Zeit.

Die Anregungen der ital. weltl. Musik mit ihren Villanellen und Madrigalen mit *homophonen Partien* und *Tanzrhythmen* werden in die kp. Kunst eingeschmolzen. Umgekehrt ist deren kunstvolle Stimmführung Kompositionsgrundlage aller qualitativ hoch stehenden Musik geworden.

Noch werden zwar die franko-fläm. und niederl. Meister an die europäischen Höfe berufen, doch treten nun die nationalen Komponisten gleichwertig an ihre Seite.

Außer ORLANDO DI LASSO gehören zur **5. Epoche:**
PHILIPPE DE MONTE (1521–1603), kaiserlicher Kapellmeister in Wien und Prag; JACOBUS DE KERLE (1531/32–91), JACOBUS VAN WERT (1536–96), H. WAELRANT (um 1517–95), CHR. HOLLANDER, J. VON CLEVE, A. UTENDAL u. a.

Das Schaffen dieser Epoche wird geprägt durch den Einfluss des **Tridentiner Konzils.** Es ist speziell für die Niederlande die blutige Zeit unter PHILIPP II. von Spanien und der Regentschaft HERZOG ALBAS. In der Musik spiegelt sich gegenreformatorischer Zeitgeist in den zahlreichen **Bußpsalmen** und den großen, eindringlichen **Motetten** über Bibeltexte.

Orlando di Lasso (1532–94), eigentl. Orlande *de lassus*, frz. *von dort oben*, nämlich aus dem bergigen Mons in Hennegau, kam schon als Chorknabe mit FERD. GONZAGA, Vizekönig von Sizilien, nach Mantua, Mailand, Sizilien und lernte bes. in Neapel (ab 1550) die Villanellen, Moresken, Todesken usw. mit ihrem bunten Dialektgemisch und ihrer geistreichen Lebendigkeit der *Commedia dell'Arte* kennen. LASSO schrieb immer wieder in diesem Stil.

Das Echolied aus der Slg. von 1581 (Abb. A) zeigt die typischen Rufmotive, den leichten, tänzerischen Akzentrhythmus, der zum Taktprinzip des Barock führen wird, die einfache Harmonik mit ihren überraschenden Rückungen. Das Ganze ist als Kanon im Abstand des Rufmotivs angelegt. Hier spielt die Erfahrung raffinierter Klangeffekte venezian. Mehrchörigkeit herein. Der scheinbar volkstüml. Text wird durch die Musik auf spielerische Manier zu hoher Kunst gesteigert.

In Neapel verkehrte LASSO in den humanistisch gebildeten aristokratischen Kreisen (Dichter G. B. D'AZZIA DELLA TERZA). 1553 wird LASSO wie später PALESTRINA Kapellmeister am Lateran in Rom, wo eine Reihe Messen im GOMBERT-Stil entstehen. 1555/56 lebt er in Antwerpen und lässt dort seine frühen Motetten drucken (bei SUSATO). 1556 wird er Tenorist der bayr. Hofkapelle HERZOG ALBRECHTS in **München** und ist ab 1564–94 deren Kapellmeister. LASSOS Ruhm lockt viele Schüler nach München (LECHNER, ECCARD, G. GABRIELI).

Zu seinen Dienstpflichten gehören die Hochämter und die Tafel- und Festmusiken für offizielle und private Anlässe. HANS MIELICH malte die Hofkapelle in ihrer typisch gemischten Besetzung von Sängern und Instrumentalisten mit 3 Kapellknaben für die Sopranpartien und mit LASSO selbst am Spinett in der Mitte (Abb. C, aus der Bußpsalmenhs. von 1565–70).

Zu den weltl. Werken LASSOS zählen außer den **Villanellen** (Villanesken) über 200 ital. **Madrigale** (Texte von PETRARCA, ARIOST u. a.), über 140 frz. **Chansons**, über 90 dt. **Liedsätze.** An der Spitze der geistl. Werke stehen die lat. **Motetten,** u. a. in den Drucken von 1556, 1574, 1582, bes. aber im *Magnum opus musicum* mit 516 Motetten, hg. von seinen Söhnen 1604 (Abb. B: Nr. 414). Dazu kommen über 70 **Messen** (viele *Parodiemessen*), 100 **Magnificats,** 4 **Passionen** (Alterswerke), Litaneien usw. Berühmt wurden seine **Bußpsalmen** von 1565 in doppelchöriger Anlage und mit der Affektgeladenheit der *Musica reservata* (s. S. 255).

Die 6-st. Motette *In hora ultima* (Abb. B) hat keinen c. f. Sie ist frei erfunden: Aufbau und Ausdruck richten sich nach dem Text. Im 1. Teil erklingt das *In hora ultima* (*in der letzten Stunde*) als feierliche Mahnung 3 Mal. Es folgen das rascher deklamierte *peribunt omnia* (*wird alles vergehen*) und dann eine Reihe von Tonbildern: die *Posaunen* (typische Akkordklänge in doppelchöriger Manier), die *Flöte,* das *Kythara* (Verzierung), der *Witz,* das *Lachen* (Repetition), der *Sprung* (Quartsprung aufwärts), der *Gesang* (Vokalise) und das *Zwiegesang.*

248 Renaissance/Römische Schule, Palestrina

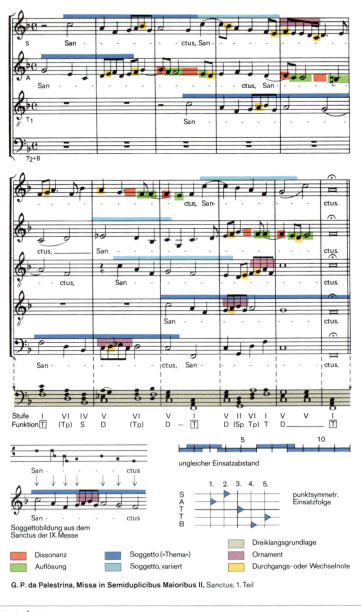

G. P. da Palestrina, Missa in Semiduplicibus Maioribus II, Sanctus; 1. Teil

Satzstruktur

Renaissance/Römische Schule, Palestrina 249

Unter der *Römischen Schule* versteht man eine Gruppe von Komponisten, die im 16. Jh. in der päpstlichen Kapelle in Rom wirkten. Ihr Hauptvertreter ist PALESTRINA. Das Schaffen wird gekennzeichnet durch:
– überwiegend geistl. Musik, vor allem Messen und Motetten;
– Verbindung franko-fläm. Polyphonie mit ital. Klangfülle und Melodik;
– *A-cappella*-Stil; in der Sixtinischen Kapelle auch *A-cappella*-Besetzung;
– ruhig fließende Rhythmik;
– bevorzugte Verwendung des gregorian. Chorals als c. f.

Die *Römische Schule* verwirklichte die kirchenmusikal. Forderungen der Gegenreformation, welche auf dem Tridentiner Konzil (Trient 1545–63) formuliert worden waren. Das Konzil ließ mehrst. Musik (*Figuralmusik*) trotz Verbotsanträgen in der Kirche zu, verlangte aber
– *Textverständlichkeit;* sie wurde erreicht durch homophon deklamierende Partien bei dichtem Text, während man den polyphonen Stil bei wenig Text (wie *Sanctus* oder *Amen*) beibehielt;
– *Würde im Ausdruck;* richtet sich gegen die affektgeladene, madrigaleske Kompositionsweise;
– *Ausschluss von weltl. c. f. und Parodie* in den Messen; dieser Punkt hat sich nur anfangs durchgesetzt (zahlreiche Parodiemessen bei PALESTRINA, LASSO usw.).
Bei den Konzilsberatungen um die Figuralmusik spielten JACOBUS DE KERLE mit seinen *»Preces speciales«* (1561) und PALESTRINA mit seiner *»Missa Papae Marcelli«* (1562/63) eine Rolle. PALESTRINAS Stil wurde, durch die Gegenreformation gestützt, zum Inbegriff und Vorbild der mehrst. kath. Kirchenmusik überhaupt.
Gegen die zunehmende Autonomisierung des musikal. Kunstwerkes in der Kirche wurde eine Reform des gregorian. Chorals und sein verstärkter Einsatz gefordert. PALESTRINA, ANERIO, SURIANO u. a. arbeiteten an dieser Reform mit (Kürzung der Melismen usw.). Die neue *Editio Medicea* erschien 1614. Sie war bis zur *Editio Vaticana* 1907 in Gebrauch.

Zur Römischen Schule zählen **vor** PALESTRINA: C. FESTA († 1545, Rom), CL. NON PAPA (um 1510–55/6, Antwerpen), G. ANIMUCCIA (um 1500–71, Rom), C. DE MORALES (1500–53, Madrid), F. ESCOBEDO (1500–63, Madrid); **um** PALESTRINA: V. RUFFO (1530–80, Rom), C. PORTA (1530–80, Mailand), G. ASOLA (1524–1609, Rom), G. INGEGNERI (1547–92, Cremona), J. DE KERLE (1531–91); **nach** PALESTRINA: G. M. NANINO († 1607, Rom), A. STABILE († 1604, Rom), F. ANERIO († 1614), FR. SURIANO († 1621), FR. GUERRERO (1528–99, Sevilla), T. L. DE VICTORIA (um 1548–1611, Madrid).

GIOVANNI PIERLUIGI DA PALESTRINA (um 1525 bis 1594), aus Palestrina, 1544 Organist in Palestrina, 1551 Kapellsänger an St. Peter in Rom, 1561 Kapellmeister am Lateran, 1567 Kapellmeister des KARDINAL D'ESTE, 1571 zweiter Kapellmeister an St. Peter; schrieb über 90 Messen (viele Parodiemessen), über 500 Motetten, ferner Lamentationen, Hymnen, Magnificats, über 100 weltl. und geistl. Madrigale.
Das Werk PALESTRINAS galt als der Höhepunkt der Vokalpolyphonie, sein Stil, der kp. Kunst mit melod. und harmon. Rundung verbindet, als Ideal des *A-cappella*-Satzes (*stile antico, ecclesiastico, grave*). Merkmale sind:
– Selbstständigkeit der Stimmen im polyphonen Gewebe, in ausgewogenem Wechsel mit homophonen Partien;
– sangliche Melodik, Sekundbewegung überwiegt, auf Sprünge folgt Richtungsänderung mit Sekunden (Nb. Sopran, T. 6–7);
– ruhige Bewegung, wobei die unterschiedl. Rhythmen der Einzelstimmen sich zu einem gleichmäßigen Ablauf ergänzen (*komplementäre Rhythmik*, z. B. die Viertel in T. 8);
– ausgewogene Harmonik bei Vorherrschen des konsonanten, vollständigen Dreiklangs, dessen Grundton meist im Bass liegt (Nb. unterste Zeile);
– viele »Nebendreiklänge« auf den Stufen II, III, VI (kirchentonaler Charakter), jedoch funktionale Kadenzen an tektonisch wichtigen Stellen (z. B. T. 8, 10);
– behutsame Verwendung von Dissonanzen: stets vorbereitet eingeführt und stufenweise abwärts aufgelöst, oft mit *Portament* bzw. *Antizipation* (T. 3), auch in Durchgängen (T. 6) und Wechselnoten (T. 5, 10);
– überwiegend 5- und 6st. Satz: voller Klang mit Gruppierung der Stimmen zu Klangwechseln;
– oft greg. Choral als c. f. (im Tenor);
– in c.-f.-freien Sätzen liefert der greg. Choral das thematische Material: je Abschnitt ein *Soggetto* (»Thema«), das zunächst rhythmisch zubereitet wird (Nb.) und das im Satz die Stimmen imitierend durchwandert. Die Kontrapunkte bringen (variiertes) Material des Soggettos;
– die rationale Klarheit und Ordnung des Satzes wird verschleiert. So gruppiert sich die Einsatzfolge der 5 Stimmen punktsymmetrisch um Tenor 1, der Einsatzabstand aber ist ungleich (Abb.). Der Satz erhält Leben und Fantasie.
Der PALESTRINA-Stil wurde in Kp.-Lehren vermittelt (BERARDI, *Arcani musicali*, 1690; Fux, *Gradus ad Parnassum*, 1725, s. S. 92). Im 19. Jh. gab es eine PALESTRINA-Renaissance, die angeregt von dem Heidelberger Juristen THIBAUT (*Über Reinheit der Tonkunst*, 1825) zur Gründung des *Caecilienvereins* »zur Verbesserung der Kirchenmusik« 1868 in Regensburg durch WITT führte.

250 Renaissance/Venezianische Schule

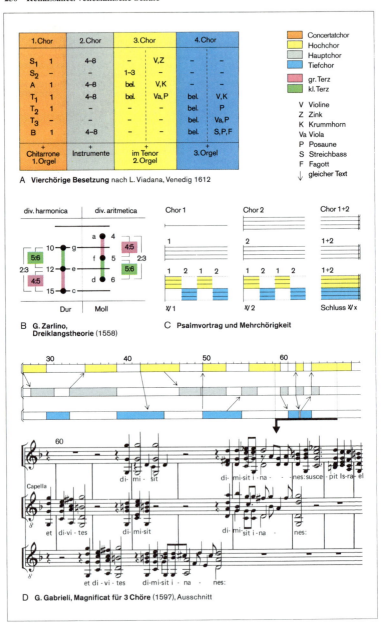

A **Vierchörige Besetzung** nach L. Viadana, Venedig 1612

B G. Zarlino, Dreiklangstheorie (1558)

C Psalmvortrag und Mehrchörigkeit

D G. Gabrieli, Magnificat für 3 Chöre (1597), Ausschnitt

Mehrchörigkeit, Dreiklangstheorie

In Venedig entwickelte sich im 16. Jh. mit **Mehrchörigkeit** und **konzertantem Prinzip** ein eigener Stil.

Als Begründer der *Venezianischen Schule* gilt der Niederländer ADRIAN WILLAERT, Kapellmeister an San Marco von 1527 bis 1562. Ihm folgten C. DE RORE (1563), GIOSEFFO ZARLINO (1563–90), B. DONATO (1590–1603), G. CROCE (1603–09), GIULIO C. MARTINENGO (1609–13), CL. MONTEVERDI (1613–43). Daneben wirkten ebenso berühmte Organisten an den beiden Orgeln von San Marco, u. a. CL. MERULO († 1604) und die beiden GABRIELI. Die Orgeln standen auf gegenüberliegenden Emporen. Wechselspiel der beiden Organisten ist schon zur Zeit PADOVANOS bezeugt (ab 1552).

Die Coro-spezzato-Technik

Das wechselchörige Musizieren ist alt und geht u. a. auf den Psalmvortrag zurück. Die Chöre, ein- und mehrst., wechseln je Vers und verbinden sich in der Doxologie am Schluss (Abb. C). Fra RUFFINO D'ASSISI, Domkapellmeister in Padua, schrieb um 1510–20 erstmals 8-st. Psalmen »a coro spezzato«, d. h. für einen geteilten Chor bzw. für zwei 4-st. Chöre. Bei ihm gibt es bereits über den Wechsel je Psalmvers hinaus den Wechsel je Wort oder Sinneinheit im Vers selbst und damit die eigentliche *Coro-spezzato*-Technik (Abb. C). WILLAERT baute diese Technik bes. in seinen 8-st. *Salmi spezzati*, Venedig 1550, weiter aus. Die neuen Raumvorstellungen des 16. Jh.
– die Erforschung der Erd- und Planetenbewegung, der Ausbau der räumlichen Perspektive in der Malerei, die neuen Raumwirkungen in der Architektur usw. – entwickelten auch in der Musik neue Dimensionen:
– Durch getrennte Aufstellung der Chöre wird der **Raum** akustisch erschlossen. Die versch. Emporen in San Marco förderten diese Experimente, waren aber nicht ihr primärer Grund.
– Unterschiedl. Besetzung der Chöre, auch mit Instrumenten, erbrachte viele neue **Klangfarben** und führte darüber hinaus zum Prinzip des barocken **Konzertierens**.
Die Entfaltung einer farbenprächtigen Musik im Raum entsprach auch dem zunehmenden Bedürfnis nach Prunk, Machtdarstellung, starken Sinneseindrücken und Wirkung der Musik. Man steigerte sich bis zu 4 Chören und mehr (VIADANA, *Salmi a 4 cori per cantare e concertare*, Venedig 1612):
1. **Concertatchor:** beste Sänger, Soli, ohne Instr. (evtl. Saiteninstr.), mit Gb.;
2. **Hauptchor** (*Capella*): starke Besetzung, mit Instrumenten (Streicher, Posaunen usw.) und Cembalo;
3. **Hochchor:** beliebige, kleinere Besetzung, mit Violinen, Zinken usw., Oberstimme wegen ihrer Höhe nicht gesungen, tiefste Stimme ist der Tenor (von der 2. Orgel mitgespielt);

4. **Tiefchor:** kleinere Besetzung, dazu Posaunen, Streicher usw., Bass von der 3. Orgel mitgespielt (Abb. A).

Die Chöre können noch verdoppelt, außerdem nach Belieben im Raum verteilt werden, alle dirigiert von einem Kapellmeister per Handzeichen. Raumwirkungen erzielte man auch mit einem einzigen Chor, indem man die Stimmen *per coros*, d. h. getrennt, aufstellte. Die kp. Polyphonie wurde durchbrochen von weitflächigen akkordischen Partien, die bes. gegen Ende des Jh. überwiegen.

Das dreichörige *Magnificat* von G. GABRIELI zeigt das typische Gegen- und Ineinander der Klänge (Abb. D). Die Einsatzverschiebungen gleicher Textabschnitte sorgen für Imitations- und Echoeffekte, z. B. zu Anfang zwischen Hochchor und Capella (s. Schema D) oder in T. 59/60 zwischen Capella und Tiefchor, gleichzeitige Aussprache dagegen bringt massige Chorkoppelung und Kadenzen von großer Schlusswirkung (T. 63 ff.).

Duales Dreiklangsprinzip Zarlinos

Während noch GLAREAN (*Dodekachordon*, Basel 1547) den Kirchentonarten das *Äolische* und das *Ionische* hinzufügte (S. 90 f.), sucht ZARLINO (*Istitutioni harmoniche*, Venedig 1558) der wachsenden Bedeutung des Akkordes entsprechend die Dreiklänge auf Dur (c–e–g) und Moll (d–f–a) als duale Gegensätze zurückzuführen. Die harmon. und arithmet. Teilung der Intervallproportionen von Dur und Moll erweist ihm zugleich deren Natürlichkeit (Abb. B). Die von ihm formulierte Grundforderung der Zeit nach der »*imitazione della natura*« (Nachahmung der Natur) sah er damit auch in der neuen Dreiklangsharmonik verwirklicht. ZARLINO empfahl zugleich, den Bass als Fundament der Klänge doppelt zu besetzen und ihn bzw. die jeweils tiefste Stimme auf der Orgel mitzuspielen (*basso per organo, basso seguente*). Konterpart bildete die Oberstimme. Die Entwicklung steuerte auf die gb.-begleitete Monodie zu.

Außer den üblichen Gattungen der Vokalmusik wie Messen, Motetten, Magnificats, Psalmen, Hymnen, Villanellen, Madrigale usw. entwickelte sich in Venedig eine selbstständige **Instrumentalmusik** (S. 264 f.). Hauptkomponisten sind:
ADRIAN WILLAERT (um 1480–1562), s. S. 245;
CYPRIAN DE RORE (1516–65) aus Mecheln, bekannter Madrigalist;
GIOSEFFO ZARLINO (1517–90), zugleich führender Theoretiker;
ANDREA GABRIELI (1510–86), Venezianer, große Produktion, u. a. *Bußpsalmen*, 1587;
GIOVANNI GABRIELI (1555–1612), Neffe des ANDREA, 1575–79 bei LASSO in München, bedeutendster Vertreter der *Venezianischen Schule*; Drucke: *Sacrae symphoniae I*, 1597, *II*, 1615 (geistl. Vokalmusik und Instrumentalstücke).

252 Renaissance/Weltliche Vokalmusik in Italien und Frankreich I

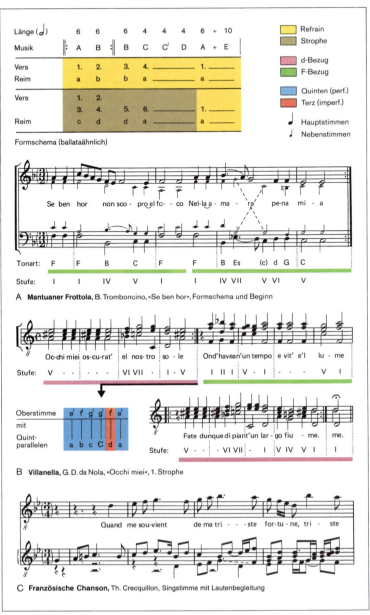

A **Mantuaner Frottola**, B. Tromboncino, »Se ben hor«, Formschema und Beginn

B **Villanella**, G. D. da Nola, »Occhi miei«, 1. Strophe

C **Französische Chanson**, Th. Crecquillon, Singstimme mit Lautenbegleitung

Frottola, Villanella, Chanson

Renaissance/Weltliche Vokalmusik in Italien und Frankreich I 253

Im 14. Jh. überwog die weltl. Musik: in Italien die Liedkunst des Trecento (LANDINO), in Frankreich Motette und Diskantlied der Ars nova (MACHAUT). Dann tritt die mehrst. weltl. Vokalmusik in Italien stark zurück, während sie in Frankreich und Burgund mit der Chanson lebendig bleibt.

In der 2. Hälfte des 15. Jh. kommt in Italien eine neue mehrst. weltl. Vokalmusik auf, die sich im 16. Jh. ausdehnt.

Die geistl. Musik ist mit Messe und Motette überwiegend lat. und damit international. Hier entwickelten die franko-flämischen Komponisten ihren ausgewogenen Vokalstil, der für geistl. Musik schlechthin stehen wird. Die weltl. Musik dagegen ist nationalsprachig: frz. **Chanson,** ital. **Frottola, Villanella, Madrigal** usw., span. **Villancico,** dt. **Lied,** engl. **Ayre.** Es handelt sich um eine Gesellschaftskunst, die in den Drucken des 16. Jh. vor allem in den bürgerl. Kreisen weite Verbreitung findet. Die Besetzung ist variabel: *a cappella,* Solostimme mit Lautenbegleitung, instr.-vokale Mischungen, sogar rein instr. Ensembles.

Die frz. und ital. Gattungen wirken stark über ihre Nationalgrenzen hinaus. Im Einzelnen:

Canto carnascialesco, ein Karnevalslied zu Maskeraden und Aufzügen in Florenz Ende des 15. Jh., bes. unter dem prunkliebenden LORENZO MEDICI († 1492), der sogar einen eigenen Text von ISAAK vertonen ließ. Der Inhalt dieser Lieder reicht von der heiteren Satire bis zu viel sagenden Allegorien, der musikal. Satz ist 3- bis 4-st., volkstüml. einfach, überwiegend homophon mit führender Oberstimme. Die vielen Strophen werden auf die gleiche Melodie gesungen.

Frottola (ital., *Schwarm* von Sonderlichkeiten), eine scheinbar volkstüml. mehrst. Liedform der aristokratischen und bürgerl. Kreise Ende des 15. und Anfang des 16. Jh. in Mittel- und Norditalien (zentral: Mantua). Zahlreiche Drucke sorgten für Verbreitung (PETRUCCI, 11 Bücher von 1504–14; letzter Druck Rom 1531). Die Frottola wurde von Villanella und Madrigal abgelöst.

Ihr Inhalt ist überwiegend Liebespoesie. Die dichterischen Formen stehen in der Ballatanachfolge: *Canzona, Capitolo, Oda, Sonetto, Strambotto* oder die *Barzeletta* mit Refrain (*Ripresa*) und Strophen aus Stollen (*Mutazioni*) und Abgesang (*Volta,* Abb. A).

Der Satz ist 4-st., überwiegend homophon, später teils polyphon. Der Sopran ist Hauptstimme und als Einziger textiert, Bass tonale Gegenstimme, Alt und Tenor Füllstimme (Nb. A). – Die Harmonik ist einfach mit tonalen Kadenzen der Stufenfolge V–I oder sogar I–IV–V–I (Nb. A, 1. Zeilenhälfte).

Es gibt zahlreiche Lautenintavolierungen. Frottolen wurden auch von Lautenisten improvisiert (Strophenfolge auf gleiches Bass- oder Melodieschema).

Von den Komponisten sind MARCHETTO CARA aus Verona († 1525) und BARTOLOMEO TROMBONCINO aus Mantua († 1535) die bekanntesten (Abb. A, Venedig 1504).

Villanella (ital. *villano,* Bauer), Strophenlied neapolitanischen Ursprungs (*canzone alla napoletana*), ein Tanzlied wie das verwandte **Balletto.** Der anfangs 3-st. homophone Satz mit führender Oberstimme hat oft Dreiklangs- und Quintparallelen in Art des volkstüml. **Quintierens,** was im strengen kp. Satz verboten war (Abb. B). Später wird der Satz 4-st. und kunstvoller (Madrigalnähe). Villanellendrucke erscheinen von 1537 bis 1633. Nachfolger sind die Kanzonetten. Komponisten speziell: A. SCANDELLO († 1580), G. D. DA NOLA († 1592), B. DONATO († 1603), in Deutschland J. REGNART († 1599).

Chanson

Zu Beginn des 16. Jh. ist die frz. Chanson in Frankreich und bei den franko-flämischen Komponisten in Italien eine zentrale Gattung. In ihrem 4-st. motettischen Satz liegt die Hauptmelodie im Tenor. Frühester Druck: PETRUCCI, *Odhecaton* 1501.

Der Einfluss der ital. Frottola macht sich bald in homophonen, rasch deklamierenden Stellen bemerkbar.

Überwiegend homophon ist auch die bürgerl. *Pariser Chanson,* die mit ihren schmissigen Texten und Melodien zur beherrschenden Chansongattung ab etwa 1530 wurde. Beliebt sind die Drucke ATTAIGNANTS (50 Slgn. von 1528–52), auch die vielen Lautenarrangements (Abb. C).

Die frz. Chanson nimmt im Laufe des 16. Jh. madrigal. Einflüsse auf mit expressiven Textausdeutungen und starker Chromatik.

Komponisten sind u. a.: TH. CRECQUILLON († 1557), CLÉMENT JANEQUIN (um 1485 bis 1558), CL. DE SERMISY († 1562), J. ARCADELT († 1568), P. CERTON († 1572), O. DI LASSO († 1594), CLAUDE LE JEUNE († 1600), G. COSTELEY († 1606).

Die Textausdeutung prägt z. T. so tonmalerische Züge, dass man vom **Programmchanson** spricht (bei JANEQUIN: Vogelrufe, Jagdszenen, Schlachtengemälde).

In der 2. Hälfte des 16. Jh. kommt in Frankreich als Abart der Chanson das **Vaudeville** (*Voix de ville,* Stimme der Stadt) auf, das zum **Air de Cour** hinleitet. Der Satz dieser volkstüml. Strophenlieder ist einfach homophon (LE ROY, *Airs de cours,* Paris 1571).

Daneben stehen die künstl. antikisierenden Chansons mit den »*vers mésurés*« der Pleiadendichter aus der *Académie de Poésie et de Musique* (1570, mit RONSARD, BAÏF). Die Blütezeit der frz. Chanson endet um den 16. Jh.

254 Renaissance/Weltliche Vokalmusik in Italien und Frankreich II

Chanson, Madrigal

Frz. Chanson (Forts.). Das improvisatorische Moment der damaligen Aufführungspraxis erfasste auch die frz. Chanson. Von ADRIAN PETIT COCLICO ist die exemplarisch verzierte Oberstimme einer 4-st. Chanson von SERMISY erhalten (Abb. A, Original: Hälse abwärts). Der frz. Chanson wurde in anderen Ländern nachgeahmt, bes. im flämisch-niederl. Bereich. Typisch war ihr Anfangsrhythmus mit der Folge lang – kurz – kurz, meist mit Tonwiederholung (Abb. A).

Das ital. Madrigal
des 16. und frühen 17. Jh. entstand um 1530 im Kreis um PIETRO BEMBO (1470–1547, ab 1539 Kardinal) auf der Suche nach einer feinsinnigeren Kunst als die gängige Frottola, Strambotto usw. Man orientierte sich dabei bes. an der gefühls- und bilderreichen Sprache PETRARCAS (*Petrarkismus*) und dessen Madrigalen. Musikalisch gibt es keinen Bezug zum Trecentomadrigal.
Der Inhalt der neuen Gattung entsprach mit seiner hochstilisierten Liebespoesie dem damals wieder auflebenden Frauenkult sowie den manieristischen Tendenzen der Zeit, erstreckte sich aber bald auch auf Satirisches, Humoristisches usw.
Die neuen Madrigaltexte konnten viele, auch strenge Formen zeigen (z. B. Sonett), erschienen aber meist in den sog. *rime libere* (freien Versen) ohne feste Reimfolge und Verszahl (6–16), wobei 7- und 11-Silber beliebig abwechseln (Abb. B).
Musikal. übertrug man die ndl., motettische Kompositionsweise auf das Madrigal:
– abschnittsweise Durchkomposition des Textes, motivische Imitation, homophone Partien, hoher Textausdruck.
Das Madrigal wird zum weltl. Gegenstück der Motette. Es gehört zur sog.

Musica reservata: Musik, *reserviert* für Kenner, soziologisch zugleich für die Aristokratie und gebildete Schicht der Städte, die Zugang und Interesse an dieser Kunst hatten. Der Ausdruck taucht zuerst bei dem WILLAERT-Schüler A. P. COCLICO auf (im *Compendium musices* und als Titel der 4-st. Psalm-Motetten *Musica reservata*, beides Nürnberg 1552) und bezieht sich auf ausdrucksstarke weltl. wie geistl. Musik mit viel Chromatik, Enharmonik, Dissonanzen usw. Letzter Beleg: 1625.

In der Geschichte des Madrigals unterscheidet man 3 Phasen (vgl. S. 127):
1. Das frühe Madrigal (1530–50)
ist 4-st., homophon und polyphon gemischt, durchkomponiert, meist im geraden Takt.
Abb. B., Zeile 1 (»*Madonna, für euch brenne ich*«) zeigt, wie die Vertonung der Sprache folgt: Auftakt, Dehnung der Hauptsilbe des Ausrufs »*Madonna*«, klagender Halbtonschritt d–es–d.

Am Zeilenende jeweils Zäsuren: Kadenzen, in T. 5 mit Achtelpause. – Das Melisma hat noch keinen textausdeutenden Charakter, sondern verstärkt die Schlusswirkung am Versende. Die Wiederholung der 3. und der letzten Zeile ist musikalisch bedingt (tanzmäßige Periodik in Frottolanachfolge). Die Harmonik ist einfach. Der 4-st. Satz mit führender Oberstimme wird durch 2-st. Partien aufgelockert.
Komponisten der 1. Phase sind PHILIPPE VERDELOT (1490–1552) aus Orange; COSTANZO FESTA (1480–1545), Italiener; JACQUES ARCADELT (1500–1568) aus Lüttich (?), sein 1. Buch 4-st. Madrigale von 1539 erlebte 36 Auflagen (bis 1664); ADRIAN WILLAERT (s. S. 245); CYPRIAN DE RORE (1516–65).

2. Das klassische Madrigal (1550–80)
ist 5-st. wie die gleichzeitige Motette (auch 6-st.). Seine textinspirierte Ausdruckskunst rangiert in der Ästhetik der Zeit an erster Stelle. Diese Musik wird als natürlich empfunden (ZARLINO, 1558, s. S. 229 u. 251), wenngleich sie dabei manieristische Züge ausprägt: Tonmalerisch erscheinen Vogelstimmen, Hühnergegacker, Glockenklänge, Schlachtenlärm usw., dazu sogar Effekte, die nur in den Noten zu **sehen** sind (*Augenmusik*, z. B. Schwärzung für »*Nacht*« oder 5 hohe Semibreves für »*5 Perlen*«).
Komponisten dieser Epoche sind noch WILLAERT (*Musica nova*, 1559, mit Madrigalen und Motetten); CYPRIAN DE RORE; ORLANDO DI LASSO (s. S. 247); PHILIPPE DE MONTE (1521–1603) aus Mechlin, wirkte in Neapel und ab 1568 als Hofkapellmeister MAXIMILIANS II. und RUDOLFS II. in Wien und Prag, schrieb über 1100 Madrigale; PALESTRINA (s. S. 249), distanzierte sich von den weltl. Madrigalen seiner Frühzeit, schrieb aber später wieder solche: 2 Bücher, 4-st., 1555 und 1586, dazu 2 Bücher **geistl. Madrigale**, 5-st., 1581 und 1584; A. GABRIELI (1510–86); B. DONATO (um 1530–1603).

3. Das späte Madrigal (1580–1620)
steigert nochmals die Textausdeutung. Der Satz ist mit diesen sog. **Madrigalismen** überhäuft:
So erklingen in GESUALDOS *Dolcissima mia vita* (Abb. C) plötzlich Rückungen in entfernte Tonarten (von a-Moll nach Fis-Dur) als Ausdruck für die Ferne der ersehnten Hilfe (*aita*); die Pause verdeutlicht den fragenden Ruf in die Leere; das Wort *morire* (sterben) wird durch starke Chromatik ausgedrückt; die als Bild für den erregten Seelenzustand verwendeten Flammen erscheinen als rasche Aufwärtsläufe.
Führende Komponisten der Spätzeit sind LUCA MARENZIO (1554–99, Rom); CARLO GESUALDO, FÜRST VON VENOSA (um 1560 bis 1613, Neapel); GIACHES DE WERT (1535–96); LUZZASCHO LUZZASCHI (1545–1607); CLAUDIO MONTEVERDI (1567–1643).

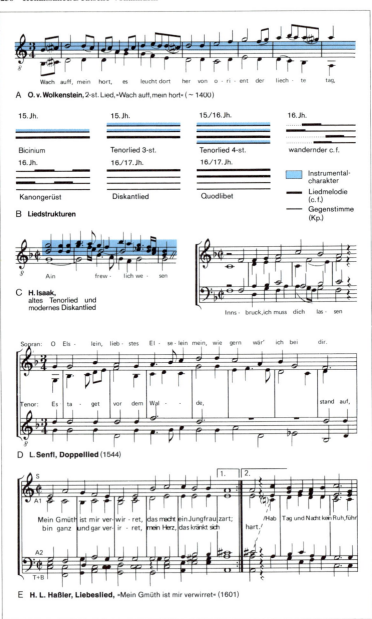

Polyphones Lied, Liedstrukturen

Renaissance/Deutsche Vokalmusik 257

Im deutschsprachigen Raum gab es neben dem 1-st. Meistersang das 1-st. einfache **Volkslied** und die kunstvolleren sog. **Hofweisen.** Frühe Slgn. sind:
- *Lochamer Liederbuch,* um 1460, Nürnberg, geschrieben für WOLFLEIN VON LOCHAM;
- *Schedelsches Liederbuch,* um 1460–67, Nürnberg, Leipzig, von HARTMANN SCHEDEL;
- *Rostocker Liederbuch,* um 1470–80;
- *Glogauer Liederbuch,* um 1480.

Die ersten dt. 2- bis 3-st. Liedsätze stammen vom MÜNCH VON SALZBURG und von OSWALD VON WOLKENSTEIN (Abb. A): Liedweise im Tenor, instr. Oberstimme (Fiedel?) begleitet.

Im 15. Jh. gibt es zahlreiche dt. Messen- und Liedsätze in den *Trienter Codices* (S. 233) und den obigen Liederhss. Das dt. Schaffen folgt franko-fläm. Vorbild. Typisch dt. ist das 4-st.

Tenorlied: urspr. ein Sololied mit Instrumentalbegleitung, entwickelt es sich zum ausgeglichenen A-cappella-Satz (bis um 1530). Die Liedmelodie liegt im Tenor, der Diskant ist schon früh bes. schön gestaltet (Diskant-Tenorgerüst).

Der bedeutendste Komponist dieser Zeit ist HEINRICH ISAAK (um 1450–1517), aus Flandern, um 1480 Organist in Florenz, 1484 bei Erzherzog SIGISMUND in Innsbruck, ab 1494 am Hofe MAXIMILIANS I. in Augsburg, ab 1514 in Florenz; Lieder und Messen, *Choralis Constantinus* (Motettenslg., Proprien des Kirchenjahres für das Domkapitel Konstanz, 1508, vollendet von SENFL, gedruckt 1550). – Abb. C zeigt ein frühes 3-st. Tenorlied. Sein berühmtes Lied *Innsbruck, ich muss dich lassen* hat ISAAK zweifach vertont, als Tenorlied und im damals modernen Diskantsatz (Liedmelodie im Diskant, homophone Faktur, Abb. C).

Weitere Komponisten dieser Epoche (entspr. der 3. ndl. Generation um JOSQUIN): ADAM VON FULDA (um 1445–1505), Torgau; HEINRICH FINCK (um 1445–1527); etwas jünger: PAUL HOFHAYMER (1459–1537), mit ISAAK zusammen in Innsbruck, Augsburg als Organist MAXIMILIANS I., Salzburg; THOMAS STOLTZER (um 1480–1526).

Frühe Liederdrucke bei: OEGLIN, Augsburg 1512; AICH, Köln 1512; SCHÖFFER, Mainz 1513.

Das Lied im 16. Jh. (Zeit Senfls)
Noch immer ist das **polyphone c.-f.-Lied** der traditionelle Haupttyp. Doch treten nach dem Vorbild der ndl. Motette Varianten bis zur regelrechten **Liedmotette** auf. Die Liedmelodie kann im Tenor liegen, sie kann auch auf alle Stimmen verteilt sein (*wandernder c. f.,* Abb. B) oder als *Kanongerüst* auftreten (Abb. B). Verbreitet ist der 4- bis 5-st. Satz mit führendem Diskant (Abb. B und C, E). Eine Besonderheit ist das **Doppellied** oder **Quodlibet** (Abb. B und D: homophoner Satz mit versch. Liedweisen im Tenor und im So-

pran). Instr. können mitspielen oder Stimmen ersetzen.

Komponisten sind u. a.: LUDWIG SENFL (um 1486–1542) aus Zürich, Schüler ISAAKS, in Innsbruck, München usw., Messen, Motetten, über 300 Lieder (Abb. D); THOMAS SPORER (um 1485–1534); SIXT DIETRICH (um 1490–1548); LAURENZ LEMLIN († 1495), Heidelberg; etwas jünger: CASPAR OTHMAYR (1515–53); ferner LE MAISTRE, ST. ZIRLER, JOBST V. BRANDT und JOHANN WALTER (1496–1570), Torgau.

Lieddrucke bei OTT, Nürnberg 1534; EGENOLFF, Frankfurt 1535; FORSTER, Nürnberg, 1539–56.

An die Stelle des alten c.-f.-Liedes tritt im Laufe des 16. Jh. das in allen Stimmen neu erfundene mehrst. Lied, stark beeinflusst von **Villanella** und **Madrigal.** Die Lieder sind strophisch oder madrigalesk durchkomponiert, auch mit Tonmalerei, Chromatik und Tanzrhythmen.

Führende Komponisten sind: ANTONIO SCANDELLO (1517–80), Dresden; JAKOB REGNART (1540–99); Prag; ORLANDO DI LASSO (1532–94), München; JAKOB HANDL (1550–91); JOHANNES ECCARD (1553–1611) und HANS LEO HASSLER (1564–1612) aus Nürnberg, Organist der FUGGER in Augsburg, dann in Nürnberg usw., Schüler A. GABRIELIS in Venedig, u. a. *Neue teutsche Gesäng nach Art der welschen Madrigalien und Canzonetten 4–8 vocum,* Augsburg 1596, und *Lustgarten neuer teutscher Gesäng, Balletti, Gaillarden und Intraden,* Nürnberg 1601, darin das weltl. Liebeslied *Mein Gmüth ist mir verwirret* (Abb. E), das geistl. parodiert wurde zu *Herzlich tut mich verlangen* (KNOLLS Text von 1599), dann zu *O Haupt voll Blut und Wunden* (P. GERHARDT).

Das protestant. Kirchenlied. LUTHER beteiligte das Lied (»**Choral**«) am Gottesdienst: als 1-st. Gemeindelied oder als mehrst. Chorsatz der Kantorei, und zwar im
- **homophonen Satz** mit Choral in der Oberstimme (**Kantionalsatz**), z. B. bei OSIANDER (s. u.) oder HASSLER (*Kirchengesäng ... simpliciter gesetzt,* 1608);
- **motettischen Satz** mit unterschiedl. c.-f.-Bearbeitung, z. B. die **Liedmotetten** von LASSO, LECHNER, ECCARD, PRAETORIUS oder HASSLER (*Psalmen und christl. Gesäng, mit 4 Stimmen auf die Melodeien fugweis komponiert,* 1607).

Frühe protestant. Gesangbücher mit ein- und mehrst. Liedern stammen von
- JOHANN WALTER, Wittenberg 1524 (32 Sätze);
- GEORG RHAU, Wittenberg 1544 (123 Sätze);
- LUCAS OSIANDER, *Fünfftzig geistl. Lieder und Psalmen,* 1586, im 4-st. Kantionalsatz, beeinflusst von den einfachen Hugenottenpsalmen von CL. GOUDIMEL (1565; dt. Übertragung von A. LOBWASSER, 1565).

258 Renaissance/Vokalmusik in Spanien und England

A **Juan del Encina**, 2 spanische Villancicos, Aufbau und Estribillo-Beispiel

Stimmenanordnung im Druck von 1597 zum gemeinsamen Musizieren

B **J. Dowland**, »Come again« aus: The First Booke of Songes or Ayres (1597)

Villancico, Ayre

Spanien

Die mehrst. Musik wurde an den Kathedralen und in den Klöstern gepflegt. Der Einfluss Frankreichs, insbes. der Ars antiqua, macht sich hier lange bemerkbar. Daneben bestehen die königl. Hofkapellen, die im 15./16. Jh. eine zunehmende Bedeutung in der Musikpflege erhalten, so unter ISABELLA I. VON KASTILIEN († 1504), KARL V. (1516/19–56) und PHILIPP II. (1556–98). Neben die span. Tradition mit antikisierender Einfachheit in Satz und Form tritt durch die Beziehungen zu den Niederlanden im 16. Jh. eine starke franko-flämische Musikrichtung, allerdings ohne deren extreme Kp.-Technik.

Die führenden Komponisten sind PEDRO ESCOBAR († 1514), JUAN DE ANCHIETA († 1523), JUAN DEL ENCINA († 1529); CRISTÓBAL DE MORALES (um 1500–1553), der 1535–45 in der päpstl. Kapelle in Rom, später in Toledo, Sevilla und Malaga wirkte; Werke: über 20 Messen und über 80 Motetten in präpalestrinens. Stil; FRANCISCO GUERRERO (1527–99), MORALES-Schüler in Sevilla; TOMÁS LUIS DE VICTORIA (1548–1611), Schüler und Amtsnachfolger PALESTRINAS in Rom, erst ab 1587 in Madrid tätig; Messen und Motetten ganz im PALESTRINA-Stil; JUAN PABLO PUJOL (1573–1626) wirkte, einer späteren Generation angehörend, in Katalonien, bes. in Barcelona.

Die weltl. mehrst. Vokalmusik

ist mit eigenen Tradition vertreten, die stilistisch etwa den Villanellen und Frottolen Italiens entspricht: **Villancicos, Estrambotes, Romances,** in Spätnachfolge der Troubadourlyrik, mehrst., ab der 2. Hälfte des 15. Jh., gesammelt in Liederhss. (z. B. *Cancionero musical del Palacio,* Ende 15. Jh., mit 400 Sätzen, davon 66 von JUAN DEL ENCINA).

Der Villancico (span. *villano,* Bauer) behandelt volkstüml. Themen in stilisierter Sprache.

Der **Villancico** hat eine eigentüml. kombinierte Refrainform (mit vielen Varianten): einem 4-zeiligen **Refrainteil** (*estribillo;* Abb. A: 3 Zeilen a b b) folgt eine Strophe (*copla*) mit 2 oder mehr **Stollen** (*mudanza*) auf neue Melodien (Abb. A: c d c d oder c d c d) und ein **Abgesang** (*vuelta;* Abb. A: a b b). Die Vuelta übernimmt refrainartig die Estribillomelodie, mündet textl. aber erst in der letzten oder vorletzten Zeile in den Estribillo. – Die Strophe als Mittelteil hat oft kontrastreiche Klangwechsel durch unterschiedl. Stimmkombination (Abb. A: Biciniumbildungen: c d d c). Das Nb. A zeigt den typischen homophonen Satz des Villancico mit klaren Kadenzen, liedhafter Melodik und tänzerischem Taktwechsel.

Der Villancico erscheint häufig auch mit **geistl. Text,** entspricht damit etwa der ital. Lauda, später dem geistl. Madrigal.

England

Im 15./16. Jh. führt zunächst die geistl. Musik, die an den Kathedralen und vorbildlich in der **Chapel Royal,** der Londoner Hofkapelle, gepflegt wurde. In England ist der *breite Chorklang* (bis 60 Sänger) ohne die hintergründige, rationalistische Konstruktion der Franko-Flamen.

Das 16. Jh. bringt einen neuen Aufschwung durch Festlandeinfluss und Reformation. CHR. TYE († 1573) und TH. TALLIS († 1585), später W. BYRD (s. u.) unter HEINRICH VIII. (1509–47) komponieren neben den üblichen lat. Messen, Magnificats u. engl. Texte für den anglikan. Gottesdienst, wobei **Anthems** (Motetten) und **Canticals** (Lieder) bes. beliebt sind.

In der zweiten Hälfte des 16. Jh. nimmt die weltl. Musik zu und führt schließlich zur großen Blütezeit der engl. Musik vor etwa **1590 bis 1620** im Zeitalter ELISABETHS I. (1558 bis 1603) und SHAKESPEARES (1564–1616). Die Gattungen waren nach ital. Vorbild **Madrigale, Kanzonetten, Balletti** usw., die engl. **Songs** und **Ayres** und **Virginalmusik** (S. 262 f.). Die 1. Slg. ital. Madrigale mit engl. Übersetzung gab NIC. YONG 1588 als *Musica Transalpina* heraus (MARENZIO, GASTOLDI usw.), **engl. Madrigale** veröffentlichte erst TH. MORLEY 1594. Das engl. Madrigal ist weniger künstlich als das ital.: einfacher im Text, schlichter in der Harmonik, liedhafter in der Melodieführung.

Eine typisch engl. Gattung wird das Sololied mit Lautenbegleitung, auf dem Festland in den span. Lautenliedern DON LUIS MILÁNS (1535) und der frz. *Airs de cour mis sur le luth* (Paris 1571 bei LE ROY) vorgeprägt.

Die bekannteste Slg. ist *Songes or Ayres* von J. DOWLAND (1597). Sie haben außer der Lautenbegleitung zur Oberstimme noch zusätzlich 3 tiefere Vokalstimmen (Alt, Tenor, Bass) zum beliebigen Mitsingen, wenn mehr als ein Sänger anwesend ist. Die Stimmen sind im Druck so angeordnet, dass sie auf dem Tisch liegend von allen Seiten her eingesehen werden können (Abb. B). Das Nb. in Abb B zeigt das Verhältnis des Vokalsatzes zur Lautenbegleitung, die sich abgesehen vom als Arrangement des Vokalsatzes erweist.

Die Ayres gehören in ihrer textgezeugten schlichten Melodik und ihrem natürl. rhythmischen Fluss zum Schönsten in der engl. Musik. Die Hauptkomponisten sind:

– WILLIAM BYRD (1542–1623), gleich berühmt als Komponist geistl., weltl. und instrumentaler Musik;

– THOMAS MORLEY (1557–1603), Schüler BYRDS, vor allem Madrigalkomponist;

– JOHN DOWLAND (1562–1625), bes. Lieder;

– THOMAS WEELKES (1570/80–1623); THOMAS TOMKINS (1573–1656); JOHN WILBY (1574–1638); ORLANDO GIBBONS (1583 bis 1625).

260 Renaissance/Orgel-, Klavier- und Lautenmusik I: Deutschland, Italien

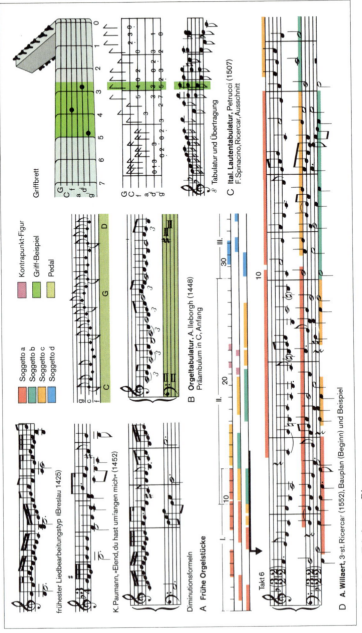

c.-f.-Bearbeitung, Tabulaturen, Ricercare

Renaissance/Orgel-, Klavier- und Lautenmusik I: Deutschland, Italien 261

Die Instrumentalmusik wurde bis in den Barock hinein weitgehend improvisiert. Nicht selbstständig diente sie als Begleitung zu Tanz und Gesang, als Untermalung und Unterhaltung.

Eine eigenständige Instrumentalmusik entwickelte sich erst im 16. Jh. durch Übertragung der Vokalgattungen bzw. deren Kompositionsweise auf die Instrumente mit einer spezifisch instrumentalen Konzeption. So kommt es zu den ersten *Ricercaren, Tokkaten, Kanzonen, Sonaten* usw.

Orgel und **Klavier**
haben als Tasteninstrumente noch bis ins 18. Jh. hinein weitgehend das gleiche Repertoire (*Klaviermusik*).

Im 15. Jh. setzt in Deutschland eine spezifische Orgeltradition ein mit Tabulaturen und Lehrbüchern (*Fundamenta*). Sie enthalten Anweisungen und Beispiele für
1. Absetzen: Vokalwerke mussten aus den Stimmbüchern in ein übersichtl. System, die *Tabulatur*, umgeschrieben und spieltechnisch arrangiert werden;
2. Bearbeitung eines c. f.: geistl. Choräle und weltl. Lieder wurden verziert vorgetragen. Die Verzierungs- oder Diminutionsformeln ließen sich für alle Intervalle lernen (Abb. A, 3: aufsteigende Quarten, als punktierte Halbe zusätzlich eingezeichnet: c–f, d–g usw., nach PAUMANN, 1452). Typisch sind Läufe, Umspielungen, Triller usw. Nach dieser Verzierungs- oder *Kolorierungspraxis* (lat. *color*, Farbe) heißen die dt. Orgelspieler des 15./16. Jh. auch Koloristen.

Choral und Lied konnten auch mehrst. bearbeitet werden. Sie liegen als c. f. in langen Notenwerten im Tenor. Darüber spielt die rechte Hand eine formelhaft figurierte Oberstimme, z. T. mit Doppelgriffen (Abb. A, 1: *Breslauer Fragment,* 1425, Ausschnitt). Der Stimmenunterschied mildert sich später: statt starr gedehnt, bleibt der c. f. liedhaft, wozu die Oberstimme eine Gegenmelodie ausprägt (Abb. A, 2, Beginn).
3. Präludieren: in freier Form, meist mit Laufwerk über Orgelpunkten (Abb. B).
4. Tanzimprovisation: vorzugsweise für Klavier (S. 262 f.).

Orgeltabulaturen sind praktische Tabellierungen der Stimmen mit Notensystem und Buchstaben oder Ziffern. Sie sind in den Ländern verschieden:
– **ältere dt. Orgeltabulatur** (15./16. Jh.): oben 6–8 geschlüsselte Linien mit Mensuralnoten, unten Buchstaben (Abb. B: die Buchstaben C und G stehen weit auseinander wie die Füße auf dem Pedal [?], erklingen aber zusammen; Übertragung nach Apel);
– **neuere dt. Orgeltabulatur** (16.–18. Jh.): alle Stimmen in Buchstaben;
– **andere Orgeltabulaturen: span.:** Noten und

Ziffern; **ital.:** oben 6–8, unten 5–6 Linien; **engl.:** je 6 Linien; **frz.:** je 5 Linien (so ab ca. 1700 in ganz Europa bis heute).
Bedeutende Organisten und Orgeldokumente sind in Deutschland:
– ADAM ILEBORGH aus Stendal, *Orgeltabulatur,* 1448 (Abb. B);
– KONRAD PAUMANN (um 1400–1473, blinder Organist aus Nürnberg), *Fundamentum organisandi,* 1452 (Abb. A, 2, 3), überliefert im *Lochamer Liederbuch;*
– *Buxheimer Orgelbuch,* um 1470, mit über 250 Intavolierungen (DUNSTABLE, DUFAY), Bearbeitungen, Präludien usw.
– ARNOLT SCHLICK aus Heidelberg, *Spiegel der Orgelmacher und Organisten,* 1511;
– PAUL HOFHAYMER in Innsbruck, München usw. (s. S. 257), VIRDUNG in Basel, KLEBER in Göppingen, KOTTER in Freiburg/ Schw., BUCHNER in Konstanz.

Im 16. Jh. übernimmt **Italien** mit den Organisten an S. Marco in Venedig die Führung, bes. mit A. PADOVANO, A. WILLAERT, CL. MERULO († 1604), A. und G. GABRIELI. Sie kultivierten folgende Formen:
– **Tokkata** (ital. *toccare,* berühren, nämlich die Taste), freie Form aus Laufwerk, Figuration, Akkorden; ab MERULO versetzt mit imitatorischen Partien (s. S. 140);
– **Präludium, Präambulum** usw., freie Formen mit Laufwerk usw.;
– **Ricercar,** zunächst frei, dann polyphoner Satz nach dem Prinzip der Motette: abschnittsweise Durchimitation mit je einem neuen »Thema« (*soggetto,* Abb. D). Das Ricercar ist der Vorläufer der Fuge;
– **Fantasie,** ricercarartig, imitatorisch;
– **Canzona,** intavoliertes Chanson, dessen Bearbeitung oder Nachbildung.
Im Wechsel mit der Gemeinde oder der Schola spielte die Orgel auch den Choral in spezifischer Bearbeitung (**Orgelmesse**).

Die Laute
ist im 16. Jh. das führende Hausinstrument. Man spielte alles auf ihr: Begleitung zu Solo- und Ensemblegesang, intavolierte Vokalwerke, Präludien, Tokkaten, Variationen usw.
Die **Lautentabulatur** ist eine Griffschrift: die Linien sind ein Abbild der 6 Saiten, wobei die tiefste der Griffbretthaltung entsprechend oben liegt (Abb. C). Die Ziffern zwischen den Taktstrichen geben den Bund an, der gegriffen werden muss, die Notenhälse die Tonlänge, ohne aber im Akkord differenzieren zu können (Nb. in Abb. C: die Stimmführung muss interpretiert werden). Auch die Lautentabulaturen sind in den einzelnen Ländern sehr verschieden.
Berühmte Lautenisten waren in Italien FRANCESCO DA MILANO (*Intavolatura di Liuto di Ricercare, Madrigali e Canzoni francesi,* 1536 ff.), in Deutschland H. GERLE († 1570, Nürnberg), H. NEWSIEDLER († 1563, ebda).

262 Renaissance/Orgel-, Klavier- und Lautenmusik II: Frankreich, Spanien, England

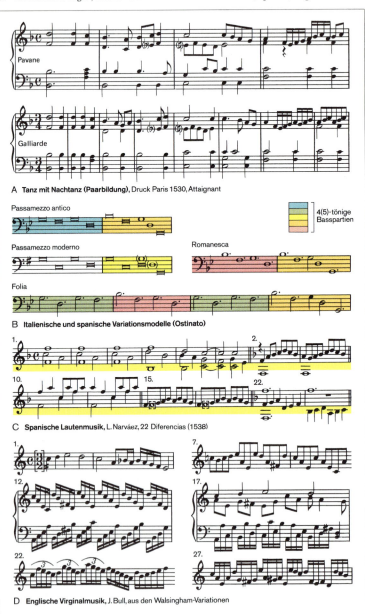

A **Tanz mit Nachtanz (Paarbildung)**, Druck Paris 1530, Attaignant

B **Italienische und spanische Variationsmodelle (Ostinato)**

C **Spanische Lautenmusik**, L. Narváez, 22 Diferencias (1538)

D **Englische Virginalmusik**, J. Bull, aus den Walsingham-Variationen

Tanz, Ostinato-Variation, Virginalmusik

Renaissance/Orgel-, Klavier- und Lautenmusik II: Frankreich, Spanien, England 263

Tänze und Variationen. Im 16. Jh. gibt es zahlreiche Drucke von Tänzen. Sehr bekannt sind die von PIERRE ATTAIGNANT von 1528–50, als **Tabulaturen** für Tasteninstrumente und Laute (mit intavolierten Vokalstücken, Präludien usw.).

Bei den Tänzen lässt sich schon früh die **Paarbildung** feststellen (Abb. A). Das gleiche Material erscheint in der ruhigen Pavane im $\frac{4}{4}$-Takt und der raschen Galliarde im $\frac{3}{4}$-Takt (vgl. S. 150 f.).

Grundlage für die vielen Tanzimprovisationen bilden die **Tanzbässe.** Bereits aus dem 13./14. Jh. überliefert dringen sie im 16. Jh. auch in die Kunstmusik ein, in den sog. **Ostinato-Variationen** (ital. *ostinato,* hartnäckig: Bass bzw. Harmoniefolge kehren *hartnäckig* wieder). Die bekanntesten Bassmodelle (auch *Aria* genannt, vgl. S. 110 f.) tragen Namen nach Tänzen wie dem *Passamezzo,* nach Landschaften und Orten usw. (Abb. B). Schritt und Gegenschritt des Tanzes begründen die Gradzahligkeit ihrer Töne wie die Symmetrie ihrer Gesamtanlage.

Die erste Vierergruppe führt mit 2 + 2 Tönen zum Halbschluss auf der Dominante, die zweite als Gegenfigur zum Ganzschluss auf die Tonika zurück (Abb. B). Aus jedem Ton wird normalerweise ein Takt gestaltet. Die Bässe sind durch gleiche Viertaktgruppen z. T. verwandt (Farben in Abb. B).

Noch die Chaconne- und Passacagliabässe HÄNDELS und BACHS (z. B. *Goldbergvariationen*) stehen in dieser Ostinatobasstradition. Die Bässe bilden im 15./16. Jh. auch die Basis für die Improvisation gesungener Liedstrophen (*Strophenbass;* vgl. S. 110 f.).

Orgel- und Lautenmusik in Spanien
Der berühmteste span. Organist des 16. Jh. ist ANTONIO DE CABEZÓN (1510–1566), Hoforganist KARLS V. und PHILIPPS II., mit dem er 1554–56 London besuchte (Einfluss auf die engl. Virginalisten).

Die Spanier pflegten zwei bes. Gattungen:
– **Tiento** (von *tañer,* berühren, also ähnl. der ital. Tokkata), ein meist 4-st. Orgelstück mit abschnittsweiser Imitation wie das Ricercar. Das Tiento wird wegen seiner imitatorischen Machart auch *fuga* genannt (CABEZÓN).
– **Diferencias** sind Variationen in Zyklen, über Liedmelodien und Ostinatobässe, wobei auch die in ganz Europa bekannten ital. Bässe verwendet werden (Abb. B). – Diferencias gibt es auch für Laute, z. B. der frühe Zyklus von L. NARVÁEZ von 1538. Hier erklingen über einem 6-taktigen Ostinato (Abb. C, 1, vollst.) 22 Variationen mit Akkordik, Laufwerk (2, 15, jeweils 2 Takte) und einfallsreicher Figuration (10, 22). Der Bass und seine Harmonik bleiben konstant.

Theoretiker der span. Orgelmusik sind JUAN BERMUDO (1549) und TOMÁS DE SANTA MA-RÍA (*Arte de tañer fantasía,* 1565). TOMÁS empfiehlt den Instrumentalisten bezeichnenderweise, durch *Nachahmung der Vokalwerke* polyphone Stimmführung und fehlerfreien Kontrapunkt zu lernen. Erst nach dieser strengen Schulung folgt die freie Improvisation.

Virginalmusik in England
In England schaffen die sog. *Virginalisten* Ende des 16., Anfang des 17. Jh. eine für die MG. Das Hauptinstrument ist neben der Orgel das **Virginal,** das in England sehr beliebte Spinett (s. S. 36).

Vorbereitet ist diese Epoche in der engl. Orgeltradition. Ihre überwiegend litur. Stücke (Choralbearbeitungen) sind bes. im *Mulliner Book* um 1550 überliefert. Die Engländer greifen in der 2. Jahrhunderthälfte ital. und span. Anregungen auf, z. B. die Variationstechnik CABEZÓNS (s. o.).

Die **Hauptquelle** der Virginalmusik ist das *Fitzwilliam Virginal Book* im Fitzwilliam-Museum zu Cambridge, eine Prachths. aus dem Anfang des 17. Jh. mit fast 250 Stücken aus der Zeit von 1570–1625. – Der früheste Druck ist die *Parthenia or the Maidenhead* von 1611.

Das Repertoire der Virginalisten umfasst
– **Intavolierung** von Vokalwerken wie Madrigale, Chansons usw.;
– **Präludien** in freier Form;
– **Fantasien,** stark imitatorisch;
– **Tänze:** Pavanen, Galliarden, Allemanden, Couranten usw. Sie bestehen aus einer Folge kleinerer Abschnitte, die jeweils wiederholt und dabei ausgeziert und variiert werden (Estampieprinzip, s. S. 192);
– **Stücke mit programmatischen Titeln** wie *The Bells* (die Glocken) von W. BYRD;
– **Variationen** über *Ostinatobässen,* sog. *Grounds;*
– **Variationen** über bekannte *Lieder* wie die Walsingham-Melodie, die u. a. von BULL variiert als 1. Stück im *Fitzwilliam Virginal Book* überliefert ist:

Das 8-taktige Thema erklingt zunächst als schlichte Melodie (Abb. D, 1, Beginn), dann folgen 20 Variationen. Das Thema wird umspielt, aufgelöst in Akkorde (7), Figuren (27), Arpeggien (12), Laufwerk (22), Repetitionen usw. Es erklingt auch als c. f. in polyphonen Variationen, z. B. mit einer 2. Stimme in Achteln und einer 3. in Sechzehnteln als figurative Begleitung, sodass eine lebendige Mensurschichtung entsteht (17). Die Walsinghamvariationen geben ein Bild von dem virtuos-geistreichen Klavierstil der Virginalisten.

Die bedeutendsten Komponisten sind JOHN BULL, WILLIAM BYRD, GILES und RICHARD FARNABY, ORLANDO GIBBONS, THOMAS MORLEY, JOHN MUNDAY und PETER PHILIPS, allesamt auch als Organisten und Vokalkomponisten bekannt.

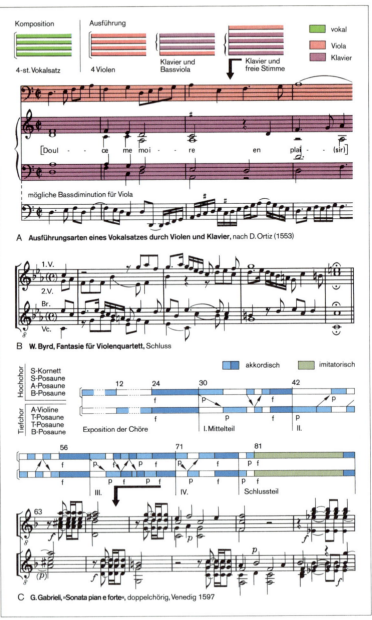

A Ausführungsarten eines Vokalsatzes durch Violen und Klavier, nach D. Ortiz (1553)

B W. Byrd, Fantasie für Violenquartett, Schluss

C G. Gabrieli, »Sonata pian e forte«, doppelchörig, Venedig 1597

Aufführungspraxis, Violenquartett, frühe Sonate

Renaissance/Streicher- und Ensemblemusik 265

Instrumentalmusik für Ensemble wurde erst gegen Ende des 16. Jh. konzipiert, doch waren die Instrumente vorher an der Ausführung der Vokalmusik beteiligt. Die Titel der entsprechenden Drucke von Frottolen, Villanellen, Madrigalen usw. vermerken daher meist: »*per cantare e sonare*«, also »zum Singen und Spielen«. Die Beteiligung der Instrumente war unterschiedlich:
– Instrumente spielten die Stimmen mit, die auch gesungen wurden (*colla parte*).
– Instrumente spielten eigens für sie gedachte Begleitstimmen, z. B. den Contratenor im Diskantlied.
– Instrumente spielten ersatzweise Vokalstimmen.
– Eine Vokalkomposition wurde vollst. von Instrumenten ausgeführt (Abb. A).
Die Instrumentalmusik übernahm dabei von der Vokalmusik gesangliche Linien, melodiöses Spiel, atemgerechte Phrasierung und eine sprechende Art zu spielen. Die Vokalgattungen wurden Vorbild:
– die **Motette** für das **Ricercar;**
– die **frz.** Chanson für die **Canzon da sonar, Canzon (alla) francese.** Übertragung von Originalen führt zu Neukomposition im gleichen Stil. Typisch für die Kanzone ist das Kopfmotiv mit Tonwiederholung (s. S. 254), der lebhafte Rhythmus und der Wechsel homophoner und imitatorischer Partien.
Eigenständigkeit in der instrumentalen Konzeption entwickeln die instrumentalen Einleitungen zu Vokalwerken und Tänzen: **Intraden** (stets zweiteilig pavanenartig langsam und gagliardenartig schnell), **Ritornelle** (oft mit wiederkehrendem Grundbass, auch als Zwischen- und Nachspiele verwendet), **Sinfonien** usw.

Eine Besonderheit ist die Ausführung von Vokalsätzen durch ein *Soloinstrument mit Klavierbegleitung.* Der Spanier DIEGO ORTIZ gab eine Anleitung dazu in seinem Lehrbuch für Viola (*Tratado de glosas*, Rom 1553). Er lehrt nicht nur das Violaspiel, sondern auch das stilgerechte Musizieren und Improvisieren, wozu er den Schüler in die Kompositions- und Musiklehre der Zeit einführt. ORTIZ zeigt speziell für die Bassviola das Variieren über Ostinatobässen, dann das Diminuieren (Verzieren) beim Spiel einer Chanson oder eines Madrigals:
1. Das Klavier übernimmt dabei den Vokalsatz als Begleitung, während die Bassviola die Bassstimme solistisch bereichert (vgl. Abb. A, Bassstimme des Klavierparts und unteres System).
2. Weiter vom Original entfernt man sich, wenn die Bassviola eine freie Stimme dazu improvisiert (vgl. Abb. A, oberes System). Dies zeigt, wie weit die Instrumentalmusik von Niederschrift und Komposition entfernt und zugleich, wie kunstreich in Er-

findung und Ausführung sie war. Das *Allamente*-Spiel (*aus dem Kopf*) verlangte Stegreiferfindung nach Modellen und einen über die Interpretation hinaus schöpferischen Akt.
Die Aufführungsweise mehrst. Vokalsätze durch ein Soloinstrument mit Klavierbegleitung führte zum Solospiel mit Gb. im Barockzeitalter.

Eine spezifisch **instrumentale Ensemblemusik** entwickelt sich in der *Venezianischen Schule.* Die Instrumente erklingen in den Vokalchören oder als reine Instrumentalchöre im Wechsel mit den andern, so wie die Orgel mit Gesang abwechseln konnte. Schließlich komponierte man eigene Instrumentalwerke. Deren Titel wie *Symphonia, Sonata* sind gattungs- und formgeschichtl. noch recht unspezifisch.
Früheste Ensembledrucke erscheinen abgesehen von den Arrangements ATTAIGNANTS erst Ende des 16. Jh.: 1584 die *Canzoni a sonare* von F. MASCHERA, postum 1615 die *Canzoni e sonate* von A. und G. GABRIELI (2- bis 22-st.), 1597 die *Sacrae symphoniae* von G. GABRIELI, mit Besetzungsangaben.
In der letzten Sammlung steht die *Sonata pian e forte* in doppelchöriger Anlage mit Hoch- und Tiefchor und zahlreichen Echowirkungen. Die Sonate ist 3-teilig mit *Exposition* der Chöre, gegliederter *Mitte* mit prachtvollen akkordischen Partien und einem kp. dichten, imitatorischen *Schluss*. Das Schema Abb. C zeigt den farbigen p/f-Wechsel, das Nb. die blockhaft gegeneinander gesetzten, wechselnden Klänge (A-Dur, d-Moll, G-Dur, C-Dur mit Kadenz nach F-Dur bzw. B-Dur, dann Es-Dur). Hier verwirklicht sich ein neues, barockes Musiziergefühl im mehrchörigen Wechsel des *Konzertierens.*

In England
entstehen im 16. Jh. zahlreiche Fantasien und In-nomine-Kompositionen (motettenartige Instrumentalwerke mit dem c. f. »In nomine« nach J. TAVENERS 4-st. *Benedictus* von 1528). Aufgeführt wurden diese und reine Vokalwerke von den instrumentalen *Consorts* des 16./17. Jh.: Ensembles aus familiengleichen (*Whole C.*) und -ungleichen Instrumenten (*Broken C.*, z. B. Bläser, Streicher, evtl. auch Singstimmen).
Schönstes Beispiel für ein *Whole Consort* (auch die Musikstücke hießen so) sind die Fantasien für Violenquartett. Eine solche *Fancy* ist motettenartig gebaut, gegliedert in (kontrastierende) Abschnitte mit je eigenen Themen, die in allen Stimmen imitiert werden. Schon früh wird hier ein gleichberechtigtes Spiel der Instrumente praktiziert wie später im Streichquartett der Klassik. Abb. B zeigt die Schlusstakte einer Fancy von BYRD.

Literatur- und Quellenverzeichnis

Beispielsammlungen und Ausgaben älterer Musik
Das Chorwerk (**Chw.**), hg. von F. Blume, 1929–38. Wolfenbüttel 1953 ff.
Corpus Mensurabilis Musicae (**CMM**), hg. vom American Institute of Musicology. Rom 1947 ff.
A. della Corte: Scelta di musiche per lo studio della storia. Mailand ⁴1962
Davison, A. T./Apel, W.: Historical Anthology of Music, 2 Bde. Cambridge, Mass. ²1959
Denkmäler Deutscher Tonkunst (**DDT**). 1892–1931
Denkmäler der Tonkunst in Bayern (**DTB** = 2. Folge der DDT). 1900–31
Denkmäler der Tonkunst in Österreich (**DTÖ**), 1894 ff.
Das Erbe deutscher Musik (**ED**). Reihe I: Reichsdenkmale 1935–42, 1954 ff. Reihe II: Landschaftsdenkmale 1935–42
Das Musikwerk (**MW**). Eine Beispielsammlung zur Musikgeschichte, hg. von K. G. Fellerer, 47 Bde. Köln 1951–75
Publikationen älterer Musik (**PäM**), hg. von der Dt. Musikgesellschaft unter Th. Kroyer, 1926–40
Publikationen älterer praktischer und theoretischer Musikwerke (**PGfM**), hg. von der Gesellschaft für Musikforschung unter R. Eitner, 1873–1905
Schering, A.: Geschichte der Musik in Beispielen. Leipzig 1931, ND 1957

Allgemeine Darstellungen und Nachschlagewerke
Apel, W.: Harvard Dictionary of Music. Cambridge, Mass. ³1970
Blume, F.: Die ev. Kirchenmusik. BückenHdb. Potsdam 1931. Neubearbeitet Kassel ²1965
Brockhaus-Riemann-Musiklexikon, hg. von C. Dahlhaus und H. H. Eggebrecht, 2 Bde. Wiesbaden und Mainz 1978/79; 4 Bde. und 1 Ergänzungsbd. ³1998; erw. Tb.-Ausg. 1989, ³1995
Geschichte der kath. Kirchenmusik, hg. von K. G. Fellerer, 2 Bde. Kassel 1972/76
Handbuch der musikalischen Gattungen, hg. von S. Mauser. Laaber 1993 ff.
Handbuch der Musikgeschichte, hg. von G. Adler (**AdlerHdb**). Berlin ²1930, ND München 1975
Handbuch der Musikwissenschaft, hg. von E. Bücken (**BückenHdb**). 10 Bde. Potsdam 1927–34
Handschin, J.: Musikgeschichte im Überblick. Luzern 1948, ²1964
Handwörterbuch der musikal. Terminologie, hg. von H. H. Eggebrecht. Wiesbaden 1972 ff.
Hughes, D. G.: A History of European Music. New York usw. 1974
Kleine Handbücher der Musikgeschichte nach Gattungen, hg. von H. Kretzschmar. Leipzig 1905 ff.
Musikgeschichte in Bildern, hg. von H. Besseler und M. Schneider. Leipzig 1962 ff.
Die Musik in Geschichte und Gegenwart (**MGG**), Allgemeine Enzyklopädie der Musik, hg. von F. Blume, 16 Bde. Kassel usw. 1949–79; 2. völlig neu bearb. Ausg. (20 Bde. in 2 Tln.), hg. von L. Finscher. Kassel u. Stgt. 1994 ff.
Das Musikwerk: Eine Beispielslg. zur MG (**Mw**), hg. von K. G. Fellerer, 47 Bde. Köln 1951–75
Neues Handbuch der Musikwissenschaft, hg. von Carl Dahlhaus, fortgeführt von H. Danuser, 13. Bde. Wiesbaden und Laaber 1980–95
The New Grove. Dictionary of Music & Musicians (**Grove**), hg. von Stanley Sadiie, 20 Bde. London 1980, ³2001 (auch im Internet)
The New Oxford History of Music (**NOHM**). 11 Bde. London 1954–90
Riemann Musik Lexikon, 12. Aufl. hg. von W. Gurlitt (Personenteil, Mainz 1959/61), H. H. Eggebrecht (Sachteil, 1967), C. Dahlhaus (Ergänzungsbde. 1972/75)
Robertson/Stevens: Geschichte der Musik, hg. in 3 Bden. von A. Robertson und D. Stevens. Engl. 1960, dt. München 1964–68
Schweizer, K./Werner-Jensen, A.: Reclams Konzertführer. Orchestermusik. 16., völlig neu bearbeitete Aufl. Stuttgart 1998; 17., aktualisierte Aufl. 2001
Wörner, K. H.: Geschichte der Musik. Göttingen ⁵1972; erw. von L. Meierott ⁸1993

Zeitschriften
Acta musicologica (**AMI**) 1931 ff. (Zeitschr. der Intern. Ges. für Mw., vorher: Mitteilungen der IGMW 1928–30)
Archiv für Musikforschung (**AfMf**), 1936–43
Archiv für Musikwissenschaft (**AfMw**), 1918–36, 1952 ff.
Jahrbuch der Musikbibliothek Peters (**JbP**), 1894–1940
Journal of the American Musicological Society (**JAMS**), 1948 ff.
Melos. Zeitschrift für Neue Musik, 1920 ff., ab 1975 zus. mit NZfM, ab 1981 als Vierteljahresschrift für Zeitgenössische Musik
Monatshefte für Musikgeschichte (**MfM**), 1896–1904
Musica, 1947 ff.
Musica Disciplina (**MD**), 1947 ff.
Music and Letters (**M&L**), 1920 ff.

Musical Quarterly, The (**MQ**), 1915 ff.
Die Musikforschung, 1948 ff.
Musiktexte. Zeitschrift für Neue Musik, 1983 ff.
Neue Zeitschrift für Musik (**NZfM**), 1834 ff. (gegr. von R. Schumann, ab 1975 zus. mit Melos)
Österreichische Musikzeitschrift (**ÖMZ**), 1946 ff.
Revue Musicale, La (**RM**), 1920 ff.
Rivista musicale italiana (**RMI**), 1894 ff.
Sammelbände der Intern. Musikgesellschaft (**SIMG**), 1899–1914
Vierteljahresschrift für Musikwissenschaft (**VfMw**), 1885–94
Zeitschrift der Intern. Musikgesellschaft (**ZIMG**), 1899–1914
Zeitschrift für Musikwissenschaft (**ZfMw**), 1918–35

Akustik
Büscher, G.: Kleines ABC der Elektroakustik. München [5]1967
Dorn: Physik. Mittelstufe. Ausgabe A. Hannover [18]1970
Franke, H.: Lexikon der Physik, hg. von H. Franke. 3 Bde. Stuttgart [3]1969 (dtv-Lexikon der Physik. 10 Bde. München 1970)
German, W./Graewe, H./Neunhöffer, M./Weiss, H.: Der neue Grimsehl. Physik II. Stuttgart 1966
Lottermoser, W.: Akustische Grundbegriffe. MGG Bd. 1. Kassel und Basel 1949–51
Meyer, E./Neumann, E. G.: Physikalische und Technische Akustik. Braunschweig [2]1974
Rieländer, M. M.: Reallexikon der Akustik. Frankfurt a. M. 1982
Trendelenburg, F.: Einführung in die Akustik. Berlin 1939

Gehörphysiologie/Stimmphysiologie
Lehmann, L.: Meine Gesangskunst. Berlin 1909
Rein, H./Schneider, M.: Einführung in die Physiologie des Menschen. Berlin [15]1964
Vogel, G./Angermann, H.: dtv-Atlas zur Biologie. München 1968
Wellek, A.: Gehörphysiologie. MGG Bd. 4. Kassel und Basel 1955
Winckel, F.: Stimmorgane. MGG Bd. 12. Kassel u. a. 1965

Hörpsychologie
Handschin, J.: Der Toncharakter. Eine Einführung in die Tonpsychologie. Zürich 1948
Helmholtz, H. v.: Die Lehre von den Tonempfindungen als physiologische Grundlage für die Theorie der Musik. Braunschweig 1863
Hesse, H.-P.: Die Wahrnehmung von Tonhöhe und Klangfarbe als Problem der Hörtheorie. Diss. phil. Hamburg 1970
Kurth, E.: Musikpsychologie. Berlin 1931, ND Hildesheim 1969
Motte-Haber, H. de la: Handbuch der Musikpsychologie. Laaber 1985
Reinecke, H.-P.: Experimentelle Beiträge zur Psychologie des musikal. Hörens. Hamburg 1964
Révész, G.: Einführung in die Musikpsychologie. Bern und München [2]1972
Stumpf, C.: Tonpsychologie. Bd. I/II. Leipzig 1883/1890
Wellek, A.: Die Mehrseitigkeit der Tonhöhe als Schlüssel zur Systematik der musikalischen Erscheinungen. Zeitschrift für Psychologie 134, 1935
ders.: Musikpsychologie und Musikästhetik. Frankfurt 1963

Instrumentenkunde
Adelung, W.: Einführung in den Orgelbau. Wiesbaden [3]1974
Bachmann, W.: Die Anfänge des Streichinstrumentenspiels. Leipzig 1964
Bahnert/Herzberg/Schramm: Metallblasinstrumente. Leipzig 1958
Bartolozzi, B.: Neue Klänge für Holzblasinstrumente. Mainz 1971
Behn, F.: Musikleben im Altertum und frühen Mittelalter. Stuttgart 1954
Bierl, R.: Elementare technische Akustik der elektronischen Musikinstrumente. Schriftenreihe Das Musikinstrument, Heft 4. Frankfurt a. M. 1965
Brandlmeier, J.: Zupfinstrumentenbau. MGG Bd. 14. Kassel usw. 1968
Buchner, A.: Musikinstrumente im Wandel der Zeiten. Prag [2]1956
Fett, A.: Harmonika. MGG Bd. 5. Kassel usw. 1956
Galpin, F. W.: The Water Organ of the Ancients and the Organ of Today. English Music (1604–1904). London 1906
Goebel, J.: Theorie und Praxis des Orgelpfeifenklanges. Schriftenreihe Das Musikinstrument, Heft 9. Frankfurt a. M. 1967
Hornbostel, E. M./Sachs, C.: Systematik der Musikinstrumente. Zeitschr. f. Ethnologie XLVI, 1914
Junghanns, H.: Der Piano- und Flügelbau. Fachbuchreihe Das Musikinstrument, Bd. 4. Frankfurt a. M. [3]1960
Keune, E.: Kleine Trommel. Schlaginstrumente: Ein Schulwerk, Teil 1. Kassel usw. 1975
Kolneder, W.: Das Buch der Violine. Zürich 1972

III   Literatur- und Quellenverzeichnis

Kotónski, W.: Schlaginstrumente im modernen Orchester. Mainz 1968
Kunitz, H.: Die Instrumentation. Ein Hand- und Lehrbuch. Teil 1–12. Leipzig 1957–61
Lexikon Musikinstrumente, hg. von W. Ruf. Mannheim 1991
Mahillon, V.-Ch.: Catalogue descriptif et analytique du Musée instrumental (historique et technique) du Conservatoire Royal de Musique de Bruxelles. Bd. 1–4. Gent 1880–1912
Musikinstrumente. Die Geschichte ihrer Entwicklung und ihrer Formen, hg. von A. Baines. München 1962
Pape, W.: Instrumentenhandbuch. Streich-, Zupf-, Blas- und Schlaginstrumente in Tabellenform. Köln 1971
Peinkofer, K./Tannigel, F.: Handbuch des Schlagzeugs. Praxis und Technik. Mainz 1969
Praetorius, M.: Syntagma Musicum II. De Organographia. Wolfenbüttel 1619. ND. hg. von W. Gurlitt. Documenta musicologica XIV. Kassel usw. 1958
Reclams Musikinstrumentenführer. Die Instrumente und ihre Akustik, hg. von E. Briner. 2., verb. Auflage Stuttgart 1992
Richter, W.: Die Griffweise der Flöte. Kassel usw. 1967
Sachs, C.: Geist und Werden der Musikinstrumente. Berlin 1928. ND. Hilversum 1965
ders.: Reallexikon der Musikinstrumente. Berlin 1913. Erweiterter ND. New York 1964
ders.: The History of Musical Instruments. London 1968
ders.: Handbuch der Musikinstrumentenkunde. Leipzig [2]1930 ND. Hildesheim/Wiesbaden 1967
Stauder, W.: Alte Musikinstrumente in ihrer vieltausendjährigen Entwicklung und Geschichte. Braunschweig 1973
Valentin, E.: Handbuch der Musikinstrumentenkunde. Regensburg [6]1974

Allgemeine Musiklehre

Abraham, L. U.: Harmonielehre. Bd. I/II. Köln 1965/1969
Grabner, H.: Allg. Musiklehre. 10. Aufl. mit einem Nachtrag von D. de la Motte. Kassel 1970
ders.: Handbuch der funktionellen Harmonielehre. Regensburg [7]1974
Haas, R.: Aufführungspraxis der Musik. BückenHdb. Berlin 1934
Fux, J. J.: Gradus ad Parnassum, Wien 1725 (lat.). ND. Kassel usw./Graz 1967
Jeppesen, K.: Kontrapunkt. Lehrbuch der klass. Vokalpolyphonie. Dt. Leipzig 1935. Wiesbaden [4]1965
Kühn, C.: Form in der Musik. Kassel 1987, [3]1992
Kurth, E.: Grundlagen des linearen Kontrapunkts. Bern 1917
Leichtentritt, H.: Musikalische Formenlehre. Leipzig [3]1927
Lemacher, H./Schroeder, H.: Formenlehre der Musik. Köln [3]1972
Maler, W.: Beitrag zur durmolltonalen Harmonielehre. Bd. I/II. München-Leipzig [7]1971/[2]1960
Marx, A. B.: Die Lehre von der musikalischen Komposition. Bd. I–IV. Leipzig 1837–47
Mattheson, J.: Große Generalbassschule, hg. von W. Fortner. Mainz 1956 (nach der 2. Ausg. von 1731)
Motte, D. de la: Harmonielehre. Kassel usw./München 1976
ders.: Musikalische Analyse. 2 Bände in Schuber. Kassel usw. [1]1968, [2]1972
Ratz, E.: Einführung in die Musikalische Formenlehre. Wien [3]1973
Stockmeier, W.: Musikalische Formprinzipien. Formenlehre. Köln [2]1973

Gattungen und Formen

Antiphonale Ss. Romanae Ecclesiae pro diurnis horis. Tournai 1924
Apel, W.: Die Notation der polyphonen Musik. 900–1600. Engl. 1942, dt. Leipzig 1962
Dürr, A.: Die Kantaten von Johann Sebastian Bach. 2 Bde. Kassel und München 1971, [2]1975
Eggebrecht, H. H.: Studien zur musikalischen Terminologie. Wiesbaden [2]1968
Einstein, A.: The Italian Madrigal. 3 Bde. Princeton, N. J. 1949
Gattungen der Musik in Einzeldarst., hg. von W. Arlt u. a. 1. Folge. Bern u. München 1973
Graduale Ss. Romanae Ecclesiae de tempore et de sanctis. Tournai 1961
Husmann, H.: Die mittelalterliche Mehrstimmigkeit. Das Musikwerk 3. Köln 1955
Jöde, F.: Der Kanon. Wolfenbüttel 1926
Lasso, Orlando di: Sämtliche Werke. Zweite, nach den Quellen revidierte Auflage der Ausgabe von F. X. Haberl und A. Sandberger (1894–1927), hg. von H. Leuchtmann. Wiesbaden 1968 ff.; ferner: Sämtliche Werke. Neue Reihe, hg. von der Académie Royale de Belgique und der Bayerischen Akademie der Wissenschaften. Kassel usw. 1956 ff.
Marrocco, W. T.: Italian Secular Music, hg. von W. T. Marrocco. Polyphonic Music of the Fourteenth Century. Bd. VI. Monaco 1967
Ortiz, D.: Tratado de glosas . . . Rom 1553, hg. von M. Schneider. Kassel usw. [3]1967
Salinas, F.: De Musica . . . Salamanca 1577, hg. von M. S. Kastner. Documenta musicologica I, 13. Kassel usw. 1958
Schütz, H.: Neue Ausgabe sämtlicher Werke, hg. von der Internationalen H.-Schütz-Gesellschaft. Kassel usw. 1955 ff.

Schweitzer, A.: J. S. Bach (1908/1936). Wiesbaden 1960
Tack, F.: Der Gregorianische Choral. Das Musikwerk 18. Köln 1960
Wolff, H. Chr.: Die Oper I. Anfänge bis 17. Jh. Das Musikwerk 38. Köln 1971
Wolters, G. (Hg.): Ars musica. Ein Musikwerk für Höhere Schulen. Bd. IV Chorbuch für gemischte Stimmen. In Zusammenarbeit mit R. Krokisius. Wolfenbüttel/Zürich 1965

Antike Hochkulturen, Spätantike und Frühes Mittelalter
Abert, H.: Die Lehre vom Ethos in der griechischen Musik. Leipzig 1899. ND Tutzing und Wiesbaden [2]1968
Bake, A.: Indische Musik. MGG Bd. 6. Kassel und Basel 1957
Danckert, W.: Tonreich und Symbolzahl in Hochkulturen und in der primitiven Welt. Bonn 1966
Fleischhauer, G.: Etrurien und Rom. Musikgeschichte in Bildern, hg. von H. Besseler und M. Schneider. Bd. II, Musik des Altertums, Lieferung 5. Leipzig o. J.
Georgiades, Th.: Musik und Rhythmus bei den Griechen. Hamburg 1958
Hickmann, H.: Harfe. MGG Bd. 5. Kassel und Basel 1956
ders.: Leier. MGG Bd. 8. Kassel usw. 1960
ders.: Ägypten. Musikgeschichte in Bildern, hg. von H. Besseler und M. Schneider. Bd. II, Musik des Altertums, Lieferung 1. Leipzig 1961
Hirmer, M./Lange, K.: Ägypten. München [4]1967
Koller, H.: Musik und Dichtung im alten Griechenland. München 1963
Musik des Altertums, Die, hg. von A. Riethmüller und F. Zaminer. Laaber 1989 (Neues Hdb. der Mw. 1)
Picken, L.: Chinese Music. Grove's Dictionary of Music and Musicians. London [5]1966
Pöhlmann, E.: Denkmäler altgriechischer Musik. Erlanger Beiträge zur Sprach- und Kunstwissenschaft Bd. 31. Nürnberg 1970
Stäblein, B.: Frühchristliche Musik. MGG Bd. 4. Kassel und Basel 1955
Wegner, M.: Griechenland. Musikgeschichte in Bildern, hg. von H. Besseler und M. Schneider. Bd. II, Musik des Altertums, Lieferung 4. Leipzig [2]1970
Wellesz, E.: Musik der Byzantinischen Kirche. Das Musikwerk 13. Köln 1959

Mittelalter
Abert, H.: Die Musikanschauung des Mittelalters. Halle 1905
Apel, W.: Die Notation der polyphonen Musik. 900–1600. Engl. 1942, dt. Leipzig 1962
Apfel, E.: Grundlagen einer Geschichte der Satztechnik vom 13. bis zum 16. Jh. Zwei Teile. Saarbrücken 1974
Aubry, P.: Cent motets du XIIIe siècle. (Faks. und Übertr. Codex Bamberg.) 3 Bde. Paris 1908
Besseler, H.: Die Musik des Mittelalters und der Renaissance. BückenHdb. Potsdam 1931
Besseler, H./Gülke, P.: Schriftbild der mehrst. Musik. Musikgeschichte in Bildern III, 5. Leipzig 1973
Bukofzer, M. F.: Studies in Medieval and Renaissance Music. New York 1950
Corpus Scriptorum de Musica, hg. vom American Institute of Musicology. Rom 1950 ff.
Coussemaker, E. de: Scriptorum de musica medii aevi nova series, hg. von E. de Coussemaker (**CS**). 4 Bde. Paris 1864–76. ND Hildesheim 1963
Fischer, K. v.: Studien zur Musik des ital. Trecento und frühen Quattrocento. Bern 1956
Fromm, H.: Der deutsche Minnesang. Darmstadt 1963
Gennrich, F.: Grundriß einer Formenlehre des mittelalterl. Liedes. Halle 1932
ders.: Troubadours, Trouvères, Minne- und Meistergesang. MW 2. Köln 1960
Georgiades, T.: Musik und Sprache. Das Werden der abendländischen Musik. Berlin, Göttingen, Heidelberg 1954
Gerbert, M.: Scriptores ecclesiastici de musica sacra potissimum (**GS**). St. Blasien 1784. ND Hildesheim 1963
Haas, R.: Aufführungspraxis der Musik. BückenHdb. Potsdam 1934
Hammerstein, R.: Die Musik der Engel. Untersuchungen zur Musikanschauung des MA. Bern und München 1962
ders.: Diabolus in Musica. Studien zur Ikonographie der Musik im MA. Bern und München 1974
Husmann, H.: Das Prinzip der Silbenzählung im Lied des zentralen Mittelalters. Musikforschung VI, 1953
ders.: Die mittelalterl. Mehrstimmigkeit. Das Musikwerk 9. Köln 1955
Johannes Affligemensis (Cotto): De Musica cum Tonario, hg. von J. Smits van Waesberghe. CSM 1, Rom 1950
Koehler, L.: Pythagoreisch-platonische Proportionen der Ars nova und der Ars subtilior. 2 Bde. Kassel 1990 (Göttinger musikwiss. Arbeiten XII)
Kühn, H.: Die Harmonik der Ars nova. Zur Theorie der isorhythmischen Motette. München 1973 (Berliner Musikwiss. Arbeiten 5)

V Literatur- und Quellenverzeichnis

Landini, F.: The Works of Francesco Landini. Polyphonic Music of the Fourteenth Century, hg. von L. Schrade. Bd. IV. Monaco 1958
Ludwig, F.: Die geistl. nichtliturg., weltl. einst. und die mehrst. Musik des Mittelalters bis zum Anfang des 15. Jh. AdlerHdb. Bd. 1. Berlin ²1930. ND München 1973
ders.: Repertorium organorum et motetorum vetustissimi stili. Bd. I, 1 (1910). Hildesheim ²1964
Machaut, G. de: The Works of Guillaume de Machaut. Polyphonic Music of the Fourteenth Century. Bd. II, III, hg. von L. Schrade. Monaco 1956
Marrocco, W. T.: Italian Secular Music, hg. von W. T. Marrocco. Polyphonic Music of the Fourteenth Century. Bd. VI. Monaco 1967
Michels, U.: Die Musiktraktate des Johannes de Muris. Beihefte zum AfMw Bd. VIII. Wiesbaden 1970
Musik des Mittelalters, Die, hg. von H. Möller und R. Stephan. Laaber 1991 (Neues Hdb. der Mw. 2)
Nagel, B.: Der deutsche Meistersang. Darmstadt 1967
Reckow, F.: Der Musiktraktat des Anonymus 4. Beihefte zum AfMw Bd. IV. Wiesbaden 1967
Reese, G.: Music in the Middle Ages. New York 1940
Riemann, H.: Geschichte der Musiktheorie im 9.–14. Jh. Leipzig ²1921
Rokseth, Y.: Polyphonie du moyen âge. (Faks. Codex Montpellier). Paris 1935/36
Sachs, K.-J.: Der Contrapunctus im 14. und 15. Jh. Beihefte zum AfMw Bd. XIII. Wiesbaden 1974
Schmidt-Görg, J.: Die Messe. Das Musikwerk 30. Köln 1967
Schneider, M.: Geschichte der Mehrstimmigkeit. 2 Bde. Berlin 1934/35
Smits van Waesberghe, J.: Muziekgeschiedenis der Middeleuwen. 2 Bde. Tilburg 1939–42
ders.: Musikerziehung. Lehre und Theorie der Musik im Mittelalter. Musikgeschichte in Bildern Bd. III, 3. Leipzig 1969
Stäblein, B.: Saint-Martial. MGG Bd. 11. Kassel usw. 1963
ders.: Schriftbild der einstimmigen Musik. Musikgeschichte in Bildern Bd. III, 4. Leipzig 1975
Tack, F.: Der Gregorianische Choral. Das Musikwerk 18. Köln 1960
Ursprung, O.: Die katholische Kirchenmusik. BückenHdb. Potsdam 1931
Vitry, Ph. de: The Works of Philippe de Vitry, hg. von L. Schrade. Polyphonic Music of the Fourteenth Century, Bd. V. Monaco 1956
Wagner, P.: Einführung in die Gregorianischen Melodien. 3 Bde. Leipzig 1895–1921
Werf, H. van der: The Chansons of the Troubadours and Trouvères. A Study of the Melodies and their Relation to the Poems. Utrecht 1972
Wolf, J.: Handbuch der Notationskunde. Leipzig 1913

Renaissance
Apel, W.: Geschichte der Orgel- und Klaviermusik bis 1700. Kassel usw. 1967
Besseler, H.: Bourdon und Fauxbourdon. Studien zum Ursprung der niederländischen Musik. Leipzig 1950
Binchois, G.: Chansons, hg. von W. Rehm. Musikalische Denkmäler II. Mainz 1957
Boetticher, W.: Orlando di Lasso und seine Zeit. Kassel und Basel 1958
Borren, Ch. van den: Geschiedenis von de Muziek in de Nederlanden. I. Antwerpen 1948
Byrd, W.: Complete Works, hg. von E. H. Fellows. 20 Bde. London 1923–52
Coclico, A. P.: Compendium musices. Nürnberg 1552. ND Kassel 1954 (Documenta musicologica I, 9)
Dowland, J.: Ayres for Four Voices, transcr. by E. H. Fellows, hg. von T. Dart und N. Fortune. Musica Britannica VI. London 1953, ²1963
Dufay, G.: Opera omnia, hg. von G. de Van und H. Besseler. CMM 1. Rom 1947 ff.
Engel, H.: Das mehrst. Lied des 16. Jh. in Italien, Frankreich, England und Spanien. Das Musikwerk 3. Köln 1952
Fellows, E. H.: The English Madrigal. 1588–1632. London 1920
Ferand, E. T.: Die Improvisation. Das Musikwerk 12. Köln 1956
Fischer, K. v.: Die Variation. Das Musikwerk 11. Köln 1956
Fitzwilliam Virginal Book, The, hg. von J. A. Fuller-Maitland und W. Barcley-Squire. 2 Bde. Leipzig 1894–99. ND New York 1963 (dt. Wiesbaden 1963)
Frotscher, G.: Geschichte des Orgelspiels und der Orgelkomposition. Berlin ²1959
Gabrieli, G.: Collected Works II, Motetta Sacrae Symphoniae (1597), hg. von D. Arnold. CMM 12. Rom 1959
Huizinga, J.: The Problem of the Renaissance. London 1960
Jeppesen, K.: Der Palestrinastil und die Dissonanz. Leipzig 1925
Josquin Desprez: Werke, hg. von A. Smijers, M. Antonowycz, W. Elders. Amsterdam 1922–69
Lasso, O. di: Sämtliche Werke (s. u. »Gattungen und Formen«)
Lenaerts, R. B.: Die Kunst der Niederländer. Das Musikwerk 22. Köln 1962
Moser, H. J.: Kleine dt. Musikgeschichte. Stuttgart 1940

Literatur- und Quellenverzeichnis VI

ders.: Paul Hofhaimer, ein Lied- und Orgelmeister des dt. Humanismus. Stuttgart 1929
Musik des 15. und 16. Jahrhunderts, Die, hg. von L. Finscher. 2 Bde. Laaber 1989 (Neues Hdb. der Mw. 3)
Ockeghem, J.: Collected Works, hg. von D. Plamenac. Bd. I. Messen 1–8. American Musicological Society. Studies and Documents 3. New York ²1959
Palestrina, G. P.: Le Opere complete. GA begonnen von R. Casimiri. 26 Bde. Rom 1939–59. (Le Messe di Mantova II, hg. von K. Jeppesen. Bd. XIX. Rom 1954)
Petsch, C.: Das Lochamer Liederbuch. München 1967
Stephan, W.: Die Burgundisch-Niederländische Motette zur Zeit Ockeghems. ND Kassel 1973
Ungerer, H. H.: Die Beziehungen zwischen Musik und Rhetorik im 16.–18. Jh. Würzburg 1941
Winter, P.: Der mehrchörige Stil. Frankfurt 1964
Wolff, H. Chr.: Musik der alten Niederländer. Leipzig 1956
ders.: Originale Gesangsimprovisationen des 16. bis 18. Jh. Das Musikwerk 41. Köln 1972
Wolters, G.: Ars musica (s. u. »Gattungen und Formen«)
Zarlino, G.: Istitutioni harmoniche. Venedig 1558, ND New York 1965

Quellenverzeichnis

Sämtliche **Abbildungen** wurden für diesen dtv-Atlas neu gezeichnet; die folgende Liste schlüsselt sie nach Vorlagen und Quellen auf:

16 A nach Lottermoser;
18 A, B nach Rein/Schneider;
20 B nach Revesz;
22 E nach Meyer,
    F nach Lottermoser;
58 A, B, D nach Fett;
160 A 1 nach einem sumer. Siegel (nach Hickmann 1960),
    A 2 nach einer Rekonstruktion (nach Behn 1954),
    B nach einem assyr. Relief (nach Behn),
    C 1, 2 nach Hickmann (1956),
    C 3 nach einer Vasenzeichnung aus Bismaja, 3. Jts. v. Chr. (nach Behn),
    D nach einem babylon. Relief (nach Behn),
    E nach einem Gudea-Relief, 3. Jts. v. Chr., linke Figur vervollständigt (nach Buchner);
162 A nach einer phönik. Schale aus Zypern (nach Behn),
    B nach Idelsohn (1914–32),
    C nach Grabmalerei in Beni Hassan, um 1900 v. Chr. (nach Buchner);
164 A nach Relief aus Grab von Sappârah, Altes Reich (nach Hickmann 1961),
    B Schulterharfe nach Grabmalerei z. Zt. Thutmosis III. (nach Behn, vgl. Hickmann 1961),
    Bogenharfe 1 nach Abguss (nach Behn),
    Bogenharfe 2 nach einer Wandmalerei, Grab Nr. 38 in Theben (nach Hirmer),
    Langflöte nach einem Relief, Grab Nr. 192 in Theben (nach Behn),
    Doppelschalmei nach Wandmalerei aus theban. Grab, 18. Dyn. (nach Hirmer);
166 B, C nach Bake (1957);
168 B, C nach Picken (1966), D Musikantinnen nach Buchner (1956);
172 D nach attischer, rotfiguriger Amphora, um 480 v. Chr.,
    E nach attischem, rotfigurigem Skyphos, um 480 v. Chr.,
    H nach attischer, rotfiguriger Schale, um 520 v. Chr.,
    F, G, J nach Behn;
174 B, C nach Pöhlmann (1970);
178 D Rekonstruktion nach einer Terrakotta (ca. 7 × 18 cm) aus Karthago, 2. Jh. v. Chr. (Michels/Vogel);
180 A, C, D nach Stäblein (1955), B nach Handschin (1948);
226 A, B nach Stauder,
    C König David nach Münchener Psalter, Ende 10. Jh.,
    D König David nach Miniatur aus Südfrankreich, 11. Jh. (Paris, Bibl. Nat., lat. 1118, fol. 104),
    E, G nach Buchmalerei aus den Cantigas de S. María, Spanien, 12. Jh.,
    F nach einer Plastik, Kathedrale von Santiago de Compostela, 12. Jh.,
    H nach Relief am Straßburger Münster, frühes 14. Jh. (Bogen ergänzt),
    K nach Junghanns,
    L nach einer Portalplastik, Kathedrale von Santiago de Compostela, Ende 12. Jh., Drehtangenten nach Zeichnung aus dem 13. Jh. (nach Stauder);
246 C Reproduktion des Originals bei Besseler (1931), MGG 8 (1960) u. a.

VII   Literatur- und Quellenverzeichnis

Alle **Notenbeispiele** wurden nach Angaben des Autors neu gesetzt. Aus Platzgründen bringen sie meist nur kurze Werkausschnitte. Mit Bedacht wurden daher wo möglich solche Beispiele gewählt, die in leicht zugänglichen Ausgaben und Beispielsammlungen vollständig eingesehen werden können. Die folgende Liste schlüsselt die Beispiele entsprechend auf. Fehlt hier ein Hinweis, so muss die jeweilige im Literatur- und Quellenverzeichnis angegebene Gesamtausgabe herangezogen werden.

82 D: Haas; 102 A: Dahlhaus; 112 A: Schering; 114 A, C: Graduale, B, C: Tack; 118 B: Jöde, E: Apel (1962); 124 B, C: Wolters; 126 A: Marrocco (1967), B: Einstein, C: Wolters; 128 B: Graduale; 130 A: Husmann (1955), B. C: Wolters; 144 A: Wolff (1971); 174 B, C: Pöhlmann; 180 A, C, D: Stäblein (1955); 182 B, D, E: Wellesz (1959); 184 B: Graduale; 186 A: Graduale *Justus ut palma* nach Hss. des 11. Jh. und Graduale, vgl. Handschin, B: Graduale *Adiuvabit eam Deus* nach Hs. Benevent, Kapitelbibl., Cod. VI–34, fol. 50, um 1100, C: *Alleluia Posuisti* nach Cod. Montpellier, H 159 (11. Jh.); 188 A: Joh. Affligemensis (Cotto); 190 A: Graduale und Tack, C: Graduale; 192 A: Ludwig (1973), B: Gennrich (1960), D: Gennrich (1956); 196 B: Gennrich (1960), Ludwig (1973), Husmann (1953); 198 A, B, C: nach Gerbert I, Fa: nach Joh. Affligemensis (Cotto), Fb: nach Hs. Mailand, Bibl. Ambros. M 17 sup., fol. 56 ff.; 200 A: Stäblein (1963), B Übertragung nach Ms. Paris, Bibl. Nat., lat. 3549, fol. 151 v, 152 (Neumen, 12. Jh., Faks. bei Apel, 1962), C: Faks. in MGG Bd. 11, Tafel 71 (»Magister Albertus Parisiensis«); 202 A: Husmann (1955); 204 A, B: Husmann (1955); 206 B Husmann (1955), B. C: Ludwig (1973); 208 A: vgl. Davison/Apel I, B: Ludwig (1973), C: Faks. bei Aubry; 210 I: Faks. bei Apel (1962); 216 A: Schering; 218 Nb Besseler (1931); 220 A, B: Marrocco (1967); 224 A: Apel (1962), B: Schering, C: Besseler (1931); 226 Aufschlüsselung s. o.; 232 G: nach Apel (1970); 234 A: Schmidt-Görg, D: Schering; 236 B: DTÖ VII und Besseler (1931); 238 A: DTÖ XVII, 1 und GA; 240 B: Schmidt-Görg, C: Lenaerts; 244 A: Lenaerts, B: Nb dazu bei Schmidt-Görg, 246 A: Wolters, B: Schering, C: Reproduktion des Originals bei Besseler (1931), MGG Bd. 8 u. a.; 252 A: Besseler (1931), B: Engel, C: Schering; 254 A: Wolff (1972), Lenaerts, B, C: Schering; 256 A, D: Schering, C: DTÖ XIV, 1, C, E: Wolters; 258 A: Engel; 260 A: Apel (1967), B: Apel (1962), C: Faks. der Tabulatur bei Apel (1962), Übertragung vgl. auch Schering, D: Schering; 262 A: Schering, B, C: Fischer (1956), D: Fiszwilliam Virginal Book I; 264 A: Ferand, C: Schering.

Personen- und Sachregister

Halbfett gedruckte Zahlen beziehen sich auf **zentrale Stellen**.
Zahlen mit geraden Endziffern (0, 2, 4, 6, 8) bezeichnen im Allgemeinen Bildseiten. Daran lässt sich leicht erkennen, ob – insbesondere bei Instrumenten – eine **Abbildung** vorliegt oder nur eine Textbeschreibung.
Vortragsangaben (z. B. *cantabile*), **Abkürzungen** (z. B. *pp*) und andere **Zeichen** in der Notenschrift finden sich auf S. 70–81; siehe aber auch das Symbol- und Abkürzungsverzeichnis S. 8 f.

Abbreviaturen (Notenschrift) 70 ff.
Abegg-Variationen (Schumann) 113
Académie de Poésie et de Musique (Paris) 253
a cappella 65, 70, 83, 185, 247, 249, 253
Accent 70
Accentus **114 f.**, 185
Acciaccatura 70, 101
Accompagnato 71
Accompagnato-Rezitativ 111, 135, 139, 144 f.
Accompagnement 100 f.
acutae 188 f.
adagio, ad° 71
Adam de la Halle 125, 192, **194**, 209
Adam von Fulda 257
Adam von St. Victor 191
Adaption 19
ad libitum, ad lib. 71
Adventshymnen (Dufay) 236 f.
Aequalregister 56 f.
Aerophone 25, 46–59
Aetherophon 61
Affekt 247
affettuoso 71
Affligemensis, J. s. Johannes A.
agitato 71
Agnus Dei 115, **128 f.**, 184 f., 218 f., 238–243
Agricola, A. 243
Aich, A. v. 257
Aida (Verdi) 51
Aida-Trompete 50 f.
Aimeric de Peguilhan 194
Air 125
– de Cour 111, **253**
Akathistos Hymnos (Romanus) 182 f.
Akklamation 115
Akkolade 69
Akkord 17, 21, **96–99**, 100 f., 229, **250 f.**
Akkordeon 58 f.
Akkordflöte 53
Aktionspotenziale 19
Akustik **14–17**
Akzent 71
Akzentneumen **186 f.**
Akzidenzien **67**, 71
Alba (Aube, Taglied) 194
Albert, H. 125
Albumblätter 113
Alfons X. von Kastilien 213

Aliquotsaiten 17, 35, **38 f.**
Aliquotstimmen 56 f.
Alkaios von Lesbos 171
Alkman 173
alla breve **67**, 232 f.
allegro. all° 71
Alleluia **115**, **128 f.**, 191, 203
Alleluia »Posuisti« 114 f.
Allemande 150 f., **154 f.**
Allintervallreihe 102 f.
Almglocken 31
Alphorn 51
Alt 22 f., 231
Alteration **66 f.**, 85, 98 f., **210 f.**, 215
Altflöte 52 f.
Althorn 48 f.
Altklarinette 55
Altkornett 49
Altposaune 51
Altsaxophon 24, 54 f.
Alttrompete 50 f.
Ambitus 91, 189
Amboss 18 f., 29
Ambros. A. W. 13
ambrosianischer Gesang 185
Ambrosius 180 f.
Amplitude 14 f.
Anakreon 173
Analyse 98 f.
Anapäst **170 f.**, 202
Anblasloch 53
Anchieta, J. de 259
Ancus 114 f., 186
andante, and. 71
Andreas von Kreta 183
Andrieux, F. 225
Anerio, G. F. 135, 249
Angnel son biancho (Giovanni da Firenze) **220 f.**
Animuccia, G. 249
Anonymus 4 **203**, **209**, 213
Anthem 131, 259
Antiparallelen 92 f.
Antiphon 115, **180–183**, 233
antiphonal (antiphonisch) 115, 129, **180 f.**
Antiphonale cento 185
Antiphonale Romanum 115
Antizipation 93, 249
äolisch **90 f.**, 177, 251
Äolsharfe 35
a piacere 71
Apollo 171
Apollohymnen 175
Apollokult 173
appassionato 71

Apposition 187
Aquitanien 193
Arcadelt, J. 127, 253, 255
Archilochos von Paros 171
Aria **110 f.**, 263
– di Bravura 111
– di mezzo Carattere 111
– di Romanesca (Bassmodell) 110 f., 157, 262 f.
– parlante 111
Arianna (Monteverdi) 110 f.
Arie **110 f.**, 120 f., 125 (Strophenlied), 133 ff., 139 (Passion)
Arioso 111, 135, 139, **144 f.**
Ariost 127
Aristoteles 175
Aristoxenos von Tarent 175
Arnaut Daniel 194
Aron, P. 230, 243
Arpeggio (Akkordbrechung) 70 f.
Arpeggione 45
Arrangement 83
ars (↔ usus) 13
Ars antiqua 131, **206–211**, 259
– nova 131, 207, **214–219**, 221, 223, 225, **237**
– subtilior 224 f.
Arsis 93
Artikulation 104 f.
Artikulator 63
Asola, G. 249
Asor 163
Assonanz 167
Atonalität 103
Attaignant, P. 151, **243**, 253, **262 f.**, 265
Aube 194
Aufführungspraxis 12 f., 82 f.
Auflösungszeichen (♮) 67, 71
Aufschläger 26 ff., **159**
Aufschlaggefäße **30 f.**
Aufschlagidiophone 27
Aufschlagplatten **28 f.**
Aufschlagröhren 29
Aufschlagstäbe **26–29**
Aufschlagzunge 55
Aufstrich 72
Augenmusik 255
Augmentation 215
Augustinus 179
Auletik 173
Aulodie 171
Aulos (Bombyx, Kalamos; s. a. Doppelaulos) 55, 169, **172 f.**, **178 f.**

IX Personen- und Sachregister

Aurelianus Reomensis 189
Ausschwingvorgang 14 f.
Ausschwingzeit 14
Ausweichung 98 f.
authentisch
– Kadenz 96 f.
– Kirchentonart 90 f., 188 f.
Ayre 111, 253, 258 f.

Bach, J. S. 37, 39, 65, 70, 73,
80, 83, 94 ff., 98–101, 106,
108 f., 111, 113, **116–121**,
123, 129, 131, 134–139,
140 f., 144 f., 148 f., **150 f.**,
156 f., 263
Bachtrompete 51
Bagatelle (Beethoven) 113
Baïf, J.-A. de 253
Balalaika 44 f.
Balken (Noten) 67
Ballade 113 (Charakterstück),
192 f., 216 f., **236 f.**
Balladensatz 217
Ballata 125, 221, **222 f.**, 253
Ballet de Cour 133
Ballett 151
Balletto 233, 253, 259
Ballettsuite 151
Bambusraspel 30 f.
Bambusrassel 30 f.
Bandoneon 59
Bandpass 63
Bandsperre 63
Banjo 44 f.
Barbier von Sevilla (Rossini) 23
Barbireau, J. 241
Barbiton 172 f.
Barcarole, Barkarole 111
Barden 227
Barform (Kanzone) **180 f.**,
192 f., 195, 197
Bariton 22 f., 48 f.
Baritonsaxophon 24, 54 f.
barré 72
Bartók, B. 91, 123, 151
Bartolino da Padova 223
Baryton (Viola di Bordone)
38 f.
Barzelletta 253
Basilarmembran 18 f.
Bass 22 f., 231
Bassbalken 39, **40 f.**
Bassbuffo 23
Basse Danse (Schreittanz) 155
Bassetthorn 54 f.
Bassflöte 53
Bassformel 110 f.
Bassgitarre 45
Bassklarinette 24, 54 f.
Bassmodelle 111, 263
Basso continuo, B. c. 72, 100 f.,
120 f. (Kantate)
– ostinato **111**, 121
– per organo 251
– seguente 251
Basspauke 33
Bassposaune 51
Basssaxophon 54
Bassschlüssel (F-Schlüssel) 67,
93

Bassseite 58 f.
Bass-Stange 55
Basstrompete 50
Basstuba 24, 48 f.
Bassxylophon 29 f.
Battaglia 113
Bayreuth 64
Be (♭) 67, 71, 85, 87
Beantwortung **117**, 118 f.
Bebung 41, 72
Becken 26 f., **28 f.**, 165, 173
Beethoven, L. van 31, 37, 53,
65, 83, **106 f.**, 117, 123, 129,
135, 137, 142 f., 146 f.,
148 f., **152 f.**
Behaim, M. 197
Bembo, P. 127, **255**
Benedicamus-Domino-Tropus
200 f.
Benedictus 115, **128 f.**, 238 f.
Berardi, A. 249
Berceuse 113
Berg, A. 102 f., 133, 136 f.
Bergerette 237
Berio, L. 153
Berlioz, H. 27, 65, 128, 135,
142 f., **152 f.**, 191
Bermudo, J. 263
Bernart de Ventadorn 194
Berno v. d. Reichenau 191
Besen 26 f.
Besetzung **64 f.**, **82 f.**
Besseler, H. 239
Betonung 72
Bharata 167
Bibelregal 59
biblische Kantate 121
Bicinium 127, 131, 242 f., 256,
259
Bienenkorbform (Glocke) 30 f.
Binchois, G. **228 f.**, 231, 233,
236 f.
Bläserserenade 147
Blasidiophone 31
Blasinstrumente 25
Blastrommel 33
Blechblasinstrumente 24, 46–
51, 68 f.
Blockflöte 52 f.
Blondel de Nesle 194
Blues 155
»Blumen« s. melismatische
Verzierungen
Boccaccio, G. 127, 221
Boehm, Th. 53
Boehmflöte 52 f.
Boethius **179**, 189
Bogenform 109
Bogenführung 72
Bogenharfe 45, 160 f., **164 f.**
Bogenrondo (frz. Rondo) 108 f.
Böhm, G. 139
Bohrung 47
Bolero 154 f.
Bologneser Schule 121
Bomhart **55**, 227
Bones 27
Bongos 32 f.
Bordunpfeifen 54 f.
Bordunpraxis 39, 94 f., 165

Bordunsaiten 38 f., 42 f., 227
Bourrée 150 f., 154 f.
Brahms, J. **68 f.**, 121, 123, 125,
131, 146 f., 153, 157
Brandenburgische Konzerte
(Bach) 65
Brandt, J. v. 257
Bransle 151
Bratsche 40 f.
Bravourarie 111
Brettchenklapper 27
Brettzither 34 f.
Brevis **210 f.**, 214 f., **220 f.**
(ital.), 232 f.
Brockes, B. H. 135, 139
Brossard, S. de 155
Bruckner, A. 129, 153
Brummer 55
Bruststimme 22 f.
Brustwerk 57
Buch (Altklarinette) 55
Buch der Lieder (chin.) 169
Buch der Riten (chin.) 169
Buchner, H. 261
Buchstabennotation 174 f. (gr.),
186
Bucina 178 f.
Bügelhorn 49
Bull, J. 262 f.
Bumbass 31, 34 f.
Burck, J. a 139
Burgund 237
Busine 50 f.
Busnois, A. **228 f.**, 237, 239,
241
Busoni, F. 89
Bußpsalmen 247
Buxheimer Orgelbuch 261
Buxtehude, D. 121, 141
Byrd, W. 259, 263 ff.
Byzanz 152 f.

Cabaza 31
Cabezón, A. de 263
Caccia 113, 119, 125, 127,
220 f.
Cacciamotette 224 f.
Caccini, G. 121, 133, 144 f.
Cadenza, Cad. s. Kadenz
Cadéac, P. 244 f.
Caecilienverein, Allg. 249
Cahill, Th. 63
Caletti-Bruni, P. F. s. Cavalli
Calixtinus (Codex) 200 f.
Cambiata 92 f.
Cambrai 228 f.
Cammarano, S. 445
Campanelli giapponesi 29
Cancan 155
Cancionero musical del Palacio
259
canon per augmentationem
119
– per diminutionem 119
Cantical 259
Cantigas de Santa María 213
Cantilena 216
Canto carnascialesco 253
Cantus 91 (durus/mollis),

Personen- und Sachregister   X

199 ff., 211 (mensurabilis/planus), 217, 223, 231, 237
– firmus 72, **130 f.**, 141, 157, 199, **238 f.**, 240–243, 249
Canzon(a/e) 253, 261
– alla francese 125, 261, 265
– alla napoletana 253
– da sonar 265
Capella 250 f.
Capitolo 253
capotaso s. Kapodaster
cappella 65
Capriccio 113, 141
Cara, M. 253
Carissimi, G. 121, 135
Carmen (Bizet) 23
Carmina burana 197
Carnyx 178 f.
Carol **225**, 235
Caron, Ph. 237, 243
Caserta, A. u. Ph. de 223, 225
Catull 179
Cavaillé-Coll, A. 59
Cavalieri, E. de 135
Cavalli, F. 133, 137, 145
Cavatine 111
Celesta 24, 28 ff.
Cello s. Violoncello
Cembalo 36 f., 82 f., 100 f.
– ungarico 35
Cembaloarie 110 f.
Cencerro 31
Cent-System **16 f.**, 89
Certon, P. 253
Cesti, M. A. 133, 137, 145
c.-f.-Technik 95
chace s. Chasse
Cha-Cha-Cha 154 f.
Chaconne **154 f.**, 156 f., 263
Chalumeau 55
Chambonnières, J. Ch. de 78, 151
Chanson **124 f.**, 192 f. (MA.), 233, 235, 236 f. (burgund.), 241, 244 f., 247, **252 f.**, 254 f., 265
– balladée 217
– de Croisade 194
– de Geste 193
– de Toile 127
Chansonmesse 129
Chansonnier d'Urfé 194
– du Roi 213
Chapel Royal 259
Charakterbariton 23
Charakterbass 23
Charakterstück **112 f.**, 141, 143
Charaktervariationen 113, 157
Charleston 154 f.
Charlestonmaschine 27
Charpentier, M.-A. 135
Chasse, chace 119, **219**, 221
Chazozra 163
Cheironomie **164 f.**, 187
China **168 f.**
chinesisches Becken 28 f.
Chitarrone 42 f.
Chopin, F. 140 f.
Chor 93
– griech. 173

Choral **91**, **114 f.**, 128 f., 139 (Passion), 157, **184 ff.**, 199, 202 f., 207, 234, 257, 261
– protest. 157
Choralfantasie 141
Choralfuge 141
Choralis Constantinus 257
Choralkantate 120 f.
Choralnotation 67, **115**, **186 f.**
– Orgel 141, 157
Choralricercar 141
Choralvariation 121, 157
Choralvorspiel 113, 141
Chordophone 25, **34–45**
Chorfuge 117
Chorlyrik (griech.) 173
Chormotette 131
Chrétien de Troyes 194
Chromatik **84 f.**, **87 ff.**, 91, 95, 176 f. (griech.), 182 f. (byzant.), 189, 254 f.
Chrotta (Crotta) 226 f.
Ciconia, J. 224 f., 229
Cimbal 35
Cister 42 f.
Clarino 47, 51
Clausula 205
Clavecinisten 113
Claves 27
Clavichord, Klavichord **36 f.**, 72, 227
Clavicymbel 37
Clavis **37**
Clemens non Papa, J. 229, **244 f.**, 249
Cleve, J. v. 247
Clicquot, R. 59
Climacus (Neume) 114, **186 f.**
Clivis, Flexa (Neume) 114 f., **186 f.**
Cluster **72**
Cochlea 19
Coclico, A. P. 254 f.
Coda 116 f., 122 f., **148 f.**
Codex Calixtinus **200 f.**
Codex Darmstadt 213
Codex Montpellier 210 f.
Colascione 43
Colonna, G. P. 121
Color 131, **214 f.**, **217**, 219
Comédie-Ballet 133
Comes **116–119**
Commedia dell'Arte 133
Communio 115, **128 f.**
Compère, L. 243
Concentus (Gesangsstil) **114 f.**, 185
Concertatchor 250 f.
Concertino 123
Concerto 122 f.
Concerto grosso 117, 122 f.
Conductus 125, 193, **201**, 203, **204 f.**, 207, 209, 213, 215, 221, 225
Conductusmotette 206 f., 213
Congas 32 f.
Conon de Béthune 194
Consort 123, **265**
– broken 265

– whole 265
Continuo **110 f.**, 144 f.
Contratenor, Kontratenor 215–219, **222 f.**, 224 f., 230 f., 236 f.
Contretanz 155
copla (Strophe) 259
coppia 126 f.
copula **202 f.**
Cordier, B. 225
Corelli, A. 65, 123, **148 f.**, 150 f.
Cornet à piston 49
cornu 178 f.
corona s. Fermate
Coro-spezzato-Technik 250 f.
Corrente 155
Cortisches Organ 18 f.
Così fan tutte (Mozart) 23
Costeley, G. 253
Cotton, J. (Affligemensis) 188 f., 198 f.
Countir 234 f.
Couperin (le Grand), Fr. 78, **112 f.**, 151
Couplet 122 f.
Courante, Courente 150 f., **154 f.**
Cowbell 31
Crecquillon, Th. 252 f.
Credo 115, **128 f.**, 238 f.
crescendo 73
Cristofori, B. 37
Croce, G. 251
Crotales 27, 179
Crotta (Crwth) 226 f.
Csárdás 155
Custos 114 f.
Cutell, R. 235
cymbal 37
Cymbala (Becken) 179
Cymbales antiques 27
cymbalum (Clavicymbal) 227
cythara 227

da capo, d. c. 73
Da-capo-Arie 110 f., 121, 133, 135, 139
Daktylus **170 f.**, 202
Dämpfer 36 f., 41, 47
Danielspiel 191
Dantz 151
Darabukka 165
Darwin, Ch. 159
Dattila 166 f.
Debain, A. F. 59
Debussy, C. 91, 141 ff.
Deckmembran 18
Demantius, Ch. 131, 139, 150
Denner, J. Ch. 55
Dessus de viole 39
détaché 73
Deutscher (Tanz) 155
Deutschland 212 f. (13. Jh.), 225 (14. Jh.), **256 f.** (Vokalmusik, Renaissance). 260 f. (Orgel, Renaissance)
Devisenarie **110 f.**
Dezibel 16–19
Dezime 85

XI Personen- und Sachregister

Dialogkantate 121
diaphonia 201
Diastematie 186 f.
Diatonik **84–89**, 91, 176 f.
  (griech.), 182 f., 188 f.
Dichtermusiker 207
Didymos von Alexandria 179
Dies irae 128 f., **190 f.**
Dietmar von Aist 195, 197
Dietrich, S. 257
Diezeugmenon 176 f.
Diferencias 262 f.
Differenztöne 19
Diminution
– Proportion 214 f., 232 f.,
  238 f.
– Verzierung 156 f., **260 f.**, 265
Dionysos 171
Dionysoskult 173
Dirigent 65
Dirigierpartitur 69
Discantus 130 f., **201**, 203,
  230 f.
Discantusfaktur **200 f.**
Discantuspartien **202 f.**
Diskant, engl. 234 f.
Diskantklauseln 207
Diskantkolorierung **234 f.**
Diskantlied 124 f., **216 f.**, 219,
  225, 233, 256 f.
Diskantliedsatz 217 (Kantile-
  nensatz), 237
Diskantmesse 129, 234 f., 239,
  241
Diskantpommer 55
Diskantseite 58 f.
Diskant-Tenor-Messe 245
Dissonanz 20 f., **84 f.**, 89, **92 f.**,
  95 ff., 167, 248 f., 255
Distanzprinzip 89
Dithyrambos 173
Divertimento 147
divisi 65
Divitis, A. 243
Docke 36 f.
Dodekaphonie 95. **102 f.**, 104 f.
Dolcian 55
Dolcissima mia vita (Gesualdo)
  254 f.
Dominante 57, 96–99, 108
Dominantseptakkord **96 f.**
Dominantseptnonakkord **98 f.**
Dominantverhältnis 87
Domra 45
Donato, B. 251, 253, 255
Donato de Florentia 221
Donaueschinger Liederhand-
  schrift 197
Don Giovanni (Mozart) 155
Donnerblech 31
Doppelaulos (s. a. Doppelschal-
  mei) 171, **172 f.**, 179
Doppelbälge 57
Doppelblockflöte 53
Doppelchortechnik 246
Doppeldominante **98 f.**
Doppelflöte 163
Doppelfuge 116 f.
Doppelhorn 49
Doppelkanon 119

Doppelkonzert 123
Doppellied (Quodlibet) 256 f.
Doppeloboe 165
Doppelpedalharfe 44 f.
Doppelrohrblatt 54 f.
Doppelschalmei, Doppelaulos
  161–165, 167, 171 ff., 179
Doppelschlag **73**
Doppelschwingung 15
Doppeltasten 37
Doppeltriller 73
Doppeltuba 49
Doppelzugposaune 51
dorisch **90 f.**, 174–177, 182,
  188 f.
Dorn 41
Double 150 f., 157
Dowland, J. 258 f.
Draghi, G. B. 135
Drama 133, 191
– antikes **173**
Drame sacré 135
Drehkesselpauke 33
Drehleier 226 f.
Drehtanz 155
Drehventil 50 f.
Dreiklang **96 f.**, 101
Dreiklangstheorie (Zarlino)
  250 f.
Dreiklangverwandtschaften
  96 f.
Dresden 82 (Opernorchester)
Dritteltonskala 89
Ductia 212 f.
Dudelsack **54 f.**, 227
Dufay, G. 129, 131, 228–231,
  233, 236 f., **238 f.** (Vita), 241,
  261
Dunstable, J. 228 f., 231, 237,
  261
Duodezime 85
Duole 66 f.
Duosonate 149
Duplum 130 f., 202 f., 205,
  206 f.
Durchführung
– Fuge **116 f.**
– Konzert 123
– Sonate **148 f.**, 152 f.
Durchgangsdissonanz 93
Durchgangsnote **92 f.**, 94 f.,
  248 f.
Durchimitation **130 f.**, 231, 243,
  245
Durchschlagzungen 59
Dux **116–119**
Dvořák, A. 59
Dynamik 16 f.

Eccard, J. 247, 257
Echokanon (Lasso) 246 f.
Ecossaise, Schottischer Walzer
  155
Editio Medicea 185, 249
Editio Vaticana **184 f.**, 186 f.,
  249
Egenolff, Ch. 257
Einhandflöte 53

Einschwingvorgang 14 f.
Einschwingzeit 14 f.
Einstimmen (temperierte Okta-
  ve) 36 f.
Einzelpaartanz 155
Einzelrohrblatt 55
Ekkehart I. von St. Gallen 191
Ekloge 113
Elegie 113
Elektrobass 44 f.
Elektrogitarre **44 f.**, 60 f.
Elektrophone 25, **60–63**
Eleonore von Aquitanien 194
Elisabethanisches Zeitalter 259
Ellis, A. J. 17, 89
Elongation 15
empfindsamer Stil 31, 37
Engführung 117
England **212 f.** (MA.), 224 f.
  (14. Jh.), 234 f. (Renais.),
  258 f. (Vokalmusik), **262 f.**
  (Virginalmusik), 265 (Instru-
  mentalwerke, Renaissance)
Englische Suiten (Bach) 150 f.
Englischhorn 24, 54 f.
English Waltz 154 f.
Enharmonik **84 f.**, 87, 91, 176 f.
  (griech.), 255
Ensemble 264 f.
Entführung aus dem Serail, Die
  (Mozart) 23, **136 f.**
Entwicklungstyp **106 f.**
Epinette des Vosges 35
Epiphonus 114 f., 186 f.
Erard, S. 37, 45
Erato (Muse) 171
Eratosthenes 179
Erlebach, P. H. 121
Erzlauten 43
Escobar, P. de 259
Escobedo, B. 249
Estampida, Estampie 191,
  192 f., 213, 263
Estrambotes 259
Estribillo (Refrain) 258 f.
Euklides von Alexandria 179
Euphonium 49
Euridice (Caccini) 144 f.
Euripides-Fragment **174 f.**
Euterpe (Muse) 171
Evangelienharmonie 139
excellentes (Ton, Tetrachord)
  188 f., 199
Exequien 128 f. (Requiem)
Exposition
– Fuge **116 f.**
– Sonate 122 f., **148 f.**, 152 f.

Faburden 231, **234 f.**
Fagott 24, **54 f.**, 68 f.
Falsett 74
Fähnchen (Noten) 66 f.
Fancy 264 f.
Fanfare 50 f.
Fantasie, Phantasie 117, **141**,
  261, 263, **264 f.**
Farnaby, G. u. R. 263
Faughes, G. 241
Fauxbourdon 119, 209, 213,
  225, **230 f.**, 234 f., **236 f.**

Personen- und Sachregister XII

Feldpfeiff 53
Felltrommel 31
Fermate **74**
Ferrari, B. 121
Festa, C. 127, 249, 255
Festmotette **238 f.**
Fétis, F.-J. 13
Feuerwerksmusik (Händel) 151
Fevin, A. de 243
Fidelio (Beethoven) 23
Fiedel **38 f.**, 43, 195, 213, **226 f.**
Figaros Hochzeit s. Hochzeit
  des Figaro
Figuralmusik 249
Figuren **120 f.**, 143
Figurenlehre 121
Filter, elektr. 62 f.
Finale
 – Oper 132 f.
 – Sinfonie 152 f.
finales (Tetrachord) 188 f., 199
Finalis (Schlusston) **90 f.**, 189
Finck, H. 124 f., 257
Fingerzymbeln 26 f.
Fistelstimme 22 f.
Fitzwilliam Virginal Book 262 f.
Flageolett 15, 40, **74**
Flageolett (Flöte) 53
flauto dolce 53
Flemmingmaschine 33
Flexa (Neume) 114 f., **186 f.**
Flexaton 30 f.
Flödel (Einlage) 40 f.
Florentiner Camerata 133
Floßpsalterium 35
Flöte 16, **52 f.**, 68 f., 159, 161,
  163, **164 f.**, 167 ff., 173, 179,
  227
Flügel 37
Flügel (Fagott) 55
Flügelharfe 35
Flügelhorn 48 f.
Flügelmechanik 36 f.
flûte à bec 52 f.
flûte allemande oder – d'Alle-
  magne 52 f.
flûte douce 52 f.
flûte traversière 52 f.
Folia (Follia) 157, **262 f.**
Folie, Ph. de la 237
Folquet de Marseille 194 f.
Folz, H. 197
Fontaine, P. 237
Forkel, J. N. 13
Forlana 111
Form (Formen) **104–109**
Formant 17, 22 f.
Formenlehre 107
Forster, G. (Drucker) 257
forte, f 74
fortepiano, fp 74
Fortschreitung, verbotene 92 f.
Fortschreitungsregeln 93
Fortspinnungstyp 106 ff.
forzando, fz 74
Foxtrott 154 f.
Francesco da Milano 261
Franck, C. 135
Franco von Köln **209**, **211**, 213
Franklin, B. 31

franko-flämische Vokalmusik
  228 f., **236–247**
Französische Suiten (Bach)
  150 f.
Freischütz (Weber) 23
Frequenz 15, 17, 60–63
Frequenzteiler 62 f.
Frescobaldi, G. 140
Friedrich von Hausen 195
Froberger, J. J. 151
Frosch 40 f.
Frottola 125, 233, **252 f.**, 265
fuga 119, 219, 263
Fuge 95, 116 f.
Fugenthema 94 f., 116 f.
Fundamentbuch 141
Fundamentinstrumente 65
Fundamentum 261
Fünf Namenlose (Minnesän-
  ger) 195
Funktionstheorie 96 f., **98 f.**
Fusa 232
Fuß 56 f., 74
Fux, J. J. **92 f.**, 249

Gabelbecken **26 f.**, 165
Gabelgriff 53
Gabrieli, A. 127. 149, **228 f.**,
  251, 255, 261, 265
Gabrieli, G. 65, 149, **228 f.**,
  247, **250 f.**, 261, 264 f.
Gace Brulé 194
Gaffuri, F. 243
Galiot, J. 225
Galliarde, Gagliarda, Gagliarde
  151, 154 f., 262 f.
Galopp 154 f.
Gambe 38 f.
Gamelan-Orchester 29
Ganze Note 66 f.
Ganzinstrumente 46 f.
Ganzschluss **96 f.**, 192 f.
Ganzton, großer u. kleiner 88 f.
Ganztonleiter 87
Ganztonskala 89, 91
Gastoldi, G. G. 229, 259
Gattungslehre **110–157**
Gaultier, D. 151
Gautier de Coinci 194
Gavotte 150 f., **154 f.**
Gebläse 57
Gebrauchstonleiter 85, 87, 91
gedackt 14 f., 57
gedackte Pfeifen 56 f.
Gefäßflöte 52 f., 169
Gefäßpfeife 165
Gefäßrassel 30 f.
Gefäßtrommel 165
Gegenschlagblöcke 27
Gegenschlagidiophone 26 f.
Gegenschlagstäbe 27
Gegenschlagzungen 55
Gehör **18–21**
Gehörorgan 21
Gehörphysiologie 12, **18**
Geige 39, **40 f.**
Gemeindelied 257
Gemshorn 53, **56 f.**
Generalbass 65, 83, 95, **100 f.**,
  123, 144 f., 251, 265

Generalbassinstrument 45, 55,
  59
Generalbasslied 125
Generalbassmotette 131
Generalpause, G. P. 74
Generator, Oszillator **60–63**
Gennrich, F. 193
Geräusch **16 f.**, 21
Gerhardt, P. 257
Gerle, H. 261
Gesamtkunstwerk 133
Gesellschaftskanon 119
Gesualdo, C. 127, 229, **254 f.**
Gherardello de Florentia 221
Ghizeghem, H. van 237
Gibbons, O. 259, 263
Gigue 150 f., **154 f.**
Giovanni da Firenze 126 f.,
  220 f.
Giraffenklavier 37
Gitarre 43, **44 f.**
Glarean(us) **91**, 229, **251**
Gläserspiel 30 f.
Glasglockenspiel 31
Glasharfe 31
Glasharmonika 31
Gleichnisarie 111
glissando, gliss. **74**
Glocke 30 f., 169
Glockenformen 30 f.
Glockenspiel 24, 28 ff.
Glogauer Liederbuch 257
Gloria 115, **128 f.**, 234 f., 238 f.
Glottisschlag 23
Gluck, Ch. W. 111, **133**, 137,
  145
Goethe, J. W. 125
Goldberg-Variationen (Bach)
  263
Gombert, N. **228 f.**, **244 f.**, 247
Gong 28 f., 30 (Tonumfang)
Goudimel, C. 257
Graduale 115, **128 f.**, 203
 – Romanum 115
Grandi, A. 121, 125
Graun, C. H. 135, 139
graves (Tetrachord) 188 f., 199
Gregor I. (Papst) 185
gregorianischer Choral **114 f.**,
  129, **184–191**, 203, 249
Grenon, N. 237
Griechenland 170–177
Grieg, E. 151
Griffbrett 38, 40, 260 f.
Griffbrettsaiten 34
Grifflochanordnung 52
Grifflochflöte 53
Grifflochhörner 48 f.
Griffsaite 38 f., 42
Grifftabelle 44
große Flöte 52 f.
große Oper 133
große Pauke 33
große Trommel **32 f.**, 160 f.,
  165
Grounds 157, **263**
Grundregister 57
Grundstimme 56 f.
Grundton 87
Gruppennotation 203

XIII Personen- und Sachregister

Gruppentanz 155
Guarini, G. B. 133
Guarneri, A. u. G. A. 41
Guerrero, Fr. 249, 259
guidonische Hand 188 f.
Guido von Arezzo 67, 57, **186–189**, 199
Guiraut Riquier 194
Guiro 31
Guitarra moresca (latina) 45

Hába, A. 89
Habanera 154 f.
Hackbrett 34 f., 227
Haffner-Serenade (Mozart) **146 f.**
Haken-Neumen **186 f.**
Halbinstrumente 46 f., 51
Halbpsalterium 34 f.
Halbschluss **96 f.**, 192 f.
Halbton 84–87, 89
Halbtonleiter 104
Halbtonskala, temperierte 103
Hals (Violine) 40 f.
Hals (Noten) 66 f.
Haltebogen 66 f., 75
Haltetonfaktur **200 f.**
Haltetonpartien (organum purum) **202 f.**
Hammer 18 f., 26 f., 36 f.
Hammerklavier 36 f.
Hammermechanik 36 f.
Hampel, J. A. 49
Han (auch Hahn), U. 229
Handbells 31
Händel, G. F. 111, 121, 133, 135, 151, 157, 263
Handharfe 165
Handl, J. 257
Handleier 161
Handpauke 33, 159, 164 f.
Handschin, J. 95., 123
Handschriften
– Ars antiqua 209, 211
– Ars nova 214 f., 219
– Minnesang 197
– Notre-Dame-Epoche 204 f.
– Renaissance 233
– Trecento 223
Handtrommel 32 f., 165
Harfe 24, 34 f., **44 f.**, 160 f., 163, **164 f.**, 167, 171, **172 f.**, 179, 195, **226 f.**
Harfenett 35
Harfenzither 35
Harmonia 177
Harmonielehre **96–99**
Harmoniemusik 147
Harmonik 88 f., 95, **96–99**, 250 f.
Harmonikainstrumente 58 f.
Harmonium 59
Hartmann von Aue 195
Hasse, J. A. 121
Haßler, H. L. 151, **256 f.**
Hauer, J. M. 103
Hauptchor 250 f.
Hauptwerk 56 f.
hautbois 55
Hawaii-Gitarre 45

Haydn, J. 39, 119, 129, 134 f., 147, **152 f.**
Hebelmaschinenpauke 33
Heckel, J. A. 55
Heckelphon 24, 55
Heinrich von Meißen (Frauenlob) 197
Heinrich von Morungen 195
Heinrich von Rugge 195
Heinrich von Veldecke 195
Heinrich VI. 195
Heirmologion 182 f.
Heldenbariton 23
Heldentenor 23
Helicotrema 19
Helikon 48 f.
Helligkeit (Toncharakter) 20 f.
Helmholtz, H. v. 13, 21
Hemiolen 232 f.
Heptatonik **88 f.**, 161, 164–171
Herdenglocken 31
Herder, J. G. 125
Herman Münch von Salzburg 197, 225, 257
Hermannus Contractus 191
Heroldstrompete 50 f.
Heterophonie **94 f.**, 195
Hexachord **188 f.**, 198 f.
Hieronymus de Moravia 209
Hifthorn 49
Hi-hat 26 f.
Hilarius von Poitiers 181
Hindemith, P. 117, 131
Historien 135, 325, 333, 377
h-Moll-Messe (Bach) 129
Hochchor 250 f., 264
Hochfrequenz (HF)-Generator 60 f.
Hochpass 63
Hochzeit des Figaro, Die (Mozart) **132 f.**
Hofhaymer, P. **257**, 261
Hofkapelle 219 (Avignon), 225 (Paris), 237 (Burgund), **246 f.** (München), 259 (Spanien)
Hofweise 257
Hohlflöte 57
Hohlkehlen 41
Hollander, Ch. 247
Holzblasinstrumente 24, **52–55**, 68 f.
Holzblock 30
Holzblocktrommel 31
Holzklöppel 31
Holzplattentrommel 33
Holzraspel 31
Holzschlegel 33
Holzstabspiele 28
Holztrommel 30 f.
Homer 171
Homophonie 93, 95
Honegger, A. 135
Hoquetus 207, **208 f.**, 213, 216 f., 221
Horaz 179
Hörbereich 16, **18 f.**
Hörfeld 19
Horn 24, **48 f.**, 68 f., 159, 162 f., 178 f., 227
Hornbostel 25

Hörpsychologie 12 f., **20 f.**
Hotteterre, J. 55
Hufnagelnotation 186 f.
Hugenottenpsalter 257
Hugo von Montfort 197
Humanismus 229
Hummel (Instrument) 35
Hunold, C. F. (Pseudon.: Menantes) 135
Hupfauf 151
Hydraulis (Wasserorgel) 165, 178 f.
Hymenaios 173
Hymne 125
Hymnen (Mesomedes) 175, 185
Hymnentypus (Lied) **193**
Hymnodie 163, **180 f.**, 182 f. (byzant.)
Hymnos 173
Hymnus **180 f.**, 182 f. (byzant.), 193, 219 (Apt), 225, 233, 236 f. (Dufay), 245
Hyoshigi 27
Hypaton 176 f.
Hyperbolaion 176 f.

Iba-Sistrum 164 f.
Idiophone 25, **26–31**
Ikonographie 12 f.
Ileborgh, A. 141, **260 f.**
Imitation 95 (freie), 104 f., **130 f.**, **156 f.**, 225, 242 f., 255
Imperfektion (Mensuralnotation) **210 f.**, 215
Impromptu 113
Improvisation **83**, 95, 111, 141, 155, 195, 260–263
Indien 166 f.
Infraschall 15
Ingegneri, G. 249
In hora ultima (Lasso) **246 f.**
Initialformel 91
Initium **114 f.**, 180 f.
Instrumentalmusik 174 f., 212 f., 224 f., 251, **260–263**
Instrumentalschrift 174 f. (gr.)
Instrumentalspektren 16
Instrumente **24–65**
– Ägypten 164 f.
– China 168 f.
– elektrische 61
– Griechenland 172 f.
– historische 83
– Indien 166 f.
– MA. 226 f.
– Mesopotamien 160 f.
– Palästina 162 f.
– Renaissance 246 f.
– Rom 178 f.
– Spätantike 178 f.
– transponierende 35, 46 f.
– Vor- und Frühgeschichte 158 f.
Instrumentenbau 12
Instrumentenkunde 12, **24–65**
Instrumentierung 69, 83
Intavolierung 69, 224 f., 261 ff.
integer valor notarum 232 f.
Interferenz **14 f.**, 17

Personen- und Sachregister XIV

Intermedien 133
Intermezzo 113
Interpretation **83**, 105
Interrogatio 115
Intervall 20 f., **84 f.**, 88 f., 91 ff.
Intervallproportionen 20 f.,
88 f., 227, 250 f.
Intervallumkehrung 94
Intrada 141, 265
Introitus 115, **128 f.**
Inventionsbügel 49
Inventionshorn 47, 49, **50 f.**
Invitatorienantiphonen 115
ionisch **90 f.**, 177, 251
Isaak, H. 125, 129, **228 f.**, 243,
253, **256 f.** (Visa)
Isidor von Sevilla 179
Isisklapper (Sistrum) 30 f.,
164 f.
Isiskult 31
Isomelodik 239
Isoperiodik 214–217
Isorhythmie 131, 217, **218 f.**,
225
Italien 220–223 (Trecento),
252–255 (Vokalmusik, Re-
naissance), 260 f. (Orgel)
Italienisches Konzert (Bach) 83

Jacobus van Wert 247
Jacobus von Lüttich 207, **209**,
215
Jacopo da Bologna 127, 221
Jacopone da Todi (= Jacobus de
Benedictis) 191
Jagdhorn 49
Jalousieschweller 59
Jambus **170 f.**, 202
Janequin, C. 229, **253**
Janitscharenmusik 27, 33
Jaufré Rudel **194**, 196 f.
Jazz 55
Jazztrompete 50 f.
Jehan Bretel 194
Jehannot de L'Escurel 209
Jenaer Liederhandschrift 197
Jeu parti 194
Jitterbug 155
Jöde, F. 119
Johannes Affligemensis (= J.
Cotton) 188 f., 198 f.
Johannes Carmen 225
Johannes de Garlandia 209
Johannes de Grocheo **209**, 213
Johannes de Muris 215
Johannes Kukuzeles 183
Johannes von Damaskus 182 f.
Johannes XXII. (Papst) 215
Josquin Desprez (des Prés)
130 f., 228 f., 241, **242 f.**
(Vita), 245
Joye, G. 237
Juan de Anchieta 259
Juan del Encina 258 f.
Jubal (Juval) 163
Jubilus 114 f., 185, **191**

Kadenz 73, **96 f., 122 f.**, 230 f.
Kadenzformel 91
Kagel, M. 133

Kaiserbass 49
Kalkanten 57
Kalliope (Muse) 171
Kammerduett 121
Kammersonate 148 f.
Kammerton a¹ **16 f.**, 66 f.
Kanon 95, **118 f.**, 182 f.
(byzant.), 219, 240 f.
Kanontechnik 95
Kantate **120 f.**, 123, 125, 147
Kantaten (Bach) 120 f.
Kantatenmesse 129
Kantilenensatz **124 f.**, 207,
216 f., 219 (Ordinarium),
223, 225
Kantillation 163
Kantionalsatz 256 f.
Kantorei 257
Kanzone 193 (MA.), 265
Kanzonen-Ouvertüre 137
Kanzonenstrophe 192 f.,
195 ff., 217 (Virelai)
Kanzonette 253, 259
Kapellbesetzung (München,
Renaissance) 246 f.
Kapelle 65
Kapodaster, capotasto 72
Karl der Große 59
Kassation 147
Kastagnetten 26 f.
Kastraten 23
Kavatine (Cavatine) 111
Kegellade 57
Kegelventil 57
Kehldeckel 22 f.
Kehle 56 f.
Kehlkopf **22 f.**
Kehrvers 114
Kerle, Jacobus de 247, **249**
Kernspalte 53, 56 f.
Kessel 32 f., 46 f.
Kesselmundstück 51
Kesseltrommel 33
Ketten 31
Kettenrondo (ital. Rondo)
108 f.
Kielflügel 37
Kielinstrumente 36 f.
K'in 35, 168 f.
Kinderszenen (Schumann)
112 f.
Kinnhalter 41
Kinnor 163
Kirchenkantate 121
Kirchenlied 115, 257
Kirchensonate 117, 148 f.
Kirchentonarten (Kirchentöne)
87, **90 f.**, 115, 188 f., 251
Kircher, A. 35
Kithara 35, 45, **172 f.**, 177, 179,
227
Kitharistik 173
Kitharodie 170 f.
Kittel, H. 261
Klampfe 45
Klang 16 f., 21
Klangfarbe, Tonfarbe **16 f.**, **21**,
23, 47, 61, 63, 91, 103 ff.,
261
Klanggemisch 17

Klangplatte 159
Klangspektrum 17
Klangverwandtschaftstheorie
20 f.
Klappe
– Akkordeon 58
– Trompete 51
Klappenhörner **48 f.**
Klappensystem 52
Klappern 27, 165
Klappholz 25, 27
Klarinette 24, **54 f.**, 68 f.
Klarinettenpfeife 55
Klausel 130 f., **202–205**, 206 f.,
209, 230 f.
Klaviatur **36 f.**, 84
Klaviaturanordnung 28
Klaviaturglockenspiel 29
Klaviaturxylophon 29
Klavichord s. Clavichord
Klavier 24 f., **37**
– wohl temperiertes 37
Klavierauszug **69**, 83
Klaviersuite 151
Klavierton 16 f.
Klaviertrio 148
Kleber, L. 261
kleine Flöte 53
kleine Klarinette 54
Kleine Nachtmusik, Eine (Mo-
zart) **146 f.**
kleine Pauke 33
kleine Trommel 32 f.
Klingstein 169
Klio (Muse) 171
Klirrketten 29
Klirrkopf 29
Klöppel 26 f.
Klotz, M. 41
Knall **17**, 21
Knickbogenharfe 161
Knickhalslaute 226 f.
Knochenleitung 19
Knoll, U. 257
Knoten 15
Kochlos 173
Kollektivschweller 59
Kolmarer Liederhaus 197
Koloratursopran 23
Kolorierung
– Mensuralnotation 232 f.
– Verzierung 156 f., 224 f.,
260 f.
Koloristen 261
Kolophonium 41
Kolossalbarock 326 f.
Kombinationstöne 19
Komma
– pythagoreisches 88 f., **90 f.**
– syntonisches oder didymi-
sches 89
Komplementärintervall 84 f.,
89
Komplet (Offizium) 115
Konfuzius 169
Konjunktur 187, **210 f.**
Konrad von Würzburg 197
Konsonanz 20 f., **84 f.**, 89, 92 f.,
167
Konsonanzprinzip 89

XV Personen- und Sachregister

Konsonanztheorie 20 f.
Kontakarion 182 f.
Kontakion 152 f.
Kontrabass 24, 40 f., 68 f.
Kontrabassklarinette 54 f.
Kontrabassposaune 50 f.
Kontrabasstuba 24, 49
Kontrafagott 24, 54 f., 68 f.
Kontrafaktur 83, 195, 197, 207
Kontrapunkt 85, **92–95**, 116 f.,
  249
Kontratenor s. Contratenor
Konzert **122 f.**, 125 (geistl.),
  149, 251
Konzertgitarre 44
Konzertina 59
Konzertouvertüre 137, 143
Konzertstück 123
Konzertzither 34 f.
Konzil zu Trient (Tridentiner
  Konzil) 229, 247, **249**
Kopfstimme 23
Kornett 48 f.
Korpus 38 f.
Kortholt 55
Koto 35
Kotter, H. 261
Krebs 102 f., 117, 118 f.
Krebskanon 118 f.
Kreuz (#) 67, 71, 85, 57
Kreuzlied 194, 196 f. (Palästi-
  nalied)
Krieger, A. 121, 125
Krotala (Crotales) 27, 173
Krummbügel 51
Krummhorn 55
Krupezion 173
Kuhnau, J. 121
Kultmusik (vedische) 166 f.
Kunst der Fuge (Bach) 117
Kunstlied **124 f.**
Kürbisraspel 31
Kürenberg, Der von K., auch
  Kürenberger, »Der K.« 195
Kurth, E. 13, **21**
Kurzhalslaute 227
Kurzholz 55
Kyrie 115, **128 f.**, 190 f., 238–
  243

Labialpfeife 56 f.
Lagen **96 f.**
Lai, Laich 191, **192 f.**, 195
Laichstrophe 217
Laisse 192 f.
Laissenstrophe 217
Lamellen 59
Lamentation 194, 245
Lamento 113
Lamentobass 143
Lamento d'Arianna (Montever-
  di) 110 f., **126 f.**
Landini (auch Landino), F.
  222 f., 253
Landinoklausel 223, 230 f.
Ländler 155
Langhalslaute 161, 227
Langleik 35
Längsflöte (Langflöte) 53, 163,
  164 f., 169, 179

Längs- (Longitudinal-) Welle
  14 f.
Langton, S. **191**, 197
Lasso, O. di 93, 124 f., 127,
  130 f., 138 f., **228 f.**, **246 f.**,
  (Vita), 253, 255, 257
Lauda 221, 259
Laudes (Offizien) 115
Laurentius de Florentia 223
Laute 34, **42 f.**, 101, 160 f., 165,
  167, 169, 173, 179, 195,
  226 f., 246, **258 f.**
– theorbierte 43
Lauteninstrumente 35, 39
Lautenmusik 258–263
Lautensuite 151
Lautentabulatur 43, 260 f.
– intavolierte 43, 253
Lautenzug 37
Lautheit 19
Lautheitsempfindung 19
Lautqualität 21
Lautsprecher 63
Lautstärke 19
LC-Transistorgenerator 60, 63
Lechner, L. 131, **139**, 247, 257
legato 75
Leich s. Lai
Leier 34 f., **160–163**, 165,
  170 f., **172 f.**, 179, **226 f.**
Leistung (Watt) 16
Leitmotiv 133, **142 f.**, 152 f.,
Leitton 86 f., 98 f.
Le Jeune, C. 253
Le Maistre, M. 257
Lemlin, L. 257
Leo, L. 121
Leonin(us) **202 f.**, 204 f.
Leonoren-Ouvertüre (Beetho-
  ven) 137
Le Roy, A. 253, 259
Leslie 63
Leviten 163
L'homme armé (Lied) **230 f.**,
  240–243
Liber responsoriale 115
Liebesflöte 53
Liebesfuß 55
Liebesoboe 55
Lied **124 f.**, 193 (Inhalte), **194–
  197**, 209, 215, 221, 245,
  253, 256 f., 259 (Lautenbe-
  gleitung), 261, 263 (Varia-
  tionen)
Liedbearbeitung 260 f.
Lieddrucke 257
Liederbücher 257
Liederhandschriften **197**
Lieder ohne Worte (Mendels-
  sohn) 113
Liedervariationen 262 f.
Liederzyklus 125
Liedform 107, **108 f.**, 149 (So-
  nate)
Liedmotette 131, 239, 257
Liedsatz 247
Liedtyp **106 f.**, 193 f. (Form u.
  Inhalt)
Liégeois, N. 254
Ligatur 187, **210 f.**, 232 f.

Lingualpfeifen 56 f.,
Liniensystem (Guido d'Arez-
  zo) 186 f.
Lippen 58
Lippenkante 53
Lippenpfeifen 56 f.
Lira da Braccio 38 f.
l'istesso tempo 75
Liszt, F. 59, 117, 135, 153, 191
Litaneitypus (Lied) **193**
Litophon 30
Liturgie **185**
liturgisches Drama 191
liturgisches Rezitativ 114 f.,
Lituus 178 f.
Lobwasser, A. 257
Lochamer Liederbuch 257
Locqueville, R. 237
Longa 210 f., 214 f., 232 f.
Longaval, A. de 139
Loo-Jon 29 f.
louré 75
Loure (Tanz) 150
Luftsäule 14 f., 47
Lully, J.-B. 55, 65, 133, 137,
  155
Lunge 23
Luren 49, **158 f.**
Luther, M. 163, 229, 257
Luzzaschi, L. 255
lydisch 90 f., 176 f., 182
Lyra **28 f.**, **172 f.**, 179
Lyrische Suite (Berg) 102 f.
lyroviol 39

Mäanderkurve 62 f.
Machaut, G. de 125, 131,
  216 f., **218 f.**, 225, 237, 253
Machete 45
Madonna per voi ardo (Verde-
  lot) **254 f.**
Madrigal 95, **126 f.**
– geistliches 135
– kanonisches 127
– konzertantes 127
– Solomadrigal 1261,
– Trecento 125 ff., **220 f.**, 233
– 16./17. Jh. 126 f., 245, 247,
  253, **254 f.**, 257, 259, 265
Madrigalismen 127, 255
Magazinbalg 57
Magnificat (Gabrieli) **250 f.**
Magnificat (Vesper) 225, **233**,
  245, 247, 259
Magnus liber organi 203, **204 f.**,
  209, 213
Magrâma 167
Mahillon, V.-Ch. 25
Mahler, G. 125, 153
Mailänder Liturgie **180 f.**, 185
Mailänder Traktat 198 f.,
Mälzel, J. N. 67, 76
Mambo 155
Mandola, Mandora 421,
Mandoline 42 f.,
Manieren (Verzier., Gb) 101
Mannheim (klass. Orch.) 65
Mannheimer Schule 153
Mantua 252 f.,
Manual 37, **56 f.**, 63

Personen- und Sachregister XVI

Maracas 30 f.
Marcabru(n) 194
Marchetto da Padova 223
Marenzio, L. 127, 229, 255, 259
Marie (de France) 194
Marienantiphonen 115
Marienlieder 213
Marimbaphon **29 f.**
Marseillaise 142 f.
martelé 75
Martenot, M. 63
Martial, St-M. (Kloster) 191, **200 f.**
Martianus Capella 179
Martinengo, C. 251
Martin le Franc 237
Marx, A. B. 109
Maschera, F. 265
Maskenball, Ein (Verdi) 23
Massenet, J. 133
Materialtonleiter 85, 87
Matheus de Perusio 223
Matthäuspassion 138 f. (Bach), 139 (Lasso)
Matutinale 115
Maultrommel 31
Mediantik 91, 96 f.
Mediatio 114 f., 180 f.
Medici, L. de 253
Mehrchörigkeit 123, 264 f.
– venezianische 247, **250 f.**
Mehrklänge 97
Mehrstimmigkeit 185, **198–225,** 231
Meinloh von Sevelingen 195
Meistersang **195 ff.**
Meistersinger 196 f.
Meistersinger von Nürnberg, Die (Wagner) 23
Mel 19, 21
Meleagros-Fragment (Euripides) 175
Melisma 200 f.
Melismatik 115, 191
melismatische Verzierungen (»Blumen«) 197
Melodieformel 91
Melodieinstrumente 65
Melodiepfeife 54 f.
Melodik 241
Melodika 59
mel-Skala 21
Melurgen 183
Membranophone 25, **32 f.**
Menantes (d. i. C. F. Hunold) 135
Mendelssohn Bartholdy, F. 121, 135, 137, 141
Mene 234 f.
Mensur (bei Instrumenten) **47 ff.,** 57
Mensuralnotation 118 f., 207, **210 f., 214 f., 232 f.** (weiße), 238–241
Mensuralsystem **214 f.** (ars nova), 220 f. (ital.), 224 f. (ars subtilior)
Mensurverhältnisse 48
Mensurwechsel 215, 239

Mensurzeichen 118 f., **214 f., 232 f.**
Menuett 65, **146 f.,** 149 ff., **154 f.**
Merulo, C. 140 f., 251, **261**
Mese 174–177
Meson 176 f.
Mesopotamien 160 f.
Messe
– Choral 115, **128 f.**
– konzertierende 129
– mehrstimmige 115, 129, 233, 238 f., **240 f.,** 242 f., 248 f.
Messe (Machaut) 218 f.
Messe von Tournai 129, 219
Messgesänge 115
Messiaen, O. 141, 153
Messias (Händel) 135
Messordinarium **128 f.,** 218 f., 233
Messproprium 233
Metallfolie 31
Metallophon 29 f.
Metallstabspiele 28 f.
Metastasio, P. 121, **133,** 139
Metronom (Mälzel, M. M.) 67, 76
Metrum 67, 115
Meyerbeer, G. 133
mezzoforte, mf 75
Mezzosopran 22 f.
Mikrointervalle 89
Milán, Don L. 259
Militärinstrument 53
Militärmusik 29
Militärtrommel 32 f.
Minestrels 227
Minima 209, **214 f.,** 232 f.
Minnesang **195 ff.**
Minnesänger **192–197**
Mirliton 33
Missa cantata 129
Missa in Semiduplicibus Maioribus II (Palestrina) **248**
Missa L'homme armé 240 f. (Ockeghem), 242 f. (Josquin)
Missa Pangue Lingua (Josquin) 243
Missa Prolationum (Ockeghem) 240 f.
Missa solemnis (Beethoven) 129
Mittelalter 178–183 (frühes), **184–227**
Mittelbügel 40 f.
Mittelstimme 23
mixolydisch **90 f.,** 176 f., 182
Mixtur 56 f.
Modalnotation 202 f.
Modalrhythmus 167, 202 f.
Modulation 99 f.
Modus
– Kirchentonart **90 f.,** 188 f.
– Rhythmus 202 f.
Moldau, Die (Smetana) 142 f.
Moll **86 f.,** 90 f., 97, 177, 250 f.
Molldreiklang 97
Moll-Skala, natürliche 87
Moments musicaux 113

Mondsee-Wiener Liederhandschrift 197
Monn, M. G. 153
Monochord 89, 226 f.
Monodie 95, 121, 133, **144 f.,** 251
monodischer Stil 101
Monte, Ph. de **228 f.,** 247, 255
Monteverdi, C. 65, 82 f., 110 f., 125, **126 f., 132 f.,** 137, 145, **228 f.,** 251, 255
Montpellier (Codex) 210 f.
Morales, C. de 249, 259
Mordent 76
Moresca 247
Morley, Th. 259, 263
Morton, R. 237
Motette 43, 101, **130 f.,** 201, 203, **205,** 233, 241, 244–247, 255, 265
– Ars antiqua 131, **206 f.,** 208 f., 213
– Ars nova 131, 214–217
– Ciconia 224 f.
– Clemens non Papa 244 f.
– Dufay 238 f.
– Dunstable 234 f.
– Josquin 130 f., 242 f.
– Lasso 130 f., 246 f.
– Notre-Dame 130 f., 203, **205**
– Renaissance 233
– St-Martial 201
Motettensatz (Ordinarium) 219
motettische Passion 138 f.
Motetus 130 f., **206 f.,** 215, 217 f., 224 f.
Motiv 106 f.
Mouton, J. **228 f.,** 243, 245
Mozart, W. A. 29, 43, 45, 55, 106–109, 117, 119, 121, **122 f.,** 128 f., **132 f.,** 136 f., 144 f., **146 f.,** 148 f., 153, 155, **156 f.**
Mozartquinten 98 f.
Mudanza (Stollen) 258 f.
Mulliner Book 263
München 228 f., 247
Münch von Salzburg s. Herman Münch v. Salzburg
Mund-Aeoline 59
Munday, J. 263
Mundharmonika 58 f.
Mundlochplatte 53
Mundorgel 169
Mundrohr 54
Mundstück 46 f., 50, 54 f.
Muset, C. 194
Musette 55
musica, Musica
– ficta (falsa) 189, 209
– nova 255 (Willaert)
– reservata 247, 255
Musica enchiriadis (anonym. Traktat) 189, 198 f.
Musikalische Akustik 12 f.
Musikalische Volkskunde 12 f.
Musikästhetik 12 f.
Musikauffassung (Renais.) 229
Musikbogen 34 f., 159
Musikdrama 132 f.

XVII   Personen- und Sachregister

musiké 11, 171
Musikethnologie 13
Musikgeschichte **11**, 13
Musikinstrumente s. Instrumente
Musikkritik 12 f.
Musiklehre 12 f., **82–109**
Musikpädagogik 12 f.
Musikphilosophie 12 f.
Musikpsychologie 12 f.
Musiksoziologie 12 f.
Musikstab 34 f.
Musiktheorie 13, **96–99** (Harmonielehre), **104–109** (Formenlehre), 174 f. (griech.), 179 (lat.)
Musikwissenschaft 12 f.
Mussorgski, M. 142 f.
Mustel, A. 29
Mutazione (Stollen) 253
Mystère 135
Mysterien 191

Nachahmung 229, 251
Nachschlag 76
Nachtanz 151, 155
Nanino, G. M. 249
Naos-Sistrum 164 f.
Narváez, L. 262 f.
Nationaltänze 155
Naturhorn 48 f.
Naturton 15
Naturtoninstrumente 46 f.
Naturtonreihe 47
Naturtrompete 51
Naturwaldhorn 49
Nâtyaveda 167
Nay (Langflöte) 165
Neapolitanische Oper 110 f.
Neapolitanische Opernschule 133, 135, 145
Neapolitanische Opernsinfonia 136 f., 152 f.
Neapolitanischer Sextakkord (Neapolitaner) 98 f.
Neapolitanische Schule 121 (Kantate), 133, 135
Nebendreiklang 97
Neidhart von Reuenthal 195
Neumeister, E. 121
Neumen 114 f., 182 f. (byzant.), **186 f.**
Nevel, auch Nabla 163
Newsiedler, H. 261
Niccolò da Perugia 223
Niederfrequenz (NF)-Generator 60 f.
Niederländische Vokalpolyphonie 228 f.
Nietenbecken 29
Nocturne, Notturno 113, 147
Nocturnresponsorien 115
Nola, G. D. da 252 f.
Non (Offizium) 115
None 85
Notation s. a. Notenschrift
– manierierte 224 f.
– rote (ars nova) **214 f.**, 224
Notationskunde 12
Notendruck 229, **243**, **257**, 263

Notenform 67
Notenschrift **66 f.**, 82 f.
– byzantinische 182 f.
– Choral 114 f., 186 f.
– griechische 174 f.
– ital. Trecento 220 f.
– mensural, schwarz 210 f., 214 f., 224 f.
– mensural, weiß 232 f.
– modale 202 f.
– Mus. enchiriadis 198 f.
– Neumen 156 f.
– Tabulaturen (Orgel, Laute) 260 f.
Notenwerte 66 f.
Notierung 24, 69
Notker Balbulus 191
Notre-Dame-Epoche 130 f., **202–205**, 207, 209, 213
Notturno s. Nocturne
Nummernoper 132 f.

Oberbügel 40 f.
Oberlabium 57
Oberton 15, **16 f.**, 20 f., 30 f., **46 f.**, **88 f.**
Obertonreihe 56 f., 88 f.
Oberwerk 56 f.
obligat, obligé 76
obligates Accompagnement 101
Oboe 24, **54 f.**, 68 f.
– da Caccia 55
– d'Amore 24, 54 f.
Oboenpfeife 55
Obrecht, J. 139, **228 f.**, **240 f.**, 243 (Vita)
Ockeghem, J. **228 f.**, 237, 239, **240 f.** (Vita)
Octoechos 182 f., 189
Ode 125
Odenkantate 121
Odington, W. 209, 213
Odo von Cluny 189
Oeglin, E. (Drucker) 243, 253
Offenbach, J. 133
Offertorium 115, **128 f.**
Offizium 115, 233
Offiziumsantiphonen 115
Offiziumsgesänge **115**
Ohr **18 f.**
Ohrpartialtontheorie 21
Okarina 167
Oktave 15, 37, 66 f., 84 f., 88 f.
– eingestrichene 66 f.
– gebrochene 36 f.
– große 66 f.
– kleine 66 f.
– kurze 36 f.
– wohl temperierte 36 f.
Oktavengleichheit 21
Oktavgattung 91
Oktavierung 67
Oktavlage 96 f.
Oktavteilung
– harmonische 89
– temperierte 88 f.
Olifant 49, 227
Ondes musicales 63
Oper 111, **132 f.**

Opera buffa 111, 132 f., 145
Opéra comique 133
Opera seria 133
Operette 133
Opernarie 110 f. (frühe)
Opernorchester 83
Opernschule, Neapolitanische 135
Opernsinfonia, Neapolitanische 136 f.
Opernvorspiel (freies) 137
Ophikleide 49
oratorische Passion 138 f.
Oratorium 134 f., 139
Orchester 24 f., 31, 33, **64 f.**, 82 f.
Orchesterarie 110 f.
Orchestergraben (Oper) 64 f. (Bayreuth)
Orchesterinstrumente 24
Orchestermesse 129
Orchestersinfonia 121
Orchesterxylophon 29
Orchestra (griech.) 173
Ordinarium 115, **128 f.**, 219, 225
Ordinariumsätze 213, 219 (Handschriften)
Ordre 151
Orfeo (Monteverdi) 132 f., 137
Orff, C. 29
Organalstimme 199, 201
Organistrum 227
Organum 94 f. (schweifendes), **198–205**, 207, 213, 215, 227, 234 f.
Orgel 47, **56–59**, 101, 183, 185, 199, 227
– elektronische 62 f.
– Wasserorgel (Hydraulis) **178 f.**
Orgelbewegung 59
Orgelchoral 141
Orgelmesse 261
Orgelmusik 260–263
Orgelpfeifen 56 f.
Orgelprospekt 31
Orgelpunkt 95, 116 f.
Orgeltabulatur 141, 260 f.
Oriscus (Neume) **186 f.**
Ornamentik (Verzierung) 83
Ornitoparchus 115
Orpheoreon 45
Ortiz, D. 110 f., **264 f.**
Osiander, L. 257
Ostinato (Variation) **156 f.**, 262 f.
Oswald von Wolkenstein 195, **197**, 225, 256 f.
Oszillator, Generator 60–63
Oszillogramm **16 f.**, 22 f.
Othmayr, C. 257
Ott, H. 257
Ouvertüre 133 (franz.), **136 f.**, 143, 150 f.
Ouvertürensuite 150 f.
Oxyrhynchos 175, 180 f.

Pa'amon (Glöckchen) 163
Päan 173

Personen- und Sachregister   XVIII

Paarbildung (Tänze) 151
Padovano, A. 251, 261
Palästina **162 f.**
Palästinalied (Walther v. d. Vogelweide) **196 f.**
Palestrina, G. P. da 93, 95, 129, **228 f.**, **248 f.** (Vita), 255, 259
Palestrina-Stil 248 f.
Pandora 45
Pandura 173
Panflöte 168 f.
Panpfeife 53, 173
Paolo tenorista 223
Parallelbewegung **94 f.**
Parallelen, offene u. verdeckte 92 f.
Paralleltonarten 86 f.
Paraphonisten 185
Pardessus de viole 39
Paris 65 (klass. Orchester), 228 f.
Parlandostil 145
Parodie 83, 135, **230 f.**, 238–241, **244 f.**
Parodiemesse 129, **244 f.**, 249
Partialton 17
Partialtonreihe 16 f., **88 f.**
Particell 69
Partimen 194
Partita **150 f.**, 156 f.
Partitur 68 f.
Passacaglia 155, 157, 263
Passamezzo (Bassmodell) 262 f.
Passion 115, 138 f., 245, 247
Passionskantate 139
Passionsoratorium 139
Passionston 114 f.
Pastoraldrama 133
Pastorale (Beethoven) 142 f., **152 f.**
Pastorela 194
Pauke 24, **32 f.**, 51, 68 f., 160 f., 164 f.
Paukengang 18 f.
Paukenhöhle 18 f.
Paumann, K. 260 f.
Pause 66 f.
Pausenzeichen 66 f.
Pavane 151, 154 f., 262 f.
Pedal 37, 56 f., 76
Pedalcembalo 37
Pedalharfe 45
Pedalkasten 45
Pedalpauke 32 f.
Pedaltöne 47, 56 f.
Pedalturm 56 f.
Peire d'Alvernhe 194
Peire Vidal 194
Peitsche 26 f.
Penderecki, K. 139
Pentatonik **87 ff.**, 161, 168–171, 183
perfectio 211
perfectiones 204 f.
Perfektion (Mensuralnotation) 210 f.
Pergolesi, G. B. 133
Peri, J. 121, 133
Perikopenkantate 120 f.

Perilymphe 19
Périnet, F. (Instrumentenbauer) 51
Périnetmaschine 50 f.
Periode 15, 106 f.
Periodenbildung **106 f.**
Perkussionsinstrumente **24–33**
Perkussionsklang 27
Permutationsfuge 116 f.
Perotin(us) **202 f.**, 204 f.
Pes 114, **186 f.**, 212 f.
Petrarca, F. 127, **221**, , 255
Petrucci, O. (Drucker) **243**, 253, 260 f.
Petrus de Compostela 115
Petrus de Cruce **208 f.**, 210 f.
Pfeifenformen (Orgel) 56 f.
Pfeifenwerk 56 f.
Phalangpfeife 159
Phase (Schwingung) 15
Phasenwinkel 15
Philippe le Chancelier 203
Philips, P. 263
Phon 17, **19**
Phonationsstellung 22 f.
Phonwert 19
Phorminx 172 f.
Phrase 106 f.
phrygisch **90 f.**, 174–177, 182
Pianino 37
piano chanteur 31
Pianoforte **37**
Picardische Terz 231
Pièces de clavecin 112 f.
Piede (Stollen) 222 f.
Piero di Firenze, Mag. 220 f.
Pierre de la Rue 118 f., **243**
Pikkolo (Kornett) 48 f.
Pikkoloflöte 24, 52 f.
Pisendel, J. G. 83
Piston 49, 51
Più bella donn' al mondo (Landini) **222 f.**
Pizzicato 35, 76
plagal
– Kadenz 96 f.
– Kirchentonart 90 f., 188 f.
Plainsong 234 f.
Planch 194
Platerspiel 227
Plato 165, 175
Plattenglocken 29 ff.
Plautus 179
Plektron 35, 43, **172 f.**
Plenarmesse 129
Plica **210 f.**
Plutarch 179
Pochette 38 f.
Podatus (Neume), s. a. Pes **186 f.**
Polonaise 154 f.
Polychord 227
Polyhymnia (Muse) 171
Polyphonie 93, 95
Polyrhythmik (indische) 167
Pommer **55**, 246
Popmusik 113
Porrectus (Neume) 114, **186 f.**
Porta, C. 249
portamento 77

Portativ 59, **226 f.**
portato 77
Posaune **50 f.**, 227, 246
Positiv **59**, 227
Posthorn 48 f.
Potpourriouvertüre 137
Power, L. 235
Praetorius, M. 51, 123, 227, 257
Prallmechanik 37
Pralltriller 77
Präludium 43, 113, 117, **140 f.**, 150 f., 260 f., 263
Prélude, s. a. Präludium 113, 141, 150 f.
Préludes (Chopin) 141
Pressus (Neume) 114 f., **186 f.**
Prim (Offizium) 115
Prime 84 f.
Primkanon 119
Principal (Trompete) 51
principale, princ. 77
Prinzipal (Orgelpfeife) 56 f.
Programmchanson 253
Programmmusik 113, **142 f.**
Programmouvertüre 137
Programmsinfonie 152 f.
Progressionsschweller 59
Prokofjew, S. 153
Prolatio mensur 232 f.
Proportionen
– Intervalle 20 f., **88 f.**, 175, 250 f.
– Mensuren 232 f.
Proportionskanon **118 f.**, 240 f.
Proportionstheorie 20 f.
Proprium 115, **128 f.**
Prosdocimus de Beldemandis 223
Proslambanomenos 176 f.
Prosodie 170 f., 187
provenzalische Trommel 32 f.
Psalm 163
Psalmformel 163, **180 f.**
Psalmmotette 131
Psalmodie (Psalmvortrag) **162 f.**, **180 f.**, 185, 250 f.
Psalmvers 114
Psalterium 34 f., 37, 163, **226 f.**
Ptolemaios 176, 179
Puccini, G. 29
Puis 194
Pujol, J. P. 259
Pumpventil 50 f.
Punctum 114 f., **186 f.**, 212 f.
– Mensuralnotation 210 f.
– Neume 114 f., **186 f.**
Punkt 66 f.
Pyllois, J. 241
Pyramidenklavier 37
Pythagoras 21, **175**

Quadratnotation 186 f.
Quadrupelfuge 117
Quadruplum 204 f., **206 f.**
Quantz, J. J. 78, 80 f.
Quarte 15, 84 f., 88 f., 93
Quartenakkord 90 f.
Quartklarinette 55
Quartole 66 f.

XIX Personen- und Sachregister

Quartorganum **198 f.**
Quartsextakkord 97
Quartventil 47
Quellenkunde 12 f.
Querflöte 24, **52 f.**, 169, 179
Querpfeife 53
Querriegel 34 f., 39, 42 f.
Querstand 92 f.
Quer- (Transversal-) Welle
 14 f.
Quilisma (Neume) 114 f., **186 f.**
Quinte 15, 84 f., 88 f.
– pythagoreische 89
– reine 89
– temperierte 89
Quintenzirkel 20 f., 34, **86 f.**
Quinterne 43
Quintorganum **198 f.**
Quintverwandtschaft **88 f.**, 96 f.
Quodlibet (Doppellied) 256 f.

Rabab (Rebab) 39, 227
Rachmaninow, S. 141
Rackett 55
Radleier 35
Râga 167
Rahmenharfe 45, **226 f.**
Rahmenrasseln 30 f.
Rahmentrommel **32 f.**, 162 f.,
 173, 179
Raimbaut de Vaqueiras 192,
 194
Rameau, J.-Ph. 97, 137
Ramler, K. W. 135
Ramos de Pareja 241
Rasseln **30 f.**, 159 f., 161, 165
Ratsche 30 f.
Rätselkanon 119, 241
Raum (tonpsychologischer) 21
Raumakustik 17
Rauschpfeife 55
Rebec 39, 227
Rechen 36 f.
Reco-Reco 31
Reflexion 17
Refrain 192 f., **208 f.**
Refrainformen 124 f., **192 f.**,
 216 f.
Regal 59
Reger, M. 117
Regierwerk 57
Regis, J. 241
Register 37, 56 ff., 62 f.
Registerkanzelle 57
Registerschieber 58
Regnart, J. 253, 257
Reibtrommel 33
Reibung 85
Reichardt, J. F. 65
Reigenlieder (Rondelli) 205
Reihe (Zwölfton-) **102 f.**, 104 f.
Reihenbrechung 102 f.
Reihenrasseln 30 f.
Reihenschichtung 102 f.
Reihung 109
Reihungsformen **108 f.**
Reimsequenz **191**, 193
Reinmar von Hagenau 195, 197
Reinmar von Zweter 197
Renaissance 25, **228–265**

Repercussio 188 f.
Repetierschenkel 36
Repetitionsmechanik 37
Reprise 123, **148 f.**
Requiem 115, **128 f.**
Residualtonreihe 21
Resonanz **17**, 22 f.
Resonanzboden 58
Resonanzräume 22 f.
Resonanzsaiten 38 f.
responsorial, responsorisch
 114 f., 129, 180 f.
responsoriale Passion 138 f.
Responsorien **114 f.**, 180 f.,
 199
Rezitativ 111, 121 (Kantate),
 144 f.
– liturgisches 114, 145
Rhapsode 171
Rhapsodie 113
Rhau, G. 257
Rhythmus 67, 167 (indischer)
Ricercar 43, 117, 141, **260 f.**,
 265
Richard Löwenherz 194
Ricochet 77
Riedl, J. (Instrumentenbauer)
 51
Riemann, H. **99**, 105
Rigveda 166 f.
rime libere 255
rinforzando, rfz. 77
Ring des Nibelungen, Der
 (Wagner) 145
Rinuccini, O. 133
Ripieno 77, 123
Rippe, gotische 30 f.
Ripresa (Refrain) 222 f., 253
Ritornell(o) 108 f., 121, **122 f.**,
 126 f., 220 f., 265
Rohrblatt 54 f.
Rohrblattinstrumente **54 f.**
Röhren
– gedackte 46 f.
– geschlossene 14
– konische 47
– offene 14, 46 f.
– zylindrische 47
Röhrenglocken **28 f.**, 30 f.
Röhrenholztrommel 31
Röhrenknochenflöte 159
Röhrentrommel 32 f.
Rohrlänge 47
Rolle (Klavier) 36
Rolliertrommel 33
Rollschellen 30 f.
Rollschweller 59
Rom 133 (Oper), 178 f., 228 f.
Romance 259
Romanesca (Bassmodell)
 110 f., 157, 262 f.
Romanos Melodos, Romanos
 der Melode 183
Romanusbuchstaben 187
Romanze 113, 259 (span.)
Römische Schule 248 f.
Rondeau 124 f., **192 f.**, 207,
 209, **216 f.**, 236 f.
Rondellus 205
Rondeltypus (Lied) **193**

Rondo 108 f., , 123, 149 (Sonate)
Rondoarie 111
Rore, C. de 127, **251**, 255
Rossi (Codex) 223
Rossi, L. 121
Rostocker Liederbuch 197, 257
rota 219
Rotrouenge **193**
Rotta 226 f.
rubato, tempo rubato 77
Rubebe 39, 227
Rückpositiv 56 f.
Rudel, J. **194**, 196 f.
Rudolf von Fénisneuenburg
 195
Ruffino d'Assisi, Fra 251
Ruffo, V. 249
Ruggiero, F. 41
Rührtrommel 32 f.
Rumba 154 f.
Rumbakugeln 31
Rumbastäbchen 27
Rundkanzone 193, 196 f.
Rundleier 227
Rute 26 f., 33

Sacchetti, F. 127, **221**
Sachs, H. 197
Sachs, K. **25**, 39, 43, 161
Sackpfeife 54 f.
Säge, singende 26, 30 f.
Sägezahnkurve 60–63
Sagittarius s. Schütz, H.
Sagrâma 166 f.
Saint-Saëns, C. 135
Saiten 35 ff., 40 f.
– schwingende 14 f.
Saitendruck 38
Saitenfell 33
Saitenhalter 39 ff.
Saitenklavier 36 f.
Saitenschwingung 14 f.
Saitenstimmungen 38
Salicus (Neume) 186 f.
Salinas, F. de 110 f.
Salizionale 57
Salonmusik 113
Salpinx 172
Saltarello 151, 155
salterio tedesco 35
Salvator noster (Clemens non
 Papa) **244 f.**
Sâmaveda 166 f.
Samba 154 f.
Sambyke 173
Sammartini, G. B. 153
Sanctus 115, **128 f.**, 240 f.,
 248 f.
Sängerschulen 184 f., 187
Santa María, T. de 263
Santiago de Compostela 200 f.,
 227
Sapo cubana 31
Sappho von Lesbos 171
Sarabande 150 f., **154 f.**
Sarrusophon 55
Sattel (Violine) 40
Sattelknopf 35, 39 ff.
Satz 106 f.
– mehrstimmiger 92 f.

Personen- und Sachregister XX

Satzkunde 12
Satztechnik 95
Säule (Harfe) 44 f.
sautillé 77
Sax, A. 49, 55
Saxhörner 49
Scandello, A. 253, 257
Scandicus (Neume) 114, 186 f.
Scarlatti, A. **111**, 121, **133**, 135 ff., 145
Scarlatti, D. 149
Schalenglöckchen 31
Schall **14–17**, 19
Schallamplitude 19
Schallbecher 57
Schalldruck 16 f., 19
Schallgeschwindigkeit 17
Schallgröße 16 f.
Schallloch 38–41
Schallreflexion 16 f.
Schallrose 39
Schallstärke 16 f., 19
Schallstück 50
Schalltrichter 47
Schalmei 55, 178 f., 227
Schalmei (Pfeifenform) 56
Schauspielouvertüre 137
Schedel, H. 257
Schedelsches Liederbuch 257
Schein, J. H. 151
Scheitholt 34 f.
Schellen 31
Schellenbaum 31
Schellenrassel 30 f.
Schellenreif 31
Schellentrommel 31, 33
Scherzo 148 f., 152 f.
Schlägel, Schlegel 26 f., 33
Schlagfell 33
Schlaggeräte 26 f.
Schlaggitarre 45
Schlaginstrumente **24–33**, 68 f., 227
Schlagtrommel 33
Schlegel s. Schlägel
Schlagzeug 25, 69
Schleife 55
Schleifer **77**
Schleiflade 56 f.
Schlick, A. 261
Schlitztrommel 30 f.
Schlüsse **96 f.**
Schlüssel **66 f.**, 92 f., 114 f.
Schlusston (Finalis) 189
Schmalzither 35
Schmerzschwelle 18 f.
Schnabelflöte 53
Schnabelmundstück 54 f.
Schnarre 31
Schnarrsaite 31, 33
Schnecke 18 f., **40 f.**
Schneckentrompete 161
Schneidekante 53, 57
Schneideton 53
Schneller 78
Schnitger, A. 59
Schofar 162 f.
Schöffer, P. 243, 257
Schola cantorum 115, **185**, 219

Schönberg, A. 59, 65, 91, **102 f.**, 121, 125, 135, 151
Schöpfbalg (Orgel) 57
Schöpfung, Die (Haydn) **134 f.**
Schostakowitsch, D. 153
Schraper 30 f., 159
Schrapidiophone 31
Schreckensoper 133
Schreibschulen 184 f., 187
Schreittanz 155
Schubert, F. **124 f.**, 129, 146 f., 153
Schulterharfe 164 f.
Schulterstütze (Violine) 41
Schulz, J. A. P. 124 f.
Schumann, R. **112 f.**, 125, 135, 140 f., 153
Schüttelidiophone 31
Schüttelrohr 31
Schütz, H. (Sagittarius) 82 f., **121**, **123**, 125, 131, 135, **138 f.**
Schwebungen 14 f.
Schwebungssummer 60 f.
Schwegel 53
Schweizerpfeiff 53
Schweller **59**, 63
Schwellton 22 f.
Schwingungen **14–17**, 60 f.
– harmonische 14 f., 17
– periodische 16 f.
– unharmonische 16 f.
– unperiodische 16 f.
Schwingungsbauch 14 f.
Schwingungsformen **14 f.**
Schwingungsknoten 14 f.
Schwingungsverhältnisse **14– 17**, 88 f.
Schwingungsvorgänge 14
Schwirrholz 165
Secco-Rezitativ 111, 133, 135, 139, **144 f.**
Seikilos-Lied **174 f.**
Sekunde 84 f., 93
Sekundkanon 119
Se la face ay pale (Dufay) **238 f.**
Selle, Th. 139
Semibrevis 209 ff., **214 f.**, 232 f.
Semifusa 232
Semiminima 214 f., 232 f.
Seneca 179
Senfl, L. 125, 256 f.
Septakkord 58 f., 96 f., 100 f.
Septe 84 f., 88, 93
Sequenz 115, 185, 199, 201, 213
– a-parallele 191
– archaische 191
– Gattung **190 f.**, 193
– klassische 190 f.
– Kompos.-Technik **106 f.**, 242 f.
Sequenztypus (Lied) **193**
Serenade **146 f.**
Serenata 147
Sergios von Byzanz 183
serielle Musik 103
serielle Techniken 95
Sermisy, C. de **253**, 254 f.
Serpent 48 f.

Setzstücke 49, 51
Sext (Offizium) 115
Sextakkord 97, 99, 145 (Neapol.)
Sexte 84 f.
sforzando, sfz. 78
Shannai 167
Shellchimes 30 f.
Shruti 166 f.
Sibelius, J. 153
Siciliano 111 (Bassmodell), **154 f.** (Tanz)
Sightsystem 234 f.
Signalhörner 49
Silbermann, A. u. G. 59
Simultantropus 200 f.
Sinfonia, Symphonia 136 f., **152 f.**, 265
Sinfonia concertante 123
Sinfonie, Symphonie 146 f., **152 f.**, 265
– Beethoven 152 f.
– Haydn 152 f.
– Mozart 153
Sinfonie mit dem Paukenschlag (Haydn) **152 f.**
Sinfonie Nr. 1 (Brahms) 68 f.
Sinfonie Nr. 6 (Beethoven) **142 f.**, 152 f.
Sinfonieorchester **64 f.**
sinfonische Dichtung 142 f., **152 f.**
Singbewegung (20. Jh.) 119
singende Säge 31
Singschule 196 f.
Singspiel 125, 133
Singstimmen 69
Sinusschwingung 60 f.
Sinuston 16 f., 21, 63
Sirventes (Spruch) 194 f.
Sistrum 30 f., 161, **164 f.**
Sitzordnung (Orchester) **64**, 82 f.
Sixte ajoutée 96 f.
Sixtinische Kapelle 185, 249
Skala 91
Skolion **173**, 174 f.
Skrjabin, A. 89, **90 f.**, 141
Slendro 89
slide trumpet 51
Slow Fox 155
Smetana, B. 21, 142 f.
Snare drum 33
Soggetto **106 f.**, 130 f., **248 f.**, 260 f.
Solage 225
Solfège 86 f., **189**
Solmisation 86 f., **188 f.**, 242 f.
Solokantate (ital.) 121
Solokonzert **122 f.**
Solomadrigal 101, 125 ff.
Solopsalmodie 163
Solosonate 149
Sommerkanon 119, 212 f.
Sonata **149**, 264 f.
– da Camera **150 f.**
Sonate 109, 148 f., 261
Sonatenrondo 108 f.
Sonatensatzform 122 f., **148 f.**, **152 f.**

XXI   Personen- und Sachregister

Sone 19
Song 258 f.
Songes or Ayres 259
Sophronios v. Jerusalem 183
Sopran 22 f., 231
Sopraninosaxophon 55
Sopranklausel 230 f.
Soprankornett 49
Sopransaxophon 24, 54 f.
Sordune 55
sotto voce, s. v. 78
Soubrette 23
Sousa, J. Ph. 49
Sousaphon 48 f.
Spaltklang 53
Spaltlochflöte 159
Spanien 212 f. (Mehrstimmigkeit), 258 f. (Vokalmusik, Renais.), 262 f. (Orgel, Renais.)
Spannreifen 33
Spataro, G. 243
Spencer, H. 159
Spiegelkrebskanon 118 f.
Spielbereiche (Instrumente) 24
Spieldose 31
Spielleute 195, **227**
Spielpfeife 55
Spielsaiten 35
Spielwind 57
Spinacino, F. 260 f.
Spinett **36 f.**, 263
Spiralkanon 119
Spitta, Ph. 13
Spitzharfe 35
Spohr, L. 41
Spondeus **170 f.**, 202
Sporer, Th. 257
Sprechgesang 144 f., 162 f. (bibl.), 166 f. (ved.), 170 f.
Sprechstimme
– Lage 22 f.
– Notierung 78
Springer 36 f.
Springlade 57
Springtanz 155
Spruch (Sirventes) 194 f.
Spruchmotette 131
Spruchodenkantate 121
Squarcialupi-Codex 223
Stab 26 f.
Stabile, A. 249
Stabpendereta 31
Stabprofile 26
Stabzither **34 f.**, 167
Staccato 78
Stachel (Cello) 41
Stahlplatten 29
Stainer, J. 41
Stammtöne 85
Standharfe 165
Standleier 160 f.
Stantipes 213
Steg **38 f.**, 40 f.
Steinspiel **28 f.**, 168 f.
Stellschraube (Bogen) 41
Stellventil 47, 51
Sticherarion 182 f.
Stiefel (Fagott) 55
Stiefelkastagnetten 26

Stil, s. a. stile
– empfindsamer 31, 37
– monodischer 101
stile antico 249
– ecclesiastico 249
– grave 249
– narrativo 145
– rappresentativo 145
– recitativo 145
Stilkunde 12 f.
Stimmbänder 23
Stimmbewegung 93
Stimmbücher 199
Stimme 22 f.
Stimmen (Chor, Satz) 92 f.
Stimmenanordnung 68 f.
Stimmfächer **23**
Stimmführung **94 f.**
Stimmgabel 14 f.
Stimmlagen 22 f.
Stimmleder (Akkordeon) 58
Stimmlippen 22 f.
Stimmphysiologie 12, **22 f.**
Stimmplatten (Akkordeon) 58 f.
Stimmqualität 23
Stimmschlinge 34 f.
Stimmstock 39 ff., 58 f. (Akkordeon)
Stimmtausch (Schema) 94
Stimmton 36, 67
Stimmung
– mitteltönige 89
– physikalische 16 f.
– reine 16 f.
– temperierte 16 f., 36 f., 89, **90 f.**
– Violinfamilie 40 f.
– Zupfinstrumente 42–45
Stimmzug (Posaune) 50 f.
Stimmzunge (Akkordeon) 58
St-Martial 191, **200 f.** (Epoche)
Stock (Schlaggerät) 26 f.
Stokowski, L. 65
Stollen (Ballade) 216 f.
Stoltzer, Th. 257
Stopftrompete 50 f.
Stoßmechanik (Hammerklavier) 36 f.
Stradella, A. 121, 123, 135
Stradivari, A. 25, 41
Strauss, R. 65, 109, 153
Strawinsky, I. 65, 111, 117, 133, 135, 153
Streichbogen 39, **40 f.**
Streichidiophone 31
Streichinstrumente 24 f., **38–41**, 68 f.
Streichlaute 226 f.
Streichquartett 148
Streichtrio 148
Strohfiedel 29
Strophenbass 110, 263
Strophenbass-Arie 157
Strophenlied 125
Strophensequenz **190 f.**, 193
Strophicus (Neume) 186 f.
Stufendynamik (Kielinstrumente) s. a. Terrassendynamik 37
Stufentheorie 99

Stumpf, C. 13, 21, 159
stylus antiquus od. ecclesiasticus 95
Subdominante 87, 97, 108
Suite 137, 147, **150 f.**, 155
Suiten (J. S. Bach) **150 f.**
Summationstöne 19
superacutae 188 f.
superiores 188 f., 199
Suriano, Fr. 249
Susato, T. (Drucker) 243, 247
Sustain 63
Sweelinck, J. P. 229
Syllabik, syllabisch **115**, 191
Symphonie s. Sinfonie
Symphonie fantastique (Berlioz) 152 f.
Synemmenon (Tetrachord) 177
Synkope 68 f., 92 f., 95
Syrinx 173, 179
Systema teleion 176 f.
Szene und Arie 145

tabula compositoria 69
Tabulatur
– Gitarre 45
– Laute 260 f.
– Orgel 224 f., **260 f.**, 263
tacet 79
tactus 233
Tafelklavier 37
Tafelmusik 145
Takt **66 f.**, 106 f.
Taktstrich 69
Talea **130 f.**, 202 f., **214 f.**, 216–219
Tallis, Th. 259
Tambourin (Röhrentrommel) **32 f.**
Tambura 167
Tamburin (Rahmentrommel) 31, **32 f.**, 161
Tamtam 28 f.
Tanbur 43, 45, 227
Tangentenmechanik (Clavichord) 31, 36 f.
Tango 154 f.
Tannhäuser (Minnesänger) 197
Tanz 150 f., **154 f.**, 194, 212 f., 262 f.
Tanzbässe 110 f., 157, 262 f.
Tanzlied 155, 194
Tanzmeistergeige 38 f.
Tanzsuite 151
Tapissier, J. 225
Tasso, T. 127, 133
Tastatur 37
Taste
– Akkordeon 58
– Saitenklavier 36
Tastenanordnung 36
Tavener, J. 265
Teilton 15, 17, **88 f.**
Teiltonreihe 17, **88 f.**
Teiltonspektren 16
Telemann, G. Ph. 121, 139
Tempelblock 30 f.

Personen- und Sachregister XXII

temperierte Stimmung **16 f.**, 36 f., **90 f.**
Tempus 211, 214 f., 232 f.
Tempus-Mensur 232 f.
Tenor **22 f.**, 130 f., 189, 203, 205, **206 f.**, 215–219, 223 ff., 230 f., 237, 239
Tenorbassposaune 24, 50 f.
Tenorbuffo 23
Tenorhorn 48 f.
Tenorklausel 230 f.
Tenorlied 124 f., 233, **256 f.**
Tenormesse **129**, 235, **238 f.**, 241, 243
Tenorposaune 50
Tenorsaxophon 24, 54 f.
Tenorschlüssel 67
Tenortrommel 33
Tenso 194
Terminologie d. Musikwissensch. 12 f.
Terpander 170 f.
Terpsichore (Muse) 171
Terrassendynamik 37 (Kielinstrumente)
Terz 84 f., 88
– große 15, 91
– kleine 91
– Picardische 231
Terz (Offizium) 115
Terzbässe 58 f.
Terzetto (Madrigal) 126 f.
Terzkanon 119
Terzlage 96 f.
Terzverwandtschaft **90 f.**, 96 f.
Tetrachord **86 f.**, 91, **176 f.**, 188 f.
Theile, J. 139
Thema 106 f.
thematische Arbeit 95
Theorbe **42 f.**, 101
– römische 43
Theorbencister 42 f.
theorbierte Laute 43
Theremin, L. 63
Thesis 93
Thibaut, A. F. J. 249
Thibaut IV de Champagne 194
Thomas von Aquin 191
Thomas von Celano 190 f.
Threnos 173
Tibia 55, **179**
Tiefchor 250 f., 264
Tiefpass 63
Tieftongenerator 63
Tiento 117, 141, 263
Tierhorn **48 f.**, 159
Timbales 32 f.
Tinctoris, J. 237, 241
Tiroler Hakenharfe 45
Todeske 247
Tof (Rahmentrommel) 163
Tokkata, Toccata 117, 137, **140 f.**, 261, 263
Tomás de Santa María s. Santa María, T. de
Tombeau 113
Tomkins, Th. 259
Tom-Tom 32 f.
Ton 16 f., 20 f.

Tonabnehmer 45, 60 f.
Tonalität 87
Tonart **86 f.**, 176 f. (griech.), 182 f. (byzant.)
Tonbuchstaben **37**, 186 f., 226 f.
Toncharakter 21, 85
Tondauer 67, 104 f.
Tonerzeugung 22, 47, 53, 55, 60 f.
Tonfarbe 91, 104 f.
Tongemisch 17
Tongeschlecht **86 f.**, 90 f., 176 f. (griech.)
Tonhöhe **16 f.**, 19 ff., 66 f., 85, 104 f.
Tonhöhenempfindung 19
Tonhöhenveränderung 67
Tonigkeit 20 f.
Tonika 87, 97, 108
Tonkanzellen 57
Tonleiter 84 f., **86 f.**, 88 f., **90 f.**, 166 f. (ind.), 168 f. (chin.), 176 f. (griech.)
– chromatische 16
– diatonische 37
– heptatonische 85
Tonmalerei **112 f.**, **142 f.**, 246 f., 254 f., 257
Tonmaterial 104 f.
Tonparameter **16 f.**, 85, 103 ff.
Tonpsychologie 20 f.
Tonqualität 20 f.
Tonsilbe 87
Tonstärke 104 f.
Tonsymbolik 242 f.
Tonsystem **84–91**
– ägyptisches 164 f.
– chinesisches 168 f.
– griechisches 176 f.
– indisches 166 f.
– mittelalterliches 188 f., 198 f.
– Musica enchiriadis 199
Tonverschmelzungstheorie 21
Torculus (Neume) 114, **186 f.**
Torelli, G. 123
Tosi, G. F. 121
Totensequenz s. Dies irae
Tourte, F. 41
Tourte-Bogen 40 f.
Tractus 115, 128 f.
Tragédie lyrique 133
Trägerfrequenz 23
Tragleier 163
Tragödie (griech.) 173
Traktur **56 f.**
Trakturwind 57
transponierende Instrumente 46 f.
Transposition 86 f.
– transversal 29
Transpositionsskala, tonoi 176 f.
Treble 234 f.
Trecento 126 f., **220–223**, 225
Trecht, C. de 237
Tremolo 79
Triangel 26 f.
Trichter 46 f.
Tridentiner Konzil 229, 247, **249**

Trienter Codices **233**, 257
Trigon (Neume) **186 f.**
Trigonon 172 f.
Triller 79
Trio (Menuett) 65, **146 f.**, 149
Triole 66 f.
Triolenbildung 232 f.
Triosonate 121, 148 f.
Tripelfuge 116 f.
Tripelkanon 119
Tripelkonzert 123
Tripelmotette 206 f.
Triplum 204 f., **206 f.**, 215, 217 f., 224 f.
Tristan und Isolde (Wagner) 23
Tritonus 85, 189, 199
trobar clus 194
Trochäus **170 f.**, 202
Trogxylophon 28 f.
tromba 51
trombetta 51
Tromboncino, B. 252 f.
Trommel 30 f., **32 f.**, 158–161, 164 f., 167 ff.
Trommelfell 18 f.
Trommelschleife 33
Trommelstock 33
Trompete 16, 24, **50 f.**, 68 f., 159, 161, 163, 165, 172 f., 227
– B- 50
– kleine D- 50
– spanische 57
Trompetenform 49
Troparion 182 f.
Tropen 103
Tropus 185, **190 f.**, 199 ff., 205
Troubadours **192–196**, 201
Trouvères **192–196**, 207, 209
Trugschluss 96 f.
Trumscheit 34 f.
Tschaikowsky, P. I. 29, 151
Tuba 48 f., 178 f. (etrusk.)
Tuba (Tenor, Repercussio) **90 f.**, **114 f.**, 180 f., 189
Tubaphon 29 f.
Tubuscampanophon 29
Tumbas 33
Tunder, F. 121
Tye, Ch. 259
Tympanon (Tamburin) 173, 179

Überblasen 46 f.
Überlagerung (Wellen) 14 f.
Uffata (Langflöte) 165
Ugab 163
Ukulele 45
Ultraschall 15
Umkehrung
– Akkorde **96 f.**, 100 f.
– Stimmführung 102 f., **117 ff.**
Umschaltventil 47, 51
Un ballo in maschera (Verdi) 23
Undezime 85
unisono, Unisono 65, 80
Unterbügel (Violine) 40 f.
usus (↔ ars) 13
Utendal, A. 247

XXIII   Personen- und Sachregister

Vagantenlieder 197
Variation 113, **156 f.**, 262 f.
Variationssuite **151**, 157
Variationstechniken **157**
Vaudeville 125, 253
Veden **166 f.**
Venedig 228 f., 251
Venezianische Oper 110 f.,
    133, 137, 145
Venezianische Schule **250 f.**,
    264 f.
Ventile 46 f., **50 f.**
Ventilhörner 48 f.
Ventilposaune 51
Verdeckung 19
Verdelot, Ph. 126 f., **254 f.**
Verdi, G. 51, 128 f.
Vergleichston 36
Verlängerungsbügel (Horn) 49
Verschiebung 80
Verschmelzungsgrad 85
Verschmelzungsklang 83
Versfuß 170 f.
Verstärker 63
Verstärkung 14
Verwechslung, enharmon. 91
Verzierungen **80**, **82 f.**, 264 f.
Vesper (Offizium) 115
Vestibularapparat 19
Viadana, L. 83, 121, 123, 131,
    250 f.
Vibraphon 24, 28 ff.
Vibrato 15, 41, 63, 80
Vibrator 44
Victoria, Th. de 249, **259**
vide (»siehe«) 80
Vide, J. 237
viella 227
Vierteltonskala 89
Vihuela 45
Villancico 253, 258 f.
Villanella 125, 233, 245, 247,
    252 f., 257, 265
Villotta 111
Vina 167
Vincenzo da Rimini 221
Vinci, L. 121
Viola 24, **38–41**, 68 f., 227,
    264 f.
– bastarda 39
– da Braccio **39**, 41
– da Gamba **38 f.**, 246
– d'Amore 38 f.
– di Bordone 39
– pomposa 41
– tenore 41
Violenquartett 264 f.
Violine 24, 39, **40 f.**, 68 f.
Violinfamilie 40
Violino piccolo 41
Violinschlüssel 67, 93
Violoncello 24, **40 f.**, **68 f.**
Violone (Kontrabass) 41
Virdung, S. 227, 261
Virelai **192 f.**, **216 f.**, 223, 237
Virga, Stäbchen (Neume)
    114 f., **186 f.**
Virginal **36 f.**, 263
Virginalisten 113, 157, 263
Virginalmusik 259, 262 f.

Vitry, Ph. de 131, 214 f., **219**,
    224 f.
Vivaldi, A. 82 f., **122 f.**, 142 f.
Vogler, Abbé G. J. 59
Vokalformanten 22
Vokalmusik (weltl.) **252–259**
Vokalpolyphonie 93, 119 (fran-
    co-fläm.)
Vokalsatz 264 f.
Vokalschrift 174 f.
Volkslied **124 f.**, 257
Volta (Abgesang) 222 f., 253
Vorhalt 79, 81, 93
Vorsänger 163
Vorschlag 80 f.
Vortragsbezeichnungen 70–81
Vorzeichen 66 f.
Vox humana 56 f.
Vuelta (Abgesang) 259

Waelrant, H. 247
Wagenseil, G. C. 153
Wagner, R. 49, 65, 111, **132 f.**,
    135, 137, 145
Wagnertuben 49
Waldhorn 48 f.
Waldteufel 33
Walter, J. 139, 257
Walther von der Vogelweide
    195, 196 f.
Walzer 154 f.
Wartburg 195
Wasserklappe 50
Wasserorgel (Hydraulis) 165,
    178 f.
Watt 16 f.
Weber, C. M. v. 55, 133, 137,
    144 f.
Webern, A. (v.) 59, **102 f.**,
    104 f., 153
Wechselbass 59
Wechselchor 163, 183
Wechselnote **92 f.**, 94 f.
Weelkes, Th. 259
Weihnachtsoratorium (Bach)
    134 f.
Wellen **14 f.**
Wellenlehre **14 f.**
Werckmeister, A. 91
Werkcharakter (Orgel) 57
Wert, G. de 255
Wiegenkithara 172 f.
Wiener Liederhandschrift 197
Wiener Schule 125 (2. W. Sch.)
Wilby, J. 259
Wilhelm IX. von Aquitanien
    194
Willaert, A. 127, **228 f.**, **245**,
    251, 255, 260 f.
Winchester Tropar 198 f.
Winckel, F. 105
Windbalg (Dudelsack) 54
Windkammer (Orgel) 57
Windlade (Orgel) 57
Windwerk (Orgel) 57
Winkelharfe 45, 160 f., 165,
    172 f.
Wipo von Burgund 191
Wirbel (Streichinstrumente)
    38 ff.

Wirbel (Pauke u. a.) 81
Wirbelkasten 39–41
Wirbelplatte 39
Wohltemperierte Klavier, Das
    (J. S. Bach) 94 f., 116 f.,
    140 f.
Wölbbrettzither 35, 168 f.
Wölbgitarre 45
Wolf, H. 125
Wolflein von Locham 257
Woodblock 31
Worcester-Fragmente 213
Wozzeck (Berg) **136 f.**
Wyschnegradsky, J. A. 89

Xylomarimba (Xylorimba) 29 f.
Xylophon 24, 26 f., **28 f.**, 30,
    173

Yong, N. 259

Zacharias, Magister 223
Zahlenproportionen 88 f.
Zählzeit 66 f.
Zarge 33, 39 ff.
Zarlino, G. 127, 229, **250 f.**,
    255
Zauberflöte, Die (Mozart) 23,
    29
Zeichen, dynamische 83
Zeittafel (Renaissance) 228
Zelter, C. F. 125
Zielton 87
Zigeunermoll 86 f.
Zimbal, Zymbal 35
Zimbeln 27, 30
Zimbelstern 31
Zink **48 f.**, 246
– grader 49
– krummer 49
– stiller 49
Zirkelkanon (canon perpetuus)
    118 f.
Zither **34 f.**, 168 f.
Zugposaune 47, 50 f.
Zummarah (Doppelschalmei)
    165
Zunge(n)
– Klavier 36
– Orgel 58
Zungenpfeifen 56 f.
Zungenstimme 57
Zupfgeige 45
Zupfidiophone 31
Zupfinstrumente **34 f.**, **42–45**
Zupfmechanik **36 f.**
Zusammenklänge (Akkorde)
    17
Zwerchfell 23
Zwischendominante **98 f.**
Zwischenspiel (Fuge) 116 f.
Zwölftonakkord 103
Zwölftonfeld 102 f.
Zwölftonkanon 119
Zwölftonreihe 91, **102 f.**, 104 f.
Zwölftontechnik 102 f.
Zyklusbildung 113
Zylindermaschine 50 f.
Zylinderventil 51
Zymbal s. Zimbal, Cimbal